Antoine
de Saint-Exupéry

PROSA

Südkurier
Nachtflug
Wind Sand und Sterne
Flug nach Arras
Der Kleine Prinz
Kleine Schriften

Verlag Volk und Welt
Berlin

Aus dem Französischen von
Henrik Becker, Grete und Josef Leitgeb,
Fritz Montfort, Oswalt von Nostitz, Hans Reisiger
Paul Graf Thun-Hohenstein

Mit einem Nachwort von
Brigitte Burmeister

ISBN 3-353-00284-7

2. Auflage
Lizenzausgabe des Verlages Volk und Welt, Berlin 1988
für die Deutsche Demokratische Republik
L. N. 302, 410/231/88
Die Texte wurden folgenden Ausgaben entnommen:
Antoine de Saint-Exupéry, Gesammelte Schriften, Bd. 1 und 3; © 1959 Karl Rauch Verlag GmbH, Düsseldorf: Südkurier *Courrier Sud,* © 1929 by Librairie Gallimard, Paris; Wind Sand und Sterne *Terre des hommes,* © 1939 by Librairie Gallimard, Paris; Flug nach Arras *Pilote de guerre,* © 1942 by Librairie Gallimard, Paris; Der Kleine Prinz *Le Petit Prince,* © 1946 by Librairie Gallimard, Paris; Beruf und Berufung des Schriftstellers *Profession et profession de foi de l'écrivain,* © 1959 by Librairie Gallimard, Paris; Madrid *Madrid,* © 1956 by Librairie Gallimard, Paris; Brief an einen Ausgelieferten *Lettre à un otage,* © 1945 by Librairie Gallimard, Paris; Brief an die Franzosen *Lettre aux Français,* © 1956 by Librairie Gallimard, Paris; Ein Plädoyer für den Frieden *Un plaidoyer pour la paix,* © 1956 by Librairie Gallimard, Paris; Brief an Pierre Dalloz *Lettre à Pierre Dalloz,* © 1959 by Librairie Gallimard, Paris; A. de Saint-Exupéry, Nachtflug, © S. Fischer Verlag, Frankfurt/M. 1966, *Vol de nuit,* © 1931 by Librairie Gallimard, Paris
Printed in the German Democratic Republic

Einbandentwurf: Gerhard Bunke
Satz, Druck und Einband: Karl-Marx-Werk Pößneck V 15/30
LSV 7350
Bestell-Nr. 6484549

01920

Südkurier

Erster Teil

I

Radiomeldung. 6.10 h. Von Toulouse an alle Stationen: Südkurier Frankreich-Amerika von Toulouse ab 5.45 h stop.

Ein Himmel, klar wie Wasser, wusch die Sterne rein und ließ sie hell aufleuchten. Dann war es Nacht. Düne um Düne entfaltete sich die Sahara unter dem Schein des Mondes. Sein Lampenlicht, das keinen Gegenstand bloßstellt, aber alle richtig einordnet, umspielte unsere Stirnen und breitete einen zarten Schleier über alle Dinge. Unter unseren lautlosen Schritten dehnte sich die Pracht des dichtesten Sandes. Und wir zogen unbedeckten Hauptes dahin, befreit vom Druck der Sonnenstrahlen. Die Nacht: welche Heimstatt . . .

Durften wir aber dem Frieden trauen? Die Passatwinde glitten ohne Unterlaß gegen Süden. Sie strichen über den Dünensand, daß es raschelte wie Seide. Das waren keine europäischen Winde, die sich drehten, die bisweilen aussetzten; nein, sie lasteten auf uns, unaufhörlich wie der Luftstrom eines Schnellzugs. Besonders nachts wehten sie uns oft so hart an, daß wir uns, nach Norden gewandt, gegen sie stemmen mußten und doch das Gefühl hatten, von ihnen fortgetragen zu werden, einem unbekannten Ziele zu. Welche Hast, welche Unruhe!

Die Sonne ging auf und brachte den neuen Tag. Die Mauren rührten sich nur wenig. Die sich bis zum spanischen Fort heranwagten, fuchtelten mit den Armen und schwangen ihre Gewehre wie Spielzeuge. Das war unwirklich, wie auf dem Theater: die wilden, nicht unterjochten Stämme hatten nichts Geheimnisvolles mehr und wirkten wie Statisten.

Da lebten wir, völlig aufeinander angewiesen, und hatten nichts anderes vor uns als das eigene Spiegelbild im engsten Rahmen. Deshalb fühlten wir uns auch nicht in die Wüste verbannt: wir hätten heimkehren müssen, um uns dieses

Fernsein so recht vorzustellen und die Weite ganz zu erfassen.

Wir gingen nie weiter als fünfhundert Meter. Dort begann das Heidenland. So waren wir Gefangene der Mauren und auch unsere eigenen Gefangenen. Nicht anders saßen unsere nächsten Nachbarn, in Cisneros, in Port-Étienne, siebenhundert und tausend Kilometer von uns entfernt, in der Sahara gefangen wie Erz in einer ungeheuren Masse tauben Gesteins. Auch sie spazierten um ihr Fort herum. Wir kannten sie, wußten ihre Spitznamen, ihre Eigenheiten, doch zwischen uns lagerte dasselbe undurchdringliche Schweigen wie zwischen bewohnten Planeten.

Heute morgen aber begann sich die Welt für uns zu rühren, und endlich reichte uns der Funker ein Telegramm – zwei in den Sand gerammte Masten verbanden uns einmal in der Woche mit dieser Welt:

Kurier Frankreich-Amerika von Toulouse abgeflogen 5.45 h stop. Aus Alicante 11.10 h.

Toulouse sprach, Toulouse, die Kopfstation. Ein ferner Gott.

In den nächsten zehn Minuten erhielten wir die Nachricht auch aus Barcelona, aus Casablanca, aus Agadir, und sie lief weiter nach Dakar. Über eine Strecke von fünfhundert Kilometern hin waren alle Flughäfen lebendig geworden. Um sechs Uhr abends neue Nachrichten, man teilte uns mit:

Kurier wird 21 h Agadir landen, 21.30 h nach Cabo Juby weiterfahren, dort mit Michelin-Bombe niedergehen stop. Cabo Juby wird übliche Lichtzeichen vorbereiten stop. Befehl: in Kontakt mit Agadir bleiben.

Gezeichnet: Toulouse

So verfolgten wir in der tiefsten Einsamkeit der Sahara, vom Observatorium von Cabo Juby aus, einen fernen Kometen.

Gegen sechs Uhr abends regte sich auch der Süden:

Aus Dakar für Port-Étienne, Cisneros, Juby: mitteilt dringend Nachrichten Kurier.

Aus Juby für Cisneros, Port-Étienne, Dakar: keine Nachrichten seit Abfahrt Alicante 11.10 h.

Irgendwo braust ein Motor. Von Toulouse bis zum Senegal ist man bemüht, ihn zu hören.

II

Toulouse 5.30 h.
Das Flughafenauto hält hart vor dem Eingang der Halle, das Tor steht weit offen, es ist Nacht, und es regnet. Das fünfhundertkerzige Licht der Bogenlampen macht die Dinge kantig und bloß, alles steht klar da wie in einer hellen Auslage. Unter diesem Lichtgewölbe hallt das gesprochene Wort wider, es bleibt haften und lastet in der Stille.

Die Blechteile glänzen, der Motor zeigt keine Ölspuren. Das Flugzeug sieht aus wie neu. Das Ganze gleichsam ein empfindliches Uhrwerk, an das die Mechaniker zart, mit Erfinderhänden, rührten. Jetzt treten sie beiseite: es geht genau.
»Schnell, meine Herren, schnell ...«

Sack um Sack versinkt die Kurierpost im Innern des Apparats. Ein rasches Nachzählen: Buenos Aires ... Natal ... Dakar ... Casa ... Dakar ... 39 Säcke. Stimmt's?

»Es stimmt.«

Der Pilot zieht sich an. Wolleibchen, Halstuch, Lederanzug, gefütterte Stiefel. Sein Körper, so umschlossen, wird gewichtig. Man ruft ihm zu: »Schnell! Es ist Zeit ...« Die Hände vollbepackt mit Uhr, Höhenmesser und Kartentasche, daß die Finger starr werden in den dicken Handschuhen, klettert er schwer und ungelenk auf den Führersitz. Ein Taucher, der nicht in seinem Element ist. Endlich sitzt er, da wird alles leicht und recht.

Ein Mechaniker steigt hinter ihm ein.

»Sechshundertdreißig Kilogramm.«

»Gut. Passagiere?«

»Drei.«

Ohne sie zu sehen, nimmt er ihre Personalien zur Kenntnis. Der Diensthabende wendet sich zu den Arbeitern: »Wer hat hier die Haube angeschraubt?« »Ich.«

»Zwanzig Franken Strafe.«

Der Diensthabende kontrolliert ein letztes Mal: alles in Ordnung; jede Bewegung abgezirkelt, wie beim Ballett. Das Flugzeug steht in der Halle an seinem richtigen Platz und wird ebenso richtig seinen Weg in den Nachthimmel nehmen. Der Flug ist genauso exakt berechnet wie der Stapellauf eines Schiffs. Diese Schraube, die fehlt: ein augenfälliges Versehen. Fünfhundertkerzige Bogenlampen, scharfe Blicke rundum, harte Energie, auf daß dieser Flug von Station zu Station bis Buenos Aires oder Santiago ein ballistischer Effekt sei und nicht ein Werk des Zufalls. Auf daß, trotz Sturm, Nebelschwaden, Wirbelwind, trotz der tausendfältigen Tücken der Ventilfeder, des Kipphebels und des ganzen Materials, dennoch alles, was da läuft: Expreß, Schnellzug, Dampfer und Frachter, erreicht, überholt, ja weit überflügelt werde! Und eine Rekordzeit für die Landung in Buenos Aires oder in Santiago ...

»Los!«

Dem Piloten Bernis wird ein Blatt hineingereicht. Er liest: *Perpignan meldet klaren Himmel, keinen Wind. Barcelona: Sturm. Alicante ...*

Toulouse 5.45 h.

Die mächtigen Räder drücken die Bremsklötze nieder. Der Propeller macht Wind, daß das Gras bis auf zwanzig Meter hin wegweht. Mit einer Handbewegung entfesselt oder beruhigt Bernis diesen Sturm.

Im Auf und Ab wird der Lärm immer dröhnender und ist bald wie etwas Festes, Dichtes, das alles Körperliche umfängt. Wenn der Pilot fühlt, wie in ihm daraus eine Fülle, eine Sättigung steigt, denkt er: jetzt ist's recht. Dann schaut er nach vorn, auf die schwarze Haube, die sich gegen den hell werdenden Himmel stemmt wie ein Geschütz. Um die Luftschraube erzittert die Landschaft im Morgengrauen.

Noch rollt das Flugzeug, langsam, bei Gegenwind; da zieht der Pilot den Gashebel. Im Bann des Propellers stößt der Apparat in die Höhe. Die ersten Sprünge wiegen sich in der elastischen Luft, dann scheint der Erdboden sich zu spannen, er leuchtet unter den Rädern auf wie ein Treibriemen, der in Gang kommt. Der Pilot prüft die Luft, die anfangs dünn ist, dann fließend wird, endlich fest genug, er stützt sich an ihr empor und steigt.

Die Bäume, die zunächst die Fahrt begleiteten, geben den Horizont frei, dann verschwinden sie. In zweihundert Meter Höhe kann man sich noch hinabbeugen wie zu einer Landschaft, die ein Kind aufgebaut hat, wo die Bäume geradestehen, bemalte Häuser dazwischen, und auch der Wald hat etwas Künstliches an sich, wie ein grüner Pelz: bewohnte Erde . . .

Bernis sucht die beste Rückenhaltung, die richtige Ellbogenlage, die er braucht, um sich wohl zu fühlen. Hinter ihm bezeichnen die tiefliegenden Dünste über Toulouse die Stelle, wo die Bahnhofshallen liegen. Immer weniger bremst er seinen Apparat, der steigen will, und gibt etwas von der Kraft frei, die er mit der Hand zügelt. Jede Bewegung seines Handgelenks befreit eine Kraftwelle, die ihn mit emporhebt und in seinem Körper höher und höher flutet.

In fünf Stunden Alicante, heute abend Afrika. Bernis kommt ins Träumen. Er ist zufrieden. »Ich habe alles in Ordnung gebracht.« Gestern hat er Paris mit dem Nachtexpreß verlassen – es war ein sonderbarer Urlaub gewesen, von dem ihm nur die dumpfe Erinnerung an etwas Dunkles, Unruhiges bleibt. Später wird er vielleicht unglücklich sein, für den Augenblick aber läßt er alles hinter sich, als liefen die Dinge ganz ohne ihn weiter. Heute, jetzt meint er, mit dem jungen Tag da draußen zu werden und zu wachsen, meint, mithelfen zu müssen – o Morgenstunde! –, diesen Tag aufzubauen. Er denkt: Ich bin nichts als ein Arbeiter, ich habe den Kurier für Afrika zu besorgen. Fängt doch an jedem Morgen für den Arbeiter, der an dieser Welt zu bauen beginnt, die Welt von neuem an.

»Ich habe alles in Ordnung gebracht . . .« Der letzte Abend in der Wohnung. Zeitungsblätter werden um die Bücherhaufen geschichtet, Briefe werden verbrannt, andere Briefe geordnet, die Möbel bekommen ihre Überzüge. Jedes Ding wird ans Licht geholt, aus seiner Umgebung gerissen, irgendwohin gestellt. Und dieser Aufruhr im Herzen, der doch keinen Sinn mehr hat!

Bernis hat sich für den nächsten Tag vorbereitet wie für eine Reise, hat sich gleichsam eingeschifft, um den anderen Morgen zu erleben, als wär's Amerika. So vieles war noch nicht zu Ende gebracht und kettete ihn noch an sich selber.

Und auf einmal – war er frei. Er erschrickt fast davor, daß er so verfügungsbereit, so sterblich dasteht.

Carcassonne, mit seinem Notlandeplatz, verschwindet tief unter ihm. Wieder eine Welt, die so wohl geordnet ist. – Dreitausend Meter! – Geordnet wie das Kinderspielzeug in der Schachtel. Häuser, Kanäle, Straßen, alles Spielzeug der Menschen. Eingeteilte Welt, Viereck um Viereck, jedes Feld grenzt an seinen Rain, jeder Garten hat seine Mauer. Carcassonne, wo jede Krämerin das Leben ihrer Großmutter wieder lebt. Armseliges Glück, kleingepflastert. Alles Spielereien des Menschenvolks, nett aufgehoben im Glaskasten.

Ja, diese Welt im Glaskasten, viel zu sehr zur Schau gestellt, zu ordentlich ausgebreitet, die Städte abgezirkelt auf der offenen Karte; die Erde entrollt sich langsam und bringt ihm alles so pünktlich dar wie Flut und Ebbe. Es fällt ihm ein, daß er allein ist. Auf dem Zifferblatt des Höhenmessers spielt die Sonne. Eine helle, kalte Sonne. Jetzt ein Hebelgriff, das Seitensteuer wirkt: die ganze Landschaft verrinnt. Das Licht wird plötzlich schimmernd, der Erdboden scheint zu leuchten: alles, was den Zauber, den Duft, die Weichheit der lebendigen Dinge ausmacht, ist weggeweht.

Und doch – unter dem Lederrock ist Fleisch, warm und – vergänglich, Bernis! In den dicken Handschuhen leben Hände, wunderbare Hände – weißt du, Genoveva, Hände, die es verstanden, mit dem Rücken ihrer Finger ganz leicht über deine Wangen zu gleiten ...

Da ist Spanien.

III

Jacques Bernis, heute wirst du über Spanien fliegen und dabei wohlgemut sein wie ein Hausbesitzer! Was sich deinen Blikken darbieten wird, eins ums andere, das kennst du schon, und mit Seelenruhe wirst du dich zwischen den Gewittern durchsteuern. Barcelona, Valencia, Gibraltar – an dich herangebracht und wieder fortgetragen. So ist's recht.

Du rollst die Karte auf, die vor dir liegt, und was überwunden ist, mag sich rückwärts wieder aufhäufen. Aber ich entsinne mich deiner ersten Schritte und meiner letzten Ratschläge, damals, als es deinen ersten Postflug galt. Am andern

Morgen schon solltest du mit deinen Armen forttragen, was ein Volk fühlt und denkt. Mit deinen schwachen Armen. Forttragen inmitten von tausend Gefahren, wie man einen Schatz unter dem Mantel davonträgt. Ein kostbarer Kurier, hatte man dir eingeschärft, ein Kurier, wertvoller als das Leben. Und so heikel. Ein Schatz, den ein falscher Griff in Flammen aufgehen lassen oder in alle Winde verstreuen kann. Ich erinnere mich an diesen Abend vor dem Kampf . . .

»Und dann?«

»Dann müßtest du trachten, den Strand von Peniscola zu erreichen. Aber Vorsicht vor den Fischerbarken!«

»Und weiter?«

»Bis Valencia wirst du immer Notlandeplätze finden; ich zeichne sie mit Rotstift an. Im schlimmsten Falle mußt du auf ausgetrocknete Rios niedergehen.«

Bernis sah sich wieder im Lehrkurs, beim Schein des grünen Lampenschirms, vor den ausgebreiteten Landkarten. Aber heute wußte ihm der Lehrer von jedem Stück Erdboden ein lebensvolles Geheimnis zu enthüllen. Die fremden Länder gaben jetzt nicht mehr tote Ziffern kund, sondern wiesen ihm wirkliche Felder, und die Blumen blühten – nur freilich, dieser Baum ist zu meiden –, und hier war ein schöner Badestrand mit feinem Sand – nur, wenn es dunkelt, hat man sich vor den Fischern zu hüten. Das eine, Jacques Bernis, hast du ja schon verstanden, unsereins wird niemals Granada kennenlernen oder Almeria oder die Alhambra und die Moscheen, aber einen Bach, einen Orangenbaum und all das, was sie an leisen Heimlichkeiten bergen.

»Hör zu: wenn es hier schönes Wetter gibt, so steuerst du immer geradeaus! Wenn das Wetter aber schlecht ist und du tief fliegst, so halte dich mehr links und biege in dieses Tal ein!«

»Ja, ich biege in dieses Tal.«

»Und über diesen Paß hier kommst du ans Meer.«

»Ich komme ans Meer über diesen Paß.«

»Und gibt acht auf deinen Motor: da ist eine senkrecht ansteigende Steilküste mit Felsen.«

»Und wenn der Motor mich sitzenläßt?«

»Dann hilf dir, wie du kannst!«

Bernis mußte lächeln: jeder junge Pilot ist ein Romantiker. Ein Felsstück kann herabstürzen und ihn erschlagen; ein

Kind, das läuft, kann von einer Hand, die es zufällig berührt, zu Fall gebracht werden.

»Nein, nein, mein Lieber, man hilft sich schon.«

Bernis war stolz auf diese Lehre: in den Kindheitstagen hatte ihm die Äneis kein Geheimnis verraten, das vor dem Tode schützt.

Der Finger, den der Professor auf die Karte von Spanien legte, war ja nicht die Hand eines Rutengängers, offenbarte keinen Schatz und deckte keine Gefahr auf, und von der Hirtin, die da unten auf der Wiese hütet, wußte er nichts.

Heute, in der Erinnerung, ist das Licht der stillen Lampe so mild, als wäre es mit Öl gespeist, demselben Öl, das die Wellen des Meeres besänftigt. Draußen fegte der Wind. Dieses Zimmer war wirklich eine kleine Rettungsinsel in der weiten Welt, wie eine Matrosenherberge.

»Ein Gläschen Portwein?«

»Ja, gern.«

Pilotenzimmer, du ungewisse Heimstatt, die immer wieder neu aufgeschlagen war! Die Gesellschaft gab am Abend bekannt: »Der Pilot X ist nach dem Senegal bestimmt . . . nach Amerika . . .« Da hieß es noch in der Nacht sich losmachen, die Kisten zunageln, das Zimmer vom eigenen Ich entblößen, samt den Photos und den Büchern, und es endlich verlassen – so leergeräumt, daß auch kein Gespenst darin bleiben mochte. Manchmal auch galt es in dieser Nacht, zwei Arme weich zu biegen und die Kräfte eines Mädchens zu erschöpfen, nicht die Kleine gefügig zu machen (sie wehren sich doch alle), aber sie zu besitzen und, so gegen drei Uhr morgens, sie sanft in Schlummer zu bringen, als ein ergebenes Ding, nicht ergeben in die Trennung, aber versöhnt mit dem Abschiedsschmerz, und endlich sich sagen zu können: Sie nimmt das Leid auf sich, sie weint.

Jacques Bernis, was hast du eigentlich gelernt, hernach, als Weltenbummler? Fliegen? Ach, man kommt langsam vorwärts, wenn man immer weiterbohrt an seinem Loch im harten Kristall! Die Städte werden mit der Zeit einander immer ähnlicher, man muß landen, damit sie Gestalt annehmen. Und du weißt auch schon, daß all diese Reichtümer sich uns nur anbieten, um bald wieder vom Wellenschlag der Stunden weggewaschen und fortgespült zu werden. Als du aber von deinen ersten Reisen heimkehrtest, da kamst du dir als ein rechter Kerl vor und hattest den sonderbaren Wunsch, diesem Kerl einmal das Gespenst aus der Bubenzer gegenüberzustellen: so hast du mich schon in den Tagen deines ersten Urlaubs nach unserem Schulgebäude geschleppt. Und hier, in der Sahara, wo ich dich auf deinem Flug erwarte, denke ich trauernd zurück an diesen Besuch im Hause unserer Jugend. Ein weißes Haus, von Kiefern umstanden, ein Fenster wird hell, dann wieder eins. Und du sagtest: »Hier ist das Studierzimmer, da haben wir unsere ersten Verse gedichtet.«

Wir waren von weit hergekommen. Die schweren Mäntel, die wir trugen, schlossen uns gleichsam von draußen ab, und unsere Weltfahrerherzen hielten mittendrin Wache. Wir waren es gewohnt, in fremde Städte zu kommen, schweigsam, mit Handschuhen an den Händen, wohlgeborgen. Wir schritten durch flutende Menschenmengen, ohne sie zu berühren. Die weiße Flanellhose, das Tennishemd holten wir nur in zähmen Städten hervor, in Casablanca, in Dakar. In Tanger aber gingen wir barhaupt: in dieser verschlafenen kleinen Stadt war kein Aufputz nötig.

Jetzt kehrten wir zurück, gefestigt, im Schutz einer männlich gewordenen Muskulatur. Wir hatten gekämpft, gelitten, hatten grenzenlos weite Länder durchmessen, hatten da und dort eine Frau geliebt, hin und wieder auch mit dem Tod zu würfeln gehabt, alles das eigentlich nur, um die Angst loszuwerden, die unsere Jugend beherrscht hatte, die Angst vor den Strafaufgaben und den Hausarresten, um endlich einmal ruhigen Herzens dabeizusein, wenn am Samstagabend die Zensuren verlesen wurden.

In der Vorhalle begann es zuerst: ein Getuschel, dann ein Hin- und Herrufen, und nun liefen die Alten eilig herbei. Da waren sie wieder, im Lampenlicht, die bekannten Gesichter mit den vergilbten Wangen, aber ihre Augen leuchteten hell, so freundlich und froh. Und schon hatten wir begriffen, daß wir ihnen eine andere Welt bedeuteten: die ehemaligen Schüler kommen ja immer festen Schrittes als solche, die Genugtuung suchen, zurück.

Sie wunderten sich offenbar auch gar nicht über meinen derben Händedruck, nicht über den geraden Blick, mit dem

Jacques Bernis sie ansah, denn sie behandelten uns ohne Umschweife als Männer, ja sie liefen gar, eine Flasche alten Samosweines zu holen, von dem dazumal nie die Rede gewesen war.

Man nahm Platz zum Abendessen. Da saßen sie nun im Lichtkegel der Hängelampe eng beisammen, wie Bauern um den Ofen, und wir nahmen wahr, daß sie auch nur Menschen waren.

Sie waren schwach, denn sie zeigten sich nachsichtig, und unsere Faulheit von einst, die uns angeblich zur Lasterhaftigkeit und ins Elend hatte führen sollen, war jetzt nur mehr eine kindliche Unart, über die sie lächelten; und unseren Stolz, den sie uns einst mit so viel Eifer auszutreiben suchten, diesen Stolz rühmten sie heute, sie nannten ihn edle Gesinnung. Sogar die Philosophielehrer hatten uns Geständnisse zu machen.

Vielleicht hatte Descartes sein System nur auf eine theoretische Forderung aufgebaut. Pascal – ja Pascal war grausam. Er selbst aber, der alte Lehrer, hatte an seinem Lebensabend trotz allen Bemühens für das ewige Problem der menschlichen Freiheit noch keine Lösung gefunden. Mit allen Kräften hatte er uns gegen den Determinismus, gegen Taine, zu wappnen gesucht und sah für junge Leute, die aus der Schule ins Leben traten, keinen erbarmungsloseren Feind als Nietzsche – jetzt aber bekannte er seine sträfliche Schwäche. Sogar Nietzsche beunruhigte ihn sehr. Und wie war es mit der Realität der Materie? ... Er wußte es nicht und quälte sich ... Dann aber fragten sie uns aus. Wir waren ja aus diesem Treibhaus in den großen Sturm des Lebens hinausgetreten, nun mußten wir ihnen erzählen, wie die Luft auf dieser Erde beschaffen ist. Ob denn ein Mann, der eine Frau liebt, ihr Sklave werden muß, ein Pyrrhus, oder ihr Henker, wie Nero? Ob Afrika mit den weiten Einsamkeiten und dem blauen Himmel wirklich dem Unterricht des Geographielehrers entspricht (steckt der Vogel Strauß tatsächlich den Kopf in den Sand, um sich zu schützen?). Jacques Bernis nickte nur ein wenig mit dem Kopf, denn er wußte viel Geheimnisvolles, aber die Professoren verstanden, es ihm zu entlocken.

Alle wollten sie wissen, wie die Tat trunken macht, wie das Brausen des Motors sich anhört, und daß es uns, um glücklich zu sein, nicht mehr genüge, so wie sie an stillen Abenden die Rosenstöcke zu beschneiden. Jetzt war es an ihm, Lukrez auszulegen oder den Ecclesiasticus und Ratschläge zu erteilen. Er lehrte sie – sie sollten es noch zu rechter Zeit erfahren –, was man an Lebensmitteln und Wasser in die Wüste mitnehmen müsse, um nicht zugrunde zu gehen, wenn das Flugzeug havariert ist. Rasch gab er ihnen noch die letzten geheimen Winke: wie der Pilot sich vor den Mauren retten kann, und die Reflexbewegungen, mit denen er dem Feuer entkommt. Und da saßen die Alten und wiegten die Köpfe, sehr beunruhigt, aber doch schon etwas zuversichtlicher geworden und ganz stolz, weil ja aus ihren Händen diese neuen Kräfte in die Welt gestiegen waren. Ihr Leben lang hatten sie Helden gepriesen, und jetzt rührten sie mit den eigenen Händen an Helden und konnten nun ruhig sterben, weil sie Helden kennengelernt hatten. Sie sprachen von Julius Cäsar, da er noch Knabe war.

Doch wir wollten sie nicht betrüben und sprachen auch von den Enttäuschungen und der Bitternis einer Ruhestellung nach erfolglosem Bemühen. Es tat uns weh, daß der Älteste unter ihnen träumerisch geworden war, und so sagten wir noch, daß die einzige Wahrheit im Leben vielleicht in der friedvollen Welt der Bücher liege. Aber die Lehrer wußten das längst: man macht trübe Erfahrungen, wenn man anderen Geschichtsunterricht erteilt.

»Weshalb seid ihr in die Heimat zurückgekommen?«

Darauf gab Bernis keine Antwort. Aber die alten Professoren kannten das Menschenherz, sie hatten ein Zwinkern in den Augen und dachten an die Liebe . . .

IV

Von hoch oben gesehen, scheint die Erde kalt und tot. Das Flugzeug sinkt: da bekleidet sich die Erde. Sie umhüllt sich wieder mit Wäldern; Täler und Höhen zeichnen sich ein: da atmet sie. Jetzt überfliegt die Maschine einen Berg, und die Brust eines schlafenden Riesen schwillt an bis zu ihr empor.

Nun, in nächster Nähe, beschleunigt sich der Fluß der Dinge, ein Wildbach unter einer Brücke. Unsere wohlgeordnete Welt reißt in Stücke; Bäume, Häuser, Dörfer treten hervor aus dem gradlinigen Horizonte und sind schon nach rückwärts fortgerissen.

Die Gegend von Alicante steigt auf, kommt schaukelnd näher und ordnet sich ein, die Räder, schon ganz nahe, werden vom Erdboden angezogen wie von einem Walzwerk: schon wetzen sie sich daran ... Bernis entsteigt dem Flugzeug, die Beine sind ihm schwer. Er schließt die Augen, nur eine Sekunde lang, der Kopf schwirrt ihm noch vom Lärm des Motors und von den vielen farbigen Bildern; in seinen Gliedern liegt noch die Erschütterung vom Gang der Maschine. Gleich darauf betritt er die Kanzlei, nimmt gemütlich Platz, mit dem Arm schiebt er das Tintenfaß und einige Bücher weg, dann nimmt er das Flugbuch 612 zur Hand.

Toulouse—Alicante: 5 Stunden 15 Minuten Flugzeit.

Er hält inne, von Müdigkeit umfangen, und träumt ein wenig. Sein Ohr vernimmt unbestimmte Geräusche, die von draußen kommen. Irgendwo wird eine Weiberstimme laut. Der Lenker des Fordwagens öffnet die Tür, entschuldigt sich und lächelt dabei. Bernis betrachtet aufmerksam die Wände, die Tür und den Chauffeur, der so groß dasteht. Dann gibt es ein Gespräch, in das er zehn Minuten lang einbezogen wird, ohne es recht zu verstehen, mit Gebärden, die etwas abschließen, und anderen, die Neues einleiten; unwirkliche Vision. Aber der Baum, der draußen vor der Tür steht, ist doch schon seit dreißig Jahren da. Seit dreißig Jahren.

Motor: Nichts zu beanstanden.

Flugzeug: Neigung nach rechts.

Bernis legt die Feder weg, denkt nur: ich bin schläfrig. Und wieder folgt er dem Traum, der auf seinen Schläfen lastet.

Ambrafarbenes Licht auf dieser hellen Landschaft. Da gibt es schon geeggte Felder und Wiesen. Rechts liegt ein Dorf, links weidet eine kleine Herde, darüber blauer Himmel. Da steht ein Haus, denkt Bernis. Es kommt ihm zum Bewußtsein, daß er eben mit jäher Klarheit diese Landschaft, den Himmel, die ganze Erde erkannt hatte: sie waren richtig gebaut, wie ein Haus. Ein Familienhaus, alles stimmte, jeder Gegenstand lotrecht hingestellt. Keine Unsicherheit, keine rissige Stelle in der Einheit dieser Schau: Bernis kam sich vor wie ins Innerste dieser Landschaft versetzt. So geht es vielleicht alten Damen, die wie ein Stückchen Ewigkeit an ihrem Salonfenster sitzen. Der Rasen ist frisch und grün, bedächtig gießt der Gärtner die Blumen. Die Damen folgen mit den Blicken den ruhigen und beruhigenden Bewegungen seines Rückens. Der Geruch von Bohnerwachs, den das geglättete Parkett ausstrahlt, ist ihnen angenehm. Eine milde Ordnung waltet im Hause: Der Tag ist vorübergegangen, hat Sonnenschein gebracht und ein wenig Wind und einen kleinen Platzregen, der kaum ein paar Rosen entblätterte.

»Es ist gut, adieu.« Bernis muß weiterfliegen.

Er steuert in einen Sturm hinein, der auf das Flugzeug loshämmert wie der Maurer, der ein Haus einreißt. Das kennt man, wir kommen schon durch. Bernis hat nur mehr rudimentäre Gedanken, ihn erfüllt das einzige Bestreben: aus diesem Bergkessel herauszukommen, wo der Wind ihn hinabdrückt, wo die Regenschwaden so dicht sind, daß es finster ist, über diesen Felsrand hinwegzusetzen und das Meer zu erreichen.

Ein Stoß – am Ende irgendein Bruch! Und plötzlich hat das Flugzeug Übergewicht nach links. Bernis stemmt sich mit der einen Hand dagegen, dann mit beiden Händen, endlich mit dem ganzen Körper. »Herr Gott!« Jetzt sinkt das Flugzeug nach unten ab. Es ist aus mit Bernis. Nur eine Sekunde noch, dann wird er aus dieser trudelnden Behausung, die er kaum erst zu beherrschen gelernt hat, herausspringen – für immer. In Spiralen werden die Ebene, die Wälder, die Dörfer gleichsam zu ihm emporschwingen. Schatten der Dinge, Spiralschatten! Da liegt die ganze Schäferei, nach allen Himmelsrichtungen verstreut.

»Mir scheint, ich habe Angst gehabt.« Ein Tritt, er löst ein Kabel aus. Das Getriebe war verkeilt. Wieso? Ein Sabotageakt? Nein. Dreimal hat es versagt, ein Tritt hat die Weltordnung wiederhergestellt. Das war ein Abenteuer! Wirklich ein Abenteuer? Nichts bleibt von dieser Sekunde als ein Geschmack auf der Zunge, wie etwas Bitteres. Ja, aber dieser Abgrund, in den er geschaut hat? Alles war nur Sinnestäuschung: Straßen, Kanäle, Häuser – Menschen – Spielzeug! . . .

Fertig. Vorbei. Nun ist der Himmel klar. Die Wetterwarte hatte es vorhergesagt: »Himmel zu einem Viertel mit Zirruswolken bedeckt.« Die Wetterwarte? Die Isobaren? Am Ende die Wolkensysteme des Professors Borjsen? Jawohl, ein Himmel wie für Volksfeste, wie für den 14. Juli. Es müßte heißen: »In Malaga ist heute Feiertag!« Jeder Bewohner hat zehntausend Quadratmeter Himmel über sich, klaren Himmel, der bis zu den Zirruswolken reicht. Und das Aquarium da unten war noch nie so groß und leuchtend. Wie daheim im Golf, an einem Regattenabend: blauer Himmel, blaues Meer, die Matrosenkragen sind blau und die Augen des Kapitäns auch. Urlaub in Freuden!

Fertig: dreißigtausend Briefe sind herübergebracht. Die Fluggesellschaft hat gut reden: der Kurier ist wertvoll, viel wertvoller als das Leben. Jawohl, Lebenselixier für dreißigtausend Verliebte ... Geduld, ihr Liebenden! Wenn der Abend seine Lichter aufsteckt, sind wir bei euch. – Die schweren Wolken, vom Wirbelsturm wie in einem einzigen Riesenzuber zusammengepeitscht, liegen hinter Bernis. Vor ihm ein Land, von der Sonne in Glanz gehüllt; bekleidet mit dem hellen Gewand der Wiesen und der dunklen Wolle der Wälder, weiter hin schwebt der gekräuselte Schleier des Meeres.

Über Gibraltar wird es schon Nacht sein. Dann löst eine Linkskurve, gegen Tanger zu, Bernis völlig von Europa – mag es hinter ihm wie ein riesiger Eisberg zerrinnen ...

Noch einige Städte, die aus braunem Lehm wachsen, dann Afrika. Und wieder einige Städte, aus schwarzem Lehm, dann die Sahara. Bernis darf heute abend zusehen, wie die Erde sich sacht entkleidet.

Er ist müde. Vor zwei Monaten war er nach Paris gefahren, um Genoveva zu gewinnen. Gestern ist er wieder bei der Fluggesellschaft gelandet und hat vorher Ordnung gemacht, nach seiner Niederlage. Diese Ebenen, diese Städte, diese Lichter, die entschwinden – er selbst läßt all dies fahren. Er selbst tut all dies von sich. In einer Stunde wird der Leuchtturm von Tanger blinken: bis zu diesem Leuchtturm wird Jacques Bernis seiner Erinnerung leben.

Zweiter Teil

I

Ich muß zurückgreifen, muß die letzten zwei Monate heraufholen – was bleibt sonst wohl von ihnen? Wenn einmal die Ereignisse, die ich schildern will, ganz zur Ruhe gekommen sein werden, wenn die Wellenkreise über den Menschen, die das Wasser verschlungen hat, wieder zum stillen Teichspiegel geworden, wenn die Gemütsbewegungen abgeebbt sind, zuerst die aufrüttelnden, dann die gelinden, bis zu den seligsten, die mir aus diesen Ereignissen erwuchsen: dann wird die Welt wieder als etwas Sicheres um mich stehen. Kann ich mich doch schon heute da und dort, wo das Andenken an Genoveva und Bernis wie eine Qual sein müßte, ruhig ergeben, nur mehr von einem leisen Schmerz bewegt!

Zwei Monate zuvor war er hinaufgefahren nach Paris. Aber nach längerer Abwesenheit findet man seinen richtigen Platz nicht mehr wieder: man fällt einer Stadt zur Last. Er war nicht mehr als ein Jacques Bernis, angetan mit einem Anzug, der nach Kampfer roch. Er bewegte sich steif und ungeschickt, und in seinem Zimmer verrieten die Lebensmittelvorräte, Flaschenbatterien, schön geordnet in einer Ecke, all das Wirtshausmäßige und Provisorische, das ihnen anhaftet: dieses Zimmer war noch nicht von sauberer Wäsche und von eigenen Büchern wohnlich gemacht.

»Hallo – bist du's?« Er registriert die alten Freundschaften. Man ruft ihm zu, er wird beglückwünscht. »Dein Gespenst? Nein, bravo!«

»Ja, ich bin's. Wann kann ich dich sehen?«

Heute ist man eben nicht frei. Vielleicht morgen? Da wird Golf gespielt, aber er könnte ja auch dazukommen. Keine Lust? Also übermorgen, zum Abendessen. Punkt acht Uhr.

Er betritt schweren Schrittes eine Tanzbar, behält unter all den Menschen seinen Mantel an, wie ein Forschungsreisender. Da verbringen sie ihre Nächte in diesem Käfig, wie Goldfische im Aquarium, drehen sich im Tanz herum, landen dann und wann beim Büfett, eins zu trinken. Bernis kommt sich in dieser flauen Gesellschaft, in der allein er seine fünf Sinne beisammen hat, plump vor, wie ein Lastträger, der auf breiten Beinen dasteht. Alles, was er denkt, ist scharf umgrenzt. Er geht weiter vor, strebt zwischen besetzten Tischen nach einem freien Stuhl. Die Augen der Frauen, die er mit den Blikken streift, schauen zerstreut, wie erloschen. Die jungen Männer machen höflich Platz, damit er vorbeigehen kann. Wie in der Nacht, wenn die Posten ihre Zigaretten fallen lassen, sobald der Wachoffizier in die Nähe kommt.

Diese Welt haben wir stets gleich wiedergefunden, nicht anders als der bretonische Matrose sein Ansichtskartendorf wiederfindet und seine unentwegt treue Braut, die kaum älter geworden scheint. Immer dasselbe, Illustration aus einem Kinderbuch. Wenn wir alles so ganz an seinem Platz wiedererkannten, alles vom Schicksal so gut geregelt, fühlten wir etwas wie Angst vor der dunklen Zukunft. Bernis erkundigte sich nach einem Freund. »Ja, ja, immer der gleiche. Seine Geschäfte gehen nicht glänzend. Du weißt ja, das Leben . . .« Alle waren sie Gefangene ihrer selbst, gebunden von jener dunklen Fessel und so gar nicht wie er, der Flüchtling, halb armer Kerl, halb Zauberer.

Kaum ein bißchen verbraucht, vielleicht etwas schmaler geworden schienen die Gesichter seiner Freunde, seit zwei Winter und zwei Sommer vergangen waren. Diese Dame da, in der Ecke der Bar, erkannte er wieder: auch ihre Gesichtslinien hatten das ewige Lächeln, nur unmerklich verzogen. Dieser Barmann, wie einst und je. Der Gedanke, von ihm etwa erkannt zu werden, erschreckte Bernis, wie wenn diese Stimme in ihm selbst einen toten Bernis, einen ohne Flügel wiedererwecken müßte, einen, der gar nicht fortgewesen war.

Schon beim Rückflug hatte sich die Landschaft stückweise um ihn aufgebaut, fast wie ein Kerker. Die Sandhügel der Sahara, die spanischen Felsen waren allmählich zurückgewichen wie Theaterkulissen, die der freien Natur Raum geben. Endlich, gleich nach der Grenze, Perpignan und ringsherum die Ebene. Diese Ebene, auf der noch späte Sonne lag in schrägen, langgestreckten Strahlen, die immer durchscheinender werden wie alter Goldstoff; da und dort lag noch der Sonnenhauch auf den Wiesen, von Minute zu Minute blässer und luftiger, nicht erlöschend, aber hinschmelzend im Dunst. Und dann dieser zitronengrüne Streif, eine satte dunkle Farbe unter dem Blau des Himmels. Ein stiller Hintergrund. Endlich, mit verlaufendem Motor, dieses Hinabtauchen ins Dunkle, wie in ein Meer, in dem alles friedlich geworden ist und wo nun alles so fest und unbeirrbar ruht wie eine Mauer.

Dann ging's im Wagen des Flughafens zur Bahn. Im Zug die Gesichter, gerade gegenüber, verschlossene, hart gewordene Gesichter. Die Hände, in die das Lebenslos seine Runen gegraben hat, liegen flach auf den Knien und sind so schwer. Den Bauern, zwischen denen man sitzt, merkt man an, daß sie vom Feld kommen. Und dieses junge Mädchen, das daheim vor der Haustür auf den Mann wartet, der unter hunderttausend Männern zu ihr finden soll, und das schon hunderttausend Hoffnungsträume zerrinnen sah. Die Mutter aber, die ein Kind in den Schlaf lullt, war ja schon Gefangene dieses Kindes, konnte ihm nicht mehr entfliehen.

Solcherart mitten ins Herzensgeheimnis der Dinge gestellt, kam Bernis auf stillen Wegen in seine Heimat zurück, die Hände in den Taschen, ohne Koffer, der richtige Streckenpilot, zurück in die starrste aller Welten, in der man zwanzig Jahre prozessieren muß, um über eine Mauer hinüberzugreifen und ein Feld zu vergrößern.

Nach zwei Jahren, verbracht in Afrika und erfüllt von lebensvollen Landschaftsbildern, die ewig wechselten wie das Antlitz des Meeres, aber freilich jetzt, da sie in der Erinnerung versanken, auch nichts mehr übrigließen vom alten Lande, dem einzigen, ewigen, vom Lande, dem er entstammt war, setzte er nun den Fuß auf wirklichen Boden und fand, ein Erzengel der Traurigkeit: »Alles ist noch, wie es war . . .«

Er hatte befürchtet, die Dinge verändert zu finden, und nun litt er darunter, daß sie gleichgeblieben waren. Was konnte er von Wiederbegegnungen, von alten Freundschaften anderes erwarten als vage Langeweile. In der Ferne träumt man gern. Das Rührende, das der Abschied gebracht hat, läßt man hinter sich, mit einem Stich im Herzen, aber auch mit dem seltsamen Bewußtsein von einem Schatz, der unter der Erde verborgen bleibt. Diese raschen Trennungen offenbaren manchmal soviel scheue Liebe. Eines Nachts, in der Sahara, unter dem leuchtenden Sternenhimmel, hatte Bernis träumerisch an all das Zärtliche in der Ferne gedacht, das warm in das Dunkel der Nacht und der Zeit gehüllt ruhte wie ein Samenkorn in der Erde, und plötzlich stand in seiner Seele das Gefühl: er habe sich nur ein wenig zur Seite gewandt, um das Schlafende anzuschauen. Angelehnt an sein Flugzeug, das havariert war, vor sich die Sanddüne, die sich weithin bis zum Horizont wellte, stand er da und hütete sein Liebstes wie ein Hirt...

»Und das ist alles, was ich wiederfinde!«

Eines Tages schrieb mir Bernis:

»... *Ich erzähle dir nichts über meine Heimkehr: ich werde, wie ich meine, mit den Dingen fertig, wenn Empfindungen in mir wach werden. Aber es ist keine wach geworden. Es ging mir so wie jenem Pilger, der um eine Minute zu spät nach Jerusalem gekommen war. Seine Sehnsucht, sein Glaube waren erloschen, er sah nur Steine. Diese Stadt: eine Mauer. Ich will fort von hier. Erinnerst du dich an unseren ersten Flug? Wir haben ihn zusammen gemacht. Murcia, Granada lagen da wie kleine Schmuckstücke im Glaskasten und blieben in der Vergangenheit versunken – denn wir landeten nicht –, blieben so hingestellt, wie die Jahrhunderte sie gelassen hatten. Der Motor machte sein intensives Geräusch, das alles beherrscht und unter dem die Landschaft lautlos abrollt wie ein Film. Es war kalt, wir flogen ja so hoch und sahen die Städte wie durch Eis. Erinnerst du dich?*

Ich habe noch die Zettel aufbewahrt, die du mir herüberreichtest:

›Du mußt auf dieses sonderbare Geräusch achtgeben ... nicht über die Meerenge fliegen, wenn es zunehmen sollte.‹ Zwei Stunden später, über Gibraltar: ›Erst bei Tarifa übers Meer, es ist besser.‹

Vor Tanger: ›Kein zu langes Landungsmanöver, der Boden ist weich.‹

Ganz einfach war's. Aber mit diesen kurzen Sätzen gewinnt man die Welt. Ich empfand sie wie eine Strategie, die in so knappen Weisungen mächtig wirkte. Tanger, diese kleine nichtssagende Stadt, war meine erste Eroberung. Weißt du, das war sozusagen mein erster Zusammenstoß. Ja. Zunächst aus der Verti-

kalen, aber noch aus großer Ferne. Dann, im Gleitflug, blühte alles vor mir auf: die Wiesen, die Blumen, die Häuser, als brächte ich eine untergegangene Stadt ans Licht herauf, als würde sie erst durch mich lebendig. Und nun plötzlich eine wunderbare Entdeckung: fünfhundert Meter unter mir jener Araber, der sein Feld bestellte, den ich allmählich zu mir heraufzog, bis er so groß war wie ich. Er war wahrhaftig meine Kriegsbeute oder meine Schöpfung oder mein Spielzeug. Ich hatte mir eine Geisel gefangen, Afrika gehörte mir.

Zwei Minuten danach stand ich im Grase, ich fühlte mich so jung, wie auf einen Stern versetzt, in dem das Leben neu beginnt. In einem neuen Klima. Auf diesem Boden, unter diesem Himmel stand ich wie ein junger Baum. Und ich streckte mich nach der Fahrt und war so herrlich hungrig. Ich machte lange, elastische Schritte, um mich vom weiten Flug zu erholen, und mußte darüber lachen, daß ich meinen Schatten nun wieder hatte – das war die Landung.

Und dann: welcher Frühling! Siehst du ihn noch vor dir, nach den grauen Regentagen in Toulouse? Es war eine ganz neue Lust, die alles durchdrang. Jedes weibliche Wesen war von einem Geheimnis umwittert: oft war es nur ein Tonfall, eine Gebärde oder ein Verstummen. Und alle waren sie verlockend. Dann aber, du kennst mich ja, diese Hast, weiter zu steigen, weiter weg zu suchen, was ich vorausempfand und noch nicht verstehen konnte; denn ich war ja der Wünschelrutenmann, der den zitternden Weidenzweig in der Hand hält und über die ganze Erde gehen will, bis er den Schatz gefunden hat.

Aber, sag mir nur, was suche ich denn? Und weshalb stehe ich da am Fenster, in der Stadt, in der alle meine Freunde wohnen, wo meine Wünsche leben und meine Erinnerungen zu Hause sind, und bin doch so unglücklich! Warum kann ich denn hier, zum erstenmal, keine Quelle entdecken, warum weiß ich weit und breit keinen Schatz zu graben? Dunkel ist das Versprechen, das mir gegeben ist, und dunkel der Gott, der sein Versprechen nicht hält.

Ich habe die Quelle wiedergefunden. Weißt du noch? Sie heißt Genoveva . . .«

Genoveva – als ich diese Worte in Bernis Brief gelesen hatte, mußte ich die Augen schließen – und da sah ich dich wieder, kleines Mädchen. Fünfzehn Jahre, und wir, wir waren dreizehn Jahre alt. Wie hättest du auch in unserer Erinnerung älter werden sollen? Du warst für uns dasselbe schmächtige Kind geblieben, und nur dieses konnten wir uns vorstellen, wenn wir später von dir hörten.

Indes andere die Erwachsene zum Traualtar geleiteten, haben wir, Bernis und ich, im tiefsten Afrika ein kleines Mädchen zur Braut erwählt. Und so bist du, mit deinen fünfzehn Jahren, die jüngste der Mütter geworden. In einem Alter, in dem man die bloßen Beine beim Baumklettern wund scheuert, wolltest du schon eine richtige Wiege haben, dieses königliche Spielzeug. Und während du im Kreise der Deinen, die das Wunder nicht ahnten, das stille Leben einer jungen Frau führtest, lebtest du für uns ein Märchenleben, durch ein Zaubertor in unser Dasein eingetreten, verkleidet als Gattin, Mutter, als Fee, wie auf Kostümfesten und Kinderbällen.

Denn du warst eine Fee. Ich weiß es noch gut. Du wohntest in einem alten Hause mit dicken Mauern. Ich sehe dich in der tiefen Fensternische stehen, auf die Ellbogen gestützt, um nach dem aufsteigenden Mond zu schauen. Ringsum in der Ebene wurden die abendlichen Geräusche laut, die Grillen ließen ihre Flügel zirpen, die Frösche quakten drauflos, und die Glocken der heimkehrenden Kühe läuteten. Der Mond stieg höher. Manchmal klang aus dem Dorf das Totengeläute und trug über die Felder hin den Heimchen und den Zikaden das Unerklärliche zu, den Tod. Und du beugtest dich weiter vor, im Herzen bewegt, doch nur für die liebenden Brautleute, denn nichts ist bedrohter als grüne Hoffnung. Aber der Mond stieg höher. Da fingen die Nachtkäuze an, einander liebend zuzurufen, und übertönten das Totenglöckchen, und die umherschweifenden Hunde sammelten sich im Kreis und heulten zum Mond hinauf. Jeder Baum, jeder Grashalm, jedes Schilfrohr war voll heimlichen Lebens. Und der Mond stieg noch immer. Du aber nahmst uns bei den Händen und wolltest, daß wir zuhören, denn das seien die Geräusche unserer Erde, die gut sind und Zuversicht geben.

Du warst so wohlbehütet von diesem Haus und, rings um das Haus, von diesem lebendigen Gewand der Erde. Allerlei

Bündnisse hattest du geschlossen mit den Linden, den Eichen und mit den weidenden Herden, daß wir dich ihre Königin nannten. Dein Antlitz wurde still und stiller, wenn die abendliche Welt allmählich für die Nacht in Ordnung gebracht wurde. »Der Pächter hat das Vieh heimgeführt.« Das wußtest du, wenn in den fernen Ställen die Lichter sich entzündeten. Ein dumpfer Lärm: »Man macht die Schleuse zu.« Alles war in Ordnung. Endlich der Schnellzug, der um sieben Uhr abends herandonnerte, das Land durchraste und entschwand, um deine Welt von dem zu säubern, was unruhig und beweglich war und ungewiß wie ein Gesicht hinter dem Fenster eines Schlafwagens. Dann war das Essen in einem Speisezimmer, das zu hoch und schlecht beleuchtet war, und da warst du uns die Königin des Abends, denn wir überwachten dich ohne Unterlaß, wie zwei Spione. Da saßt du still zwischen alten Leuten, umgeben vom Holzgetäfel des Raumes, und wenn du dich vorbeugtest, bot sich nichts als dein Haar dem Goldglanz des Lichtkegels, den die Lampenschirme freiließen, du warst von Licht gekrönt, warst Königin. Als eine Ewige erschienst du uns, denn du warst mit allen Dingen so voll vertraut, warst ihrer sicher und sicher deiner Gedanken, deiner Zukunft, du warst Königin . . .

Wir aber wollten wissen, ob es möglich sei, dich leiden zu machen, dich so fest in die Arme zu schließen, daß dir der Atem ausginge, denn wir fühlten in dir ein Menschliches schlummern und wollten es zum Leben wecken: eine Zärtlichkeit, ein Leid, und es sollte in deinen Augen aufleuchten. Da schlang Bernis die Arme um dich, deine Wangen wurden rot. Er umschlang dich fester, in deinen Augen glänzten Tränen, und es war doch kein häßlicher Zug um deine Lippen, wie bei alten Frauen, wenn sie weinen. Bernis aber sagte, daß deine Tränen aus dem Herzen kämen, das dir unversehens schwer geworden, daß sie kostbarer seien als Diamanten, und wer sie dir einst von den Lidern wegtränke, der würde unsterblich. Und er sagte auch, daß du in deinem Leib verborgen seist wie die Nixe unter dem Wasserspiegel und daß er vielerlei Zauberkünste wisse, um dich aus der Tiefe herauszulocken, aber das sicherste Mittel sei, dich weinen zu machen. So also wußten wir dir Liebe abzulisten. Aber wenn wir dich freigaben, lachtest du, und dieses Lachen brachte uns in Verwirrung. Du warst wie ein Vogel, der jählings davongeflogen ist, weil die Hand, die ihn festhielt, sich ein wenig gelockert hatte.

»Genoveva, lies uns Verse vor!«

Man traf dich selten lesend, und wir meinten, du wüßtest schon alles. Nie hatten wir dich über etwas verwundert gesehen.

»Lies uns doch Verse vor!«

Da last du denn, und uns war das eine richtige Unterweisung, für die Welt, für das Leben, eine Unterweisung, die uns nicht vom Dichter herkam, sondern aus dem eigenen Wissen. Kummer, von Liebenden gelitten, und Tränen, von Königinnen geweint, wurden für uns große, stille Dinge. Die Menschen starben dahin an der Liebe, aber in deiner Stimme war eine solche Ruhe . . .

»Genoveva, sag, kann man wirklich an der Liebe sterben?«

Da hieltst du im Lesen inne und dachtest ernsthaft nach. Ohne Zweifel suchtest du Antwort bei deinen Farnkräutern, bei deinen Grillen und Bienen, und du sagtest: »Ja, weil doch die Bienen an der Liebe sterben.« Das war also notwendig und in Ordnung.

»Genoveva, was ist das, ein Liebhaber?«

Wir wollten dich erröten machen, aber du wurdest nicht rot. Kaum berührt von dieser Frage, schautest du auf den Teichspiegel hinaus, der im Mondschein glitzerte. Da dachten wir, ein Liebhaber müsse für dich so sein wie dieser Lichtstrahl auf dem Wasser.

»Genoveva, hast du einen Liebhaber?«

Diesmal würdest du rot werden! Aber nein, du lächeltest ganz unbefangen und schütteltest den Kopf. In deinem Königreich bringt die eine Jahreszeit die Blumen, eine andere die Früchte, und wieder eine bringt die Liebe: das Leben ist so einfach.

»Genoveva, weißt du, was wir später tun werden?« (Wir wollten dich blenden und nannten dich: schwaches Weib.) »Ja, du schwaches Weib, wir werden Eroberer sein.« Und wir erklärten dir das Leben: der Eroberer kehrt ruhmbeladen heim und macht eine, die ihm lieb war, zu seiner Geliebten.

»Dann werden wir deine Liebhaber sein. Sklavin du, lies uns Verse vor!«

Aber du mochtest nicht mehr und warfst das Buch fort. Auf einmal stand dein Leben so sicher vor dir, wie wenn ein junger

Baum spürt, daß er wächst und Früchte trägt. Es war nichts anderes da als das, was notwendig war. Wir, wir waren Eroberer aus Fabelland, du aber standest fest inmitten deiner Farnkräuter, deiner Bienen und Ziegen und im Glanze deiner Sterne, du hörtest deine Frösche quaken und fandest deine Zuversicht in all diesem Leben, das um dich her aus der nächtlichen Stille wuchs und das aus dir selbst erblühte, aus dem Federn deines Schrittes bis hinauf zur Beuge deines Nackens, und es war eine Zuversicht in ein Geschick, das nicht in Worte zu fassen und dennoch so sicher war.

Aber der Mond stand schon hoch, es war Schlafenszeit, da schlossest du das Fenster, und weil nun das Mondlicht durch die Scheiben glänzte, sagten wir dir, du hättest den Himmel wie einen Glaskasten zugemacht, so daß der Mond und eine Handvoll Sterne darin gefangen wären – denn wir waren ja darauf aus, mittels aller möglichen Sinnbilder und aller erdenklichen Fallen dich hinter den Anschein der Dinge zu führen, hinab in die Tiefe der Meere, wohin die Unruhe unserer Herzen uns rief.

»*... Ich habe die Quelle wiedergefunden. Sie ist's, die ich brauchte, um von der Reise auszuruhen. Sie ist da, die anderen ... Es gibt Frauen, von denen wir sagten, sie seien nach dem Erlebnis der Liebe ins Ferne gerückt, zu den Sternen hinauf, und sie seien nichts als eine Erfindung des Herzens. Von Genoveva aber, du erinnerst dich, meinten wir, sie sei bewohnt. Ich habe sie wiedergefunden, wie man den Sinn der Dinge wiederfindet, und ich gehe an ihrer Seite in eine Welt ein, deren Innerstes ich endlich entdecken darf ...*«

Für ihn kam sie von den Dingen her. Sie wurde ihm Mittlerin, nach so vielen Trennungen, für so viele neue Bindungen. Die Kastanienbäume, die da standen, schenkte sie ihm wieder, diese Straße, jenen Brunnen. Und jedem der Dinge war wieder das Geheimnis eingegeben, das wir seine Seele nennen. Da war ein Garten: er war nicht mehr gepflegt, geschnitten und sauber aufgeräumt wie für einen Amerikaner, nein, es war nun mit einem Male etwas Unordentliches in der Allee zu sehen, hin und wieder ein dürres Blatt und da ein verlorenes Schnupftuch, als wären Liebende hier gegangen. Und dieser Garten wurde zur Falle ...

II

Nie hatte sie zu Bernis von Herlin, ihrem Gatten, gesprochen, erst heute abend: »Ein langweiliges Essen, massenhaft Menschen: Jacques, essen Sie doch mit, so werde ich weniger allein sein.«

Herlin gestikuliert viel, etwas zuviel. Weshalb diese betonte Sicherheit, die er im Alltag ja doch nicht beibehält? Seine Frau beobachtet ihn mit einiger Unruhe. Dieser Mann schiebt gleichsam eine Persönlichkeit vor sich her, die er zurechtgemacht hat. Nicht aus Eitelkeit, aber um an sich glauben zu können. »Sehr richtig, Ihre Bemerkung, mein Lieber.« Genoveva wendet sich angewidert ab: diese ausladende Geste, dieser Tonfall, und so viel zur Schau getragene Sicherheit!

»Kellner, Zigarren!«

Noch nie hat sie ihn so lebendig gesehen, so erfüllt von seiner Bedeutung. Da sitzt man im Gasthaus, und von diesem Podest aus beherrscht man die Welt. Ein Wort, das man sagt, stößt auf einen Gedanken und hat ihn auch schon umgestoßen. Ein einziges Wort dem Speisenträger, dem Oberkellner bringt sie beide in eilige Bewegung.

Genoveva muß lächeln: wozu dieses politische Diner? Wozu, seit sechs Monaten, diese politischen Grillen? Herlin kommt sich als starker Mann vor, wenn große Gedanken durch seinen Kopf hindurchgehen, und er merkt, daß er stattliche Posen einzunehmen versteht. Dann ist er ganz beglückt und tritt ein wenig zurück, um sein eigenes Bild zu betrachten.

Genoveva läßt ihn und die anderen bei diesem Spiel und wendet sich zu Bernis: »Verlorener Sohn, erzählen Sie mir von der Wüste ... Wann werden Sie uns ganz wiedergeschenkt sein?«

Bernis schaut sie an und erkennt das fünfzehnjährige Mädchen wieder, das ihm aus dem Antlitz einer fremden Frau zulächelt, wie es in Märchenbüchern zu lesen ist; ein Kind, das sich verbirgt, aber mit einer halben Bewegung alsbald wieder verrät: Genoveva, ich weiß das Zaubermittel, man muß Sie umarmen, so fest, daß es Ihnen weh tut, dann ist das junge Mädchen wieder da und will weinen ...

Jetzt aber neigen sich die Herren wieder zu Genoveva, daß

ihre steifen Hemdbrüste sich biegen, und benehmen sich verführerisch, als ob man eine Frau erobern könnte, indem man Gedanken formuliert und Bilder vor ihr aufbaut, als wäre sie der Siegerpreis eines steten Wettbewerbs. Auch ihr Gatte beginnt liebenswürdig zu werden, gewiß wird er hernach zärtlich sein wollen. Er entdeckt sie, wenn andere sie begehrenswert gefunden haben, wenn die Frau im Glanz des Abendkleides und im Wunsche zu gefallen ein wenig das Weib hat erblühen lassen. Sie aber denkt: Er liebt nur, was mittelmäßig ist. Warum liebt man sie nicht ganz? Man liebt nur einen Teil ihrer selbst, das übrige bleibt im Schatten. Man liebt sie, wie man die Musik liebt oder den Luxus. Gibt sie sich geistreich oder gefühlvoll, dann wird sie begehrt. Aber woran sie glaubt, was sie empfindet, was wirklich in ihr lebt – darum kümmert sich keiner. Die Liebe zu ihrem Kind, alle ihre Kümmernisse, mögen sie noch so ernsthaft sein – von diesem abseitigen Leben will niemand wissen.

Jeder Mann wird in ihrer Nähe zur Puppe: er entrüstet sich, wenn sie sich entrüstet, er wird rührselig, wenn sie es wird, als wolle er, um ihr zu gefallen, immer nur sagen: Ich werde der Mann sein, wie Sie ihn wünschen. Und das entspricht der Wahrheit, all dies hat eben für ihn keine Bedeutung. Was für ihn Bedeutung hätte, wäre einzig, ihr beizuwohnen.

Sie aber denkt nicht immer an die Liebe, sie hat keine Zeit dazu.

Und sie erinnert sich lächelnd an die ersten Tage ihres Brautstandes: Herlin hatte plötzlich entdeckt, daß er verliebt war (offenbar hatte er es vordem vergessen). Er will mit ihr reden, er will sie zahm machen und gewinnen. »Aber, ich habe doch keine Zeit ...« Und so schritt sie vor ihm auf dem Fußweg, trällerte ein Lied und hieb im Takt auf die jungen Zweige der Bäume. Die Erde war feucht und duftete, und von den Zweigen spritzten die Tropfen auf ihr Gesicht. Sie dachte immer wieder: Ich habe doch keine Zeit, gar keine Zeit! Sie geht jetzt doch ins Glashaus, nachzusehen, was die Blumen machen.

»Genoveva, Sie sind ein grausames Kind.«

»Ja, freilich, aber sehen Sie nur, wie schön diese Rosen sind! So eine schöne Blume ist doch etwas Wunderbares.«

»Genoveva, lassen Sie sich umarmen ...«

»Ja, ja, warum nicht? Finden Sie meine Rosen schön?«

Und die Männer finden ihre Rosen immer schön.

»Aber nein, mein kleiner Jacques, nein, ich bin wirklich nicht traurig.« Sie neigt sich halb zu Bernis. »Wenn ich daran denke, was ich doch für ein sonderbares kleines Mädchen war! Ich hatte mir einen Gott nach meinem Sinn geschaffen. Wenn mich ein kindlicher Schmerz überkam, so weinte ich den ganzen Tag um das Unwiederbringliche. Aber des Nachts, sobald es finster war, rettete ich mich zu meinem Freund, und mein Gebet war so: ›Sieh, das ist mir geschehen, aber ich bin viel zu schwach, mein zerstörtes Leben wieder in Ordnung zu bringen. Ich will dir alles überlassen, du bist ja so viel stärker als ich. Mach wieder Ordnung!‹ So schlief ich ein.«

Und dann: unter all den zweifelhaften Dingen gibt es doch auch so viele, die fügsam sind. Sie gebot über ihre Bücher, ihre Blumen und über ihre Freunde. Mit ihnen allen unterhielt sie Verträge. Sie kannte das Zeichen, das ein Lächeln hervorzaubert, wußte das Losungswort, das einzig wirksame:

»Ah, da sind Sie ja, mein alter Astrolog . . .«

Und wenn Bernis eintrat: »Setzen Sie sich, verlorener Sohn . . .« So war jeder mit ihr verbunden, durch ein Geheimnis, durch die zarte Gewißheit, von ihr entdeckt und erkannt zu werden. Und die harmloseste Freundschaft wurde dadurch reich und tief wie ein Verbrechen. »Genoveva«, sagte Bernis, »Sie sind Königin über alle Dinge.«

Sie rührte ein wenig an den Möbeln ihres Zimmers, rückte jenen Armsessel um ein geringes, und schon hatte der Freund das überraschende Gefühl, den Platz in der Welt gefunden zu haben, der für ihn der richtige war. War der Tag vorbei mit all dem Leben, das er gebracht hatte, so gab es allerlei stille Unordnung im Zimmer, verstreute Notenblätter, verwelkte Blumen – alles, was man hienieden liebt und doch durcheinanderbringt. Aber Genoveva verstand es, lautlos den Frieden in ihrem Königreich wiederherzustellen. Und Bernis erkannte in ihr, tief verborgen in ihrem Wesen und wohlbehütet, das kleine Mädchen, das da schlummerte und das ihn einst geliebt hatte . . .

Aber es kam ein Tag, an dem die Dinge sich jählings empörten.

III

»Laß mich doch schlafen . . .«

»Das ist unerhört! Steh auf, das Kind erstickt ja!«

Aus dem Schlaf gerissen, lief sie zum Bett. Das Kind schlief. Sein Gesicht war fieberglänzend, der Atem zwar kurz, aber ruhig. Schlaftrunken, wie sie war, sah Genoveva das hastige Schnaufen eines Schleppers vor sich.

»Welche Anstrengung!« Und das war schon seit drei Tagen so. Unfähig, einen Gedanken zu fassen, blieb sie stehen, über den kranken Knaben gebeugt.

»Weshalb hast du mir gesagt, daß er erstickt? Mußtest du mir solche Angst machen?«

Ihr Herz war noch unruhig von diesem Schrecken. Herlin antwortete:

»Ich habe es geglaubt.«

Sie wußte, daß er log. Er war plötzlich in Angst geraten und hatte, unfähig zu leiden, diese Angst mit jemand teilen müssen. Die Stille um ihn herum erschien ihm, da er leiden mußte, unerträglich. Und ihr tat doch nach drei durchwachten Nächten eine Stunde Schlaf dringend not. Sie hatte sich schon kaum mehr aufrecht halten können.

All diese Unaufrichtigkeit verzich sie ihm ja – was hatten schon Worte zu bedeuten? Aber dieses Kontrollieren ihres Schlafs war doch zu lächerlich!

»Du bist wirklich unvernünftig.« Das war alles, was sie sagte, dann noch, um ihn mild zu stimmen: »Du bist ein Kind . . .«

Im gleichen Atemzug fragte sie die Pflegerin nach der Zeit.

»Zwei Uhr zwanzig.«

»So?« Und Genoveva wiederholte: »Zwei Uhr zwanzig . . .«, als ob jetzt etwas Dringendes zu tun wäre. Aber nein, es war ja nichts zu tun als zu warten, wie auf einer Bahnfahrt. Sie strich über die Bettdecke, stellte die Arzneien zurecht, machte sich am Fenster zu schaffen. So erzeugte sie eine geheimnisvolle, unsichtbare Ordnung.

»Sie sollten ein wenig schlafen«, meinte die Pflegerin. Dann war alles still. Und wieder überkam sie die Vision einer Reise, wo die Landschaft ungesehen vorbeifließt.

»Dieses Kind, das man so lebendig sah, das man so lieb

hat . . .«, deklamierte Herlin, der sich gern von Genoveva bedauern lassen wollte. Die Rolle des unglücklichen Vaters . . .

»Beschäftige dich, mein Lieber, tu doch etwas!« riet ihm Genoveva in freundlichem Ton. »Du hast eine geschäftliche Besprechung, geh nur hin!«

Sie nahm ihn an den Schultern, er aber blieb dabei, seinen Schmerz zu hätscheln. »Wie könnte ich denn? In einem solchen Augenblick . . .«

In einem solchen Augenblick, gerade dann mehr denn je! Sie empfand einen seltsamen Drang, Ordnung zu machen. Diese Vase war von ihrer Stelle gerückt worden, hier lag Herlins Mantel auf einem Sessel, dort auf der Konsole war Staub zu sehen – alles das waren ja Stellungen, die der Feind genommen hatte, waren Anzeichen eines Zusammenbruchs. Gegen diesen eben kämpfte sie an. Der Goldglanz der Nippsachen, Zimmermöbel, die richtig stehen, das ist hell, das sind Wirklichkeiten im vollen Tageslicht. Und alles, was gesund und nett und sauber war, schien für Genoveva wie ein Schutz vor dem Tod, der etwas so Dunkles war.

Der Arzt sagte: »Es kann wieder gut werden, das Kind ist kräftig.« Das war ja richtig: wenn es schlief, klammerte es sich mit seinen beiden kleinen, geschlossenen Fäustchen an das Leben an. Das war etwas so Schönes, so Festes.

»Gnädige Frau, Sie sollten ein wenig ausgehen, machen Sie einen Spaziergang«, meinte die Pflegerin. »Hernach gehe ich auch aus. Sonst halten wir beide nicht stand.«

Es war doch seltsam, wie dieses Kind zwei Frauen bis an die Grenzen ihrer Kräfte erschöpfte. Wie es da lag mit den geschlossenen Augen und dem kurzen Atem, nahm es sie mit sich fort, ans Ende der Welt.

Genoveva ging wirklich aus, um Herlin zu entkommen, der ihr Vorträge hielt: »Meine elementarste Aufgabe . . .«, »Dein Stolz . . .« Sie begriff nichts von allen diesen Redensarten, weil sie zu schläfrig war, aber einzelnes, wie dieses »Stolz«, ließ sie doch für einen Augenblick aufhorchen. Stolz – weshalb? Was hat das hier zu tun?

Den Arzt überraschte diese junge Frau, die nicht in Tränen ausbrach, die kein überflüssiges Wort sagte, ihm aber in allem zur Hand war wie eine geübte Wärterin. Er bewunderte diese stille Hüterin des Lebens. Für Genoveva aber waren seine Besuche die besten Augenblicke des ganzen Tages. Nicht, daß er sie etwa trösten wollte, nein, er machte keine Worte; aber weil in seiner Welt der Körper ihres Kindes seinen genau umzirkelten Platz hatte. Und weil alles, was ernst war, dunkel und ungesund schien, hier zu bestimmtem Ausdruck kam. Was war das doch für eine Hilfe in diesem Kampf gegen das Reich der Schatten! Sogar die Operation am vorgestrigen Abend ... Herlin jammerte nebenan, sie aber war dageblieben. Der Chirurg trat ein, im weißen Mantel, ruhevoll wie eine Gottheit. Er und der Internist nahmen den kurzen Kampf auf. Trockene Worte, Befehle wie »Chloroform!« und »Noch etwas mehr!« und »Jod!« wurden einzeln, mit leiser Stimme, gesprochen, ohne jegliche Gefühlsbetonung. Und plötzlich, vor dieser machtvollen Strategie, wußte Genoveva, nicht anders als Bernis in seinem Flugzeug, daß der Sieg gewiß war.

»Wie kannst du das glauben«, sagte Herlin, »bist du denn eine so herzlose Mutter?«

Eines Morgens, als gerade der Arzt da war, glitt sie still aus ihrem Armsessel zu Boden, ohnmächtig. Als sie wieder zu sich gekommen war, sprach der Arzt ihr Mut zu, er redete nicht von Hoffnungschöpfen und äußerte keine Teilnahme. Er sah sie ernsthaft an und sagte: »Sie überanstrengen sich, das ist nicht vernünftig. Ich verordne Ihnen, heute nachmittag auszugehen. Gehen Sie nicht ins Theater, das würden die Menschen in ihrer Beschränktheit nicht begreifen, aber irgend etwas Ähnliches sollten Sie tun!«

Und bei sich dachte er: Ein echteres Wesen als das habe ich in meinem Leben nicht kennengelernt.

Draußen auf dem Boulevard war es so angenehm frisch. Sie schritt dahin und fand eine Beruhigung darin, sich an Jugendzeiten zu erinnern. An die Bäume, an die Ebenen, an lauter einfache Dinge. Und dann, eines Tages, viel, viel später, war dieses Kind in ihr Leben gekommen, und das war etwas Unbegreifliches gewesen und zugleich etwas unendlich Einfaches. Eine Tatsache, die stärker war als alles andere. Diesem Kinde hatte sie zu dienen gelobt, inmitten aller Dinge, der toten und lebenden, und es war nicht mit Worten auszudrükken, was sie schon in der ersten Stunde empfunden hatte. Sie kam sich – wie war das nur gewesen? – ja, sie kam sich so klug vor, so sicher ihrer selbst, richtig verbunden mit der übrigen Welt, als ein Teil des Ganzen. Damals hatte sie sich, als es Abend werden wollte, näher ans Fenster bringen lassen. Da standen die Bäume im vollen Leben, der Saft stieg in ihnen empor, sie zogen gleichsam den Frühling aus der Erde ins Tageslicht: nichts anderes hatte sie getan. Neben ihr lag das Kind und atmete leise: war das nicht der Motor der ganzen Welt, und die Welt wurde durch dieses zarte Atmen belebt?

Jetzt aber, seit drei Tagen, welche Verwirrung! Das Geringste, das man tat, ob man etwa das Fenster öffnete, ob man es schloß, alles war von Verantwortung schwer belastet. Man wußte nicht mehr, was tun, man rührte an die Arzneigläser, an das Bettzeug, an das Kind, und man ahnte doch nicht, was in der dunkel gewordenen Welt ein solches Tun für eine Wirkung haben konnte.

Da war ein Antiquitätenladen, Genoveva dachte an die Nippsachen in ihrem Zimmer, an diese kleinen Sonnenfänger. Alles, was Licht aufnimmt, gefiel ihr, alles, was, hell beleuchtet, wieder Licht ausstrahlt. Sie blieb stehen, um an einem Kristallglas jenes stille Lächeln wahrzunehmen, das Lächeln, das alte, gute Weine an sich haben. In ihrem übermüdeten Hirn mengte sich alles: Licht, Gesundheit, Lebenszuversicht, und sie hatte den Wunsch, dem Kinde, das ihr zu entschwinden drohte, diesen Gegenstand ins Zimmer zu stellen, der ein Leuchten von sich gab, so klar wie Gold.

IV

Herlin begann sein Lied von neuem: »Und du hast das Herz, dich zu unterhalten und bei Antiquaren zu stöbern! Das werde ich dir nie verzeihen! Das ist ja ...« – er suchte nach dem richtigen Wort –, »das ist ungeheuerlich, ganz unbegreiflich und einer Mutter unwürdig!« Mechanisch hatte er eine Zigarette hervorgezogen und schwenkte das rote Lederetui in der Hand. Genoveva hörte noch: »Die Selbstachtung ...« Da dachte sie: Wird er jetzt die Zigarette anzünden?

»Ja«, und er fügte noch etwas hinzu, das er sich fürs Ende

vorbehalten hatte, »ja, und während die Mutter sich unterhält, spuckt das Kind Blut!«

Genoveva wurde leichenblaß. Sie wollte das Zimmer verlassen, doch er stellte sich in den Weg. »Bleib!« Er keuchte wie ein Tier. Diese Angst, die er allein zu tragen gehabt hatte, würde sie ihm bezahlen müssen!

»Du wirst mir weh tun, und dann wird es dir leid sein«, sagte Genoveva ganz ohne Erregung.

Aber diese Bemerkung gab ihm, dem Wichtigtuer, in seiner Nichtigkeit vor allen Tatsächlichkeiten, den entscheidenden Anstoß zur Exaltation. Er begann zu deklamieren. Ja, sie war immer, allen seinen Bemühungen zum Trotz, gleichgültig geblieben, sie war kokett und flatterhaft. Ja, und er hatte sich lange Zeit von ihr anführen lassen, er, Herlin, der doch so sehr auf sie baute. Ja. Aber all das war doch nichts gewesen: er allein hatte daran zu leiden, man ist ja immer allein im Leben ... Genoveva wandte sich gequält ab, da nahm er sie bei den Schultern und rief: »Aber die Sünden der Frauen rächen sich!« Und weil sie sich ihm neuerdings entziehen wollte, wagte er die Beschimpfung: »Das Kind stirbt – das ist der Fingerzeig Gottes!«

Mit diesem Wort ist sein Zorn mit einemmal dahin, wie nach einem Totschlag der Rausch verflogen ist. Da es herausgesagt ist, begreift er sich selbst nicht mehr. Genoveva, todbleich im Gesicht, macht einen Schritt zur Tür. Er aber weiß, welches Bild von ihm sie davonträgt, und er hat doch nur ein so schönes Bild von sich vor ihr aufbauen wollen. So treibt ihn der Wunsch, jenes Bild zu verwischen, alles wiedergutzumachen, geradezu mit Gewalt, in ihr ein anderes, freundlicheres Bild zu erwecken. Mit jählings gebrochener Stimme: »Verzeih – komm her ... ich war ja ein Narr!«

Sie hielt schon den Türgriff in der Hand und stand halb zu ihm gewandt, anzusehen wie ein scheues Tier, das fliehen würde, wenn er sich rührte. Aber er rührte sich nicht.

»Komm her, ich muß mit dir reden ... es ist so schwer ...« Sie bleibt unbeweglich stehen – wovor fürchtet sie sich denn? Fast gerät er wieder in Wut über eine so unbegründete Angst. Er möchte ihr sagen, daß er von Sinnen war, grausam, ungerecht, daß sie allein im Recht ist, aber zuvor muß sie zu ihm kommen, muß Vertrauen zeigen, muß nachgeben. Dann wird er sich gern vor ihr demütigen, und sie wird ja verstehen ... Aber schon drückt sie die Klinke nieder.

Da streckt er die Hand aus und faßt rasch ihr Handgelenk ... Sie schaut ihn an, mit einem Blick voll niederschmetternder Verachtung. Das reizt ihn: jetzt muß er sie unter allen Umständen in seine Gewalt bringen, um ihr seine Kraft zu zeigen und ihr dann zu sagen: »Schau, ich lasse dich frei!«

Anfangs preßte er den gefesselten Arm ein wenig, dann aber heftiger. Sie hob die andere Hand, um ihm einen Schlag ins Gesicht zu versetzen, aber er nahm auch diese Hand gefangen. Jetzt tat er ihr ernstlich weh, er fühlte, daß es ihr weh tat, und mußte daran denken, wie Kinder, die eine herrenlose Katze eingefangen haben, sie nun gewaltsam zähmen wollen und sie fast erwürgen, um sie streicheln zu können – alles aus Zärtlichkeit. Er atmete tief auf: Ich habe ihr weh getan, jetzt ist alles verloren. Und einige Augenblicke lang empfand er eine tolle Lust, Genoveva zu erwürgen und mit ihr das Bild seiner selbst auszulöschen, das er da aufgerichtet hatte und das ihn jetzt so abstieß.

Endlich löste er den Griff seiner Hände, und es war in ihm ein seltsames Gefühl der Kraftlosigkeit und der Leere. Genoveva trat zurück, ohne Hast, als wäre er nun wirklich nicht mehr zu fürchten und als hätte sich etwas ereignet, was sie plötzlich aus seiner Reichweite entfernte: er war nicht mehr da. Sie blieb stehen, ordnete gemächlich ihr Haar, dann ging sie in aufrechter Haltung aus dem Zimmer.

Am Abend, als Bernis zu ihr kam, sprach sie davon kein Wort. Derlei bekennt man nicht. Aber sie ließ ihn erzählen, von den Erinnerungen an die gemeinsam verbrachte Jugend und von seinem eigenen Leben dort unten. Und das tat sie, weil sie ihm ein kleines Mädchen anvertraute, das getröstet sein wollte, und kleine Mädchen tröstet man mit Träumereien.

Sie lehnte ihre Stirn an seine Schulter, und Bernis meinte zu fühlen, daß sie da ihre Zuflucht gefunden habe. Gewiß glaubte sie das selbst. Aber es war auch gewiß, daß sie beide nicht ahnten, wie wenig man von sich herschenkt, wenn man zärtlich ist.

V

»Sie kommen zu mir, Genoveva, zu dieser Stunde .. und wie blaß Sie sind ...«

Genoveva schweigt. Die Pendeluhr ist unerträglich mit ihrem Ticktack. Der Schein der Lampe mischt sich schon mit dem ersten Morgendämmern zu einem trübseligen Licht, daß man zu fiebern glaubt. Dieses Fenster ist widerwärtig. Genoveva nimmt einen Anlauf: »Ich habe Licht gesehen und bin hereingekommen.« Mehr weiß sie nicht zu sagen.

»Ja, Genoveva, ich – ich blättere in meinen Büchern, sehen Sie ...«

Die gehefteten Bücher, die umherliegen, geben allerlei Farbflecke, gelb, weiß, rot. Wie Blütenblätter, meint Genoveva. Bernis wartet, aber sie rührt sich nicht.

»Ich saß hier im Sessel und habe geträumt, habe hier ein Buch aufgeschlagen und dort eins, dabei meinte ich, alles gelesen zu haben.«

Er spielt ihr die Figur eines alten Mannes vor, um seine Unruhe zu verbergen. Und nun fragt er, so ruhig er kann: »Sie haben mir etwas zu sagen, Genoveva?«

Aber im Innersten denkt er: Das ist ein Wunder der Liebe.

Genoveva kämpft gegen den einen Gedanken an: er weiß von nichts ... Und schaut ihn erstaunt an. Dann sagt sie laut: »Ich bin gekommen ...« – und streicht mit der Hand über die Stirn.

Die Fensterscheiben werden heller, das einströmende Licht gibt dem ganzen Zimmer eine Tönung, als wäre es ein Aquarium. Die Lampe will verlöschen, denkt Genoveva.

Plötzlich in der Angst ihres Herzens: »Jacques, Jacques, nehmen Sie mich mit!«

Bernis ist bleich geworden, er nimmt sie in seine Arme, als wollte er sie wiegen.

Genoveva schließt die Augen: »Sie nehmen mich mit ...« An seine Schultern gelehnt, fühlt sie die Zeit hinfliegen, und es tut nicht weh. Es ist fast eine Freude, auf alles zu verzichten: man läßt sich gehen, die Strömung reißt uns mit sich, es ist, als ob das eigene Leben dahinschwände, vorbei ...

Und ganz laut träumt sie: »Und es tut nicht weh.«

Bernis streichelt ihr Gesicht. Sie hat eine Erinnerung: Fünf

Jahre, fünf Jahre – und es ist erlaubt! Und denkt noch: Ich habe ihm so viel gegeben.

»Jacques, Jacques, mein Sohn ist tot ...

Sehen Sie, ich bin von daheim weggelaufen. Ich sehne mich so sehr nach Ruhe. Ich habe noch nicht begriffen und empfinde noch keinen Schmerz. Bin ich am Ende eine herzlose Frau? Die anderen weinen und möchten mich gerne trösten. Sie sind von ihrer eigenen Güte gerührt. Aber, siehst du ..., ich kann mich noch nicht recht erinnern.

Dir aber kann ich ja alles erzählen. Der Tod kommt inmitten einer großen Unordnung: Injektionen, Wundverbände, Telegramme. Wenn man einige Nächte hindurch nicht geschlafen hat, glaubt man immer zu träumen. Während der ärztlichen Konsultationen lehnt man den Kopf an die Wand, und der Kopf ist leer.

Und dann die Szenen mit meinem Mann – ein Albdruck! Heute, kurz vorher ... hat er mich am Handgelenk gefaßt, daß ich glaubte, er wollte es brechen. Nur wegen einer Injektion. Aber ich wußte wohl ..., es war noch nicht soweit. Dann sollte ich ihm verzeihen, aber das war doch ganz unwichtig. Ich antwortete: ›Ja ..., ja ... Aber laß mich zu meinem Sohn!‹ Aber er stellte sich vor die Tür. ›Verzeih mir – ich muß deine Verzeihung haben!‹ Das war doch wirklich nur eine Laune. ›Schau, laß mich gehen! Ich verzeihe dir.‹ Und er: ›Ja, mit den Lippen, aber nicht mit dem Herzen.‹ So ging es fort, es war zum Verrücktwerden.

Aber es ist wahr: wenn alles zu Ende ist, fühlt man noch keinen wirklichen Schmerz. Fast ist man erstaunt über das Schweigen, die große Stille. Ich dachte – ich dachte: das Kind ruht aus. Sonst nichts. Es schien mir, als landete ich irgendwo im Morgengrauen und wüßte nicht, was ich jetzt zu tun hätte. Ich dachte nur: jetzt ist man angekommen. Ich sah die Injektionsspritze daliegen, die Arzneiflaschen daneben, und sagte mir: das hat ja keinen Sinn mehr – wir sind angekommen. Dann bin ich ohnmächtig umgefallen.«

Plötzlich wunderte sich Genoveva: »Es war doch ein toller Einfall, herzukommen!«

Sie fühlt, daß dort drüben das Morgenlicht eine gewaltige Unordnung offenbar macht. Ein kaltes, zerwühltes

Bett, Tücher liegen da und dort auf den Möbeln, ein Stuhl ist umgeworfen. Sie muß sich beeilen, diese Verwirrung aller Dinge zu steuern. Hier muß ein Sessel wieder an seinen Platz gerückt werden, dort eine Vase und ein Buch an die richtige Stelle zurück. Sie wird sich bemühen, umsonst bemühen, die Ordnung der Dinge wiederherzustellen, die das Leben umfrieden.

VI

Man war gekommen, um Beileidsbesuche zu machen. Die Menschen reden und bereiten unterdes ihre nächste Pose vor. Zuerst wühlen sie die trüben Erinnerungen in ihr auf, dann sind sie bemüht, sie wieder zu beruhigen, und es entsteht ein Schweigen, das so lastend ist ...

Genoveva hielt sich kerzengerade und sprach furchtlos die Worte aus, die von den anderen schonend umgangen wurden, auch das Wort »Tod«. Keiner sollte an ihr die Wirkung seiner Phrasen erkennen. Sie sah jedem voll ins Auge, damit niemand sie beobachten könne, aber sobald sie selbst die Blicke senkte ...

Und die anderen ... Da waren solche, die noch ruhigen Schrittes ins Vorzimmer kamen, dann aber so eilig das letzte Stück Wegs bis über die Türschwelle gingen, daß sie in der Umarmung fast das Gleichgewicht verloren. Zu denen sprach sie kein Wort, ihr Schmerz war wie erloschen. Und was jene umarmten, war nur ein verkrampftes Kind.

Ihr Mann spricht jetzt davon, das Haus zu verkaufen. »Die traurigen Erinnerungen tun uns so weh!« Dabei lügt er, denn der Schmerz ist ihm fast etwas Angenehmes, aber er regt sich auf, und er liebt die großen Gesten. Heute abend fährt er nach Brüssel. Sie soll ihm nachkommen, aber: »Wenn Sie wüßten, in welcher Unordnung das ganze Haus ist ...«

Ihr ganzes früheres Leben ist zerstört: ihr Zimmer, das sie mit so viel Liebe und Geduld zusammengestellt hat; die Möbel, die nicht von Menschenhand, nicht vom Antiquar gestellt wurden, nein, die die Zeit hergebracht hat. Diese Möbel richteten ja gar nicht ihr Zimmer ein, sondern ihr ganzes Leben. Da hat man nun diesen Sessel vom Kamin weit fortgeschoben und jene Konsole von der Wand weggerückt, und nun stimmt dies alles nicht mehr zur Vergangenheit und zeigt sich zum erstenmal in nackter Einsamkeit.

»Und Sie wollen auch wieder fortfahren?« Sie sagt das mit einer kleinen Geste der Verzweiflung.

Alles um sie herum ist entzweigerissen. Es war also ein Kind, das ihre Welt zusammenhielt, um das diese ganze Welt sich ordnete? Ein Kind, dessen Tod einen solchen Zerfall für Genoveva bedeutete? Sie läßt sich gehen. »Ich leide so . . .«

Bernis sagt ihr leise: »Ich nehme Sie mit fort, Sie gehen mit mir. Erinnern Sie sich nicht: ich sagte Ihnen, daß ich einmal zurückkehren würde. Ich sagte Ihnen . . .« Und er nimmt sie in seine Arme. Genoveva biegt den Kopf ein wenig zurück, ihre Augen glänzen vor Tränen, und Bernis hält nur mehr ein kleines Mädchen in den Armen, ein kleines Mädchen, das weint.

Cap Juby, den . . .

Bernis, mein lieber Alter, heute geht ein Kurier. Das Flugzeug ist schon von Cisneros abgeflogen. Bald wird es hier sein und mitnehmen können, was ich dir vorzuwerfen habe. Ich habe viel über deine Briefe nachgedacht und über unsere gefangene Prinzessin. Gestern erst, als ich den Strand entlangging, der so kahl und leer ist, den das Meer ewig bespült und wäscht, habe ich denken müssen, daß es mit uns ähnlich steht wie mit ihm. Ich weiß nicht recht, ob wir wirklich leben. Gewiß hast du manchmal abends, wenn die Sonne in gewaltigem Schauspiel unterging, gesehen, wie das spanische Fort sich in der leuchtenden Flut spiegelte. Aber dieser geheimnisvoll blaue Widerschein ist ja nicht das Fort selbst. Und von dieser Art ist dein Reich: nicht recht wirklich, nicht recht sicher . . . Aber – Genoveva mußt du leben lassen!

Ja, ich weiß, sie ist jetzt ganz verzweifelt. Immerhin, Tragödien sind nicht allzuhäufig in unserem Leben, das ja so wenig an Freundschaft, an Zärtlichkeit, an Liebe abzugeben hat. Und was immer du über Herlin sagen magst – ein Mann zählt nicht gar viel. Ich glaube, daß . . . daß das Leben anderswo verankert ist.

Unsere Gebräuche, Konventionen und Gesetze, kurz, alle diese Dinge, deren Notwendigkeit du nicht recht fühlst und denen du dich entzogen hast, diese sind es, die dem Leben seinen Rahmen geben. Um bestehen zu können, brauchen wir um uns herum Tatsächliches, das wirklich haltbar ist. Mag es auch irrsinnig und ungerecht sein – das ist schließlich nur eine Rederei. Wenn du Genoveva entführst, nimmst du ihr Genoveva weg.

Und dann: weiß sie denn, was sie zum Leben braucht? Sie ahnt ja gar nicht, daß sie an einen gewissen Wohlstand gewöhnt ist. Geld ist etwas, das den Erwerb von Gütern ermöglicht, das uns ein Leben nach außenhin erlaubt; ihr Leben aber ist innerlich. Wohlstand dagegen ist es, der die Dinge dauern macht. Er ist das unsichtbare, unterirdische Fluidum, das ein Jahrhundert lang die Mauern eines Hauses erhält und die alten Erinnerungen lebendig sein läßt: die Seele. Und du wirst ihr Leben entblößen, wie man eine Wohnung von den tausend Gegenständen entblößt, die man gar nicht mehr sah und die doch die Wohnung zu dem machten, was sie war.

Ich kann mir denken, daß für dich Lieben soviel bedeutet wie Geborenwerden. Du wirst glauben, eine neue Genoveva mit dir zu nehmen. Für dich ist Liebe jener Glanz, den du manchmal in ihren Augen aufleuchten sahst und den du leicht wieder zu erwecken meinst, als gälte es, eine Lampe wieder anzuzünden. Und es ist ja wahr, daß in gewissen Augenblicken selbst die einfachsten Worte von solcher Macht getragen scheinen, daß es leicht wird, die Liebe lebendig zu erhalten.

Aber, da kann kein Zweifel sein: Leben ist etwas ganz anderes ...

VII

Genoveva empfindet es als unangenehm, den Vorhang, der hier hängt, den Sessel, der da steht, zu berühren: auch das leiseste Spüren ist wie ein Bewußtwerden von Grenzen, die ihr gesetzt sind. Bisher schien es ihr nur ein Spielen mit den Dingen, denn dies alles war so gefügig, es war da und verschwand wieder, sobald sie wollte, wie Verwandlungen im Theater. Sie hatte einen sicheren Geschmack und war nie versucht gewesen zu fragen, was es eigentlich mit diesem Perserteppich, mit jenem Stoff aus Jouy sei. Bisher hatten sie zum Gesamtbild des Zimmers gehört, ihres lieben Zimmers, jetzt aber fielen sie ihr auf. Das tut nichts, dachte Genoveva, ich bin eben noch fremd in einem Leben, das nicht das meine ist. Sie ließ sich in einem Lehnstuhl nieder und schloß die Augen. Es war nicht anders als im Abteil eines Schnellzuges: jede Sekunde, die verstreicht, wirft Häuser, Wälder, Dörfer hinter sich. Wenn man aber auf dem Lager die Augen aufschlägt, sieht man immer nur einen kupfernen Ring, immer den gleichen. Es geht eine Wandlung vor, und man weiß es nicht. »In acht Tagen werde ich die Augen auftun und ein neuer Mensch sein: er nimmt mich mit.«

»Was meinen Sie zu unserer Wohnung?«

Weshalb sie schon aufwecken? Sie sieht sich um und kann nicht in Worte fassen, was sie empfindet: dieser Umgebung fehlt es an Haltbarkeit, sie hat kein festes Gerüst . . .

»Komm näher zu mir, Jacques, du, du lebst . . .«

Ach, dieses Halbdunkel auf den Diwans und Tapeten der Junggesellenwohnung! Marokkanische Stoffe an den Wänden. Dies alles läßt sich in fünf Minuten aufhängen und wieder abnehmen.

»Weshalb bedecken Sie die Wände, Jacques, wollen Sie den Fingern nicht erlauben, die Mauern zu berühren . . .?«

Sie liebt es, mit der flachen Hand den Stein zu berühren, weil er das Sicherste und Dauerhafteste am ganzen Haus ist, etwas, das einen lange tragen kann, wie ein Schiff . . . Er zeigt ihr seine Schätze. »Das sind Erinnerungen . . .« Sie begreift. Hat sie doch Kolonialoffiziere gekannt, die in Paris ein Gespensterdasein führten. Sie trafen sich auf den Boulevards und wunderten sich, daß sie noch am Leben waren. Irgendwie war, wo sie wohnten, immer noch ihr Haus in Saigon oder in Marrakesch wiederzuerkennen. Sie sprachen von Frauen, von Kameraden, von militärischen Beförderungen; aber all die Stoffe, die da hingen, waren vielleicht dort drüben die lebendige Wand gewesen, hier waren sie wie etwas Totes.

Sie griff nach einem Gegenstand aus dünnem Kupfer.

»Sie mögen meine Kleinigkeiten nicht?«

»Verzeihen Sie, Jacques, dies ist alles ein wenig . . .«

Sie wollte nicht sagen: »gewöhnlich«. Aber die Sicherheit ihres Geschmacks, die daher kam, daß sie immer nur einen wirklichen Cézanne gesehen und geliebt hatte, keine Kopie, und echte Möbelstücke, keine Nachahmungen, diese Sicherheit ließ sie seine Schätze unbewußt ablehnen. Sie war bereit, alles zu opfern, aus ganzem Herzen; ein Leben in einer weißgetünchten Zelle schien ihr durchaus erträglich, aber hier hatte sie das Gefühl, daß ein Teil ihres innersten Wesens sich bloßstellte. Nicht die Empfindlichkeit des Kindes reicher Eltern, nein, aber – es war wirklich sonderbar – ihr gerader Sinn. Bernis erriet ihre Verlegenheit, ohne sie recht zu verstehen.

»Genoveva, ich kann Ihnen nicht so viel Behaglichkeit bieten, ich bin nicht . . .«

»Aber Jacques, Sie sind verrückt! Was haben Sie nur geglaubt! Das ist mir ganz gleichgültig« – sie schmiegte sich an seine Brust –, »nur wäre mir statt Ihres Teppichs ein einfacher, gut gewachster Boden lieber. Lassen Sie mich nur machen . . .«

Sie stockte. Es war ihr eingefallen, daß die Einfachheit, nach der sie sich sehnte, ja einen viel größeren Luxus bedeutete und von jedem Gegenstand viel mehr verlangte, als diese Masken hier zu bieten hatten. Die Halle, in der sie als Kind gespielt hatte, die glänzenden Nußholzböden, die mächtigen Tische, die Jahrhunderte überdauern konnten, ohne zu altern und aus der Mode zu kommen . . .

Eine seltsame Traurigkeit war über sie gekommen. Es war nicht ein Zurücksehnen nach Reichtum und nach dem, was er zu geben vermag: sicherlich hatte sie weniger als Jacques das Überflüssige kennengelernt, aber es war ihr ganz klar, daß sie nun von Überflüssigem umgeben sein würde. Und danach hatte sie kein Verlangen. Und jene Sicherheit der Dauer – die würde sie nicht mehr haben. Und sie dachte: Einst dauerten die Dinge länger als ich; ich war von ihnen aufgenommen und begleitet, ich war sicher, daß sie mich immer umgeben und bewachen würden – jetzt aber, jetzt werde ich länger dauern als die Dinge.

Genoveva denkt weiter: Wenn ich aufs Land kam . . . Sie sieht das Haus vor sich, das von mächtigen Linden umstanden ist, und ihr Blick bleibt zunächst an dem haften, was die größte Dauerhaftigkeit symbolisierte: am breiten steinernen Aufgang, der nach unten in den Erdboden überging.

Ja, dort . . . Sie denkt an den Winter, der aus dem Wald ein dürres Gehölz macht und alle Konturen des Hauses freigibt. Als bekäme man das Knochengerüst der Welt zu sehen.

Genoveva schreitet dahin und pfeift nach den Hunden. Unter ihren Schritten rascheln die Blätter, aber sie weiß, daß nach all der Arbeit des Jätens und Wegräumens, die der Winter verrichtet, ein Frühling kommen muß, der die Lücken wieder füllen wird, der in den Ästen emporsteigt und die Knospen sprengt, um die Wölbung wieder neu zu schaffen, die grüne Wölbung, der die Tiefe des Wassers und sein Wellenschlag eignet.

Dort ist ihr Sohn nicht völlig aus dem Leben geschwunden. Wenn sie in die Vorratskammer geht, um die halbreifen Quitten zu wenden, ist er eben noch dagewesen, nun läuft er irgendwo – aber sag, mein lieber Kleiner, nach all dem Laufen und Tollen, wäre es nicht brav von dir, wenn du schlafen gingest? Dort kennt sie auch den Wink der Toten und fürchtet ihn nicht. Ein jeder von ihnen fügt seine Stille ins Stillsein des Hauses ein. Siehe, du hebst die Augen vom Buch, du hältst den Atem an und spürst den Anruf – und alles ist wieder wie zuvor.

Sind sie verschwunden? Unter allen, die sich verändern, sind sie doch die einzigen, die dauern, die einzigen, deren letztes Angesicht so wahr gewesen, daß sie es nun und nimmermehr verleugnen können! »Jetzt werde ich diesem Manne folgen, und ich werde leiden und an ihm zweifeln.« Denn dieses ewig menschliche Auf und Ab von Zärtlichsein und Zurückstoßen schien ihr sinnvoll nur bei denen, deren Lose schon gefallen waren.

Genoveva öffnet die Augen wieder: Bernis träumt vor sich hin.

»Jacques, du mußt mich beschützen! Wenn ich fortgehe, bin ich arm, ganz arm.«

Sie wird länger dauern als jenes Haus in Dakar und länger als die Menschenmassen von Buenos Aires; überall in der Welt wird es etwas zu sehen und zu erleben geben, aber ohne eigentliche Notwendigkeit, und dies alles wird, wenn Bernis sich nicht stark genug erweist, kaum mehr Wirklichkeit haben, als was in Büchern steht . . .

Er aber neigt sich zu ihr und spricht ihr freundlich zu. An dieses Bild, das er ihr bietet, und an seine Zärtlichkeit, die wie aus seligen Höhen kommt, möchte sie so gerne glauben können. Dieses Bild der Liebe will sie gern liebhaben, sie hat ja nichts anderes zu verteidigen als dies ferne Bild . . .

Heute, am Abend, wenn die Stunde der Lust gekommen ist, wird sie ihr Gesicht in seiner Schulter vergraben, und es wird eine ärmliche Zuflucht sein, wie wenn ein Tier sich verbirgt, um zu sterben.

VIII

»Wohin führen Sie mich denn? Weshalb bringen Sie mich hierher?«

»Dieses Hotel gefällt Ihnen nicht, Genoveva? Sollen wir weiterfahren?«

»Ja, fahren wir weiter . . .«, antwortete sie kleinlaut.

Die Scheinwerfer gaben wenig Licht. Mühsam war die Fahrt in die Nacht hinaus, die wie ein schwarzes Loch gähnte. Hin und wieder warf Bernis einen Seitenblick auf Genoveva: sie war sehr bleich. »Frieren Sie?«

»Ein wenig, aber das tut nichts. Ich vergaß, den Pelz mitzunehmen.«

War sie nicht ein recht vergeßliches kleines Mädchen? Sie mußte lächeln.

Jetzt begann es zu regnen. Verdammt! dachte Jacques, aber er dachte weiter: so sind wohl die Tore beschaffen, die zum irdischen Paradies führen.

In der Nähe von Sens mußte eine Zündkerze ausgewechselt werden. Bernis hatte nicht daran gedacht, die Taschenlampe mitzunehmen – wieder etwas vergessen! Im Regen mühte er sich mit einem Schlüssel, der nicht greifen wollte. »Wir hätten mit der Bahn fahren sollen«, murmelte er vor sich hin. Er hatte sich für den Wagen entschieden, weil er ihm die Freiheit zu versinnbildlichen schien – eine schöne Freiheit! Zudem hatte er auf dieser Flucht nichts als Kopflosigkeiten gemacht, und was hatte er alles vergessen!

»Gelingt es?« Genoveva war zu ihm getreten. Ihr war plötzlich zumute wie einer Gefangenen: ein Baum, und noch ein zweiter, als Schildwachen, dazwischen diese dumme kleine Hütte des Straßenwärters. Mein Gott, was war das doch für ein Einfall . . . Würde sie am Ende ewig hier leben müssen?

Die Arbeit war fertig, Bernis griff nach ihrer Hand. »Sie haben Fieber!« – Sie lächelte. »Ja, ich bin müde, ich möchte schlafen . . .«

»Weshalb sind Sie denn ausgestiegen? Es regnet ja.«

Der Motor arbeitete noch immer schlecht, er zog nur ruckweise an und ließ ein Klappern hören.

»Werden wir hinkommen, mein kleiner Jacques?« Sie wiederholte halb im Schlaf, halb fiebernd: »Werden wir hinkommen?«

»Ja freilich, mein Liebes, gleich sind wir in Sens.«

Genoveva seufzte. Was sie da versucht hatte, ging über ihre Kräfte. Nur wegen dieses Motors, der erstickte. Jeder einzelne Straßenbaum mußte mühsam herangeholt werden, einer nach dem anderen. Immer wieder von neuem.

Es wird nicht weitergehen, dachte Bernis, wir werden wieder stehenbleiben. Mit Schrecken sah er diesem Aufenthalt entgegen: er fürchtete das Schweigen der Landschaft, das allerlei schlummernde Gedanken weckte, und fürchtete das Starkwerden einer Macht, die im Aufsteigen begriffen war.

»Liebe kleine Genoveva, denken Sie nicht an diese Macht, denken Sie an später ... Denken Sie an Spanien. Werden Sie gern in Spanien sein?«

Eine dünne Stimme antwortete wie aus weiter Ferne: »Ja, Jacques, ich bin glücklich, aber – ich fürchte mich vor den Räubern.« Er sah ihr stilles Lächeln, und ihre Worte taten ihm weh, denn sie sagten ja nichts anderes als: diese Reise nach Spanien, dieses Zaubermärchen ... Kein Vertrauen. Ein Heer ohne Vertrauen. Aber ein Heer ohne Vertrauen kann doch nicht siegen. »Genoveva, es ist diese Macht und dieser Regen, der uns alle Zuversicht nimmt.«

Plötzlich wurde ihm klar, daß diese Nacht einer hoffnungslosen Krankheit glich. Und den Krankheitsgeschmack spürte er geradezu im Munde. Es war wirklich eine Nacht ohne Hoffnung auf Morgenlicht. Bernis kämpfte gegen diese Erkenntnis an und wiederholte immer wieder: »Das Morgenlicht wäre ein Labsal, nur regnen, regnen soll es nicht ...« Es war da etwas Krankes, aber in ihnen selbst, doch war ihnen das nicht bewußt. Er meinte, es wäre die Erde, die in Fäulnis übergegangen, oder die Nacht, die krank geworden sei. So sehnte er den Morgen herbei, wie Schwerkranke, wenn sie sagen: »Wenn es hell wird, werde ich leichter atmen«, oder: »Wenn der Frühling kommt, werde ich wieder jung sein.«

»Genoveva, denken Sie doch an unser Haus dort drüben ...« Aber schon hatte er begriffen, daß er dies nicht hätte sagen dürfen: wie sollte Genoveva sich dieses Haus vorstellen können? »Ja, unser Haus«, wiederholte sie, wie um den Klang des Wortes zu erproben. Aber es schien ihr so ohne Wärme, so gehaltlos. Zugleich stürmten allerlei Gedanken auf sie ein, die ihr bisher fremd gewesen waren, die sich zu Worten verdichteten und ihr Angst machten.

Da Bernis keines der Hotels in Sens kannte, hielt er unter einem Straßenkandelaber an und schlug im Reiseführer nach. Die kümmerliche Gasflamme schuf unruhige Schatten und ließ auf einer weißfarbigen Mauer die verwaschene und entfärbte Aufschrift erkennen: »Fahrräder ...« Dieses Wort erschien Bernis als das trübseligste und gewöhnlichste, das er je gelesen hatte: Symbol eines dürftigen Lebens. Nun wollte ihm plötzlich so vieles dort drüben, in seinem eigenen Leben, dürftig erscheinen, und er hatte es doch vordem nie empfunden.

»He, Bürger, gib Feuer ...« Drei magere Burschen standen da und sahen ihn lachend an. »Diese Amerikaner finden ihren Weg nicht ...« Sie musterten Genoveva, aber Bernis brummte sie an: »Schaut, daß ihr weiterkommt!«

»Dein Mädel ist ganz nett. Aber du solltest die unsrige sehen, dort auf Nummer neunundzwanzig!«

Genoveva beugte sich zu ihm, ein wenig erschrocken. »Was sagen diese Leute? Ich bitte Sie, fahren Sie, fahren Sie weiter!«

»Aber Genoveva ...« Bernis zwang sich zu schweigen. Er mußte nun endlich ein Hotel auftreiben. Diese angetrunkenen Burschen – das hatte ja nichts zu bedeuten. Dann aber fiel ihm ein, daß sie Fieber hatte und leidend war und daß er ihr diese Begegnung wohl hätte ersparen müssen. Und mit fast krankhafter Beharrlichkeit wiederholte er sich den Vorwurf, daß er sie in Häßliches hineingemengt hätte. Ja ...

Das Hotel Globus war geschlossen. Alle diese kleinen Hotels hatten in der Nacht das Aussehen von Krämereien. Er klopfte lange am Tor, bis ein schläfriger Schritt sich näherte. Der Nachtportier öffnete nur einen Spalt. »Alles besetzt.«

»Ich bitte Sie, meine Frau ist leidend!« Aber schon hatte sich das Tor geschlossen, und der Schritt verhallte.

Hatte sich denn heute alles gegen sie verschworen? »Was hat er gesagt?« fragte Genoveva. »Warum hat er gar nicht geantwortet?«

Bernis wollte schon den Mund auftun, um zu bemerken, daß sie sich ja nicht am Vendômeplatz befänden und daß diese kleinen Hotels, einmal satt und schläfrig geworden, auch richtig zu entschlummern pflegten; so sei es überall – aber er setzte sich, ohne ein Wort zu sagen. Auf seiner Stirn standen Schweißtropfen. Er warf den Wagen nicht an, sondern sah starr auf das nasse Pflaster, während ihm die Regentropfen an den Hals schlugen; er meinte, es mit der Trägheit der ganzen Erdkugel zu tun zu haben. Und wieder dieser dumme Gedanke: wenn erst der Morgen da ist ...

Es war in diesem Augenblick wirklich notwendig, daß ein Wort fiel, in dem ein wenig Menschlichkeit mitschwang. Genoveva wollte es versuchen: »Das alles hat ja gar nichts zu bedeuten, mein Liebster. Wir müssen uns zu unserem Glück durcharbeiten.« Bernis warf ihr einen vollen Blick zu. »Ja, Sie sind sehr gut zu mir.« Er war gerührt und hätte sie gern umarmt; aber der Regen, die Unbequemlichkeit, die Ermüdung ...! Doch griff er nach ihrer Hand und fühlte, daß das Fieber gestiegen war, jede Sekunde nagte an diesem Leben. Er beruhigte sich durch Vorstellungen. Ich werde ihr einen recht heißen Grog brauen lassen. Dann wird es gleich vorüber sein. Einen beruhigenden Grog. Mit Decken will ich sie umwikkeln, und wir werden uns anschauen und über diese beschwerliche Reise lachen. Dabei empfand er sogar etwas wie ein Glücksgefühl. Freilich – der Augenblick selbst wollte wenig zu diesen Vorstellungen passen: zwei andere Hotels blieben verschlossen. Ja, diese Vorstellungen – jedesmal mußte man sie neu erwecken, und jedesmal verloren sie etwas von ihrer Überzeugungskraft und von ihrer schon so geringen Fähigkeit, lebendig zu werden.

Genoveva war verstummt. Bernis fühlte, daß sie nicht klagen, daß sie gar nichts mehr sagen würde. Er mußte weiterfahren, stunden-, ja tagelang – sie würde schweigen, immer nur schweigen. Und wenn er ihr den Arm verrenkte – sie würde nichts sagen ... ›Ich bin anderswo, ich träume!‹

»Genoveva, mein liebes Kind, fühlen Sie sich schlecht?«

»Nein, gar nicht, es ist vorbei, mir ist besser.«

Sie hatte jetzt an vielen Zweifeln gelernt, auf vieles verzichtet. Für wen? Für ihn. Verzichtet auf Dinge, die er ihr nicht geben konnte. Das erhoffte Schönere war ein Aufschwung, dessen Kraft gebrochen war. Sie wird künftig mehr Ergebenheit zeigen. So wird sie zum Schöneren und immer Schöneren aufsteigen, indem sie auf das Glück verzichtet. Und wenn es ihr dann endlich ganz gut gehen wird ... ›Aber! Ich bin doch recht dumm: da träume ich wieder!‹

Hotel de l'Espérance et d'Angleterre. Sonderpreise für Geschäftsreisende. – »Nehmen Sie meinen Arm, Genoveva ... Aber ja, ein Zimmer! Die Dame ist leidend! Rasch einen Grog, einen heißen Grog!« Sonderpreise für Geschäftsreisende. Weshalb klingt das so trübselig? »Setzen Sie sich doch, Sie werden sich bald erholen.« Warum will der Grog nicht kommen? Sonderpreise für Geschäftsreisende ...

Das alte Zimmermädchen ereiferte sich: »Hier, gnädige Frau. Die arme Dame – sie zittert ja und ist ganz blaß. Ich werde ihr eine Wärmflasche bringen. Nummer vierzehn, ein schönes, großes Zimmer. Will der Herr den Bogen ausfüllen!« Bernis nahm den fleckigen Federhalter und hielt inne: es war ihm zum Bewußtsein gekommen, daß sie verschiedene Namen trugen. Also mußte er Genoveva dem Wohlwollen des Personals anheimgeben ... ›Und das um meinetwillen! Geschmacklos!‹ Und wieder war es Genoveva, die ihm darüber hinweghalf.

»Schreib ›Liebende‹! Ist das nicht süß?«

Beide dachten sie an Paris, an das Aufsehen, und sahen schon allerlei erregte Gesichter. Etwas recht Schweres begann jetzt wohl für sie, aber sie hüteten sich, auch nur ein Wort darüber zu sagen, nur um einander nicht im gleichen Gedanken zu begegnen.

Doch wurde es Bernis klar, daß ja bisher nichts geschehen war, gar nichts: der Motor hatte schlappgemacht, es hatte ein bißchen geregnet, zehn Minuten waren verlorengegangen auf der Suche nach einem Hotel. Alle die ermüdenden Beschwerlichkeiten, die sie nach ihrer Meinung überwinden mußten, kamen ja nur aus ihnen selbst. Genoveva hatte einen Kampf gegen sich selbst auszufechten, aber was sich da von ihr losreißen wollte, war so stark, daß sie selber schon wie zerrissen war.

Er nahm ihre Hände in die seinen, aber wiederum wußte er, daß ihm kein helfendes Wort zu Gebote stand.

Sie war eingeschlafen. Bernis dachte nicht an Liebe, aber er träumte wunderliches Zeug vor sich hin. Lauter Erinnerungen; und dann der brennende Docht in der Lampe; man muß sich beeilen, die Lampe wieder aufzufüllen, aber man muß auch die Flamme vor dem Wind schützen, der so stark weht.

Doch vor allem diese Losgelöstheit . . . Er hätte lieber gesehen, wenn sie nach Gütern gestrebt hätte, von ihnen erfüllt wäre und nach ihnen verlangte, wie ein Kind, das Nahrung braucht. Dann hätte er, trotz seiner Armut, ihr vieles geben können. So aber war er arm und kniete vor diesem Kinde, das keinen Hunger hatte.

IX

»Nein, nichts . . . Laß mich . . . Ah, schon auf?«

Bernis war aufgestanden. Sein Schlaf war unruhig gewesen, er hatte die Arme bewegt wie ein Tauzieher oder wie ein Apostel, der uns die Seele aus dem Leib zieht. Nun ging er auf und ab, und jeder seiner Schritte war sinnvoll wie die Schritte eines Tänzers.

»Du, mein Liebes . . .«

Da ging er nun auf und ab – es war eigentlich lächerlich.

Durch die Fenster drang schmutziggrau das erste Morgendämmern. Diese Nacht, war sie nicht etwas Tiefblaues gewesen, im Schein der Lampe durchsichtig wie ein Saphir? Diese Nacht hatte hinaufgereicht bis zu den Sternen. Man konnte träumen und sich allerlei vorstellen, als säße man ganz vorn am Bug eines Schiffes.

Genoveva zieht die Knie empor, ihr Körper ist schlaff, sie muß an Brotteig denken, der schlecht aufgegangen ist. Das Herz schlägt zu rasch, es tut weh. Es ist wie im Eisenbahnwagen, wenn das Rütteln der Achsen im Takt die Fahrt begleitet. So schlägt ihr Herz. Da legt man die Stirn an die Scheibe. Draußen fließt die Landschaft: dunkle Wasser, die der Horizont verschluckt und in seinen Frieden hinübernimmt, und der Friede ist sanft wie der Tod. Sie möchte dem Mann da zurufen: »Halt du mich fest!« Denn die Arme der Liebe halten dich gut, sie halten deine Gegenwart, deine Vergangenheit und deine Zukunft, die Arme der Liebe umfassen dich ganz . . .

»Nein, laß mich!«

Und Genoveva steht auf.

X

Der Entschluß, so überlegte Bernis, war von außen her an sie herangetreten. Alles war abgemacht worden, ohne daß ein Wort gefallen wäre. So war nun die Rückkehr scheinbar von Anfang an verabredet gewesen. Da Genoveva leidend war, kam eine Fortsetzung der Fahrt nicht in Frage. Man würde ja sehen. Ihre Abwesenheit war ganz kurz, Herlin nicht daheim, so konnte sich alles wieder schlichten. Bernis wunderte sich, daß die ganze Angelegenheit sich jetzt als so einfach erwies. Freilich wußte er, daß es sich in Wirklichkeit nicht so verhielt. Nur daß sie selbst handeln dürften, wie sie wollten.

Übrigens zweifelte er an sich selber. Es war ihm klar, daß er wieder einmal bildhaften Vorstellungen nachgegeben hatte. Aber aus welcher Tiefe kommen denn diese Bilder herauf? Heute morgen, kaum erwacht, hatte er sich beim Anblick der niedrigen, mißfarbenen Zimmerdecke diesen Gedanken geholt: Ihr Haus war ein Schiff, das Generationen trug, von einem Strand zum anderen. Das Reisen hat keinen Sinn, weder hier noch sonst, aber welche Sicherheit gewährt es, wenn man die Fahrkarte in Händen hat, wenn man seine Kabine hat und seinen eigenen Koffer aus gelbem Leder, wenn man so richtig eingeschifft ist ... Er wußte noch nicht, ob er leiden müßte, weil er auf der schiefen Ebene glitt und weil die Zukunft an ihn herankam, ohne daß er selbst nach ihr zu greifen hatte. Wenn man sich gehenläßt, leidet man ja nicht. Selbst wer sich der Traurigkeit anheimgibt, leidet nicht mehr. Er aber würde später zu leiden haben, wenn er begänne, die einzelnen Bilder zu vergleichen. So wurde ihm bewußt, daß sie beide diesen zweiten Teil ihrer Rolle deshalb ohne Schwierigkeiten zu spielen verstanden, weil dies in ihrem Wesen irgendwie begründet war. Das alles überdachte er, während er einen Motor steuerte, der auch nicht recht vorwärts wollte. Aber man würde doch ankommen. Es ging eine schiefe Ebene hinab. Immer dieses Bild von der schiefen Ebene ...

Als sie sich Fontainebleau näherten, empfand Genoveva Durst. Hier war jede Einzelheit der Landschaft ihnen wohlbekannt und ordnete sich von selbst ein. Es war beruhigend. Ein Rahmen, der etwas Selbstverständliches war und alles immer fester umspannte. In einer kleinen Schenke bot man ihnen

Milch. Wozu sich beeilen? Genoveva trank die Milch langsam, schluckweise. Wirklich, wozu sich beeilen? Alles, was da geschah, kam ja ganz selbstverständlich über sie: immer dieses Bild der Selbstverständlichkeit.

Sie war weich gestimmt und wußte ihm für vieles Dank. Ihre Beziehung zueinander war viel freier als gestern. Sie konnte lächeln und wies auf einen Vogel, der vor der Tür Krumen aufpickte. Ihre Züge schienen ihm einen neuen Ausdruck zu haben, aber wo hatte er diesen Ausdruck schon gesehen? Vielleicht bei Reisenden, die ihr Leben in wenigen Sekunden aus unserem Leben wieder fortträgt. Auf Bahnsteigen ist es so. Dieses Gesicht also konnte wieder lächeln und Leben zeigen, das aus unbekannten Tiefen kam.

Bernis hob wieder den Blick zu ihr. Er sah ihr Profil, sie saß vorgeneigt und schien zu träumen. Er fühlte, daß sie ihm entschwand, kaum daß sie den Kopf wandte.

Gewiß liebte sie ihn noch, aber von einem schwachen kleinen Mädchen darf man nicht zuviel verlangen. Er konnte nun freilich nicht etwa sagen: »Ich gebe Sie wieder frei« oder etwas ähnlich Unsinniges, aber er begann davon zu reden, was er in Zukunft tun würde. Und in das Leben, das er da aufbaute, hatte er sie nicht mit eingefangen. Sie war ihm dankbar und legte die kleine Hand auf seinen Arm. »Sie sind, Sie sind mein alles.« Das war die Wahrheit, aber er erkannte doch auch an diesen Worten, daß sie nicht füreinander geschaffen waren.

Eigenwillig war sie, und doch weich. Aber auch ganz nah daran, hart und grausam und ungerecht zu sein, ohne es zu wissen. Und immer bereit, um jeden Preis irgendein geheimnisvolles Gut zu verteidigen, in aller Ruhe und Weichheit.

Aber sie war auch nicht für Herlin geschaffen. Das war Bernis klar. Ihr Leben, das sie nun wieder aufnehmen wollte, hatte ihr ja nur Schweres gebracht. Wofür war sie nun eigentlich geschaffen? Sie schien nicht dem Leiden unterworfen.

Dann fuhren sie weiter. Bernis wandte den Kopf mehr zur Linken. Er war sich bewußt, daß auch er nicht litt, aber es war wohl etwas Animalisches in ihm verletzt: er fühlte, wie die Tränen aufstiegen, und wußte doch nicht, weshalb ihm das Weinen so nahe war.

In Paris gab es keine Spur von Aufsehen. Alles war unverändert.

XI

Wozu dies alles? Die Stadt umgab ihn wieder mit ihrem sinnlosen Wirbel. Er wußte wohl, daß aus diesem Durcheinander nichts Rechtes werden konnte. Langsam die Straße hinabschreitend, ließ er die fremde Masse der Entgegenkommenden an sich vorübergehen und dachte nur: Ganz so, als wäre ich nicht da. Bald würde er wieder zurückreisen müssen: es war gut so. Gewiß würde ihn die Arbeit in so materieller Weise zu binden wissen, daß sein Leben wieder Realität annehmen würde. Auch wußte er, daß der Alltag selbst unserem geringfügigsten Tun die Gewichtigkeit einer Tatsache verleiht und daß hierdurch jedes Leid etwas von seiner Schwere einbüßt. Selbst die üblichen Pilotenwitze würden wieder erfrischend wirken. Das war sonderbar und doch nicht anders zu erwarten. Aber freilich – er hatte gar kein Interesse an sich selber. Sein Weg führte an Notre-Dame vorbei, er trat ein und war überrascht von der großen Zahl der Besucher. Er rettete sich zu einem Pfeiler und fragte sich, weshalb er überhaupt hergekommen war. Vielleicht deshalb, weil hier die Minuten doch zu etwas führten. Draußen führten sie ja zu gar nichts. Ja, das war es: draußen führten die Minuten zu gar nichts mehr. Auch empfand er das Bedürfnis, sich selbst zu erkennen, und war bereit, sich dem Glauben hinzugeben wie einem beliebigen anderen disziplinierten Denken. Er sagte sich: Wenn ich eine Formel finde, die mein Ich ausdrückt, die mein Sein umspannt, wird sie für mich die Wahrheit bedeuten. Dann aber fügte er lässig hinzu: Und doch werde ich nicht daran glauben. Und plötzlich wollte ihm scheinen, daß er hier wieder an einer Ausweichstelle angelangt sei und daß sein ganzes Leben sich in solchen Fluchtversuchen verbraucht habe. Nun erklangen die ersten Worte der Predigt, beunruhigend wie ein Signal zur Abfahrt.

»Das Himmelreich«, begann der Prediger, »das Himmelreich . . .« Er stützte die Hände auf den breiten Rand der Kanzel und beugte sich über die Menge. Da saß sie dicht gedrängt, bereit, alles aufzunehmen, und verlangte nach Nahrung. Ihm aber fluteten Bilder zu voll unerhörter Eindringlichkeit. Er mußte an Fische denken, die in der Reuse gefangen waren, und fuhr ohne jeden Übergang fort: »Als der Fischer von Galiläa ...«

Er sprach weiter und fand lauter Worte, die ganze Züge von Erinnerungsbildern heraufführten, und diese Bilder waren nicht wieder zu bannen. Er fühlte, wie er Gewalt über die Menge zu üben begann und wie allmählich sein Schwung federnd wurde wie die Spur des Läufers im Sande. »O wüßtet ihr, wüßtet ihr, wieviel an Liebe ...« Er unterbrach sich und schöpfte Atem: die Gefühle, die ihn bestürmten, waren zu reich, um ihn den rechten Ausdruck finden zu lassen. Er begriff, daß auch die einfachsten, die abgebrauchtesten Worte ihm jetzt allzu sinnbeschwert erschienen und daß er sie nicht mehr von den anderen Worten scheiden konnte, von denen, die den richtigen Klang hatten. Das Licht der Kerzen gab seinem Antlitz eine wächserne Farbe. Er straffte sich steil empor, die Hände noch immer aufgestützt, die Stirn hoch erhoben. Und als seine Haltung sich weiter entspannte, ging eine Bewegung durch die Menge, wie ein Wellenschlag.

Nun strömten ihm die Worte zu, und er sprach. Sprach mit überraschender Sicherheit. Er fühlte in sich das Hochgefühl eines Athleten, der seine Kraft spürt. Gedanken flogen ihm zu, die sich außerhalb seiner selbst schon formten, während er einen Satz zu Ende sprach, als wären sie eine Bürde, die man ihm reichte. Und im voraus fühlte er in seinem Geist das dunkle Aufsteigen des Bildes, in das er alsbald den geformten Gedanken legen würde, um ihn bildhaft in die versammelte Menge zu tragen.

Bernis hörte jetzt aufmerksam der Predigt zu.

»Ich bin die Quelle allen Lebens. Ich bin die Flut, die in euch eindringt, um euch zu erwecken, und die wieder zurückfließt. Ich bin das Leid, das in euch eingeht, um eure Herzen zu zerreißen, und das wieder zurückströmt. Ich bin die Liebe, die in eure Herzen einzieht und die in alle Ewigkeit währt.

Und ihr wollt mir Marcion und das vierte Evangelium entgegensetzen? Wollt mir von Textverfälschungen sprechen? Ihr möchtet eure armselige Menschenlogik gegen mich aufstellen, gegen mich, der ich über euch throne und euch von dieser Logik frei machen will!

Ihr Gefangenen, versteht mich doch! Ich mache euch frei von eurer Wissenschaft, von eurem Formelkram, von euren Gesetzen, von der Sklaverei des Geistes, vom Determinismus, der härter ist als das blinde Schicksal. Ich bin die verwundbare Stelle an eurer Rüstung: ich bin das Leben.

Ihr habt den Gang der Gestirne bis ins letzte erforscht, als eine Generation von Helden des Laboratoriums, aber ihr kennt das Gestirn nicht mehr. Es ist nur noch ein Kapitel in euren Büchern, aber es ist für euch nicht mehr ein Licht, denn ihr wißt weniger von ihm als ein kleines Kind. Ihr habt alles entdeckt, bis zu den Gesetzen, die das Lieben der Menschen beherrschen, aber dieses Lieben selbst können alle eure Zeichen nicht einfangen: ihr wißt davon weniger als jedes junge Mädchen! Nun denn, so kommt zu mir! Diesen milden Glanz des Lichts, dieses Licht der Liebe, ich gebe es euch wieder. Ich knechte euch nicht, nein, ich rette euch und mache euch frei von dem Menschen, der als erster den Fall einer Frucht errechnet und euch in diese Sklaverei gebracht hat. Meine Wohnung ist die einzige Pforte, die euch offen ist – was sollte aus euch werden, wenn ihr außerhalb bleiben müßtet?

Was würde aus euch, jenseits meiner Wohnung, außerhalb dieses Schiffes, in dem der Ablauf der Stunden erst seinen vollen Sinn erhält, so wie der Ablauf des Meerwassers auf dem schimmernden Gebälk des Schiffsleibs. Dieser Ablauf des Meerwassers ist geräuschlos und still, aber er bringt das Schiff zu den fernen Inseln. Das ist der Ablauf des Meerwassers.

Kommt zu mir, ihr alle, denen die Tat, die zu nichts führt, bitter geworden ist.

Kommt zu mir, ihr alle, denen der Gedanke, der nur zu Gesetzen führt, bitter geworden ist.«

Der Prediger spannte die Arme aus.

»Denn ich bin es, der euch aufnimmt. Ich habe die Sünden der Welt auf mich genommen. Ich habe ihr Leid getragen. Ich habe eure Schmerzen getragen, die Schmerzen von Tieren, die ihre Jungen verlieren müssen, habe eure unheilbaren Krankheiten auf mich genommen, und ihr habt die Erleichterung gefühlt. Aber dein Leid, du mein Volk der heutigen Zeit, ist ein Elend, das noch tiefer, noch unheilbarer ist, und dennoch werde ich es tragen, wie ich alles andere Leid getragen habe. Ich werde die schwersten Ketten tragen, die Ketten des Geistes.

Ich bin es, der die Bürden der Welt auf sich nimmt.«

Der Mann auf der Kanzel erschien Bernis so hoffnungslos, nicht, weil er danach schrie, daß ihm ein Zeichen gewährt würde, und weil er kein Zeichen offenbar machte. Nein, weil er immer sich selbst die Antwort gab.

»Ihr werdet die Kinder sein, die bei mir spielen. Kommt zu mir mit all den vergeblichen Bemühungen, die euren Alltag erschöpfen: ich werde ihnen einen Sinn geben, daß sie eure Herzen neu aufbauen, ich werde ihnen wieder Menschlichkeit geben.«

Das Wort dringt in die Menge ein. Aber Bernis hört es nicht mehr, er hört etwas, das in diesem Wort lebt und das wie ein Leitsatz immer wiederkehrt: ... wieder Menschlichkeit geben.

Das beunruhigt ihn.

»Ihr Liebenden von heutzutage, kommt zu mir, ich werde eurer trockenen, verzweifelten und grausamen Liebe Menschlichkeit geben.

Eurer Sucht nach dem Fleischlichen und der traurigen Umkehr davon – kommt zu mir, ich werde ihr Menschlichkeit geben ...«

Bernis empfand eine tiefe Benommenheit.

»... denn ich bin es, der am Menschen sein Wohlgefallen hat ...«

Bernis ist ganz verzweifelt.

»Ich bin der einzige, der den Menschen zu sich selbst zurückführen kann.«

Der Priester verstummte. Erschöpft wandte er sich dem Hochaltar zu und betete zu Gott, zu dem Gott, den er verkündet hatte. Er fühlte sich gedemütigt, als hätte er alles hingegeben, als wäre seine körperliche Ermattung ein Gnadengeschenk. Und ohne es zu wissen, fühlte er sich eins mit Christus. Von neuem begann er, zum Altar gewandt, diesmal mit erschütternder Ruhe:

»Mein Vater, ich habe an sie geglaubt, darum habe ich mein Leben hingegeben ...«

Und indem er sich ein letztes Mal über die Menge beugte:

»Denn ich liebe sie ...« Ein Zittern ging über seine Gestalt. Ein Schweigen folgte, das Bernis ungeheuer schien.

»Im Namen des Vaters ...«

Und Bernis dachte: Welche Verzweiflung! Wo ist das Bekenntnis des Glaubens? Ich habe dieses Bekenntnis nicht vernommen, aber ich habe einen Aufschrei voll Verzweiflung gehört.

Er ging hinaus. Gleich würden die Bogenlampen aufstrahlen. Bernis schritt am Ufer der Seine entlang. Die Bäume standen, von keinem Hauch bewegt; ihr Äste verschwammen in der Abenddämmerung. Bernis schritt weiter. In ihn war Ruhe eingekehrt, wie sie das Stillwerden des Tages bringt, daß wir meinen, wir hätten endlich die Lösung eines Problems gefunden.

Aber diese Dämmerung – nichts als ein recht theaterhafter, leinwandener Hintergrund, der schon oft gedient hat, wenn Kaiserreiche untergingen, wenn Schlachten zu Niederlagen wurden, wenn eine armselige Liebe am Erlöschen war, der auch morgen wieder dienen wird, wenn es andere Komödien gibt. Ein leinwandener Hintergrund, der uns beunruhigt, wenn der Abend still ist, wenn das Leben schleppend wird, denn wir wissen nicht, welches Drama sich abspielen wird. Oh, gäbe es etwas, das ihm Rettung brächte aus all der menschlichen Unrast ...

Da flammten, alle mit einemmal, ringsum die Bogenlampen auf.

XII

Taxis. Autobusse. Ein namenloses Durcheinander – es ist gut, nicht wahr, Bernis, sich darin zu verlieren? Ein Dickwanst mitten auf dem Gehsteig – holla, mach Platz! Frauen, man sieht sie nur dies eine Mal im Leben: jetzt oder nie! Dort drüben Montmartre, da ist das Licht schon greller. Schon sind die Mädchen da, die mitwollen. – Du lieber Gott, fort mit euch! – Dann wieder andere Frauen, sie steigen aus Luxusautos, die schön wie Juwelenschreine sind und den Menschen, auch wenn sie wenig Reiz haben, ein prächtiges Aussehen geben. Fünf Hunderttausender an Perlenschnüren, die ihnen bis zum Bauch hinunterhängen, und was für Ringe an den Händen!

Dazu der matte Nachglanz der gepflegten Haut. Dort wieder ein erschrecktes Mädchen: »Laß mich, du! Ich weiß, wer du bist, ein Zuhälter! Mach dich fort! Laß mich vorbei, ich will leben!«

Da war eine Frau, sie saß vor ihm, beim Abendessen. Das Abendkleid ließ am Rücken einen tiefen, dreieckigen Ausschnitt frei. Er sieht nichts anderes als den Nacken, die Schultern und diesen blinden Rücken, auf dem er Schauer der Sinnlichkeit ahnt. Der Körper – dieses ewig neue, unergründliche Ding. Sie hatte sich eine Zigarette angesteckt, hielt das Kinn in die Hand gestützt, den Kopf vorgeneigt, so daß er nur mehr die leere Fläche des Rückens sah. Wie eine Mauer, dachte er.

Die Tänzerinnen begannen ihr Spiel. Ihr Schritt war elastisch, und die Seele der Tanzbewegungen lieh auch ihnen etwas Beseeltes. Bernis gefiel der Rhythmus, der ihnen Gleichgewicht gab, freilich ein schwankes Gleichgewicht, das sie dennoch stets mit erstaunlicher Sicherheit wiederfanden. Es ging eine stark sinnliche Wirkung von ihnen aus, wenn sie immer von neuem das Bild auflösten, das eben zur Form hatte werden wollen und das sie im Augenblick des Erstarrens, gleichsam an der Schwelle des Todes, noch einmal zu Bewegungen des Lebens auflockerten. Es war der gleiche Ausdruck von Begehren.

Vor seinen Augen noch immer dieser geheimnisvolle Rükken, glatt wie der Spiegel aus Glas. Aber jede kaum wahrnehmbare Bewegung, vielleicht nur ein Gedanke oder eine Empfindung, ließ es wie einen Schatten über den ganzen Rükken gleiten. Und Bernis dachte: Mich lockt all dies Dunkle, das sich da bewegt.

Die Tänzerinnen verneigten sich, nachdem sie einige rätselhafte Zeichen in den Sand geschrieben und gleich wieder verwischt hatten.

Bernis gab der leichtfüßigsten von ihnen einen leisen Wink.

»Du kannst gut tanzen.« Er maß das Gewicht ihrer Körperlichkeit, wie einer das Fleisch einer Frucht prüft, und fand mit Überraschung eine gewisse Erdenschwere. Das war ja Reichtum. Sie setzte sich zu ihm. Ihr Blick war ruhig, und der rasierte Nacken war fast wie ein kleiner Stiernacken und schien das Unbeweglichste dieses Körpers zu sein. Ihre Züge waren nicht fein zu nennen, aber der ganze Leib atmete Feinheit, es war eine friedliche Atmosphäre um sie. Dann aber bemerkte Bernis, daß ihr Haar stellenweise von Schweiß klebrig war. Unter der Schminke wurde eine Falte sichtbar. Und das Kleid war verknittert. Losgelöst von ihrem Element, dem Tanz, war sie ungelenk und fast entstellt.

»Woran denkst du?« Sie antwortete mit einer linkischen Geste. Alles, was sich ringsum tat, war nächtliches Treiben, begann irgendwie sinnvoll zu werden, das Treiben der Grooms, der Chauffeure, des Geschäftsführers. Sie alle taten ihren Dienst, der letztlich darin bestand, vor ihn, Bernis, diese Champagnerflasche hinzustellen und dieses müdgetanzte Mädchen hinzusetzen. Bernis nahm das Leben zwischen Kulissen wahr, die alles zum Beruf werden ließen. Da gibt es kein Laster, keine Tugend, keine unklare Gemütsbewegung, nur eine Arbeit, die so geschäftsmäßig geleistet wird und so neutral ist wie die Arbeit des Eisenbahnpersonals. Selbst der Tanz von vorhin, der die Gebärden bannte, um aus ihnen eine verständliche Sprache zu machen, konnte nur einem Fremden etwas sagen. Nur der Fremde konnte hier sozusagen einen Satzbau entdecken, den alle anderen längst schon vergessen hatten. So geht auch dem Musiker, der zum tausendsten Male dasselbe Stück spielt, der Sinn dieses Stückes verloren. Hier produzierten die Mädchen ihre Tanzschritte, zeigten ihre Mimik, alles im grellen Licht der Scheinwerfer, aber Gott weiß, was sie dabei für Bemerkungen machten. Da war die eine einzig mit ihrem Bein beschäftigt, das ihr weh tat, die andere mit einem Stelldichein, einem armseligen Stelldichein nach dem Tanz. Und die dritte überlegte: Ich bin hundert Franken schuldig, und die vierte dachte immer nur: Mir ist nicht wohl. Schon fühlte Bernis, wie all sein Schwung sich verlor. Er sagte sich: Du kannst mir nichts von all dem geben, was ich ersehne. Und doch war seine Verlassenheit so quälend, daß er ihrer bedurft hätte.

XIII

Sie hat ein wenig Angst vor dem stillen Mann. In der Nacht, neben dem Schläfer, wenn sie erwacht, hat sie den Eindruck, als liege sie vergessen auf einsamem Strande.

»Nimm mich in deine Arme!«

Ja, sie hat auch Ausbrüche von Zärtlichkeit... aber das fremde Leben in diesem Körper, die unbekannten Träume hinter dem felsenharten Stirnbein! Sie legt sich quer auf seine Brust und spürt den Atem des Mannes auf und ab wogen, und es ist wie das aufregende Erlebnis einer Überfahrt. Wenn sie das Ohr an seinen Leib legt und das harte Klopfen seines Herzens hört, diesen Gang eines Motors oder vielleicht das Pochen eines Meißels, hat sie die Empfindung von etwas, das davonfließt und nicht aufzuhalten ist. Und dann dieses Schweigen, wenn sie ihm ein Wort zugerufen hat, das ihn aus den Träumen weckt. Sie zählt die Sekunden zwischen ihrem Zuruf und seiner Antwort, wie man bei einem Gewitter zählt: eins... zwei... drei... Er ist jenseits von allem. Wenn er wieder die Augen geschlossen hat, greift sie nach seinem Kopf und hebt ihn ein wenig, wie den Kopf eines Toten, mit beiden Händen, als hielte sie einen Stein. »Mein Liebster, wie traurig ist doch das alles...«

Geheimnisvoll ist so ein Reisegefährte.

Dann liegen sie der Länge nach nebeneinander und schweigen beide. Da spürt man, wie das Leben uns durchrinnt wie ein Fluß in schwindelerregender Schnelligkeit. Der Menschenleib – ein Ruderboot in voller Fahrt.

»Wieviel Uhr ist es?«

Man stellt die Zeit fest. Ist das nicht eine sonderbare Reise? O mein Liebster! Und sie klammert sich an ihn an, den Kopf zurückgebogen, mit offenem Haar, wie eine Ertrinkende, die gerettet wird. Eine Frau, die vom Schlaf oder von der Liebe wieder ins Leben zurückkehrt, eine wirre Locke, die an der Stirn klebt, die Züge wie verweht, eine Frau, aus den Wellen des Meeres gezogen.

»Wieviel Uhr ist es?«

Ja, warum denn? Die Stunden fliehen vorbei, wie in voller Fahrt die kleinen Provinzbahnhöfe fliehen – ein Uhr, zwei Uhr –, einer nach dem anderen nach rückwärts geworfen und schon verloren. Irgend etwas gleitet uns durch die Finger, und wir wissen es nicht zu halten. Altwerden, das ist doch gar nichts.

»Ich kann mir dich sehr gut vorstellen mit weißen Haaren, und ich bin deine würdige Freundin...«

Altwerden ist wirklich gar nichts.

Aber diese verlorene Sekunde, dieses Schweigen, das sich in die Länge zieht, das ist es, was so müde macht.

»Erzähl mir von deinem Land.«

»Dort drüben . . .«

Bernis weiß, daß das unmöglich ist. Städte, Meere, Heimatorte – das ist ja immer dasselbe. Nur manchmal eine flüchtige Vision, die man errät, ohne sie zu verstehen, und die man nicht wiedergeben kann.

Er legt die Hand an ihre Weiche, dort, wo der Leib am wenigsten bewehrt ist. Das Weib: bloß wie kein anderes lebendes Fleisch und leuchtend im zartesten Schimmer. Er denkt an das geheimnisvolle Leben, das diesen Leib beseelt, das ihn wärmt wie eine Sonne, wie ein inneres Klima. Bernis denkt nicht daran, daß sie zart oder schön ist, aber daß sie sich warm anfühlt. Warm wie ein Tier, lebendig. Und dieses Herz, das immerfort schlägt, das eine andere Quelle ist als die seine, eingeschlossen in einen anderen Leib.

Er muß an die Wollust denken, die ihn einige Augenblicke lang in ihren Bann geschlagen hat: an dieses tolle Tier, das seinen Bann ausübt und dann tot ist. Und jetzt . . .

Jetzt flimmert der Sternenhimmel durch die Fensterscheiben. O Weib, wenn die Stunde der Liebe vorüber ist, bist zu zerstört und deiner Krone beraubt, die da ist das Begehren des Mannes nach dir. Zurückgeworfen bist du bis zu den kalten Sternen. Die Landschaft des Herzens wechselt zu schnell . . . Begierde, Zärtlichkeit, Feuersglut – dann wieder rein und kühl geworden, losgelöst vom eigenen Körper, gleichsam am Bug des Schiffes, das ins Meer zurück will.

XIV

Das Zimmer, zur Abreise in Ordnung gebracht, ist öde wie ein Bahnsteig. Bernis durchlebt vor der Abfahrt des Schnellzuges einsame Stunden in Paris. Er lehnt die Stirn gegen das Fenster und schaut der Menge zu, die draußen hin und her läuft. Er fühlt sich durch dieses Auf- und Abfluten wie fortgerückt von den Menschen. Jeder Mensch hat da eine bestimmte Absicht und ist in Eile. Beziehungen knüpfen sich an, aber sie werden sich außerhalb seiner Person abwickeln und lösen. Da geht eine Frau, kaum zwanzig Schritte hat sie zu machen, und schon ist sie aus dem Bild und aus der Zeit geschwunden. Diese ganze Menge war doch der lebendige Stoff, aus dem das Weinen heraufstieg und das Lachen quoll, und jetzt ist sie nichts anderes mehr als ein Volk von toten Menschen.

Dritter Teil

I

Europa und Afrika rüsteten fast zur gleichen Minute für die Nacht. Hier wie dort waren die letzten Stürme dieses unruhigen Tages im Abflauen begriffen. In Granada beruhigte sich alles wieder, in Malaga war der Sturm in Landregen übergegangen. Aber in einzelnen Wetterwinkeln zerrten die Ausläufer des Orkans an den Baumkronen, als wären sie Haare zum Schütteln.

Toulouse, Barcelona, Alicante, die den Kurier schon abgefertigt hatten, räumten das Material ein, ließen die Maschinen einfahren und sperrten die Flugzeughallen ab. In Malaga, wo die nächste Landung erst unter tags zu erwarten war, brauchte man keine Beleuchtung vorzubereiten. Überdies dachte Bernis nicht an eine Zwischenlandung. Er würde gegen Tanger weiterfliegen, allerdings in sehr geringer Höhe. Auch würde er wieder einmal die Meerenge, kaum zwanzig Meter hoch, überfliegen müssen, ohne die afrikanische Küste zu sehen, nur nach der Magnetnadel orientiert. Ein ausgiebiger Westwind wühlte das Meer auf, daß die stürzenden Wogen weiß aufschäumten. Was an Schiffen vor Anker lag, arbeitete, den Bug in Windrichtung, mit aller Kraft, wie auf hoher See. Ostwärts verursachte der englische Felsen eine Depression, in die der Regen wie aus Kannen schüttete. Im Westen waren die Wolken um ein ganzes Stockwerk höher gelagert. Am jenseitigen Ufer lag Tanger im Dunst, und der Regen wusch die Stadt. Am Horizont standen mächtige Haufenwolken. Aber gegen Larache war die Luft klar. Schon über Casablanca war freier Himmel. Festverankerte Segelboote markierten die Ufer, sie lagen da wie nach einer Schlacht. Nach dem Sturm, der alles aufgewühlt hatte, waren auf dem Meer nur mehr lange, regelmäßige Falten zu sehen, die in Fächerform auseinanderliefen. Die Felder waren vom tiefsten Grün, im Schein der untergehenden Sonne fast von der Farbe des Wassers. Da und dort kam es von den regennassen Plätzen der Stadt wie ein Glanz herauf. Vor den Baracken des Kraftwerks standen die Mechaniker müßig und warteten. Ihre Kollegen in Agadir waren zum Essen in die Stadt gegangen, da sie noch vier Stunden frei hatten. Die von Port-Étienne, von Saint-Louis und Dakar konnten ruhig schlafen.

Um acht Uhr abends gab Radio Malaga bekannt:

Kurier vorübergeflogen, ohne zu landen.

Und nun begann Casablanca probeweise zu beleuchten. Die Lichtreihe des Leuchtturms schnitt in roter Farbe ein schwarzes, dreieckiges Stück Nacht heraus. Stellenweise fehlte eine Lampe, es war wie eine Zahnlücke. Dann brachte ein zweiter Schalter die Landungsscheinwerfer in Tätigkeit. Sie gossen ihr Licht wie einen Milchstrahl ins Weite – es fehlte nur der Varietékünstler.

Ein Reflektor wurde gedreht. Das unsichtbare Strahlenbündel heftete sich auf einen regentriefenden Baum, daß er aufglänzte wie ein Kristallüster; dann auf eine weiße Hütte, die nun plötzlich bedeutungsvoll ins Blickfeld rückte, mit wechselnden Schatten, und gleich darauf schon verschüttet war. Endlich senkte sich die Lichtgarbe wieder und nahm ihren Platz ein, um dem Flugzeug eine weiße Bahn zu schaffen.

»Gut«, sagte der Kommandant, »ausschalten!«

Er ging in seine Kanzlei hinauf, sah den letzten Einlauf durch und ließ dann zerstreut den Blick auf dem Telefonapparat haften. Bald würde Rabat anrufen. Alles war bereit. Die Mechaniker saßen herum, auf Ölfässern und Kisten.

In Agadir kannte man sich nicht recht aus. Nach den dortigen Berechnungen mußte der Kurier Casablanca schon verlassen haben, und nun wurde der Himmel abgesucht. Zehnmal wurde der Abendstern für das Bordlicht des Flugzeugs gehalten, dann kam der Polarstern dran, der gerade im Norden aufgegangen war. Man wartete, um die Scheinwerfer aufflammen zu lassen, nur darauf, bis man den überzähligen Stern entdeckt hätte, der unter den Konstellationen umherirrte und seinen Platz nicht finden konnte.

Der Postenkommandant war betroffen. Würde er seinerseits die Weiterfahrt anordnen können? Südwärts war Nebel zu befürchten, wohl bis zum Flußlauf des Nun, vielleicht gar bis nach Juby, und dieses Juby blieb hartnäckig stumm, trotz aller Radioanrufe. Man konnte die »France-Amérique« doch nicht in die Nacht hinausjagen, ins Ungewisse! Und der Posten in der Sahara schien sein Geheimnis für sich behalten zu wollen.

Wir aber saßen in Juby, von aller Welt abgeschnitten, und sandten Notsignale aus, wie ein Schiff:

Mitteilt Nachricht Kurier, mitteilt ...

Aus Cisneros quälte man uns mit dunklen Fragen, aber wir gaben keine Antwort mehr. So riefen wir, von tausend zu tausend Kilometer, vergebliche Klagen in die Nacht hinaus.

Um 20 Uhr 50 hatte sich alles geklärt: Casablanca und Agadir konnten einander telefonisch verständigen, und auch unsere Radioverbindung klappte endlich. Casablanca sprach, und alles wurde bis nach Dakar weitergegeben.

Kurier abgeht 22 Uhr nach Agadir.

Von Agadir für Juby: Kurier eintrifft Agadir 0.30 stop.

Ist Weiterflug zu euch möglich?

Von Juby nach Agadir: Nebel. Tageslicht abwarten.

Von Juby für Cisneros, Port-Étienne, Dakar: Kurier nächtigt Agadir.

Der Pilot gab in Casablanca seine Unterschriften fürs Flugbuch. Das Lampenlicht machte ihn blinzeln. Vordem, auf der Fahrt, war immer nur so wenig in sein Blickfeld gefallen. Bernis war schon froh gewesen, wenn bisweilen der weiße Schaum der Wellen, die sich am Strande brechen, ihn geleitet hatte. Und jetzt, in der Kanzlei, was sah er nicht alles – Aktenregale, weißes Papier, handfeste Möbel. Das war doch eine massive Welt, die zeigte, was sie enthielt. Aber hinter der Türfüllung starrte die andere Welt, nächtlich und öde.

Sein Gesicht war gerötet vom Wind, der ihm zehn Stunden lang die Wangen gepeitscht hatte. Vom Haar rannen ihm Tropfen herab. Er war aus der Nacht gekommen wie ein Kanalräumer aus dem Tunnel, mit den schweren Stiefeln, dem Lederrock, die Haare klebten auf seiner Stirn, und er mußte immerfort blinzeln. Er stockte im Schreiben. »Und – Sie haben die Absicht, mich weiterfliegen zu lassen?«

Der Postenchef ordnete die Blätter und brummte: »Sie werden tun, was man Ihnen sagen wird.«

Er wußte schon jetzt, daß er die Weiterfahrt nicht fordern

würde, und der Pilot wußte, daß er seinerseits auf ihr bestehen würde. Aber jeder von ihnen wollte sich selber beweisen, daß er allein darüber zu befinden hätte.

»Sperren Sie mich in einen Wandschrank, und verlangen Sie von mir, daß ich mit verbundenen Augen einen Gashebel bediene und so das ganze Möbel nach Agadir bringe: ungefähr das verlangen Sie von mir.«

Er war ein viel zu innerlicher Mensch, um auch nur einen Augenblick an einen Unfall zu denken, der ihm persönlich widerfahren könnte: an derlei denkt nur, wer leer im Herzen ist; aber das Bild vom Wandschrank belustigte ihn. Es gab ja Unmögliches, aber er würde es doch fertigbringen.

Der Postenkommandant öffnete die Tür ein wenig, um seine Zigarette in die Nacht hinauszuwerfen.

»Na also, man sieht ja . . .«

»Was denn?«

»Man sieht Sterne.«

Der Pilot ereiferte sich: »Ich pfeife auf Ihre Sterne – ganze drei Sterne sind zu sehen. Sie schicken mich ja nicht auf den Mars, sondern nach Agadir.«

»Der Mond geht in einer Stunde auf.«

»Der Mond – der Mond . . .«

Dieser Mond reizte ihn noch mehr. Hatte er vorhin auf den Mond gewartet, um seine Nachtfahrt zu machen? War er noch ein Flugschüler?

»Also gut, einverstanden. Sie bleiben hier.«

Der Pilot war befriedigt, breitete die belegten Brote aus, die er am Abend mitgenommen hatte, und begann, friedlich zu kauen. In zwanzig Minuten würde er weiterfliegen. Der Kommandant lächelte und spielte mit dem Telefonhörer: er wußte schon, daß er binnen kurzem den Start zu melden haben würde.

Jetzt, da alles feststand, ergab sich plötzlich eine gewisse Leere. Es geschieht manchmal, daß die Zeit stillstehen will. Der Pilot saß unbeweglich auf seinem Stuhl, ein wenig vorgeneigt, die ölgeschwärzten Hände zwischen den Knien. Sein Auge haftete an einem Punkt, irgendwo, zwischen ihm und der Wand. Der Postenchef saß rittlings da, mit halboffenem Mund schien er auf ein geheimes Zeichen zu warten. Das Schreibfräulein gähnte, stützte das Kinn in die Hand und fühlte ein gewaltiges Schlafbedürfnis. Es war ein Augenblick lautlosen Ablaufens der Sanduhr. Ein Schrei, der aus der Ferne an ihr Ohr drang, gab das Stichwort, das den ganzen Mechanismus wieder zum Gehen brachte. Der Postenchef hob den Finger, der Pilot lächelte, richtete sich auf und tat einen Atemzug, als schöpfe er frische Luft.

»Ah! Adieu!«

So reißt manchmal ein Film ab. Der plötzliche Stillstand packt uns, mit jeder Sekunde wird die Unbeweglichkeit lastender, wie eine Ohnmacht – dann geht das Leben von neuem weiter.

Anfangs hatte Bernis nicht den Eindruck aufzusteigen, sondern glaubte sich eingeschlossen in eine feuchte, kalte Grotte, die unter dem Donner des Motors zitterte wie unter dem Anprall von Meereswogen. Dann schien ihm, daß ihn wenig oder gar nichts umgab. Bei Tag baut sich aus dem runden Rücken eines Hügels, aus der Strandlinie einer Bucht und dem blauen Himmel darüber eine Welt auf, die uns umfaßt; jetzt aber befand er sich außerhalb von allem, wie in einer Welt, die erst in Bildung begriffen war, deren Grundstoffe noch formlos durcheinanderlagen. Die Ebene zog sich weit hin, bald schwanden die letzten Städte, Mazagan, Safi, Mogador, die ihre Lichter wie aus Schaufenstern zu ihm heraufsandten. Dann noch die letzten beleuchteten Meierhöfe, gleichsam die letzten Bordlichter der Erde. Plötzlich war er wie erblindet.

»Schön! Jetzt kommt's ganz dick.«

Die Augen bald auf den Neigungs-, bald auf den Höhenmesser heftend, ließ er sich hinab, um aus der Wolke herauszukommen. Der schwache Schein einer roten elektrischen Birne blendete ihn. Er drehte sie ab.

»Schön! Jetzt bin ich wieder draußen, aber ich sehe gar nichts.«

Die ersten Höhen des Kleinen Atlas fliegen vorüber, unsichtbar, still, zwischen zwei Wasserflächen, als wären sie schwimmende Eisberge. Er konnte sie über seine Schulter weg erraten.

»Schön! Es geht wieder einmal recht schlecht.«

Er wandte sich um. Ein Mechaniker, der einzige Passagier, saß da, auf den Knien eine Taschenlampe, und las ein Buch.

Nur sein geneigter Kopf leuchtete aus der Karosserie empor und warf seltsame Schatten. Dieser Kopf schien ihm fremdartig, von innen her beleuchtet, als wäre er eine Laterne. Er rief: »Hallo!« Aber seine Stimme wurde übertönt. So trommelte er mit der Faust auf einen Blechbeschlag, aber der Mann las ruhig weiter, und sein Kopf tauchte nach wie vor selbstleuchtend aus dem Dunkel auf. Wenn er ein Blatt umwandte, war sein Gesicht sekundenlang verzerrt. »Hallo!« rief Bernis noch einmal, vergeblich: nur zwei Armlängen von ihm entfernt, war dieser Mann dennoch unerreichbar. Bernis verzichtete endlich und wandte sich wieder nach vorn.

»Ich muß jetzt nah bei Cap Gir sein, aber hängen soll man mich, wenn ... es geht heute wirklich sehr schlecht.« Und nun überlegte er: Ich bin wohl zu weit aufs Meer abgekommen. So stellte er mittels der Bussole den Flug wieder richtig. Es war sonderbar, wie er sich immerwährend nach rechts, gegen das Meer hingedrängt fühlte, als ritte er eine scheue Stute und als übten wirklich von links her die Berge einen Druck aus.

»Es muß regnen.« Er streckte die Hand hinaus und spürte das peitschende Naß.

»Ich werde in zwanzig Minuten wieder landeinwärts fliegen, dann wird es eben vor mir sein – weniger Risiko.«

Aber nein, mit einem Schlag, welche Helligkeit! Der Himmel, von Wolken reingefegt, alle Sterne frischgewaschen, wie neu. Der Mond – der Mond, die beste aller Lampen! Unten leuchtete der Flugplatz von Agadir in dreimaliger Schaltung auf, wie eine Leuchtreklame.

»Zum Teufel mit euren Lichtern – ich habe den Mond.«

II

In Cap Juby brach der Tag an, aber das Bild, das sich bot, schien mir öde: eine Theaterdekoration ohne Schatten, ohne Hintergrund. Die Düne lag da wie immer, hier das spanische Fort, dort die Wüste. Was da fehlte, war jene leichte Bewegtheit, die, selbst beim ruhigsten Wetter, die Prärie und das Meer so reich macht. Nomaden, die mit ihren langsamen Karawanen einherzogen, konnten am Korn des Wüstensandes den Wechsel erkennen und am Abend in einer neuen Gegend ihr Zelt aufschlagen. Auch ich hätte die Unendlichkeit der Wüste empfunden, wenn ich mich nur ein wenig hätte entfernen können, aber diese unbewegliche Landschaft begrenzte die Vorstellung wie ein Farbendruck.

Dem einen Brunnen entsprach, dreihundert Kilometer weiter, ein anderer Brunnen. Derselbe Brunnen, anscheinend auch derselbe Sand und dieselbe Bodenbeschaffenheit. Aber das Zusammenspiel der Dinge war hier doch ein anderes. Eine Erneuerung, so wie der ewig gleiche Schaum der Meereswellen von Sekunde zu Sekunde sich erneuert. Am zweiten Brunnen hätte ich mein Einsamsein wahrgenommen, am nächsten wäre mir die Wildnis eine wirklich geheimnisvolle Welt gewesen.

Der Tag verlief leer, von keinem Ereignis belebt, nichts als der astronomische Gang der Gestirne und, während einiger Stunden, nichts als der Leib der Erde, im Sonnenlicht gebadet. Hier verloren die Worte allmählich den Nimbus, den ihnen unser Menschentum verliehen hat. Sie enthielten nichts anderes mehr als Sand. Selbst die sinnbeschwertesten Worte wie »Zärtlichkeit«, »Liebe«, fielen ohne Gewicht in unsere Seelen.

Um fünf Uhr von Agadir weggeflogen – du müßtest schon hier gelandet sein.

»Er ist um fünf Uhr von Agadir weggeflogen, also müßte er schon hier sein.«

»Ja, mein Lieber, gewiß . . . aber wir haben Südwestwind.«

Der Himmel ist gelb. In wenigen Stunden wird dieser Wind eine Wüste umstürzen, die monatelang vom Nordwind geformt worden ist. Tage voller Unordnung: von rückwärts erfaßt, lassen die Dünen den Sand in langen Fahnen fortwehen, jede Düne rollt sich auf, um sich ein wenig weiter umzuformen.

Man horcht. Nein, es ist das Meer.

. . . Ein Kurier in Fahrt, das ist nichts. Zwischen Agadir und Cap Juby, in dieser unerforschten Wildnis, ist er ein Kamerad im Niemandsland. Aber bald schon wird an unserem Himmel ein unbeweglicher Punkt auftauchen.

Um fünf Uhr von Agadir weggeflogen . . .

Soll man an ein Unglück denken? Ein Kurier, der steckengeblieben ist, das ist zunächst nichts als eine Wartezeit, die sich in die Länge zieht, ist nur ein Gespräch, das ein wenig erregt wird und dann ablflaut. Aber nun wird die Zeit gar zu breit, und die kleinen Bewegungen, die abgerissenen Sätze wollen sie nicht recht ausfüllen ...

Jählings aber fällt ein Faustschlag aauf den Tisch, und der Ausruf: »Mein Gott, zehn Uhr –!« strafft jeden von uns: ein Kamerad im Bereich der Mauren!

Der Funker spricht mit Las Palmas. Der Dieselmotor schnauft vernehmlich, und der Alkmotor brummt wie eine Turbine. Der Mann hat den Blick auf das Amperemeter gerichtet, das jede Veränderung anzeigt.

Ich stehe daneben und warte. Der Mann streckt die Linke über Kreuz nach mir aus und hantiert mit der Rechten weiter. Er schreit mir zu: »Was?« Ich hatte nichts gesagt. Kaum zwanzig Sekunden, und er schreit wieder, ich rufe: »Ah ja?« Rings um mich leuchtet es hell: durch die halboffenen Fensterläden fällt ein Sonnenstrahl, und die Pleuel des Dieselmotors geben feuchte Blitze von sich, die sich mit dem Sonnenlicht vermengen.

Endlich wendet sich der Funker jäh zu mir und nimmt die Haube ab. Der Motor spuckt, dann wird es still. Ich höre nur mehr die letzten Worte, die der Mann mir zubrüllt, als stünd ich hundert Meter weit: ». . . ist ihnen ganz egal!«

»Wem?«

»Denen dort.«

»So! Können Sie Agadir haben?«

»Es ist nicht die richtige Zeit.«

»Versuchen Sie es doch.«

Ich kritzle auf einen Notizblock:

Kurier nicht eingetroffen. Ist der Start mißlungen? Stop. Noch einmal Abfahrtszeit geben.

»Sagen Sie ihnen das!«

»Gut, ich rufe an.«

Und das Getümmel ist wieder da.

»Nun?«

». . . duld!«

Ich bin zerstreut und träume; er meinte: »Geduld!« – Wer mag wohl den Kurier steuern? Bist du es, Jacques Bernis, der so aus dem Raum, aus der Zeit fällt?

Der Funker bittet um Stille . . . und setzt seine Haube auf. Er klopft mit dem Bleistift auf den Tisch, sieht nach der Uhr und gähnt. Dann fragt er: »Flugzeug in Not? Und weshalb?«

»Wie soll ich das wissen?«

»Ja, freilich ... Jetzt ... nein, Agadir hat nicht gehört.«

»Versuchen Sie wieder.«

»Ja.«

Und der Motor brummt von neuem.

Agadir schweigt noch immer. Wir horchen jetzt nur auf diese Stimme. Wenn von dort mit einer anderen Station gesprochen wird, werden wir uns in diese Unterhaltung einschalten.

Ich setze mich wieder. Zufällig greife ich nach einem Hörer, und schon bin ich mitten im Taubenschlag, mitten in all den vielen Vogelstimmen.

Lange, kurze Töne, Triller, zu rasch vibrierend – ich kenne mich in dem Gemengsel nicht aus: wie viele Stimmen gibt es doch in diesem Himmel, den ich so still und leer glaubte!

Drei Stationen sprechen ... eine verstummt, eine andere tritt auf den Plan.

»Das? Das ist Bordeaux ...«

Eine Koloratur, scharf, eilig, aber weit entfernt, dann eine tiefere, ruhigere Stimme:

»Was ist das?«

»Das ist Dakar.«

Ein trauriges Stimmchen. Es verstummt, ertönt wieder, schweigt und beginnt von neuem.

»... Barcelona ruft London an, aber London antwortet nicht.«

Assissi ist zu hören, irgendwo, ganz weit, und erzählt leise irgendwas.

Welches Stelldichein mitten in der Sahara! Ganz Europa hat sich versammelt, seine Hauptstädte tauschen mit ihren Vogelstimmen Vertraulichkeiten aus.

Jetzt rollt es nahe und vernehmlich. Schon bringt der Trennschärfer die anderen Stimmen zum Schweigen.

»War das Agadir?«

»Agadir.«

Der Funker, den Blick immer noch, Gott weiß warum, auf die Uhr gerichtet, ruft wiederholt an.

»Hören Sie es?«

»Nein, aber Agadir spricht mit Casablanca, da wird man etwas erfahren.«

In aller Stille fangen wir die Geheimnisse der Engel ab. Der Bleistift zögert, senkt sich rasch aufs Papier, wirft einen Buchstaben hin, dann zwei, dann zehn, ganz schnell. Worte bilden sich, sie brechen auf wie Blüten.

Avis für Casablanca . . .

Herrgott! Teneriffa überschreit Agadir! Eine gewaltige Stimme füllt dröhnend die Hörer. Aber jetzt ist sie wieder still.

. . . landet sechs Uhr dreißig. Wieder abgeflogen um . . .

Und wieder überrumpelt uns Teneriffa, dieser Eindringling.

Aber ich weiß genug. Um 6 Uhr 30 ist der Kurier nach Agadir zurückgekehrt – Nebel? Oder ein Motordefekt? – Und ist offenbar erst um sieben Uhr weitergeflogen . . . Also nicht überfällig.

»Danke.«

III

Jacques Bernis, diesmal will ich vor deiner Ankunft ein wenig entschleiern, wer du bist. Du, den seit gestern die Radios genau verfolgen, der hier die vorschriftsmäßigen zwanzig Minuten verbringen wird, für den ich eine Konservenbüche aufmachen und eine Flasche Wein entkorken werde, der mit uns weder von der Liebe reden wird noch vom Tode, von keinem der wirklichen Probleme, aber von der Windrichtung, von der Bewölkung des Himmels und von seinem Motor. Der, der über das Witzwort eines Mechanikers lachen, über die Hitze klagen wird und nichts anderes ist als irgendeiner von uns.

Ich werde sagen, welche Reise du eigentlich zu tun im Begriff bist. Wie du hinter alles Scheinbare schaust und weshalb die Schritte, die du neben uns gehst, doch nicht die unseren sind. Aus gleicher Jugend sind wir beide groß geworden. Und plötzlich ist mir, als sähe ich vor mir diese alte Mauer, verfallen und dicht mit Efeu bewachsen. Wir waren muntere Kinder. »Warum hast du Angst? Mach doch die Tür auf . . .!«

Eine alte Mauer, verfallen und von Efeu überwuchert. Ausgedörrt, wie verbrannt von der Sonne, sie steht in der vollsten

Wirklichkeit. Zwischen den Blättern raschelten Eidechsen, wir aber nannten sie Schlangen, weil wir schon damals, wenngleich nur im Abbild, jene Flucht liebten, den Tod. Hier war jeder Stein heiß wie ein angebrütetes Ei. Jedes Krümchen Erde, jedes dünne Ästchen war sonnenbeschienen und hatte kein Geheimnis mehr. Auf dieser Seite der Mauer herrschte in allem Reichtum, in aller Fülle der ländliche Sommer. Wir sahen von hier einen Glockenturm und hörten eine Dreschmaschine arbeiten. Wohin die Blicke gingen, war blauer Himmel: die Bauern mähten das Korn, der Pfarrer schwefelte die Weinstöcke, zu Hause, im Wohnzimmer, spielten die Eltern Bridge. Wir pflegten alle, die schon seit sechzig Jahren diesen Erdenwinkel bewohnten, die von der Geburt bis zum Tode diese glutende Sonne, die Kornfelder, das Haus als ihr eigen betrachteten, wir pflegten diese Generation das »Wachbataillon« zu nennen. Aber wir sahen uns selbst immer auf der kleinsten, gefährdetsten der Inseln, zwischen zwei gewaltigen Ozeanen, zwischen der Vergangenheit und der Zukunft.

»Dreh doch den Schlüssel . . .!« Es war den Kindern untersagt, die kleine Tür zu öffnen, die grün war, von der verschmierten Farbe eines alten grünen Kahns, es war verboten, ihr mächtiges Schloß zu berühren, das von der Zeit angerostet war wie ein alter Schiffsanker.

Offenbar war man unsertwegen auf der Hut wegen der offenen Zisterne und in Angst, daß ein Kind im Teich ertrinken könnte. Denn hinter jener Tür war eine stille Wasserfläche, die, wie wir vermeinten, seit tausend Jahren reglos lag und an die wir immer dachten, wenn von totem Wasser die Rede war. Winzige runde Blättchen deckten sie mit grünem Gespinst, und wir warfen Steine hinein, die ein Loch in die grüne Fläche rissen.

Es war so kühl unter dem dichten Geäst der alten Bäume, die das Vollgewicht der Sonne trugen. Nie hatte ein Sonnenstrahl den zarten Rasen des Uferdammes vergilbt, nie jenes grüne Wassergespinst berührt. Der Kieselstein, den wir hineingeworfen, begann nun seinen Lauf, wie ein Gestirn — denn für uns war dieses Gewässer von unergründlicher Tiefe.

»Setzen wir uns . . .« Kein Lärm drang bis zu uns. Wir genossen die Kühle, den Duft, die Feuchtigkeit, die unsere Körper wie mit neuem Leben erfüllte. Fortgetragen waren wir bis an die letzten Grenzen der Erde, und wir wußten ja, daß Reisen vor allem die Erfüllung mit neuem Leben bedeutet.

»Hier sieht man alles von der falschen Seite ...«

Die falsche Seite dieser Sommerzeit war ihrer selbst so sicher, so sicher der Landschaft und all der Gesichter ringsum, die uns in Gefangenschaft hielten. Wir haßten diese uns aufgezwungene Welt. Wenn es Zeit zum Abendessen wurde, gingen wir nach Hause, von Geheimnis beschwert, wie die indischen Taucher, die an Perlen rühren durften. Und im Augenblick, da die Sonne versinken will und der tiefe Himmel sich rosenrot färbt, hörten wir Worte, die uns weh tun mußten:

»Die Tage werden länger ...«

Da fühlten wir uns wieder eingefangen in den engen Kehrreim, eingeschlossen in das Leben, das nach Jahreszeiten berechnet wird, das Ferien bringt und Hochzeiten und Todesfälle: all das müßige Treiben der Oberfläche.

Fliehen – das war das Richtige. Mit zehn Jahren fanden wir unsere Zuflucht im Gebälk des Dachbodens. Tote Vögel, alte Koffer mit geborstenen Wänden, sonderbare Kleidungsstücke: sozusagen Kulissen des Lebens. Und dann der Schatz, den wir da versteckt wähnten, der Schatz der alten Häuser, ganz wie er im Zaubermärchen vorkommt: Saphire, Opale, Diamanten. Der Schatz, von dem ein stilles Leuchten ausgeht und der jeder Mauer, jedem Balken erst den wahren Sinn gibt. Diese mächtigen Balken, die das Haus gegen Gott weiß was verteidigen. Ja freilich, gegen die Zeit. Denn das war für uns der große Feind. Man wehrte sich gegen ihn durch die Traditionen, durch den Kult der Vergangenheit, durch die mächtigen Balken. Aber nur wir allein wußten, daß dieses Haus wie ein Schiff ins Weite ausgesandt war. Wir allein stiegen hinab bis in den Kiel und in die tiefsten Kojen, nur wir wußten, wo das Wasser eindrang. Wir kannten die Fugen im Dach, wo die Vögel einschlüpften, um zu sterben, und wußten, wo es Risse im Gebälk gab. Unten, in den Zimmern, saßen die Gäste und tanzten schöne Frauen. Welche trügerische Sicherheit! Gewiß wurden da Schnäpse angeboten, schwarz livrierte Diener gingen umher und hatten weiße Handschuhe an. Ja, die Passagiere! Wir aber, hoch oben, wir sahen die blaue Nacht durch den Spalt im Dach hereinfluten. Ein winziger Spalt: nur eben ein einziger Stern blinkte zu uns nieder, ein einziger vom ganzen Firmament, der sich für uns verklärte. Und das war der Stern, der die Menschen krank macht. Da wandten wir uns ab: es war der Stern, der den Tod bringt.

Jäh schraken wir auf: es arbeitete dumpf in den Dingen um uns, die den zersplitternden Balken einer Schatzkammer ähnelten. Bei jedem Krach untersuchten wir das Holz. Alles war ja wie reife Ähren, bereit, das Korn herzugeben, oder wie von alter Rinde umkleidet, unter der ganz gewiß etwas anderes steckte. Und wäre es nur jener Stern, dieser kleine, harte Diamant. Eines Tages werden wir ihn suchen gehen, im Norden oder im Süden oder vielleicht in uns selbst. Fliehen!

Der Stern, der den Schlaf bringt, verschwand, der Dachschiefer deckte dieses Wahrzeichen aller Helligkeit. So stiegen wir denn hinab in unser Zimmer und nahmen auf die große Reise, die man Halbschlaf nennt, unser Wissen um eine Welt mit, wo der geheimnisvolle Stern ohne Ende ins Wasser fällt, wie im Himmelsraum die Lichtfäden herabzucken, die tausend Jahre brauchen, um bis zu uns zu gelangen; wo das Haus, das im Wind ächzt, bedroht ist wie ein Schiff; wo die Dinge, eins ums andere, sich auftun müssen, bedrängt von der dunklen Gewalt des Schatzes.

»Setz dich her! Ich dachte, du seist in Flugnot. Trink doch! In Flugnot, und ich war drauf und dran, dich zu suchen. Du siehst, das Flugzeug ist schon startbereit. Die Ait-Tusse haben die Izargin angegriffen, und ich glaubte, du wärst in dieses Getümmel gefallen. Ich war besorgt. Trink! Was willst du essen?«

»Laß mich weiterfahren.«

»Du hast noch fünf Minuten Zeit. Schau mir ins Gesicht! Was ist mit Genoveva? Warum lächelst du?«

»Nein, nichts. Vorhin, im Flugzeug, ist mir ein altes Lied eingefallen, und ich habe mich auf einmal so jung gefühlt.«

»Und Genoveva?«

»Ich weiß nicht – laß mich weiterfahren.«

»Jacques, gib mir Antwort: Hast du sie wiedergesehen?«

»Ja . . .« Er hielt inne. »Auf der Fahrt nach Toulouse habe ich den Umweg gemacht, um sie noch einmal zu sehen . . .«

Und nun erzählte mir Jacques Bernis sein Abenteuer.

IV

Es war nicht ein kleiner Provinzbahnhof, nein, es war eine heimliche Tür, die scheinbar nur aufs freie Feld führte. An einem gemütlichen Mann vorbei, der die Karten kontrollierte, kam man auf die weiße Landstraße, die nichts Geheimnisvolles hatte. Daneben ein kleiner Bach und Heckenrosen. Der Stationsvorsteher pflegte seine Blumenstöcke, der Bahnarbeiter schob einen leeren Karren umher. Unter diesen Verkleidungen wirkten drei Hüter einer geheimen Welt.

Der Kontrollmann tippte auf die Fahrkarte. »Sie fahren von Paris nach Toulouse. Warum steigen Sie hier aus?«

»Ich will mit dem nächsten Zug weiterfahren.«

Der Mann betrachtete ihn kurz. Vielleicht zögerte er, ihm dies alles auszuliefern, nicht die Landstraße mit dem Bach und den Heckenrosen, aber jenes Königreich, das seit Merlins Zeiten uns hinter dem Anschein aller Dinge lockt. Offenbar erkannte er an Bernis die drei Tugenden des Orpheus, die zu solcher Reise berechtigten: den Mut, die Jugend, die Liebe. »Bitte«, sagte er.

Die Schnellzüge rasten an diesem Bahnhof vorüber, der nur als Attrappe dastand, wie jene kleinen Zauberbars mit ihren falschen Kellnern, falschen Musikern und dem falschen Barmann. Schon im Personenzug hatte Bernis das Gefühl gehabt, daß sein Leben sich verlangsamte und einen anderen Sinn bekam. Jetzt, da er im Wägelchen saß, neben dem Bauern, der es lenkte, entfernte er sich noch mehr von uns. Er drang ins Geheimnis ein. Der Mann neben ihm, dessen Gesicht schon mit dreißig Jahren so viele Runzeln trug, daß das Alter ihm nichts mehr anhaben würde, wies auf ein Feld. »Das wächst schnell.«

O dieses Eilende, das uns unsichtbar bleibt, dieser Drang des Getreides auf die Sonne zu!

Und noch viel weiter ließ Bernis uns, die Unruhvollen, die Armseligen, zurück, als der Bauer auf eine Mauer zeigte. »Das war der Großvater meines Großvaters, der sie gebaut hat.«

Bernis rührte schon an eine ewige Mauer, hinter der ein ewiger Baum stand, und er erriet, daß er angekommen war.

»Da ist das Grundstück. Soll ich auf Sie warten?«

Märchenreich, das unter dem tiefen Wasser schlummert: hier wird Bernis hundert Jahre sein und doch kaum eine Stunde älter werden.

Am gleichen Abend noch wird ihm das Wägelchen, der Personenzug, endlich der Expreß wieder zur Flucht verhelfen, die uns in die Welt zurückführen muß, seit den Tagen, da Orpheus' Leier erklang und die ersten Märchen erzählt wurden. Er wird wieder ein Reisender sein wie die anderen auch, auf der Fahrt nach Toulouse die blasse Wange an die Fensterscheibe gelehnt. Aber er wird in der Tiefe seines Herzens eine Erinnerung hüten, die nicht in Worte zu fassen ist – wer weiß die Farbe des Mondes, wer die Tönung der Zeit ...

Sonderbarer Besuch: keine Stimme erhob sich, keine Überraschung gab sich kund. Nur ein dumpfes Rollen von der Landstraße her. Bernis sprang über die Hecke, wie vorzeiten. Auf den Kieswegen wuchs Gras – ja, das war der einzige Unterschied. Das Haus schimmerte weiß zwischen den Bäumen, aber wie im Traum gesehen und wie in unerreichbarer Ferne. Sollte es nur eine Spiegelung sein, im Augenblick, da das Ziel so nahe ist? Er stieg die breiten Steinstufen der Freitreppe hinan. Sie war ein Bau, zu realem Bedarf errichtet, aber von leichter, sicherer Linienführung. Hier ist gar nichts vorgetäuscht. Die Halle war dunkel, ein weißer Hut lag auf einem Stuhl – war es der ihre? Eine angenehme Unordnung nach einem Aufbruch, aber jene vernünftige Unordnung, die Anwesenheit verrät und noch Bewegung erkennen läßt. Ein Stuhl, nur ganz wenig verschoben: man war aufgestanden und hatte sich dabei auf den Tisch gestützt – die Gebärde war zu sehen. Ein geöffnetes Buch – wer hatte es wohl beim Fortgehen liegenlassen? Und weshalb? Vielleicht klang noch der letzte Satz in der Seele eines Menschen nach.

Bernis mußte lächeln, er dachte an die tausend kleinen Arbeiten und Mühseligkeiten, die ein Haushalt mit sich bringt. Den ganzen Tag schritt man auf und ab und sorgte stets für die gleichen Bedürfnisse, steuerte immer wieder derselben Unordnung. Da war alles Dramatische so unwichtig: man brauchte nur als Reisender, als Fremder herzukommen, dann mußte man darüber lächeln ...

Freilich, dachte er, der Abend kam hier immer heran, wie

anderwärts ein ganzes Jahr herumgeht, es war ein richtiger Kreislauf. Der nächste Morgen, das hieß, das Leben neu beginnen. Und nun bewegte man sich dem Abend zu. Dann aber hatte man auch für gar nichts mehr zu sorgen: die Fensterläden waren geschlossen, die Bücher in ihre Reihe zurückgestellt und die Kamingitter gesichert. Der Friede, den dies alles brachte, war wie etwas Ewiges, er schmeckte sozusagen danach. Meine Nächte aber, die sind weniger noch als kurze Atempausen ...

Bernis setzte sich nieder, jedes Geräusch vermeidend. Er wagte es nicht, sich bemerkbar zu machen; alles schien so still, so in Ordnung zu sein. Ein Fenstervorhang, der sorgsam herabgelassen war, ließ einen Sonnenstrahl herein: Ein kleiner Riß, dachte Bernis, hier altert man, ohne es zu wissen ...

Was werde ich nur erfahren? Ein Schritt im Nebenzimmer brachte Leben in das Haus. Ein leiser Schritt, wie von einer Nonne, die Blumen auf den Altar stellt.

Welche kleinwinzige Verrichtung mag das sein?

Mein Leben ist geladen wie ein Drama. Hier ist so viel Raum, so viel Luft zwischen allem, was man tut, was man denkt ... Er beugte sich zum Fenster hinaus, um die Landschaft zu sehen. Sie lag in voller Sonne, mit ihren meilenlangen weißen Straßen, auf denen man zur Kirche ging oder zur Jagd, oder um einen Brief aufzugeben. In der Ferne war eine Dreschmaschine in Gang, aber man mußte sich Mühe geben, um sie zu hören: wenn ein Schauspieler eine zu schwache Stimme hat, liegt es wie ein Druck auf dem ganzen Saal.

Wieder war der Schritt vernehmbar: Man macht Ordnung, die kleinen Gegenstände im Glaskasten haben allmählich überhandgenommen. Jedes Jahrhundert, das vergeht, hinterläßt all diesen Kleinkram ...

Man unterschied Stimmen, Bernis lauschte.

»Glaubst du, daß sie diese Woche noch überlebt? Der Arzt ...«

Die Schritte entfernten sich. Bernis schwieg beklommen. Wer mochte da im Sterben liegen? Er rief sich alle Zeugnisse des Lebens in Gedächtnis, den weißen Hut, das aufgeschlagene Buch ...

Wieder Stimmen. Sie sprachen liebevoll und so ruhig.

Man war sich bewußt, daß der Tod im Hause eingekehrt war, und nahm ihn wie einen guten Bekannten auf, ohne sich abzuwenden. Da war nichts Phantastisches zu spüren. Wie einfach das alles ist, dachte Bernis, man lebt, man ordnet die Kleinigkeiten im Glaskasten, man stirbt . . .

»Hast du die Blumen fürs Zimmer gepflückt?«

»Ja.«

Es wurde leise gesprochen, mit gedämpfter Stimme, aber in aller Ruhe. Von tausend kleinen Dingen, nur daß der nahe Tod alles in Grau färbte. Ein Lachen wurde hörbar, aber es erstarb wieder. Ein Lachen ohne tiefe Wurzel, aber auch nicht von würdevoller Pathetik unterdrückt. »Geh nicht hinauf«, sagte eine Stimme, »sie schläft.«

Bernis kam sich vor wie im Mittelpunkt des Leidens, wie in heimlicher Vertraulichkeit. Er mußte befürchten, entdeckt zu werden. Ein Fremder, vor dem man alles aussprechen muß, läßt den Schmerz weniger ergebungsvoll erscheinen. Man ruft ihm vielleicht zu: »Sie haben sie ja gekannt, haben sie geliebt . . .« So wird die Sterbende in ihrer ganzen Lieblichkeit gezeigt – das ist nicht zu ertragen.

Aber er hatte doch Grund zu solcher Vertraulichkeit: ». . . ich habe sie ja geliebt.«

Er mußte sie wiedersehen, stieg leise die Treppe empor und öffnete die Tür. Im Zimmer war heller Sommer. Die Wände waren licht, das Bett weiß. Durch das offene Fenster flog der Sonnentag herein. Von einem weit entfernten Kirchturm klang der Glockenschlag, ruhig und verhalten, wie ein Herz schlägt, ein Herz ohne Fieber, wie man es haben soll. Sie schlief. Kostbarer Schlummer in der tiefen Sommermitte!

»Sie wird sterben . . .« Bernis schritt leise weiter auf dem gebohnerten Parkett, das die Sonne widerspiegelte. Er wunderte sich über die Ruhe, die in ihm war. Aber nun seufzte sie auf, da wagte er nicht mehr, näher zu kommen, denn er fühlte eine machtvolle Gegenwart: wo ein Kranker liegt, füllt seine Seele weithin den Raum, und das ganze Zimmer ist wie eine einzige Wunde. Da wagt man es nicht, an ein Möbelstück anzustoßen, wagt es nicht, einen Schritt zu tun.

Kein Lärm. Nur die Fliegen summten. Ein Rufen in der Ferne, wie eine bange Frage. Von draußen wehte ein frischer

Windhauch leise ins Zimmer. Es wird bald Abend, dachte Bernis; da werden die Fensterläden geschlossen werden, die Lampe wird brennen; bald wird die Nacht auf der Kranken lasten wie ein Stück Weg, das gegangen werden muß. Die abgeblendete Lampe zieht den Blick magisch an, und die Gegenstände ringsum, die immer denselben Schatten werfen und die man zwölf Stunden lang unter dem gleichen Winkel anschauen muß, prägen sich endlich dem Gehirn genau ein und bekommen ein zentnerschweres Gewicht.

»Wer ist da?« fragte sie.

Bernis trat heran. Er wollte ein zärtliches Wort, ein Wort der Teilnahme sagen, sich zu ihr niederbeugen, ihr helfen, sie in die Arme schließen, ihr Halt, ihre Kraft sein.

Er nannte sich: »Jacques.« Sie sah ihn starr an.

»Jacques«, wiederholte sie, und es war, als müsse sie ihn mühsam aus der Tiefe ihres Gedächtnisses heraufholen. Sie wollte sich nicht an seine Schulter lehnen, nein, sie suchte in ihrer Erinnerung nach ihm. Sie hielt seinen Rockärmel fest, wie ein Schiffbrüchiger, der sich emporziehen möchte, aber nicht um etwas festzuhalten, was da ist und Hilfe bringt, sondern wie um ein Bild heraufzubeschwören ... Und sie schaute nur immerzu ...

Allmählich aber schien er ihr fremd zu werden. Sie erkennt diese Züge, diesen Blick nicht. Sie drückt seine Finger in ihrer Hand, wie um ihn erst herbeizurufen. Er kann ihr keine Hilfe bringen, er ist ja nicht der Freund, dessen Bild sie im Herzen trägt. Schon ist sie müde von seiner Gegenwart, sie drängt ihn von sich und wendet den Kopf ab.

Bernis ist weit, unendlich weit von ihr ...

Er entfernte sich ganz leise und durchschritt wieder die Halle, als einer, der von einer langen, langen Reise wiederkehrt, von einer seltsamen Reise, an die er sich nicht mehr erinnert. Fühlte er nun den Schmerz? War er traurig? Er blieb stehen. Der Abend flog still herein, wie Wasser in einen lecken Schiffsraum sickert, die Gegenstände ringsum schwanden im Dämmerlicht. Die Stirn an eine Fensterscheibe gelehnt, sah er die Schatten der Linden länger werden und sich aneinanderschließen, bis der Rasen ganz dunkel war. In der Ferne wurden die Lichter eines Dorfes sichtbar, kaum eine Handvoll Lichter. Sie schienen ganz nah, und er hätte den Hügel gegenüber mit dem Finger berühren können. Im Haus waren keine Stimmen mehr laut, es war wohl alles schon in Ordnung gebracht worden. Bernis rührte sich nicht. Er mußte an ähnliche Abende denken: da stand man auf und fühlte sich schwer wie ein Taucher. Und die Frau, mit der man war, bekam plötzlich etwas Verschlossenes in ihr junges Gesicht, und jäh war die Angst vor der Zukunft da, die Angst vor dem Tode.

Bernis verließ das Haus. Er mußte sich umwenden und hatte den brennenden Wunsch, gesehen und zurückgerufen zu werden. Das Herz wäre ihm übergegangen vor Leid und Glück. Aber nein, nichts gab es, was ihn zurückhalten wollte. Nichts hemmte seinen Schritt, als er unter den Bäumen davonging. Nun sprang er über die Hecke. Da war die Straße, und die Straße war hart. Es war aus, es gab für ihn kein Wiederkommen mehr.

V

Bevor Bernis weiterflog, erklärte er mir das ganze Abenteuer:

»Weißt du, ich habe versucht, Genoveva in meine Welt hereinzuziehen. Aber alles, was ich ihr zeigte, wurde so matt, so grau. Die erste Nacht war von einer Undurchdringlichkeit ohnegleichen, der wir nicht gewachsen waren. Ich habe ihr ihr Haus, ihr Leben, ihre Seele zurückgeben müssen. Eines nach dem anderen, wie die Pappeln auf der Straße, und je näher wir gegen Paris kamen, desto mehr verlor sich dieses Undurchdringliche zwischen der Welt und uns. Fast als ob ich sie hätte unter die Oberfläche des Meeres hinablocken wollen. Und wenn ich späterhin wieder versuchte, mich enger an sie zu schließen, konnte ich ihr wohl näherkommen und sie berühren: es war ja nichts Räumliches, das uns trennte. Aber es lag viel mehr zwischen uns, ich kann es nicht recht ausdrükken – tausend Jahre schieden uns voneinander. Man ist ja so weit entfernt vom Leben des anderen. Sie blieb festgeklammert an ihr weißes Leinen, an ihren Sommer, an all ihr Klares, und ich habe sie nicht mit mir fortnehmen können. – Laß mich aufbrechen!«

Wohin gehst du jetzt, wo wirst du noch den Schatz suchen, du indischer Taucher, der wohl die Perlen anfaßt, der sie aber nicht heraufzuholen versteht! Diese Wüste, in der ich gehe und stehe, ich, der ich auf diesem Boden festgehalten bin, schwer wie ein Stück Blei – ich wüßte hier nichts zu entdekken. Aber für dich, du Magier, ist diese Wüste nur ein Schleier aus Sand, nur der Schein einer Wüste ...

»Jacques, es ist Zeit!«

VI

Jetzt sitzt er wie erstarrt und träumt. Aus solcher Nähe scheint der Boden sich nicht zu verändern. Die Sahara läuft mit ihrem gelben Sand das blaue Meer entlang, wie ein unendlicher Gehsteig. Bernis ist ein guter Lenker, er bringt immer wieder die Küste, die einmal nach rechts abschweift, dann wieder nach links biegt, in die Richtung seines Motors. Bei jeder Kurve des afrikanischen Strandes neigt er ein wenig das Flugzeug. Noch zweitausend Kilometer bis Dakar.

Vor ihm die strahlende Helligkeit dieses wilden, noch nicht unterworfenen Gebiets. Zuweilen tritt der nackte Fels zutage. Der Wind hat den Sand fortgeweht und da und dort zu regelmäßigen Dünen gehäuft. Die Luft ist reglos und umschließt das Flugzeug wie in einem Netz. Kein Schlingern, kein Stampfen und in dieser Höhe keine Veränderung der Landschaft. Eingeklemmt in die Windstille, scheint der Apparat fast unbewegt. Port-Étienne, die erste Etappe, steht zwar nicht in der Stationsliste, aber die Zeit muß stimmen, und Bernis sieht nach der Uhr. Noch sechs Stunden unbeweglich und schweigsam – dann schlüpft man aus dem Flugzeug wie der Schmetterling aus der Puppe, und die Welt ist wieder neu. Bernis betrachtet diese Uhr, die ein solches Wunder schafft. Dann den regungslos weisenden Drehzahlmesser. Wenn diese Nadel von der Ziffer abirrt, wenn ein Motordefekt den Menschen in den Sand befördert, dann werden Zeit und Raum einen neuen Sinn annehmen, einen Sinn, den er noch gar nicht begreift. Er fliegt seinen Flug in der vierten Dimension.

Dennoch kannte er dieses Schwindelgefühl. Wir alle haben es erlebt. Da jagten sich unzählige Bilder vor unserem Auge – aber wir sind einem einzigen verschworen, das seiner Dauer, seiner Sonne, seiner Einsamkeit das wahre Gewicht abliest. Eine Welt ist auf uns niedergestürzt. Wir sind schwach, wir verfügen über ein armes Gebärdenspiel, das vielleicht, wenn die Nacht sich über uns senkt, eben noch die Gazellen zu verscheuchen imstande ist. Wir verfügen über eine Stimme, die keine dreihundert Meter weit trägt und zu keinem Menschen gelangt. Wir alle sind eines Tages auf diesen unbekannten Planeten gefallen ...

Aber da war die Zeit viel zu weiträumig geworden für den Rhythmus unseres Lebens. In Casablanca rechneten wir nach Stunden, denn da gab es doch abgemachte Stelldicheins, und nach jedem von ihnen schlug uns ein neues Herz im Leib. Im Flugzeug war in jeder halben Stunde das Klima verändert: da war auch der Körper ein anderer. Hier aber, hier rechneten wir nach Wochen.

Die Kameraden haben uns immer wieder Erlösung gebracht. Und wenn wir schwach wurden, hoben sie uns in ihre Gondel. Das war der eiserne Griff der Freunde, die uns aus dieser Welt in die ihre zogen.

Bernis schwebt im Gleichgewichtsflug über all dem Unbekannten hin und muß daran denken, daß er sich selbst schlecht kennt. Was würde wohl der Durst, die Verlassenheit oder die Grausamkeit der maurischen Stämme in ihm für Gefühle wachrufen? Und etwa die Station von Port-Étienne, die jetzt schon einen ganzen Monat weit hinter ihm liegt? Er meint: »Ich brauche keinen Mut.«

Alles bleibt ja im Abstrakten. Wenn ein junger Pilot mit Loopings sein Glück versucht, läßt er in seinem Kopf Hindernisse wirbeln, die, so nahe sie ihm sein mögen, doch nicht so gegenständlich sind, daß ihn das geringste unter ihnen zermalmen müßte, sondern Bäume oder Mauern, die ätherisch sind, wie im Traum geschaut. Mut – Bernis?

Aber doch – es geht um sein Herz, denn ein Zucken ist durch den Motor gegangen, und dieser Unbekannte kann sich aufrecken, kann den Piloten verdrängen.

Endlich das Cap, der Golf! Eine Stunde ist herum, mit ihr der neutrale Boden, der entwaffnete, den die Luftschraube hinter sich gebracht hat. Aber was da vorn sich dehnt, jeder Zoll Landes, ist eine geheimnisvolle Festung. Noch tausend

Kilometer: da gilt es, diese ungeheure Tischfläche zu überwinden.

Von Port-Étienne für Cap Juby: Kurier gut gelandet 16.30 h.

Von Port-Étienne für Saint-Louis: Kurier weitergeflogen 16.45 h.

Von Saint-Louis für Dakar: Kurier verläßt Port-Étienne 16.45 h, wird von hier bei Nacht weiterfliegen.

Ostwind. Er kommt aus dem Inneren der Sahara, und der Sand weht in gelbem Wirbel hoch empor. Früh am Morgen zeichnet sich am Horizont eine bleiche, elastisch gedehnte Sonne, die der warme Dunst aus der Form gebracht hat. Eine blasse Seifenblase. Aber sie steigt allmählich zum Zenit, sich zusammenziehend, bis sie wieder rund ist und nun wie ein glühender Pfeil wirkt, der heiß im Nacken steckt. Ostwind. Man fliegt von Port-Étienne ab in stiller, fast frischer Luft, aber schon in einer Höhe von hundert Metern ist man mittendrin im Lavastrom. Und schon geht es los.

Öltemperatur: 120. Wassertemperatur: 110.

Man muß auf zweitausend, auf dreitausend Meter kommen, das ist klar, um diesen Sandsturm unter sich zu kriegen. – Klar! Aber, keine fünf Minuten gestiegen: Selbstzündung und heiße Ventile. Da soll man höher steigen – leicht gesagt. Das Flugzeug schwebt; versinkt geradezu in dieser weichen Luft.

Ostwind. Man wird blind. Die Sonne verschwindet in diesen gelben Wirbeln. Zuweilen taucht ihre blasse Scheibe wieder auf und haucht Glut. Die Erde ist nur in der Vertikalen zu sehen, kaum mehr zu sehen. Steige ich? Sinke ich? Neigt sich's? Was weiß ich! Hundert Meter Höhe – auch recht, gehen wir noch tiefer.

Knapp über dem Boden ein Windhauch aus Norden. Das geht an. Da kann man einen Arm aus der Gondel hinaushängen lassen, wie man bei rascher Bootsfahrt die Hand im frischen Wasser spielen läßt.

Öltemperatur: 110. Wassertemperatur: 95.

Kühl wie ein Flüßchen? Ja, vergleichsweise. Man tanzt ein bißchen auf und ab, jede Bodenfalte gibt einen Hieb. Und es ist dumm, daß man nichts sieht. Aber in der Nähe von Cap Timeris streicht der Ostwind unmittelbar über den Boden hin. Nirgends mehr eine Zuflucht. Riecht es nicht nach verbranntem Kautschuk? Der Magnet? Die Dichtungen? Die Nadel des Tachometers gerät ins Schwanken und gibt auf zehn Touren nach – »Wenn auch du dich da hineinmischst . . .«

Wassertemperatur: 115.

Ausgeschlossen, nur zehn Meter höher zu steigen. Ein Blick auf die Düne, die so nah herankommt wie ein Sprungbrett, dann ein Blick auf die Druckmesser. Hopp, das war eine Welle in der Düne! Da sitzt man und lenkt gar nicht mehr – lange kann das nicht mehr so gehen: in seinen Händen das Flugzeug im Gleichgewicht halten wie ein übervolles Gefäß.

Zehn Meter unter den Rädern wirbelt Mauretanien seinen Sand, sein Salz, seine ganze Küste auf – jetzt hinaus mit dem Ballast.

1520 Touren.

Dieser erste Auftrieb des entleerten Flugzeugs wirkt wie ein Fausthieb auf den Piloten. Auf zwanzig Kilometer Entfernung gibt es einen französischen Posten, den einzigen. Man muß ihn erreichen.

Wassertemperatur: 120.

Dünen, Felsen, Salzgruben sind wieder überwunden, aber es geht hart auf hart. Nur weiter! Neue Umrisse tauchen auf, dehnen sich weithin, verschwinden. Die Räder am Boden – verdammt! Diese schwarzen Felsen dort, eng aneinandergereiht, sie scheinen langsam näher zu kommen, aber auf einmal sind sie riesengroß. Man stürzt fast auf sie, als wollte man sie zersplittern.

1430 Touren.

»Ob wir den Kopf anrennen . . .?« Ein Blechteil, den er zufällig berührt, verbrennt ihm die Finger. Der Kühler dampft stoßweise. Das Flugzeug wird zu schwer, der Kahn ist überladen.

1400 Touren.

Jetzt schnell den letzten Ballast hinaus – die Räder hängen zwanzig Meter über dem Boden! Rasche Schaufelwürfe, goldene Schaufelwürfe: über der Düne wird der Posten sichtbar. Ah! Bernis bremst. Es war hohe Zeit.

Der Ansturm der Landschaft verlangsamt sich und kommt zum Stillstand. Die Welt, die in Staub vergehen wollte, baut sich wieder auf.

Ein kleines französisches Fort in der Sahara. Ein alter Sergeant begrüßte Bernis und lachte freudig beim Anblick des Landsmannes. Zwanzig Senegalesen präsentierten das Gewehr: ein Weißer, das ist zum mindesten ein Sergeant; wenn er jung ist, ist er gar Leutnant.

»Guten Tag, Sergeant.«

»Ja, kommen Sie zu mir, ich bin ja so froh! Ich bin aus Tunis . . .«

Seine Jugend, seine Erinnerungen, seine Seele – alles legte er vor Bernis hin, auf den ersten Anhieb.

Ein kleiner Tisch, an der Wand aufgespießte Photographien.

»Ja, das sind Bilder von Verwandten. Ich kenne sie noch nicht alle, aber nächstes Jahr will ich nach Tunis gehen. Das da? Das ist die Geliebte meines Kameraden. Ich habe dieses Bild immer auf seinem Tisch gesehen. Er sprach immer von ihr. Nach seinem Tod habe ich die Photos behalten, zum Fortsetzen – ich habe keine Geliebte gehabt.«

»Sergeant, ich habe Durst.«

»Ah, trinken Sie nur! Es macht mir Freude, Ihnen Wein anbieten zu können. Ich hatte keinen mehr für den Kapitän, als er vor fünf Monaten hier durchkam. Hernach habe ich mir lange Zeit düstere Gedanken gemacht, ja wirklich. Ich habe sogar geschrieben, daß man mich ablösen möge: ich schämte mich zu sehr.

Was ich hier mache? Ich schreibe Briefe, jede Nacht. Schlaf habe ich nicht, aber Kerzen habe ich. Wenn aber dann, alle sechs Monate, die Post herkommt, taugen die Briefe nicht mehr zur Antwort – dann fange ich eben wieder von neuem an.«

Bernis steigt mit dem alten Sergeanten auf die Terrasse des Forts, um zu rauchen. Weit und leer ist die Wüste im Mondenschein. Was bewacht der Mann eigentlich an diesem Posten? Gewiß die Sterne, ja, und den Mond . . .

»Sie sind also Sergeant für die Sterne?«

»Bitte, nicht ablehnen, rauchen Sie, ich habe noch Tabak. Als der Kapitän kam, hatte ich auch keinen Tabak mehr.«

Alles erfuhr Bernis, was vom Leutnant, vom Kapitän zu erzählen war. Bald wußte er Bescheid über ihre einzigen Fehler: der eine war ein Spieler, der andere war viel zu gut. Er erfuhr auch, daß der letzte Besuch des jungen Leutnants beim alten

Sergeanten in der Sandwüste fast wie ein Liebeserlebnis nachwirkte.

»Er hat mir die Sterne erklärt . . .«

»Ja«, meinte Bernis, »Sie haben sie von ihm ins Wachtprotokoll bekommen.«

Und nun begann er selbst, ihm die Sterne zu erklären.

Der Sergeant lernte die einzelnen Entfernungen kennen und mußte dabei an Tunis denken, das so weit weg war. Als sie beim Polarstern waren, verschwor er sich, ihn an seinem Gesicht erkennen zu wollen; er würde nur ein wenig links zu suchen haben. Und nun mußte er wieder an Tunis denken, es war doch gar nicht so weit.

»Und auf diese Sternbilder sausen wir mit schwindelerregender Schnelligkeit zu . . .« Da hielt sich der Sergeant alsbald an der Mauer fest.

»Sie wissen ja alles.«

»O nein. Ich habe sogar unter einem Sergeanten gedient, der mir sagte: ›Schämen Sie sich denn nicht, als Sohn von guter Familie, unterrichtet und wohlerzogen, daß Sie das Kehrtmachen so schlecht können?‹ «

»Aber – da brauchen Sie sich nicht zu schämen, das ist ja so schwer.« Damit wollte er Bernis trösten.

»Sergeant, Sergeant, deine Wachlaterne . . .« Und er wies nach dem Mond.

»Du, Sergeant, kennst du das, dieses Lied:

Regnet's, junge Schäferin . . .?«

Und er trällerte die Melodie.

»Ja, freilich kenne ich es, das ist ja ein Lied aus Tunis.«

»Sag, Sergeant, wie geht es weiter, ich möchte es gern wieder wissen.«

»Warten Sie, warten Sie:

Führ die weißen Schafe hin
nach der kleinen Hütte . . .«

»Sergeant, jetzt erinnere ich mich:

Hörst du, wie die Blätter wehn?
Schwere Tropfen niedergehn,
schon ist das Gewitter da . . .«

»Das ist so wahr!« sagte der Sergeant.

Sie verstanden sich auf die gleichen Dinge.

»Es wird Tag, Sergeant, gehen wir an die Arbeit.«

»Ja, an die Arbeit.«

»Gib mir den Schlüssel dort, zu den Zündkerzen.«

»Ja, da ist er.«

»Und jetzt mußt du hier die Zange ansetzen.«

»Befehlen Sie nur – ich mache alles.«

»Siehst du, Sergeant, es war nur eine Kleinigkeit, jetzt werde ich losfliegen.«

Der Sergeant schaut auf ihn, wie auf einen jungen Gott, der aus dem Nichts erschienen ist und nun leider wieder fortfliegen will, erschienen, um ihn an ein Lied zu erinnern, an Tunis, an ihn selbst zu erinnern. Aus welchem Paradies, jenseits der Sandwüste, kamen sie wohl herab, lautlosen Fluges, diese schönen Boten . . .?

»Auf Wiedersehen, Sergeant!«

»Auf Wiedersehen.«

Der Sergeant bewegt noch die Lippen, aber er wußte selbst nicht, was er sagen wollte. Und er war sich auch kaum bewußt, daß er im Herzen für die nächsten sechs Monate etwas Liebes bewahrte.

VII

Von Saint-Louis im Senegal nach Port-Étienne: Kurier in Saint-Louis nicht angekommen stop. Erbitten dringend Nachricht.

Von Port-Étienne nach Saint-Louis: Wissen nichts seit Abfahrt gestern 16.45 h stop. Werden unverzüglich Nachsuche einleiten.

Von Saint-Louis im Senegal nach Port-Étienne: Flugzeug 632 verläßt Saint-Louis 7.25 h stop. Schiebt Abfahrt auf bis zu seiner Ankunft in Port-Étienne.

Von Port-Étienne nach Saint-Louis: Flugzeug 632 gut gelandet 13.40 h stop. Pilot hat nichts gesehen, trotz ausreichender Sicht stop. Pilot glaubt, er hätte Kurier auf normalem Flugweg auffinden müssen stop. Dritter Pilot nötig für staffelweise Nachsuche.

Von Saint-Louis nach Port-Étienne: Einverstanden. Befehle erteilt.

Von Saint-Louis nach Juby: Ohne Nachrichten von Frankreich-Amerika stop.

Juby. Ein Mechaniker kommt zu mir.

»Ich gebe Ihnen Wasser in den Koffer links vorn, die Lebensmittel in den Koffer rechts, rückwärts ein Reserverad und den Apothekerkasten. In zehn Minuten. Einverstanden?«

»Ja.«

Aufträge auf dem Notizblock:

»In meiner Abwesenheit das Tagesjournal führen. Am Montag Auszahlung der Mauren. Die leeren Trinkfässer sind auf das Segelschiff zu laden.«

Ich lehne mich ans Fenster. Das Segelschiff, das uns einmal im Monat mit Trinkwasser versorgt, schaukelt leicht auf dem Meer. Ein wunderbarer Anblick. Es gibt meiner ganzen Wüstenei ein wenig Lebensschwung, frische Wäsche in meinen Alltag. Ich bin Noah, den die Taube in der Arche aufsucht.

Das Flugzeug ist startbereit.

Von Juby nach Port-Étienne: Flugzeug 236 fliegt von Juby ab 14.20 h nach Port-Étienne.

Der Karawanenweg ist durch Skelette kenntlich, den unseren bezeichnen einige Flugzeuge. »Noch eine Stunde zum Flugzeug von Bojador ...« Auch das sind Skelette, ausgeplündert von den Mauren. Und Merkzeichen.

Tausend Kilometer über Sand bis nach Port-Étienne: vier Gebäude mitten in der Wüste.

»Wir haben dich schon erwartet. Wir fliegen sofort ab, um noch das Tageslicht auszunutzen. Einer die Küste entlang, der zweite zwanzig Kilometer, der dritte fünfzig Kilometer weiter. Im kleinen Fort machen wir halt, wegen der Dunkelheit. Du wechselst die Maschine?«

»Ja, Ventilverstopfung.«

Umschiffung.

Abfahrt.

Nichts. Es war nur ein dunkler Felsen. Immer weiter suche ich die Wüste auf das sorgfältigste ab. Jeder schwarze Punkt ist wie ein Fehler, der mich beunruhigt. Aber der Sand wälzt mir nichts anderes zu als einen dunklen Felsen.

Meine Kameraden sehe ich nicht mehr. Jeder ist in seiner Himmelsgegend tätig, geduldig wie Sperber, die in der Höhe planen. Das Meer sehe ich auch nicht mehr. Über einem weißen Glutherd schwebend, sehe ich nichts Lebendes. Mein Herz schlägt: ein Trümmerhaufen dort in der Ferne . . .?

Wieder ein dunkler Felsen.

Mein Motor braust wie ein Fluß in Strömung. Dieser strömende Fluß umwirbelt mich und macht müde.

Bernis – oft habe ich gesehen, wie deine unerklärbare Zuversicht dich wieder aufgerichtet hat. Ich kann das nicht wiedergeben, mir fällt ein Wort von Nietzsche ein, das dir vertraut war, das Wort vom heißen, kurzen, melancholischen und glückseligen Sommer.

Die Augen schmerzen mich vom vielen Suchen. Und die schwarzen Punkte beginnen zu tanzen. Ich weiß nicht mehr recht, wohin ich fliege.

»Sergeant, Sie haben ihn also gesehen?«

»Er ist im Morgengrauen abgeflogen.«

Wir setzen uns vor dem kleinen Fort nieder. Die Senegalesen lachen, der Sergeant läßt den Kopf hängen.

Der Abend ist farbenschön, aber was hilft das!

Einer von uns rückt mit der Sprache heraus: »Wenn das Flugzeug zertrümmert ist, . . . du weißt ja, . . . fast unauffindbar!«

»Freilich.«

Einer steht auf, geht einige Schritte auf und ab. »Es steht schlecht. Eine Zigarette?«

Die Nacht kommt, alles wird schwarz: Tiere, Menschen, Gegenstände.

Die Nacht kommt, in der Finsternis glüht nur mehr der Rand der Zigarette; da bekommt die Welt wieder ihr richtiges Maß. Auf dem Wege nach Port-Étienne werden die Karawanen müde und alt. Saint-Louis im Senegal liegt schon am Ende aller Träume. Diese Wüste war vorhin nur ein Sandhaufen, der kein Geheimnis barg. Die Städte boten sich so nahe dar, und der Sergeant, der auf Geduld, auf Schweigen und Einsamkeit eingestellt war, fand dies alles überflüssig. Aber eine Hyäne schreit, und der Sand lebt, ein Ruf ertönt und stellt das Geheimnis wieder her, und irgend etwas steht auf, entflieht und kommt wieder ...

Die Sterne geben uns die wirklichen Entfernungen kund. Das geruhsame Leben, die treue Liebe, die Freundin, die wir im Herzen zu tragen meinen – sie alle werden vom Polarstern wieder in die Reihe gebracht.

Und das Südliche Kreuz bewacht einen Schatz.

Am frühen Morgen, gegen drei Uhr, wurden unsere Decken so dünn, so durchlässig: eine Bosheit, die uns der Mond antut. Ich erwache halb erfroren und steige auf die Terrasse des kleinen Forts, um zu rauchen. Eine Zigarette nach der anderen – so will ich den Tagesanbruch erwarten.

Dieser kleine Posten im Mondenschein, das ist ein Hafen in einer stillen Bucht. Die Sterne spielen ihr volles Spiel, für alle Seefahrer. Die Magnetnadeln unserer drei Flugzeuge zeigen freilich brav nach Norden – und damals? ... Dein letzter Schritt auf Erden, hast du ihn hier getan? Hier hat die erspürbare Welt ein Ende. Dieses kleine Fort ist ein Abfahrtssteg, eine Schwelle zum Eintritt ins Mondlicht, wo nichts mehr seine Wirklichkeit behält.

Wundervoll ist die Nacht. Jacques Bernis, wo bist du? Vielleicht noch hier, vielleicht schon drüben? Wie ist dein Sein schon so schwerelos geworden! Und auch die Sahara rings um mich ist ohne Schwere; nur dann und wann fühlt sie den Sprung einer Antilope; kaum daß sie, wo der Sand sich am vollsten bauscht, das leichte Gewicht eines Kindes ertrüge.

Der Sergeant hat sich zu mir gestellt. »Guten Morgen.«

»Guten Morgen, Sergeant.«

Er horcht. Nichts. Tiefe Stille, gewoben aus deinem Stillsein, Jacques Bernis.

»Eine Zigarette?«

»Ja.«

Der Sergeant kaut an seiner Zigarette.

»Sergeant, morgen muß ich meinen Kameraden finden. Wo, glaubst du, mag er sein?«

Der Sergeant weist, als wäre er seiner Sache sicher, mit der Hand auf den ganzen Horizont . . .

Ein verlorenes Kind erfüllt die Wüste.

Bernis, einmal hast du mir ein Geständnis gemacht: »Ich habe ein Leben liebgehabt, das ich nicht verstand, ein Leben, das nicht ganz treu war. Ich weiß nicht einmal recht, wonach ich mich sehnte: es war ein unbewußter Heißhunger . . .«

Und ein andermal hast du mir gestanden: »Was ich erriet, war hinter den Dingen verborgen. Mir schien, als könnte ich es mit ein wenig Bemühung begreifen und richtig erkennen und mit mir davontragen. So gehe ich durchs Leben, bedrückt von der Gegenwart eines Freundes, den ich doch nie aus dem Dunkel hervorholen konnte.« Mir ist, als ob ein Schiff scheiterte. Als ob ein Kind in Schlaf gewiegt würde. Als ob all dies Gewoge von Segeln und Masten und Hoffnungen ins Meer versänke.

Morgenlicht. Wüstes Schreien der Mauren. Ihre Kamele liegen da, halbtot vor Erschöpfung. Ein Stamm, dreihundert Gewehre stark, sei in aller Stille aus dem Norden hereingebrochen, sei plötzlich ostwärts aufgetaucht und habe eine Karawane niedergemacht.

Ob wir nicht dort suchen sollten, wo dieser Stamm sein mußte?

»Also in Fächerform, einverstanden? Der mittlere fliegt genau nach Osten . . .«

Samum: kaum sind wir fünfzig Meter hoch, und schon dörrt uns dieser Wind aus wie ein Heißluftapparat.

Mein Kamerad . . .

Hier also ist der Schatz gewesen: du hast ihn so lange gesucht!

Auf dieser Düne, die Arme gekreuzt, das Gesicht dem dunkelblauen Golf zugewandt, über dir all das Sternenvolk – in dieser Nacht hast du nicht schwer gewogen . . . Als du hinabflogst, nach dem Süden, da lösten sich leise alle Taue, die dich hielten: ein Luftgeist warst du schon, Bernis, ein einziger Freund war dir geblieben, aber kaum noch band dich dieser Sommerfaden . . .

In dieser Nacht wogst du noch leichter. Ein Schwindel hat dich erfaßt. In dem einen Stern, der lotrecht über dir, du Entflohener, stand, leuchtete der Schatz!

Der Sommerfaden meiner Freundschaft hat dich nicht festhalten können: ich war ein ungetreuer Hirt, in Schlaf gesunken.

Von Saint-Louis im Senegal nach Toulouse: France-Amérique östlich Timeris aufgefunden stop. Kugellöcher im Steuer stop. Feindlicher Stamm in nächster Nähe stop. Pilot tot, Flugzeug zerschellt, Kurier intakt stop. Ich fliege weiter nach Dakar.

VIII

Von Dakar nach Toulouse: Kurier glücklich Dakar gelandet. Stop.

Nachtflug

Für Didier Daurat

I

Die Höhenzüge, tief unter dem Flugzeug, gruben schon ihre Schattenfurchen ins Gold des Abends. Aber die Ebenen glommen noch in zähem Licht: sie können sich nie entschließen dortzulande, ihr Gold herzugeben, ebenso wie sie nach dem Winter nie von ihrem Schnee lassen wollen.

Und dem Piloten Fabien, der das Postflugzeug von Patagonien vom äußersten Süden her nach Buenos Aires zurückführte, war es zumute, als steuerte er in den nahenden Abend ein wie in die Gewässer eines Hafens: Stille weiterhin, kaum gefurcht von ein paar leichten, regungslosen Wolken. Glückliche Geborgenheit einer riesigen Reede.

Oder auch, als schlenderte er langsam durch diesen Frieden dahin, fast wie ein Hirte. Die Hirten Patagoniens ziehen gemächlich von Herde zu Herde: er zog von Stadt zu Stadt, er war der Hirt der kleinen Städte. Alle zwei Stunden traf er auf welche, zur Tränke gedrängt ans Ufer der Flüsse oder weidend auf ihrer Ebene.

Manchmal, nach hundert Kilometern Steppe, unbehauster als das Meer, überflog er eine verlorene Farm, die dann ihre Fracht Menschenleben nach rückwärts durch die Wogen der Prärie davonzutragen schien wie eine Arche, die er grüßte mit seinen Flügeln.

San Julian ist in Sicht; wir landen in zehn Minuten.

Der Bordfunker hinter ihm gab die Nachricht an alle Stationen der Linie weiter.

Auf zweitausendfünfhundert Kilometer, von der Magalhãesstraße bis Buenos Aires, reihten sich die Stationen gleichförmig gestaffelt; aber die, der man jetzt zuflog, erschien nun wie ein letzter Grenzort am Rande der Nacht, gleich einem jener letzten unterworfenen afrikanischen Nester am Rande des Unbekannten.

Der Funker schob dem Piloten einen Zettel zu:

»Es sind so viele Gewitter in der Luft, daß ich die Hörer ganz voll habe davon. Werden Sie in San Julian übernachten?«

Fabien lächelte: der Himmel war still wie ein Aquarium, und alle Stationen vor ihnen meldeten: Klare Luft, kein Wind. Er antwortete:

»Fliegen weiter.«

Aber der Funker dachte an die Gewitter, die sich sicher da irgendwo eingenistet hatten, wie Würmer in einer Frucht; mochte die Nacht noch so schön sein, sie war doch schon angefressen: etwas in ihm sträubte sich dagegen, sich in dieses verwesungsreife Dunkel hineinzubegeben.

Während Fabien auf San Julian niederglitt, fühlte er sich müd. Alles, was das Dasein der Menschen behaglich macht, stieg ihm, wachsend, entgegen: ihre Häuser, ihre kleinen Cafés, die Bäume ihrer Promenaden. Er war wie ein Eroberer, der am Abend seines Siegs sich über die Lande des Reiches beugt und zum erstenmal bescheidenes Menschenglück gewahrt. Ein Verlangen war in ihm, die Waffen abzulegen, die Schwere und Steifheit seiner Glieder zu spüren, denn Mühsal schafft zwiefaches Behagen, und hier nur noch ein einfacher Mensch zu sein, der durch sein Fenster hinausschaut auf ein Daseinsbild, das sich nun nie mehr wandelt. Dieses winzige Nest, er hätte es gerne angenommen: hat man einmal gewählt, so gibt man sich zufrieden mit diesem So-und-nicht-anders und kann sein Herz daran wenden. Es gewährt den Segen der Beschränkung, wie die Liebe. Fabien hätte gewünscht, lange Zeit hier zu leben, sein Teil Ewigkeit hier an sich zu nehmen; denn sie erschienen ihm wie etwas Ewiges, da draußen außerhalb seines Ich, diese kleinen Städte, in denen er immer nur eine Stunde verbrachte, und diese Gärten, umhegt von alten Mauern, die er überflog.

Und die Ortschaft stieg dem Flugzeug entgegen und öffnete sich ihm. Und Fabien dachte an die Freundschaften, an die zärtlichen Mädchen, an die Traulichkeit der weißen Tischtücher, an alles, was sich gemächlich einrichtet auf die Ewigkeit. Und die kleine Stadt glitt schon dicht unter den Flügeln dahin und bot das Innere ihrer geschlossenen Gärten dar, die ihre Mauern nicht mehr beschützten. Aber Fabien wußte, als er gelandet war, daß er nichts gesehen hatte als nur die langsame Bewegung von ein paar Menschen zwischen ihren Steinen. Diese Stadt hielt ihr lebendiges Leben hinter ihrer Unbeweglichkeit verborgen, diese Stadt gab ihr Behagen, ihre Süße nicht preis: um sie zu gewinnen, hätte man auf die Tat verzichten müssen.

Als die zehn Minuten Aufenthalt um waren, mußte Fabien wieder scheiden.

Er schaute auf San Julian zurück: es war nur noch eine Handvoll Lichter, dann Sterne, dann verlor sich das bißchen blitzender Staub, der ihn zum letztenmal versucht hatte.

Ich sehe die Zeiger nicht mehr: ich mache Licht.

Er schaltete die Instrumentenbeleuchtung ein, aber die roten Lampen warfen in diesem Dämmerblau nur ein so schwaches Licht auf die Zeiger, daß es sie nicht färbte. Er führte die Finger vor einer Birne vorbei: sie röteten sich kaum.

Zu früh.

Indessen stieg die Nacht herauf wie dunkler Rauch und füllte schon die Täler. Die Formen der Ebene unterschied man nicht mehr. Aber dafür blitzten jetzt die Dörfer auf, Sternbilder, die einander antworteten. Und auch er ließ mit dem Finger seine Positionslichter blinken zur Antwort. Die ganze Erde war übersponnen von Lichtgrüßen, jedes Haus zündete seinen Stern an vor der unendlichen Nacht, gleichwie man das Feuer eines Leuchtturms gegen das Meer wendet. Alles, was Menschenleben barg, glitzerte. Fabien schwoll das Herz. Ja, wie in einen Hafen war diesmal die Einfahrt in die Nacht, sacht und schön.

Er beugte sich zum Schaltbrett. Das Radium der Zeiger begann zu leuchten. Eine nach der andern prüfte der Pilot die Ziffern und war zufrieden. Man saß ganz solide hier in diesem Himmelsraum. Er tippte mit dem Finger an einen Stahlspanten und fühlte das Leben durch das Metall rieseln: dieser Stahl vibrierte nicht, er lebte. Die fünfhundert Pferdekräfte des Motors erweckten in der Materie einen ganz leisen Strom, der ihre Eishärte in Fleisch und Nerv verwandelte, sammetweich anzufühlen. So war es immer. Weder Schwindel noch Rausch empfand man im Flug, sondern nur das geheimnisvolle Arbeiten einer lebendigen Substanz.

Er hatte sich jetzt seine Welt wiederhergerichtet und rückte sich mit den Ellbogen bequem darin zurecht.

Er griff an die Schalttafel, prüfte die Schalter der Reihe nach, rückte ein wenig herum, lehnte sich tiefer in den Sitz und suchte nach der besten Stellung, um die Schwankungen der fünf Tonnen Metall recht zu spüren, die die leise bewegte Nacht auf ihren Schultern trug. Dann tastete er umher, schob seine Notlampe an ihren Platz, ließ sie los, fand sie wieder, vergewisserte sich, daß sie nicht rutschen konnte, ließ sie wieder los, um an jeden Hebel zu rühren und seine Finger zu üben, daß sie auch ja alles blindlings wiederfänden. Dann, als er seiner Hände ganz sicher war, erlaubte er es sich, eine Lampe anzuzünden, den Zierat der Instrumente aufblitzen zu lassen, und überwachte vornübergebeugt auf den Zifferblättern sein Eintauchen in die Nacht.

Dann, als nichts schwankte, nichts vibrierte, nichts zitterte und sein künstlicher Horizont, sein Höhenmesser und der Tourenzähler ganz ruhig blieben, streckte er sich ein wenig, lehnte seinen Nacken gegen das Leder des Sitzes und begann sich der tiefen Beschaulichkeit des Flugs hinzugeben, die einen wohlig mit einer unbestimmten, unerklärlichen Hoffnung erfüllt.

Und so, wach im Herzen der Nacht wie ein Totenwächter, wurde er sich plötzlich bewußt, daß das Menschenwesen da drunten bei Nacht deutlicher hervortrat als bei Tage: diese Lichter, diese stummen Rufe, diese Unruhe. Der einzelne Stern dort im Dunkeln: die Einsamkeit eines Hauses. Einer erlischt: das ist ein Haus, das sich über seiner Liebe schließt. Oder über seiner Langenweile. Ein Haus, das davon abläßt, der übrigen Welt sein Zeichen zu geben. Sie wissen nicht, wohin ihr Hoffen geht, die Bauern, die da mit aufgestützten Ellbogen am Tisch hocken vor ihrer Lampe: sie wissen nicht, daß ihr Wünschen so weit trägt in der großen Nacht, die sie umfängt. Aber er, Fabien, erspäht es, wenn er tausend Kilometer weit daherkommt, auf und ab gewiegt in der Dünung der Luft, aus zehn Gewittern her wie durch Kriegsgebiet – Mondlichtungen dazwischen – und nun über diese Lichter hin, eins nach dem andern, in Siegesgefühl. Diese Menschen meinen, ihre Lampe leuchte für ihren bescheidenen Tisch, aber vierundachtzig Kilometer weit von ihnen vernimmt man schon den stummen Anruf dieses Lichts, gleich als schwenkten sie es verzweifelt auf verlassener Insel am Rande des Meeres.

II

So kamen die drei Postflugzeuge von Patagonien, von Chile und von Paraguay, von Süden, Westen und Norden her zurückgeflogen auf Buenos Aires zu. Dort erwartete man ihre Fracht, um gegen Mitternacht den Europakurier zu starten.

Drei Piloten hockten nun, jeder hinter seinem Vorbau, schwer wie eine Schaluppe, verloren in der Nacht und bedachten ihren Flug und würden nun bald aus ihrem Gewitter- oder Sternenhimmel langsam herabsteigen zu der riesigen Stadt, gleichwie fremdartige Bauern aus ihren Bergen.

Rivière, verantwortlicher Leiter des gesamten Flugnetzes, ging auf dem Landungsplatz von Buenos Aires hin und her. Schweigend. Denn bis zur Rückkehr der drei Flugzeuge blieb dieser Tag für ihn bedroht. Minute um Minute, mit jedem Funkspruch, der eintraf, hatte Rivière das wachsende Gefühl, dem Schicksal etwas zu entreißen, den Einfluß des Unbekannten zu verringern und seine Mannschaften aus der Nacht herauszuziehen ans Ufer.

Ein Arbeiter trat an ihn heran, um ihm eine Nachricht der Funkstation zu überbringen:

»Der Chilekurier meldet, daß er die Lichter von Buenos Aires in Sicht hat.«

»Gut.«

Nun würde er diesen ersten bald hören. Diesen einen lieferte die Nacht schon aus, wie das zähe Meer einen Schatz an den Strand treibt, den es lange hin und her gespült. Und später würde sie ihm auch die beiden anderen herausgeben.

Dann war ein Strich unter diesen Tag gemacht. Dann konnten die verbrauchten Mannschaften schlafen gehen, ersetzt durch die frischen. Aber er, Rivière, würde noch keine Ruhe haben: der Europakurier harrte der Abfertigung. So würde es immer sein. Immer. Zum erstenmal überraschte sich der alte Kämpfer dabei, daß er sich müde fühlte. Die Rückkehr der Flugzeuge würde nie der Sieg sein, der einen Krieg beendigt und eine Ära glücklichen Friedens eröffnet. Immer würden jedem Schritt, den er tat, tausend gleiche folgen. Ihm war, als trüge er eine bleischwere Last mit erhobenen Armen, wie lange schon; Mühsal ohne Rast und ohne Hoffnung. Ich werde alt ... Alt, wenn er nicht mehr im Tun selbst seine ganze Befriedigung fand. Er verwunderte sich über sich selber, daß er sich plötzlich mit solchen Fragen abgab, die er sich nie gestellt hatte. Aber sie geisterte um ihn mit schwermütigem Flüstern, die Fülle aller Annehmlichkeiten, die er immer beiseite geschoben hatte: eine verlorene Welt. So nah ist das alles? ... Er gestand sich ein, daß er alles, was das Leben süß macht, nach und nach immer mehr auf das Alter hin verschoben hatte, auf den Augenblick, da er Zeit dazu haben würde. Als ob man wirklich eines Tages Zeit dazu haben könnte. Als ob man ganz am Ende des Lebens den glücklichen Frieden gewinnen könnte, den man sich erträumt. Aber es gibt keinen Frieden. Es gibt vielleicht auch keinen Sieg. Es gibt keine endgültige Rückkehr aller Flugzeuge. Rivière blieb vor Leroux stehen, einem alten Werkmeister, der bei der Arbeit war. Auch Leroux plagte sich seit vierzig Jahren. Und die Arbeit nahm alle seine Kräfte in Anspruch. Wenn Leroux gegen zehn Uhr abends heimkam, oder gegen Mitternacht, so war das nicht eine zweite Welt, die sich ihm bot; keine Umschaltung. Rivière lächelte dem Mann zu, der sein schweres Gesicht hob und auf eine blaugelaufene Welle deutete: »Das saß zu stramm, aber jetzt hab ich's.« Rivière beugte sich über die Welle, war wieder ganz bei der Sache. »Man muß in den Werkstätten sagen, daß sie die Lager da lockerer montieren.« Er befühlte mit den Fingern die Spuren der Reibung, wandte seine Gedanken dann wieder Leroux zu. Eine närrische Frage kam ihm auf die Lippen angesichts dieser strengen Furchen. Er mußte selbst darüber lächeln:

»Haben Sie sich viel mit Liebe abgegeben, Leroux, in Ihrem Leben?«

»Hach, Liebe, wissen Sie, Herr Direktor ...«

»Sie sind wie ich, Sie haben nie Zeit gehabt.«

»Nich' allzuviel ...«

Rivière lauschte auf den Ton der Stimmen, um zu hören, ob

die Antwort bitter klang: sie klang nicht bitter. Dieser Mann empfand angesichts seines vergangenen Lebens die ruhige Befriedigung, wie sie ein Tischler empfindet, der ein Brett schön poliert hat: So, das ist getan.

So, dachte Rivière. Mein Leben ist getan.

Er verscheuchte alle trüben Gedanken, die ihm aus seiner Ermüdung kamen, und wandte sich zur Flughalle, denn man hörte schon den Chilekurier dröhnen.

III

Das Geräusch des Motors schwoll immer kompakter an. Man machte Licht. Die roten Landelichter beschienen eine Flughalle, Funkmasten, ein quadratisches Gelände. Freudiger Eifer regte sich.

»Da ist er!«

Das Flugzeug rollte schon in die Lichtkegel der Scheinwerfer. So funkelnd in dem Glanz, daß es wie neu aussah. Endlich stoppte es vor der Halle. Die Mechaniker und Werkleute drängten sich eilig heran, um die Post auszuladen. Aber der Pilot Pellerin rührte sich nicht von seinem Platz.

»Hallo! Auf was warten Sie denn?«

Der Pilot, geheimnisvoll mit sich beschäftigt, würdigte sie keiner Antwort. Vielleicht hörte er noch das ganze Getöse des Flugs durch sich rauschen. Er schüttelte langsam den Kopf, beugte sich vor, fingerte an irgend etwas herum. Endlich wandte er sich um, den Vorgesetzten und Kameraden zu, und betrachtete sie ernst mit der Miene eines Eigentümers, mit einem Blick, als wollte er sie zählen, messen und wägen, indes er bei sich dachte, daß er sie nun glücklich wiederhätte, und auch diese Flughalle und diesen festen Betongrund und, weiter drüben, diese Stadt mit ihrem Getriebe, ihren Frauen und ihrer Wärme. Er hielt diese Leute da in seinen breiten Händen, wie etwas, das ihm gehörte, das er berühren, hören, anschreien konnte. Er wollte sie zuerst anschreien, daß sie da so ruhig, so sicher ihres Lebens stünden; aber dann wurde er gelblich:

»... Könnt mir was gegen den Durst spendieren!«

Und er stieg aus.

Er wollte seine Fahrt erzählen:

»Wenn ihr wüßtet! . . .«

Aber damit schien ihm offenbar genug gesagt. Er ging weg, sein Leder auszuziehen.

Als der Wagen ihn zusammen mit einem grämlichen Inspektor und dem schweigenden Rivière nach Buenos Aires fuhr, wurde er traurig: gute Sache, so mit heiler Haut davonzukommen und mit ein paar kernigen Flüchen den Fuß wieder auf die Erde zu setzen. Mächtig feines Gefühl! Aber nachher, wenn man wieder an alles zurückdenkt, wird einem irgendwas fraglich daran, aber man weiß nicht was.

Der Kampf im Zyklon, das ist wenigstens was Wirkliches, Handfestes. Aber etwas anderes ist es um das Gesicht der Dinge, dieses Gesicht, das sie annehmen, wenn sie sich allein glauben. Er dachte:

Genau wie bei einem Aufruhr: Gesichter, kaum ein bißchen bleicher als sonst, und doch dermaßen verändert!

Er strengte sich innerlich an, um sich zu erinnern.

Er flog friedlich über die Kette der Anden dahin. Die Schneelasten des Winters ruhten auf ihnen mit der ganzen Wucht ihrer Stille. Die Schneelasten des Winters hatten Frieden gebreitet über diese Steinmassen, gleichwie die Jahrhunderte über tote Burgen. Auf zweihundert Kilometer hin kein Mensch, kein Lebenshauch, keine Regung. Nur senkrechte Schroffen, an denen man, in sechstausend Meter Höhe, vorbeistreicht; nur Felsmäntel, in steilen Falten hinab, nur furchtbare Stille.

Im Gebiet des Pik Tupungato war es geschehen . . . Er dachte nach. Jawohl, dort war es geschehen, das Mirakel, das er plötzlich mit eigenen Augen geschaut.

Denn zuerst hatte er gar nichts gesehen, sondern sich einfach nur geniert gefühlt, ähnlich wie einer, der sich allein glaubte, der nun nicht mehr allein ist, den man anblickt. Er hatte sich, zu spät und ohne recht zu begreifen wie, von etwas Zornigem umgeben gefühlt. Jawohl. Von wo kam dieser Zorn?

Woran glaubte er zu spüren, daß er von dem Gestein ausschwitzte, daß er von dem Schnee ausstrahlte? Nichts schien auf ihn zuzukommen, kein Wetterdunkel war im Anzug. Und dennoch: eine zweite Welt, kaum merklich verändert, geisterte hier aus der wirklichen Welt hervor. Pellerin betrachtete, indem das Herz sich ihm unerklärlich zusammenpreßte, diese harmlosen Spitzen, diese Schroffen, diese Schneekämme, die kaum ein bißchen fahler ausschauten, aber dennoch zu leben anfingen – wie eine Volksmenge.

Obwohl er ganz ruhig flog, krampfte er die Hände um das Steuer. Irgend etwas bereitete sich vor, das er nicht begriff. Er straffte seine Muskeln wie ein Tier, das zum Sprung ansetzt, aber wohin er auch schaute, alles war ruhig. Ja, ruhig, aber mit einer rätselhaften Gewalt geladen.

Dann hatte sich alles geschärft, gespitzt. Die Schroffen, die Piks, alles wurde scharf und spitz: man fühlte sie wie Schiffsschnäbel durch den harten Wind stoßen. Und dann schien es ihm, als ob sie rings um ihn her sich in Bewegung setzten und wendeten und manövrierten, gleich Riesenschiffen, die sich zum Kampf ordnen. Und dann war plötzlich in der Luft ein Staub da, der glitt auf den Schneeflächen entlang und wehte sacht wie Schleier empor. Er wandte den Kopf nach rückwärts, um einen Ausweg zu suchen für den Fall, daß er zum Rückzug genötigt sein würde, und das Herz zitterte ihm: die ganzen Kordilleren hinter ihm schienen in Gärung.

Ich bin verloren.

Von einem Pik geradeaus vor ihm schoß der Schnee auf: ein Vulkan von Schnee. Dann von einem zweiten etwas rechts. Und so entflammten sich alle die Gipfel einer nach dem andern, wie von einem unsichtbaren Läufer der Reihe nach in Brand gesetzt. Nun stießen die ersten Böen auf, und die Gebirge um den Piloten begannen zu schwanken.

Heftiges Geschehen und angespanntes Handeln hinterlassen wenig Spuren: er fand keine Erinnerung mehr in sich an die gewaltigen Stöße, die ihn hin und her geschleudert hatten. Er wußte nur noch, daß er sich wütend herumgeschlagen hatte in diesen weißgrauen Flammen.

Er dachte nach. Der Zyklon, das ist gar nichts. Man schaut, daß man mit heiler Haut davonkommt. Aber vorher! Was einem da vor die Augen kommt!

Eine Sekunde war es ihm, als ob er ein bestimmtes Gesicht unter Tausenden wiedererkannte, aber schon hatte er es wieder vergessen.

IV

Rivière betrachtete Pellerin von der Seite. In einer Viertelstunde, dachte er, wenn dieser Mann aussteigen wird, wird er mit einem Gefühl von Ermattung und Schwere in der Menge untertauchen. Er wird vielleicht denken: Ich bin sehr müde . . . ein Sauberuf! Und zu seiner Frau wird er vielleicht irgend etwas sagen wie: hier ist's besser als über den Anden.

Und dennoch war dieser Mann schon zu einem Teil losgelöst von alledem, worauf die Menschen soviel Wert legen, hatte das Fragwürdige daran erkennen gelernt. Eben wieder hatte er ein paar Stunden jenseits aller Behaglichkeit gelebt, ohne zu wissen, ob es ihm vergönnt sein würde, diese Stadt in ihrem Lichterglanz wieder um sich zu sehen, zu seinem eigenen Alltagswesen mit all seinen kleinen Schwächen, lästigen, aber lieben Vertrauten von Kindheit an, wieder zurückzukehren.

Was geht, dachte Rivière, so alles in der Menge an einem vorbei. So mancher vielleicht, der einem gar nicht auffällt und der dennoch Kunde trägt vom Ungewöhnlichen. Und ohne es selbst zu wissen. Vorausgesetzt, daß . . . Rivière fürchtete eine gewisse Sorte von Bewunderern. Sie begriffen nichts von der hohen Natur des Abenteuers, und ihre Lobsprüche verfälschten seinen wahren Sinn, setzten den Menschen herab. Aber dieser Pellerin wußte seine Würde zu wahren, die schlichte Würde seines Wissens darum, was die Welt, in einem gewissen Lichte besehen, wert ist, und wußte alle wohlfeile Bewunderung mit der ganzen Geringschätzigkeit seiner schweren Natur abzuweisen.

Deshalb beglückwünschte ihn Rivière jetzt: »Wie haben Sie's geschafft?« und empfand es wohltuend, daß der andere nur einfach wie von Fachmann zu Fachmann sprach und von seinem Flug redete wie ein Schmied von seinem Amboß.

Pellerin berichtete zuerst, wie ihm der Rückzug abgeschnitten worden war. Er entschuldigte sich fast: »Ich hab keine andere Wahl gehabt.« Dann hatte er nichts mehr sehen können: der Schnee hatte ihn geblendet. Aber eine heftige Strömung hatte ihn gerettet, indem sie ihn in siebentausend Meter Höhe hob. »Ich muß die ganze Zeit über fast in Gipfelhöhe geflogen sein.« Er sprach auch vom Gyroskop, dessen Luftzufuhr man verlegen müsse, der Schnee verstopfe sie: »Da bildet sich Eis, wissen Sie.« Später hatten ihn andere Strömungen wieder abwärts gerissen, und bei dreitausend Meter hatte er sich schließlich mächtig verwundert, daß er nicht längst schon gegen was angerannt sei. Der Grund war der, daß er bereits über der Ebene flog. »Ganz plötzlich hab ich's gemerkt, wie ich auf einmal in klaren Himmel rauskam.« Wozu er dann noch die Bemerkung fügte, es sei ihm in dem Augenblick gewesen, als käme er aus einer Höhle hervor.

»Sturm auch in Mendoza?«

»Nein. Ich bin bei klarem Himmel gelandet, ohne Wind. Aber der Sturm war dicht hinter mir her.«

Er beschrieb, wie sich das angeschaut hatte; »denn«, sagte er, »es war immerhin merkwürdig«. Der oberste Teil verlor sich ganz hoch in der Schneewolke, aber der unterste Teil quoll über die Ebene hin wie eine schwarze Lava. Eine nach der andern wurden die Städte davon verschluckt. »Ich hab nie so was gesehen . . .« Dann schwieg er, von irgendeiner Erinnerung gepackt.

Rivière wandte sich zu dem Inspektor.

»Das ist ein Zyklon vom Stillen Ozean, man hat uns zu spät Meldung gemacht. Diese Zyklone überschreiten übrigens sonst nie die Anden. Es war nicht vorauszusehen, daß gerade der nach Osten weiterziehen würde.«

Der Inspektor, der nichts davon verstand, nickte beistimmend.

Der Inspektor schien zu zögern, wandte sich zu Pellerin um, und sein Adamsapfel bewegte sich. Aber er schwieg und nahm nach einiger Überlegung, gerade vor sich hinschauend, seine grämliche Würde wieder an.

Er führte sie mit sich herum wie ein Gepäckstück, diese Grämlichkeit. Gestern abend zu Schiff in Argentinien angekommen, von Rivière herbeigerufen in irgendwelchen unbestimmten Angelegenheiten, bewegte er sich nun hier umher mit seinen großen Händen und seiner inspektörlichen Würde, ein Bild der Beklommenheit. Es war ihm von Amts wegen verwehrt, irgendwie Bewunderung zu äußern; er hätte auch nicht die Phantasie und den Schwung dazu gehabt; er belobigte nur die Pünktlichkeit von Amts wegen. Es war ihm verwehrt, etwa ein Glas in Gesellschaft zu trinken, einen Kameraden zu duzen oder einen faulen Witz zu riskieren, außer wenn ein unwahrscheinlicher Zufall es fügte, daß er auf derselben Station einem anderen Inspektor begegnete.

Ein hartes Los, dachte er, Richter zu sein.

Um die Wahrheit zu sagen, so richtete er keineswegs, sondern schüttelte immer nur den Kopf. Schüttelte immer nur langsam den Kopf vor allem, was ihm unter die Augen kam, da er von nichts etwas verstand. Das beunruhigte die schlechten Gewissen und trug zur guten Erhaltung des Materials bei. Er war nicht eben beliebt, denn ein Inspektor ist nicht dazu da, geliebt zu werden, sondern Berichte zu verfassen. Er hatte darauf verzichtet, neue Arbeitsmethoden und technische Lösungen vorzuschlagen, seit Rivière einmal geschrieben hatte: ›Der Inspektor Robineau wird gebeten, uns keine Dichtungen, sondern Berichte zu liefern. Der Inspektor Robineau wird den nützlichsten Gebrauch von seinen Kompetenzen machen, wenn er sein Augenmerk darauf richtet, den Eifer des Personals anzuspornen.‹ Und so warf er sich denn von da ab auf alle menschlichen Schwächen wie auf sein tägliches Brot. Auf den Mechaniker, der trank, den Stationsleiter, der seine Nächte um die Ohren schlug, den Piloten, der bei der Landung Sprünge machte.

Rivière sagte von ihm: »Er ist nicht sehr intelligent, trotzdem leistet er gute Dienste.« Die Grundvorschrift, die Rivière sich selber gab, hieß: Menschenkenntnis; aber für Robineau existierte nichts als Kenntnis der Vorschrift.

»Robineau«, hatte Rivière eines Tages zu ihm gesagt, »zur Strafe für jeden verspäteten Start müssen Sie dem Betreffenden die Pünktlichkeitsprämie entziehen.«

»Auch im Falle höherer Gewalt? Auch bei Nebel?«

»Auch bei Nebel.«

Und Robineau empfand eine Art Stolz darauf, einen Chef zu haben, der sich stark genug fühlte, um nicht vor Ungerechtigkeit zurückzuschrecken. Robineau selbst sog daraus verstärktes Hoheitsgefühl.

»Sie haben um sechs Uhr fünfzehn starten lassen«, echote er später zu dem oder jenem Flughafenleiter. »Wir können Ihnen Ihre Prämie nicht zahlen.«

»Aber, Herr Robineau, um fünf Uhr dreißig konnte man nicht zehn Meter weit sehen!«

»Vorschrift.«

»Aber, Herr Robineau, wir können den Nebel doch nicht wegfegen!«

Worauf Robineau sich in hoheitsvolles Geheimnis verschanzte. Er war Mitglied der Direktion. Er allein unter diesen Nullen wußte Bescheid, wie man mit Strafen umgehen mußte, um die Zeitmaße zu verbessern.

»Er denkt gar nichts«, sagte Riviére von ihm, »das erspart es ihm, falsch zu denken.«

Wenn ein Pilot, der eine Prämie dafür bezog, daß er bisher noch nie Bruch gemacht hatte, eine Maschine zertrümmerte, verlor er seine Prämie.

»Aber wenn er über einem Wald Panne gehabt hat?« hatte Robineau sich erkundigt.

»Auch über einem Wald.«

Und Robineau ließ es sich gesagt sein.

»Ich bedaure«, sagte er hernach zu den Piloten, berauscht von Wichtigkeit, »ich bedaure sogar unendlich, aber man mußte die Panne eben anderswo haben.«

»Aber, Herr Robineau, das wählt man sich doch nicht aus!«

»Vorschrift.«

Vorschrift, dachte Rivière, ist etwas Ähnliches wie die Riten einer Religion, die absurd scheinen mögen, aber die Menschen zurechtmodeln. Es focht ihn wenig an, ob er gerecht oder ungerecht erschien. Vielleicht hatten diese Worte nicht einmal für ihn selber einen Sinn. Gerecht oder ungerecht – etwa in den Augen der Kleinbürger, die abends um ihren Musikpavillon promenieren, immer im Kreise herum? Sinnlos. Sie existieren nicht. Der Mensch war für ihn ein ungeformtes Wachs, das man kneten mußte. Stoff, dem man eine Seele geben, einen Willen schaffen mußte. Er wollte sie nicht knechten durch diese Härte, sondern sie über sich selbst hinauszwingen. Wenn er jede Verspätung so rücksichtslos bestrafte, beging er zwar eine Ungerechtigkeit, aber er richtete dadurch den Willen jeder Station auf den Start – *schuf* diesen Willen überhaupt erst. Indem er es nicht aufkommen ließ, daß die Leute sich etwa über unsichtiges Wetter freuten als über eine willkommene Gelegenheit zum Nichtstun, hielt er sie auf jede

Lichtung am Himmel gespannt, hielt sie alle bis zum letzten, unscheinbarsten Arbeiter heimlich in Bann. Keine Bresche im Wolkenverhau blieb ungenutzt: »Aufklaren im Norden – vorwärts!« Auf fünfzehntausend Kilometer hin galt, dank Rivière, nur eins: der Dienst an der Sache.

»Diese Menschen«, sagte Rivière manchmal, »sind glücklich, weil sie ihren Beruf lieben, und sie lieben ihn, weil ich hart bin.«

Sie hatten vielleicht unter ihm zu leiden, aber er schuf ihnen auch starke Freuden. Man muß sie antreiben, dachte er, zu einem starken Leben, das Leiden und Freuden mit sich bringt, aber das allein Wert hat.

Als der Wagen in die Stadt einfuhr, ließ Rivière sich zum Büro der Gesellschaft bringen. Robineau, allein geblieben mit Pellerin, schaute ihn an und öffnete die Lippen zum Sprechen.

V

Robineau fühlte sich müde an diesem Abend. Es war ihm gegenüber Pellerin, dem Sieger, zum Bewußtsein gekommen, daß sein eigenes Leben grau war. Es war ihm vor allem zum Bewußtsein gekommen, daß er, Robineau, trotz Inspektorentitel und -würde weniger galt als der erschöpfte Mann, der da in die Ecke des Wagens gedrückt saß, die Augen geschlossen, die Hände schwarz von Öl. Zum erstenmal empfand Robineau Bewunderung. Er fühlte sich gedrängt, das auszusprechen. Er fühlte sich vor allem gedrängt, sich einen Freund zu gewinnen. Er war müde von seiner Reise und von den Blamagen des Tages; er fühlte sich lächerlich. Er hatte sich heute abend bei der Benzinbestandaufnahme in seinen Berechnungen verheddert, und der Verwalter selbst, den er hatte bei Unstimmigkeiten überraschen wollen, hatte schließlich ganz mitleidig die Abrechnung für ihn beendigt. Aber vor allem hatte er des langen und breiten an der Montage einer Ölpumpe Typ B 6 herumgekrittelt in der Meinung, es handle sich um Typ B 4, und die Mechaniker, die Füchse, hatten ihn ruhig zwanzig Minuten lang sich den Mund zerreißen lassen über eine Unwissenheit, die durch nichts zu entschuldigen ist – seine eigene!

Es bangte ihm auch vor seinem Hotelzimmer. Von Toulouse bis Buenos Aires – immer wieder stand nach der Arbeit vor ihm das Hotelzimmer. Jedesmal schloß er sich, von schwerwiegenden Dienstgeheimnissen geschwellt, darin ein, zog einen Stoß Papier aus seinem Handkoffer, zirkelte bedächtig »Bericht« auf das erste Blatt, schwang sich dann zu ein paar Zeilen auf – und zerriß das Ganze. Oh, er hätte die Gesellschaft von irgendeiner großen Gefahr erretten mögen. Aber sie geriet in keinerlei Gefahr. Sein einziges Rettungswerk bisher bestand darin, daß er einmal eine verrostete Schraube entdeckt hatte. Er hatte mit düsterer Miene seinen Finger langsam auf dem Rost hin und her geführt, vor den Augen eines Flugplatzleiters, der ihm im übrigen nur erwidert hatte: »Wenden Sie sich bitte an die vorige Station: das Flugzeug kommt gerade von dort.« – Kurz, Robineau hegte einigen Zweifel an der Rolle, die er zu spielen hatte. Er raffte sich, um Pellerin näherzukommen, zu der Frage auf:

»Wollen Sie mit mir speisen? Ich brauche ein bißchen Unterhaltung, mein Beruf ist manchmal schwer . . .«

Worauf er, um seine Würde nicht allzusehr preiszugeben, hinzufügte:

»Ich habe so viel Verantwortung!«

Seine Untergebenen hüteten sich im allgemeinen davor, Robineau privatim näherzutreten. Jeder dachte: Er hungert nach Stoff für seinen Bericht. Vielleicht hat er noch nicht genug gefunden und will mich fressen.

Aber heute abend dachte Robineau an nichts als an seine Miseren; vor allem an den peinlichen Aussatz – sein einziges wirkliches Geheimnis –, der seinen Körper plagte. Es trieb ihn, davon zu erzählen, sich bemitleiden zu lassen und, da er denn im Stolz keine Tröstung fand, sie in der Erniedrigung zu suchen. Auch hatte er in Frankreich eine Geliebte, der er immer in der Nacht nach seiner Rückkehr von seinen Inspektionsreisen zu erzählen pflegte, um sie ein wenig zu blenden und ihre Liebe zu beleben; ihre Stimmung stand gerade jetzt auf schlecht Wetter für ihn, und er fühlte sich gedrängt, von ihr zu reden.

»Also, Sie speisen mit mir?«

Pellerin sagte gutmütig zu.

VI

Die Schreiber dösten schläfrig in den Büros von Buenos Aires, als Rivière eintrat. Er hatte Hut und Mantel anbehalten. Er war immer und überall wie auf Reisen, vollkommen unauffällig mit seiner kleinen, schmalen Gestalt, mit seinen grauen Haaren und seinen schlichten Kleidern, die sich in jede Umgebung einfügten. Dennoch fuhr sogleich ein Eifer in alle. Die Schreiber gerieten in Bewegung, der Bürovorsteher vertiefte sich emsig in die letzten Eingänge, die Schreibmaschinen klapperten.

Der Telefonist schob seine Stecker in den Kontakt und trug die Telegramme in ein dickes Buch ein.

Rivière setzte sich und las.

Abgesehen von dem Sturm, den der Chilekurier zu bestehen gehabt hatte, war es die Geschichte eines glücklichen Tages, eines Tages, an dem alles wie von selbst läuft, an dem die Meldungen, die die überflogenen Stationen der Reihe nach senden, lauter blanke Siegesnachrichten sind. Auch der Kurier von Patagonien kam rasch vorwärts: man war dem Fahrplan voraus, denn die Winde trieben in großer günstiger Strömung von Süden nach Norden.

»Geben Sie mir die Wetterberichte.«

Jede Station rühmte ihr klares Wetter, ihren wolkenlosen Himmel, ihren guten Wind. Ein goldener Abend hatte über Amerika geleuchtet. Rivière freute sich der guten Geister. Jetzt kämpfte dieser Kurier irgendwo im Ungewissen der Nacht, aber mit den besten Aussichten.

Rivière schob das Heft zurück.

»Gut.«

Und er ging hinaus, um nach der Diensteinteilung zu schauen, nächtlicher Wächter über eine halbe Welt.

Vor einem offenen Fenster blieb er stehen und umfaßte mit innerem Blick die Nacht. Sie schloß sich um Buenos Aires, aber auch um ganz Amerika, wie um ein riesiges Schiff. Nichts Ungewohntes für ihn, so im großen zu denken: Der Himmel von Santiago de Chile, ein fremder Himmel – aber war einmal der Kurier unterwegs dorthin, so lebte man, von einem Ende der Linie bis zum anderen, unter derselben riesigen Wölbung.

Dieser andere Kurier jetzt, dessen Stimme man in den Hörern der Funkstation vernahm – die Fischer von Patagonien sahen zur selben Zeit seine Bordlichter leuchten. Diese Unruhe, die auf Rivière lastete, wenn ein Flugzeug unterwegs war – sie lastete zur selben Zeit auf den Hauptstädten und Provinzen im Dröhnen des Motors.

Glücklich über diese sorgenfreie Nacht, gedachte er anderer Nächte, Nächte der Unordnung, Flugzeug in Gefahr, und Hilfe so schwierig: von der Funkstation Buenos Aires konnte man seine Klagerufe verfolgen, vermischt mit dem Knattern der Gewitter. Wie eine dünne tönende Goldader, die sich verliert in der Wucht tauben Gesteins. Welcher Wehelaut in diesem kleinen Getön eines Flugzeugs, das da wie ein blinder Pfeil hinschwirrte gegen die Widerstände der Nacht!

Robineau fiel ihm ein. Ein Inspektor gehörte ins Büro in einer Nacht, in der man auf Wache blieb.

»Lassen Sie mir Robineau holen.«

Robineau war gerade dabei, sich einen Piloten zum Freunde zu machen. Er hatte im Hotel seinen Koffer vor ihm ausgepackt; die kleinen Alltäglichkeiten kamen zum Vorschein, die auch einen Inspektor zu einem Menschen wie andere machen: ein paar geschmacklos gemusterte Hemden, ein Necessaire, dann die Photographie einer dürren Frau, die er an die Wand heftete. Stummes, demütiges Bekenntnis seiner kümmerlichen Intimitäten, dieses Auspakken vor Pellerin. Indem er die dürftigen Schätze vor ihm hinbreitete, bot er sein ganzes Elend zur Schau. Seinen seelischen Aussatz. Ließ ihn hineinschauen in die Gefängniszelle seines Daseins.

Aber auch für Robineau gab es, wie für alle Menschen, einen kleinen Lichtblick. Mit behutsamer Wonne hatte er aus dem untersten Grunde seines Koffers ein mit peinlichster Sorgfalt eingewickeltes Säckchen hervorgeholt. Geraume Zeit hatte er es wortlos in den Händen getätschelt. Dann, endlich die Finger lösend:

»Das hab ich aus der Sahara mitgebracht . . .«

Er war selber errötet darüber, daß er es übers Herz brachte, dieses Geheimnis jemandem anzuvertrauen. Von all seinem Verdruß und seinem ehelichen Mißgeschick und dieser ganzen grauen Wirklichkeit fand er Erlösung und Trost bei ein paar kleinen schwärzlichen Kieseln, die ihm eine Pforte zum Weiten, Unbekannten öffneten.

Noch etwas tiefer errötend:

»Man findet die gleichen in Brasilien ...« Er hatte sich dann über das atlantische Problem verbreitet, und Pellerin hatte ihm auf die Schulter geklopft und, ebenfalls ganz verlegen, gefragt:

»Sie lieben die Geologie?«

»Das ist meine Leidenschaft.«

Das einzige, das ihm hold gewesen war im Leben, waren die Steine.

Robineau, als man ihn abrief, wurde traurig, aber er fand sich in seine Würde zurück.

»Ich muß Sie verlassen; Herr Rivière braucht mich zu einigen wichtigen Entscheidungen.«

Als Robineau in das Büro eintrat, hatte Rivière ihn vergessen. Er stand in Gedanken vertieft vor einer Wandkarte, auf der das Flugnetz der Gesellschaft rot eingezeichnet war. Der Inspektor erwartete seine Befehle. Nach langen Minuten fragte ihn Rivière, ohne den Kopf zu wenden:

»Was denken Sie über diese Karte, Robineau?«

Er stellte manchmal, wie aus einem Traum auftauchend, solche Rätselfragen.

»Diese Karte, Herr Direktor ...«

Der Inspektor dachte, um die Wahrheit zu sagen, gar nichts über diese Karte; aber er heftete mit strenger Miene seinen Blick darauf und faßte ganz Europa und Amerika inspizierend ins Auge. Aber Rivière war schon wieder in seine schweigenden Betrachtungen versunken. Ein grausames Ding, das schöne rote Netz, das da gesponnen ist. Es hat uns viele Menschen gekostet, junge Menschen. Was einmal aufgebaut ist, hat seine Gültigkeit und Macht. Aber wieviel Fragen und Zweifel stecken dahinter.

Robineau, neben ihm stehend, den Blick immer starr auf die Karte gerichtet, raffte sich nach und nach wieder innerlich zusammen. Von Rivière hatte er kein Mitgefühl zu erwarten.

Er hatte einmal einen schüchternen Ansatz gemacht, ihm sein lächerliches Leiden zu beichten, das ihm sein ganzes Leben vergällte, und Rivière hatte ihm scherzhaft erwidert: »Wenn Ihnen das den Schlaf raubt, fördert es nur Ihre Aktivität.«

Das war nur halb im Scherz gesagt. Rivière pflegte zu behaupten: Wenn ein Musiker in schlaflosen Nächten etwas Schönes komponiert, dann ist auch die Schlaflosigkeit etwas Schönes. Einmal hatte er auf Leroux gedeutet: »Schauen Sie, wie schön, diese Häßlichkeit, die alle Liebe ausschaltet ...« Alles, was tüchtig war an Leroux, verdankte er vielleicht diesem Mißgeschick, das sein Leben ganz auf seinen Beruf beschränkt hatte.

»Sie sind sehr befreundet mit Pellerin?«

»Ooh ...«

»Ich mache Ihnen keinen Vorwurf daraus.«

Rivière drehte sich um und begann langsam und mit gesenktem Kopf auf und ab zu gehen, Robineau hinterdrein. Ein trauriges Lächeln kam ihm auf die Lippen, das Robineau nicht zu deuten wußte.

»Nur ... nur sind Sie der Vorgesetzte.«

»Jawohl«, sagte Robineau.

Jede Nacht, dachte Rivière, schürzte sich da droben im Dunkeln eine dramatische Handlung. Ein Wanken des Willens konnte eine Niederlage zur Folge haben, es galt, jedesmal auf schwere Kämpfe gefaßt zu sein, bis der Tag kam.

»Sie dürfen nicht aus der Rolle fallen.«

Rivière wog seine Worte:

»Sie werden vielleicht diesem Piloten schon in der nächsten Nacht einen gefährlichen Start befehlen: er wird zu gehorchen haben.«

»Jawohl.«

»Sie verfügen unter Umständen über das Leben von Menschen, und von Menschen, die mehr wert sind als Sie ...«

Er schien zu zögern.

»Das ist eine ernste Sache.«

Rivière, immer langsam auf und ab gehend, schwieg einige Sekunden.

»Wenn sie Ihnen aus Freundschaft gehorchen, so ist das eine Täuschung, zu der Sie sie verleiten; *Sie* haben kein Anrecht auf irgendein Opfer.«

»Nein ... sicher nicht.«

»Und wenn Sie glauben, daß Ihre Freundschaft ihnen gewisse Dienste ersparen wird, so ist das ebenfalls eine Täuschung: sie werden einfach zu gehorchen haben. Setzen Sie sich hier hin.«

Rivière schob Robineau mit sanfter Hand an seinen Schreibtisch.

»Ich werde Sie wieder an Ihren richtigen Platz stellen, Robineau. Wenn Ihnen schlapp zumute ist, so ist es nicht Sache der Leute, Sie zu stützen. Sie sind der Vorgesetzte. Ihre Schwäche ist lächerlich. Schreiben Sie.«

»Ich . . .«

»Schreiben Sie: ›Der Inspektor Robineau diktiert dem Flugzeugführer Pellerin die und die Strafe zu aus dem und dem Grunde . . .‹ Sie werden irgendeinen Grund finden.«

»Herr Direktor!«

»Tun Sie, als ob Sie verstünden, Robineau. Man soll die lieben, über die man befiehlt; aber man soll es ihnen nicht sagen.«

Robineau schwor sich, nun wieder mit Eifer hinter allen verrosteten Schrauben her zu sein.

Ein Notlandeplatz teilte durch Funkspruch mit: »Flugzeug in Sicht. Flugzeug meldet: Motor läßt nach, werde landen.«

Das kostete sicher eine halbe Stunde. Peinigende Ungeduld, wie wenn der Schnellzug auf offener Strecke hält und plötzlich die Minuten leer stehen, deren jede eben noch ihr Teil vorbeisausenden Feldes eintrug. Der große Zeiger der Wanduhr beschrieb jetzt einen toten Sektor: was hätte nicht alles Raum finden können an Geschehen in dieser Lücke. Rivière ging hinaus, um sich über die Zeit wegzutäuschen, aber die Nacht erschien ihm öd und leer wie ein Theater ohne Schauspieler. Eine solche Nacht zu verlieren! Er schaute grimmig durchs Fenster, zu dieser sternfunkelnden Klarheit hinauf, diesen himmlischen Landelichtern, diesem Mond, diesem ganzen vergeudeten Gold einer solchen Nacht.

Aber sobald dann das Flugzeug wieder in Fahrt war, war auch für Rivière die Nacht wieder beglückend und schön. Sie trug das Leben in ihren Flanken. Und er wachte darüber:

»Was für Wetter haben Sie vor sich?« ließ er die Besatzung fragen.

Zehn Sekunden vergingen: »Sehr schön.«

Dann kamen Namen überflogener Städte – gefallene Festungen für Rivière.

VII

Eine Stunde später fühlte sich der Funker des Patagonienkuriers plötzlich sanft emporgehoben wie von einer Schulter. Er blickte um sich: schwere Wolken löschten die Sterne aus. Er beugte sich zur Erde hinunter; er suchte die Lichter der Dörfer: Glühwürmchen im Grase; aber nichts glitzerte aus schwarzer Flur herauf. Mißmut stieg in ihm auf, er ahnte eine mühselige Nacht: Flug, Rückflug, gewonnenes Gelände, das man wieder aufgeben muß. Er begriff die Taktik des Piloten nicht; es schien ihm, daß man über kurz oder lang gegen die geballte Nacht anrennen würde wie gegen eine Mauer. Jetzt gewahrte er geradeaus ein unmerkliches Aufleuchten in der Höhe des Horizonts, wie Schein von einem Schmiedefeuer. Er tippte Fabien auf die Schulter, aber der rührte sich nicht.

Die ersten Ausläufer des fernen Gewitters griffen das Flugzeug an. Sacht emporgehoben, drängten die Metallmassen gegen den Körper des Funkers an, schienen dann zu schwingen, zu schmelzen, so daß er sekundenlang das Gefühl hatte, als schwebte er allein in der Luft, und sich mit beiden Händen an die Stahlspanten klammerte.

Nichts war mehr zu sehen von aller Welt als der rote Lichtschein da vorn, und Schauer überliefen ihn bei der Vorstellung, hier hinabtauchen zu müssen in den Schacht der Finsternis, hilflos, nur im Schutz dieser winzigen Grubenlampe. Er wagte nicht den Piloten zu stören, mit Fragen, was er zu tun gedächte, und hielt nur immer, die Hände um den Stahl krampfend, vornübergebeugt, den Blick auf die dunklen Schultern vor ihm gerichtet.

Ein Kopf und zwei unbewegliche Schultern waren das einzige, das sich gegen den schwachen Lichtschein abhob. Nur eine dunkle Masse, ein wenig nach links geneigt. Das Gesicht dem Gewitter zugewandt, sicherlich von jedem Aufleuchten gebadet. Aber er konnte nichts sehen von diesem Gesicht. Alles, was sich darin dem Sturm entgegenspannte: Trotz, Entschlossenheit, Zorn – alles, was sich in stummer Zwiesprache abspielte zwischen diesem bleichen Gesicht und dem zuckenden Leuchten da vorn, blieb ihm unsichtbar.

Dennoch empfand er dunkel die gesammelte Kraft in der Unbeweglichkeit dieses Schattens und liebte sie. Sie trug ihn dem Unwetter zu, aber sie schützte ihn auch. Ja: diese Hände, um das Steuer geschlossen, griffen dem Sturm nun schon in den Nacken, wie einem Tier, und in diesen regungslosen Schultern spürte man die aufgesparte Energie.

Schließlich, dachte er, ist der Pilot verantwortlich, und gab sich, da er nun doch einmal mit hinten aufsaß bei diesem wilden Ritt gegen die Feuersbrunst, ganz dem Gefühl der Wucht und Verläßlichkeit hin, das von dieser Schattengestalt ausging. Linker Hand, schwach wie Widerschein eines Leuchtturms, glomm ein neuer Feuerherd auf.

Der Funker wollte schon die Hand heben, um dem Piloten auf die Schulter zu tippen, ihn aufmerksam zu machen; aber da sah er, wie Fabien langsam den Kopf drehte, das Gesicht ein paar Sekunden lang dem neuen Feind zugekehrt hielt und dann, langsam, wieder seine vorige Stellung einnahm. Die Schultern regungslos, den Nacken gegen das Leder gelehnt.

VIII

Rivière war ins Freie gegangen, um sich etwas Bewegung zu machen und das Unwohlsein zu vertreiben, das ihn wieder beschlich. Er, der immer nur der Aktivität gelebt hatte, einer dramatisch gespannten Aktivität, ohne seiner eigenen Person zu achten, wurde das wunderliche Gefühl nicht los, als wechselte die Szene jetzt in sein Ich hinüber. Die Kleinbürger, die ihr scheinbar so friedliches Dasein um ihren Musikpavillon spazierenführten – war nicht auch ihr Leben manchmal schwer von Ereignissen, von heimlichen Dramen: Krankheit, Liebe, Trauer? Und war nicht vielleicht ... Oh, das eigene Übel lehrte einen allerhand: Das öffnet gewisse Fenster, dachte er.

Dann, gegen elf Uhr abends, machte er sich, wieder freier atmend, auf den Rückweg zum Büro. Er teilte langsam, mit den Schultern, die Menge, die sich vor dem Eingang der Kinos staute. Er hob die Augen zu den Sternen, die über der engen Straße glänzten, fast völlig überleuchtet von den Lichtreklamen, und dachte: Heute abend, mit meinen zwei Kurieren unterwegs, bin ich verantwortlich für einen ganzen Himmel. Der Stern da ist ein Zeichen für mich, das mich hier in der Menge sucht und findet: das ist der Grund, weshalb ich mich ein wenig fremd fühle, ein wenig einsam.

Ein paar Töne Musik kamen ihm in den Sinn: eine Stelle aus einer Sonate, die er gestern mit Freunden zusammen gehört hatte. Die Freunde hatten sich verständnislos gezeigt: »Diese Art Kunst langweilt uns und langweilt Sie; Sie geben es nur nicht zu.«

»Vielleicht . . .«, hatte er erwidert.

Er hatte sich einsam gefühlt, wie heute abend. Aber er war sehr bald des Reichtums solcher Einsamkeit innegeworden. Ihm, ihm allein unter all den Mittelmäßigen kam die Botschaft dieser Musik mit der Süße eines Geheimnisses. So auch das Zeichen des Sterns. Man sprach zu ihm, über so viele Schultern hinweg, eine Sprache, die er allein vernahm. Auf dem Bürgersteig stieß man ihn an; er dachte: Ich werde mich nicht erbosen. Ich bin wie ein Vater, der ein krankes Kind daheim hat und ruhig durch die Menge geht. Er trägt die tiefe Stille seines Hauses in sich.

Er hob den Blick zu den Menschen. Er versuchte diejenigen unter ihnen zu erkennen, die ihre Erfindung oder ihre Liebe still hier spazierenführten, und die Abgeschiedenheit der Leuchtturmwächter kam ihm in den Sinn.

Die Stille der Büros tat ihm wohl. Er durchschritt sie langsam, eines nach dem andern, und sein Schritt hallte einsam wider. Die Schreibmaschinen schliefen unter den Deckeln. Die großen Wandschränke mit den wohlgeordneten Aktenstößen waren geschlossen. Zehn Jahre Erfahrung und Arbeit. Der Gedanke kam ihm, er ginge hier durch die Keller einer Bank, wo die Reichtümer ruhen. Aber in jedem dieser Schränke häufte sich etwas Besseres als Gold: eine lebendige Kraft. Eine lebendige Kraft, jetzt schlummernd, wie das Gold in den Banken.

Irgendwo saß jetzt der einzige Schreiber vom Nachtdienst. Ein Mensch arbeitete irgendwo, auf daß das Leben nicht unterbrochen wurde, der Wille nicht unterbrochen wurde, und so von Station zu Station, auf daß, von Toulouse bis Buenos Aires, die Kette niemals riß.

Und irgendwo kämpften sich jetzt die beiden Flugzeuge durch das Dunkel. Ein Nachtflug zog sich hin wie eine Krankheit, bei der man Nachtwache halten mußte. Man mußte diesen Menschen beistehen, die da mit Händen und Knien, Brust gegen Brust, mit der Finsternis rangen und nichts mehr wahrnahmen, nichts mehr wahrnahmen als ein wankendes, wechselndes, unsichtbares Etwas, daraus man sich kraft seiner blinden Arme herausziehen mußte wie aus einem Meer. Welche erschütternden Berichte manchmal: »Ich habe meine Hände beleuchtet, um sie zu sehen ...« Nichts als zwei lebendige Hände, herausentwickelt aus dem Schwarz in rotem Dunkelkammerlicht. Das einzige, das blieb von der Welt und das man retten mußte.

Rivière öffnete die Tür zum Betriebsbüro. Eine einzige Lampe warf einen schrägen Lichtkegel. Das Klicken einer einzigen Schreibmaschine regt sich einsam in der Stille. Von Zeit zu Zeit läutete das Telefon; jedesmal ein wiederholter, hartnäckiger Ruf, der traurig und bedrohlich durch das öde Zimmer schrillte. Dann erhob sich der Schreiber vom Dienst und schritt aus seinem Lichtkreis zu dem Apparat hinüber. Er nahm den Hörer ab, und die unsichtbare Bedrohung schwand: Ein ruhiges Gespräch klang halblaut aus dem Schatten. Dann kam der Mann gleichgültig wieder an seinen Schreibtisch zurück, das Gesicht ausdruckslos von Einsamkeit und Müdigkeit.

Bedrohlich ein Anruf aus der Nacht draußen, wenn zwei Flugzeuge unterwegs sind. Rivière dachte an die Telegramme, die in den Kreis der Familie unterm Schein der Abendlampe eindringen, dann an das Unheil, das ein paar endlose Sekunden lang noch Geheimnis im Gesicht des Vaters bleibt. Kraftlose Welle vorerst noch, so still, so fern vom ersten Schrei, dessen fernes Echo er jedesmal schon in diesem einsamen Aufschrillen zu vernehmen meint. Und jedesmal, wenn der Mann da langsam aus dem Schatten wieder in seinen Lampenschein hervorkam wie ein Taucher, schienen ihm seine Bewegungen schwer von geheimem Wissen.

»Bleiben Sie. Ich gehe.«

Rivière hob den Hörer ab, vernahm das leise Brausen der Welt. »Hier Rivière.«

Schwaches Getöse, dann eine Stimme:

»Ich gebe Ihnen die Funkstelle.«

Wieder Leitungsgeräusch, dann eine andere Stimme:

»Hier Funkstelle. Wir geben Ihnen die Telegramme.«

Rivière schrieb nach, nickte:

»Gut ... Gut ...«

Nichts von Bedeutung. Die üblichen Nachrichten. Rio de Janeiro verlangte eine Auskunft, Montevideo gab Wetterberichte, Mendoza brauchte Material. Die vertrauten Haushaltsfragen.

»Und die Kuriere?«

»Das Wetter ist gewittrig. Wir können die Flugzeuge nicht hören.«

»Gut.«

Rivière saß einen Augenblick in Gedanken. Hier war die Nacht so rein, die Sterne leuchteten, aber die Funker spürten schon darin den Hauch ferner Gewitter.

»Ich komme dann wieder.«

Rivière erhob sich. Der Schreiber trat an ihn heran.

»Die Dienstanweisungen zur Unterschrift, Herr Direktor ...«

»Gut.«

Rivière überraschte sich bei einem warmen, freundschaftlichen Gefühl für diesen Mann, den auch die Last der Nacht drückte. Ein Kampfgefährte, dachte er. Er wird sicher nie ahnen, wie sehr uns diese Nachtwache verbindet.

IX

Als Rivière, einen Stoß Akten im Arm, in sein Privatbüro zurückkam, spürte er plötzlich wieder den heftigen Schmerz in der rechten Seite, der ihn schon seit einigen Wochen quälte. Das geht nicht ...

Er lehnte sich einen Augenblick an die Wand: Lächerlich.

Dann gelang es ihm, zu seinem Sessel zu kommen. Er kam sich, wie jetzt öfters schon, wie ein gelähmter alter Löwe vor, und eine große Traurigkeit befiel ihn.

So viel Mühsal, und *das* das Ende! Ich bin jetzt fünfzig Jahre; fünfzig Jahre lang hab ich mein Leben ausgefüllt, hab an mir gearbeitet, habe gekämpft, habe den Gang der Entwicklung beeinflußt, und jetzt *das* ... jetzt beschäftigt mich *das,* füllt mich *das* aus, macht mir alles andere nichtig ... Das ist doch lächerlich.

Er wartete eine Weile, trocknete sich den Schweiß ab und machte sich, als er sich wieder leichter fühlte, an die Arbeit. Er sah langsam die Schriftstücke durch.

»Wir haben in Buenos Aires beim Abmontieren des Motors 301 konstatiert ... Der Schuldige wird streng bestraft werden.«

Er unterzeichnete.

»Da die Station Florianopolis die Anweisungen nicht befolgt hat ...«

Er unterzeichnete.

»Der Flugplatzleiter Richard wird disziplinarisch versetzt, weil er ...«

Er unterzeichnete.

Der Schmerz in der Seite, der sich zwar gelindert hatte, aber immer noch da war – etwas ganz Ungewohntes, das dem Leben ein ganz verändertes Ansehen gab –, lenkte unwillkürlich seine Gedanken wieder auf sein eigenes Ich; bittere Gedanken.

Bin ich gerecht oder ungerecht? Ich weiß es nicht. Wenn ich strafe, gibt es weniger Pannen. Der eigentlich Schuldige ist nicht der einzelne, sondern ein dunkles Etwas, eine dunkle Macht, die man nicht trifft, wenn man nicht alle trifft. Wenn ich ganz gerecht wäre, wäre jeder Nachtflug jedesmal eine Sache auf Leben und Tod.

Eine gewisse Müdigkeit überkam ihn angesichts dieses Weges, der so unbarmherzig vorgezeichnet war. Mitleid ist gut, dachte er. Dabei blätterte er, in Gedanken versunken, ein Schriftstück nach dem andern um.

»... was Roblet anbelangt, so gehört er von heute ab nicht mehr zu unserem Personal.«

Der alte Biedermann tauchte wieder vor ihm auf und sein Gespräch mit ihm von heute abend:

»Ein Exempel, mein Lieber, ein Exempel.«

»Aber Herr ... aber Herr Direktor ... Einmal, ein einziges

Mal, denken Sie doch!, und ich hab mein ganzes Leben lang gearbeitet.«

»Es muß ein Exempel statuiert werden.«

»Aber Herr Direktor! ... Schauen Sie, Herr Direktor, hier ...!« Dann die abgegriffene Brieftasche und der alte Zeitungsausschnitt, auf dem Roblet als junger Mann zu sehen war, neben einem Flugzeug postiert.

Rivière sah die alten Hände zittern, wie sie das kindliche Ruhmesblatt hinhielten.

»Das ist vom Jahre 1910, Herr Direktor ... das bin *ich* hier, da hab ich die Montage gemacht hier von dem ersten Flugzeug in Argentinien! Seit *1910* bei der Fliegerei, Herr Direktor ... das sind zwanzig Jahre! Wie können Sie da sagen ... Und die Grünschnäbel, Herr Direktor, wie die lachen werden in der Werkstatt! ... Ach, *die* werden lachen!«

»*Das* ist mir gleichgültig.«

»Und meine Kinder, Herr Direktor, ich habe Kinder!«

»Ich habe Ihnen gesagt: ich biete Ihnen eine Stelle als Hilfsarbeiter an.«

»Meine Würde, Herr Direktor, meine Würde! Denken Sie doch, Herr Direktor, zwanzig Jahre bei der Fliegerei, ein alter Handwerker wie ich ...«

»Als Hilfsarbeiter.«

»Das lehn' ich ab, Herr Direktor, das lehn' ich ab!«

Und die alten Hände zitterten, und Rivière wandte die Augen weg von dieser verrunzelten, dicken, rührenden Haut.

»Als Hilfsarbeiter.«

»Nein, Herr Direktor, nein ... ich will Ihnen noch sagen ...«

»Sie können gehen.«

Rivière dachte: Das gilt nicht ihm, daß ich ihn so brutal entlasse, sondern dem Feindlichen, Schändlichen, für das er nicht verantwortlich ist, aber das sich durch ihn eingeschlichen hat.

»Ich will Ihnen noch sagen ...« Was hatte er noch sagen wollen, der arme Alte? Daß man ihm die Freuden seines Alters nehme? Daß er den Klang der Werkzeuge auf dem Stahl der Flugzeuge liebe und daß man sein Leben einer großen Poesie beraube? Ja, und ... daß man doch *leben* müsse?

Ich bin sehr müde, dachte Rivière. Das Fieber stieg in ihm,

wohlig erschlaffend. Er tippte mit dem Finger auf das Blatt und dachte: Ich hatte das Gesicht von dem alten Kameraden sehr gern ...

Er sah wieder diese Hände vor sich. Er malte sich die kleine, dankbare Bewegung aus, die sie machen würden, wie um sich zu falten. Man würde nur zu sagen brauchen: »Also gut, gut, bleiben Sie.« Das Freuderieseln, das durch die alten Hände gehen würde. Ja, diese Freude, die – nicht aus dem Gesicht – aber aus diesen alten Handwerkerhänden sprechen würde, erschien ihm als das Schönste, das es geben könnte auf der Welt. Soll ich das Papier zerreißen? Und die Familie des Alten, die Heimkehr am Abend, der bescheidene Stolz: Also sie behalten dich?

»Na ja! Freilich! *Ich* hab doch das erste Flugzeug in Argentinien montiert!«

Und die Grünschnäbel, die nicht mehr lachen würden, jetzt, wo der Alte sich seine Würde wiedererobert hatte ...

Zerreißen?

Das Telefon läutete; Rivière nahm den Hörer ab.

Eine lange Weile, dann das Tiefe, Hallende von Wind und Raum um menschliche Stimmen. Endlich sprach man:

»Hier Flugplatz. Wer dort?«

»Rivière.«

»Herr Direktor, 650 ist im Anmarsch.«

»Gut.«

»Alles bereit jetzt, aber wir mußten im letzten Augenblick das elektrische Licht reparieren, die Verbindungen waren defekt.«

»Gut. Wer hat die Anlage montiert?«

»Das werden wir feststellen. Mit Ihrer Erlaubnis werden wir den Betreffenden bestrafen: eine Lichtpanne an Bord, das könnte schlimm werden!«

»Allerdings.«

Rivière dachte: Wenn man das Übel nicht ausreißt, wo man es antrifft, gibt es Pannen: es wäre ein Verbrechen, es durchgehen zu lassen, wenn man ihm zufällig mal auf die Spur kommt: Roblet geht.

Der Schreiber, der nichts gesehen hat, tippt immer noch an seiner Maschine.

»Das ist?«

»Die Halbmonatsabrechnung.«

»Warum noch nicht fertig?«

»Ich . . .«

»Werden wir ja sehen.«

Seltsam, wie das Ungewollte, Zerstörende immer wieder die Oberhand gewinnt über das Gewollte, Geschaffene. Gleichwie getrieben von einer großen verborgenen Macht. Derselben, die die Urwälder hochtreibt und die um alle großen Werke wuchert, drängt, quillt von allen Seiten. Rivière mußte an die Tempel denken, die von unscheinbaren Schlingpflanzen zersprengt und gestürzt werden. Ein großes Werk . . . »Ich habe«, wiederholte er sich, um sich zu beschwichtigen, »alle diese Menschen lieb. Ich bekämpfe nicht sie. Sondern das, was sich durch sie einschleicht . . .«

Sein Herz schlug in schnellen Schlägen, die ihn quälten.

Ich weiß nicht, ob das, was ich getan habe, gut ist. Ich weiß nichts Gültiges über den Wert des menschlichen Lebens oder über den Wert der Gerechtigkeit. Ich weiß auch nicht, was die Freude eines Menschen wert ist. Oder eine Hand, die zittert. Oder Mitleid, oder Güte . . .

Er träumte:

Das Leben ist so voller Widersprüche, man setzt sich mit ihm auseinander, so gut man kann . . . Aber fortdauern, schöpferisch wirken, seinen vergänglichen Körper austauschen gegen Bleibendes . . .

Rivière besann sich, läutete dann.

»Rufen Sie den Piloten des Europakuriers an. Er soll sich vor dem Start bei mir melden.«

Er dachte:

Der Mann darf mir nicht ohne Not beidrehen. Wenn ich meine Leute nicht zurechtrüttle, lassen sie sich nervös machen durch die Nacht.

X

Die Frau des Piloten, durch das Telefon aufgeweckt, betrachtete ihren Mann und dachte:

Ich laß ihn noch ein bißchen schlafen.

Sie bewunderte diese nackte, klargewölbte Brust, sie mußte an ein schönes Schiff denken.

Er lag hier im Bett geborgen wie in einem Hafen, und damit nichts seinen Schlummer störe, strich sie da und dort eine Falte fort, einen Schatten, eine Woge; glättete dieses Bett, wie eine Göttin mit schützender Hand das Meer.

Sie erhob sich, öffnete das Fenster, ließ sich den Wind ins Gesicht wehen. Von diesem Zimmer überblickte man Buenos Aires. Aus einem Nachbarhaus, wo getanzt wurde, drang Musik, die der Wind hertrug, denn es war die Stunde des Vergnügens und der Ruhe. Diese Stadt hielt die Menschen in ihren hunderttausend Kasematten geborgen; alles war ruhig und sicher; aber es schien dieser jungen Frau, als ob sogleich der Ruf ertönen würde: Zu den Waffen! und als ob nur ein einziger Mann, der ihrige, sich erheben würde. Noch lag er ruhig, aber es war die bedrohte Ruhe der Reserven, die gleich in die Schlacht müssen. Diese schlafende Stadt beschützte ihn nicht davor: ihre Lichter würden ihm bald nur wie eine Handvoll blitzender Staub sein, wenn er sich, junger Gott, darüber erhob. Sie betrachtete seine kräftigen Arme, die in einer Stunde das Schicksal des Europakuriers zu tragen haben würden, verantwortlich für etwas Großes, etwas wie das Schicksal einer ganzen Stadt. Und ihr Herz sträubte sich dagegen. Dieser einzige von all den Millionen ringsum war zu diesem seltsamen Opfer ausersehen. Ihr zu Leide. Er entglitt auch ihrer Fürsorge. Sie hatte ihn gespeist, bewacht, geliebkost, nicht für sich selbst, sondern für die Nacht da draußen, die ihn ihr nun nahm. Für Kämpfe, Ängste, Siege, von denen sie nichts wußte. Diese Hände waren hier nur für eine kurze Weile zärtlich gezähmt, ihr wahres Tun lag da draußen, fern von ihr. Sie kannte das Lächeln dieses Mannes, seine liebevollen Zartheiten, aber nicht seine zornige Energie in Sturm und Wetter. Sie umschlang ihn mit Banden der Liebe, mit Musik, mit Blumen; aber jedesmal in der Stunde des Aufbruchs fielen diese Bande von ihm ab, ohne daß es ihm leid darum schien.

Er schlug die Augen auf.

»Wie spät ist es?«

»Mitternacht.«

»Was ist für Wetter?«

»Ich weiß nicht . . .«

Er stand auf, kam langsam, sich reckend, an das Fenster.

»Sehr kalt wird es nicht sein. Wo kommt der Wind her?«

»Wie soll ich das wissen ...«

Er beugte sich hinaus:

»Süden. Sehr gut. Das hält mindestens bis Brasilien vor.«

Er schaute befriedigt nach dem Mond. Alles prächtig. Dann senkte er den Blick auf die Stadt.

Er dachte nicht an ihre erleuchtete Geborgenheit und Wärme. Er sah schon den Flugsand ihrer Lichter unter sich verstieben.

»Woran denkst du?«

Er dachte an den Nebel, der möglicherweise von Porto Alegre her aufkommen würde.

Aber ich habe meine Taktik. Ich weiß, wo ich ausbiegen kann.

Er stand immer noch hinausgebeugt. Er holte tief Atem, wie ein nackter Schwimmer, ehe er sich ins Meer stürzt.

»Du bist nicht mal ein bißchen traurig. Auf wie viele Tage gehst du weg?«

Acht, zehn Tage. Er wußte es nicht. Traurig, nein; warum? Diese Steppen, diese Städte, diese Gebirge ... man zog aus, frei, sie zu erobern. Und in kaum einer Stunde würde er Buenos Aires unter sich haben, wie etwas, das einem gehört und das man wegwirft.

Er lächelte:

»Die Stadt ... von der bin ich schnell weg. Schön, in der Nacht zu starten. Man zieht den Gashebel, Gesicht nach Süden, und zehn Sekunden später hat man die ganze Landschaft umgedreht, Gesicht nach Norden. Die ganze Stadt ist nur noch wie ein Meeresgrund.«

Sie wollte reden von alledem, was man aufgibt bei dem »Erobern«.

»Du liebst dein Heim nicht?«

»Ich liebe mein Heim ...«

Aber sie fühlte, daß er schon unterwegs war. Die breiten Schultern stemmten sich schon gegen die Nacht.

Sie deutete auf den Himmel.

»Du hast schönes Wetter, dein Weg ist mit Sternen bestreut.«

Er lachte:

»Ja.«

Sie legte die Hand auf seine Schulter. Sie fühlte sich zärtlich bewegt, als sie die Wärme dieses Körpers spürte, den sie der Gefahr überliefern sollte.

»Du bist sehr stark, aber sei vorsichtig!«
»Vorsichtig, natürlich . . .« Er lachte abermals.
Er kleidete sich an. Er suchte sich die rauhesten Stoffe heraus, das schwerste Leder, zog sich an wie ein Bauer für dieses nächtliche Fest. Je schwerer er wurde, um so mehr bewunderte sie ihn. Sie selber hakte ihm den Gürtel zu, zog ihm die Stiefel an.
»Die Stiefel drücken mich.«
»Hier sind die andern.«
»Such mir eine Litze für meine Notlampe.«
Sie besichtigte ihn, half nach, wo es noch fehlte an der Rüstung. Alles saß gut.
»Du bist sehr schön.«
Sie sah, wie er sich sorgfältig kämmte.
»Ist das für die Sterne?«
»Nur, um mich nicht alt zu fühlen.«
»Ich bin eifersüchtig . . .«
Er lachte wieder, küßte sie und drückte sie an seine Lederbrust.
Dann hob er sie in den Armen auf wie ein kleines Mädchen und trug sie, immer lachend, ins Bett.
»Schlaf!«
Dann, die Haustür hinter sich schließend, trat er unter das unkenntliche Nachtvolk hinaus.
Sie lag still. Sie betrachtete traurig die Blumen, die Bücher, all die Behaglichkeit, die für ihn nun bald nur noch wie auf einem Meeresgrund lag.

XI

Rivière empfängt ihn:
»Sie haben mir da einen Unfug gemacht bei Ihrem letzten Flug. Sie sind umgedreht, obwohl die Wetterberichte gut waren: Sie hätten ruhig weiterfliegen können. Sie haben Angst gehabt?«
Der Pilot schweigt verdutzt. Er reibt sich langsam die Hände. Dann hebt er den Kopf und schaut Rivière in die Augen:
»Jawohl.«
Rivière fühlt im Grunde seines Herzens Mitleid mit diesem

so tapferen Burschen, der Angst gehabt hat. Der Pilot versucht sich zu rechtfertigen.

»Ich konnte nichts mehr sehen. Gewiß, weiter voraus ... vielleicht ... die Funkstation meinte ... Aber mein Bordlicht hat nachgelassen, und ich konnte meine Hände nicht mehr sehen. Ich wollte mein Außenlicht andrehen, um wenigstens das Tragdeck zu sehen: ich sah nichts. Ich kam mir vor wie tief in einem großen Loch, aus dem man schwer raufkonnte. Dann fing mein Motor an zu vibrieren ...«

»Nein.«

»Nein?«

»Nein. Wir haben ihn inzwischen überholt. Er ist tadellos. Aber man meint immer, der Motor vibriert, wenn man Angst hat.«

»Wer hätte da nicht Angst gehabt! Das Gebirge war über mir. Wenn ich höher wollte, kam ich in starke Böen. Wissen Sie, wenn man nichts sieht ... die Böen ... Anstatt zu steigen, verlor ich hundert Meter. Ich konnte nicht mal mehr den künstlichen Horizont sehen, nicht mal mehr die Manometer. Ich hatte das Gefühl, daß mein Motor an Touren verlor, daß er heiß gelaufen war, daß der Öldruck fiel ... Und das alles im Dunkeln ... halb wie verrückt. Ich habe Gott gedankt, als ich eine erleuchtete Stadt wieder sah.«

»Sie haben zuviel Einbildungskraft. Gehen Sie.«

Und der Pilot geht.

Rivière lehnt sich in den Sessel zurück und fährt sich mit der Hand durch das graue Haar.

Das ist der tapferste von meinen Leuten. Daß er heil davongekommen ist in der Nacht neulich, ist eine Leistung. Aber ich schütze ihn vor der Furcht ...

Dann, als ihn von neuem eine weichere Regung anwandelte: Um geliebt zu werden, braucht man nur zu bemitleiden. Ich bemitleide so gut wie nie, oder ich verberge es. Dabei möchte ich mich wohl auch mit Freundschaft und Liebe umgeben. Einem Arzt ist das vergönnt in seinem Beruf. Aber ich diene nicht Menschen, sondern einer Sache. Ich muß die Menschen zurechtschmieden, daß auch sie ihr dienen. Oh, ich fühle sie so deutlich, abends in meinem Büro vor den Flugberichten, diese geheime Gesetzmäßigkeit: wenn ich mich gehen lasse, wenn ich den auch noch so geregelten Dingen ihren Lauf lasse – gleich kommen die Störungen und Unglücksfälle. Als wäre es mein Wille allein, der das Flugzeug daran hindert, unterwegs Schaden zu nehmen, oder den Sturm, ihm in die Quere zu kommen. Manchmal bin ich selbst über meinen Einfluß betroffen.

Er sinnt weiter: Das ist vielleicht ganz einfach. So wie der ewige Kampf des Gärtners um seinen Rasen. Kraft seiner bloßen Hand treibt er den Urwald in die Erde zurück, die jeden Augenblick bereit wäre, ihn emporwuchern zu lassen. Er denkt an den Piloten:

Ich schütze ihn vor der Furcht. Mein Angriff galt nicht ihm, sondern in ihm dem Widerstreben, das die Menschen angesichts des Unbekannten lähmt. Wenn ich ihn anhöre, ihn bemitleide, sein Erlebnis wichtig nehme, so wird er meinen, er käme aus wunder was für einem geheimnisvollen Abenteuer zurück; und Angst hat man nur vor dem Geheimnisvollen. Es darf nichts Geheimnisvolles mehr geben. Es müssen Menschen hinuntergestiegen sein in diesen dunklen Brunnen, und wenn man sie fragt: Was ist euch begegnet?, so müssen sie sagen können: Nichts. Dieser Mann muß hinunter ins innerste Herz der Nacht, wo sie am dichtesten ist, selbst ohne die kleine Grubenlampe, die die Hände oder das Tragdeck bescheint: nur mit seinen beiden Schultern muß er das Unbekannte aus dem Wege drängen.

Gleichwohl verband im innersten Grunde eine schweigende Freundschaft Rivière und seine Piloten. Sie waren Menschen vom gleichen Schlage und alle beseelt vom gleichen Siegeswillen. Aber Rivière weiß sich anderer Schlachten zu erinnern, die er geschlagen hat um die Eroberung der Nacht.

Man scheute in den offiziellen Kreisen vor diesem dunklen Bereich zurück wie vor einem unerforschten Dickicht. Eine Mannschaft mit zweihundert Kilometern in der Stunde gegen die Gewitter und Nebel und sonstigen Hindernisse auszusenden, die die Nacht verborgen hielt, schien ihnen ein Abenteuer, das allenfalls bei der militärischen Fliegerei zulässig war: man verläßt bei klarer Nacht einen Flugplatz, man wirft seine Bomben ab, man kehrt zu demselben Flugplatz zurück. Aber ein regelmäßiger Verkehrsdienst bei Nacht war zum

Scheitern verurteilt. »Das ist für uns«, hatte Rivière erwidert, »eine Lebensfrage, weil wir den Vorsprung, den wir tagsüber vor den Eisenbahnen und Dampfern gewonnen haben, jede Nacht wieder verlieren.«

Rivière hatte gelangweilt zugehört, als sie von Bilanzen redeten und Versicherungen und vor allem von der öffentlichen Meinung: »Die öffentliche Meinung«, rief er dazwischen, »die lenkt man nach seinem Willen!« – Wieviel verlorene Zeit! dachte er. Es gibt etwas . . . etwas, das stärker ist als alles das. Was lebendig ist, stößt alles beiseite, um zu leben, und schafft sich, um zu leben, seine eigenen Gesetze. Unwiderstehlich. Er wußte nicht, wann und wie die Handelsluftfahrt zur Einführung der Nachtflüge übergehen würde, aber es galt diese unvermeidliche Entwicklung vorzubereiten.

Er sieht wieder den grünen Tisch vor sich, an dem er, Kinn in der Faust, mit einem merkwürdigen Gefühl von Überlegenheit all diesen Einwänden zugehört hatte. Sie schienen ihm nichtig, im voraus verurteilt durch das Leben selber. Er fühlte eine geballte Kraft in sich: Meine Gründe sind stärker, ich werde siegen. Das liegt im natürlichen Verlauf der Dinge. Man forderte genaue Angaben von ihm, nach welchen Grundsätzen er alle Gefahren auszuschalten gedächte. »Die Erfahrung schafft die Grundsätze«, erwiderte er; »die Grundsätze gehen niemals der Erfahrung voraus.«

Es kostete ein Jahr Kämpfe, dann hatte Rivière gesiegt. Die einen sagten: »dank seinem Glauben an die Sache«, die andern: »dank seiner Zähigkeit und seinem bärenhaften Draufgängertum«; nach seiner eigenen Meinung einfach deshalb, weil er in der rechten Richtung ging.

Aber wie behutsam die ersten Anfänge! Er ließ zunächst nur eine Stunde vor Tagesanbruch starten, nur eine Stunde nach Sonnenuntergang landen. Erst als er sich seiner Erfahrungen sicherer fühlte, wagte er es, die Flugzeuge in die Tiefen der Nacht zu schicken. Von keinem gefolgt, viel befehdet, führte er auch heute noch einen einsamen Kampf.

Rivière läutete, um sich die letzten Meldungen geben zu lassen, von den beiden Flugzeugen, die noch unterwegs sind.

XII

Mittlerweile war der Kurier von Patagonien dicht an das Gewitter herangekommen, und Fabien gab den Gedanken auf, es zu umgehen. Es schien ihm zu ausgedehnt, denn das Flakkern der Blitze zog sich bis tief ins Land hinein und enthüllte immer neue Wolkenburgen. Er wollte versuchen, unten durchzukommen, und wenn sich das übel anließ, umkehren.

Er las seine Höhe ab: tausendsiebenhundert Meter. Er preßte die Handflächen gegen das Steuer, um die Zahl zu verringern. Der Motor vibrierte sehr stark, und das Flugzeug zitterte. Fabien korrigierte den Neigungswinkel nach dem Gefühl, stellte dann auf der Karte die Höhe der Bodenerhebungen fest: fünfhundert Meter. Um sich einen Spielraum zu wahren, beschloß er, bis auf siebenhundert Meter hinunterzugehen.

Er opferte seine Höhe, wie man ein Vermögen aufs Spiel setzt.

Eine Bö ließ die Maschine heruntersacken, so daß sie in allen Fugen zitterte. Fabien fühlte sich wie von unsichtbarem Bergsturz bedroht. Ihm träumte, er kehrte um und fände hunderttausend Sterne wieder, aber er bog nicht um einen Grad ab.

Fabien berechnete seine Chancen: es handelte sich vermutlich um ein örtliches Gewitter, denn Trelew, die nächste Station, meldete dreiviertel bedeckten Himmel. Es galt also, höchstens zwanzig Minuten in dieser schwarzen Masse auszuhalten. Dennoch schlug ihm das Herz. Nach links geneigt gegen die Wucht des Windes, spähte er nach den ungewissen Scheinen, die auch in der verhülltesten Nacht noch umgehen. Aber selbst davon war nichts zu gewahren. Höchstens leise Wandlungen in der Schwärze der Schatten um ihn her oder Täuschung der ermüdeten Augen.

Er entfaltete einen Zettel des Funkers:

»Wo sind wir?«

Fabien hätte viel darum gegeben, wenn er es gewußt hätte. Er antwortete: »Ich weiß nicht. Wir durchqueren ein Gewitter nach dem Kompaß.«

Er neigte sich noch weiter zur Seite. Die Flamme des Auspuffs störte ihn, die wie ein Feuerstrauß am Motor hing, so bleich, daß Mondschein sie ausgelöscht hätte, aber in diesem Nichts so stark, daß sie alles Sichtbare verschlang. Er schaute sie an. Sie war vom Winde zusammengestrühnt wie die Flamme einer Fackel.

Alle dreißig Sekunden tauchte Fabien den Kopf zum Instrumentenbrett hinunter, um nach dem künstlichen Horizont und dem Kompaß zu spähen. Er wagte nicht mehr, die schwachen roten Lampen anzudrehen, die ihn jedesmal auf lange Zeit blendeten; nur die Leuchtziffern warfen ihren blassen Sternenschein. Hier, inmitten von Zeigern und Ziffern, empfand er eine trügerische Sicherheit, wie in der Kabine eines Schiffes, an der die Flut vorbeiströmt. So strömte die Nacht und alles, was sie an Klippen und Höhen und treibenden Fährnissen in sich barg gegen das Flugzeug an, mit der gleichen beklemmenden Unentrinnbarkeit.

»Wo sind wir?« wiederholte der Funker.

Fabien tauchte wieder empor und nahm, nach links gelehnt, seine bedrohte Wacht wieder auf. Wieviel Zeit und Mühsal noch, bis er loskommen würde aus diesen finstern Banden? Er zweifelte fast, ob er jemals loskommen würde, denn er setzte jetzt sein Leben nur noch auf dieses schmutzige, zerknüllte Stückchen Papier, das er schon hundertmal entfaltet und gelesen hatte, um seine Hoffnung zu nähren: Trelew: dreiviertel bedeckt, schwacher Westwind. Wenn Trelew nur dreiviertel bedeckt war, mußte man seine Lichter gewahren, sowie die Wolken zerrissen. Vorausgesetzt, daß ... Die Verheißung spornte ihn an, seinen Kurs beizubehalten; aber da er trotzdem Zweifel hatte, kritzelte er an den Funker: »Ich weiß nicht, ob ich durchkommen werde. Fragen Sie, ob es rückwärts noch schön ist.«

Die Antwort bestürzte ihn:

Commodoro meldet: Rückkehr nach hier unmöglich. Sturm. Die ungewöhnliche Gewalt der Offensive begann ihm zu dämmern, die sich da von der Kette der Anden herab gegen das Meer wälzte. Ehe er die Städte noch erreichen würde, würde der Zyklon sie verschlingen.

Fragen Sie San Antonio nach dem Wetter.

San Antonio antwortet: Aufkommender Westwind, Gewitter im Westen. Vier Viertel bedeckt. San Antonio hört sehr schlecht wegen der Störungen. Ich höre auch schlecht. Ich glaube, ich werde bald die Antenne einziehen müssen wegen der Entladungen. Werden Sie umkehren? Was haben Sie vor?

Lassen Sie mich in Frieden. Fragen Sie Bahia Blanca nach dem Wetter.

Bahia Blanca antwortet: Erwarten in höchstens zwanzig Minuten schweres Unwetter. West über Bahia Blanca.

Fragen Sie Trelew.

Trelew antwortet: Orkan dreißig Sekundenmeter West und Regenböen.

Melden Sie nach Buenos Aires: Sind von allen Seiten blokkiert, Gewittersturm entwickelt sich auf tausend Kilometer, können nichts mehr sehen. Was sollen wir tun?

Uferlos, diese Nacht. Sie führte weder zu einem Hafen (die schienen alle unerreichbar) noch zum Morgen: in einer Stunde vierzig Minuten würde man keinen Betriebsstoff mehr haben. Früher oder später würde man sich blindlings in diese Finsternis hinabgleiten lassen müssen.

Wenn er hätte den Tag erreichen können ...

Fabien dachte an den Morgen wie an einen goldenen Strand, an den man gespült würde nach dieser schweren Nacht. Die Küste der Ebenen, auftauchend unter dem bedrohten Flugzeug. Die ruhevolle Erde mit ihren schlummernden Farmen und ihren Herden und Hügeln. Unschädlich alle Fährnisse, die in den Wogen des Dunkels trieben. Wie er schwimmen würde, dem Tage zu, wenn er könnte!

Aber er war umzingelt. Alles würde zum guten oder schlimmen Ende kommen hier in dem dicken Dunkel.

Zwar: mehr als einmal schon war es ihm in bedrohten Nächten geschehen, daß der Tag dann doch noch gekommen war, wie Genesung.

Aber wozu den Blick nach Osten richten, wo die Sonne lebte: zwischen ihnen war diesmal ein solcher Abgrund von Nacht, daß man nicht wieder zu ihr hinaufgelangen konnte.

XIII

»Der Kurier von Asuncion kommt gut voran. In zwei Stunden werden wir ihn hier haben. Dagegen sehen wir eine beträchtliche Verspätung des Kuriers von Patagonien voraus, der in Schwierigkeiten scheint.«

»Sehr wohl, Herr Rivière.«

»Möglicherweise werden wir mit dem Start des Europakuriers nicht auf ihn warten: sowie Asuncion ankommt, halten Sie sich für weitere Anordnungen bereit.«

Rivière durchflog abermals die Streckenmeldungen der nördlichen Stationen. Sie verhießen dem Europakurier eine Mondscheinfahrt: Klar, Vollmond, Windstille –: die Gebirge Brasiliens, scharf gegen den erhellten Himmel, ihren dichten Pelz schwarzer Wälder steil hinabtauchend in das lebendige Silber des Meeres. Wälder tiefschwarz, ungebleicht von den Mondstrahlen, die unablässig auf sie herabregnen. Und schwarz wie Wracks die Inseln im Meer. Und immer der Mond über der ganzen Strecke, ein unerschöpflicher Lichtquell. Wenn er den Start befahl, so eröffnete sich der Besatzung des Europakuriers eine beständige Welt, sanft leuchtend die ganze Nacht durch. Eine Welt, in der nichts das Gleichgewicht von Licht und Schatten bedrohte. In die sich nicht einmal die leisen Winde einschmeichelten, die, zunehmend, in wenigen Stunden einen ganzen Himmel verderben können.

Aber Rivière zögerte angesichts dieses Glanzes, wie ein Goldsucher angesichts verbotener Goldfelder. Die Ereignisse im Süden gaben ihm, einzigem Verfechter der Nachtflüge, unrecht. Ein Unfall in Patagonien würde seinen Gegnern zu einer so starken moralischen Position verhelfen, daß sein Glaube an die Sache vielleicht in Zukunft ohnmächtig sein würde; denn sein Glaube war nicht erschüttert: geschah wirklich ein Unglück, so war eben irgendeine Lücke in dem Gewebe, das er geschaffen, daran schuld, und das Unglück brachte diese Lücke ans Licht und bewies im übrigen nichts. Vielleicht sind Beobachtungsstationen im Westen nötig ... Man wird ja sehen. – Ich habe, dachte er weiter, genau die gleichen guten Gründe, auf meiner Sache zu bestehen, wie bisher, und dazu eine Ursache zu Unglücksfällen weniger: nämlich die, die sich jetzt herausgestellt hat und beseitigt werden wird. Fehlschläge kräftigen den Starken. Nur spielt man leider gegen die Menschen ein Spiel, in dem die wahre Bedeutung der Dinge so wenig zählt. Man gewinnt oder verliert nach dem bloßen Schein: Scheinsiege, deren man sich eher schämt, oder Scheinniederlagen, die einem aber das Weiterwirken unmöglich machen.

Rivière läutete an.

»Noch immer keine Meldung von Bahia Blanca?«

»Nein.«

»Rufen Sie mir die Station ans Telefon.«

Fünf Minuten später:

»Warum melden Sie nichts?«

»Wir hören nichts von dem Kurier.«

»Er sendet nichts?«

»Wir wissen es nicht. Zu viele Gewitter. Auch wenn er senden würde, würden wir's nicht hören.«

»Hört Trelew etwas?«

»Wir hören Trelew nicht.«

»Telefonieren Sie.«

»Wir haben's versucht: die Leitung ist unterbrochen.«

»Was für Wetter bei Ihnen?«

»Drohend. Blitze in West und Süd. Sehr schwül.«

»Wind?«

»Noch schwach, aber höchstens noch auf zehn Minuten. Die Blitze kommen schnell näher.«

Schweigen.

»Bahia Blanca? Sind Sie noch da? Gut. Rufen Sie uns in zehn Minuten wieder an.«

Und Rivière blätterte in den Telegrammen der Südstationen. Alle meldeten, daß sie nichts von dem Flugzeug hörten. Einige antworteten überhaupt nicht mehr, und der Umkreis des Schweigens wurde immer größer auf der Karte – dort, wo die kleinen Städte sich bereits unter dem Zyklon duckten, alle Türen geschlossen, jedes Haus in den Straßen ohne Licht, abgesperrt von der Welt, verloren in der Nacht wie ein Schiff. Erst der Morgen würde sie erlösen.

Trotzdem hielt Rivière, über die Karte gebeugt, immer noch an der Hoffnung fest, irgendwo eine Zuflucht, einen Rest klaren Himmels zu entdecken, denn er hatte telegraphisch die Polizei von über dreißig Provinzstädten um Wetterberichte ersucht, und die Antworten begannen einzulaufen. Gleichzeitig hatten die Funkstellen auf zweitausend Kilometer hin Befehl, sowie sie etwas von dem Flugzeug hörten, binnen dreißig Sekunden Buenos Aires zu benachrichtigen, das ihnen dann die Lage der Zufluchtsstelle mitteilen würde, zur Weitergabe an Fabien.

Die Schreiber, auf ein Uhr nachts bestellt, hatten sich wieder in den Büros eingefunden. Geheimnisvolles Getuschel ging um, daß möglicherweise die Nachtflüge aufgehoben werden würden und daß selbst der Europakurier nur mehr am Tage starten würde. Sie redeten mit leisen Stimmen von Fabien, von dem Zyklon und vor allem von Rivière. Sie malten sich aus, wie er jetzt wohl irgendwo ganz nahe von ihnen saß, immer mehr zusammensinkend unter dieser Absage, die die Natur selber ihm erteilte.

Aber alle die Stimmen erloschen: Rivière war soeben in der Tür erschienen, in seinen Mantel geknöpft, den Hut in den Augen, wie immer, ein ewiger Reisender. Er trat ruhig auf den Bürovorsteher zu:

»Es ist ein Uhr zehn, sind die Papiere des Europakuriers in Ordnung?«

»Ich ... ich dachte ...«

»Sie haben nicht zu denken, sondern zu tun, was Ihnen befohlen ist.«

Er wandte sich langsam zu einem offenen Fenster, die Hände im Rücken gekreuzt.

Ein Schreiber trat an ihn heran:

»Herr Direktor, wir bekommen nur noch wenige Antworten. Man meldet, daß im Inland schon viele Telegraphenverbindungen zerstört sind ...«

»Gut.«

Rivière, unbeweglich, schaute in die Nacht.

Jede Meldung bedeutete eine Bedrohung des Kuriers. Jede Stadt, deren Verbindung noch nicht zerstört war und die noch antworten konnte, berichtete von dem verheerenden Vormarsch des Zyklons. Er kommt aus dem Innern, von den Kordilleren. Er fegt die ganze Strecke entlang, auf das Meer zu ...

Rivière schaute prüfend empor. Zu leuchtend, diese Sterne. Zu feucht die Luft. Eine unheimliche Nacht. Sie verfaulte unversehens schichtweise, wie das Fleisch einer leuchtenden Frucht. Noch beherrschten die Sterne Buenos Aires in strahlender Vollzähligkeit, aber das war nur noch eine Oase, und auf wie lange? Ein Hafen überdies, der außer Reichweite des Flugzeugs lag. Bedrohliche Nacht, die ein verseuchter Wind anwehte und verdarb. Schwer zu bezwingende Nacht. Irgendwo in ihren Tiefen war ein Flugzeug in Gefahr: man bangte ohnmächtig am Ufer.

XIV

Fabiens Frau telefonierte.

Immer in der Nacht, wenn sie die Rückkehr erwartete, rechnete sie den Weg von Patagonien her nach: Jetzt startet er von Trelew .. Schlief wieder ein. Etwas später: Jetzt muß er dicht vor San Antonio sein, er muß die Lichter sehen ... Dann stand sie auf, zog die Vorhänge weg und prüfte den Himmel: Die vielen Wolken stören ihn ... Manchmal wachte der Mond draußen wie ein Hirte. Dann legte die junge Frau sich wieder hin, beruhigt durch diesen silbernen Freund und diese Gestirne, diese vieltausend Wesenheiten rings um ihren Gatten. Wenn es auf ein Uhr ging, fühlte sie ihn nahe: Er kann nicht mehr weit sein. Er muß schon Buenos Aires sehen ... Dann stand sie wieder auf und bereitete ihm eine Mahlzeit, einen recht heißen Kaffee: Es ist so kalt da oben ... Sie empfing ihn immer, als käme er von einem Schneegipfel herab: Dir ist nicht kalt? ... Aber nein! ... Wärm dich trotzdem ein bißchen ... Gegen Viertel nach eins war immer alles bereit. Und dann telefonierte sie.

Auch heute, wie immer fragte sie:

»Ist Fabien gelandet?«

Der Schreiber am Hörer wurde ein wenig verlegen:

»Wer spricht?«

»Simone Fabien.«

»Oh! Einen Augenblick ...«

Der Schreiber, der nicht den Mut hatte, etwas zu sagen, reichte den Hörer dem Bürovorsteher.

»Wer ist da?«

»Simone Fabien.«

»Oh! . . . was wünschen Sie, gnädige Frau?«

»Ist mein Mann gelandet?«

Ein kurzes Schweigen, das der Fragenden unerklärlich dünken mußte, dann als Antwort ein einfaches:

»Nein.«

»Hat er Verspätung?«

»Ja . . .«

Wieder Schweigen.

»Jawohl . . . Verspätung.«

»Ah! . . .«

Ein verwunderter Laut. Eine Verspätung hat nichts zu sagen . . . gar nichts . . . aber wenn sie länger dauert . . .

». . . Und um welche Zeit wird er hier sein?«

»Um welche Zeit er hier sein wird? Das . . . das wissen wir nicht.«

Sie stieß gegen eine Mauer. Sie erhielt nur das Echo ihrer eigenen Fragen.

»Ich bitte Sie, antworten Sie mir! Wo ist er? . . .«

»Wo er ist? Einen Augenblick . . .«

Dieser unbegreifbare Widerstand machte sie krank. Es ging etwas vor da hinter dieser Mauer.

Endlich entschloß man sich zur Antwort:

»Er ist um neunzehn Uhr dreißig von Commodoro gestartet.«

»Und seitdem?«

»Seitdem? . . . Sehr viel Verspätung . . . sehr viel Verspätung durch das schlechte Wetter . . .«

»Ah! . . . das schlechte Wetter . . .«

Was für eine Ungerechtigkeit, was für ein Hohn, dieser Mond da droben, zu nichts nütze, über Buenos Aires! Der jungen Frau fiel plötzlich ein, daß man kaum zwei Stunden brauchte von Commodoro bis Trelew.

»Und er fliegt seit sechs Stunden und ist noch immer nicht in Trelew! Aber er gibt Ihnen doch Nachrichten! Was sagt er denn? . . .«

»Was er sagt? Natürlich . . . bei so einem Wetter . . . Sie verstehen . . . da hört man natürlich nicht so gut.«

»So einem Wetter . . .!?«

»Also, nicht wahr, gnädige Frau, wir rufen Sie an, sowie wir etwas wissen.«

»Ah! Sie wissen nichts? . . .«

»Auf Wiedersehen, gnädige Frau . . .«

»Nein! Nein! Ich will den Direktor sprechen!«

»Der Herr Direktor ist sehr beschäftigt, gnädige Frau, er ist bei einer Sitzung . . .«

»Ach, das ist mir gleich. Das ist mir ganz gleich! Ich will ihn sprechen!« Der Bürovorsteher wischte sich die Stirn:

»Einen Augenblick . . .«

Er öffnete die Tür zu Rivières Zimmer:

»Frau Fabien möchte Sie sprechen.«

Da, dachte Rivière. Da haben wir, was ich befürchtete. Die Gefühlsseite des Dramas begann sich zu zeigen. Im ersten Augenblick gedachte er sich abweisend dagegen zu verhalten: die Mütter und Frauen werden nicht in den Operationssaal zugelassen; auch auf Schiffen in Seenot müssen die Gefühle schweigen; sie helfen nicht retten. Trotzdem erwiderte er:

»Schalten Sie auf mein Büro um.«

Er hörte die kleine, ferne, bebende Stimme und wußte sogleich, daß er ihr nicht würde antworten können. Es war nutzlos, vollkommen nutzlos für alle beide, sich hier gegenüberzutreten.

»Gnädige Frau, ich bitte Sie, beruhigen Sie sich! Es kommt so häufig vor in unserem Beruf, daß man lange auf Nachrichten warten muß.«

Er war in seinem Denken bis an jene Grenze gelangt, wo sich die Frage – nicht nach einem kleinen privaten Weh, sondern nach dem Sinn der Tat, der Aktivität selber erhebt. Es war für ihn nicht die Frau Fabiens, die ihm gegenüberstand, sondern eine andere Lebensauffassung. Er konnte nichts tun, als sie anhören, sie bemitleiden, diese kleine Stimme, diesen so traurigen aber feindlichen Laut; denn weder die Welt der Tat noch die Welt persönlichen Glückes können sich auf Teilung einlassen, sondern stehen im Widerstreit. Auch diese Frau sprach im Namen einer aboluten Welt und ihrer Rechte und Pflichten: Welt freundlichen Lampenscheins über abendlichem Tisch, Welt eines Körpers von Fleisch und Blut, der Anspruch erhebt auf den andern, geliebten Körper, Heimatbereich von Hoffnungen, Zärtlichkeiten, Erinnerungen. Sie forderte ihr Wohlergehen, und sie hatte recht. Und auch er, Rivière, hatte recht, aber er vermochte dem, was für diese

Frau Geltung hatte, nichts entgegenzusetzen. *Seine* Wahrheit schien ihm unmenschlich und nicht in Worte zu fassen angesichts dieses kleinen häuslichen Glücksanspruchs.

»Gnädige Frau . . .«

Sie hörte nicht mehr. Ihm war, als wäre sie plötzlich hingesunken, fast wie zu seinen Füßen, nachdem sie mit ihren schwachen Fäusten vergebens gegen die Mauer geschlagen.

Ein Ingenieur hatte einmal zu Rivière gesagt, als sie sich über einen Verwundeten beugten, der beim Bau einer Brücke verunglückt war: »Ist die Brücke da ein zerstörtes Gesicht wert?« Nicht einer von den Landbewohnern, für die diese neue Straße sich öffnete, wäre bereit gewesen, ein menschliches Gesicht zu verstümmeln, nur um sich den Umweg über die nächste Brücke zu ersparen. Und trotzdem baute man Brükken. »Das allgemeine Interesse«, hatte der Ingenieur hinzugefügt, »ist nur die Summe der Einzelinteressen: darüber hinaus berechtigt es zu nichts.« – »Und dennoch«, hatte Rivière ihm später erwidert, »obwohl das Menschenleben unbezahlbar ist, handeln wir immer wieder so, als ob es etwas gäbe, das das Menschenleben an Wert übertrifft . . . Aber was?«

Das Herz preßte sich ihm zusammen, wenn er an die beiden Männer da oben dachte. Die Tat, die Leistung – schon ein ganz alltäglicher Brückenbau – forderten Opfer an Glück. Im Namen wessen? fragte Rivière sich immer eindringlicher.

Diese zwei Menschen, dachte er, die vielleicht schon heute aus der Welt verschwinden werden, hätten glücklich leben können. Er sah Gesichter, in die goldene Geborgenheit des Lampenscheins gesenkt. Im Namen wessen habe ich sie herausgerissen? Im Namen wessen sie ihrem privaten Glück entzogen? Ist es nicht erstes Gesetz, solches Glück zu behüten? – Und dennoch: eines Tages, unvermeidlich, schwinden diese goldenen Glücksbereiche ohnedies dahin wie Luftspiegelungen. Alter und Tod zerstören sie unbarmherziger als ich. Vielleicht gibt es etwas anderes, Dauerhafteres, das es zu bewahren gilt? Vielleicht ist es *dieses* Teil des Menschen, um dessentwillen ich arbeite? Andernfalls ist die Arbeit nicht gerechtfertigt.

Lieben, nur lieben – was für eine Sackgasse! Rivière hatte

die dunkle Empfindung von einer Pflicht, höher als Liebe. Oder vielleicht handelte es sich auch dabei um ein Liebesgefühl, nur so ganz anderer Art. Ein Satz kam ihm in den Sinn: Es handelt sich darum, sie unsterblich zu machen ... Wo hatte er das gelesen? Was man für sich selber erstrebt, stirbt. Das Bild eines Tempels kam ihm in den Sinn. Tempel des Sonnengottes der alten Inkas von Peru. Diese steilen Blöcke hoch im Gebirge. Was wäre ohne sie verblieben von einer Kultur, so machtvoll, daß selbst ihre Trümmer noch wie ein Vorwurf lasten auf den Menschen von heute? Im Namen welcher Härte oder welcher seltsamen Liebe zwang der Führer der Völker von einst seine Massen dazu, diesen Tempel ins Gebirge hinaufzuschleppen und ihre eigene Unvergänglichkeit hier aufzurichten? Er sah träumend wieder die Menge in den Kleinstädten vor sich, die abends um ihren Musikpavillon kreist: *Die* Art Glück, dachte er, dieses Karussell ... Der Führer der Völker von einst – wenn er auch vielleicht kein Mitleid hatte mit dem Leiden des Menschen, so hatte er doch unendliches Mitleid mit seinem Tode. Nicht mit dem Tod des einzelnen, aber Mitleid mit der Gattung und ihrem Dahinschwinden in einem Meer von Sand. Und so ließ er sie wenigstens Steine aufrichten, die die Wüste nicht verschlingen könnte.

XV

Dieser gefaltete Zettel war vielleicht die Rettung: Fabien öffnete ihn mit zusammengebissenen Zähnen.

»Unmöglich, mit Buenos Aires Verbindung zu bekommen. Ich kann nicht mal mehr arbeiten, da ich Funken in die Finger bekomme.«

Fabien wollte gereizt antworten, aber als er die Hände vom Steuer nahm, um zu schreiben, fühlte er sich wie von einer gewaltigen Woge schwankend gehoben mitsamt seinen fünf Tonnen Metall. Er gab es auf.

Seine Hände schlossen sich wieder ums Steuer und zwangen den Schwall unter sich.

Er holte tief Atem. Wenn der Funker aus Angst vor dem Gewitter die Antenne einzog, würde er ihm nach der Landung das Gesicht zerbleuen. Er fühlte sich besessen von der

Idee, um jeden Preis mit Buenos Aires in Verbindung zu kommen, gleich als hätte man ihnen von dort aus, über fünfzehnhundert Kilometer weg, ein Rettungstau zuwerfen können. In der Finsternis hier, ohne das kleinste blinzelnde Licht, schwächstes Herbergslicht, das ihm bezeugt hätte, daß die Erde noch stünde, brauchte er wenigstens eine Stimme, eine einzige, wenngleich aus einer Welt, die schon nicht mehr da war. Er hob die Faust und schwenkte sie in dem roten Lichtschein, um dem andern da hinten diese tragische Notwendigkeit deutlich zu machen; aber der saß über den öden Raum gebeugt, der die verhüllten Städte barg und die toten Lichter, und sah es gar nicht.

Fabien wäre jedem Rat gefolgt, den ihm jemand zugerufen hätte. Er dachte: Und wenn man mir sagt, ich soll in der Runde herumfliegen, so fliege ich in der Runde herum, und wenn man mir sagt, ich soll direkt nach Süden fliegen . . . Sie waren irgendwo da, die Länder, die in Frieden unter den großen Mondscheinschatten ruhten. Die Kameraden da drunten, die jetzt geborgen im Lampenlicht – Lampen schön wie Blumen – über ihre Karten gebeugt saßen, allwissend und allmächtig: sie wußten, wo diese Länder lagen. Aber er, was wußte er, hier inmitten von Böen und von Nacht, die ihren schwarzen, reißenden Strom ihm entgegenwälzte mit der Geschwindigkeit eines Bergsturzes. Man konnte doch nicht einfach zwei Menschen im Stich lassen hier in den Wolken zwischen Wirbeln und Flammen. Unmöglich. Man würde ihm zurufen: Kurs auf zweihundertvierzig . . ., und er würde auf zweihundertvierzig drehen. Aber er war allein.

Es war, als ob auch die Materie sich empörte. Bei jedem Heruntersacken vibrierte der Motor so stark, daß das ganze Flugzeug ins Zittern geriet wie vor Zorn. Fabien wandte seine ganze Kraft auf, um es zu beherrschen, den Kopf zum Schaltbrett gebückt, den Blick auf den künstlichen Horizont gerichtet, denn draußen konnte er Erde und Himmel nicht mehr unterscheiden in diesem Urweltsdunkel. Aber die Zeiger der Instrumente schwankten immer schneller, ließen sich immer schwerer verfolgen. Schon machte er, von ihnen getäuscht, falsche Bewegungen, verlor seine Höhe, geriet immer mehr in Verwirrung. Er las die Höhe ab: fünfhundert Meter. Das war die Höhe der Hügel. Er fühlte ihre schwindligen Wogen gegen sich anrollen. Es war ihm, als ob all diese Massen Erdreichs, deren geringste genügt hätte, ihn zu zerschmettern, von ihrem Grunde losgerissen wären, losgeschraubt, und um ihn zu kreisen begännen wir betrunken, eine Art Abgrundstanz begännen um ihn her, der sich enger und enger um ihn zusammenzog.

Da faßte er seinen Entschluß. Auf die Gefahr hin, zu zerschellen, wollte er landen, gleichviel wo. Und um wenigstens die Höhen zu vermeiden, schoß er seine einzige Leuchtrakete ab. Sie flammte auf, drehte sich, beleuchtete eine Fläche, in der sie verlosch: es war das Meer.

Er dachte sehr rasch: Verloren. Um vierzig Grad versetzt. Das ist ein Zyklon. Wo ist das Land? Er drehte voll nach Osten. Er dachte: Ohne Leuchtrakete jetzt ist es mein sicherer Tod. Das mußte eines Tages kommen. Und sein Kamerad da hinten ... Er hat sicher die Antenne hochgezogen. Aber er war ihm nicht mehr gram deswegen. Wenn er jetzt einfach die Hände öffnete, flog ihrer beider Leben daraus weg, wie ein bißchen Staub. Er hielt in seinen Händen das schlagende Herz seines Gefährten und das seinige. Und plötzlich erschrak er über seine Hände.

In diesen Böen, die wie Widder gegen ihn anbockten, hatte er sich, um die Stöße des Steuers abzufangen, die sonst die Verbindungskabel zerrissen hätten, aus Leibeskräften an das Rad geklammert. Er klammerte sich auch jetzt noch daran, aber sieh da, er fühlte seine Hände nicht mehr, die durch den Krampf erstarrt waren. Er wollte die Finger bewegen, um etwas von ihnen zu empfinden: er spürte nicht, ob sie ihm gehorchten. Irgend etwas Fremdes war da an den Enden seiner Arme. Fühllose, schlaffe Lappen. Er dachte: Ich muß mir ganz stark vorstellen, daß ich drücke ... Er spürte nicht, ob der Gedanke bis in die Hände gelangte. Er spürte nur die Schmerzen in den Schultern von den Stößen des Steuers und dachte: Es wird mir entgleiten. Meine Hände werden sich öffnen ... Aber er erschrak sogleich über seine eigenen Worte, denn er glaubte zu fühlen, wie seine Hände diesmal wirklich der Zauberkraft der Vorstellung gehorchten und sich langsam öffneten, um ihn dem Dunkel auszuliefern. Er hätte noch immer kämpfen, seine Chance versuchen können: es gibt kein äußeres Verhängnis. Aber es gibt ein inneres Verhängnis: es kommt ein Augenblick, in dem man entdeckt, daß man verwundbar ist; dann wird man zu falschen Entschlüssen hingezogen wie der Schwindlige in den Abgrund.

Und in ebendiesem Augenblick war es, daß über seinem Kopf in einer Lücke des Gewölks ein paar Sterne sichtbar wurden, wie ein tödlicher Köder am Grund einer Reuse.

Er sagte sich wohl, daß das eine Falle sei: man sieht drei Sterne in einem Loch, man steigt zu ihnen hinauf, dann kann man nicht wieder hinunter und mag da oben bleiben und Sterne beißen . . .

Aber sein Hunger nach Licht war so stark, daß er aufstieg.

XVI

Er stieg, die Schwankungen nun besser ausgleichend, dank dem Halt, den sein Blick an den Sternen hatte. Ihr blasser Schein zog ihn magnetisch an. Er hatte so lange auf der Suche nach einem Licht geschmachtet, daß er auch von dem dürftigsten nicht wieder abgelassen hätte, sondern hungrig darumgekreist wäre, wie um einen Herbergsschimmer, bis an seinen Tod. Und hier stieg er zu ganzen Gefilden von Licht hinauf.

Er erhob sich nach und nach in dem Brunnenschacht, der sich über ihm geöffnet hatte und sich unter ihm wieder schloß. Und die Wolken verloren, je höher er stieg, ihre schmutzige Düsternis, glitten wie immer reinere und weißere Wogen auf ihn zu. Fabien tauchte empor.

Staunen überwältigte ihn: die Helligkeit war so, daß sie ihn blendete. Er mußte sekundenlang die Augen schließen. Er hätte nie zuvor geglaubt, daß Wolken bei Nacht blenden könnten. Aber der volle Mond und alle Sternbilder verwandelten sie in ein gleißendes Meer.

Das Flugzeug war mit einem Schlage, mit der Sekunde, in der es hervortauchte, in eine Stille geraten, die wie ein Wunder schien. Nicht eine Luftschwankung hob oder senkte es. Wie eine Barke, die die Mole passiert, glitt es in stille Gewässer. Es schwamm in nie gesehenem, entlegenem Teil des Himmels, wie in einer Bucht der Inseln der Seligen. Das Wettergewölk unter ihm war wie eine andere Welt, dreitausend Meter dick, von Böen, Wasserwirbeln, Blitzen durchrast; aber die

Oberfläche, die es den Gestirnen zukehrte, war von Kristall und Schnee.

Es war Fabien zumute, als sei er in Zaubersphären geraten, denn alles wurde leuchtend, seine Hände, seine Kleider, seine Tragdecks, und das Licht kam nicht von den Gestirnen herab, sondern löste sich, unter ihm und rings um ihn her, aus dieser weißen Fülle. Die Wolken drunten strahlten allen Schnee wider, den sie vom Monde empfingen. Die rechts und links, hoch wie Türme, desgleichen. Eine Milch von Licht floß und schwamm allenthalben, in der das Flugzeug badete. Fabien sah sich um und sah, daß der Funker lächelte. »Besser hier!« schrie er.

Aber die Stimme verlor sich im Dröhnen des Flugs, Lächeln war die einzige Verständigung. Ich bin vollkommen wahnsinnig, dachte Fabien, daß ich hier lächle: wir sind verloren.

Gleichviel: tausend schwarze Arme hatten ihn freigegeben. Man hatte ihm die Fesseln gelöst, wie einem Gefangenen, den man für eine letzte Weile allein unter Blumen spazieren läßt.

Zu schön, dachte Fabien. Sie irrten unter Sternen umher, dichtgehäuft ringsum wie ein Schatz, in einer Welt, wo nichts, absolut nichts Lebendiges war außer ihm, Fabien, und seinem Gefährten. Gleich jenen Dieben im Märchen, die in die Schatzkammer eingemauert sind, aus der sie nicht wieder herauskommen werden. Unter eisfunkelndem Geschmeide irren sie umher, unermeßlich reich, doch zum Tode verurteilt.

XVII

Einer der Funker von Commodoro Rivadavia, Station in Patagonien, machte eine plötzliche Bewegung, und alle, die noch auf Wache waren, drängten und beugten sich um ihn. Beugten sich über ein unbeschriebenes, hart beleuchtetes Stück Papier. Die Hand des Mannes am Apparat zögerte noch, bewegte den Bleistift hin und her, ließ die Buchstaben noch nicht ans Licht.

»Gewitter?«

Der Funker nickte. Die knatternden Störungen erschwerten den Empfang.

Dann schrieb er ein paar unleserliche Zeichen hin. Dann Worte. Dann konnte man den Text herstellen:

»In dreitausendachthundert über dem Gewitter abgeschnitten. Haben vollen Kurs Ost landwärts, da wir über See abgekommen waren. Unter uns alles blockiert. Wir wissen nicht, ob wir immer noch über See sind. Teilt mit, ob sich Unwetter landwärts erstreckt.«

Man konnte dieses Telegramm der Gewitter wegen nur von Station zu Station nach Buenos Aires weitergeben. Die Nachricht nahm ihren Weg durch die Nacht wie Feuerzeichen von Berg zu Berg.

Buenos Aires ließ antworten:

»Unwetter überall im Inland. Wieviel Betriebsstoff habt ihr noch?«

»Eine halbe Stunde.«

Und diese drei Worte liefen von Station zu Station nach Buenos Aires zurück.

Das Flugzeug war dazu verurteilt, vor Ablauf von dreißig Minuten in einen Zyklon zu tauchen, der es herunterzerren würde bis an den Boden.

XVIII

Rivière sitzt in Gedanken. Er hat keine Hoffnung mehr: diese zwei werden zugrunde gehen irgendwo in der Nacht.

Ein Bild kommt ihm in den Sinn, das sich ihm als Kind eingeprägt hat: man ließ einen Teich ab, um einen Ertrunkenen zu finden. Auch jetzt wird man nichts finden, ehe nicht die Flut der Dunkelheit abgelaufen ist von der Erde, ehe nicht die Steppen und Felder und Sandflächen wieder zutage treten. Bauern werden dann vielleicht zwei Kinder finden, die zu schlafen scheinen, den Arm überm Gesicht, hingespült in Gras und gelben Sand auf friedlichem Grund. Ertränkt von der Nacht.

Rivière denkt an Herrlichkeiten, die in den Tiefen der Nacht verborgen sind wie in einem Fabelmeer ... Die Apfelbäume, die den Tag erwarten mit allen ihren Blüten im Finstern. Die Nacht ist reich, voll von Düften, von schlafenden Lämmern und von Blumen, die noch keine Farbe haben.

Nach und nach werden sie an den Tag steigen, die fetten Ackerfurchen, die tauigen Wälder und die frischen Kleewiesen.

Aber zwischen den jetzt harmlosen Bergen und den Steppen und den Lämmern, mitten in der friedlichen Ordnung der Erde, werden zwei Kinder liegen, als schliefen sie. Und etwas wird hinübergeglitten sein aus der sichtbaren Welt in eine andere.

Rivière denkt an Fabiens Frau, die jetzt in zärtlicher Angst wartet: ihre Liebe war ihr nur eben für eine Weile geliehen, wie ein Spielzeug einem armen Kinde.

Rivière denkt an Fabiens Hand, die noch für ein paar Minuten sein Schicksal am Steuer hält. Diese Hand, die geliebkost hat. Die sich auf eine Brust gelegt und einen Aufruhr darin erweckt hat. Die sich auf ein Gesicht gelegt und dieses Gesicht verwandelt hat. Wunder wirkende Hand.

Fabien irrt über dem Glanz eines Wolkenmeeres umher, aber tiefer unten ist die Ewigkeit. Er ist verloren zwischen den Sternenbereichen, deren einziger Bewohner er ist. Er hält die Welt noch in den Händen und gegen seine Brust gewiegt. Er umkrampft in seinem Steuer allen Lebensbesitz und führt den nutzlosen Schatz, den er bald hingeben muß, verzweifelt von Stern zu Stern.

Irgendeine Funkstelle hört ihn vielleicht noch. Das einzige Band zwischen Fabien und der Welt ist eine summende Welle, ein kleines Getön in Moll. Keine Klage. Kein Schrei. Der reinste Laut, den Verzweiflung je hören ließ.

XIX

Robineau riß ihn aus seiner Einsamkeit:

»Herr Direktor, ich habe mir gedacht . . . man könnte vielleicht versuchen . . .«

Er hatte gar nichts vorzuschlagen, aber er wollte seinen guten Willen bezeugen. Er hätte ums Leben gern eine Lösung gefunden und zerbrach sich den Kopf wie über ein Silbenrätsel. Er fand immer Lösungen, auf die Rivière nie hörte: »Sehen Sie, Robineau, es gibt keine Lösungen im Leben. Es gibt Kräfte in Bewegung, die muß man schaffen; die Lösungen folgen nach.« So war denn Robineau bemüht, auch seinerseits unter der Zunft der Mechaniker eine solche »Kraft« zu schaffen, eine bescheidene Kraft, die sich darauf beschränkte, Schrauben vor dem Verrosten zu bewahren.

Aber die Ereignisse dieser Nacht versetzten ihn in Hilflosigkeit. Seine Inspektorenwürde hatte keine Macht über die Gewitter, noch auch über ein Gespensterflugzeug, das sich da draußen herumschlug, wahrlich nicht für eine Pünktlichkeitsprämie, sondern um einer Strafe zu entgehen, vor der alle Strafen Robineaus zunichte wurden: dem Tode.

So irrte er nutzlos und tatenlos in den Schreibstuben umher. Fabiens Frau ließ sich anmelden. Von Unruhe getrieben, saß sie im Sekretärsbüro und wartete darauf, daß Rivière sie empfinge. Die Schreiber warfen verstohlene Blicke auf ihr Gesicht. Sie empfand eine Art Scham und schaute scheu um sich: alles hier schien sie abzuweisen – diese Menschen, die in ihrer Arbeit fortfuhren, als schritten sie über einen lebendigen Körper hinweg; diese Aktenreihen, in denen menschliches Leben, menschliches Leiden nur einen Niederschlag nüchterner Zahlen hinterließ. Sie suchte nach etwas, das ihr von Fabien gesprochen hätte; daheim deutete alles auf den Abwesenden: das halb aufgeschlagene Bett, der angerichtete Kaffee, ein Blumenstrauß ... Hier fand sie nichts. Alles widersetzte sich hier dem Mitleid, der Freundschaft, dem Gedenken. Das einzige, was sie zu hören bekam – denn alle dämpften die Stimme vor ihr –, war der ungeduldige Ausruf eines Angestellten, der nach einem Verzeichnis verlangte. »... Das Begleitverzeichnis für die Dynamos, Herrgott!, die wir nach Santos schicken.« Sie hob den Blick zu dem Mann mit einem Ausdruck unendlicher Verwunderung. Dann zu der Wand, an der eine Karte sich breitete. Ihre Lippen zitterten ein wenig, kaum.

Sie fühlte beklommen, daß sie hier gleichsam eine feindliche Wahrheit verkörperte, die niemand hören wollte, und bedauerte fast, daß sie gekommen war. Sie kam sich auffällig, ungehörig, wie nackt vor. Sie hätte sich am liebsten versteckt und zwang sich, nicht zu husten oder zu weinen, um sich nicht allzu bemerkbar zu machen. Aber die stumme Wahrheit, die aus ihr sprach, war so stark, daß sich die heimlichen Blicke immer wieder und wieder zu ihr stahlen, um sie ihr vom Gesicht abzulesen. Diese Frau war sehr schön. Sie offenbarte diesen Menschen die geweihte Welt des Glücks. Sie offenbarte ihnen, an welcher erlauchten Substanz man, ohne es zu wissen, sich versündigt, indem man sich der Welt der Tat verschreibt. Sie offenbarte ihnen, indem sie die Augen unter all den Blicken schloß, welchen Frieden man zerstören kann, ohne es zu wissen.

Rivière empfing sie.

Sie kam, um schüchtern für ihre Blumen, ihren angerichteten Kaffee, ihr junges Fleisch und Blut das Wort zu führen. Aber in diesem noch kälteren Raum befiel das leise Zittern wieder ihre Lippen. Auch sie fühlte – wie zuvor Rivière –, daß sie hier in dieser Welt nicht von ihrer Welt würde reden können. Alles, was ihr die Brust mit einer fast wilden Innigkeit erfüllte, nahm sich hier so ungelegen, so selbstsüchtig aus. Sie hätte fliehen mögen:

»Ich störe Sie ...«

»Gnädige Frau«, sagte Rivière, »Sie stören mich durchaus nicht. Aber leider, gnädige Frau, bleibt uns beiden nichts anderes übrig, als zu warten.«

Sie erwiderte mit einem schwachen Achselzucken. Rivière verstand den Sinn: Wozu die Lampe, das angerichtete Essen, die Blumen, zu denen ich nun wieder zurück muß ... Eine junge Mutter hatte ihm einmal gesagt: »Ich habe den Tod meines Kindes noch nicht begriffen. Die kleinen Dinge sind das Schwere; die Kleider, die mir wieder in die Hand kommen; und in der Nacht, wenn ich aufwache, das zärtliche Gefühl, das mir immer noch ans Herz steigt, nutzlos jetzt, wie meine Milch ...« Auch dieser Frau würde der Tod Fabiens erst ganz allmählich zum Bewußtsein kommen, in jedem jetzt nutzlosen Tun, in jedem Gegenstand. Fabien würde sein Heim nur langsam verlassen. Rivière schwieg in tiefem Mitleid.

»Gnädige Frau ...«

Die junge Frau zog sich zurück, mit einem fast demütigen Lächeln, ihrer eigenen schmerzlichen Macht unbewußt.

Rivière setzte sich schweren Herzens wieder an seinen Tisch. Aber sie hilft mir finden, wonach ich suchte ... Er trommelte zerstreut mit den Fingern auf den Streckenmeldungen der Nordstationen.

Wir wollen nicht ewig leben, aber wir wollen nicht alles Tun und alle Dinge plötzlich jeden Sinn verlieren sehen. Dann zeigt sich die Leere, die uns umgibt ...

Sein Blick fiel auf die Telegramme:

Und das ist die Art, wie der Tod sich *uns* zum Bewußtsein

bringt: die Meldungen da, die keinen Sinn mehr haben ... Er schaute auf Robineau. Der mittelmäßige Bursche war jetzt auch nutzlos, hatte auch keinen Sinn mehr.

Rivière sagte fast schroff zu ihm:

»Muß *ich* Ihnen Arbeit anweisen?«

Dann stieß er die Tür zu dem Zimmer auf, in dem die Schreiber saßen, und ein Zeichen sprang ihm in die Augen, das deutlicher als Worte von dem Ausbleiben Fabiens sprach, ein Zeichen, das Frau Fabien nicht hatte wahrnehmen können: R. B. 903, das Flugzeug Fabiens, figurierte auf dem Dienstplan, der an der Wand hing, bereits unter der Rubrik für nicht verfügbares Material. Die Schreiber, die die Papiere für den Europakurier herzurichten hatten, arbeiteten nachlässig, weil sie wußten, daß er Verspätung haben würde. Vom Flugplatz wurde telefonisch angefragt nach Instruktionen für die Wachmannschaften, die jetzt zwecklos in Bereitschaft standen. Die Funktionen des Lebens hatten sich verlangsamt. Der Tod, dachte Rivière, da ist er. Das ganze Werk, das er geschaffen, erschien ihm wie ein Segelschiff bei Flaute auf dem Meer.

Er hörte Robineaus Stimme.

»Herr Direktor ... sie waren erst seit sechs Wochen verheiratet ...«

»Gehen Sie an Ihre Arbeit.«

Rivière sah vor sich die Schreiber dort, und hinter ihnen die Arbeiter, die Mechaniker, die Piloten, alle, die ihm bei seinem Werk geholfen hatten mit dem Glauben derer, die etwas aufbauen. Er dachte an die Menschen alter Zeit, die in ihren Siedlungen von »Inseln« erzählen hörten und sich ein Schiff bauten. Um es mit ihrer Sehnsucht zu befrachten. Um die Segel ihrer Hoffnung sich entfalten zu sehen auf dem Meer. Alle über sich selbst hinausgewachsen, alle befeuert und befreit durch ein Schiff. Das Ziel ist vielleicht fragwürdig, aber die Tat befreit vom Tode. Diese Menschen errangen sich Dauer durch ihr Schiff.

Und auch er wird gegen den Tod kämpfen, er wird den Telegrammen wieder ihren gültigen Sinn geben und den Mannschaften auf Wache ihre lebendige Unruhe und den Piloten ihr erregendes Ziel. Das Leben wird dieses Werk wieder in Gang setzen, wie der Wind einen Segler auf See.

XX

Commodoro Rivadavia hört nichts mehr, aber tausend Kilometer weiter, zwanzig Minuten später, fängt Bahia Blanca eine zweite Nachricht auf:

Gehen hinunter. Kommen in die Wolken . . .

Dann erschienen auf der Funkstelle Trelew die zwei verlorenen Worte:

. . . nichts sehen . . .

So ist es mit den Kurzwellen. Hier erwischt man sie, dort bleibt man taub. Dann, ohne Grund, wechselt alles. Die beiden da oben, Gott weiß wo, melden sich den Lebenden schon wie von jenseits von Raum und Zeit, und die Schrift auf den weißen Blättern der Funkstellen ist Geisterschrift.

Ist der Betriebsstoff erschöpft, oder spielt der Pilot seine letzte Karte aus und versucht noch vorher zu landen?

Die Stimme von Buenos Aires gibt den Befehl an Trelew:

»Fragen Sie ihn.«

Das Bild der Empfangsstelle gleicht einem Laboratorium: Nickel, Kupfer, Manometer, ein Netz von Drähten. Die Funker vom Dienst in weißen Kitteln hocken wie über ein Experiment gebeugt.

Mit behutsamen Fingern berühren sie die Instrumente, tasten den magnetischen Raum ab, Rutengänger, die die Goldader suchen.

»Keine Antwort?«

»Keine Antwort.«

Vielleicht wird man ihn doch noch aufspüren, diesen kleinen Lebenslaut. Vielleicht wird man, wenn das Flugzeug mit seinen Bordlichtern wieder zu den Sternen aufsteigt, ihn noch singen hören, diesen Stern . . .

Die Sekunden verrinnen wie Pulsschlag. Fliegt er noch? Jede Sekunde nimmt eine Chance mit sich fort. Es ist, als sähe man die Zerstörerin Zeit an der Arbeit. Als sähe man dieselbe Kraft, die in Jahrhunderten einen Tempel überwältigt, sich ihren Weg in den Granit bahnt und den Tempel in Staub verwandelt, hier, auf Sekunden zusammengedrängt, ihr Werk an den zwei Menschen und ihrem Flugzeug verrichten.

Jede Sekunde nimmt etwas mit sich fort. Fabiens Stimme,

Fabiens Lachen und Lächeln. Das Schweigen gewinnt Raum. Breitet sich immer weiter und schwerer aus, wie ein Meer.

Dann sagt einer:

»Ein Uhr vierzig. Äußerste Grenze für den Betriebsstoff. Unmöglich, daß sie noch fliegen.«

Und nun ist Friede.

Etwas Bitteres und Fades legt sich auf die Lippen, wie am Ende einer Reise. Etwas hat sich erfüllt, wovon man nichts weiß; etwas, wovon man ein wenig Herzweh spürt. Etwas von der Traurigkeit, die über zerstörten Fabriken herrscht, ist über diesem Gefüge von Nickel und Kupferadern. All dieses Gerät scheint unnütz, wirr, abgestorben wie totes Geäst.

Es bleibt nichts mehr übrig, als den Tag abzuwarten.

In ein paar Stunden wird ganz Argentinien an den Tag emportauchen, und die Männer hier verharren wie an einem Strand angesichts des Netzes, das man einzieht, langsam einzieht, und von dem man nicht weiß, was es enthalten wird.

Rivière in seinem Arbeitszimmer empfindet die Entspannung, die nur die großen Unglücksfälle mit sich bringen, wenn das Unvermeidliche den Menschen von der Verantwortung befreit. Er hat die Polizei einer ganzen Provinz alarmiert. Mehr kann er nicht tun, man muß abwarten.

Aber Ordnung muß auch noch im Totenhause herrschen. Rivière gibt Robineau ein Zeichen.

»Telegramm an die Nordstationen: Sehen bedeutende Verspätung des Patagonienkuriers voraus. Um Europakurier nicht zu sehr zu verspäten, werden wir Patagonienkurier an nächsten Europakurier anschließen.«

Er beugt sich ein wenig über den Tisch, aber gibt sich einen Ruck und sucht sich an etwas zu erinnern, das wichtig war. Ach, ja! Das darf nicht vergessen werden:

»Robineau.«

»Herr Rivière?«

»Sie werden mir eine Verordnung aufsetzen. Verbot an die Piloten, neunzehnhundert Touren zu überschreiten: man ruiniert mir die Motoren.«

»Gut, Herr Rivière.«

Er beugt sich noch etwas tiefer über den Tisch. Er braucht jetzt vor allem Alleinsein:

»Gehen Sie, Robineau. Gehen Sie, mein Lieber . . .«

Und Robineau geht, bestürzt über diese vertrauliche Anrede, diese ungewohnte Gleichstellung angesichts der Schatten des Todes.

XXI

Robineau irrte melancholisch in den Büros umher. Das Leben des ganzen Betriebs war ins Stocken geraten in der Erwartung, daß der Start des Europakuriers, der auf zwei Uhr festgesetzt war, auf Tagesanbruch verschoben werden würde.

Die Angestellten saßen mit verschlossenen Gesichtern noch immer in Bereitschaft, die keinen Zweck mehr hatte. Noch immer liefen in regelmäßigen Abständen die Streckenmeldungen der Nordstationen ein, aber ihr ewiges »Klar« und »Vollmond« und »Windstille« rief nachgerade die Vorstellung von einer recht sterilen Herrlichkeit wach. Einer Mond- und Steinwüste. Während Robineau, ohne im übrigen zu wissen warum, in einem Aktenstück blätterte, das der Bürovorsteher gerade bearbeitete, bemerkte er plötzlich, daß der Mann vor ihm stand und in der Haltung höflicher Unverfrorenheit darauf wartete, daß er es ihm zurückgäbe. Mit einer Miene, als hätte er sagen wollen: Wenn Sie gefälligst so weit sein werden, nicht wahr? Das gehört mir . . . Diese Haltung eines Untergebenen empörte ihn, aber er fand keine Erwiderung und reichte ihm irritiert das Heft hin. Der Bürovorsteher kehrte mit edler Würde an seinen Platz zurück. Ich hätte ihn zum Teufel schicken sollen, dachte Robineau. Dann schritt er, um sich Haltung zu geben, einige Male auf und ab und richtete seine Gedanken wieder auf das tragische Geschehnis. Er fühlte sich von zwiefacher Bekümmernis bedrückt, denn dieses Geschehnis würde sicherlich auch zur Folge haben, daß die Sache, die Rivière verfocht, in Mißkredit geriet.

Er sah ihn wieder vor sich, eingeschlossen in seinem Büro, diesen Mann, der eben »mein Lieber« zu ihm gesagt hatte. Noch nie war ein Mensch so ohne Beistand gewesen. Robineau empfand tiefes Mitleid mit ihm. Allerlei Worte gingen ihm unbestimmt durch den Kopf, die ihm Teilnahme und Trost zusprechen sollten. Ein Gefühl beseelte ihn, das ihm selber sehr edel erschien. Er klopfte leise an die Tür. Keine Antwort kam. Er wagte in dieser Stille nicht, stärker zu klopfen, und öffnete die Tür. Rivière saß an seinem Tisch. Robineau trat zum erstenmal fast beschwingten Fußes bei ihm ein, sozusagen als Freund, sozusagen wie der Feldwebel, der im Kugelregen seinem verwundeten General beispringt und in der Niederlage nicht von seiner Seite weicht und sein Bruder im Exil wird. Ich bin der Ihre, komme was wolle, schien Robineau sagen zu wollen.

Rivière schwieg und betrachtete gesenkten Kopfes seine Hände. Und Robineau, der vor ihm stand, wagte nicht mehr den Mund aufzutun. Auch der entkräftete Löwe noch schüchterte ihn ein. Worte, immer trunkener von Ergebenheit, stiegen in ihm auf, aber jedesmal, wenn er den Blick hob, sah er diesen zu drei Viertel gesenkten Kopf vor sich, dieses graue Haar, diese Lippen, zusammengepreßt über wieviel Bitterkeit! Endlich gab er sich einen Ruck:

»Herr Direktor . . .«

Rivière hob den Kopf und sah ihn an. Rivière tauchte aus einer so tiefen, so fernen Versunkenheit auf, daß er vielleicht die Anwesenheit Robineaus noch gar nicht bemerkt hatte. Er betrachtete Robineau lange, wie den lebendigen Zeugen von irgend etwas. Robineau wurde verlegen. Je mehr er ihn betrachtete, je mehr malte sich auf seinen Lippen eine Ironie, aus der Robineau nicht klug wurde. Je mehr Rivière ihn betrachtete, je mehr errötete Robineau, und je mehr erschien es Rivière, als sei dieser Mann mit seinem rührenden guten Willen hier zu ihm gekommen, um ein kläglich unfreiwilliges Zeugnis abzulegen von der Torheit der Menschen.

Robineaus Vorhaben löste sich in Verwirrung auf. Der Feldwebel, der General, der Kugelregen – nichts von alledem hatte mehr Kurswert. Etwas Unerklärliches ging vor sich. Rivière schaute ihn immer noch an. Robineau korrigierte ein wenig seine Haltung, nahm die Hand aus der linken Hosentasche. Rivière schaute immer noch. Da endlich stammelte Robineau tödlich verlegen, ohne zu wissen warum, die Worte hervor:

»Ich bin gekommen, um Ihre Anweisungen entgegenzunehmen.«

Rivière zog seine Uhr und sagte einfach:

»Es ist jetzt zwei Uhr. Der Kurier von Asuncion wird um zwei Uhr zehn landen. Lassen Sie den Europakurier um Viertel nach zwei starten.«

Und Robineau gab die erstaunliche Kunde weiter: die Nachtflüge wurden nicht aufgehoben!

Und Robineau wandte sich an den Bürovorsteher:

»Sie bringen mir nachher das Aktenstück zur Kontrolle.«

Und als der Bürovorsteher vor ihm stand:

»Warten Sie.«

Und der Bürovorsteher wartete.

XXII

Der Kurier von Asuncion meldete sich zur Landung.

Rivière hatte auch in den schlimmsten Stunden von Telegramm zu Telegramm seinen Weg verfolgt. Das war ihm inmitten der Zerrüttung die Rechtfertigung seines Glaubens, der Beweis. Dieser glückliche Flug verkündete tausend andere, ebenso glückliche Flüge. Es kommt nicht jede Nacht ein Zyklon. Er dachte auch: Wenn einmal der Weg vorgezeichnet ist, kann man nicht anders als weitergehen.

Von Staffel zu Staffel, aus Paraguay her wie aus einem herrlichen Garten voller Blumen, niedriger Häuser und stiller Gewässer glitt das Flugzeug am Rande des Zyklons dahin, der ihm nicht einen Stern trübte. Neun Passagiere, in ihre Reisedecken gehüllt, saßen, die Stirn an die Scheibe gelehnt wie an ein Schaufenster voller Geschmeide, denn da drunten streuten schon die kleinen Städte Argentiniens ihre Goldkörner in die Nacht, unter dem blasseren Gold der Sternstädte droben. Der Pilot vorn lenkte mit seinen Händen die kostbare Fracht Menschenleben, die Augen weit offen und voller Mondlicht, wie ein Hirt. Buenos Aires erfüllte schon den Horizont mit seinem Rubinschein und würde bald mit all seinem Geschmeide blitzen wie ein Fabelschatz. Der Funker entsandte mit behenden Fingern die letzten Telegramme, wie die Schlußklänge einer Sonate, fröhlich in den Raum musiziert, von Rivière vernommen; dann zog er die Antenne ein, streckte sich ein wenig, gähnte und lächelte: man war am Ziel.

Nach der Landung trat der Pilot zu dem Führer des Europakuriers, der, die Hände in den Taschen, gegen seine Maschine gelehnt stand.

»Hast *du* den Anschluß?«

»Ja.«

»Ist Patagonien schon da?«

»Wird nicht mehr erwartet: vermißt. Wetter gut?«

»Sehr gut. Fabien ist vermißt?«

Sie sprachen nicht viel darüber. Die Bruderschaft, die sie verband, machte Gerede überflüssig.

Man verlud die Durchgangspost von Asuncion auf das Europaflugzeug, während der Pilot noch immer unbeweglich, den Kopf im Nacken, gegen die Bordwand gelehnt stand und in die Sterne schaute. Er spürte ein grenzenloses Kraftgefühl in sich wachsen, und ein gewaltiges Behagen durchdrang ihn.

»Fertig?« rief eine Stimme. »Alsdann einschalten!«

Der Pilot rührte sich nicht. Man ließ seinen Motor an. Er stand gegen das Flugzeug gelehnt und wartete darauf, das Leben der Maschine in seinen Schultern zu spüren. Endlich Gewißheit nach all dem Hin und Her: wird starten . . . wird nicht starten . . . wird starten! Sein Mund öffnete sich halb, und seine Zähne blitzten im Mondlicht wie die eines jungen Raubtiers.

»Gut aufpassen, du, bis es hell wird, gelt?«

Er hörte den Rat seines Kameraden nicht. Die Hände in den Taschen, das Gesicht den Wolken, Bergen, Flüssen, Meeren zugewandt, begann er schweigend zu lachen. Ein leises Lachen, aber ihn durchzitternd von Kopf bis Fuß, wie ein Windhauch einen Baum. Ein schwaches Lachen, aber stärker als diese Wolken, Berge, Flüsse und Meere.

»Was hast du?«

»Dieser Tropf, Rivière, der mich für . . . der sich einbildet, ich hätte Angst!«

XXIII

In einer Minute wird er Buenos Aires unter sich haben, und Rivière, der seinen Kampf wieder aufnimmt, will ihn hören. Ihn aufsteigen, dröhnen und entschwinden hören, wie den gewaltigen Schritt einer Armee auf dem Marsch in die Sterne.

Rivière geht mit verschränkten Armen durch die Schreiber

hindurch. Vor einem Fenster bleibt er stehen, horcht und denkt.

Hätte er auch nur *einen* Start abgesagt, so wäre die Sache der Nachtflüge verloren gewesen. Aber er ist den Schwächlingen, die morgen über ihn zetern werden, noch in dieser selbigen Nacht zuvorgekommen.

Sieg ... Niederlage ... diese Worte haben keinen Sinn. Begriffe, Bilder, unter denen das wahre Leben sich regt und schon wieder neue Bilder schafft. Ein Sieg schwächt ein Volk, eine Niederlage erweckt es neu. Die Niederlage, die Rivière erlitten hat, ist vielleicht eine Lehre, die den vollen Sieg näher bringt. Das Geschehen en marche allein gilt.

In fünf Minuten werden die Funkstellen die Stationen alarmiert haben. Auf fünfzehntausend Kilometer hin wird das Brausen des Lebens wieder surren, und alle Zweifel und Fragen werden darin gelöst sein.

Schon steigt ein Orgelklang auf: das Flugzeug.

Und Rivière kehrt mit langsamen Schritten an seine Arbeit zurück, durch die Schreiber hindurch, die sich unter seinem harten Blick ducken. Rivière der Große, Rivière der Siegreiche, der die Last seines Sieges trägt.

Wind Sand und Sterne

Dieses Buch
gehört meinem Kameraden
Henri Guillaumet

Die Erde schenkt uns mehr Selbsterkenntnis als alle Bücher, weil sie uns Widerstand leistet. Und nur im Kampf mit dem Hindernis findet der Mensch zu sich selber. Aber er braucht dazu ein Werkzeug, einen Hobel, einen Pflug. Der Bauer ringt in zäher Arbeit der Erde immer wieder eines ihrer Geheimnisse ab, und die Wahrheiten, die er ausgräbt, sind allgültig. So stellt auch das Flugzeug, das Werkzeug des Luftverkehrs, den Menschen allen alten Welträtseln gegenüber und wird uns zum Werkzeug der Erkenntnis und der Selbsterkenntnis.

Wenn ich mit solchen Gedanken vor andere Menschen trete, ersteht mein erster Nachtflug in Argentinien vor mir, das Bild einer dunklen Flugnacht, in der nur die weitverstreuten Lichter in der Ebene gleich fernen Sternen leuchteten.

Jedes von ihnen meldete in diesem Weltmeer von Finsternis das Wunder eines Bewußtseins. Dort, in diesem Heim, da las ein Mensch, da dachte ein Mensch, da gingen vertraute Mitteilungen von Mund zu Ohr. Dort, in jenem anderen, da mühte sich ein Forschergeist, in den Weltenraum zu dringen, und zerbrach sich den Kopf mit Berechnungen über den Andromedanebel. Dort drüben hatten sich zwei Menschen lieb.

In weiten Zwischenräumen leuchteten die Feuer im Lande und forderten ihre Nahrung. Selbst die kleinsten und bescheidensten riefen, beim Dichter, beim Lehrer, beim Zimmermann. Aber in dem Raum zwischen diesen lebenden Sternen, wie viele verschlossene Fenster gab es da, erloschene Sterne, schlafende Menschen!

Ich muß versuchen, Anschluß zu finden. Ich will mich bemühen, mit einigen dieser Feuer, die in weiten Zwischenräumen im Lande brennen, Verbindung herzustellen.

Die Strecke

1926. Als junger Verkehrsflieger war ich frisch bei der Latécoère-Gesellschaft eingetreten, die vor der Aéropostale, später Air-France, die Strecke Toulouse–Dakar (Frankreich–Senegal) betrieb. Dort lernte ich das Handwerk. Wie meine Kameraden ließ ich die Probezeit über mich ergehen, die alle Jungen durchmachen müssen, ehe ihnen die große Ehre zuteil wird, die Post zu befördern. Flugversuche, »Langstreckenflüge« Toulouse–Perpignan über 160 Kilometer, elende Stunden Wetterkunde im hintersten Winkel eines eisigen Flugzeugschuppens. Wir lebten in unbestimmter Furcht vor den Bergen in Spanien, die wir noch nicht kannten, und in Ehrfurcht vor den »Alten«.

Ja unsere Alten! Wir trafen sie in der Gastwirtschaft. Unwirsch waren sie, hielten auf Abstand und gaben ihren guten Rat sehr von oben herab. Und wenn einmal einer mit schwerer Verspätung von Alicante oder Casablanca eintraf, mit triefend nassem Lederzeug unter uns trat und sich dann einer von uns schüchtern nach seinem Flug erkundigte, dann ließen die kurzen Antworten des Alten an Sturmtagen vor uns eine wilde Märchenwelt erstehen, eine Welt voller Fallstricke und Hinterhalte, mit Steilklippen, die plötzlich aus dem Nichts herauswuchsen, mit Luftwirbeln, die starke Zedern entwurzeln konnten. Schwarze Drachen verlegten die Talmündungen, Blitzbüschel krönten die Bergkämme. Diese Alten ließen es sich etwas kosten, unseren Respekt vor ihnen wach zu erhalten! Und dann kam immer wieder die Stunde, wo einer von ihnen – nun ehrfurchtgebietend für alle Zeit – nicht wiederkehrte.

Ich erinnere mich an eine Heimkehr Burys, der später sein Leben im Corbières-Bergland, zwischen Toulouse und Perpignan, lassen mußte. Dieser alte Flugzeugführer hatte sich in unserer Mitte niedergelassen, und nun saß er, mit schweren Bewegungen, wortlos, die Schultern noch steif vom angestrengten Steuern, beim Essen. Es war der Abend nach einem jener bösen Tage, wo das Wetter auf der ganzen Flugstrecke faul ist, wo es dem Flieger vorkommt, als schwämmen die Berge im Nebelschlamm herum, ähnlich wie auf den alten Kriegsschiffen sich manchmal die Geschütze von ihren Verankerungen losrissen und das Verdeck zerpflügten. Ich mußte ständig zu ihm hinsehen, verschluckte aber immer wieder meine Rede; schließlich wagte ich es doch und fragte ihn, ob sein Flug schwer gewesen sei. Bury hörte nicht, sondern stierte mit gerunzelter Stirn auf seinen Teller. In den offenen Flugzeugen jener Tage pflegte man sich bei schlechtem Wetter öfters aus der Deckung der Windschutzscheibe hervorzubeugen, um besser zu sehen, und das Windgepfeife, das einem dann um die Ohren schlug, hallte lange nach. Endlich aber hob Bury den Kopf und schien mich zu hören, sich zu besinnen. Dann brach er plötzlich in ein helles Lachen aus. Das brachte mich aus der Fassung, denn Bury lachte selten. Dieses Lachen aber verklärte seine Strapazen. Er gab auch keine andere Erklärung über seinen Sieg ab, sondern beugte den Kopf wieder über den Teller und fuhr fort, schweigend zu kauen. Mir aber schien in der Durchschnittlichkeit dieser Speisewirtschaft, in der kleine Beamte die kleinen Mühen des Tages ausglichen, dieser Kamerad mit den schweren Schultern wie geadelt. Strahlte nicht durch seine rauhe Schale hindurch etwas von dem Engel, der den Drachen besiegt hatte?

Endlich kam der Tag, an dem auch ich in das Zimmer des Direktors gerufen wurde. Er sagte nur: »Sie fliegen morgen.«

Ich blieb stehen und wartete, daß er mich entließ. Er aber fügte nach einer Pause noch hinzu: »Sie kennen die Vorschriften?«

Damals waren nämlich die Motoren noch lange nicht so zuverlässig wie heute. Oft genug ließen sie einen plötzlich im Stich, und ohne jede Warnung saß man im Geklirr des zertrümmerten Porzellanladens. Dann steuerte man nach der Steinkruste Spaniens, die doch keinerlei Zuflucht bot. Wenn hier der Motor kaputtgeht, sagten wir unter uns, dann folgt das Flugzeug nur zu schnell ihm nach. Nun, ein Flugzeug ist nicht unersetzbar. Die Hauptsache ist, nicht blindlings aufs Felsenland niederzugehen. Darum war es uns bei schwerster Strafandrohung verboten, Wolkenmassen über den Berglandschaften zu überfliegen. Der Flieger, dem da der Motor ausgefallen wäre, wäre in der weißen Watte verschwunden und an die Berge gerannt, ohne sie vorher sehen zu können.

Und so wiederholte denn an jenem Abend eine langsame Stimme mit sehr viel Nachdruck noch einmal die Vorschrift: »Nach Kompaß fliegen ist schon schön; in Spanien über Nebelmeere so wegsteuern, das macht sich fein, aber ...“ – und da wurde die Stimme noch langsamer und nachdrücklicher – »aber ... vergessen Sie nicht: unter den Wolken wartet auf Sie ... die Ewigkeit.«

Mit einem Schlage bekam die friedliche, einfache, klare Welt, auf die man stößt, wenn man aus den Wolken hinabtaucht, ein neues Gesicht. Auch diese Friedlichkeit war nur eine Falle, die dort zu meinen Füßen lauerte. Nicht geschäftige Menschheit wogte da unten, nicht der Betrieb und der lebhafte Verkehr der Städte. Nein, da herrschte noch ein tieferes Schweigen, ein Friede ohne Wiederkehr. Das weiße Gewoge war die Grenze von Sein und Nichtsein, ein schauerlich schneller Übergang von der Welt des Bekannten in das Reich des Unwißbaren. Leise ahnte ich, daß ein Schauspiel nur dann Sinn hat, wenn man es auf eine Bestrebung, auf eine Gesittung, auf ein menschliches Tun beziehen kann. Die guten Gebirgler kennen die Wolkenmeere wohl; aber sie vermögen doch in ihnen nicht die geheimnisvolle Scheidewand zu erkennen, die sie für mich bedeuteten.

Als ich das Direktorzimmer verließ, packte mich ein knabenhafter Stolz. Beim nächsten Morgengrauen durfte also auch ich verantwortlich für das Leben von Fluggästen und für das Heil der Post nach Afrika sein. Aber ich empfand auch eine tiefe Demut. Ich fühlte mich ungenügend vorbereitet. Spanien ist arm an Zufluchtsplätzen; so mußte ich fürchten, keine Stelle für eine Notlandung zu finden, wenn es eine Störung gab. Vergeblich hatte ich über auskunftskargen Karten gebrütet. Also ging ich, während mein Herz zwischen Stolz und Demut schwankte, um meine Sporenwache, wie man diesen letzten Abend vor dem Ritterschlag wohl nennen darf, bei meinem Kameraden Guillaumet zu verbringen. Er war vor mir auf dieser Strecke geflogen, er besaß gewissermaßen den Schlüssel zu Spanien; von ihm mußte ich mich einweihen lassen.

Er strahlte, als ich eintrat: »Ich weiß schon. Du bist selig, was?«

Rasch ging er zum Wandspind und holte Portwein und Gläser. Dann kam er wieder und sagte, noch immer strahlend: »Das müssen wir begießen. Du wirst schon sehen. Alles klappt tadellos.«

Er verbreitete Zuversicht um sich wie eine Lampe Licht, der Kamerad, der später einmal die besten Flugzeiten für Postflüge über die Anden und den Südatlantik unterbieten sollte. Doch das war Jahre später. An jenem Abend saß er in Hemdsärmeln mit verschränkten Armen unter der Lampe und lächelte so wohltuend und sagte so schlicht: »Sturm, Nebel, Schnee, die werden dir schon manchmal zu schaffen machen. Dann denke nur an die, die das vor dir erlebt haben, und sage dir ganz einfach: Was anderen gelungen ist, wirst du auch schaffen!«

Ich aber packte doch meine Karten aus und bat ihn, mit mir die Reise ein bißchen durchzugehen. So saß ich denn vorgebeugt unter der Lampe, an die Schulter des »Alten« gelehnt, und es war wieder wie in seligen Schulzeiten.

Aber was bekam ich da für eine sonderbare Erdkundestunde! Guillaumet paukte mir Spanien nicht ein, er machte mir das Land vertraut. Da gab es keine Flußgebiete, Viehstatistik und Volkskunde. Er erzählte nicht von Guadix, sondern von den drei Apfelsinenbäumen an einem Feldrand vor Guadix: »Nimm dich vor denen in acht! Zeichne sie auf deine Karte ein!« Und alsbald wuchsen die drei Apfelsinenbäume gewaltiger auf als die Sierra Nevada. Er erzählte auch nichts von Lorca, sondern nur von einem schlichten Bauernhof nahe dabei, von einem lebenserfüllten Hofe, vom Bauern und von der Bäuerin. Dort saßen sie auf ihrem Berghang und waren unter ihren Lichtern bereit, wie Leuchtturmwärter, Menschen Hilfe zu bringen. Das gab den bescheidenen Leuten auf anderthalbtausend Kilometer Entfernung eine ungeahnte Wichtigkeit.

So zogen wir aus seinem Dunkel, aus seiner unbegreiflichen Ferne allerlei Wissen, das den Erdkundlern in aller Welt unbekannt ist. Sie wollen nur vom städtereichen Ebro wissen; der kleine Bach geht sie nichts an, der unter den Gräsern im Westen von Motril hinschleicht und ein Schock Blumen nährt. »Vor dem Bach mußt du dich hüten; der verdirbt den Grund. Zeichne ihn ein!« Und niemals werde ich diese tückische Schlange bei Motril vergessen! Nach nichts sah das Bächlein aus, sein leises Murmeln mochte höchstens einigen Fröschen zur Freude gereichen – und doch war er stets halb wach. Auf dem verheißenden Paradies des Notlandeplatzes lauert er auf mich, zweitausend Kilometer von hier im Grase versteckt. Gebt ihm nur Gelegenheit, und er macht aus mir eine lohende Feuersäule!

Auch die dreißig kriegerischen Hammel erwartete ich mit Fassung, die dort an der Hügelseite standen, immer angriffsbereit: »Du denkst, die Wiese ist frei, und schwupp, sausen dir die dreißig Viecher unter die Räder.« Und ich? Mit wundergläubigem Lächeln nahm ich die tückische Drohung hin.

Denn langsam wurde Spanien auf meiner Karte da unter der Lampe zum Märchenland. Als Balken durch dies verwunschene Reich zeichnete ich mir Kreuzchen an alle Stätten der Zuflucht und an alle Hinterhalte. Der Bauer bekam sein Kreuzchen, die dreißig Hammel das ihre und der Bach das seine. Und auch die Hirtin wurde an ihrem Platze eingetragen, den ihr die zünftige Erdkunde neidisch versagt hatte.

Nachdem ich mich von Guillaumet verabschiedet hatte, verspürte ich Lust, mich im kalten Winterabend auszulaufen. Ich schlug den Mantelkragen hoch und trug meine jugendliche Glut unter Leuten spazieren, die von ihr keine Ahnung hatten. Die Berührung mit ihnen aber steigerte meine Stimmung, gerade weil sie mich nicht kannten und nichts von dem Geheimnis in meinem Herzen wußten. Sie beachten mich nicht, die Barbaren, und morgen früh vertrauen sie mir mit den Postsäkken ihr Werk, sie geben ihre Hoffnungen zu meinen getreuen Händen! So schritt ich, in meinen Mantel gewickelt, wie ein Schutzengel durch ihre Mitte. Sie aber sahen meinen Eifer nicht.

Dafür sprach freilich die Nacht auch nicht so zu ihnen, wie sie zu mir sprach. Die ersten Botschaften von einem Schneesturm, der sich da vielleicht zusammenbraute und mir meinen ersten Flug zur Hölle machen konnte, gingen mir an Leib und Seele. Stern um Stern erlosch. Was konnte das jenen Spaziergängern sagen? Nur ich war eingeweiht; es waren geheime Signale vor der Schlacht, die mir die Stellung des feindlichen Heeres verraten sollten.

Diese ersten Sturmzeichen, die mich so ernsthaft angingen, erfuhr ich vor den hellen Schaufenstern, in denen Weihnachtsgeschenke lockten. Lagen da nicht in der Nacht alle Schätze der Welt? Ich erlebte den Wollustrausch der Entsagung. Ich war ein bedrohter Krieger; was galten mir noch die leuchtenden Spiegelkristalle, die auf den Heiligen Abend warteten, was sollten mir Lampenschirme, Bücher? Ich badete bereits im peitschenden Regen, ich schmeckte schon, als Verkehrsflieger, die bittere Kost eines Nachtfluges.

Um drei Uhr früh wurde ich geweckt. Ich schlug mit raschem Griff die Gardinen zurück, sah, daß es in der Stadt regnete, und zog mich in ernster Stimmung an.

Eine halbe Stunde später saß ich draußen auf meinem Köfferchen und wartete am regenglänzenden Bürgersteig auf den Autobus. So viele Kameraden hatten an ihrem Tauftag genauso gewartet, und auch ihnen war wohl ein wenig eng ums Herz gewesen. Endlich bog er um die Ecke, ein vorsintflutliches Fahrzeug, das wie eine Fuhre Alteisen klapperte, und ich verstaute mich auf der langen Bank zwischen den schlaftrunkenen Zollwärter und einige Schreiber aus der Verwaltung. Was roch dieser Autobus muffig nach Aktenstaub und Kanzlei, in denen das Leben eintrocknet! Alle halben Kilometer hielt er an, um einen weiteren Büromenschen oder einen Inspektor oder einen Zollbeamten aufzuladen. Die anderen schliefen schon wieder und beantworteten den Gruß jedes Neuankömmlings mit einem undeutlichen Grunzen. Dann suchte sich dieser seinen Platz, so gut es ging, und schlief auch ein. Das war eine traurige Fahrt auf dem holprigen Pflaster von Toulouse. Und der Herr Verkehrsflieger unterschied sich anfangs gar nicht von all den Beamten, unter die er gepackt war. Aber die Straßenlampen zogen vorbei, der Flugplatz kam immer näher, und der alte schüttelnde Autobus ähnelte einer Puppenhülle, der ein Schmetterling entsteigen soll: denn aus diesem Fahrzeug gingen Menschen verwandelt hervor.

So hatten an ähnlichen Morgen meine Kameraden vor mir die Neugeburt erlebt; mitten unter diesen leichtverletzten Beamtenseelen, im Banne der mürrischen Blicke des Herrn Inspektors war plötzlich der Mensch in ihnen gewachsen, der die volle Verantwortung für die Post nach Spanien und Afrika trug, der drei Stunden später den Kampf mit den blitzesprühenden Drachen auf dem Bergkamm des Hospitalet aufnehmen würde und der vier Stunden später nach glücklichem Sieg über dieses Ungeheuer mit uneingeschränkter Vollmacht beschließen durfte, entweder den Bergstock von Alcoy unmittelbar anzugreifen oder ihn übers Meer hin zu umfliegen. Da stand mit einem Male der Herrscher, der sich nur noch mit den Gewitterstürmen, mit Bergriesen und Weltmeeren abgab. Fünf Stunden später gab er dem Winter den Abschied, ließ Schnee und Regen des Nordens hinter sich und setzte mit leerlaufendem Motor im herrlichsten Sommer unter der strahlenden Sonne von Alicante zur Landung an.

Den alten Autobus gibt es nicht mehr. Aber seine Kahlheit und Unbequemlichkeit sind mir lebendig in der Erinnerung geblieben. So wie er war alles, was wir durchlebten, ehe wir die herben Freuden unseres Berufes genießen durften. Alles bekam in diesem Fahrzeug eine geradezu packende Nüchternheit. So erinnere ich mich, wie ich drei Jahre später den Tod des Fliegers Lécrivain erfuhr. Er war einer der hundert Kameraden, die an einem nebligen Tage oder in einer nebligen Nacht ihren ewigen Abschied nahmen. Nicht zehn Worte wurden dabei gewechselt. Es war auch um drei Uhr morgens; es herrschte dasselbe Schweigen. Da tönte plötzlich aus dem Dunkel die Stimme des Direktors, den wir selbst nicht sehen konnten. Er wandte sich an den Inspektor: »Lécrivain ist heute nacht nicht in Casablanca gelandet.«

»So«, sagte der Inspektor, »so!«

Und weil er nun einmal seinen Träumen entrissen war, raffte er sich zusammen, um Diensteifer zu zeigen, und bemühte sich aufzuwachen: »So? Nicht? Da ist er nicht hinübergekommen? Er ist wohl umgekehrt?«

Da kam aus dem Hintergrund des Autobusses das eine Wort: »Nein.« Wir warteten, aber es kam nichts mehr. Und wie sich Sekunde an Sekunde reihte, wurde uns immer klarer, daß diesem Nein kein anderes Wort folgen würde. Es war ein Nein ohne Widerruf. Lécrivain war nicht in Casablanca gelandet; er war nirgends gelandet und würde auch nirgends mehr landen. –

An jenem Morgen meines ersten Fluges machte ich diese unfeierliche Weihe durch wie alle anderen. Mir fehlte dabei das rechte Selbstvertrauen, wenn ich so durch die Scheiben hinaussah, wie sich die Straßenlampen auf nassem Asphalt spiegelten und auf den Pfützen kleine Wellen vom Winde hingejagt wurden. Ich sagte mir: Für deinen ersten Postflug hast du wahrhaftig kein Glück! Ich wandte mich an den Inspektor: »Schlechtes Wetter, was?« Er sah mechanisch zum Fenster hinaus und knurrte nach einer Weile: »Danach kann man nicht gehen.« Und ich grübelte darüber nach, wonach man eigentlich gehen müßte, um schlechtes Wetter zu erkennen. Am Abend zuvor hatte Guillaumet mit einem Lächeln alles Geunke der Alten beiseite gewischt. Nun kam mir das ganze Gerede wieder, mit dem sie uns duckten: »Wenn einer nicht jeden Kieselstein auf der Strecke kennt und er gerät in einen Schneesturm, dann kann er mir leid tun. Ja, ja, dann kann er mir leid tun!« Natürlich, sie mußten ihr Ansehen wahren und sahen uns mit einem leichten Kopfschütteln und einer besonderen, etwas peinlichen Art von Mitleid an, als ob unsere kindliche Einfalt sie erbarmte.

Wie vielen von uns hatte dieser Autobus das letzte feste Dach geboten? Sechzig, achtzig? Alle hatte derselbe schweigsame Fahrer an einem trüben Morgen gefahren. Ich sah mich um. Wie kleine Glühwürmchen standen die Zigaretten in der Dunkelheit. Hinter jeder zogen unbedeutende Gedanken durch eine angegraute Beamtenstirn. Wie vielen von uns hatten diese Leute das letzte Geleit gegeben?

Ich erhaschte einige Bruchstücke von den Gesprächen, die leise geführt wurden. Da ging es um Krankheiten, Geldsorgen und allerlei häusliche Nöte. Jedes Wort ließ die kalte Gefängnismauer ahnen, hinter der diese Leute sich selbst eingeschlossen hatten.

Mir war, als sähe ich plötzlich das Antlitz des Schicksals vor mir.

Du alte Beamtenseele, Kamerad an meiner Seite! Nie hat dir jemand den Weg ins Freie gezeigt, und du kannst nichts dafür. Du hast dir deinen Frieden gezimmert, indem du wie die Termiten alle Luken verschlossen hast, durch die das Licht zu dir drang und durch die du zum Licht schautest. Du hast dich eingerollt in bürgerliche Sicherheit, in Gepflogenheiten, in die erstickenden Bräuche deines Provinzlebens. Du hast dies bescheidene Bollwerk aufgerichtet gegen Sturm und Flut und Gestirne. Du willst dich nicht mit großen Fragen belasten; du hattest genug zu tun, dein Menschentum zu vergessen. Du fühlst dich nicht als Bewohner eines Sterns, der durch den Weltraum irrt, du stellst keine Fragen, auf die du keine Antwort bekommst; nein, du bist ein braver kleiner Bürger von Toulouse. Als es noch Zeit war, hat keiner dich mitzureißen versucht; nun ist der Lehm, aus dem du gemacht bist, eingetrocknet und hart, das verborgene göttliche Spiel in dir wird nie zum Klingen erwachen: tot ist der Dichter, der Musiker, der Sternenforscher, die vielleicht auch in dir einst gewohnt haben.

Nein, ich will mich über den peitschenden Regen nicht beklagen. Der Zauber meines Berufs erschließt mir eine Welt, in der ich schon in zwei Stunden die schwarzen Drachen bekämpfen und gegen die Berge anrennen darf, die blaue Blitze umwallen, wo ich, wenn die Nacht gekommen ist, frei bin und meinen Weg in den Sternen lese.

So verlief unsere Berufsweihe, und dann stiegen wir auf. Die meisten Flüge hatten keine Geschichte. Friedlich versenkten wir uns in die Tiefen unseres Reiches, wie die Berufstaucher ruhig ins Meer hinabsteigen. Heute ist ja alles gut erschlossen. Flugzeugführer, Mechaniker und Funker versuchen keine Abenteuer mehr, sondern verschließen sich in ein förmliches Laboratorium. Sie gehorchen dem Spiel ihrer Instrumente, nicht mehr dem Lauf der Landschaft. Gewiß lauern auch heute noch draußen Berge in der Dunkelheit. Aber es sind keine Berge mehr, es sind unsichtbare Kräfte, deren Nahen man errechnen muß. Der Funker schreibt brav im Schein seines Lämpchens Zahlen auf, der Mechaniker steckt die Ergebnisse auf der Karte ab, und der Flieger gleicht den Kurs aus. Denn die Peilungen verraten, wenn die Berge nicht dort sind, wo er sie vermutete, wenn der Gipfel, den er links liegenlassen wollte, sich heimlich und leise vor ihm aufbaut wie ein gutgetarnter feindlicher Aufmarsch.

Die Funkstationen, die auf der festen Erde wachen, buchen alle ebenso treu zur gleichen Sekunde den gleichen Funkspruch: »0,24, Kurs auf Strich 230. An Bord alles in Ordnung.«

So reist die Besatzung heute. Sie merkt nicht, daß sie fliegt. Weit ist sie von jeder Steuermarke wie ein Schiff nachts auf hoher See. Und doch: die Motoren füllen dies helle Zimmer mit einem Zittern, das alle Dinge bis ins tiefste umgestaltet; ein unsichtbares Zauberwesen wirkt in den Zifferblättern, den Funkröhren, den Instrumenten. Von Sekunde zu Sekunde erneuern kleine Gebärden, halberstickte Worte, ununterbrochene Aufmerksamkeit das Wunder. Und wenn die Stunde gekommen ist, kann der Flugzeugführer mit vertrauensvoller Sicherheit seine Stirn an die Scheiben legen, um hinauszusehen. Gold ist aus dem Nichts geboren und strahlt in den Feuern des Flughafens.

Aber wir alle haben noch jene Flüge gekannt, in denen man sich plötzlich, nur zwei Stunden vom Flugplatz entfernt, durch irgend etwas beunruhigt, so unsagbar einsam fühlte, daß man mitten in Indien nicht verlassener sein konnte; jede Hoffnung auf Rückkehr schien geschwunden.

So kam einst Mermoz auf seinem ersten Flug im Wasserflugzeug über den Südatlantik gegen Abendgrauen in die Gegend des »Schwarzen Topfes«. Da sah er, wie sich die langen Schwänze der Windhosen vor ihm immer enger zusammenschlossen, als ob eine Mauer gefügt würde. Und auf diese angenehme Vorbereitung legte sich die Nacht, so daß er nichts mehr sah. Als er eine Stunde später unter diese Wolke kam, geriet er in ein sinnbetörendes Zauberreich.

Da standen die Wasserhosen dicht beieinander und scheinbar unbeweglich wie die schwarzen Säulen eines Domes. Auf ihren ausladenden Kapitellen trugen sie das düstere, niedrig lastende Gewölbe des Sturmes. Aber Lichtfelder brachen durch die Lücken dieser dunklen Himmelsdecke, und zwischen den grausigen Pfeilern schien der Mond auf die kalten Fliesen des Meeres hinab. Vier Stunden lang flog Mermoz seinen Weg durch diese unbewohnten Ruinen. Er kreuzte von Lichtfleck zu Lichtfleck, er umflog die Riesensäulen, in denen das Meer seine tobende Himmelfahrt feierte, er folgte den hellen Streifen, in denen das Mondlicht in den Tempel einbrach, bis er das Tempeltor erreichte. Und so gewaltig war der Anblick, daß Mermoz, als er endlich den Schwarzen Topf hinter sich ließ, mit Staunen bemerkte, daß er gar nicht dazu gekommen war, Angst zu haben.

Auch ich erinnere mich an eine der Stunden, in denen man die Grenzen der wirklichen Welt überschreitet. Eines Nachts hatten uns die Peilungen, die uns von den Flugplätzen um die Sahara zukamen, ständig irregeleitet. Wir hatten uns weit verflogen, der Funker Néri und ich, bis ich plötzlich durch einen Riß im Nebel tief unten Wasser leuchten sah. Natürlich wendete ich hastig in der Richtung auf die Küste. Aber wir konnten nicht wissen, wie lange wir schon meerein geflogen waren.

Wir mußten damit rechnen, die Küste nicht mehr zu erreichen, da der Treibstoff dem Ende zuging. Und wenn wir schon bis zur Küste kamen, mußten wir noch den Flughafen ansteuern. Nun rüstete sich aber der Mond zum Untergehen; ohne Peilungen waren wir schon taub, nun sollten wir auch noch blind werden. Es wurde immer dunkler, und schließlich war der Mond wie eine mattglühende Kohle in einer Nebelwand erloschen, die wie ein Schneeball wirkte. Auch über uns bedeckten Wolken den Himmel, und so zogen wir zwischen den Wolken und dem Nebel hin in einer lichtlosen, ja geradezu körperlosen Welt.

Die Flughäfen, von denen wir Antwort erhielten, gaben es auf, uns über unsere Stellung zu unterrichten. »Keine Ortsbestimmung möglich. – Keine Ortsbestimmung möglich.« Denn unsere Stimme kam zu ihnen von überall und nirgendwo.

Plötzlich, als wir schon alle Hoffnung aufgeben wollten, erschien links vorn im Blickfeld ein leuchtender Punkt. Ich fühlte, wie mich die Freude durchbrauste; Néri beugte sich zu mir herüber, und ich hörte, daß er sang! Es konnte ja nur der Flughafen mit seinen Leuchtbaken sein. Die Sahara zeigt nämlich nachts kein einziges Licht und ist ein riesenhaftes totes Gebiet. Da aber zuckte das Licht ein wenig und erlosch gleich darauf. Wir hatten einen Stern angesteuert, der kurz vor dem Untergehen für einige Minuten am Blickrande zwischen den Wolken und der Nebelschicht sichtbar wurde.

Nun aber sahen wir andere Lichter und steuerten sie in dumpfer Hoffnung eins nach dem anderen an. Wenn einmal eines nicht beim Nahen entschwand, machten wir den Versuch, der über unser Leben entscheiden konnte: »Wir sehen Leuchtfeuer«, meldete Néri dem Flughafen Cisneros und befahl: »Löscht euer Leuchtfeuer dreimal hintereinander!« Dreimal löschte Cisneros sein Feuer und zündete es dreimal wieder an. Das einsame Licht aber, das wir scharf beobachteten, zwinkerte nicht einmal; es blieb ein menschenunzugänglicher Stern.

Wenn auch der Betriebsstoff zu Ende ging, wir schnappten doch jedesmal nach dem leuchtenden Köder. Jedesmal schien es das unverkennbare Licht eines Leuchtfeuers, jedesmal sahen wir zweifellos den Flughafen und das Leben – und jedesmal mußten wir den Stern wechseln.

Wir fühlten uns verloren im Raum zwischen den Welten, unter lauter unerreichbaren Planeten, auf der Suche nach dem einzigen wahren Stern, nach dem einen, der unsere vertrauten Gegenden beherbergt, freundliche Häuser und alles, woran unser Herz hing.

Der einzige wahre Stern, der eine, der . . . Ich will euch von dem Bilde berichten, das mir erschien und das ihr vielleicht kindisch finden werdet. Aber man bleibt sehr menschlich, auch inmitten der Gefahr. Und ich hatte Durst, und ich hatte Hunger. Wenn wir Cisneros fänden, dann wollten wir gleich weiterfliegen, sobald wir frisch getankt hatten. In Casablanca wollten wir im kühlen Morgengrauen landen – Feierabend! Néri und ich wollten dann in die Stadt gehen; da findet man schon so kleine Wirtschaften, die beim ersten Tageslicht aufmachen. Wir wollten uns dann an einen Tisch setzen und in aller Sicherheit über die vergangene Nacht lachen, vor uns frisches Weißbrot und warmen Milchkaffee. Wir würden dieses morgenfrische Geschenk des Lebens in vollen Zügen genießen.

Die alte Bäuerin kann ihren Gott nur durch ein gemaltes Bildnis, eine kindliche Schaumünze, einen Rosenkranz erreichen. Genauso sammelte sich alle Lebensfreude für mich in dem ersten Schluck des duftenden und warmen Getränks, gemischt aus Kaffee, Milch und Korn, durch den man mit friedlichen Weiden, überseeischen Pflanzungen und heimischen Ernten, kurz, mit der ganzen Welt in Verbindung kam. Unter allen Sternen gab es nur einen, der diese duftende Schale des morgendlichen Mahles in Reichweite für uns bereithielt.

Aber unüberwindbare Fernen türmten sich zwischen unserem Raumschiff und der bewohnten Erde. Alle Reichtümer der Welt wohnten in einem Sandkorn, das unter den Gestirnen verloren schien. Néri, der Sternforscher, suchte es zu erkennen und beschwor die Sterne.

Plötzlich fiel seine Faust schwer auf meine Schulter. Auf dem Zettel, den dieses Zeichen ankündigte, las ich: »Alles macht sich. Empfange eine prächtige Meldung.« Mit klopfendem Herzen wartete ich ab, bis er die fünf oder sechs Worte umgeschrieben hatte, die uns retteten. Und endlich hielt ich das Geschenk des Himmels vor mir.

Der Funkspruch war gegeben zu Casablanca, von wo wir am Abend vorher abgeflogen waren. Seine Weitergabe hatte sich verzögert, so daß er uns nun, 2000 Kilometer weiter, erreichte, zwischen Wolken und Nebel, verloren über dem Weltmeer. Er kam von der Flugpolizei in Casablanca, und ich las: »Herr de Saint-Exupéry. Sehe mich genötigt, Strafmaßnahmen in Paris gegen Sie zu beantragen. Sie haben bei Ihrem Abflug von Casablanca zu nahe am Flugzeugschuppen gewendet.« Natürlich hatte ich das getan, und natürlich tat der Mann nur seine Pflicht, wenn er sich aufregte. In der Dienststube des Flughafens hätte ich den Verweis auch mit Demut eingesteckt. Aber hier suchte er uns, wo er uns nicht zu suchen hatte, mitten unter den wenigen zerstreuten Sternen in diesem Nebelnest, im drohenden Bannkreis des Meeres. Wir trugen in unseren Händen unser eigenes Los, das der Post und des Flugzeuges. Mühsam steuerten wir um Tod und Leben. Und dieser Mensch ließ seinen kleinlichen Haß an uns aus. Aber statt uns zu ärgern, fühlten wir beide, Néri und ich, eine Welle jubelnder Heiterkeit: hier waren wir ja Herren , und er zeigte es uns. Hatte dieser Korporal nicht an unseren Aufschlägen gesehen, daß wir Hauptleute waren? Was störte er unsere Träume, wo wir doch zwischen dem Großen Bären und dem Sternbild des Schützen pendelten, wo die einzige

Frage, die an uns überhaupt herankam und uns beschäftigen konnte, die war, daß uns der Mond verraten hatte?

Die dringendste Pflicht, die einzige Pflicht des Planeten, von dem dieser Mann sich äußerte, war doch, uns Zahlen für unsere Berechnungen im Weltenraum zu liefern. Sonst hatte er vorläufig den Mund zu halten. Und Néri schrieb mir: »Statt sich mit solchem Quatsch abzugeben, könnten sie uns lieber den Weg zeigen.« »Sie«, das waren für ihn alle Völker des Erdenrunds mit ihren Ober- und Unterhäusern, Kriegsflotten und Landheeren und allen ihren Fürsten. Nochmals lasen wir diese Botschaft eines Verrückten, der meinte, uns erreichen zu können, und richteten unseren Kurs auf den Merkur.

Der merkwürdigste Zufall rettete uns. Der Augenblick war gekommen, wo ich die Hoffnung aufgab, Cisneros zu erreichen. Ich nahm den Kurs senkrecht auf die Küste und beschloß, diesen beizubehalten, bis der Brennstoff ausging. So behielt ich wenigstens eine kleine Aussicht, nicht auf See niedergehen zu müssen. Leider befand ich mich Gott weiß wo, da ich den trügerischen Lichtern gefolgt war, und leider ließ uns der dichte Nebel, in den wir auch im günstigsten Falle in dunkler Nacht hinabsanken, wenig Hoffnung, ohne Bruch zu landen. Aber mir blieb keine andere Wahl.

Die Lage war so eindeutig, daß ich trübe mit den Achseln zuckte, als mir Néri eine Botschaft zusteckte, die unsere Rettung bedeutet hätte, wenn sie nur eine Stunde früher gekommen wäre: »Cisneros will uns auspeilen. Cisneros meldet 216.« So war Cisneros nicht mehr in Nacht versunken, es zeigte sich greifbar zu unserer Linken. Aber wie weit? Néri und ich wechselten einige Worte. Es war zu spät, darüber waren wir uns einig. Wenn wir Cisneros ansteuerten, sank die Wahrscheinlichkeit, daß wir die Küste erreichten. Néri funkte deshalb zurück: »Da nur noch für eine Stunde Betriebsstoff, halten wir Kurs auf Strich 93.«

Inzwischen erwachten die Flughäfen einer um den anderen. In unsere Zwiesprache mit Cisneros mischten sich die Stimmen von Agadir, Casablanca, Dakar. Die Sendestationen aller dieser Städte hatten die Flughäfen alarmiert. Deren Vorstände hatten wiederum die Kameraden wachgetrommelt.

Allmählich versammelten sich diese Funkstimmen um uns wie um ein Krankenbett. Gewiß, es war verlorene Liebesmüh. Aber es tat doch wohl. Die Ratschläge nutzten nichts, aber sie waren alle gut gemeint.

Plötzlich meldete sich Toulouse, der Endpunkt der Strecke, dort drüben, hinter viertausend Kilometern. Es gesellte sich mit einem Schlage zu uns und begann ohne Umschweife: »Fliegen Sie die Maschine F (und da folgte die Nummer)?« – Wir: »Ja.« – Toulouse: »Dann haben Sie noch für zwei Stunden Betriebsstoff. Ihr Tank ist kein Normtank. Fliegen Sie Cisneros an!«

So bereichern und verwandeln die Notwendigkeiten eines Berufes die Welt. Ein Verkehrsflieger braucht nicht einmal eine solche Nacht, um neuen Sinn im alten Schauspiel zu entdecken. Die eintönige Landschaft, die den Fluggast ermüdet, spricht zu der Besatzung des Flugzeuges auf vielfältige Weise. Die wolkige Masse, die in der Ferne die Blickgrenze abschließt, bedeutet für den Flieger nicht mehr nur eine schöne Kulisse. Er weiß ja, daß er bald mit Muskelkraft und Geisteskraft gegen sie zu ringen hat. Schon jetzt setzt er sie in seine Rechnung ein. Er mißt sie. Er ist ihr in einer wirklichen Zwiesprache verbunden. Dort ragt, noch in weitem Abstand, ein Berggipfel. Wie wird er sich heute zeigen? Scheint der Mond, dann ist er als Steuermarke willkommen. Aber wenn man blind fliegen muß und die Kursabweichungen nur mit Mühe ausgleicht und nie ganz sicher ist, wo man sich befindet, dann wird der Gipfel plötzlich zum Sprengkörper, der das ganze nächtliche Luftmeer mit seiner drohenden Nähe vergällt, so wie eine einzige Mine, die unter der Wasseroberfläche nach Laune der Strömung umhertreibt, das ganze Meer vergiftet.

Auch die Meere sind so unsagbar verschieden. Der Fluggast kann freilich den Sturm nicht sehen; denn aus solcher Höhe erscheinen die Wellen eingeebnet und die Schaumkronen unbeweglich. Nur weiße Palmen entfalten unter der Sturmbö ihre geribbelten und geränderten Fächer, die wie gefroren wirken. Die Besatzung aber weiß, daß an solchen Stellen jedes Niedergehen verboten ist. Für sie gleichen die Palmwedel den riesigen Blüten giftiger Tropenblumen.

Selbst bei ruhigstem Wetter erlebt der Verkehrsflieger, der irgendwo seinen Streckenabschnitt befliegt, kein gewöhnliches Schauspiel. Die Farben von Erde und Himmel, die Spuren des Windes auf dem Meere, die Wolken, die das Abendrot vergoldet, das alles sind für ihn nicht Gegenstände der Bewunderung, sondern des Nachdenkens. Der Bauer, der über sein Land hinschreitet, spürt aus tausend Anzeichen den Anmarsch des Frühlings, die Drohung des Spätfrostes und die Verheißung des Regens. Der Berufsflieger erkennt ebenso die Zeichen des Schnees, die Zeichen des Nebels, die Zeichen einer friedlichen Nacht. Die Maschine scheint uns von der Natur zu entfernen. Und gerade sie unterwirft uns mit ganz besonderer Strenge den ewigen Naturgesetzen. Mutterseelenallein vor dem gewaltigen Gerichtshof, den ein stürmischer Himmel eingesetzt hat, verteidigt der Flieger seine Post gegen drei Naturgottheiten: Berg, Meer und Sturm.

Die Kameraden

I

Einige Kameraden, unter ihnen Mermoz, errichteten die französische Fluglinie von Casablanca nach Dakar über die ununterworfene Sahara. Die damaligen Motoren waren dieser Beanspruchung nicht gewachsen, und eine Motorstörung lieferte Mermoz in die Hände der Mauretanier. Die Wüstenbewohner töteten ihn nicht sofort, sondern hielten ihn gefangen und gaben ihn nach vierzehn Tagen gegen Lösegeld frei. Mermoz aber nahm seine Flüge über dasselbe Gebiet wieder auf.

Als man die Südamerikalinie eröffnete, war Mermoz wieder einer der ersten. Er erhielt den Auftrag, den Flugabschnitt Buenos Aires – Santiago zu bearbeiten. Nach der Brücke über die Sahara schlug er die Brücke über die Anden. Man gab ihm ein Flugzeug mit nur 5200 Meter Gipfelhöhe. Aber die Kämme der Kordilleren ragen 7000 Meter hoch. Mermoz flog los, um Durchschlüpfe zu finden. Nach dem Sande bot er dem Gebirge die Stirn, er trotzte den Bergen, die im Wind ihre Schneeschärpe flattern lassen, er fürchtete sich auch nicht vor dem unheildrohenden Schwund der Farben vor dem Sturm, er stellte sich den Wirbeln, die so hart stoßen, daß sie den Flieger zum Kampf bis aufs Messer nötigen, wenn sie ihn zwischen zwei Steinwänden packen. Mermoz nahm diesen Kampf auf, ohne den Feind zu kennen, ohne zu ahnen, ob man aus solchem Ringen lebend wieder herauskommen könne. Er »versuchte« es für die anderen. Eines Tages hatte er etwas zuviel »versucht« und sah sich in den Anden gefangen.

Er war in 4000 Meter Höhe auf einer Felsenplatte notgelandet, die ringsum senkrecht abfiel, und versuchte zwei Tage lang vergeblich, mit seinem Monteur zusammen zu entfliehen. Sie saßen fest. Da spielten sie ihre letzte Karte aus und ließen das Flugzeug gegen den Abgrund rollen. Hart sprang es über den unebenen Boden bis zur Felswand und stürzte in die Tiefe. Aber in diesem Sturz bekam es endlich die nötige Geschwindigkeit, um dem Steuer wieder zu gehorchen. Mermoz fing es gegenüber einem Felsgrat ab, hatte Motorschaden nach kaum sieben Minuten Flug, da das Wasser aus dem ganzen Röhrenwerk der Kühlung, das die Fröste oben zerstört hatten, auslief – aber unten sah er die Ebene von Chile wie ein gelobtes Land.

Am nächsten Tage flog er bereits wieder.

Als die Anden erschlossen und die Technik der Überquerung gut entwickelt waren, überließ Mermoz diesen Abschnitt seinem Kameraden Guillaumet und unternahm es, die Nacht zu erforschen.

Die Flughäfen waren damals noch kaum beleuchtet. Auf dem Landefeld stellte man in schwarzer Nacht für ihn drei Karbidfeuer in einer Reihe auf, bei deren magerem Licht er landen mußte. Er schaffte es, und man konnte die Nachtlinie eröffnen.

Als er die Nacht gebändigt hatte, versuchte Mermoz den Ozean. Seit 1931 wurde die Post erstmalig in vier Tagen von Toulouse nach Buenos Aires geflogen. Auf dem Rückflug hatte er eine Ölpanne mitten über dem Südatlantik auf wildbewegter See. Ein Schiff rettete ihn, seine Post und seinen Apparat.

So erschloß Mermoz Wüste, Gebirge, Nacht und Meer. Mehr als einmal litt er dabei Schiffbruch, aber er kam stets zurück, um stets erneut aufzusteigen.

Schließlich, nach zwölf Jahren Arbeit, als er wieder einmal den Südatlantik überflog, meldete er ganz kurz, daß der rechte hintere Motor aussetzte. Und dann kam nichts mehr.

Die Nachricht schien nicht beunruhigend, und doch begannen alle Funkstationen an der Strecke zwischen Paris und Buenos Aires ihr Suchen in banger Sorge. Im Alltag bedeuten zehn Minuten Verspätung nicht viel. Aber im Postflugverkehr bekommen sie folgenschweren Sinn. Ein unbekanntes Geschehen verbirgt sich im Herzen dieser stummen Zeitspanne. Ob es nun bedeutungslos oder unheilvoll ist: etwas ist geschehen. Das Schicksal hat gesprochen, und gegen sein Urteil gibt es keine Berufung. Eine eiserne Hand hat das Flugzeug zu einem harmlosen Niedergehen auf dem Wasser oder zur Vernichtung gelenkt. Das Urteil ist gefällt; aber noch wird es der wartenden Menge vorenthalten.

Wir alle haben erlebt, wie die Hoffnung immer mehr schwand und das Schweigen von Minute zu Minute immer drohender wuchs wie eine tödliche Krankheit. Wir hofften und hofften, und dann waren Stunden vergangen, und es war langsam zu spät geworden. Dann hieß es sich klarmachen, daß unsere Kameraden nie wiederkamen, daß sie im Südatlantik ruhten, dessen Himmel sie so oft durchpflügt hatten. Mermoz war hinter seiner Arbeit zur Ruhe gegangen, wie der Erntearbeiter sich in dem Schatten der Garben ausstreckt, die er so treulich gebunden hat.

Wenn ein Kamerad so stirbt, erscheint uns sein Tod wie ein Vorgang, der im Wesen unseres Berufes liegt. Im ersten Augenblick schmerzt der Verlust sogar weniger als mancher andere. Er ist gewiß nicht mehr bei uns, weil er an seinen letzten Flughafen versetzt wurde. Noch entbehren wir seine Abwesenheit nicht so bitter, wie uns das tägliche Brot fehlen würde.

Wir sind ja daran gewöhnt, lange auf ein Wiedersehen zu warten. Denn die Kameraden der einen Strecke von Paris nach Santiago in Chile sind in die weite Welt verteilt wie Schildwachen, die nicht miteinander sprechen können. Da muß der Zufall der Flugreisen spielen, um hier oder dort die zerstreuten Mitglieder der großen Berufsfamilie zu vereinigen. Nach Jahren des Stillschweigens nimmt man längst unterbrochene Gespräche auf und knüpft alte Erinnerungen wieder an. Für einen kurzen Abend sitzt man um einen Tisch in Casablanca, in Dakar, in Buenos Aires. Und dann geht es wieder weiter. Auf diese Weise ist die Welt leer und reich zugleich. Wir besitzen manche heimlichen Gärten, die man in ihrer tiefen Verborgenheit nur schwer findet, zu denen uns aber unser Beruf doch immer wieder einmal führt. Das Leben trennt uns oft von den Kameraden, es hindert uns sogar, viel an sie zu denken. Aber sie sind da, wenn man auch nicht recht weiß wo. Sie lassen nichts von sich hören, und wir denken kaum an sie, und doch sind sie so treu! Wenn sich dann die Wege kreuzen, packen sie uns bei den Schultern und schütteln uns leuchtenden Auges die Hand.

Jawohl, wir verstehen zu warten.

Aber langsam kommt einem doch zum Bewußtsein, daß wir das helle Lachen von dem einen nie wieder hören werden, daß uns dieser heimliche Garten für immer verschlossen ist. Dann erst beginnt die wahre Trauer, nicht herzzerreißend, aber bitter.

Nichts kann den verlorenen Gefährten je ersetzen. Alte Kameraden kann man sich nicht künstlich schaffen. Nichts wiegt den Schatz so vieler gemeinsamer Erinnerungen auf, nichts das gemeinsame Erlebnis so vieler böser Stunden, die Zerwürfnisse, die Versöhnungen und die Augenblicke, in denen das Herz warm wurde. Solche Freundschaften lassen sich nicht ersetzen. Wenn man eine Eiche pflanzt, darf man nicht die Hoffnung hegen, nächstens in ihrem Schatten zu ruhen.

So geht das Leben. Wir haben uns Schätze erworben, wir haben jahrelang gepflanzt. Aber dann sind Zeiten gekommen, in denen böses Wetter die Arbeit vernichtet und die Wälder gelichtet hat. Einer um den andern sind die großen Bäume gestürzt, einer um den andern haben uns die Kameraden verlassen. Und in unsere Trauer mischt sich leise der Kummer, daß das Altern beginnt.

Die Größe eines Berufes besteht vielleicht vor allem anderen darin, daß er Menschen zusammenbringt. Es gibt nur eine wahrhafte Freude: den Umgang mit Menschen. Das haben uns Mermoz und andere gelehrt. Wenn wir nur für Geld und Gewinn arbeiten, bauen wir uns ein Gefängnis und schließen uns wie Klausner ein. Geld ist nur Schlacke und kann nichts schaffen, was das Leben lebenswert macht.

Sollte ich unter meinen Erinnerungen die namhaft machen, die ihren kräftigen Geschmack behalten haben, sollte ich die Summe der Stunden ziehen, die in meinem Leben zählen, so finde ich gewiß nur solche, die mir kein Vermögen der Welt je verschafft hätte. Die Freundschaft eines Mermoz ist nicht käuflich, man erhandelt keinen Mitkämpfer, an den einen gemeinsam bestandene Prüfungen für immer binden. Der Nachtflug mit seinen hunderttausend Sternen, die lichte Heiterkeit, das Herrengefühl für einige Stunden lassen sich für Geld nicht kaufen.

Das Wiedererleben der Erde nach einem schweren Flug,

die Bäume, die Blumen, die Frauen, deren Lächeln wie neugefärbt ist durch das Leben, das uns mit dem Morgen neu geschenkt wurde, dieses Allerlei von kleinen Dingen, die unser Lohn sind, auch sie lassen sich nicht für Geld erwerben.

Um keinen Preis der Welt möchte ich auch die Nacht im Aufstandsgebiet in Spanisch-Marokko missen, an die ich gerade denken muß.

Drei Besatzungen der Aéropostale waren wir, alle drei im Abenddämmern an der Küste von Rio de Oro notgelandet. Kamerad Riguelle hatte sich als erster wegen Bruchs einer Pleuelstange niedergelassen. Ein anderer, Bourgat, war gelandet, um Riguelle und die Seinen aufzunehmen, aber ein an sich belangloser Schaden hatte auch ihn an den Boden genagelt. Schließlich landete ich, aber da sank schon die Nacht. Wir beschlossen, Bourgats Maschine zu bergen und den Tag abzuwarten, um die Ausbesserung gut auszuführen.

Ein Jahr zuvor mußten unsere Kameraden Gourp und Erable genau an der gleichen Stelle notlanden und wurden von den Aufständischen getötet. Wir wußten, daß auch heute eine Schar von dreihundert bewaffneten Aufständischen irgendwo bei Bojador lagerte. Vielleicht hatten die drei aufeinanderfolgenden Landungen, die weit sichtbar waren, diese Truppe aufmerksam gemacht. Wir begannen eine Nachtwache, die leicht unsere letzte sein konnte.

Wir richteten uns für die Nacht ein. Aus den Laderäumen holten wir fünf oder sechs Warenkisten, leerten sie und zündeten in der Höhlung einer jeden wie in einem Schilderhäuschen eine ärmliche Kerze an, die dort notdürftig vor dem Wind geschützt war. So bauten wir uns mitten in der Wüste auf der nackten Rinde unseres Planeten, in einer Einsamkeit wie zur Stunde der Schöpfung, ein Menschendorf.

Und wir warteten auf dem Hauptplatz unseres Dorfes, auf dem Stückchen Sand, auf das unsere Kisten ihr zitterndes Licht warfen. Wir warteten auf das rettende Frührot oder auf die Mauretanier. Und bis heute weiß ich nicht, was dieser Nacht eine solche Weihnachtsstimmung gab. Wir erzählten einander alte Geschichten, wir neckten uns, und wir sangen.

Wir genossen dieselbe leicht gehobene Stimmung wie mitten in einem wohlvorbereiteten Fest. Dabei waren wir unendlich arm. Wir besaßen nur Wind, Sand und Sterne. Das wäre selbst für Trappisten ein wenig zu hart gewesen. Und doch teilten auf dieser schlechtbeleuchteten Fläche sieben Menschen, die nichts besaßen als die Erinnerungen, unsichtbare Schätze untereinander aus.

In dieser Stunde fanden wir uns. Man geht so lange Zeit nebeneinander her, jeder in seinem Schweigen befangen, oder man wechselt Worte, denen man nichts mitgibt. Da kommt die Stunde der Gefahr, man sucht Schulterfühlung und entdeckt, daß man zusammengehört. Diese Entdeckung anderer bewußter Wesenheiten weitet den Menschen. Man sieht sich an mit lächelndem Verstehen. Es ist einem zumute wie dem befreiten Gefangenen, der staunend die Unendlichkeit des Meeres erkennt.

II

Guillaumet, jetzt muß ich einige Worte über dich sagen! Aber ich will dich nicht bedrücken, indem ich lange bei deinem Mut und bei deiner Berufstüchtigkeit verweile. Ich will etwas ganz anderes veranschaulichen, will von deinem schönsten Abenteuer erzählen.

Es gibt eine Eigenschaft, die noch keinen Namen hat. Manchmal nennt man sie »Besonnenheit«, aber das Wort ist ungenügend. Denn die Eigenschaft, wie ich sie meine, kann mit strahlender Fröhlichkeit zusammengehen. Es ist die Eigenschaft des Zimmermanns, der sich seinem Stück Holz gewissermaßen Mann gegen Mann stellt, der es betastet und abschätzt und ernst nimmt, um all seine Eignung in den Dienst des Werkes zu zwingen.

Ich bekam einmal einen Bericht deines Abenteuers zu lesen und habe mit dieser irreführenden Schilderung ein Hühnchen zu rupfen. Da sah man dich mit Gassenjungenwitzen um sich werfen, als ob Mut darin bestünde, sich im Angesicht größter Gefahren oder gar des Todes zu Schülerspäßen zu erniedrigen. Die Leute haben dich nicht gekannt, lieber Guillaumet, du hast nicht nötig, deine Gegner vor dem Kampf zu verhöhnen. Wenn du auf ein schweres Unwetter triffst, dann sagst du: »Das ist ein schweres Unwetter!« Als solches schätzt du es ein, und als solches nimmst du es hin.

Ich bringe dir hier das Zeugnis meiner Erinnerungen. Seit fünfzig Stunden war Guillaumet überfällig. Es war Winter, und er hatte seinen Flug über die Anden angetreten. Ich kam gerade aus dem hintersten Patagonien zurück und traf den Flieger Deley in Mendoza. Wir beide durchsuchten fünf Tage lang im Flugzeug das Berggewirr, ohne etwas zu finden. Unsere zwei Flugzeuge reichten nicht aus. Es kam uns so vor, als würden hundert Geschwader in hundert Jahren die gewaltige Gebirgsmasse nicht zu Ende erforschen, deren Gipfel bis in die 7000 Meter ragen. Wir gaben jede Hoffnung auf. Sogar die Schmuggler, die Räuber, die dort für fünf Franken jedes Verbrechen wagen, lehnten es ab, sich als Rettungstruppen auf die Vorberge zu wagen: »Wir setzen da nur unser Leben aufs Spiel«, erklärten sie, »im Winter geben die Anden keinen Menschen wieder heraus.«

Als Deley und ich in Santiago landeten, rieten uns die chilenischen Offiziere ihrerseits, die Suche lieber aufzugeben: »Es ist Winter. Ihr Kamerad hat die Nacht nicht überlebt, wenn er schon den Sturz überlebt hat. Die Nacht verwandelt jeden, über den sie kommt, in Eis.«

Als ich mich aufs neue zwischen die gewaltigen Mauern und Pfeiler der Anden verlor, da meinte ich weniger, Guillaumet zu suchen als ihm im tiefen Schweigen eines Schneedomes die Totenwache zu halten.

Schließlich am siebenten Tage, als ich zwischen zwei Überfliegungen in einer Wirtschaft in Mendoza beim Essen saß, stieß ein Mann die Türe auf und rief nur zwei Worte: »Guillaumet lebt!«

Zehn Minuten später war ich in der Luft, nachdem ich zwei Monteure, Lefèvre und Abri, an Bord genommen hatte. Nach vierzig Minuten landete ich neben einer Straße, auf der ich, Gott weiß woran, den Wagen erkannt hatte, der Guillaumet auf San Raphael zuführte. War das ein Wiedersehen! Wir weinten alle, wir erdrückten ihn fast in unseren Armen. Und er lebte, er war auferstanden, er hatte sein eigenes Wunder gewirkt. Da sprach aus ihm, in dem ersten verständlichen Satz, den er herausbrachte, ein herrlicher Männerstolz: »Ich kann dir sagen: was ich getan habe, kein Tier hätte es fertiggebracht!«

Später hat er uns alles erzählt.

Ein Sturm, der in achtundvierzig Stunden den Osthang der Anden mit fünf Meter Schnee bedeckte und die ganze Front versperrte, hatte die Amerikaner der Pan-Air zum Umkehren gebracht. Guillaumet aber flog los und suchte ein Loch im Wolkenhimmel. Etwas nach Süden zu fand er es, stieg bis zu 6500 Metern und schwebte nun über den Wolken, die nicht über 5000 hoch waren. Nur die höchsten Gipfel ragten aus ihnen hervor, und Guillaumet nahm Kurs auf Argentinien.

Fallwinde bereiten dem Flieger oft höchst unbehagliche Augenblicke. Der Motor läuft volle Drehzahl, aber das Flugzeug sinkt. Der Führer nimmt die Spitze hoch, um zu steigen. Dadurch verliert das Flugzeug an Geschwindigkeit und Lenkbarkeit. Zu allem Überfluß sinkt es trotzdem weiter. Da legt er die Maschine wieder waagerecht, denn er muß fürchten, schon zu steil in der Luft zu hängen. Er weicht rechts oder links vom Kurs ab und sucht sich im Aufwind einer Felswand emportragen zu lassen, die wie ein Sprungbrett die Winde abfängt. Aber er sinkt immer noch. Das ganze Luftmeer scheint in rasender Bewegung nach unten, der Flieger wird in einer Art Weltuntergang mitgerissen. Es gibt keinen Ausweg. Vergeblich versucht er zu wenden, um weiter hinten die Gegenden wieder zu erreichen, wo ihn die Luft noch trug, fest und sicher wie eine Säule. Aber die Säule steht nicht mehr. Alles löst sich auf, und in diesem allgemeinen Zusammenbruch sinkt er auf die Wolke zu, die weich und träge ansteigt, ihn erreicht, ihn verschlingt.

»Ein paarmal hatte es mich schon früher beinahe erwischt«, erzählte Guillaumet, »aber ich war noch nicht klug geworden. Über den Wolken trifft man nämlich auf Fallwinde, die stetig scheinen, bloß weil sie sich in gleicher Höhe ständig neu bilden. Oh, im Hochgebirge ist alles verrückt!«

Ja, und die Wolken!

»Wie ich erst drinnen war, ließ ich das Steuer los und hielt mich krampfhaft am Sitz fest. Sonst wäre ich herausgeflogen. Die Stöße waren so hart, daß mir die Schultergurte ins Fleisch schnitten. Hätte ich mich nicht festgehalten, sie wären gerissen. Alle Scheiben waren sofort beschlagen, ich konnte nicht einmal die Geräte ablesen. Wie ein Hut wurde ich von 6000 auf 3500 gerollt.

Bei dreieinhalb sah ich eine schwarze Masse und konnte das Flugzeug abfangen, weil sie waagrecht war. Es war ein See, und ich erkannte ihn: der Diamantsee, der in einem Felskessel liegt, dessen eine Wand, der Vulkan Maipu, bis 6900 Meter aufsteigt. Nun war ich ja die Wolke los, aber sehen konnte ich doch nichts vor dickem Schneetreiben. Den See konnte ich nicht verlassen, ohne an einer der Wände des Kessels zu zerschellen. So flog ich über dem Teich meine Kreise in 30 Meter Höhe, bis mir der Treibstoff ausging. Nach zwei Stunden Zirkus landete ich und machte Bruch. Als ich ausstieg, warf mich der Sturm einfach um. Ich stand wieder auf. Er schmiß mich wieder um. Da blieb mir nichts übrig, als mich unter dem Rumpf zu bergen und mir einen Unterstand im Schnee zu bauen. Ich wickelte mich in Postsäcke ein und wartete zwei Tage.

Dann legte sich der Sturm, und ich zog los. Ich bin fünf Tage und vier Nächte gegangen.«

Ja, was war dabei von unserem Guillaumet übriggeblieben? Wir hatten ihn wieder, aber er sah aus wie seine eigene Mumie, geschrumpelt wie ein altes Weib. Am gleichen Tag noch flog ich ihn nach Mendoza, wo er in ein weiches Bett gesteckt wurde. Aber es konnte ihm nicht gleich helfen. Zu stark rebellierte der zerschlagene Körper. Guillaumet wälzte sich unruhig hin und her und fand weder die rechte Lage noch den Schlaf. Der Körper konnte die Felsen und den Schnee nicht vergessen; er war gezeichnet. Ich schaute in das schwarze, zerbeulte Gesicht, das einer überreifen, zerpufften Birne ähnlich sah. Er schien sehr häßlich und sehr, sehr elend. Die schönen Werkzeuge der Arbeit konnte er nicht gebrauchen: seine Hände waren steif, und wenn er sich auf den Rand seines Bettes setzte, um einmal frei atmen zu können, hingen seine erfrorenen Füße wie tot herunter.

Seine Wanderung war aber noch nicht zu Ende. Noch keuchte er weiter, und kaum hatte er den Kopf in die Kissen vergraben, um Frieden zu finden, da begann in seinem Geist der Zug von Bildern. Sie waren nicht abzuschütteln, sie warteten ungeduldig darauf, ihre Walpurgisnacht zu beginnen. Zwanzigmal mußte er den Kampf gegen die Feinde neu aufnehmen, die aus der Asche auferstanden.

Ich flößte ihm Mengen Tee ein: »Trink, Alter!«
»Und weißt du ... das Sonderbarste ... war doch ...«

So erlebte er sein einzigartiges Abenteuer wieder, aus dem er als Sieger hervorgegangen war, freilich gezeichnet von den schweren Schlägen, die er in diesem Kampf hatte einstecken müssen. Stück für Stück redete er es sich von der Seele, und ich erlebte seinen Marsch noch in der gleichen Nacht mit, so wie er ihn berichtete. Ohne Pickel, ohne Seile, ohne Lebensmittel ging er immer weiter, er erstieg Höhen von 4500 Metern, oder er bahnte sich einen Weg an senkrecht abfallenden Wänden entlang; Blut lief aus Füßen, Knien und Händen bei 40 Grad Kälte. Immer mehr schwanden Blut und Kraft und Denken, aber weiter ging es mit dem besessenen Eigensinn der Ameisen. Er kehrte um, wenn er ein Hindernis umgehen mußte, er stand nach jedem Sturz wieder auf und kletterte die Abhänge wieder hoch, die nur zum Abgrund führten. Er gönnte sich keine Ruhe, denn von dem Schneebett wäre er nie wieder aufgestanden. Tatsächlich, wenn er ausrutschte und hinfiel, mußte er sich schnell erheben, um nicht zu Fels zu werden. Die Kälte versteinerte ihn in wenigen Augenblicken. Wenn er sich nach einem Sturz nur eine Minute zu lange der Ruhe hingab, mußte er die abgestorbenen Muskeln mühsam in Tätigkeit versetzen, um überhaupt wieder hochzukommen.

Tapfer widerstand er allen Versuchungen. Er erzählte es so: »Im Schnee, weißt du, stirbt der Selbsterhaltungstrieb. Nach zwei, drei, vier Tagen Marsch willst du nur noch schlafen. Aber ich sagte mir: wenn meine Frau glaubt, daß ich lebe, dann glaubt sie, daß ich marschiere. Die Kameraden glauben auch, daß ich marschiere. Alle glauben an mich. Da wäre ich ein Schweinehund, wenn ich nicht marschierte.« Und er marschierte weiter. Jeden Tag mußte er mit dem Taschenmesser den Einschnitt in den Schuhen etwas verlängern, damit die erfrorenen und geschwollenen Füße noch Platz fanden.

Er erzählte überraschende Einzelheiten: »Vom zweiten Tage an war meine schwerste Arbeit, mich selbst am Denken zu hindern. Ich litt zu sehr, und meine Lage war hoffnungslos. Wenn ich da den Mut zum Weitergehen behalten wollte, durfte ich nicht nachdenken. Aber leider konnte ich mein Gehirn nur schlecht drosseln. Es arbeitete wie eine Turbine. Aber wenigstens konnte ich ihm vorschreiben, was es sich vorzustellen hatte. Ich brachte es auf einen Film oder auf ein Buch. Dann aber lief der Film oder das Buch mit großer Geschwindigkeit in mir ab, und schließlich führte mich alles wieder auf meine Lage zurück. Da half nichts. Dann steuerte ich das Denken von neuem auf andere Erinnerungen hin ...

Einmal freilich, als er ein größeres Stück auf dem Bauch durch den Schnee gerutscht war, gab er es auf. Es ging ihm wie dem Boxer, dem ein schwerer Schlag allen Kampfgeist ausgetrieben hat, so daß er die Sekunden eine nach der anderen wie in eine fremde Welt fallen hört bis zur zehnten, letzten, unwiderruflichen.

»Ich habe getan, was ich konnte, und es gibt doch keine Hoffnung mehr – wozu soll ich mich weiter schinden?«

Es genügt ja, die Augen zufallen zu lassen, um Frieden fürs Leben zu schließen, um die Felsen, das Eis und den Schnee aus der Welt zu schaffen. Kaum waren die wundertätigen Lider geschlossen, und schon gab es keine harten Stöße mehr, keine wilden Stürze, keine zerrissenen Muskeln, keinen brennenden Frost. Da braucht man das Leben nicht weiterzuschleppen, das einem schwer wie ein Lastwagen anhängt, wenn man stumpfsinnig wie ein Ochse weiterschreitet. Schon fühlte Guillaumet das Gift der Kälte, das wie Morphium ein Gefühl der Beseligung verbreitete. Alles, was ihm an Lebenskraft blieb, sammelte sich am Herzen, etwas sehr Liebes und sehr Kostbares barg sich in der Mitte seines Körpers. Langsam verließ das Bewußtsein die Glieder, und allmählich wurde er aus einem bis an die Grenze des Möglichen leidenden Tier zum empfindungslosen Stein.

Sogar das Gewissen sprach leiser. Unsere Rufe erreichten ihn nicht mehr; es wurden Traumrufe aus ihnen. Beseligt folgte er ihnen in einem Traummarsch mit langen, leichten Schritten ohne alle Mühe, wie man im Flachland geht. Spielend leicht ging es über die Welt hin, die plötzlich so freundlich für ihn war. Kamerad Guillaumet, da wolltest du uns deine Wiederkehr versagen! Aber aus den Hintergründen des Gewissens kam plötzlich die Reue. Klare Bilder mischten sich in den Traum: »Ich dachte an meine Frau. Die Lebensversicherung schützte sie vor Not. Die Lebensversicherung aber ...«

Ein Vermißter wird erst nach vier Jahren für tot erklärt! Dieser Satz verdrängte mit einschneidender Schärfe alle übrigen Bilder. Plötzlich wußte er wieder, daß er flach auf einem steilen Schneehang lag. Seine Leiche würde im Sommer mit dem schmelzenden Schnee in einer der vielen tausend Klüfte der Anden verschwinden. Aber er wußte auch, daß fünfzig Meter vor ihm ein Fels aus dem Schnee aufragte.

»Da habe ich gedacht: Wenn ich aufstehe, komme ich vielleicht so weit, und dann hänge ich mich über den Stein, und im Sommer werde ich dann gefunden.« Nachdem er aufgestanden war, ging er noch zwei Tage und drei Nächte.

Freilich glaubte er nicht weit zu kommen. »Mancherlei ließ mich das Ende ahnen. Ein Zeichen war, daß ich etwa alle zwei Stunden haltmachen mußte, um meine Schuhe etwas weiter aufzuschlitzen und meine anschwellenden Füße mit Schnee zu reiben, oder auch einfach, um das Herz auszuruhen. Die letzten Tage verlor ich das Gedächtnis. Ich war jedesmal schon weit gegangen, ehe ich merkte, daß ich beim letzten Halt etwas hatte liegenlassen. Das erste Mal war es ein Handschuh, und das war bei der Kälte schlimm! Ich hatte ihn vor mich hingelegt und war weitergegangen, ohne ihn aufzuheben. Dann war es die Uhr. Dann das Messer. Dann der Kompaß. Nach jeder Rast war ich ärmer.

Nur eins rettet: ein Schritt – und noch ein Schritt. Immer wieder tut man denselben Schritt.«

»Ich kann dir sagen: was ich getan habe, kein Tier hätte es fertiggebracht.« An diesen Ausspruch mußte ich denken. Konnte man es großartiger ausdrücken? In diesem Satz war der Mensch in seine königliche Stellung gesetzt; die wahre Rangordnung der Natur war wiederhergestellt.

Endlich schlief Guillaumet ein, und das Bewußtsein rastete. Aber in diesem abgewrackten, zerknitterten und verdörrten Körper wurde es gleich beim Erwachen wieder lebendig und mächtig. Da ist der Körper wirklich nur ein gutes Werkzeug, nur ein Diener. Den Stolz, ein solches Werkzeug zu sein, auch den konnte Guillaumet so schön aussprechen: »Wo ich nichts zu essen hatte, kannst du dir denken, daß mein Herz am dritten Marschtag nicht mehr sehr gut ging. Hänge ich da einmal über dem Nichts; denn es ging gerade an einem Steilabfall entlang, wo ich mir Löcher machen mußte, um mich mit den Händen daran zu klammern. Da hat das Herz auf einmal Panne. Es setzt aus, dann springt es wieder an, es klopft verkehrt. Ich spüre: wenn es nur eine Sekunde zu lange aussetzt, dann lasse ich los. Ich halte ganz still und lausche in mich hinein. Niemals, hörst du, niemals, solange ich fliege, habe ich mich so an meinen Motor gehalten wie in den paar Minuten damals an mein Herz. Ich sagte ihm: Feste! Nochmal! Laß nicht nach! Schlag zu! – Aber es war ein Herz erster Wahl, es setzte wohl aus, aber es ging immer wieder an. Du kannst dir gar nicht vorstellen, wie stolz ich auf mein Herz war.«

Endlich war Guillaumet in dem Zimmer zu Mendoza, wo ich bei ihm wachte, in den Schlaf der Erschöpfung gefallen. Ich dachte: wenn man von seinem Mut reden wollte, er würde nur mit den Achseln zucken. Man würde ihm aber auch nicht gerecht, wenn man seine Bescheidenheit hervorheben wollte. Er ist über diese mittelmäßige Eigenschaft hoch erhaben. Nur aus Klugheit gibt er das nicht zu, weil er weiß, daß die Menschen sich überhaupt nicht mehr fürchten, wenn sie erst in den Ereignissen drinstehen. Nur das Unbekannte ängstigt die Menschen. Sobald man ihm die Stirn bietet, ist es schon kein Unbekanntes mehr, besonders wenn man es mit hellsichtigem Ernst beobachtet. Guillaumets Mut besteht vor allem in seinem geraden und offenen Blick.

Aber das ist gar nicht seine besondere Größe; die fließt aus seinem Verantwortungsgefühl. Er fühlt sich verantwortlich für sich selbst, seine Post und die Kameraden, die auf ihn warten. An seiner Entscheidung liegt es, ob sie sich freuen dürfen oder sich sorgen müssen. Er trägt Mitverantwortung für alles, was lebt und was wird und woran er mitbauen soll, also im Rahmen seiner Arbeit für das Schicksal der Menschheit.

Er gehört zu den Wesen, die sich nicht scheuen, ihre Wurzeln und Zweige weit auszubreiten. Mensch sein heißt Verantwortung fühlen: sich schämen beim Anblick einer Not, auch wenn man offenbar keine Mitschuld an ihr hat; stolz sein über den Erfolg der Kameraden; seinen Stein beitragen im Bewußtsein, mitzuwirken am Bau der Welt.

Und solche Menschen will man mit Stierkämpfern und

Spielern in eine Reihe bringen? Man preist ihre Todesverachtung. Ich pfeife auf Todesverachtung. Sie ist nur ein Zeichen geistiger Armut oder jugendlicher Unreife, wenn sie nicht in einer übernommenen Verantwortung wurzelt.

Ich habe einen Fall von Selbstmord erlebt. Irgendein Liebeskummer trieb den jungen Menschen dazu, sich mit größter Genauigkeit die Kugel mitten ins Herz zu jagen. Dazu hatte er, Gott weiß von welchem literarischen Vorbild verführt, weiße Handschuhe angezogen. Ich mußte daran denken, wie sehr ich diese traurige Schaustellung nicht als vornehm, sondern als erbärmlich empfand. Nichts, gar nichts hatte also hinter dieser Menschenstirn über dem freundlichen Gesicht gesteckt, nichts als das Bild eines albernen kleinen Mädchens, das nicht anders war als tausend andere auch.

Gegenüber diesem kläglichen Schicksal erinnere ich mich eines wirklichen Männertodes, des Sterbens eines Gärtners, der mir sagte: »Wissen Sie, manchmal habe ich beim Graben tüchtig geschwitzt, und das Reißen im Bein war kaum auszuhalten, und ich habe über die Knechtschaft geflucht. Und heute, da möchte ich graben, das Land umgraben; nichts kommt mir schöner vor als graben. Dabei ist man doch frei. Und wer wird nun meine Bäume verschneiden?« Er ließ urbares Land zurück, eine urbare Welt. Denn allem Fruchtland und allen Fruchtbäumen der ganzen Welt war er in Liebe verbunden. Er war der Freigebige, er war der Verschwender, der große Herr. Er war – wie Guillaumet der tapfere Ritter, als er im Namen seiner Schöpfung mit dem Tode rang.

Das Flugzeug

Was tut es, Guillaumet, wenn du deine arbeitserfüllten Tage und Nächte mit dem Ablesen von Zifferblättern, mit dem Geraderichten des Flugzeuges, mit ängstlichem Lauschen auf den Atemzug der Motoren, mit dem Kampf gegen fünfzehn Tonnen Metall verbringst? Die Fragen, die dich beschäftigen, sind doch Menscheitsfragen. Dein Blick ist weit wie der der Bergbewohner, kein Dichter kann tiefer die Ahnung der Morgenröte empfinden als du, denn aus der harten Not schwerer Nächte hast du so oft das Erscheinen dieses blassen Lichtbüschels ersehnt, dieses Schimmers, der im Osten dem schwarzen Lande entsteigt. So manches Mal hat sich diese Wunderquelle vor deinen Augen aus dem toten Eise befreit und hat dir Heilung gebracht, wo du zu sterben vermeintest.

Der Gebrauch wissenschaftlicher Geräte hat aus dir keinen trockenen Techniker gemacht. Die guten Leute, die sich über die technischen Fortschritte unserer Zeit so entsetzen, verwechseln, wie mir scheint, Zweck und Mittel. Wer nur um Gewinn kämpft, erntet nichts, was der Mühe wert ist. Aber die Maschine ist kein Ziel, und darum ist auch das Flugzeug kein Zweck, sondern ein Werkzeug, ein Gerät, nicht anders als der Pflug.

Wir denken, daß die Maschine den Menschen erdrückt und zerstört – wohl nur, weil wir noch zu wenig Abstand haben, um die Wirkungen einer so plötzlichen Umstellung zu überblicken. Was sind die hundert Jahre des Zeitalters der Maschine, gemessen an den zweihunderttausend Jahren der Menschheitsgeschichte? Wir sind erst noch dabei, in dem Lande der tiefen Schächte und der riesigen Kraftwerke heimisch zu werden. Wir sind eben erst in das noch unvollendete neue Haus eingezogen. Alles hat sich um uns so schnell geändert, die Beziehungen von Mensch zu Mensch wie die Gesetze von Arbeit und Sitte. Sogar unsere geistigen Wertmaßstäbe sind in ihren tiefsten Tiefen erschüttert. Noch bedeuten die Worte Trennung, Fernsein, Entfernung, Heimkehr dasselbe wie früher und enthalten doch nicht mehr dieselben Gegebenheiten. Um die Welt von heute zu deuten, gebrauchen wir eine Sprache, die für die Welt von gestern geschaffen wurde. Darum scheint uns auch das Leben der Vergangenheit naturgemäßer zu sein, nur weil es unserer Sprache gemäßer ist. Jeder Fortschritt hat uns aus Gewohnheiten, die wir kaum erst angenommen hatten, gleich wieder vertrieben. Wir sind Verbannte, die noch kein neues Vaterland gefunden haben.

Wir sind junge Wilde und staunen über unsere neuen Spielsachen. Die Wettflüge haben keinen anderen Sinn. Einer steigt am höchsten, einer saust am schnellsten, wir aber wissen schon nicht mehr, warum wir sie steigen und sausen lassen. Für den Augenblick ist das Wettrennen wichtiger als sein Gegenstand. So geht es auch dem Gründer eines Weltreiches: für ihn wird Erobern Sinn und Zweck des Lebens. Der Soldat verachtet den Siedler; und doch bleibt das Ziel der Eroberung, den Siedlern die Niederlassung zu schaffen. So haben auch wir im Fortschrittsrausch die Menschen dazu gezwungen, an Eisenbahnen, Werkbauten und Tiefenbohrungen Dienst zu tun, und haben darüber ziemlich vergessen, daß alle diese Anlagen nur geschaffen wurden, um den Menschen zu dienen. Wohl erfüllte uns während des Eroberungskampfes eine soldatische Weltanschauung. Nun aber heißt es siedeln. Wir müssen dem neuen Haus sein Gesicht geben, denn es hat noch keins. Die einen durften bauen, die anderen sollen jetzt wohnen; ein jeder hat so *seine* Wahrheit.

Langsam wird unser Haus sicher menschlicher werden. Die Maschine selbst tritt in dem Maße hinter ihren Aufgaben zurück, als sie vollkommener wird. Es scheint, daß jeder technische Ansturm des Menschen, alle Berechnungen, alle über Plänen und Rissen durchwachten Nächte als letztes sichtbares Ergebnis immer wieder die größte Einfachheit zeitigen, als ob die Erfahrung mehrerer Geschlechter nötig wäre, um langsam die Linien einer Säule, eines Kieles, eines Flugzeugrumpfes zu entdecken, ehe diese endlich die herrliche Schlichtheit erhalten, die die Linie der weiblichen Brust oder der Schulter von

Urzeit an besitzt. Es scheint, daß alle Arbeit der Ingenieure, Zeichner und Redner in den Laboratorien nur den Sinn hat, hier eine Bindung zu vereinfachen, dort einen Flügel anzupassen, bis man überhaupt nicht mehr merkt, daß da ein Flügel an einen Rumpf montiert ist, sondern nur gewahr wird, daß etwas Neues vor uns steht: eine vollentwickelte Form, frei von allen Schlacken, ein gewachsenes Ganzes, das ebenso geheimnisvoll gebunden ist wie eine Dichtung. Vollkommenheit entsteht offensichtlich nicht dann, wenn man nichts mehr hinzuzufügen hat, sondern wenn man nichts mehr wegnehmen kann. Die Maschine in ihrer höchsten Vollendung wird unauffällig.

Die Vervollkommnung einer Erfindung grenzt hart an Erfindungslosigkeit. Erst wenn aus unseren Geräten jede sichtbare Spur der technischen Bearbeitung geschwunden ist und wir sie so natürlich und selbstverständlich wie vom Meer gerundete Kieselsteine ergreifen, wird man langsam vergessen, daß es sich überhaupt um so etwas wie eine Maschine handelt. Bisher standen wir in ständiger Beziehung mit einem sehr komplizierten Mechanismus. Heute schon vergessen wir, daß der Motor sich dreht, denn endlich erfüllt er seine Aufgabe, sich zu drehen, so wie das Herz schlägt. Wir achten ja auch nicht auf unser Herz. Die Aufmerksamkeit wird nicht mehr vom Werkzeug verschlungen, sondern wir vermögen durch es hindurch wieder die alte Natur zu entdecken, die Natur des Gärtners, des Seefahrers, des Dichters.

Der Flieger, der aufsteigt, kommt in Berührung mit Wasser und Luft. Sobald die Motoren angeworfen sind und das Wasserflugzeug schon durch das Meer gleitet, schlägt das harte Plätschern der Wellen gegen seinen Bug wie an einen Gong, und der Mensch kann den Ablauf des Arbeitsvorganges an den Erschütterungen des Rumpfes fühlen. Er spürt, wie das Flugzeug von Sekunde zu Sekunde, in demselben Maße, wie seine Geschwindigkeit zunimmt, an Kraft gewinnt. Er erlebt, wie sich in den fünfzehn Tonnen Baustoff langsam die Reife bildet, die das Fliegen möglich macht. Der Flieger schließt die Hände über den Griffen, und langsam sammelt er wie ein Geschenk in seiner hohlen Hand diese wachsende Kraft. Die metallenen Nerven der Steuerung werden zu Boten seiner Macht. Und wenn der Augenblick herangereift ist, vermag der Flieger mit einer Bewegung, die geringer ist als die des Pflückens einer Blume, das Flugzeug vom Wasser zu lösen und es in die Luft zu erheben.

Die Naturgewalten

Wenn Joseph Conrad einen Taifun recht lebendig darstellen will, spricht er kaum von den Wellenbergen, der Düsternis und dem Sturmtoben. Aber im überfüllten Zwischendeck hat das Rollen und Schlingern das Gepäck der chinesischen Auswanderer zerrüttelt, ihre Kisten zerschlagen und ihre ärmlichen Habseligkeiten wirr durcheinandergeworfen. Das Geld, das sie sich im Laufe eines arbeitsamen Lebens pfennigweise erspart haben, die Erinnerungsstücke, die, so ähnlich sie alle einander sehen, jedem einzelnen einen persönlichen Wert bedeuten: alles bildet ein furchtbares Gewirr, liegt herren- und namenlos umher und verkrustet zu einem unentwirrbaren Chaos. Vom ganzen Taifun zeigt Conrad lediglich das Menschenschicksal.

Wir haben alle schon einmal dieses Unvermögen erfahren, Zeugnis eigener Erlebnisse abzulegen. Wenn wir nach dem Sturm wohlgeborgen in der Speisewirtschaft von Toulouse, unter der Obhut der freundlichen Kellnerin, wieder beisammensaßen, verzichteten wir darauf, von der Hölle zu erzählen. Erzählen und große Gebärden oder gar große Worte wären wie kindische Prahlereien erschienen und hätten den Kameraden nur ein Lächeln abgelockt. Das ist aber nicht zufällig so. Der Wirbelsturm, von dem ich jetzt reden will, war gewiß in seiner Urgewalt das packendste Erlebnis, das mir jemals begegnete. Aber vor der höchsten Steigerung des Erlebens werden Worte schal. Die Sprache ist der Steigerungen nicht in eben dem Maße fähig, wie die Gewalt der Sturmstöße wächst. Alles Bemühen um Ausdruck bleibt leer und schmeckt unangenehm nach Übertreibung.

Allmählich ist mir der tiefere Grund klargeworden, warum man so etwas nicht beschreiben kann. Man will den Ablauf eines Schicksals, das es niemals gegeben hat, in Worten festhalten. Wenn man bei der Schilderung der Schrecknisse Schiffbruch leidet, so nur deshalb, weil man die Schrecknisse erst hinterher, im Nacherleben, in der Rückerinnerung erfunden hat. Beim tatsächlichen Erleben waren sie gar nicht da.

Wenn ich mich trotzdem daran wage, einen Aufruhr der Naturkräfte zu schildern, den ich miterlebte, habe ich von vornherein nicht das Gefühl, ein mitteilbares Geschehen darzustellen.

Ich hatte den Flughafen von Trelew in Richtung auf Commodoro-Rivadavia in Patagonien verlassen. Man überfliegt dort eine Gegend, die zerbeult ist wie ein alter Kessel. Nirgends wirkt die Erde so verbraucht wie dort. Die Luftströmungen, die die Hochdruckgebiete über dem Pazifik durch eine Lücke in der Andenkette hindurchpressen, fangen sich in einem engen Durchbruch von hundert Kilometer Front und bekommen dabei immer größere Geschwindigkeit, so daß sie unter sich alles kahlputzen. Als einzige Bäume stehen in diesem abgeschabten Lande die Bohrtürme der Erdölfelder. Sie gleichen einem abgebrannten Wald. Ab und zu ragen über das rundliche Hügelland, auf dem der Wind nur einen Bodensatz von hartem Kies gelassen hat, Berge hervor, die Schiffsbügen ähneln: spitz, zackig, bis auf die Knochen abgeschunden.

Während der drei Sommermonate steigt die Geschwindigkeit, mit der dieser Wind über den Boden hinfegt, auf dreißig Meter in der Sekunde. Wir kannten ihn gut. Wenn wir erst die Steppe von Trelew hinter uns hatten und an die windbestrichene Zone herankamen, erkannten meine Kameraden und ich an einer blaugrauen Farbe ihr Nahen, und mit einem Ruck zogen wir Bauch- und Schultergurte fester in der Voraussicht auf harte Stöße. Alsbald begann ein schmerzhafter und mühsamer Flug, auf dem man jeden Augenblick in ein unsichtbares Schlammloch zu stürzen begann. Es war Schwerarbeit; eine Stunde lang schufteten wir wie die Hafenarbeiter, und die Schultern ächzten unter dem rohen Hinundhergezerre. Weiterhin, nach Ablauf dieser Stunde, gelangten wir wieder in ruhige Luft.

Unsere Maschinen hielten es aus, und wir verließen uns vertrauensvoll auf unsere Flügelholme. Die Sicht blieb meistens gut und stellte keine besonderen Aufgaben. Wir gingen an diese Flüge heran wie an eine lästige Fron, nicht wie an ein hartes Schicksal.

Aber eines Tages gefiel mir die Farbe des Himmels ganz und gar nicht. Er war blau, strahlend blau, viel zu blau. Hartes Sonnenlicht lag auf dem aufgerauhten Landstrich und ließ in weiten Abständen die abgenagten Berggerippe aufleuchten. Keine Wolke trübte das Licht, aber die Bläue erinnerte mehr denn je an ein frisch geschliffenes Messer.

Ich fühlte das dunkle Unbehagen, das man vor allen Leistungsprüfungen empfindet. Sogar die Reinheit des Himmels verdroß mich. In schwarzen Sturmwolken zeigt sich der Feind ehrlich, man kann seine Stärke abschätzen, die Breite seines Aufmarsches erkennen und sich auf den Ansturm vorbereiten. Im tiefschwarzen Gewitter kämpft man mit dem Gegner Brust an Brust. Aber bei schönem Wetter und in großer Höhe überraschen die Sturmstöße den Flugzeugführer, und er fühlt unter sich die Leere gähnen. Noch eine andere Beobachtung drängte sich mir auf: in gleicher Höhe mit den Bergen zog etwas dahin, kein Nebel, keine Dämpfe, kein Sandsturm, sondern eine Art Aschenflug. Mir mißfielen diese Feilspäne sehr, die der Wind von der Erde abraspelte und dem Meer zutrug. Ich zog meine Gurte ganz fest, steuerte nur mit einer Hand und hielt mich mit der anderen an einer Strebe des Flugzeugs fest. Und dabei flog ich noch in einer bemerkenswert ruhigen Luft.

Endlich zitterte die Maschine in der wohlbekannten Weise, die wirklich schwere Stürme ankündigt: es ist kein Rollen und kein Schwanken; noch schlägt der Wendezeiger nicht weit aus. Der Flug bleibt geradlinig und waagerecht. Und doch hat man in seinen Tragflächen die Botschaft schon aufgefangen: ab und zu ein kaum merklicher Stoß, aber es sind kurze Schläge, als wären von Zeit zu Zeit der Luft kleine Mengen Pulver zugemischt.

Dann aber ging es los, und alles ringsum geriet in Aufruhr.

Über die nächsten zwei Minuten kann ich nichts aussagen. In meiner Erinnerung tauchen nur einige Gedankenfetzen auf, Versuche zu geordnetem Denken und bloße Beobachtungen. Ein erschütterndes Geschehen kann ich aus ihnen nicht machen, denn von einem solchen war gar nicht die Rede. Ich kann sie nur in einer gewissen Reihenfolge anordnen.

Vor allem eins: ich machte keine Fahrt mehr. Da ich sofort nach rechts abgeschwenkt war, um die plötzliche Abtrift auszugleichen, sah ich die Landschaft immer unbeweglicher zu meinen Füßen, bis sie schließlich still stand. Ich kam nicht vorwärts, meine Flügel fraßen sich nicht mehr in das Geländebild unter mir ein. Die Landschaft schwankte und tanzte, aber alles geschah am Ort. Mein Flugzeug war wie ein ausgeleiertes Zahnrad, das in einem verbrauchten Räderwerk abgleitet und nicht mehr fassen will.

Zugleich kam es mir in ganz widersinniger Weise so vor, als zeigte ich mich dem Feind ohne Deckung. Alle die Bergrükken und Felsgrate, alle die Bergspitzen, die ihr Kielwasser in den Windstrom zeichneten und seine Wellen mir zusandten, erschienen mir als ebenso viele Geschütze, die alle auf mich gerichtet waren. Ganz natürlich stieg so in mir langsam der Gedanke hoch, auf meine stolze Höhe zu verzichten und mich in die Tiefe eines der Täler unter einem Berghang zu begeben. Übrigens saugte mich die Erde an, ob ich wollte oder nicht.

So hatten mich die ersten Wellen eines Wirbelsturms gepackt, von dem ich zwanzig Minuten später durch eigene Erfahrung feststellen konnte, daß er über dem Erdboden die unglaubliche Geschwindigkeit von siebzig Metern in der Sekunde erreicht hatte, das sind zweihundertvierzig Kilometer in der Stunde. Aber als ein schicksalschweres Geschehen empfand ich ihn nicht. Wenn ich jetzt die Augen schließe und versuche, von Flug und Flugzeug abzusehen und mein Erleben auf eine einfachste Formel zurückzuführen, so finde ich die Gefühle wieder, die ein Träger hat, der mehrere Pakete im Gleichgewicht aufgepackt bekommt. Er kämpft mit dem Rutschen der Last und fängt ein gefährdetes Stück mit einer raschen Bewegung ein, die ein anderes ins Gleiten bringt. Und wenn er dann recht tief in diesen blödsinnigen Kampf verwikkelt ist, kommt er wohl plötzlich gar in Versuchung, die Arme weit zu öffnen, wodurch der ganze Stapel zu Fall käme. So fühlte ich mich; aber an Gefahr dachte ich mit keinem Schimmer. Wenn man nach dem Gesetz des schnellsten Weges für sprachlichen Ausdruck das Erlebnis in ein Bild schärfster Verkürzung fassen will: ich glich einem Geschirrträger, dem im Ausrutschen sein Stoß von Porzellantellern entgleitet.

Nun bin ich Gefangener eines Tales, und meine Bedrängnis ist größer geworden statt kleiner. Gewiß ist noch niemand an Luftwirbeln gestorben — die Redewendung »durch Luftwirbel an den Boden gedrückt« ist, wie wir alle wissen, eine Zeitungsfloskel. Der Wind kann ja nicht unter die Erde kriechen. Aber in diesem Talgrund habe ich die Herrschaft über meine Maschine zu Dreiviertel eingebüßt. Wie wackelt und schwankt diese Felsgräte vor mir! Nun steigt sie ganz plötzlich bis zum Himmel und schwebt eine bange Sekunde lang drohend über mir, um ebenso plötzlich aus meinem Blickfeld abzusinken.

Mein Blickfeld! Als ob es so etwas noch gäbe! Ich sitze wie eingesperrt zwischen den Kulissen einer mit Versatzstücken vollgepfropften Bühne. Senkrecht stehend, waagerecht schwebend, schief steigend und fallend — wild kreuzen sich die Linien. Hundert Quertäler leiten mit ihren Durchblicken die Augen in die Irre. Kaum komme ich einmal dazu, mich zurechtzufinden, und schon reißt eine neue Sturmwoge mich im rechten Winkel herum oder dreht mich ganz um, und ich darf mich aus meinen Schuttbergen herausfitzen.

Zwei Gedanken gewinnen in mir Gestalt. Zunächst mache ich eine Entdeckung: endlich begreife ich die Ursache mancher Flugunfälle im Gebirge, die das Fehlen jeglichen Nebels rätselhaft machte. Die Flieger haben in einem verhängnisvollen Augenblick in dieser tanzenden Landschaft Steilhänge und waagerechte Bänder verwechselt.

Zugleich aber steigt ein besessener Wunsch in mir hoch: zurück aufs Meer! dort ist es flach, und du kannst nicht anrennen! Ich wende — wenn man diesen fast planlosen Walzer durch die ostwärts offenen Täler wenden nennen kann. Aber immer noch ist nichts erhebend Schicksalhaftes in dem Kampf. Ich ringe mit der Unordnung, ich setze alle Kräfte gegen sie ein und arbeite bis zur Erschöpfung, während jeder gewonnene Erfolg sofort wieder zusammenbricht. Ich spüre gerade nur die völlig natürliche Beklemmung, wenn eine der Mauern meines Gefängnisses drohend gegen mich anrückt wie eine gewaltige Meereswoge. Auch die Angst ist kaum der Rede wert, die mich jedesmal durchfährt, wenn die unsichtbaren Minen springen auf meinem Weg über die schroffen Felsgrate. Wenn ich in diesem Durcheinander dumpfer Empfindungen einen klaren Gedanken namhaft machen kann, so ist es das Gefühl einer zurückhaltenden Hochachtung. Wirklich, ich spüre Hochachtung vor dieser Bergspitze, Hochachtung vor jenem scharfgeschliffenen Grat und vor der Kuppe dort drüben! Und alle Hochachtung vor dem Quertal, das in meines mündet und Gott weiß was für Wirbel schaffen mag, wenn es seinen Sturmbach in den Sturmstrom gießt, der mich mit sich reißt.

Da wird mir, als hätte ich gar nicht mit dem Wind zu kämpfen, sondern mit diesem Felsgrat, mit jenem Bergkamm, mit dem riesigen Steinblock dort drüben. Ja, so weit er noch ist, dieser Steinblock ist mein Gegner und hat es auf mich abgesehen. Durch ein Spiel unsichtbarer Fernwirkungen, durch ein geheimnisvolles Muskelspiel stemmt er sich mir entgegen.

Rechts vor mir kann ich das Salamancahorn erkennen; das ragt übers Meer auf; ich weiß das genau. Also endlich komme ich übers freie Meer! Aber ich muß erst unter den Winden dieser Bergspitze vorbei, durch ihr »Gefälle«, wie wir es nennen. Das Salamancahorn ist ein Riese. Alle Hochachtung vor dem Salamancahorn!

Einen Augenblick darf ich verschnaufen, zwei Sekunden vielleicht. Etwas wird plötzlich fest unter mir, gestaltet sich, packt zu. Ich kann nur staunen und große Augen machen. Es ist, als ob das Flugzeug kraftvoll schwingt, sich entfaltet, sich weitet. An Ort und Stelle wird es in brausendem Höhenflug fünfhundert Meter steil aufwärts emporgerissen. Plötzlich beherrsche ich meine Feinde von oben, wo ich doch seit vierzig Minuten nicht über sechzig Meter hoch kommen konnte. Das Flugzeug wabert wie im Kochtopf. Groß und weit zeigt sich der Ozean. Mein Tal öffnet sich aufs Meer zu, auf die Rettung hin, aufs Heil! – Und da trifft mich ohne jeden Übergang der Stoß des Salamancahorns – tausend Meter davon entfernt. Doch es gereicht mir zum Heil: ich purzle und taumele dem Meer zu.

Ich fliege nun Vollgas auf die Küste zu, landwärts auf die Küste zu!

In ein paar Minuten ist viel geschehen. Zunächst habe ich das Meer nicht angeflogen, sondern wurde auf das Meer ausgeworfen wie von einem gewaltigen Hustenkrampf. Mein Tal spie mich aus wie aus einer Geschützmündung, wie ein Mörser sein Geschoß. Gewiß, ich bildete mir ein, sofort Dreiviertelwendung gemacht zu haben, um nicht planlos von der Küste abgetrieben zu werden. Ich hatte aber die Bewegung kaum ausgeführt, da sah ich das Land schon ganz verwischt in zehn Kilometer Entfernung; es war schon blau wie die Küste eines fremden Erdteils. Das Spitzenwerk der Berge, das sich so fein gegen den Himmel abhob, wirkte wie die Zinnen einer fernen Burg. Ich war fast bis aufs Wasser gedrückt durch die Gewalt der Fallwinde. Ich merkte, daß ich einen Fehler begangen hatte, und suchte wieder zu steigen. Aber da bekam ich erst die volle Kraft der Luftströmung zu spüren: Vollgas voran, zweihundertundvierzig Kilometer in der Stunde, die Höchstgeschwindigkeit jener Zeit, zwanzig Meter über dem Wellengischt – und ich kam nicht weiter! Solch ein Sturm fährt in die Zweige des Tropenwaldes wie Feuer, wirbelt sie und entwurzelt die Riesenbäume wie Kohlstrünke. Hier stürzte er sich von den Bergeshöhen und preßte aufs Meer.

Ich krampfte mich mit ganzer Motorenstärke an diesen Sturm, in den jede Bergzacke ihr Kielwasser wie eine Schlange hinauszischen ließ. Mir war es, als hinge ich angeklammert an der Spitze einer Peitsche, die über das Meer hinauszuckte.

In jenen Breiten ist Amerika schon so schmal, daß die Andenkette dem Atlantik ziemlich nahe kommt. Ich zappelte also nicht nur im Fallwind der Küstenkette, nein, der ganze Himmel stürzte vom Andenkamm auf mich herab. Das erstemal nach vier Jahren Dienst als Verkehrsflieger kam mir der Gedanke, daß die Flügel abbrechen könnten. Auch fürchtete ich einen Sturz ins Meer, nicht wegen der Fallwirbel, denn die bilden naturnotwendig in Meereshöhe eine Auffangschicht. Aber sie trafen mich manchmal in sehr sonderbaren Stellungen, denn unfreiwillig vollführte ich alle Figuren des Kunstflugs. Ich fürchtete ernstlich, ich könnte einmal vor dem Zusammenprall mit einem neuen Luftwirbel nicht geradegerichtet haben. Vor allem aber meinte ich, mein Schicksal ganz klar zu sehen: wenn der Treibstoff verbraucht war, fiel ich einfach ins Wasser. Jeden Augenblick rechnete ich damit, daß die Pumpen nicht mehr faßten. Tatsächlich setzte der Motor immer wieder aus; die Stöße waren nämlich so, daß der Treibstoff in den halbvollen Tanks und Röhren, dem Trägheitsgesetz folgend, plötzlich aufhörte, nachzufließen. Und so ließ mein Motor statt seines ständigen Rollens eine eigentümliche Morsesprache hören, in der lang und kurz tackend wechselten.

Aber der Kampf hatte mich erschöpft; ich umklammerte immer noch das Steuerrad meines schweren Postflugzeugs und fühlte nur noch dumpf. Ohne Erregung sah ich auf die Fährten des Sturms auf der See. Weiße Flockenwälle von achthundert Meter Frontbreite stürmten mit zweihundertvierzig Kilometer Geschwindigkeit in der Stunde auf mich ein; die Fallwirbel waren auf das Wasser aufgeschlagen und sausten nun waagerecht weiter.

Das Meer war zugleich grün und weiß; weiß wie Staubzukker und stellenweise grün wie Smaragd. Die einzelnen Wellen konnte ich in diesem tobenden Durcheinander nicht unterscheiden; auf dem Meere rauschten wahre Stromschnellen. Die Luftströmungen malten ihre Riesenzeichen darauf, wie zur Erntezeit die Spuren des Windes über Kornfelder dahineilen. Gelegentlich ließ die merkwürdig übersteigerte Sicht im Strandschatten einen schwarzgrünen Hintergrund auftauchen. Dann aber zerklirrte die Kristallscheibe des Meeres wieder in tausend weiße Splitter. Ich gab mich verloren. In zwanzig Minuten Kampf hatte ich keine hundert Meter gewonnen. Schon hier, zehn Kilometer vor den Steilklippen der Küste, war das Fliegen so anstrengend, daß ich mich fragte, wie ich in Küstennähe – wenn ich sie je erreichte – den Wirbeln standhalten sollte.

Aber Furcht empfand ich nicht. Wie hätte ich es auch gekonnt? Ich war ausgepumpt und leer. Ich konnte nichts mehr denken, als was zum einfachsten Handeln gehörte: geraderichten, geraderichten und wieder geraderichten.

Augenblicke des Aufatmens gab es immer wieder. Sie glichen gewiß immer noch den heftigsten Stürmen, die ich sonst erlebt hatte. Aber gemessen an dem gegenwärtigen Unwetter empfand ich sie als große Entspannung. Ich mußte mich nicht so schnell umstellen. Obendrein meldeten sich die Ruhepausen zuvor an. Nicht ich flog auf diese »stillen« Striche zu, nein, diese fast grünen Oasen, die sich so deutlich vom Meer abzeichneten, kamen mir entgegen. Auf den Wassern las ich die Verkündigung bewohnbarer Lande. Und sobald mir so ein Augenblick der Ruhe gegönnt war, kehrte die Fähigkeit zu denken und zu fühlen wieder. In diesen Augenblicken fühlte ich mich verloren, und Angst stieg hoch. Wenn ich dann sah, wie sich ein neuer Vorstoß auf mich zu entwickelte, packte mich eine kurze Panik bis zu dem Augenblick, in dem ich am Saume des Gischtes wieder an meine unsichtbare Wand prallte. Dann empfand ich nichts mehr.

Höher hinauf! Dieser Wunsch wurde trotz allem lebendig. Und einmal schien mir die Ruhepause unerschöpflich, und dumpfe Hoffnung stieg wieder auf. Ich werde höhergehen, oben treffe ich andere Luftverhältnisse und komme vorwärts. Ja, das werde ich tun. Ich benutzte die Pause, um in aller Eile den Aufstieg zu versuchen. Hart genug war er, denn die Fallwinde blieben zähe Gegner. Hundert Meter, zweihundert Meter gewann ich ihnen ab. Und im Hirn arbeitete der Gedanke: laßt mich nur tausend Meter hoch kommen, dann bin ich gerettet. Aber schon sah ich von ferne die weiße Meute auf mich zujagen. Ich drückte das Höhensteuer nach, um nicht auf die vollen Tragflächen geschlagen zu werden. Aber es war schon zu spät. Der erste Stoß warf mich herum. Ringsum glitt alles ab, und ich konnte mich nicht mehr halten ...

Wie befiehlt man seinen eigenen Händen? Ich mache eine entsetzliche Entdeckung: meine Hände sind eingeschlafen und tot! Sie geben keine Botschaft weiter, wohl schon seit einer ganzen Weile, ich hatte nur nichts davon gemerkt. Und wenn man es merkt, ist die Sache schlimmer, denn dann quält man sich mit der Frage: Wie befiehlt man seinen eigenen Händen? Das Reißen an den Flügeln hatte eben die ganze Zeit an den Steuerdrähten gezerrt und das Steuerrad wild ausschlagen lassen. Eine Dreiviertelstunde habe ich es krampfhaft festgehalten, um diese Stöße auszugleichen, von denen ich fürchten mußte, daß sie die Drahtseile sprengten. Ich habe zu krampfhaft gehalten, und meine Hände haben jedes Gefühl verloren.

Das ist eine Entdeckung! Meine Hände sind die Hände

eines Fremden. Ich sehe sie an und bewege einen Finger; er gehorcht. Wenn ich aber wegsehe und meinem Finger den gleichen Befehl gebe, vermag ich nicht zu sagen, ob er gehorcht hat; er meldet sich nicht mehr. Wie soll ich noch wissen, ob meine ganze Hand sich öffnet? Ich sehe schnell hin. Beide Hände sind geschlossen geblieben. Aber ich habe Angst gehabt.

Wie soll man die Tatsache, daß eine Hand sich öffnet, von dem Entschluß, sie zu öffnen, unterscheiden, wenn der Austausch zwischen Hand und Hirn nicht mehr arbeitet? Vorstellung und Ausführung einer Handlung verwirren sich. Fort darum mit der Vorstellung von Händen, die sich öffnen! Die Hände leben für sich, ich darf sie nicht in diese entsetzliche Versuchung führen. Ich versenke mich in die krankhafte, törichte, tolle Litanei, ich bete sie vor mich hin bis zum Ende des Fluges; nur ein Gedanke, nur eine Vorstellung, nur ein Satz, den ich ununterbrochen ableiere: »Meine Hände halten fest, halten fest, halten fest, meine Hände halten fest.«

Ich lebe nur noch in diesem Satz, es gibt kein weißschäumendes Meer draußen, keinen Wirbel, keine zackigen Berge. Es gibt nur Hände, die festhalten. Gefahr gibt es keine und keinen Wirbelsturm. Es gibt nur irgendwo zwei Kautschukhände, die sich ein Steuerrad nicht entgleiten lassen dürfen. Ehe sie es wieder gefaßt hätten und den Absturz des Flugzeugs aufhalten könnten, wäre alles vom Meer verschlungen.

Ich weiß nichts, ich fühle nichts, als daß es leer in mir wird. Die Kräfte schwinden, und der Kampfwille verläßt mich. Der Motor klopft seine Morsesprache weiter, lang – kurz in wildem Wechsel, es kracht wie beim Zerreißen von Leinwand. Wenn er mehr als eine Sekunde aussetzt, ist es mir, als ob mein Herz still stünde. Alles aus! – Nein, es geht weiter.

Draußen sind, ich lese es auf dem Thermometer, zweiunddreißig Grad unter Null. Ich aber bin von Kopf bis Fuß in Schweiß gebadet, und Schweiß läuft über mein Gesicht. Was für ein Tanz! Und dann bemerke ich, daß sich meine Akkus aus ihren Stahlbändern gelöst haben. Sie sind gegen die Decke geschmettert und haben diese durchschlagen. Und ich sehe, daß die Rippen der Flügel sich lockern, daß einzelne Steuerkabel bis auf den letzten Strang abgefeilt sind …

In mir wird es immer leerer. Ich ahne, daß bald die Gleichgültigkeit der Erschöpfung und die tödliche Sehnsucht nach Ruhe eintreten werden.

Was kann ich davon erzählen? Nichts. Die Schultern tun mir weh, sehr weh sogar. Als ob ich zu schwere Säcke getragen hätte. Ich neige mich hinaus. In einem grünen Streifen sehe ich den Grund so nahe, daß ich alle Einzelheiten erkennen kann. Da schlägt die Faust des Sturmes auf das Meer, und das Bild ist zerstoben.

Nach achtzig Minuten Kampf bin ich dreihundert Meter gestiegen. Weiter südlich zeigt sich auf dem Meer ein langer Schweif, eine blaue Schleppe. Dorthin will ich mich seitlich abtreiben lassen. Wo ich bin, komme ich nicht vorwärts, wenn ich auch nicht zurückgeworfen werde. Wenn ich diesen blauen ruhigen Strom erreiche, kann ich vielleicht langsam bis zur Küste fliegen. Ich lasse mich also links abtreiben. Obendrein will mir scheinen, daß die Gewalt des Sturmes nachläßt. –

Eine Stunde habe ich für die zehn Kilometer gebraucht! Jetzt bin ich im Schutz der Strandklippen und kann nach Süden abfliegen. – Nun muß ich wieder höher kommen, um über das Land weg den Flugplatz anzusteuern. Und es gelingt, in dreihundert Meter Höhe zu bleiben. Das Wetter ist noch scheußlich, aber es ist kein Vergleich mehr; es ist überstanden.

Auf dem Flugplatz sehe ich einhundertzwanzig Soldaten, die man des Sturmes wegen für mich angefordert hat.

In ihrer Mitte setze ich auf, und dann haben wir für eine Stunde zu tun, ehe die Maschine im Schuppen steht. Ich steige aus, den Kameraden sage ich nichts. Ich bin schläfrig. Langsam bewege ich die Finger, aber sie wollen nicht erwachen. Kaum weiß ich noch, in welcher Angst ich eben schwebte. Habe ich überhaupt Angst gehabt? Ich habe ein einzigartiges Schauspiel erlebt. Welches Schauspiel? Kaum kann ich mich besinnen. Der Himmel war so blau und das Meer so weiß. Eigentlich sollte ich es doch erzählen, denn ich war so weit und bin nun wieder da. Aber ich kann das Erlebnis nicht mehr fassen: Stellt euch ein weißes Meer vor . . . sehr weiß . . . noch viel weißer! Nein! Man kann nichts sagen durch gehäufte und gesteigerte Beiwörter. Solch ein Gestammel reicht nicht an die Dinge heran.

Man kann nichts sagen, weil es nichts zu sagen gibt. In all den Gedanken, die einem das Gemüt erregten, in all den Schmerzen der Schultern lebt kein Schicksal, auch nicht im steilen Zacken des Salamancahorns. Gewiß, es war geladen wie ein Pulverfaß, aber das kann ich nicht erzählen. Sie lachen mich nur aus. Ich empfand große Hochachtung für das Salamancahorn, das ist alles – und das ist kein schicksalhaftes Geschehen.

So etwas gibt es eben nur im menschlichen Zusammenleben; da gibt es Schicksalsgeschehen und heldische Leidenschaften. Morgen wird es mich vielleicht ergreifen, wenn mein Erlebnis sich verklärt hat und ich mich in die Verzweiflung des Wirbelsturms zurückversetze; denn morgen lebe ich wieder und weile wieder unter Menschen. Aber es ist Selbstbetrug dabei. Denn der Mann, der mit Händen und Füßen gegen den Wirbelsturm rang, dachte nicht daran, sich mit dem sorglosen und freien Menschen zu vergleichen, der ich morgen sein werde; er war dazu viel zu beschäftigt.

So ist meine Ausbeute etwas mager; nur eine kleine Entdekkung habe ich mitgebracht. Und nun bewegt mich die Frage: wie vermag man einen Willensakt von einer einfachen Vorstellung in dem Augenblick zu unterscheiden, wo gedankliche Empfindungen die liebliche Übertragung nicht mehr finden?

Ich würde euch sicher tiefer gepackt haben, wenn ich die Geschichte von einem Kinde erzählt hätte, das zu Unrecht bestraft wurde. So habe ich euch durch einen Wirbelsturm geführt, möglicherweise ohne euch zu beunruhigen. Betrachten wir denn nicht auch im Kino Woche für Woche von bequemen Sesseln aus die Beschießung von Schanghai? Ohne Grauen, ja mit Bewunderung können wir zusehen, wie Schwaden von Ruß und Asche aus diesem von vulkanartigen Ausbrüchen zerrissenen Lande langsam gen Himmel steigen. Und doch wird diese schwarze Wolke nicht nur vom Korn der Speicher, vom Erbe vieler Geschlechter, von dem Gut ganzer Sippen genährt; es steigen ja auch die kläglichen Reste armer, verbrannter Kinder in Rauch gehüllt langsam zum Himmel empor.

Aber körperliches Geschehen berührt uns nur, wenn man uns seinen geistigen Hintergrund zu deuten vermag.

Das Flugzeug und der Planet

I

Das Flugzeug ist wohl eine Maschine – indes welch ein unendlich fein empfindendes Gerät! Ihm danken wir die Entdekkung des wahren Gesichts unserer Erde. Jahrhundertelang hatten uns die Straßen getäuscht. Es ging uns wie jener Kaiserin, die ihre Untertanen besuchen wollte, um sich zu überzeugen, ob sie sich unter ihrer Herrschaft wohl fühlten. Ihre Hofleute aber wußten sie zu täuschen und statteten ihren Reiseweg mit allerlei Bildern von Volksglück aus und ließen bezahlte Statisten tanzen. Jenseits des schmalen Reiseweges sah sie nichts von ihrem Reich und ahnte nicht, daß im weiten Lande ringsum die Menschen Hungers starben und sie verfluchten.

So folgten auch wir dem gewundenen Lauf der Straßen.

Sie vermeiden die Wüsteneien, Steinmeere und Sandflächen. Sie fügen sich den Bedürfnissen der Menschen und führen von Brunnen zu Brunnen. Sie leiten den Bauern von der Scheune zum Erntefeld, sie empfangen an der Stalltür das schläfrige Vieh und entlassen es, noch bevor der Tag voll entfaltet ist, zu den nährenden Luzernen. Sie verbinden die Dörfer miteinander, denn man heiratet ja von einem ins andere. Und wenn schon einmal eine Straße es wagt, eine Wüste zu durchqueren, so dreht und wendet sie sich, um auch jede Oase genießerisch mitzunehmen.

Der Betrug dieser Windungen, diese frommen Lügen haben uns lange Zeit das Bild unseres Gefängnisses verschönert. Wir kamen ja auf unseren Reisen an so vielen wohlbewässerten Landstrichen, an reichen Obstgärten und fetten Wiesen vorbei. So schien uns unser Stern voll lebenspendender Feuchte und Lieblichkeit.

Aber unser Blick ist schärfer geworden, und wir haben einen grausamen Fortschritt erfahren. Das Flugzeug hat uns die wahre Luftlinie kennen gelehrt. Kaum ist es aufgestiegen, so verlassen wir schon die Wege, die zu Tränken und Ställen führen oder sich von Stadt zu Stadt schlängeln. Wir sind frei von der vertrauten Knechtschaft, unabhängig von Brunnen und Quellen, und steuern unsere fernen Ziele geradewegs an. Erst auf diesen geradlinigen Flügen entdecken wir den Unterbau der Welt, die Schicht aus Fels, Stein und Salz, auf der an wenigen Stellen das Leben wie Moos an altem Gemäuer schüchtern zu grünen wagt.

Da werden wir zu Forschern, die nach physikalischen und biologischen Gesichtspunkten die Kultur untersuchen, die da unten den Talgrund verschönt und ab und zu, wenn das Klima besonders günstig ist, sich wie ein Park ausbreitet. Wir beurteilen den Menschen mit Weltraumperspektive. Das Fenster am Führersitz ist die Linse eines Mikroskops, und mit neuen Augen lesen wir darin die Weltgeschichte.

II

Der Flieger, der auf die Magalhãesstraße zufliegt, kommt etwas südlich von Rio Gallegos über einen alten Lavastrom. Zwanzig Meter dick lagern die Trümmer über der Ebene. Und dann kommt wieder einer und ein dritter, und von da an trägt jeder Erdbuckel, jeder Hügel von zweihundert Metern seine Krater. Keine stolzen Vesuve sind es, sie schauen aus der Erde wie die Mündungen eingegrabener Mörser, die kaum über das Gelände hervorragen.

Heute herrscht dort Kampfpause. Man erlebt sie mit Erstaunen in dieser außer Dienst gestellten Landschaft, in der einst tausend Vulkane einander ihre Salven entgegenspien. Jetzt überfliegt man ein stummes Land, das von schwarzen Gletschern übersät ist.

Weiter südlich sind ältere Vulkane bereits von einem goldenen Rasen bedeckt. Ab und zu sprießt sogar ein Baum in ihren Spalten wie in einem alten Blumentopf. Im fahlen Abenddämmerlicht wirkt die Ebene gepflegt wie ein Park, dank dem kurzen Grase; nur rings um die größten Schlünde ist sie ein wenig zerklüftet. Da springt ein Hase auf, ein Vogel schwirrt hoch, das Leben hat von einem jungen Stern Besitz ergriffen, wo die gute Krume fruchtbarer Erde sich endlich auf dem nackten Gestein angesiedelt hat.

Kurz vor Punta Arenas häufen sich die letzten Krater. Ein lückenloser Graswuchs schmiegt sich den Unebenheiten der Feuerberge an; die sind gebändigt und sanft, jeder Riß ist durch den zarten Pflanzenwuchs vernäht. Der Boden ist glatt, die Hänge flach, man vergißt ihre Entstehung. Das grün Gras erstickt das düstere Malzeichen, das diesen Hügeln aufgebrannt war.

Und nun kommt die südlichste Stadt der Welt, Punta Arenas, die ihr Dasein einem bißchen Erde zwischen starrer Lava und dem noch starreren Eis des Südpols verdankt. So kurz nach dem Überfliegen der schwarzen Güsse fühlt man das Wunder des Menschen doppelt. Man kann es kaum begreifen und weiß nicht recht, wieso der Wanderer Mensch die Gärten, die ihm die Natur hier bereitet hat, mit solcher Unbefangenheit bewohnt. Sie sind ja nur für so kurze Zeit bewohnbar, für ein Zeitalter der Erdgeschichte, für einen glücklichen Tag.

Ich bin in der wohltuenden Abendkühle gelandet. Punta Arenas! Ich lehne an einem Brunnen und folge mit den Augen den Mädchen. So nahe solcher Anmut fühle ich das Wunder Mensch doppelt. Der Mensch allein baut um sich herum eine Einsamkeit, wo doch sonst in unserer Welt Leben so leicht zu Leben findet, wo sich die Blumen im Windstrich zu Blumen gesellen und alle Schwäne einander kennen. Wie sind wir doch im Geist voneinander getrennt! Ein Jungmädchentraum scheidet sie von mir; wie soll ich daran teilhaben? Was weiß ich von dem jungen Mädchen, das mit langsamen Schritten heimgeht, die Augen niedergeschlagen, sich selbst zulächelnd, den Kopf voll von liebenswürdigen Vorstellungen und süßen Träumen? Vielleicht hat sie sich aus den Gedanken, der Stimme, dem Schweigen ihres Liebsten ein Königreich gebaut. Dann sieht sie alle Menschen außer dem einen als Wilde an. Ich spüre: sie ist in ihrem Geheimnis, in ihren Gewohnheiten, in dem singenden Nachhall ihrer Erinnerungen fester verschlossen, als wenn sie auf einem anderen Stern lebte. Gestern erst ward sie aus Vulkanen, aus grünem Gras oder aus dem Salzschaum des Meeres geboren. Mir erscheint sie schon halb mythisch.

Punta Arenas! Ich lehne an einem Brunnen. Alte Frauen kommen, Wasser zu holen. Vom Trauerspiel ihres Lebens werde ich nie etwas anderes erfahren als diese Mägdearbeit. Ein Kind weint leise vor sich hin, an die Mauer geschmiegt; von ihm wird in meiner Erinnerung nichts bleiben als das Bild eines schönen, auf ewig untröstlichen Kindes. Ich bin fremd hier. Alles ist mir unbekannt. Königreiche sind mir verschlossen.

Auf welch winziger Bühne rollt das große Spiel des menschlichen Hasses, der menschlichen Freundschaften und Freuden ab! Woher haben die Menschen ihren Blick auf die Ewigkeit, wo sie doch vom Zufall auf eine noch warme Lava geworfen sind und schon vom andringenden Sand und Schnee bedroht werden? Ihre Kultur ist nur eine dünne Vergoldung, die ein Vulkanausbruch zerreißt, ein neues Meer wegwäscht, ein Sandsturm begräbt.

Wohl kann man sich einbilden, daß diese Stadt auf wirklich festem Boden ruht, reich und tief wie das Ackerland der Beauce, des Gartens von Frankreich. Aber man vergißt, daß hier wie überall das Leben ein Luxus ist, daß unter den Schritten der Menschen der Boden nirgends sehr fest und tief ist. Zehn Kilometer von Punta Arenas kenne ich einen Teich, der uns das erleben läßt. Rundum stehen verkrüppelte Bäume und kleine Häuser, so daß er wie ein Dorfteich aussieht. Und doch wirken auf ihn in unerklärlicher Weise die Gezeiten. Nacht und Tag atmet er langsam unter soviel friedlichen Wirklichkeiten. Mit seinem Schilf und all den spielenden Kindern gehorcht er anderen Gesetzen: unter seinem glatten Spiegel mit dem einzigen alten Kahn arbeitet die Kraft des Mondes, das bewegte Meer beeinflußt in seiner Tiefe diese schwarze Wassermasse. Ein eigenartiger Stoffwechsel findet statt, von dort bis zur Magalhãesstraße, unter der Schicht von Gras und Blumen. Dieser Teich von hundert Metern Breite, dicht bei einer Stadt, in der man ganz im Reich der Menschen zu sein glaubt, hat den Pulsschlag des Ozeans.

III

Wir bewohnen einen Wandelstern. Manchmal zeigt er uns seine Herkunft; ein Teich, der mit dem Meer in Verbindung steht, läßt uns verborgene Verwandtschaften ahnen. Aber ich habe als Flieger noch mehrere dieser Zeichen kennengelernt.

An der Saharaküste zwischen Cap Juby und Cisneros überfliegt man von Zeit zu Zeit Tafelberge in Form von Kegelstümpfen, deren Breiten zwischen einigen Hundert Schritten und dreißig Kilometer schwanken. Ihre Höhe ist auffallend gleichmäßig und beträgt dreihundert Meter. Wie die Höhe, so ist auch die Farbe, die Bodenbeschaffenheit und die Form des Abfalls die gleiche. Die Säulen eines alten Tempels, die aus dem Sande ragen, weisen die Spuren der zusammengebrochenen Fluchtlinie auf; gerade so zeugen auch diese einsamen Pfeiler von einer großen Hochfläche, die sie einst vereinigte.

In den ersten Jahren der Linie Casablanca – Dakar, als die Motoren noch unzuverlässig waren, zwangen uns Motorstörungen, Nachforschungen und Hilfeunternehmungen oft, im Aufstandsgebiet zu landen. Sand ist aber tückisch; man hält ihn für fest und sinkt ein. Auch die alten Salinen, die so fest scheinen wie Asphalt und unter dem Schuh hart aufklingen, geben manchmal unter dem Gewicht der Räder nach, und dann öffnet sich die weiße Salzkruste über einem tückischen, schwarzen Sumpf. Darum suchten wir nach Möglichkeit auf den ebenen Oberflächen der Tafelberge zu landen, die keine tückischen Gefahren verbargen.

Diese Sicherheit danken sie dem Vorhandensein eines festeren, grobkörnigen Sandes, einer Anhäufung kleiner Muschelschalen. Oben sind diese noch ziemlich lose; wenn man aber einen der Grate hinabsteigt, kann man beobachten, wie sie sich immer stärker verkitten. In der ältesten Ablagerung am Fuß der Bergmasse bilden sie schon reinen Kalkstein. Zur Zeit, als Serre und Reine bei den Aufständischen gefangen waren, ging ich einmal auf einem dieser Notlandeplätze nieder, um einen mauretanischen Unterhändler abzusetzen. Ehe ich abflog, schaute ich mit ihm aus, ob auch ein Weg da war, auf dem er hinuntergelangen konnte. Aber unsere Tafel endete überall in einem Steilabfall, der senkrecht in die Tiefe ging mit Falten wie ein Vorhang. Ein Abstieg erschien undenkbar.

Und doch blieb ich noch ein wenig dort, ehe ich aufstieg, um eine andere Landungsstelle zu suchen. Ich empfand eine vielleicht kindliche Freude, mit meinen Spuren ein Land zu zeichnen, das noch nie ein Wesen, Mensch oder Tier, entweiht hatte. Kein Mauretanier hätte je diese Festung bezwingen können, kein Europäer hatte das Land durchforscht. Ich beschritt also völlig jungfräulichen Boden. Als erster ließ ich den Muschelstaub wie edles Gold von einer Hand in die andere gleiten. Als erster störte ich das Schweigen dieses Ortes. Auf diesem Block, der, wie eine Eisscholle, solange er steht, keinen Grashalm hervorgebracht hat, war ich wie ein vom Winde verwehtes Samenkorn, der erste Zeuge des Lebens.

Schon leuchtete ein Stern, und ich sah ihn an. Ich dachte, wie die weiße Fläche, auf der ich mich befand, seit Hunderttausenden von Jahren nur den Sternen dargeboten war, ein fleckenloses Tuch unter den reinen Himmel gebreitet.

Da durchfuhr es mich wie einen Forscher im Augenblick einer großen Entdeckung: ich sah auf diesem Tuch kaum zwanzig Meter von mir einen schwarzen Kiesel.

Hier stand ich, auf einer dreihundert Meter dicken Schicht von Muschelschalen, die in ihrer gewaltigen Höhe als bündiger Beweis dem Vorhandensein irgendeines Steines widersprachen. Unten, in unterirdischen Tiefen, da mochten Kieselsteine schlafen, die von den langsamen Bewegungen der arbeitenden Erde gehoben wurden. Aber welches Wunder ließ einen von ihnen zu dieser viel zu jungen Oberfläche steigen? Mit klopfendem Herzen hob ich meinen Fund auf: ein harter, schwarzer Stein von Faustgröße, schwer wie Metall und tropfenförmig ...

Auf ein Tuch, das man unter einem Apfelbaum ausbreitet, fallen Äpfel – ein Tuch unter den Sternen kann nur Staub von Gestirnen erhalten. Kein Meteor hatte je so eindeutig seine Herkunft dargetan wie dieser schwarze Stein.

Mir kam, als ich wieder aufsah, die Einsicht, daß von dem Himmelsbaum sicher noch mehr Früchte gefallen waren. Sie mußten noch an der Stelle liegen, wo sie hingefallen waren, denn seit Hunderttausenden von Jahren hatte sie nichts gestört. Sie gingen ja mit anderen Stoffen keine Verbindung ein. Ich machte mich auf die Suche, meine Vermutung zu überprüfen. Und sie stimmte. Ich fand Steine, so etwa einen auf den Hektar. Alle sahen aus wie versteinerte Lava und waren hart wie Diamanten und schwarz wie Kohle. Meine Felstafel war wie ein Niederschlagmesser für fallende Sterne. Ich erlebte so gleichsam eine packende Zeitrafferaufnahme des langsamen Feuerregens, der aus dem Weltraum auf die Erde niedergeht.

IV

Das Wunderbarste war aber doch, daß auf dem runden Rükken unseres Sterns zwischen diesem magnetischen Tuch und den Gestirnen ein menschliches Bewußtsein lebte, in dem dieser Regen sich spiegeln konnte. Auf urweltlichen Gesteinsschichten kann man nur Wunder träumen.

Mir kommt die Erinnerung an einen Traum.

Einmal war ich mitten im dichten Sand notgelandet und wartete auf den Morgen. Die goldgelben Hügel boten dem Mond ihre leuchtenden Seiten, die Schattenseiten aber stiegen schwarz bis zu der Lichtscheide empor. In dieser Riesenhalle aus Licht und Schatten herrschte der Friede der Arbeitsruhe, aber auch ein tückisches Schweigen, in dessen Mitte ich einschlief.

Beim Erwachen sah ich nichts als das tiefe Becken des Nachthimmels, denn ich lag mit ausgebreiteten Armen rücklings auf einem Dünengrat und sah ins Sternengewimmel. Ich war mir damals noch nicht so recht klar, wie tief dieses Meer ist, und so faßte mich der Schwindel, als ich es plötzlich entdeckte. Ich fand keine Wurzel, an die ich mich klammern konnte, und kein Dach und kein Zweig waren zwischen diesem Abgrund und mir. Ich war schon losgelöst und begann hineinzufallen wie ein Taucher ins Meer.

Aber ich fiel nicht. Ich fühlte mich vom Kopf zu den Zehen mit unzählbaren Banden der Erde verknüpft. Es war beruhigend, ihr mein Gewicht zu überlassen: die Schwerkraft schien mir allgewaltig wie die Liebe. Ich fühlte, daß die Erde meinen Rücken stützte, mich hielt, mich hob und schließlich in die Weite der Nacht führte. Ich fühlte mich der Erde verbunden mit einem Druck, der dem glich, der uns in Kurven auf den Führersitz preßt. Ich genoß die herrliche Stütze, ihre Festigkeit und Sicherheit. Unter mir fühlte ich den gebogenen Rumpf eines Flugzeugs.

Das Gefühl, gehoben zu werden, war so deutlich, daß es mich nicht erstaunt haben würde, wenn in dem Schoß der Erde die Hebel und Streben gestöhnt hätten, so wie alte Segelschiffe knarren, wenn sie sich aufrichten oder anlegen, oder wie verärgerte Flußkähne mürrisch ächzen. Aber in der Tiefe der Erde blieb es still. Nur der Druck an meinen

Schultern blieb, ausgeglichen, stetig, ewig gleich. Schwebend hing ich an der Erde wie die Leichen der Galeerensklaven an ihren Ketten auf dem Grund des Meeres. Ich überdachte meine Lage. Ich war verloren in der Wüste und furchtbar bedroht, nackt zwischen Sand und Sternen, fern von meinem Leben einem Übermaß von Stille ausgeliefert. Ich wußte, daß ich Wochen und Monate zur Rückkehr brauchen würde, wenn mich nicht ein Flugzeug fand oder gleich morgen die Mauretanier umbrachten. Hier besaß ich gar nichts, ich war nichts als ein armer Verirrter, der wohlig fühlte, daß er atmete.

Und dennoch durfte ich entdecken, wie reich an Träumen ich war. Sie kamen zu mir, lautlos wie das Wasser einer Quelle, so daß ich mir zuerst das Glücksgefühl nicht zu deuten wußte, das mich durchdrang. Keine Stimme war zu hören, keine Gestalt zu sehen, und doch fühlte ich, daß etwas bei mir war, eine nahe und schon fast erkannte Freundschaft. Plötzlich wußte ich, was es war, und gab mich mit geschlossenen Augen dem Zauber meiner Erinnerungen hin.

Da war ein Park, irgendwo, ein geliebter Park mit schwarzen Tannen und lichten Linden, und dabei stand ein Haus. Es war auf einmal ganz gleichgültig, daß alles dies so weit von mir entfernt war und mich nicht wärmen und nicht schützen konnte. Es war ja nur ein Traum. Es genügte, daß es dieses Haus gab, um meine Nacht mit seiner Gegenwart zu erfüllen. Ich war nicht mehr Strandgut auf wilder Küste, ich hatte ein Heim, ich war Kind im Vaterhause, mich umwehte die Erinnerung an seinen Geruch, an die Kühle in seinen Räumen, an die Stimmen, die es belebt hatten. Selbst das Froschgequake in den Teichen glaubte ich zu hören. Aber dieser Zeichen hatte es bedurft, damit ich erkannte, wieviel mir hier in der Wüste fehlte. Ich ahnte ihr Wesen und den Sinn dieser Stille, dieses tausendfachen Schweigens, in dem selbst die Frösche verstummten.

Aber nun war ich nicht mehr allein mit Sand und Sternen. Was ich um mich sah, sprach nur noch kühl zu mir. Sogar der Blick in die Unendlichkeit, den ich zu tun vermeinte, kam gar nicht aus der augenblicklichen Umwelt, wie ich erst geglaubt hatte. Ich merkte auch, woher er kam. Ich sah die großen schweren Schränke des Hauses wieder, die sich über Stapel schneeweißer Leinwand und eisgekühlter Vorräte schlossen. Die alte Haushälterin trabte wie eine Maus von einem zum anderen. Sie mußte die gebleichte Leinwand immer wieder nachschauen, entfalten und wieder zusammenlegen und wieder und wieder zählen. Jedesmal rief sie: »Ach je, ach je!« und »Mein Gott, wie schrecklich!«, sooft sie ein Zeichen des Verschleißes bemerkte, das bedrohlich andeutet, daß das Haus mit seinen Schränken nicht ewig stehen würde. Sie trippelte hin und trippelte her, und zwischenhinein saß sie und verdarb sich die Augen an einer Lampe; denn sie mußte doch diese heiligen Altartücher ausbessern, diese unentbehrlichen Segeltücher flicken, im Dienst eines Größeren als sie war, eines Gottes oder eines großen Schiffes.

Fräulein Sophie, von dir muß ich doch etwas reden. Bei der Heimkehr von meinen ersten Flügen, da traf ich dich jedesmal mit der Nadel in der Hand, bis über die Knie in deinen Meßgewändern, jedes Jahr hattest du einige Falten mehr, waren deine Haare etwas weißer. Immer aber warst du dabei, für unseren Schlaf Laken ohne Falten und für unsere so feierlichen Mahlzeiten Tischtücher ohne Naht vorzubereiten. Ich besuchte dich in deiner Wäschekammer, setzte mich zu dir und erzählte dir meine Abenteuer und Todesgefahren. Ich wollte dich erschüttern, deine Augen für die große Welt öffnen und dich deiner kleinen Welt abspenstig machen. Du sagtest, ich hätte mich gar nicht verändert. Die Hemden hätte ich mir schon als Junge zerrissen – wie schrecklich! – und die Knie hätte ich mir auch schon immer aufgeschlagen. Ich wäre auch damals schon oft heimgekommen, um mich verbinden zu lassen, genau wie heute. – Aber nein doch, Tante Sophie, nein, ich komme nicht bloß aus dem Park, ich bringe doch den herben Duft der Einsamkeit, den Wirbeltanz des Sandsturmes, den hellen Schein des Mondes in der Tropennacht mit! – Doch, doch, sagtest du, die Jungen rennen, brechen sich die Knochen und denken, sie wären Helden. – Aber nicht doch, Tante Sophie, ich habe mehr gesehen als nur den Park. Wenn du wüßtest, wie klein dies Schattenplätzchen ist, wie verloren im Sand, im Granit, im Urwald, im Ursumpf. Weißt du überhaupt, daß es Gegenden gibt, wo die Menschen die Büchse in Anschlag bringen, wenn sie einen anderen Menschen sehen? Weißt du, daß es Wüsten gibt, in denen man in kalter Nacht im Freien schläft, ohne Dach, Tantchen, ohne Bett und ohne Laken? – Ach, du Wildfang! sagtest du.

Tantchens Glaube war so unerschütterlich wie der einer frommen Seele. Sie tat mir leid in ihrem engen Lebenskreis, der sie blind und taub machte. Aber in jener Nacht in der Sahara, die ich von allem entblößt zwischen Sand und Sternen zubrachte, ließ ich ihr Gerechtigkeit widerfahren.

Was geht denn in mir vor? Mein Gewicht bindet mich an den Boden, wo doch alle Sterne mich magnetisch anziehen. Aber wieder ein anderes Gewicht wirft mich auf mich selbst zurück und zieht mich zu so vielen fernen Dingen. Meine Träume sind wirklicher als der Mond, als die Dünen, als alles, was um mich ist. Oh, das Wunder des heimatlichen Hauses besteht nicht darin, daß es uns schützt und wärmt, es besteht auch nicht im Stolz des Besitzes. Seinen Wert erhält es dadurch, daß es in langer Zeit einen Vorrat von Beglückung aufspeichert, daß es tief im Herzen die dunkle Masse sammelt, aus der wie Quellen die Träume entspringen.

Meine Sahara, die Erinnerung an meine alte Nähfrau hat dich verwandelt durch und durch!

Die Oase

Jetzt habe ich so viel von der Wüste erzählt, daß ich nun auch eine Oase beschreiben möchte. Diejenige, an die ich denken muß, liegt nicht etwa in der Sahara. Aber das ist nur ein neues Wunder des Flugzeugs, daß es uns sofort ins Unbekannte führt. Eben noch war man ein eifriger Naturforscher hinter den Fenstern des Führersitzes und betrachtete kühlen Herzens die Städte in der Ebene, deren jede in einem Straßennetz sitzt wie eine Spinne. Aber dann hat die Nadel an einem Zifferblatt etwas gezittert, und der grüne Fleck dort unten ist zu einem Weltall geworden; das Kulturland ist ein grünes Rasenstück in einem ausgestorbenen Park.

Nicht der Abstand bestimmt die Entfernung. In der Enge unseres heimatlichen Gartens kann es mehr Verborgenes geben als hinter der Chinesischen Mauer. Das Herz eines kleinen Mädchens ist oft besser geborgen im Schweigen ihres Mundes als die Oasen der Sahara hinter weiten Strecken Sand.

Ich will von einer kurzen Zwischenlandung irgendwo in der Welt berichten. Zufällig fand ich meine Oase bei Concordia in Argentinien, sie hätte aber überall sonst sein können. Das Oasenerlebnis begegnet uns häufig genug.

Ich war auf einem Felde notgelandet und ahnte nicht, daß ich alsbald ein Märchen erleben sollte. Der alte Ford, in dem mich das friedliche Ehepaar, das mich aufgelesen hatte, heimfuhr, war nicht im geringsten auffällig.

»Wir behalten Sie zur Nacht!«

Nach einer Wegbiegung lag vor uns im hellen Mondlicht eine Baumgruppe und dahinter das Haus, und was für ein merkwürdiges Haus: untersetzt, massig, beinahe eine Burg, ein Sagenschloß, das freilich, sobald man erst drin war, einen so friedlichen und geborgenen Aufenthalt bot wie ein Kloster.

Da erschienen zwei junge Mädchen und sahen mich ernsthaft an, als ob sie wie Grenzhüter an einem verbotenen Königreich über die Einlaßsuchenden zu entscheiden hätten. Das jüngere verzog sogar das Gesicht und schlug mit einer grünen Gerte auf den Boden. Dann wurden wir einander vorgestellt, sie reichten mir wortlos die Hände mit einem fast feindseligen Blick und waren verschwunden.

Der Auftritt machte mir Spaß und entzückte mich zugleich. Alles kam so einfach, still und schnell wie das erste Wort eines Geheimnisses.

»Sie sind verschüchtert«, meinte der Vater.

In Paraguay hatte mir eine Pflanze gefallen, die ihre kecke Nase zwischen den Pflastersteinen der Stadt hervorstreckt, als sollte sie im Auftrag des unsichtbaren, aber allgegenwärtigen Urwalds einmal ausschauen, ob die Menschen immer noch die Stadt bewohnten, oder ob der Augenblick schon gekommen wäre, all die Steine zu stürzen und zu überwuchern. Solch halber Verfall, ein Zeichen von übergroßem Reichtum, beeindruckte mich. Hier kam ich noch mehr auf meine Kosten. Alles war köstlich verfallen wie ein moosbedeckter, vom Alter rissiger Baum, wie eine Holzbank, auf der schon zehn Generationen von Liebespaaren gesessen haben. Die Täfelungen klafften, die Tür- und Fensterflügel hingen schief, und die Stühle waren krumm. Wenn man aber auch nichts ausbesserte, so wurde doch gescheuert, und nicht schlecht. Alles war sauber, geputzt und glänzend

Das Empfangszimmer hatte einen Charakterkopf wie eine alte Frau mit eigenartig geprägten Runzeln. Risse in den Wänden, Spalten an der Decke, alles gefiel mir. Und mehr als alles andere die Fußbodendielen, die stellenweise eingesunken waren, stellenweise schwankten wie ein Laufsteg; aber sichtlich waren sie regelmäßig gewachst, gebohnert und geflimmert worden. Nichts wirkte in diesem wunderbaren Hause vernachlässigt oder unordentlich, alles war achtunggebietend gepflegt. Dieser Reiz mußte von Jahr zu Jahr zunehmen, und von Jahr zu Jahr wurde dieses Gesicht sicher geprägter und eigenwilliger, die freundliche Luft wärmer; freilich wurde die Reise vom Empfangszimmer zum Eßzimmer auch immer gefährlicher.

»Geben Sie acht!«

Da war ein Loch. Mein Gastgeber machte mich darauf aufmerksam, daß ich mir in einem solchen Loch leicht die Beine brechen könnte. Weiter verlor man kein Wort. Denn an dem Loch hatte niemand schuld außer der Wirkung der Zeit. Diese herrliche Verachtung jeder Entschuldigung wirkte unglaublich vornehm. Niemand sagte hier: Wir könnten ja die Löcher zumachen lassen, an Geld fehlt es nicht, wohl aber ... Niemand sagte mir, was doch die reine Wahrheit gewesen wäre: Wir haben dieses Haus von der Stadt auf dreißig Jahre gemietet. Der Hauswirt müßte die Ausbesserungen bezahlen. Hier will aber niemand zuständig sein, und keiner will nachgeben. In diesem Haus standen die Leute hoch über solchen Erklärungen mit einer geradezu hinreißenden Selbstverständlichkeit. Höchstens sagte einmal einer oder der andere zu mir: »Es ist ein bißchen verfallen, wissen Sie.«

Aber das sagte man so leicht hin, daß ich vermuten mußte, daß dieser Zustand meinen neuen Freunden nicht zu Herzen ging. Sie wollten gar keine Kolonne von Maurern, Zimmerleuten, Tischlern und Stuckarbeitern, die in ein paar Tagen das Haus umbauten, daß es kaum wiederzuerkennen war und man sich bei sich selbst zu Besuch fühlte. Ein Haus ohne Geheimnisse, ohne Falltüren, ohne Schlupfwinkel, ohne eine eiserne Jungfrau, die sich plötzlich vor einem öffnete, das war kein Haus, das war der Festsaal im neuen Rathaus.

Kein Wunder, wenn die jungen Mädchen in diesem Bau mit seinen tausend Verstecken spurlos verschwinden konnten! Wie mochte es auf dem Dachboden aussehen, wenn schon der Empfangssaal die heimlichen Reize einer Rumpelkammer hatte? Man ahnte, daß aus jedem kleinsten Fach Stöße vergilbter Briefe und verjährter Quittungen aus Urgroßvaters Zeit herausfallen würden; man konnte sich denken, daß es in diesem Haus mehr Schlüssel als Schlösser gab und doch kein Schlüssel in ein Schloß paßte. Bei solchen unnützen Schlüsselbunden muß man unwillkürlich von heimlichen Gängen, vergrabenen Truhen und unterirdischen Schätzen träumen.

»Zu Tisch bitte!«

Und es ging zu Tisch. Von Raum zu Raum spürte ich denselben Geruch wie in alten Bücherspeichern, der in alle Winkel dringt wie Weihrauch und schöner ist als alle Düfte der Welt. Am herrlichsten aber war, daß man die Lampen überall mitnahm, schwere echte Lampen, die von Zimmer zu Zimmer wanderten wie in meiner frühesten Kindheit und an den Wänden fabelhafte Schatten tanzen ließen. Man trug sie vor sich her wie Blumensträuße von Licht und schwarzen Palmen. Und wenn dann die Lampen an ihrem Platz standen, waren auch die Lichtinseln fest in dem Meer von Nacht rundum, in dem die Bretter krachten.

Die beiden jungen Mädchen kamen ebenso geheimnisvoll und leise wiederum zum Vorschein, wie sie vorher verschwunden waren. Ernst und würdig setzten sie sich zu Tisch. Gewiß hatten sie ihre Hunde und Vögel gefüttert, die Fenster der sternklaren Nacht geöffnet und im Abendwind den Duft der Pflanzen geatmet. Jetzt beobachteten sie mich unter den Wimpern hervor, während sie ihre Servietten ausbreiteten. Sie suchten zu ergründen, ob ich zu den freundlichen Haustieren gehörte oder nicht. Sie hatten nämlich ihren kleinen Tierpark, einen Leguan, eine Manguste, einen Fuchs, einen Affen und Bienen. Das lebte alles durcheinander, und es war herrlicher Frieden wie einst im ersten Paradies. Sie herrschten über die Tiere der Schöpfung, bannten sie mit ihren kleinen Händen, nährten sie, tränkten sie und erzählten ihnen Geschichten, denen alle, von der Miezekatze bis zu den Honigbienen, gern zuhörten.

Ich war darauf gefaßt, daß zwei so lebhafte junge Mädchen all ihren kritischen Geist und ihren ganzen Scharfblick anwenden würden, um in heimlichem Einverständnis zu einem schnellen und endgültigen Urteil über den männlichen Gast zu gelangen. In meiner Kindheit pflegten meine Schwestern die Männlichkeit nach den Nummern 11 bis 19 in immer höherem Wert einzustufen, und jeder bekam seine Note, der uns das erste Mal besuchte. In einer Gesprächspause hörte man dann durch die Stille plötzlich ein lautes »Elf«, das nur meine Schwestern und ich verstanden und genossen.

Meine Kenntnis dieses Spiels ließ mich allerlei erwarten, und ich war beinahe etwas bedrückt, um so mehr, als ich es mit so erfahrenen Richtern zu tun hatte, die heimtückische Tiere von anständigen unterscheiden konnten, die am Gang ihres Fuchses erkannten, ob er heute umgänglicher Stimmung oder unnahbar war; sie verstanden mir zuviel von dem, was in einem vorgeht.

Dabei gefielen mir so scharfe Blicke und so gerade kleine Seelen gut, ich hätte nur lieber gesehen, wenn das Spiel nicht gar so lange weitergegangen wäre. Demütig und in der Furcht vor der Elf reichte ich der einen das Salz oder schenkte der anderen ein. Sooft ich aber hinsah, traf ich immer denselben ernsten und unbestechlichen Richterblick. Ihnen schöne Sachen zu sagen wäre verlorene Mühe gewesen. Eitelkeit der gewöhnlichen Sorte kannten sie nicht. Stolz waren sie allerdings und dachten auch ohne meine Schmeicheleien so hoch von sich, wie ich es ihnen nie gewagt hätte zu sagen. Ich versuchte auch nicht, mit meinem Beruf Eindruck zu machen, denn viel kühner als alle Fliegerei ist es, auf die höchsten Zweige einer Platane zu klettern, nur um zu sehen, ob die Brut im Vogelnest schon Federchen hat, oder um Freunden zuzuwinken.

Meine beiden schweigsamen Feen überwachten meine Mahlzeit so scharf, ich traf ihre forschenden Seitenblicke so oft, daß ich aufhörte zu reden. Alles schwieg, und in dies Schweigen pfiff etwas auf dem Fußboden, raschelte unter dem Tisch und war still. Da setzte die jüngere Schwester mit sichtlicher Freude an der Sache den letzten Prüfstein an. Während sie ihre jungen Zähne in das Brot grub, sagte sie mit einer Harmlosigkeit, die sicher bestimmt war, den Wilden (wenn ich einer war) zu verblüffen: »Es sind die Giftschlangen.«

Und sie schwieg, als ob diese Erklärung für jeden ausreichen müßte, der nicht von allen Geistern verlassen war. Ihre Schwester warf einen blitzschnellen prüfenden Blick zu mir herüber, um meine erste Bewegung zu beobachten. Beide aber neigten sich über ihre Teller mit den sanftesten und unschuldigsten Gesichtern der Welt.

»Ach so«, sagte ich, »es sind Giftschlangen.«

Die Worte fuhren mir nur so heraus. Es war an meinen Beinen entlanggefahren und hatte meine Waden gestreift. Das waren also die Giftschlangen. Zu meinem Glück lächelte ich dazu, und ganz ungezwungen. Den Zwang hätten sie gemerkt. Ich konnte aber lächeln, weil ich lustig war, weil mir dieses Haus mit jeder Minute mehr Spaß machte. Und auch, weil ich über die Giftschlangen gar zu gerne mehr gewußt hätte.

Die älteste Schwester kam mir zu Hilfe: »Sie haben ihr Nest in einem Loch gleich unterm Tisch.«

Und die jüngere fügte hinzu: »Gegen zehn Uhr kehren sie heim. Tagsüber jagen sie.«

Nun sah ich meinerseits mir diese jungen Mädchen an. So klug und fein mit einem verschwiegenen Lachen hinter stillen Gesichtern. Und mir kam die Herrschaft, die sie hier ausübten, wunderbar vor.

Heute träume ich mich zurück. Das alles liegt ja so weit, so weit. Was mag aus den beiden Feen geworden sein? Zweifellos haben sie geheiratet. Sind sie wohl anders geworden? Der Übergang vom jungen Mädchen zur jungen Frau ist ja so einschneidend. Wie mag es ihnen in ihrem neuen Heim gehen? Was ist aus ihrer Freundschaft mit tollen Pflanzen und giftigen Schlangen geworden? Sie waren ja allem und der ganzen Welt verbunden. Einmal aber kommt der Tag, wo die Frau im Mädchen mächtig wird. Dann sehnt sie sich danach, einen »Neunzehner« zu finden, der ihr Herz erfüllen kann. Da kommt ein Dummkopf, und zum ersten Male täuschen sich die sonst so scharfen Augen. Der Dummkopf wird verklärt mit den schönsten Farben. Sagt er Verse auf, hält man ihn für einen Dichter. Man glaubt, daß er die löcherigen Fußböden versteht und die Mangusten lieb hat. Man glaubt, daß er sich geehrt fühlt, wenn unter dem Tisch eine Giftschlange zwischen seinen Beinen tanzt. Man schenkt ihm sein Herz und den wildwachsenden Garten, wo er doch nur die wohlgepflegten Parks liebt. Und der Dummkopf führt die Prinzessin fort – in die Sklaverei.

Die Wüste

I

So gut wie in der Oase, von der ich eben erzählte, ging es uns nicht ein einziges Mal in der ganzen Zeit, in der wir als Verkehrsflieger der Saharalinie auf Wochen, Monate, ja auf Jahre Gefangene des Sandes waren und von einer Wüstenfestung zur anderen flogen, ohne aus dem Bannkreis der Dürre je hinauszukommen. Oasen, wie die geschilderte, gab es in dieser Wüste nicht; Gärten und Mädchen waren eine ferne Sage. Gewiß, in weiter Zukunft, wenn wir einmal mit unserer Arbeit fertig sein würden, dann gab es einen Ort, wo wir aufleben wollten, wo wohl tausend Mädchen auf uns warteten. In der Stille bildeten sich bei zahmen Tieren und beschaulichen Büchern ihre schönen Seelen aus. Und von Tag zu Tag wurden sie schöner ... Inzwischen habe ich die Einsamkeit kennengelernt. Drei Jahre Dienst in der Wüste haben sie mir ausgiebig zu kosten gegeben. Sie ist gar nicht so schrecklich, und in ihrer Gesellschaft empfindet man kein Grauen davor, seine besten Jahre in einem öden Steinland zu verbringen. Es kommt einem vielmehr so vor, als ob weit draußen die Welt alt würde. Die Bäume haben Früchte gebildet, die Felder treiben Ähren, die Frauen sind schön geworden im reifenden Jahr. Die Zeit fliegt, man müßte heimkehren! Die Zeit fliegt – und man wird in der Ferne zurückgehalten. Die Güter der Welt gleiten uns durch die Finger wie der Sand der Dünen.

Den Ablauf der Zeit empfinden die meisten Menschen für gewöhnlich gar nicht; sie sind von der Vergänglichkeit vorläufig auf freien Fuß gesetzt. Wir aber empfanden ihn, denn auf uns drückten ohne Unterlaß die ewigen Passatwinde. Es ging uns wie dem Reisenden im Schnellzug, dem der Lärm der Schienenstöße, die ihren Takt in die Nacht hinaus senden, die Ohren erfüllt. Er sieht durch seine Fensterscheibe hinaus ins Dunkle und ahnt an den zerstreuten Lichtern, daß Felder, Dörfer und stille Winkel an ihm vorüberfliegen, von denen er nichts behalten darf; er ist ja auf Reisen. Auch wir fühlten uns trotz der Stille der Flughäfen ständig unterwegs. Ein leichtes Fieber machte einen überwach, und die Ohren waren noch immer erfüllt vom Motorengeräusch. Wir hatten das Gefühl, einer unbekannten Zukunft entgegenzureisen, denn pausenlos trug uns der Schlag unseres Herzens im Zug der steten, nie rastenden Winde.

Der Aufstand der Einheimischen verstärkte die Wirkung der Wüste. In die stillen Nächte von Cap Juby klang alle Viertelstunden eine eigenartige Glocke: die Wachen riefen einander mit dem vorgeschriebenen lauten Rufe an. So sicherte sich die spanische Festung Cap Juby gegen die schleichenden Gefahren, die sich niemals in Gesicht sehen ließen. Und wir, Fahrgäste auf diesem blindgesteuerten Schiff, wir lauschten dem Anruf, der von Posten zu Posten weitergegeben wurde und um uns kreiste wie der Schrei der Möwen.

Und dennoch liebten wir die Wüste.

Zuerst ist sie nur Leere und Schweigen, denn sie gibt sich nicht zu Liebschaften von einem Tage her. Schon in der Heimat hält sich das stille Dorf scheu zurück. Niemand kann es kennen, der nicht ihm zuliebe auf die ganze übrige Welt verzichtet, sich in seine Überlieferungen, seine Sitten, seine Streitigkeiten einlebt; und dabei ist es für so viele Menschen Heimat und Weltall zugleich. Noch tiefer einsam freilich ist der Mensch neben uns, der sich seine Klause gemauert hat und in ihr nach Ordensregeln lebt, die wir nicht kennen. Kein Lamakloster, keine erdenweite Entfernung kann eine solche Einsamkeit bieten, in die nicht einmal ein Flugzeug dringt. Und wenn wir schon gelegentlich die Zelle des Einsamen zu sehen bekommen, so ist sie leer und verrät uns nichts von dem inneren Reich ihres Bewohners.

So ist auch die Wüste nicht aus Sand gemacht und nicht aus verschleierten Tuaregs und nicht einmal aus gewehrtragenden Beduinen.

Das aber ist sie: wir haben einen guten Tag Durst gelitten, und plötzlich spüren wir zum allerersten Male, daß die Wasser des altbekannten Brunnens ständig fließen. Eine unsichtbare Frau kann ein ganzes Haus verzaubern; ein ferner Brunnen wirkt weit, weit, so weit wie die Liebe.

Das aber ist sie: die Sandmassen schienen erst so öde! Eines

Tages aber fürchten wir einen Kriegszug der Aufständischen, und plötzlich entdecken wir, daß der Sand ein weiter, faltiger, verhüllender Mantel ist. Schleichende Streifscharen von aufständischen Berbern geben der Wüste ein neues Gesicht.

Diese Spielregeln haben wir angenommen und uns dem Spiel eingegliedert. Nun ist die Sahara in uns, und da erst zeigt sie sich. Ihr nahekommen, das bedeutet nicht, eine Oase besuchen. Vielmehr bedeutet es, an einen Brunnen tief und inbrünstig zu glauben.

II

Gleich auf meinem ersten Fluge sollte ich erfahren, was Wüste heißt. Wir, das heißt Riguelle, Guillaumet und ich, mußten bei dem Vorposten Nuatchott notlanden. Diese winzige Festung in Mauretanien war damals so einsam und fern von allem Leben wie eine Insel im Weltmeer. Ein älterer Unteroffizier lebte dort weltabgeschieden mit seinen fünfzehn Senegalschützen. Er empfing uns wie Abgesandte des Himmels: »Kinder, was das für mich bedeutet, daß ich mit euch reden kann, ach ja, was das für mich bedeutet!«

Und ob es für ihn etwas bedeutete – er weinte.

»Seit bald einem halben Jahr seid ihr die ersten. Alle halben Jahre werden nämlich meine Vorräte ergänzt. Einmal kommt der Leutnant, einmal der Hauptmann. Das letzte Mal war es der Hauptmann.« Wir waren bestürzt. Zwei Stunden vor Dakar, wo man schon das Essen für uns kocht, bricht eine Pleuelstange, und schon wartet ein ganz anderes Schicksal auf uns; wir spielen die Rolle einer wundersamen Erscheinung bei einem alten Unteroffizier, der darüber weinen muß.

»Trinkt, Kinder, es macht mir ja solche Freude, einschenken zu können! Denkt euch nur, wie der Hauptmann das letzte Mal durchgekommen ist, da hatte ich keinen Wein zum Zutrinken. Jawohl, wir konnten nicht anstoßen! Ich habe mich so geschämt, daß ich um meine Versetzung eingekommen bin.«

Ja, anstoßen muß man können, kräftig anstoßen mit dem Ankömmling, der schweißtriefend von der Kamelstute springt. Ein halbes Jahr hat man auf diese Minute gewartet.

Seit einem Monat schon wurden die Waffen geputzt und der Posten vom Keller bis zum Boden gereinigt. Seit mehreren Tagen lagerte über allem das Vorgefühl des herrlichen Tages, und unermüdlich hatte das Auge oben von der Terrasse des kleinen Festungswerkes das ganze Blickfeld abgesucht, um die Staubwolke zu entdecken, aus der sich dann die fliegende Schwadron von Atar entpuppte.

Aber es fehlt an Wein; das Fest kann nicht begangen werden, denn man kann nicht anstoßen. Da fühlt man sich entehrt. –

»Nun muß der Hauptmann aber bald wiederkommen. Ich warte schon sehr.«

»Und wo ist denn dein Hauptmann, Unteroffizier?« Er zeigt auf die weiten Sandwellen: »Das weiß man nie. Der Hauptmann ist überall.«

Ich habe dieses kleine Erlebnis in einem meiner früheren Romane verwandt. Dieser Zug war aber kein Roman, er kam aus der Wirklichkeit. Wir haben die Nacht auf der Terrasse des befestigten Postens erlebt, auf der wir von den Sternen sprachen. Etwas anderes gab es ja auch nicht zu bewachen. Dafür waren sie auch so vollzählig da wie im Flugzeug, nur standen sie still.

Im Flugzeug tun sie das nämlich nicht. Da kann es einem Flieger vorkommen, daß er in einer gar zu schönen Nacht zu steuern vergißt. Das Flugzeug legt sich etwas auf die linke Seite. Der Flieger freilich meint, daß es noch immer waagerecht liegt. Da entdeckt er unter dem rechten Flügel die Lichter eines Dorfes; in der Wüste aber gibt es keine Dörfer. Dann ist es wohl eine Fischerflotte beim nächtlichen Fischfang? Aber mitten in der Wüste fahren keine Fischerboote. Was ist es dann? fragt sich der Flieger. – Ja dann, dann muß er über den Irrtum lächeln, behutsam richtet er sein Flugzeug wieder gerade. Das »Dorf« kommt wieder ans Himmelsgewölbe, von dem er es hatte herunterfallen lassen, sein Sternendorf.

Oben von unserer Festung aus gesehen, war die Wüste erstarrt, und ihre Wogen standen unbewegt. Die Sternbilder aber hingen fest am Himmel, und unser Unteroffizier sagte von ihnen: »Glaubt mir's nur, ich kenne meine Himmelsrichtungen. Fliegt nur einmal auf den Stern dort drüben zu, dann kommt ihr nach Tunis!«

»Du bist wohl von dort?«

»Ich nicht, aber meine Kusine.«

Nach diesen Worten trat eine lange Pause im Gespräch ein. Aber der Unteroffizier konnte uns nichts verschweigen: »Ich gehe auch einmal nach Tunis, irgendeinmal.«

Nun, dazu wirst du dir schon einen anderen Weg wählen als den, immer einem Stern zu folgen. Es sei denn, daß dich eines Tages auf einem Wüstenmarsch ein versiegter Brunnen der Verzückung des Durstfiebers in die Arme treibt. Da würdest du wohl gar Kusine und Stern und Tunis für eines halten. Dann würdest du jenen von wahnsinniger Erleuchtung getriebenen Marsch antreten, den nur die für qualvoll halten, die es nicht besser wissen.

Doch er sprach weiter: »Einmal habe ich den Hauptmann um Urlaub nach Tunis gebeten, eben wegen dieser Kusine. Und da hat er mir geantwortet . . .«

»Was hat er dir geantwortet?«

»Er hat mir geantwortet: ›Kusinen gibt es überall.‹ Und weil es weniger weit war, hat er mich nach Dakar geschickt.«

»War deine Kusine schön?«

»Die in Tunis? O gewiß; sie war blond.«

»Nein, die in Dakar!«

Ach, guter Unteroffizier, wir wären dir fast um den Hals gefallen wegen deiner Antwort, die halb verdrossen und betrübt herauskam: »Die war eine Negerin.«

Was war die Sahara für dich, Unteroffizier? Ein Gott, der stets zu kommen versprach, und eine sanfte blonde Kusine hinter fünftausend Kilometer Sand.

Und was war sie für uns? Das, was in uns reifte, was wir über uns selbst erfuhren. Wir haben gleich dir in jener Nacht eine tiefe Liebe empfunden zu einer Kusine und zu einem Hauptmann.

III

Port-Étienne, am Rande des ununterworfenen Gebietes, verdient den Namen Stadt nicht. Außer der Festung gibt es dort nur einen Flugzeugschuppen und eine Holzbaracke für unsere Mannschaften. Die Wüste rundum ist so von Kern auf Wüste, daß Port-Étienne trotz seiner geringen kriegerischen

Mittel nahezu unbesiegbar ist. Die feindlichen Kriegszüge haben einen so breiten Gürtel von Sand und Glut zu durchqueren, ehe sie zum Angriff kommen, daß sie nur erschöpft und fast ohne Wasser anlangen. Und doch ist seit Menschengedenken immer eine kampfgierige Schar im Anmarsch auf die Festung, irgendwo im Norden. Jedesmal, wenn der Hauptmann, der den Platz befehligt, bei uns ein Glas Tee trinkt, zeigt er uns ihren Vormarsch auf den Karten. Es klingt, als erzähle man von einer verwunschenen Prinzessin. Aber die Schar kommt niemals an, sie versickert im Sande wie ein Fluß, so daß wir sie unter uns die Geisterschar nennen. Ruhig liegen die Handgranaten und Patronen, die der Hauptmann allabendlich an uns ausgibt, in ihren Kisten unter unseren Betten. Unser einziger Feind ist die Stille, unser bester Schutz unsere Armut. Lucas, der Vorstand des Flughafens, läßt sein Grammophon bei Tag und Nacht gehen, und das spricht zu uns eine schon halb verlorene Sprache und weckt eine trübe Sehnsucht, die merkwürdig dem Durstgefühl ähnelt.

Heute abend haben wir auf der Festung gesessen, und der Hauptmann-Befehlshaber hat uns seinen Garten gezeigt. Er hat sich aus Frankreich drei Kisten wirkliche Erde kommen lassen, die viertausend Kilometer weit gereist ist. Darin pflegt er drei grüne Kräutlein, deren Blätter wir mit dem Finger streicheln wie große Kostbarkeiten. Wenn der Hauptmann von dieser Anlage spricht, nennt er sie seinen Park. Und wenn der Sandsturm weht und alles ausdörrt, wird der Park vorsorglich in den Keller gesetzt.

Wir hausen einen Kilometer von der Festung entfernt und kehren im Mondschein nach dem Essen heim. Im Mondenlicht ist der Sand rosig.

Einen Augenblick fühlen wir uns verlassen und arm. Aber der Sand ist so wunderbar rosig. Und nun stellt auch der Anruf einer Schildwache die dramatische Größe dieser Wüstenwelt wieder her. Die ganze Sahara fürchtet ja unsere Schatten und ruft uns an. Denn irgendwo im Norden ist ein Mauretanierzug unterwegs!

In diesem Anruf der Wache klingen alle Stimmen der Wüste wider. Sie ist eben doch kein leeres Haus. Eine kamelberittene Schar bewaffneter Mauretanier belebt ihre Nacht.

Man könnte sich hier so sicher wähnen. Dabei lauern so viele Drohungen, Krankheit, Unfall, Mauretanierhorden. Der Mensch ist ständig Zielscheibe für Schüsse aus dem Hinterhalt. Daran hat uns der Postenanruf des Senegalschützen erinnert.

Wir antworten: »Franzosen!« und gehen an dem schwarzen Erzengel vorbei. Wir atmen freier. Welch herrliches Gefühl schenkt uns die ferne Drohung, so fern, so unaufdringlich sie ist, gedämpft durch so viel Sand. Aber sie genügt: die Welt ist nicht eintönig, die Wüste treibt Aufwand. Eine bewaffnete Schar, die irgendwo vorrückt und nie zum Ziele kommen wird, gibt ihr göttlichen Reichtum.

Jetzt ist es elf Uhr abends. Lucas kommt aus der Funkstation und meldet mir für Mitternacht das Flugzeug aus Dakar. »Alles wohl an Bord.« Da kann die Post bis zehn nach Mitternacht in mein Flugzeug umgeladen sein und ich nach Norden abfliegen. Ich rasiere mich vor einem zerkratzten Spiegel. Von Zeit zu Zeit gehe ich, ohne das Handtuch vom Hals zu nehmen, zur Tür und spähe in den nackten Sand hinaus. Dann kehre ich zum Spiegel zurück und beende träumend meine Arbeit. In der Zeit, in der die Passatwinde nach monatelangem Wehen sich zur Ruhe begeben, gibt es nicht selten große Unordnung am Himmel. Wie wird es heute nacht? Ich schirre mich an: Notlampen am Gürtel, Höhenmesser und Bleistifte in den Taschen. Ich gehe zu Néri, der in dieser Nacht mein Bordfunker sein soll. Er rasiert sich auch.

»Alles in Ordnung?«

Für den Augenblick ja. Diese vorbereitenden Handlungen sind ja schließlich das wenigste am ganzen Flug. Doch da höre ich ein leises Schwirren. Eine Libelle schlägt an meine Lampe. Ohne daß ich weiß warum, geht mir das nahe. Ich trete nochmals vor die Tür und halte Ausschau. Die Luft ist rein. Ein Steilhang am Ende des Flugplatzes hebt sich so scharf vom Himmel ab wie am hellen Tage. Über der Wüste liegt tiefe Stille wie über einem Haus, in dem alles in Ordnung ist. Aber schon wieder prallen zwei Libellen und ein grüner

Schmetterling an meine Lampe. Und erneut regt sich in mir das dunkle Gefühl, gemischt aus Freude und Besorgnis, als ob jemand von sehr weither mit mir redete. Ist das Instinkt? Er treibt mich nochmals hinaus. Nun ist es ganz windstill und ebenso kühl wie vorher. Und doch habe ich eine Warnung erhalten. Ich ahne oder glaube zu ahnen, was mich erwartet. Habe ich recht? Weder Himmel noch Sand geben mir ein noch so leises Anzeichen. Aber Libellen und ein grüner Schmetterling haben mir etwas zugeflüstert.

Ich klettere auf eine Düne und setze mich hin, das Gesicht ostwärts gewendet. Und ich habe recht gehabt, ja, es wird recht bald losgehen. Was täten denn auch sonst diese Libellen hier? Hunderte von Kilometern von den Oasen im Landinnern entfernt? Kleine Trümmer, die die Brandung an den Strand wirft, berichten von dem Taifun, der auf hoher See gewütet hat. Diese Insekten beweisen, daß ein Sandsturm naht, ein Oststurm, der die fernen Palmenwälder, die Heimat der grünen Schmetterlinge, heimgesucht hat. Schon hat der Schaum bis zu mir gespritzt. Ganz leise setzt sich der Ostwind in Bewegung; feierlich naht er, denn er ist ein Beweis, er ist eine furchtbare Drohung; feierlich naht er, denn in sich birgt er einen schweren Sturm. So leise kommt er zuerst, daß ich sein Ächzen nicht hören kann. Ich bin die äußerste Grenze, bis zu der seine Wellen branden. Wenige Meter hinter mir hatte ein Wimpel unbeweglich gehangen. Nur ein einziges Mal hat mich sein heißer Atem berührt, ein einziges Mal hat er mich mit lebloser Hand gestreichelt. Aber ich weiß genau: jetzt holt die Wüste einige Minuten lang tief Atem. Und dann wird sie zum zweiten Male seufzen. Ehe dann noch drei Minuten vergangen sind, wird sich der Luftsack über unserem Flugzeugschuppen blähen. Dann noch zehn Minuten, und Sand wird die Luft erfüllen. Wir werden im prasselnden Feuer aufsteigen, Néri und ich, in den Flammen der windgepeitschten Wüste!

Das bringt mich nicht aus der Ruhe. Aber etwas ganz anderes erfüllt mich mit wilder Freude. Ich habe die geflüsterten Worte einer Geheimsprache verstanden. Ich habe wie ein Indianer eine Fährte gewittert, in der sich die Zukunft meldete. Ich habe aus dem Flügelschlag einer Libelle die Kunde vom nahenden Wüstensturm gelesen.

IV

In unserem Wüstenaufenthalt kamen wir auch mit den unterworfenen Mauretaniern in Berührung. Sie tauchten aus der Tiefe der »verbotenen« Landstriche auf, die wir auf unseren Flügen überquerten. Sie wagten sich zu den Befestigungen von Juby oder Cisneros, um Zuckerhüte und Tee zu kaufen; dann verschwanden sie wieder in ihrer geheimnisvollen Welt. Wir aber versuchten, einige von ihnen zu »zähmen«, wenn sie vorbeikamen.

Bekamen wir einen einflußreichen Häuptling zu fassen, luden wir ihn im Einverständnis mit der Leitung der Fluglinien in unser Flugzeug, um ihm die Welt zu zeigen. Es kam viel darauf an, diesen Leuten ihren Stolz zu nehmen. Sie töteten ihre Gefangenen mehr aus Verachtung als aus Haß. Wenn sie uns in der Nähe der Festungen begegneten, verwünschten sie uns nicht laut. Sie wandten sich vielmehr schweigend ab und spuckten aus. Dieser Stolz kam daher, daß sie sich für ungemein mächtig hielten. Mehr als einer von ihnen sagte mir in vollem Ernst, wenn er ein Heer von dreihundert Mann auf die Beine gebracht hatte: »Ihr könnt von Glück sagen, daß euer Frankreich mehr als hundert Tagereisen von hier entfernt ist.«

So flogen wir sie denn spazieren, und es fügte sich, daß drei von ihnen sogar das ihnen unbekannte Frankreich besuchten. Sie waren vom Stamme derer, die ich einmal nach Senegal geflogen hatte und die dort weinten, als sie Bäume erblickten.

Als ich nachher die drei Frankreichfahrer in ihren Zelten besuchte, priesen sie die Revuetheater, in denen nackte Frauen unter Blumen tanzten. Diese Menschen hatten ja nie einen Baum und nie eine Quelle, ja nicht einmal eine Blume gesehen. Nur aus dem Koran hatten sie erfahren, daß es Gärten gibt, in denen Bäche fließen. Denn so beschreibt dieser das Paradies. Aber man muß den Aufenthalt in diesem Park mit seinen schönen Sklavinnen teuer genug durch einen bitteren Tod auf dem Sande erkaufen, den einem die Kugel eines Ungläubigen nach dreißig Jahren eines armseligen Lebens zufügt. Aber Gott betrügt seine Gläubigen; denn er gibt den Franzosen alle diese Schätze, ohne von ihnen die Gegenleistungen zu verlangen, weder den bitteren Durst noch den bitteren Tod. Das macht die alten Häuptlinge nachdenklich, es macht sie sogar bereit zu Geständnissen. Und so vertrauten sie mir eines Tages angesichts der Sahara, die sich einsam um ihr Zelt breitet und ihnen bis an ihr Lebensende so dürftige Genüsse spendet, ihre Bedenken an: »Weißt du, der Gott der Franzosen, der ist doch viel freigebiger für seine Franzosen als der Gott der Mauretanier für seine Mauretanier.«

Einige Wochen zuvor hatte man sie in Savoyen herumgeführt. Ihr Führer hatte sie zu einem kräftigen Wasserfall gebracht, der wie eine geflochtene Säule herabfiel und dumpf rauschte.

Er hatte sie aufgefordert zu kosten.

Und es war süßes Wasser gewesen. Wasser! Wie viele Tagesmärsche brauchte man hier, um den nächsten Brunnen zu erreichen. Wie viele Stunden lang muß man dann den Sand herausschippen, der ihn überweht hat, um zu einer schlammigen Masse mit einer deutlichen Beimischung von Kamelharn zu gelangen. Da heißt es: Gib mir ein wenig Wasser! – Ja, aber geh fein säuberlich damit um!

In der Wüste ist Wasser sein Gewicht in Gold wert. Der kleinste Tropfen lockt aus dem Sande den grünen Funken eines Grashalms. Wenn es irgendwo geregnet hat, belebt eine wahre Völkerwanderung die Sahara. Die Stämme ziehen dreihundert Kilometer weit, um zur Stelle zu sein, wenn das Gras wächst. Dieses Wasser nun, das hier so karg ist, von dem in Port-Étienne in zehn Jahren kein Tropfen gefallen war, das kam dort dumpf rauschend geschossen, als drohten die Wasservorräte der ganzen Welt aus einem lecken Speicher auszulaufen.

Der Führer sagte: »Gehen wir weiter!« Sie aber rührten sich nicht von der Stelle und baten nur: »Noch einen Augenblick!«

Weiter sprach keiner ein Wort. Stumm und ernst schauten sie dem Ablauf dieses erhebenden Schauspiels zu. Hier lief aus dem Bauch des Berges das Leben selbst, der heilige Lebensstoff. Der Ertrag einer Sekunde hätte ganze verschmachtende Karawanen zum Leben erweckt, die ohne ihn auf Nimmerwiedersehen in der unendlichen Weite der Salzseen und Luftspiegelungen dahingegangen waren. Hier zeigt sich Gott sichtbar. Unmöglich war es, einfach gleich weiterzugehen.

Gott hatte die Schleusen seiner Macht geöffnet. Ehrfurchtsvoll, regungslos standen die drei vor dem Wunder.

»Weiter ist hier nichts zu sehen. Kommt!«

»Wir müssen warten!«

»Worauf denn?«

»Bis es aufhört.«

Sie wollten die Stunde erwarten, in der Gott seine Verschwendung leid tat! Denn Gott ist geizig, er bereut schnell.

»Aber dieses Wasser läuft seit tausend Jahren!«

Während des Abends, den ich bei ihnen verbrachte, fiel kein Wort über den Wasserstrahl. Es gibt Wunder, von denen man besser schweigt. Man tut sogar besser daran, nicht zuviel an sie zu denken. Man versteht dann die Welt nicht mehr und könnte an Gott zweifeln: »Weißt du, der Gott der Franzosen . . .«

Ich durchschaue sie aber, meine wilden Freunde. Sie sind in ihrem Glauben erschüttert, sie haben ihren Halt verloren und sind bereit, sich zu unterwerfen. Sie träumen von der Gerste, mit der die französische Verwaltung sie versorgt, und von der Sicherheit, die ihnen die französischen Saharatruppen gewährleisten. Sie hätten durch die Unterwerfung auch viel gewonnen.

Aber sie sind alle drei vom Blute des El Mammun, Emirs der Trarsen. Ich habe ihn gekannt, als er sich der französischen Herrschaft fügte. Für seine Dienste war er zu öffentlichen Ehrungen gekommen, die Verwaltung erhöhte seinen Reichtum, und alle Stämme achteten ihn. Nichts fehlte ihm an dem, was das Auge verlangen kann. Aber in der Nacht, ohne daß das leiseste Vorzeichen eine solche Tat ahnen ließ, ermordete er die Offiziere, die er auf einem Ritt durch die Wüste begleitete, nahm die Kamele und die Gewehre und flüchtete zu den nicht unterworfenen Stämmen.

Man verwendet gerne das Wort Verrat für solche plötzlichen Empörungen, für diese zugleich heldischen und verzweifelten Fluchtversuche, deren Urheber damit für alle Zukunft als Vogelfreier in die Wüste gebannt ist, wo sein kurzer Ruhm nur zu bald wie eine Rakete unter dem Feuer der fliegenden Schwadron von Atar verlöschen wird. Und man wundert sich über solche wahnsinnigen Streiche.

Und doch ist die Geschichte El Mammuns so vielen anderen Muslim widerfahren. Sie werden alt, und wer altert, beginnt zu grübeln. Da entdecken sie eines Abends, daß sie den Gott Mohammeds verraten und ihre Hand befleckt haben, als sie in die Hand der Christen einen Handel gelobten, bei dem sie alles verloren.

Was nützen nun Gerste und Frieden? Der alte Krieger, der zum Hirten geworden ist, erinnert sich, daß er einst eine Wüste bewohnte, in der jeder Dünenrücken kostbare Gefahren barg, wo man Wachtposten um die Lager aufstellen mußte, wo die Nachrichten von den Bewegungen der Feinde die Herzen um die nächtlichen Lagerfeuer höher schlagen ließen. Es kommt über ihn wie der Seegeruch, den niemand vergessen kann, der ihn einmal genossen hat.

Er vergleicht diese herrlichen Erinnerungen mit seinem neuen Leben; ruhmlos irrt er über eine friedliche Fläche, der jede höhere Weihe fehlt. Die Sahara ist für ihn nun erst zur Wüste geworden.

Vielleicht verehrte er die Offiziere herzlich, die er umbrachte. Aber die Liebe zu Gott geht allem voran.

»Gute Nacht, El Mammun!«

»Gott schütze euch!«

Die Offiziere rollen sich in ihre Decken ein und strecken sich lang auf dem Sand aus wie auf einem Floß. Alle Sterne ziehen über ihnen ihren langsamen Weg an der großen Himmelsuhr. Der Mond neigt sich dem Sand zu und versinkt durch Gottes Weisheit ins Nichts. Bald werden die Christen schlafen. Nur noch wenige Minuten, und nur noch die Sterne leuchten. Dann ist es soweit. Damit die verweichlichten Stämme wieder in ihrem kriegerischen Glanze auferstehen, damit die wilden Jagden neu beginnen, die allein dem Sand Leben verleihen, bedarf es nur der schwachen Schreie dieser Christen, die man in ihrem eigenen Schlaf ertränkt. Noch ein paar Sekunden, und aus dem Unwiederbringlichen ist eine versunkene Welt neu geboren.

Und die schmucken Leutnants werden im Schlaf umgebracht!

V

Heute bin ich Gast bei Kemal und seinem Bruder Mujan in Cap Juby und trinke meinen Tee unter ihrem Zelt. Mujan sieht mich schweigend an und verharrt in grimmiger Zurückhaltung, den blauen Schleier vor die Lippen gezogen. Kemal allein besorgt die Unterhaltung und bezeigt mir Höflichkeiten: »Mein Zelt, meine Kamele, meine Frauen, meine Sklaven, alles gehört dir.« Mujan neigt sich zu seinem Bruder, ohne darum die Augen von mir abzuwenden, und spricht einige Worte, um gleich wieder in sein Schweigen zurückzusinken.

»Was sagt er?« frage ich.

»Er sagt: ›Bonnafous hat den R'Geibar tausend Kamele gestohlen.‹ «

Diesen Hauptmann Bonnafous von der fliegenden Kamelreitergruppe von Atar habe ich niemals persönlich kennengelernt. Aber oft berichteten mir die Einheimischen von seiner sagenhaften Berühmtheit in der ganzen Sahara. Sie sprachen von ihm mit Ingrimm, aber doch wie von einem Gott. Er ist auch einer von denen, die dem Sand der Wüste seine höhere Weihe geben. Man weiß nie, ob er nicht am gleichen Tage schon auf unbegreifliche Weise plötzlich hinter den Kriegsscharen, die gegen das französische Gebiet im Süden ziehen, auftaucht und ihnen ihre Kamele zu Hunderten wegtreibt. Das zwingt die Angreifer dann, sich gegen ihn zu wenden, um ihre Schätze, die sie unbedroht geglaubt hatten, zu retten. Er aber, der wie ein Erzengel durch dieses plötzliche Erscheinen Atar gerettet hat, lagert auf einer hohen Kalktafel und steht dort still und fest, daß man meint, ihn greifen zu können. Seine Strahlungsgewalt ist so groß, daß er alle Stämme zwingt, sich seinem Flammenschwerte zu stellen.

Mujan sieht mich noch finsterer an und spricht wieder.

»Was sagt er?«

»Er sagt: ›Wir ziehen morgen auf den Rachezug gegen Bonnafous.‹ «

Ich hatte etwas Derartiges geahnt. Seit drei Tagen wurden die Kamele fleißig zur Tränke getrieben, alles hatte laut gesprochen, und Begeisterung war sichtbar geworden. Es wirkte, als sollte ein Segelschiff fahrtbereit gemacht werden, da der Landwind, der es auf die hohe See treiben konnte, schon zu wehen beginnt. Bonnafous macht jeder Schritt nach Süden noch ruhmreicher und herrlicher. Ich kann schon nicht mehr unterscheiden, was in dieser Fehde Haß ist und was Liebe.

Es ist doch wundervoll, einen so trefflichen Feind auf der Welt zu haben. Wo er erscheint, brechen die benachbarten Stämme ihre Zelte ab, treiben ihre Kamele zusammen und fliehen, voll Angst, ihm plötzlich von Angesicht zu Angesicht gegenüberzustehen. Die entfernteren Stämme aber ergreift es mit einer Gewalt wie Liebeswahn. Sie verlassen die friedlichen Zelte, die zärtlichen Frauen, den ungestörten Schlaf. Sie wissen nur eines: das Höchste und Beste, das kein Schatz der Welt aufwiegt, wäre, wenn man nach zwei Monaten aufreibenden Marsches nach Süden, nach brennendem Durst, nach schmerzlichem Warten, nach Stunden peinigenden Kauerns im Sandsturm unverhofft im Morgengrauen über die fliegende Schwadron von Atar herfallen und mit Gottes Willen den Hauptmann Bonnafous töten könnte.

»Bonnafous ist stark«, gesteht Kemal zu.

Ich weiß ihr Geheimnis. Wie Männer den leichten Schritt der begehrten Frau nicht vergessen können und sich nächtelang ruhelos umherwerfen, weil dieser leichte Schritt sie in den Traum hinein quält, so verfolgt die Mauretanier Bonnafous' ferner Schritt. Dieser Christ im Burnus mit seinen zweihundert maurischen Söldner-Räubern umgeht die Kriegsscharen, die gegen ihn ziehen, er dringt ins Aufstandsgebiet, wo der letzte seiner Leute, fern der französischen Botmäßigkeit, aus seiner Knechtschaft erwachen könnte, um ihn ungestraft auf diesen riesenhaften steinernen Altären seinem Gotte darzubringen; nur sein Ansehen hält sie im Zaum, und selbst seine Schwäche ist ihnen ein Schrecknis. In der Nacht, inmitten ihres rauhen Schlafes, schreitet er unsichtbar und kaltblütig auf und ab. Und sein Schritt klingt bis ins Herz der Wüste.

Mujan träumt vor sich hin. Er sitzt noch immer unbeweglich im Hintergrund des Zeltes, wie ein Bildwerk aus blauem Granit. Seine Augen glänzen, sein silberner Dolch ist kein Spielzeug mehr. Er ist wie verwandelt, seit er sich dem Kriegszug angeschlossen hat. Er fühlt sich adliger denn je und vernichtet mich mit seiner Verachtung. Bald wird er ja gegen

Bonnafous ziehen, noch ehe der Tag graut, getrieben von einem Haß mit allen Anzeichen der Liebe.

Nochmals neigt er sich zu seinem Bruder, spricht leise und sieht dabei wieder nach mir hin.

»Was sagt er?«

»Er sagt, daß er auf dich schießt, wenn er dich außerhalb der Bannmeile der Festung trifft.«

»Warum denn nur?«

»Er sagt: ›Du hast Flugzeuge und Funkdienst, du hast Bonnafous; aber du hast keinen Teil an der Wahrheit.‹ «

So beurteilt mich Mujan, der dort unter dem blauen Schleier unbeweglich wie ein Sternbild sitzt. Er sagt: Du ißt Salat wie die Ziegen und Schweinefleisch wie die Schweine. Deine Frauen zeigen schamlos ihr Gesicht. Ich habe es selbst gesehen. Er sagt: Du betest nie. Er sagt: Was nützen dir deine Flugzeuge, dein Funkdienst, dein Bonnafous, wenn du die Wahrheit nicht besitzt?

Ich muß diesen Mann bewundern: seine Freiheit verteidigt er nicht; denn in der Wüste ist jedermann frei. Er verteidigt auch nicht sichtbare Schätze; denn die Wüste ist kahl. Aber er verteidigt ein heimliches Reich. In der Stille der Dünenwogen führt Bonnafous seine Schwadron wie ein Räuber. Ihm ist zu danken, daß die Gegend um Cap Juby nicht ein friedlich-langweiliges Lager müßiger Hirten ist. Der Sturmwind Bonnafous' brandet um ihre Hügel. Seinetwegen muß man nachts die Zelte schließen und Wachen aufstellen. Das tiefe Schweigen im Süden, dieses packende und erregende Schweigen – es ist das Schweigen von Bonnafous! Und Mujan, der alte Jäger, hört ihn gehen, draußen im Winde.

Als Bonnafous nach Frankreich heimkehrte, waren seine Feinde weit davon entfernt zu frohlocken und ehrlich betrübt. Es war, als wenn sein Weggang der Wüste einen Teil ihrer Daseinsberechtigung und ihnen selbst ein wenig von ihren höheren Lebenszielen nähme.

Und sie fragten: »Warum geht denn dein Bonnafous weg?«

Ich mußte erwidern: »Ich weiß es nicht.«

Er hatte doch sein Leben gegen das ihre ausgespielt, jahrelang. Er hatte ihre Spielregeln zu den seinen gemacht. An ihre Felsen lehnte er das Haupt im Schlaf, wie sie erlebte er während der unaufhörlichen Jagd die urweltlichen Nächte unter Sternen und Wind. Und nun plötzlich zeigt er durch sein Weggehen an, daß es ihm mit dem Spiel nicht letzter Ernst gewesen war. Mit lässiger Haltung verläßt er den Spieltisch. Die Wüstenbewohner aber, die er allein weiterspielen läßt, verlieren ihr Vertrauen in eine Lebensauffassung, die offenbar die Menschen doch nicht bis zum bitteren Ende fesselt.

Sie möchten gerne an ihn glauben und fragten mich: »Er kommt doch wieder, dein Bonnafous?«

Und abermals mußte ich antworten: »Ich weiß es nicht.«

Natürlich kommt er wieder, denken sie; die Spiele in Europa können ihn nicht mehr befriedigen, weder der Skat im Truppentransport noch die Beförderungen, noch auch die Frauen. Gewiß kommt er wieder, weil ihm die Erinnerung an die verlorene Größe keine Ruhe lassen wird. Er kehrt bald wieder heim in diese Gegenden, in denen jeder Schritt das Herz höher schlagen läßt wie ein Schritt auf die Liebe zu. Er hat gewiß gemeint, hier nur ein Abenteuer erleben zu können und dort drüben das wirkliche große Spiel zu finden. Aber er wird schon merken, daß er die wahren Reichtümer hier in der Wüste besessen hat: den Sand, die Nacht, die Stille, die Heimat von Wind und Sternen. Die Reue wird nicht ausbleiben.

Wenn dann Bonnafous eines Tages wirklich wiederkommt, dann wird sich die Nachricht mit Windeseile in der weiten unruhigen Welt herumsprechen. Dann werden alle wissen, daß er irgendwo in der Sahara inmitten seiner zweihundert Männer schläft. In aller Stille wird man die Kamele zur Tränke führen. Man wird die Gerstenvorräte nachsehen und die Schlösser an den Stutzen prüfen. Und dann geht es hinaus, getrieben vom Haß – oder von der Liebe?

VI

»Versteck mich doch ins Flugzeug nach Marrakesch!« So bat mich jeden Abend ein Sklave mit derselben kurzen Bitte. Damit hatte er getan, was ihm lebensnotwendig war, und nun setzte er sich mit gekreuzten Beinen hin, mir meinen Tee zu kochen. Für einen vollen Tag war er jetzt befriedigt, denn er hatte sich dem einzigen Arzt anvertraut, der ihn heilen konnte, und den einzigen Gott angerufen, der ihn zu retten vermochte. Nun saß er da, über den Teekessel gebeugt, und vor seinen Augen zogen die einfachen Bilder seines früheren Lebens vorbei, der schwarze Fruchtboden von Marrakesch, die rosigen Häuser, die ärmlichen Habseligkeiten, die man ihm genommen hatte. Er war mir nicht böse, daß ich nicht antwortete und zögerte, ihm das Leben wiederzuschenken. Ich war ja nicht ein Mensch wie er. Ich war eine Naturkraft, die ganz sicher in Bewegung kam, so etwa wie eines Tages schicksalhaft guter Segelwind wehen mußte, auch für ihn.

Ich freilich, ein einfacher Verkehrsflieger und nun für einige Monate Vorstand des Flugplatzes in Cap Juby, dessen ganzes Hab und Gut eine Baracke bei der spanischen Festung und in dieser Baracke eine Waschschüssel, eine Kanne salziges Wasser sowie ein zu kurzes Bett waren, bildete mir weniger auf meine Macht ein. Ausweichend antwortete ich: »Wir wollen zusehen, alter Bark.«

Alle Sklaven heißen Bark, also hieß er auch so. Aber trotz vierjähriger Gefangenschaft hatte er sich noch nicht in sein Schicksal gefunden. Er wußte noch zu gut, daß er einst König gewesen war.

»Was tatest du denn in Marrakesch, Bark?«

In Marrakesch, wo seine Frau und seine drei Kinder sicher noch lebten, hatte er einen wundervollen Beruf ausgeübt. Er war Viehtreiber gewesen und hieß Mohammed. Die Stammeshäupter der Gegend pflegten ihn zu sich zu rufen und ihm zu sagen: »Mohammed, ich will Rinder verkaufen. Hole sie mir vom Berg!« oder: »Ich habe tausend Schafe in der Ebene, treibe sie höher hinauf auf die Weiden!«

Und Bark leitete mit seinem Herrscherstab aus Ölbaumholz ihre Wanderung. Er allein war für das ganze Volk der Schafe verantwortlich; er hielt die schnellsten zurück, weil hinten Lämmchen geboren wurden, und trieb die faulsten an. Und alle folgten ihm vertrauensvoll und gehorsam, wie er so seines Weges zog. Er allein wußte ja, wo das gelobte Land für diese Herde lag, er allein verstand den Weg in den Sternen zu lesen, welche Wissenschaft den Schafen nun einmal versagt ist. Er entschied über Ort und Zeit der Rast, der Tränke und des Grasens aus seiner hohen Weisheit. Nachts betete er dann für sein Volk, bis an die Knie in Schafwolle stehend, gerührt von soviel Hilflosigkeit. Er war Arzt, Führer und Beherrscher der schlafenden Schar.

Eines Tages hatten sich einige Araber an ihn gewandt: »Komm mit uns nach dem Süden auf einen Viehtrieb!« Sie hatten ihn weit mitgenommen. Nach drei Tagen legten sie ihm in einem Hohlweg im Gebirge, unweit des Aufstandsgebietes, einfach die Hand auf die Schulter, tauften ihn Bark und verkauften ihn.

Ich kannte andere Sklaven. Denn zum Tee kam ich täglich unter die Zelte der Einheimischen. Dort genoß ich bloßfüßig und lang ausgestreckt auf dem dicken Wollteppich, der den Luxus und für einige Stunden die Bleibe der Wandervölker bildet, das Fortschreiten des Tages. In der Wüste fühlt man die Zeit verstreichen. Solange die Sonne brennt, ist man auf der Wanderschaft gegen Abend zu, dessen kühler Wind die Glieder badet und allen Schweiß abwischt. Die große Tränke der Abendkühle kommt für Mensch und Tier so sicher wie der Tod. Darum ist in diesen Gegenden Müßiggang niemals Zeitvergeudung. Der ganze Tag erscheint schön, gleich Straßen, die zum Meere führen.

Ich kannte die Sklaven. Sie treten ins Zelt, wenn der Herr den Herd, den Teekessel und die Gläser aus der schweren Schatzkiste herausgegeben hat, wo sie neben so vielen sonderbaren Dingen liegen, neben Vorhängeschlössern ohne Schlüssel, Blumenvasen ohne Blumen, alten Waffen, Groschenspiegeln und anderem Gerümpel, das an einen Schiffbruch erinnert, wenn man es auf dem Sande ausbreitet.

Dann füllt der Sklave schweigend den Herd mit trockenen Reisern, haucht auf die Glut, füllt den Kessel und läßt für diese Kinderarbeit Muskeln spielen, die Bäume entwurzeln könnten. Er ist friedfertig; ihm gefällt der Betrieb: Tee kochen, Reittiere pflegen und essen. Am heißen Tag geht man auf die Nacht zu; unter den kalten Sternen aber freut man sich auf den sengenden Tag.

Glücklich sind die nördlichen Länder, denen die Jahreszeiten einen Traum von Schnee für den Sommer und ein Märchen der Sonne für den Winter schenken, während in den bedauernswerten Tropen die Schwitzkammern ständig geheizt sind. Glücklich ist aber auch die Sahara, wo Tag und Nacht die Menschen so einfach von einer Hoffnung zur andern schaukeln.

Manchmal hockt der schwarze Sklave vor der Türe und genießt den Abendwind. Aber in dem schweren Körper steigen keine Erinnerungen mehr auf. Kaum vermag er sich der Stunde der Gefangennahme zu erinnern, der Schläge, der Schreie, der zupackenden Hände, die ihn in seine umnachtete Gegenwart gestürzt haben. Seit jener Stunde dämmert er vor sich hin. Man hat ihm die breitfließenden Ströme des Senegal oder die weißen Städte Südmarokkos genommen; es ist, als wäre er erblindet. Die bekannten und vertrauten Stimmen sind ihm verstummt; es ist, als wäre er plötzlich taub geworden. Er ist nicht unglücklich, er ist krank. Was bleibt ihm von seiner Vergangenheit? Er ist eines Tages in die Kreise des Wanderlebens gezogen worden, er ist gebunden an die Wanderungen eines wilden Stammes, und für sein Leben folgt er den Schnörkeln, die dieser durch die Wüste zieht. Kein Wunder, wenn sein Einst, sein Heim, seine Frau und seine Kinder für ihn tot sind, als wären sie wirklich gestorben.

Menschen, die lange Jahre einer großen Liebe gelebt und diese plötzlich verloren haben, bekommen manchmal die Erhabenheit einsamer Trauer satt. Sie kehren reumütig zum Leben zurück und finden in einer Durchschnittsliebe ihr Glück. Der Sklave befriedigt seinen Ehrgeiz damit, daß er die Glut seines Herrn getreulich schürt. Er hat es für besser gefunden, zu verzichten, sich zu demütigen und seinen Frieden mit der Welt zu schließen.

Manchmal sagt der Herr zum Knecht: »Da, nimm!« Das geschieht meist um die Stunde, in der mancher Besitzer zum Sklaven gut ist, weil alles sich entspannt und abkühlt. Und der Gefangene würde für ein Glas Tee voll tiefer Dankbarkeit die Knie des Herrn küssen.

Der Sklave trägt keine Ketten. Er braucht sie nicht. Er ist treu. Er verleugnet fügsam den entthronten König und ist nur noch glücklicher Leibeigener.

Eines Tages freilich läßt man ihn los. Wenn er nämlich so alt ist, daß Nahrung und Kleidung an ihn nur verschwendet wären, dann läßt man ihm völlige Freiheit. Drei Tage lang bietet er sich vergeblich von Zelt zu Zelt rundum an. Täglich wird er schwächer, und gegen Ende des dritten Tages legt er sich ergebungsvoll in den Sand, um nie wieder aufzustehen. Ich habe bei Juby Menschen nackt im Sande sterben sehen. Die Einheimischen gingen achtlos, aber ohne Grausamkeit an ihrem langwährenden Todeskampf vorbei. Ihre Kinder spielten dicht neben dem düsteren Wrack und liefen jeden Morgen nachzusehen, ob es sich noch bewegte. Aber sie verhöhnten den alten Diener nicht. Es war ja die natürliche Weltordnung, als ob man dem Sklaven sagte: Du hast brav gearbeitet, nun darfst du dich ausruhen; geh zu Bett! Darum spürte der Mann, der dort lag, nur den Hunger und nicht die Ungerechtigkeit der Menschen. Der Hunger aber ist nur ein Schwindelgefühl, kein großes Leiden. Nur Ungerechtigkeit vermag Schmerzen zuzufügen. Dreißig Jahre Arbeit und dann das Recht auf Schlaf und ein Fleckchen Erde. Kein Wort der Klage hörte ich bei dem ersten, den ich so traf. Gegen wen auch hätte er klagen sollen? Ich spürte, daß er im Grunde dumpf einverstanden war mit dem, was ihm geschah. Der verlorene und völlig erschöpfte Bergsteiger bettet sich auf die weiche Fläche und versinkt friedlich in seine Träume und in den Schnee.

Mich bewegte darum auch nicht der Anblick des Leidens; denn ich glaube nicht daran, daß er litt. Aber der Tod eines Menschen läßt eine ganz unbekannte Welt untergehen, und so fragte ich mich, welche Bilder in diesem hier erloschen. Welche Pflanzungen im Senegal, welche hellen Städte Südmarokkos versanken hier langsam in ewiges Vergessen? Nichts ließ erkennen, ob sich in dieser schwarzen Masse nur jämmerliche kleine Alltagssorgen wie Teekochen und Viehtränken dem Ende näherten, ob hier wirklich nur eine Sklavenseele einschlief, oder ob die Pracht der Erinnerungen einen Menschen in seiner vollen Größe wieder erweckt hatte und ein solcher in seinem Glanze starb. Der harte, knochige Schädel glich den alten Schatzkisten der Mauretanier. Wie diese verriet er nicht, welche bunten Seiden, welche festlichen Gefühle, was für Gefühle, die hier niemand kennt, in diesem dunklen Behältnis dem Schiffbruch entgangen waren. So blieb mir verborgen, welches Stück Welt sich hier in diesem Menschen im schweren Schlaf der letzten Tage auflöste, was in diesem Bewußtsein und diesem Leib langsam in Nacht und Grund versank.

»Ich war Viehtreiber und hieß Mohammed.«

Bark, der dunkelhäutige Gefangene, war der einzige von allen, die ich kannte, der Widerstand leistete. Ihm ging es nicht darum, daß die Araber seine Freiheit genommen und ihn in einem Augenblick ärmer gemacht hatten als ein Neugeborenes. Auch Gottes Stürme vernichten oft in einer Stunde die Ernten der Menschen. Aber sie bedrohten ihn über seinen Besitz hinaus, sie wollten ihm sein Wesen nehmen. Er verzichtete aber nicht auf seine Persönlichkeit, wo doch so viele andere Verschleppte kampflos in sich einen armen Viehtreiber hätten sterben lassen, der das ganze Jahr schwer schaffen muß, um nur sein tägliches Brot zu verdienen.

Bark lebte sich nicht in die Knechtschaft ein, wie so mancher, des Wartens auf das große Glück überdrüssig, sich in ein Durchschnittsschicksal findet. Er wollte nicht aus der Güte des Sklavenhalters das Glück seiner Leibeigenschaft machen. Er bewahrte treu jenem Mohammed ben Lhaussin das Haus, welches dieser vor seiner Versklavung in Barks Brust bewohnt hatte, wenn er auch nur scheinbar verreist war. Das Haus trauerte über seine Leere, aber kein neuer Herr wurde hineingelassen. Bark handelte wie jener weißhaarige Torhüter, der im verlassenen Garten und in der Langweile der Einsamkeit an seiner Treue starb.

Er wagte nicht zu sagen: ›Ich bin Mohammed ben Lhaussin‹, sondern sagte nur: »Ich hieß Mohammed.« Aber er träumte doch von dem Tage, an dem dieser vergessene Mensch auferstehen und mit einem Schlage den Sklaven Bark vernichten würde. Manchmal kamen in der Stille der Nacht die Erinnerungen über ihn mit der Urgewalt eines Kinderliedes. »Mitten in der Nacht«, berichtete uns unser arabischer Dolmetscher, »mitten in der Nacht spricht er plötzlich von Marrakesch und weint.«

In der Einsamkeit entgeht niemand diesen Heimsuchungen durch sein altes Ich. Plötzlich erwacht der andere Mensch in Bark, dehnt sich durch alle seine Glieder und ist ohne vorherige Ankündigung da. Dann sucht er plötzlich die Frau an seiner Seite, in dieser Einsamkeit, wo keine Frau je dem Sklaven nahekommt. Er hört die Brunnen rauschen, in dieser Wüste, wo nie eine Quelle floß. Mit geschlossenen Augen meint er, in einem weißen, ortsfesten Haus zu wohnen, und das in einem

Land, in dem alle Menschen in Häusern aus Zelttuch leben und den Wind jagen.

Und zu mir kam Bark mit der ganzen Last von allem, was er einst geliebt hatte. Er wollte mir sagen, es sei soweit, daß seine alte Liebe nach ihm die Arme ausstreckte, er brauchte nichts mehr als heimzukehren, um seine Liebe an alle zu verschwenden. Ein Zeichen von mir würde genügen. Und Bark lächelte und zeigte mir, wie ich das Ding drehen sollte. Offensichtlich hatte ich noch nicht daran gedacht: »Morgen ist Flugtag. Da versteckst du mich im Flugzeug nach Agadir!« Armer alter Bark! Wir leben doch im Aufstandsgebiet, wie könnten wir ihm da zur Flucht verhelfen! Am Tage darauf hätten die Mauretanier durch irgendeine entsetzliche Bluttat den Raub und die Kränkung vergolten. Ich hatte wohl versucht, ihn loszukaufen, und die Monteure des Flugplatzes, Laubergue, Marchal und Abgrall, hatten mir ihre Hilfe angeboten. Aber es kam eben zu selten vor, daß ein Europäer einen Sklaven kaufen will. So versuchten die Einheimischen es auszunutzen und verlangten zwanzigtausend Franken.

»Du willst dich wohl über uns lustig machen?«

»Sieh doch diese starken Arme!«

So waren Monate vergangen ...

Endlich wurden die Mauretanier weniger anspruchsvoll, und mit Hilfe einiger Freunde aus der Heimat, denen ich von diesem Fall geschrieben hatte, sah ich mich in der Lage, den alten Bark zu kaufen.

Das waren schöne Unterhandlungen! Sie dauerten acht Tage. Wir saßen im Kreise, fünfzehn Mauretanier und ich. Ein Freund des Eigentümers von Bark, den auch ich zu meinen Freunden zählen durfte, der Räuber Sin Uld Rhattari, half mir heimlich.

»Verkaufe ihn doch«, riet er auf mein Anstiften, »du behältst ihn doch nicht mehr lange! Er ist krank. Äußerlich sieht man es ihm nicht an. Aber drinnen sitzt es. Warte nur, eines Tages schwillt er plötzlich an. Verkaufe ihn schnell dem Franzosen!«

Einem anderen Räuber, Radschi, hatte ich hohe Maklergebühren versprochen, wenn er mir zum Abschluß des Kaufes verhelfen würde. Der lockte nun seinerseits den Eigentümer.

»Mit dem Geld kannst du Kamele, Gewehre und Schießbedarf kaufen. Damit kannst du einen Kriegszug ausrüsten und den Franzosen ins Land fallen. Von Atar bringst du dann drei oder vier ganz neue Sklaven mit. Stoße nur den alten da ab!«

Schließlich verkaufte man mir Bark. Ich setzte ihn für sechs Tage in unserer Baracke hinter Schloß und Riegel. Denn hätte man ihn vor Ankunft des Flugzeuges im Freien erwischt, wäre er sofort wieder eingefangen und anderweitig verkauft worden.

Aber ich nahm die Knechtschaft von ihm. Die Freilassung war abermals eine schöne Feier. Es erschienen der mohammedanische Ortsgeistliche und der Stammeshäuptling von Juby. Außer diesen beiden, dem Marabut und dem Kaïd, kam der ehemalige Besitzer von Bark. Diese drei Gauner, die ihn gerne zwanzig Meter von der Festung in Stücke gehackt hätten, nur um mich zu ärgern, umarmten ihn herzlich und unterzeichneten eine Urkunde.

»Jetzt bist du unser Sohn.«

Er war auch meiner, dem Buchstaben des Gesetzes gemäß.

Und Bark umarmte alle seine Väter.

Bis zu seiner Abreise lebte er nun in angenehmer Gefangenschaft in unserer Baracke. Zwanzigmal am Tage mußten wir ihm die einfache Reise erklären: in Agadir würde er aus dem Flugzeug steigen und bekäme gleich im Flughafen einen Fahrschein für die Kraftpost nach Marrakesch ausgehändigt. Bark spielte in diesen Tagen den freien Mann, so wie Kinder Forschungsreisende spielen. Es war der erste Schritt zum Leben; Kraftpost, Menschenmengen, das alles sollte er nun wiedersehen. Laubergue kam zu mir zugleich im Namen von Marchal und Abgrall. Bark dürfe doch nicht gleich nach der Ankunft Hungers sterben. Sie gaben mir darum tausend Franken für ihn; mit denen in der Tasche habe er dann Zeit, sich Arbeit zu suchen.

Ich mußte an die alten Damen der wohltätigen Werke denken, die ihre Nächstenliebe so ausüben, daß sie zwanzig Franken geben und dafür Dank verlangen. Laubergue, Marchal und Abgrall, einfache Flugzeugmonteure, gaben tausend, übten damit keine Nächstenliebe aus und verlangten noch viel weniger einen Dank. Sie handelten nicht einmal aus Mitleid, wie die alten Damen, die wähnen, dauerndes Glück zu spenden. Sie taten nur das ihre, einem Menschen seine Menschenwürde wieder zu verschaffen. Sie wußten so gut wie ich, wie schnell der Rausch der Heimkehr verfliegt und daß der erste und unzertrennlichste Freund, der sich zu dem Heimkehrer gesellt, die Armut ist. In weniger als drei Monaten wird unser Bark auf einem Bahnkörper in saurem Schweiß Schwellen auswuchten. Er wird dabei sogar weniger glücklich sein, als er bei uns als Sklave in der Wüste war. Aber er darf dann wenigstens wieder er selbst unter den Seinen sein.

»Komm, Bark, sei wieder ein Mensch!«

Das Flugzeug zitterte startbereit. Bark sah ein letztes Mal in die trostlose Weite um Cap Juby. Vor dem Flugzeug standen gut und gern zweihundert Mauretanier, um zu sehen, was für ein Gesicht ein Sklave an der Schwelle des Lebens macht. Im Falle einer Panne hätten sie ihn übrigens schnell wieder.

Wir winkten unserem Kind von vierzig Jahren zum Abschied und sahen seinen Eintritt ins Leben nicht ohne Sorgen.

»Leb wohl, Bark!« riefen wir ihm zu.

Aber er antwortete kurz: »Nein!«

»Wieso nein?«

»Ich bin nicht Bark. Ich bin Mohammed ben Lhaussin.«

Wir hörten noch einmal von ihm durch den Araber Abdallah, der ihm auf unsere Bitte in Agadir weiterhalf. Da die Kraftpost erst abends fuhr, hatte Bark einen ganzen Tag für sich. Erst irrte er so lange und so wortkarg in der kleinen Stadt herum, daß Abdallah seine innere Unruhe spürte und teilnehmends fragte: »Was fehlt dir denn?«

»Nichts«, sagte Bark.

Er schaukelte eben zu plötzlich auf der hohen See seiner Freiheit. Er fühlte seine Auferstehung noch nicht recht. Gewiß war in ihm ein dumpfes Glücksgefühl, aber außer diesem Glücksempfinden gab es keinen Unterschied zwischen seinem gestrigen und seinem heutigen Ich. Und doch hatte er von nun an ein gleiches Recht auf die Sonne wie alle anderen Menschen, er durfte sich wie alle unter die Laubengänge des arabischen Kaffeehauses setzen. Er setzte sich auch hin und bestellte Tee für Abdallah und sich. Das war seine erste Tat als freier

Mann. Diese Macht mußte ihn doch vor aller Welt verklären. Aber der Kellner schenkte ihm ein, ohne überrascht zu sein, als ob er das täglich tausendmal täte. Er bemerkte gar nicht, daß er einem freien Menschen die Weihe gab.

»Gehen wir weiter!« murmelte Bark.

Sie stiegen zum alten Sultansschloß, der Kasba, hinauf, das Agadir beherrscht.

Die kleinen berberischen Tanzmädchen kamen zu ihnen. Sie waren so sanft und zahm, daß Bark richtig auflebte. Sie würden ihn, ohne es zu ahnen, im Leben willkommen heißen. Sie nahmen ihn auch bei der Hand, sie boten ihm Tee. Aber sie taten es wie für jedermann. Bark wollte von seiner Auferstehung erzählen; sie lachten freundlich und waren glücklich mit ihm, weil er glücklich aussah. Er fügte stolz hinzu, um sie in Erstaunen zu setzen: »Ich bin Mohammed ben Lhaussin!« Aber das machte gar keinen Eindruck. Alle Menschen haben einen Namen, und manche kommen von weit her.

So führte er Abdallah wieder zur Stadt zurück. Er bummelte an den jüdischen Läden vorbei und sah weithin übers Meer. Er war sich bewußt, daß er nach Belieben hingehen konnte, wohin er wollte. Er war ja frei. Aber die Freiheit erschien ihm bitter. Denn durch sie bemerkte er erst, wie er so gar keine Bindungen an die Welt besaß.

Als da ein Kind vorbeikam, streichelte Bark ihm leicht die Backe. Das Kind aber lächelte. Es war eben kein Herrenkind, vor dem man sich schmeichelnd demütigt. Es war ein hilfloses kleines Mädchen, dem Bark eine Liebkosung schenkte. Und es lächelte dafür. Dieses Kind weckte Bark aus dem Zwiespalt seiner Gefühle auf. Er fühlte sich plötzlich wieder als jemand auf der Welt. Ein hilfloses Kind hatte ihm zugelächelt. Ein Gedanke begann in ihm zu arbeiten, und mit großen Schritten ging er weiter.

»Was suchst du?« fragte Abdallah.

Und nochmals antwortete Bark: »Nichts.«

Aber als er an einer Straßenecke auf eine Gruppe spielender Kinder stieß, blieb er stehen. Das war es! Er sah ihnen schweigend zu. Dann aber lief er zu den Läden und kam wieder, beide Arme voll Geschenke. Abdallah wurde unruhig und riet ihm: »Dummkopf, behalte doch dein Geld!«

Aber Bark hörte schon nicht mehr. Er winkte jedem der

Kinder mit ernstem Gesicht. Kleine Hände streckten sich den Spielsachen, Armbändchen und goldgestickten Pantöffelchen entgegen. Jedes Kind lief schüchtern davon, sobald es seinen Schatz festhielt.

Die anderen Kinder in Agadir hörten alsbald davon und kamen angelaufen. Bark kleidete alle mit goldenen Pantoffeln. Auch in der Umgebung lief das Gerücht um, und in den Dörfern erhoben sich gleichfalls Kinderschwärme und stiegen heran zu diesem schwärzlichen Gott und klammerten sich an seine Sklavenkleider. Alle, alle wollten ihr Teil haben. Und Bark verausgabte sich völlig.

Abdallah meinte, er sei vor Freude verrückt geworden. Ich glaube aber nicht, daß es ihm ein Bedürfnis war, sein Übermaß an Freude mit anderen zu teilen. Das Erlebnis, das sein Handeln bestimmte, würde ich ganz anders erklären. Er war frei und hatte mithin alles, was ein Mensch braucht, das Recht auf Liebe, das Recht hinzugehen, wohin er wollte, und sein Brot mit seiner Arbeit zu verdienen. Das Geld brauchte er dafür nicht. Aber er fühlte mit derselben Stärke, mit der der Hunger über uns kommt, eine Sehnsucht, Mensch unter Menschen zu sein. Die Tänzerinnen von Agadir waren lieb mit dem alten Bark gewesen. Und doch war er von ihnen ebenso leichten Herzens gegangen, wie er gekommen war. Sie brauchten ihn ja nicht. Der arabische Ladendiener, die Leute auf der Straße, alle achteten in ihm den freien Menschen, alle gestanden ihm sein gleiches Recht an der Sonne zu. Aber kein einziger brauchte ihn. Er war frei, unbegrenzt frei, so frei, daß er nicht mehr fest und lastend auf der Erde zu stehen meinte. Es fehlte ihm die Bindung an andere Menschen, die unser Schreiten hindert mit Tränen, Zank und Freude, mit all dem, was ein Mensch liebkost oder schlägt durch jede Bewegung, die er tut. Es fehlten ihm die hunderttausend Fäden, die uns binden und uns mit ihrer Schwerkraft auf der Erde halten. Jetzt aber lag etwas auf Bark: Tausende von Hoffnungen! Sein Reich begann in der Herrlichkeit des Sonnenuntergangs über Agadir, in der sinkenden Abendkühle, die für ihn so lange Zeit seine einzige Freude, sein einziges Obdach gewesen war. Als die Stunde der Abreise nahte, schritt Bark in einer Flut von Kindern dahin wie weiland unter seinen Schafen. So pflügte er in seinem neuen Leben seine erste Furche auf der Welt. Morgen würde die Armut der Seinen ihn aufnehmen, und die Verantwortung für mehr Menschenleben, als vielleicht seine alten Arme nähren konnten, würde wiederkommen. Aber er hatte seine Erdenschwere wiedergewonnen. Er glich einem vom Himmel herabgestiegenen Engel, der das Leben der Menschen mitleben wollte; da er aber zu gewichtlos war für diese Erde, hatte er zu einem kleinen Betrug gegriffen und sich Bleistückchen in die Kleider genäht. So ging auch Bark mühsam weiter, zu Boden gezogen von tausend Kindern, die so notwendig goldene Pantöffelchen brauchten.

VII

Das ist die Wüste. Ein Koran, nichts weiter als eine Spielregel, verwandelt ihren dürren Sand in ein Kaiserreich. In ihren Tiefen, die sonst leer wären, rollt ein heimliches Schauspiel ab, das die menschlichen Leidenschaften wild aufwühlt. Das wahre Leben der Wüste sind nicht die Wanderungen der Völker, wenn sie ausziehen, etwas Weidegras zu suchen. Das wahre Leben ist eben jenes Spiel, das daneben gespielt wird.

Wie ungeheuerlich hat sich die Wüste seit ihrer Unterwerfung geändert! Es geht ihr nicht anders als allem Menschenland. Angesichts dieser entzauberten Wüste denke ich an die Spiele meiner Kindheit, an den dunklen und doch so leuchtenden Park, den wir mit Göttern bevölkerten, und an das Reich ohne Grenzen, das wir aus diesem Quadratkilometer niemals gänzlich durchforschten Landes schufen. Wir bildeten einen Kulturkreis für uns, in dem jeder Schritt seine Gesetze und jedes Ding seinen Sinn hatte, die sonst nirgends galten. Was bleibt aber von diesem Park der Kindheit mit seinen zauberhaften Schatten, wenn man in ihm als Mann unter anderen Gesetzen lebt? Kommt man dann wieder einmal in die Heimat zurück, geht man in einer Stimmung von Verzweiflung an der kleinen, grauen Steinmauer entlang und wundert sich, daß in einem so engen Raum das Gelände eingeschlossen sein kann, das einmal die Unendlichkeit war. Und schmerzlich muß man einsehen, daß man diese Unendlichkeit nie wieder finden wird. Es reicht nicht aus, wieder in den Park zu treten; man müßte in das Spiel selbst zurückfinden können.

Das Aufstandsgebiet besteht nicht mehr. Um Cap Juby, Cisneros, Puerto Cansado, Saget el Hamra, Dora und Simararra ist alles Geheimnis verschwunden. Die bunten Fernen, die wir ansteuerten, sind eine nach der anderen zur blassen Nähe geworden, so wie manche Insekten ihre Farben verlieren, wenn sie erst einmal in die warme Hand genommen werden. Und doch lebten wir nicht in eitler Verblendung, als wir ihnen zustrebten. Wir täuschten uns nicht, als wir ausgingen, sie zu entdecken. Der Sultan aus Tausendundeiner Nacht irrte sich ja auch nicht in seiner Suche nach dem Letzten und Höchsten, um dessentwillen seine Sklavinnen eine nach der anderen in seinen Armen vergehen mußten, noch ehe die Sonne aufging; denn sie hatten das Gold von ihren Flügeln verloren, kaum daß er sie berührt hatte.

Wir lebten vom Zauber des Sandes, andere werden Erdölquellen darin erbohren und sich mit Handel bereichern. Aber sie kommen alle zu spät. Die verbotenen Palmenwälder, der niemals zuvor betretene Muschelsand haben uns ihr Bestes gegeben. Die Sahara hatte nur eine heilige Stunde der Erhebung zu verschenken, und wir haben sie erlebt.

Der Durst

I

Einmal war es mir beschert, bis zum Herzen der Wüste vorzudringen. Auf einem Langstreckenflug nach Indochina blieb ich 1935 im Sande stecken. Damals meinte ich, nicht lebend davonzukommen. Diesen Flug will ich ausführlich erzählen.

Über dem Mittelmeer stieß ich auf niedrige Wolken. Ich ging auf zwanzig Meter herunter. Regenschauer brachen sich an der Windschutzscheibe, und das Meer schien zu dampfen. Ich beobachtete mit angestrengter Aufmerksamkeit, um nicht etwa an einen Schiffsmast zu rennen.

Mein Bordmonteur, André Prévot, steckte mir die Zigaretten an, und wenn ich nach Kaffee rief, verschwand er hinten im Flugzeug, um mit einer Thermosflasche wiederzukommen. Ich trank und stupste zwischenhinein den Gashebel, damit wir auf 2000 Umdrehungen blieben. Immer wieder wanderte das Auge über die Zifferblätter. Aber alle meine Untertanen waren artig, und jede Nadel stand, wo sie sollte. Ab und zu warf ich einen schnellen Blick auf das Meer unter mir, von dessen regengepeitschter Oberfläche Dämpfe aufstiegen wie aus einer warmen Badewanne. Hätte ich in einem Wasserflugzeug gesessen, dann würde ich den hohen Seegang mit Verdruß vermerkt haben. Aber im Landflugzeug kann man unter keinen Umständen auf Wasser niedergehen, ob nun hoher Seegang ist oder glatte See unten liegt. Das Meer ist außerhalb meiner Welt, ein Motorausfall geht mich nichts an. Er darf einfach nicht kommen, weil ich dafür nicht ausgerüstet bin.

Nach anderthalb Stunden Flug ließ der Regen nach. Die Wolken hingen freilich noch immer tief herab, aber das Licht begann durchzuscheinen wie ein freundliches Lächeln. Voll Bewunderung beobachtete ich diese langsamen Vorarbeiten des schönen Wetters. Über mir ahnte ich eine dünne Schicht weißer Wolle. Ich drehte ab, um die kommende Bö zu umfliegen. Wenn ich sie schon vorher sehen konnte, hatte ich es nicht mehr nötig, mich mitten in ihr Toben zu wagen. Und schon zeigte sich der erste Riß in den Wolken. Ich hatte ihn geahnt, bevor ich ihn sah. Denn ich bemerkte vor mir auf dem Meer einen langen wiesengrünen Streifen, eine Oase von einem seltsam leuchtenden und satten Grün. Ich erinnerte mich an die Gerstenfelder, die mir jedesmal das Herz bewegten, wenn ich aus dem Senegal nach dreitausend Kilometern Wüstenflug in fruchtbares Land zurückkehrte. Auch hier hatte ich das Gefühl, einen bewohnbaren Landstrich anzufliegen. Eine heitere Unbeschwertheit überkam mich. Ich drehte mich nach Prévot um und sagte: »Das wäre geschafft. Jetzt wird es besser.«

»Ja«, sagte er, »jetzt wird es besser.«

In Tunis unterzeichnete ich während des Tankens die Papiere. Aber in dem Augenblick, in dem ich die Kanzlei verließ, hörte ich einen dumpfen Schlag, der fast wie das Aufklatschen eines Schwimmers auf dem Wasser klang. Noch in der gleichen Sekunde fiel mir auch ein, wo ich denselben Knall schon einmal gehört hatte. Es war bei einer Explosion in einer Garage, und der heisere Huster hatte damals zwei Menschen umgelegt. Ich drehte mich um und sah auf die Straße, die den Flugplatz entlang führt. Eine kleine Staubwolke rauchte, zwei raschfahrende Wagen waren zusammengerannt und standen nun plötzlich in eisiger Unbeweglichkeit erstarrt. Menschen eilten hin, Rufe flogen: »Telefonieren!« – »Einen Arzt!« – »Der Kopf!«

Mir zog sich das Herz zusammen. Das Schicksal hatte in dieser friedlichen Abendstimmung wieder einen Handstreich gewagt. Eine Schönheit war zerstört, ein Menschengeist oder gar ein Menschenleben. So haben auch die Räuber in der Wüste sich herangeschlichen; niemand hörte ihren leichten Schritt auf dem Sande. Dann flackerte im Lager der kurze Lärm des Gemetzels auf. Gleich darauf aber hatte sich wieder das Schweigen über die Wüste gebreitet, tiefes, goldenes Schweigen, tiefer, goldener Friede wie zuvor.

In meiner Nähe spricht jemand aufgeregt von einem Schädelbruch. Ich will diese blutige Stirn nicht sehen und von diesem hängenden Kopf nichts wissen!

Ich wende mich ab und gehe zu meinem Flugzeug. Aber im Herzen bleibt die Drohung lebendig. Auf mich wartet derselbe dumpfe Schlag. Bald soll ich mit einer Geschwindigkeit von 270 Kilometern in der Stunde über das dunkle Hochland hinsausen, zum Treffpunkt mit dem heiseren Husten des Schicksals.

Auf nach Bengasi!

II

Auf! Wir hatten nur noch zwei Stunden bis Sonnenuntergang. Schon als ich Tunis anflog, brauchte ich keine Sonnenbrille mehr. Der Sand wurde golden und die Welt leer, so leer. Befruchtende Flüsse, angenehmer Schatten und Heimstätten von Menschen schienen mehr denn je Zufälligkeiten. Welche Massen von Felsen und Land dehnten sich vor uns aus!

Aber dies alles wurde mir fremd und immer fremder. Ich lebte in der Luft und fühlte das Nahen der Nacht. Sie führte uns nach den Regeln eines feierlichen Gottesdienstes in ein Nachdenken ohne Ausweg wie in eine Kirche. Die unheilige Welt verblaßte schon und wollte ganz verschwinden. Noch hatte das Land im blonden Abendlicht einen Körper, aber er begann sich zu verflüchtigen. Nichts, aber auch nichts auf der Welt ist so kostbar wie diese Stunde. Alle werden mir zustimmen, die die unerklärliche Leidenschaft für das Fliegen mit mir teilen.

So ist dieses Erlebnis: langsam begebe ich mich der Sonne und der großen Flächen, die mich im Falle einer Notlandung aufgenommen hätten. Ich begebe mich der Richtpunkte, die mir einen Weg hätten zeigen können, der Schattenlinien der Berge gegen den Himmel, die mich an drohenden Klippen vorbeiführen konnten. Ich tauche in die Nacht und ziehe meine Bahn. Nur noch die Sterne gehören mir.

Ganz allmählich vollzieht sich der Weltuntergang, ganz allmählich schwindet mir das Licht. Himmel und Erde verschwimmen ineinander, als ob die Erde emporstiege und wie Rauch die Luft erfüllte. Die ersten Sterne zittern noch wie durch grünliches Wasser. Erst viel später werden sie zu harten Diamanten, erst sehr viel später kommt zu mir das stumme Spiel der Meteore. Ich habe Nächte erlebt, in denen ihre

Feuergarben so massenhaft fielen, daß es schien, als ob ein schrecklicher Sturm unter den Sternen wütete. –

Prévot versuchte die Lampen und Hilfslampen. Sie waren zu hell, und so umwickelte er die Glühbirnen mit rotem Papier. »Noch eine Schicht!« bat ich, und er deckte noch eine Lage drüber und drehte die Lichter wieder an. Noch immer aber waren sie zu hell und überblendeten das allzu blasse Bild der Außenwelt. Sie zerstörten die kaum wahrnehmbare Sichtbarkeit, die oft auch in der Nacht den Dingen anhaftet.

Die Nacht war hereingebrochen, aber noch nicht die echte. Denn noch schien eine schmale Mondsichel. Prévot ging nach hinten und kam mit einigen Brotschnitten wieder. Ich pickte eine Weintraube ab. Hunger hatte ich nicht, weder Hunger noch Durst. Ich hätte so zehn Jahre weitersteuern mögen.

Und nun ist auch der Mond gestorben.

Bengasi an der libyschen Mittelmeerküste wurde in der schwarzen Nacht sichtbar. Es lag so abgrundtief in der Dunkelheit, daß seine Lichter keinen Widerschein am Himmel bildeten. So bemerkte ich es erst, als ich schon beinahe über der Stadt schwebte. Ich sah mich nach dem Flugplatz um, und im gleichen Augenblick leuchteten unten die roten Baken auf. Lichter umrahmten ein schwarzes Rechteck. Kerzengerade stand das Licht eines Scheinwerfers zum Himmel empor wie eine Feuersbrunst, schwenkte dann und legte sich lang auf den Boden. Es zeichnete eine breite goldene Linie auf den Flugplatz. Der Nachtdienst an diesem Flughafen ist wundervoll. Ich drosselte und begann meinen Gleitflug wie eine Taucherfahrt in schwarzes Wasser.

Um 23 Uhr Ortszeit landete ich und rollte auf den Scheinwerfer zu. Die höflichsten Offiziere und Soldaten der Welt traten aus der schwarzen Nacht in das harte Licht und wurden plötzlich grell sichtbar, um sofort wieder unsichtbar zu sein. Man nahm mir meine Papiere ab und begann zu tanken. Kaum zwanzig Minuten würde mein Durchgang brauchen. Sie baten mich noch: »Nach dem Aufstieg fliegen Sie eine Kurve und kreuzen noch einmal über uns durch. Sonst wissen wir nicht sicher, ob Sie wirklich hochgekommen sind.«

Auf also! Ich rollte auf der goldenen Straße hin, die mir der Scheinwerfer zu einer Schneise ohne Hindernisse baute. Mein Simoun-Flugzeug hob trotz Überlast schon lange vor dem

Ende der verfügbaren Bahn ab. Der Scheinwerfer folgte mir und blendete mich beim Umwenden. Plötzlich ließ er von mir ab, denn unten hatten sie bemerkt, daß er mich störte. Ich drehte also um 180 Grad, und schon faßte mich der Scheinwerfer wieder im Gesicht, aber nur für einen Augenblick. Kaum hatte er mich berührt, so lenkte er seine goldene Säule auch schon weiter. Ich spürte aus dieser Rücksicht die freundliche Gesinnung der Helfer unten.

Und nun ging es der Wüste zu. Die Wetterwarten von Paris, Tunis und Bengasi hatten mir Rückenwind von 30 bis 40 Kilometern in der Stunde geweissagt. Ich durfte also für den Wüstenflug mit einer Geschwindigkeit von 300 Kilometern in der Stunde rechnen. Ich flog die Mitte der Linie Alexandria – Kairo an. So konnte ich die verbotenen Küstenlandschaften vermeiden, und ungeachtet aller Abtrift, die ich auf dieser langen Strecke nicht genau errechnen konnte, würde ich, sei es zur Rechten, sei es zur Linken, eine dieser beiden Städte aufleuchten sehen. Zumindest würden mich die Lichter des Niltales festhalten. Falls der Wind gleichblieb, brauchte ich zu dem Flug 3 Stunden 20 Minuten, wenn er nachließ, 3 Stunden 45 Minuten.

Mit solchen Überlegungen begann ich, 1000 Kilometer Wüste abzugrasen. Der Mond war weg, alles war schwarzer Teer bis zu den Sternen hinauf. Jetzt würde ich lange keine Feuer mehr sehen, keinen Zielpunkt mehr haben; ohne Funk an Bord hatte ich bis zum Nil kein Lebenszeichen zu erwarten. Ich wollte auch nichts ansehen als meinen Kompaß und meinen Höhenmesser. Alles war mir gleichgültig, außer den langsamen Schwingungen eines Zeigers mit Leuchtfarbe auf dem dunklen Zifferblatt des Gerätes. Wenn Prévot im Flugzeug hin und her ging, glich ich sorgsam die Gewichtsverlagerung wieder aus. Ich ging auf 2000 Meter Höhe, wo nach den Wetterberichten der günstigste Wind wehte. Ab und zu zündete ich eine Lampe an, um die Instrumente, die vom Arbeiten meines Motors berichteten und von denen einige nicht selbstleuchtend waren, abzulesen. Meistens aber hüllte ich mich gut in Nacht unter meinen kleinen Leuchtnadelsternchen, deren Licht so sehr dem der Sterne oben am Himmel ähnelt. Der unerschöpfliche und heimliche Schein beider spricht für mich dieselbe Sprache. Ich lese ein Buch von der Himmelsmechanik wie ein Sternforscher, und als echter Wissenschaftler fühle ich mich von heiligem Eifer gepackt.

Die Außenwelt war völlig erloschen. Schließlich schlief sogar Prévot nach heldenhaftem Widerstand ein, und ich genoß meine Einsamkeit noch mehr, um mich das wohltuende Brausen des Motors und vor mir auf dem Instrumentenbrett meine stillen Sterne. Die Gedanken spannen sich aber immer weiter: jetzt hat sich der Mond uns entzogen, und wir haben keinen Funk an Bord. Kein noch so schwaches Band verbindet uns mit der Außenwelt, bis endlich unser großer Fisch im Lichternetz des Nils sitzt. So lange sind wir aus jedem Zusammenhang gelöst, und nur unser Motor hält uns inmitten dieses düsteren Teers in der Schwebe. Wir durchqueren das tiefe schwarze Tal aus dem Märchen, wo jeder sich bewähren muß. Hier gibt es keine Hilfe, hier wird kein Fehler verziehen. Wir stehen ganz auf Gottes gutem Willen.

Ein störender Lichtstrahl drang durch eine Fuge im Gehäuse des Buglichtes. Ich weckte Prévot, sie zu beseitigen. Alsbald wälzte er sich, er nieste und kam an, um sich in kunstvolle Bauten aus Tüchern und Isolierband zu vertiefen. Schnell war der Lichtstrahl verschwunden. Dieses Licht hatte nicht die Freundlichkeit der blassen und fernen Leuchtzahlen und -zeiger. Es war ein Licht aus einem Nachtcafé und nicht von einem Stern. Vor allem aber blendete es und ließ andere und wichtigere Lichter verblassen. Drei Stunden flogen wir schon. Da sah ich ein Licht, wie mir schien sogar ein grelles, auf meiner Rechten leuchten. Ich blickte hin: ein langer Leuchtschweif heftete sich an die Steuerbordlaterne. Bis jetzt hatte ich diese überhaupt nicht gesehen. Es war eine schwankende Helligkeit, bald kräftig, bald blaß. Das wollte sagen, daß wir durch Wolken flogen. Meine Lampe spiegelte sich in einer Wolke. Jetzt, wo ich meinen Zielpunkten am Nil so nahe war, wäre mir klarer Himmel weit lieber gewesen. Aber ich sollte ihn nicht bekommen. Nun wurde sogar der ganze Flügel von dem Lichtschein erhellt, dieser wurde ständiger, fester, strahlender und bildete ein rötliches Büschel. Kräftige Böen ließen mich schaukeln. Mithin flog ich eben in einer Haufenwolke, deren Größe ich nicht kannte. Ich stieg auf 2500 und kam nicht heraus; ich ging auf 1000 hinunter, und der Rosenstrauß an meinem Flügel blieb unveränderlich, ja, er wurde eher noch strahlender. – Sollte er, es war schon alles eins. Ich dachte an etwas anderes. Irgendwann kämen wir schon wieder heraus, und dann würden wir es ja merken. Aber angenehm war mir dies rote Licht aus einer Puffkneipe keineswegs.

Ich rechnete nach: Daß ich hier ein bißchen tanze, ist ja soweit ganz in der Ordnung. Böen hat es den ganzen Tag über gegeben, trotz klarem Himmel und großer Höhe. Also hat sich der Wind nicht gelegt, und ich fliege bestimmt mehr als 300 Kilometer in der Stunde. Aber schließlich weiß ich nichts Genaues und muß mich zurechtfranzen, wenn ich erst aus der Wolke bin.

Und draußen waren wir. Der Rosenstrauß war plötzlich davongeflogen, und an seinem Verschwinden erkannte ich die Befreiung. Das war aber auch alles, was ich erkannte. Es war nur ein schmales Himmelstal gewesen, und vor uns ragte schon die aufsteigende Bergwand der nächsten Haufenwolke. Schon blühte auch der Strauß wieder an einem Flügel.

Aus der Wolkenmasse kam ich nicht wieder hinaus, oder doch nur für Sekunden. Nach 3 Stunden 20 Minuten begann es mich zu beunruhigen. Denn ich mußte mich dem Nil nähern, wenn ich so schnell flog, wie ich erwartete. Mit etwas Glück konnte ich ihn aber vielleicht doch durch die Wolkenspalten erblicken. Deren gab es freilich wenige. Ich wagte nicht, noch tiefer zu gehen; denn falls ich weniger schnell geflogen war, als ich meinte, befand ich mich noch über Land, das mehrere hundert Meter über dem Meer aufstieg.

Wirkliche Unruhe empfand ich noch nicht. Ich fürchtete im schlimmsten Falle einen erheblichen Zeitverlust. Dennoch setzte ich meiner Seelenruhe eine äußerste Frist, nämlich 4 Stunden 15 Minuten. Nach dieser Flugzeit mußte ich selbst bei völliger Windstille, mit der gar nicht zu rechnen war, den Nil überflogen haben.

Sooft ich an Fransen des Wolkenvorhangs kam, warf das Strahlenbündel am Flügel hastige Blinkfeuer in die Dunkelheit hinaus. Ich fand diese Geheimzeichen an die Dämonen der Nacht äußerst unangenehm.

Ein grüner Stern tauchte vor mir auf und glänzte wie ein Leuchtfeuer. War es am Ende eines oder doch nur ein Stern?

Auch diese unnatürliche Helle, dieser Stern der Weisen aus dem Morgenlande, war mir ehrlich unangenehm.

Prévot erwachte und beleuchtete die Zifferblätter des Instrumentenbrettes. Ich jagte ihn und seine Lampe weg. Denn eben kam ich in eine Kluft zwischen zwei Wolken und wollte die Gelegenheit benutzen hinunterzuschauen. Darauf legte sich Prévot wieder hin und schlief ein. Es gab auch nichts zu sehen. –

Vier Stunden fünf Minuten waren wir jetzt unterwegs. Prévot kam zu mir vor und setzte sich neben mich:

»Eigentlich müßten wir in Kairo sein.«

»Das will ich meinen!« antwortete ich.

Er aber fragte: »Ist das dort ein Stern oder ein Leuchtturm?«

Ich hatte den Motor ein wenig gedrosselt, und zweifellos hatte das Prévot geweckt. Die kleinste Veränderung des Motorengeräusches pflegt ihn zu erreichen. Ich begann langsam tiefer zu gehen, um unten aus der Wolkenmasse hinauszuspähen.

Vorher hatte ich meine Karte angesehen. Auf alle Fälle mußten wir jetzt über Gelände sein, das kaum über den Meeresspiegel aufragte. Es konnte also nichts geschehen. Ich ging immer tiefer und bog scharf nach Norden ab. Da mußte ich die Lichter der Städte auf alle Fälle unter meine Fenster bekommen. Gewiß hatte ich sie bereits überflogen; sie würden also links erscheinen.

Endlich flog ich unter den Haufenwolken, aber entlang einer anderen Wolke, die weiter links noch tiefer hinabhing. Ich bog rechts aus, um ihr nicht ins Netz zu gehen und flog nun die Richtung Nordnordost.

Trotzdem ging aber die Wolke tiefer hinab, und die Sicht wurde noch schlechter. Tiefer wagte ich nicht mehr zu gehen, denn nach meinem Höhenmesser war ich nur noch in 400 Meter Höhe. Es konnte auch weniger sein, denn ich hatte keine Ahnung von den Luftdruckverhältnissen in dieser Gegend.

Prévot beugte sich suchend hinaus. Ich schrie ihm zu: »Ich gehe bis aufs Meer. Da kann ich ganz hinunter, ohne Gefahr, aufzurennen.«

Es war übrigens durchaus möglich, daß wir schon über dem Meer flogen. Die Wolke war so dunkel und undurchdringlich, daß man nichts feststellen konnte. Ich preßte die

Nase an die Scheiben und suchte in der Düsterkeit unter mir zu lesen, Leuchtfeuer oder andere Zeichen zu entdecken. Unter der Asche tastete ich nach einem Funken, nach einem bißchen Glut im Grunde des Herdes.

»Es ist doch ein Leuchtturm an der See!«

So sagte Prévot. Wir alle beide haben diesen spiegelfechterischen Trug zugleich gesehen! Welcher Wahn! Was war denn dieser Geisterleuchtturm, diese Ausgeburt der Nacht! In dem Augenblick nämlich, in dem wir uns alle beide hinausbeugten, um ihn aus 300 Meter Höhe unter unserem Flügel wieder zu Gesicht zu bekommen, geschah es mit entsetzlicher Plötzlichkeit.

Ich glaube, ich habe nichts gesagt als: »Ah!«

Ich glaube, ich empfand nichts als einen furchtbaren Krach, der unsere Welt in den Grundfesten erschütterte. Wir waren mit 270 Kilometer Geschwindigkeit in der Stunde auf den Boden aufgerannt.

Ich glaube, ich erwartete in dem Bruchteil einer Sekunde, der dem Aufprall folgte, weiter nichts als den riesigen Purpurstern der Explosion, die uns beide zermalmen würde.

Erregung empfand keiner von uns beiden. Ich beobachtete bei mir nur eine überscharf gespannte Erwartung und grenzenlose Gewißheit, daß der Leuchtstern kommen mußte, in dem wir uns noch in der gleichen Sekunde auflösen sollten.

Aber er kam nicht. Es gab nur ein Erdbeben, das unsere Kabine verheerte, die Fenster herausriß, Bleche hundert Meter weit schleuderte und uns bis ins tiefste mit seinem Grollen erfüllte. Das Flugzeug zitterte wie ein Messer, das nach schnellem Flug in hartem Holze steckenbleibt. Wir aber wurden durch dieses Ungestüm unerhört scharf abgebremst.

Eine Sekunde.

Zwei Sekunden.

Noch immer zitterte die Maschine, und ich erwartete mit grauenhafter Ungeduld, daß ihre eigene Wucht sie zersprengte wie eine Granate. Aber die unterirdischen Erschütterungen mündeten nicht in einem Vulkanausbruch. Ich verstand das Geschehen nicht mehr, weder das Zittern noch das Ungestüm noch diesen unendlich scheinenden Aufschub.

Fünf Sekunden.

Sechs Sekunden.

Plötzlich begann sich alles zu drehen, ein neuer Stoß warf unsere Zigaretten zum Fenster hinaus, zerspellte unseren rechten Flügel und – dann kam nichts mehr, nichts als gefrorene Unbeweglichkeit.

Ich schrie Prévot zu: »Schnell hinaus!«

Und schon hatten wir uns zu dem Fenster hinausgeschwungen, das der Aufprall weggerissen hatte, und standen zwanzig Meter von unserem Flugzeug entfernt.

Ich fragte Prévot: »Alles heil?«

Er antwortete: »Alles heil!« Aber er rieb sich das Bein. Ich schrie ihn an: »Bewegen Sie sich doch, fühlen Sie hin und sehen Sie zu, ob Sie dann immer noch sagen können: ›Alles heil!‹ «

Da sagte er: »Es ist nichts. Nur der Feuerlöscher.«

Ich erwartete immer noch, daß er plötzlich zusammenstürzen könnte, aufgeschlitzt vom Kopf bis zum Nabel. Er aber starrte auf das Flugzeug und sagte: »Nur der Feuerlöscher.«

Da dachte ich: Er ist verrückt; gleich fängt er an zu tanzen.

Prévot aber sah endlich von dem Flugzeug weg, das nun vor Feuersgefahr sicher war, schaute zu mir herüber und begann nochmals: »Es ist nichts. Nur der Feuerlöscher hat mich ans Knie geschlagen.«

III

Daß wir lebten, ging gegen alle Vernunft. Ich verfolgte mit der Taschenlampe die Spuren unseres Flugzeugs auf dem Sand. Schon 250 Meter vor dem endgültigen Stillstand fand ich verbogene Eisenteile und Bleche, mit denen es auf seinem rasenden Rutsch den Sand besät hatte. Bei Tagesanbruch konnten wir dann feststellen, daß wir einen sanften Abhang beinahe oben am Gipfel der wüsten Sandtafel tangential berührt hatten. An der Aufschlagseite war ein tiefes Loch in den Sand gepflügt. Ohne sich zu überschlagen, hatte das Flugzeug seinen Weg auf dem Bauche gemacht, sich windend und mit dem Schwanze schlagend wie ein grimmiges Reptil. Mit 270 Kilometer Geschwindigkeit war es dahingekrochen. Unser Leben verdankten wir zweifellos den runden schwarzen Steinen, die sich auf dem Sand leicht drehen und so eine Art Rollenbahn gebildet hatten.

Prévot unterbrach sofort alle Stromkreise der Akkumulatoren, da sonst durch Kurzschluß nachträglich noch ein Brand ausbrechen konnte. Ich aber lehnte mich an die Motorenhaube und dachte nach: Viereinviertel Stunden lang war ich in der Luft gewesen, und die ganze Zeit hatte der Wind geweht; denn ich war geschüttelt worden. Wenn er aber seit der Wettervoraussage die Richtung gewechselt hatte, mußte ich ihn nach jeder Richtung einrechnen. Das bedeutete bei einer Windgeschwindigkeit von fünfzig Kilometern, daß wir irgendwo in einem Viereck von vierhundert Kilometern Seitenlänge saßen.

Prévot setzte sich neben mich und sagte: »Eigentlich ist es auch ein Erlebnis, nicht tot zu sein.«

Ich antwortete nichts und empfand auch keine Freude. Denn langsam brach sich ein Gedanke in meinem Kopf Bahn und fing an, mich zu beunruhigen.

Ich bat Prévot, seine Lampe anzuzünden, damit ich zurückfinden könnte, und begab mich mit der Taschenlampe auf eine Entdeckungsreise, die mir nötig schien. Ich ging langsam, zuerst geradeaus, dann in einem großen Halbkreis zurück. Ich leuchtete den Boden ab, als ob ich einen verlorenen Ring suchte. Mehrmals wechselte ich die Richtung, und wieder war es, als sollte ich unter der Asche einen Funken entdecken. Immer weiter ging es im Dunkeln; ängstlich beugte ich mich über den weißen Tisch, über den mich meine Füße trugen. Aber es stimmte, es stimmte nur allzu gut. Ich schlich zum Flugzeug zurück und versuchte, mir über unsere Lage klarzuwerden. Ich gab mir alle Mühe, einen Vorwand zu finden, nicht zu verzweifeln. Aber ich hatte nach einem Zeichen von Leben ausgeschaut, und das Leben hatte mir kein Zeichen gegeben.

»Prévot, ich habe keinen einzigen Grashalm gefunden.« Prévot sagte nichts, und ich wußte nicht, ob er die Tragweite meiner Worte verstanden hatte. Am Morgen würde sich der Vorhang heben, und dann war immer noch Zeit, davon zu reden. Ich fühlte mich nur müde und zerschlagen, und mir gingen die Worte im Kopfe herum: In 160000 Quadratkilometern Wüste!

Plötzlich sprang ich auf: »Unser Wasser!«

Die Benzin- und Öltanks sind gerissen, die Wasserspeicher

auch. Der Sand hat alles getrunken. Wir fanden schließlich noch einen halben Liter Kaffee in einer zersplitterten Thermosflasche und einen Viertelliter Weißwein im Rest einer anderen. Wir filterten die Getränke durch, wobei wir sie mischten. Dann fanden wir noch einige Trauben und eine Apfelsine. Ich mußte rechnen: »In fünf Stunden Marsch unter der Sonne braucht man das auf!«

Dann ließen wir uns in der Kabine häuslich nieder, um den Tag zu erwarten. Ich streckte mich aus und suchte zu schlafen. Noch im Wegsacken aber zog ich die Summe aus unserem Erlebnis: Wir haben keine Ahnung, wo wir uns befinden, und wir haben keinen Liter Flüssigkeit. Wenn wir nicht gar zu weit von der vorgesehenen Rennstrecke sind, kann man uns in acht Tagen finden; mehr zu hoffen wäre vermessen. Sind wir aber abgetrieben, findet man uns in einem halben Jahr. Auf Hilfe von Flugzeugen können wir also nicht rechnen. Sie werden uns auf der ganzen Strecke von 3000 Kilometern suchen.

»Schade!« meinte Prévot.

»Was denn?«

»Nun, es hätte so gut mit einem Schlage Schluß sein können.«

Nein! Man darf nicht aufs Leben verzichten. Wir fassen uns nach einer Weile. Man darf die Möglichkeit einer wunderbaren Rettung auf dem Luftwege nicht aus den Augen verlieren. Man darf auch nicht müßig am Platz bleiben und womöglich die nahe Oase nicht finden. Wir wollen den ganzen Tag marschieren und dann zu unserer Maschine zurückkehren. Vor dem Aufbruch wollen wir aber unsere Marschrichtung in Riesenbuchstaben auf den Sand schreiben.

Mit solchen Gedanken rollte ich mich ein und schlief bis zum Morgen. Das Einschlafen schenkte mir eine fühlbare Erleichterung. Allerlei Besucher bevölkerten meinen leichten Schlaf, was bei der großen Ermüdung leicht verständlich ist. Ich war nicht allein in der Wüste, sie war belebt von Stimmen, von Erinnerungen und geflüsterten Mitteilungen. Noch hatte ich keinen Durst, das fühlte ich deutlich. Ich vertraute mich dem Schlaf an wie einem Abenteuer. Die Wirklichkeit mußte dem Traum Platz machen ... Ach, bei Tagesanbruch verkehrte sich das grausam genug!

IV

Ich habe die Sahara von jeher geliebt. Ich habe manche Nacht im Aufruhrgebiet zugebracht und war schon öfters in dieser blonden Weite erwacht, der der Wind ihre Dünung gegeben hat wie dem Meer. Ich hatte schon früher, unter dem Flügel meiner Maschine schlafend, auf Hilfe gewartet. Aber so war es noch nie gewesen.

Wir gingen an den Hängen geschlängelter Hügelreihen hin. Der Boden war völlig mit einer Schicht glänzender schwarzer Kiesel bedeckt, die wie Metallschuppen aussahen. Alle Hügelkuppen rundum blitzten wie Harnische. Wir waren nicht nur in eine steinerne Welt geraten; wir waren in einer eisernen Landschaft gefangen.

Kaum waren wir über die erste Kette hinaus, als sich schon eine zweite, ebensolche zeigte, glänzend und schwarz. Wir ließen im Gehen die Füße schleifen, um Spuren zu hinterlassen, die unserer Rückkehr als Leitfaden dienen sollte. Wir gingen der Sonne entgegen. Gegen jede Vernunft hatte ich nämlich beschlossen, scharf nach Osten zu marschieren. Denn eigentlich hätte ich überzeugt sein müssen, daß wir jenseits des Nils waren. Wettervoraussage und Flugzeit sprachen dafür. Aber ich hatte in aller Morgenfrühe einen kleinen Vorstoß nach Westen gemacht und dabei einen völlig unerklärlichen Widerstand verspürt. Daraufhin ließ ich den Westen für den nächsten Tag. Den Marsch nach Norden hatte ich mir für den Augenblick ganz aus dem Kopf geschlagen, obwohl er zum Meer geführt hätte. Und noch am dritten Tage, als wir in halbem Fieberwahn beschlossen, unser Flugzeug endgültig zu verlassen und bis zum Zusammenbrechen geradeaus weiterzugehen, wandten wir uns nach Osten, genauer nach Ostnordost. Wir handelten dabei gegen alle Vernunft und Berechnung. Aber nach unserer Rettung mußten wir entdecken, daß uns keine andere Richtung je zur Heimkehr verholfen hätte. Nach Norden zu würden wir bei unserer Erschöpfung das Meer niemals erreicht haben. Wenn es auch unsinnig erscheint, will es mir bis heute scheinen, daß ich diese Richtung bei dem völligen Mangel an Anhaltspunkten, die unsere Wahl bestimmen konnten, nur deshalb wählte, weil mein Freund Guillaumet in den Anden sich in dieser Richtung gerettet hatte, während wir ihn so sehr suchten. Für mich war sie dadurch halb unbewußt die Richtung des Heils geworden.

Nach fünfstündigem Marsch veränderte die Landschaft ihr Gesicht. Ein Sandstrom schien in einem Tale dahinzufließen, und dieses Flußbett nahmen wir zum Wege. Wir schritten kräftig aus, denn vor der Nacht mußten wir so weit kommen wie möglich und wieder zurückkehren, wenn wir nichts entdeckten.

Plötzlich durchfuhr es mich siedend, daß ich jäh stehenblieb: »Prévot! Unsere Spuren!«

Wie lange mochte es wohl sein, daß wir vergessen hatten, Furchenspuren zu ziehen? Wenn wir unsere Fährten nicht wiederfanden, bedeutete das den sicheren Tod. Wir machten kehrt, wichen aber ein wenig nach rechts ab, um nach angemessener Zeit senkrecht zu unserer Marschrichtung links abzubiegen. Da mußten wir unsere Spuren an einer Stelle schneiden, an der wir sie noch zeichneten.

Nachdem es uns so gelungen war, den Faden wieder anzuknüpfen, ging es weiter. Die Hitze stieg, und mit ihr begannen die Luftspiegelungen. Zunächst waren sie noch ganz harmlos. Große Seen bildeten sich und verschwanden, wenn wir uns ihnen näherten. Wir beschlossen, das Sandtal zu queren und die höchste Kuppe zu ersteigen, um recht weit ausschauen zu können. Wir waren schon sechs Stunden unterwegs und dabei aller Voraussicht nach mit unseren langen Schritten an die 35 Kilometer vorwärtsgekommen. Es war Zeit zur Umkehr. Wir setzten uns auf den Gipfel des schwarzen Rückens und schwiegen. Zu unseren Füßen mündete unser Sandtal in eine Sandwüste ohne Steine, deren blendende Helle uns in den Augen brannte. So weit man sehen konnte, breitete sich hoffnungslose Leere. Nur an der Grenze des Himmels führte uns das Spiel des Lichts seine Spiegelungen vor. Die waren jetzt ernsthafter, nahmen die Gestalt von Festungen an, von Minaretten in strenggeformten Maßen mit senkrechter Linienführung. Ich bemerkte sogar einen großen schwarzen Flecken, der Pflanzenwuchs zu sein schien. Aber über ihm lagerte die letzte der Wolken aus der vergangenen Nacht. Der schwarze Fleck in der Landschaft war also nur der Schatten einer Haufenwolke.

Ein Weitergehen war zwecklos. Unser Versuch mußte für

diesen Tag als gescheitert gelten. Es galt nur noch, zum Flugzeug zurückzukehren, zu dieser weiß-roten Bake, die vielleicht von den suchenden Kameraden bemerkt worden war. Obwohl ich gar keine Hoffnung in diese Nachforschungen setzte, schienen sie mir doch die einzige kleine Aussicht auf Rettung zu enthalten. Vor allem aber hatten wir unsere letzten Tropfen Flüssigkeit im Flugzeug gelassen. Und wir mußten unbedingt trinken. Wenn wir leben wollten, mußten wir zurück. Wir waren gefangen in dem knappen Bannkreis unseres Durstes. Ach, wie schwer ist es, auf einem Wege umzukehren, der vielleicht doch zum Leben führen könnte! Jenseits der Luftspiegelungen ist die Gegend vielleicht reich an wirklichen Städten, an Wasser und Wiesen. Ich war ganz sicher, daß wir nicht anders konnten als umzukehren. Und doch hatte ich in dem Augenblick, in dem ich diesen furchtbaren Entschluß faßte, das Empfinden eines Schiffbruchs.

Und dann lagen wir wieder bei unserer Maschine. Mehr als 70 Kilometer Marsch hatten wir hinter uns, und unser Vorrat an Flüssigkeit war aufgebraucht. Im Osten war nichts zu entdecken, und kein Kamerad hatte die Gegend überflogen. Wie lange würden wir es aushalten? Wir waren schon so durstig!

Wir bauten einen großen Scheiterhaufen, wozu wir die Trümmer des zersplitterten Flügels verwendeten. Wir gossen die Reste von Benzin darüber und warfen Magnesiumbleche darauf, die einen harten, weißen Schein werfen. Dann warteten wir nur noch, bis die Nacht völlig schwarz über uns hing, um unsere Brandfackel zu entzünden. Aber wo waren die Menschen, die sie rufen sollte?

Kerzengerade stieg die Flamme empor. Ehrfurchtsvoll betrachteten wir unsere lodernde Feuersäule, unseren stummen und leuchtenden Boten. Er trug nicht nur einen Hilferuf hinaus, sondern auch ein inniges Liebesgeständnis. Gewiß verlangten wir zu trinken, wir riefen aber nicht minder nach Anschluß. Ein anderes Feuer sollte in der Nacht antworten. Nur Menschen haben ja das Feuer in ihrer Gewalt, ein Feuer ist Menschenrede. Ich erblickte im Geist die Augen meiner Frau. Sie sahen mich fragend an, so daß ich nur noch diese Augen sehen konnte. Und es kamen die Augen aller derer, denen vielleicht an mir gelegen war. Alle sahen mich fragend an.

Eine Versammlung von Augen warf mir mein Schweigen vor. Und ich antwortete doch! Hört ihr denn nicht? Ich antworte, ich antworte, so laut ich kann. Ich kann doch keine hellere Flamme in die Nacht hinaussenden!

Ich habe getan, was ich konnte. Wir haben getan, was wir konnten. Siebzig Kilometer sind wir gegangen, fast ohne zu trinken, und jetzt werden wir nie wieder trinken. Können wir denn etwas dafür, daß wir nicht lange genug ausharren? Wie gern wären wir ruhig und geduldig dageblieben und hätten aus vollen Feldflaschen in uns hineingetankt. Aber wir durften nicht. Von dem Augenblick an, wo ich den Grund meines Zinnbechers gesehen habe, hat eine Uhr zu laufen begonnen, die nicht wieder aufgezogen wird. Mit der Sekunde, in der ich den letzten Tropfen geschluckt habe, begann der Abstieg. Nun trug uns die Zeit wie ein Fluß, und wir konnten nichts dazu tun.

Prévot weinte. Ich schlug ihm auf die Schulter und sagte, um ihn zu trösten: »Futsch ist futsch, mein Lieber!«

Und er antwortete: »Glauben Sie doch nicht, daß ich meinetwegen heule!«

Nichts, was einem selbst geschieht, ist unerträglich. Das hatte ich schon früher entdeckt, und wieder und wieder sollte ich es in jenen Tagen erfahren: nichts, was einem selbst geschieht, ist unerträglich. Ich glaube nur halb an die Wirklichkeit des Leidens. Eines Tages war ich in der Kabine eines im Wasser versinkenden Flugzeuges eingeschlossen und meinte zu ertrinken. Viel gelitten habe ich nicht dabei. Manches liebe Mal war ich überzeugt, daß es mit mir gleich aus sein würde. Aber nie erschien mir das als ein bedeutendes Ereignis. Auch in dem gegenwärtigen Abenteuer lernte ich keine Angstqualen kennen. Ja, ich sollte noch viel merkwürdigere Erkenntnisse mitnehmen.

»Glauben Sie doch nicht, daß ich meinetwegen heule!« Ja, das war es. Etwas ganz anderes als unser Schicksal war unerträglich. Jedesmal, wenn ich die wartenden Augen sah, brannte es mir im Herzen, packte mich der rasende Wunsch, aufzustehen und geradewegs loszustürzen. Dort drüben schreien sie ja um Hilfe, dort drüben leiden sie Schiffbruch!

So eigenartig kehrten sich die Rollen um! Ich erlebte es, nachdem ich es schon immer geahnt hatte, und Prévot mußte es mir bestätigen. Auch ihm blieb die Todesfurcht fremd, von der man so viel redet. Aber dieses andere war unerträglich, für ihn wie für mich. Ich kann mich gut damit abfinden, einzuschlafen, für eine Nacht wie für Jahrhunderte. Wer einschläft, merkt den Unterschied gar nicht. Auf alle Fälle ist es nachher so still und friedlich. Aber die Schreie von dort drüben, diese entsetzlichen Ausbrüche der Verzweiflung, die kann ich nicht ertragen. Vor solchem Unglück kann ich nicht mit verschränkten Armen stehen. Jede Sekunde, die ich ruhig verharre, ist Mord an denen, die mir die Liebsten sind. Mich faßt die Wut: was bindet mich denn? Welche Ketten hindern mich, zur rechten Zeit anzukommen und den Scheiternden Hilfe zu bringen? Warum meldet denn unser Feuer nicht bis ans Ende der Welt die Botschaft: Wir kommen! Wir kommen! Die Retter sind da!

Das Magnesium ist verzehrt, und unser Feuer wird rot. Es ist nur noch ein Gluthaufen, an dem wir uns wärmen. Unsere große, leuchtende Botschaft ist verstummt. Was hat sie ausgerichtet? Ach, wir wissen nur zu gut, daß sie nichts ausgerichtet hat. Sie war ein Gebet, das nicht erhört werden konnte. Gut. Jetzt lege ich mich schlafen.

V

Am frühen Morgen konnten wir auf den Flügeln unserer Maschine ein wenig Wasser mit Lappen zusammenwischen. Es stand nicht hoch im Glas und war mit Farbe und Öl widerlich gemischt. Wir haben es aber doch getrunken. Zumindest die Lippen waren feucht.

Nach diesem Gelage sagte Prévot: »Zum Glück haben wir noch einen Revolver.«

Dieses Wort brachte mich sofort in Harnisch, und ich wandte mich mit bösartiger Feindseligkeit nach ihm um. Nichts wäre mir ekelhafter gewesen als eine Gefühlsduselei in diesem Augenblick. Jetzt mußte unbedingt alles einfach sein, das verlangte ich. Geborenwerden ist einfach, Wachsen ist einfach! Auch Verdursten ist einfach.

Ich schielte lauernd auf Prévot, innerlich bereit, ihm nötigenfalls kränkende Worte an den Kopf zu werfen, die ihm den Mund stopften. Aber er hatte ganz ruhig gesprochen, wie man von einer harmlosen alltäglichen Sache spricht, fast als wenn er gesagt hätte: Wir wollen uns die Hände waschen. Da waren wir wieder einig. Denn ich hatte tags zuvor denselben Gedanken gehabt, als ich die Lederhülle sah. Aber meine Gedanken waren kalt vernünftig gewesen und nicht feierlich tragisch. Groß und tragisch ist überhaupt nur die menschliche Tatsache, daß wir die nicht beruhigen können, für die wir verantwortlich sind – aber nicht der Revolver.

Noch immer suchte uns niemand, oder besser gesagt, man suchte uns zweifellos anderswo, wohl in Arabien. An diesem Tage bekamen wir auch später kein Motorengeräusch zu hören. Das geschah erst, als wir unser Flugzeug längst verlassen hatten, und da ließ uns dieser einmalige Vorbeiflug gleichgültig. Wir waren ja nur winzige schwarze Punkte in der Wüste und hatten gar keinen Anspruch darauf, gesehen zu werden. Nichts von all den Gefühlen kam in uns hoch, von denen man meinen sollte, daß sie bei solchen Gelegenheiten aufstiegen. Ich litt nicht einmal; es war wirklich, als ob die Retter in einer anderen Welt schwebten.

Man muß zumindest zwei Wochen rechnen, um ein Flugzeug, dessen Standort unbekannt ist, in der Wüste aufzufinden. Wir durften annehmen, daß man zwischen Tripolis und Persien auf der Suche nach uns war, und die ungeheure Ausdehnung dieses Raumes verschlechterte die Rettungsaussichten noch mehr. Trotzdem wollte ich dieser schwachen Hoffnung noch einen Tag opfern. Ich änderte unser Verfahren: ich ging allein auf Erkundung, Prévot sollte bei der Maschine bleiben, Brennstoffe schichten und sie anzünden, wenn sich gegen alle Wahrscheinlichkeit ein Flugzeug näherte.

Ich brach auf, ohne zu wissen, ob die Kräfte zur Rückkehr ausreichen würden. Alles, was ich von der Libyschen Wüste gehört hatte, ging mir durch den Kopf. Sie hat nur 18 Prozent Luftfeuchtigkeit, wo in der Sahara noch 40 Prozent gemessen werden. Das Leben verdunstet hier wie Dampf. Die Beduinen, die Reisenden und die Kolonialoffiziere sind sich darüber einig, daß man neunzehn Stunden ohne zu trinken auskommen kann. Von der zwanzigsten Stunde an sehen die

Augen ein flammendes Leuchten, und das bedeutet das Ende. Der Durst leistet rasche Vernichtungsarbeit.

Aber der Nordostwind, dieser gänzlich programmwidrige Nordostwind, der uns allen Wettervoraussagen zum Trotz getäuscht hat, der uns in die Tiefe der Libyschen Wüste gesetzt hat, verlängerte unser Leben. Welchen Aufschub mochte er wohl gewähren, ehe das flammende Leuchten auch unsere Augen blendete?

Ich ging, aber mit dem Gefühl, mich in einem Kanu auf den Ozean zu wagen.

Und doch schien mir die Umwelt im Morgenlicht weniger bedrückend. Zuerst hatte ich auch eine angenehme Aufgabe als Trapper, zu der ich mich mit den Händen in den Hosentaschen hinbegab. Wir hatten am Abend zuvor an den Ausläufen einiger rätselhafter Löcher Schlingen gelegt. Der Jäger in mir war wach, und ich ging vor allem andern, die Fallen nachzusehen.

Sie waren alle leer. Ich würde also kein Blut zu trinken bekommen. Ich hatte es auch eigentlich nicht erwartet.

Ich war nicht enttäuscht, wohl aber regte sich die Neugier. Wovon leben diese Tiere in der Wüste? Zweifellos handelte es sich um den Fenek, dieses hasengroße fuchsartige Raubtier mit den Riesenohren. Ich konnte meinem Wissensdurst nicht widerstehen und folgte den Spuren von einem dieser Tiere. Sie führten mich in ein enges Sandtal, in dem jeder Schritt deutlich abgedrückt war. Ich bewunderte das hübsche Palmenmuster, das drei fächerförmige Zehen hinterlassen hatten. Ich stellte mir meinen vierbeinigen Freund lebhaft vor, wie er im ersten Dämmerlicht lostrabte und Tau von den Steinen leckte. Jetzt wurden die Abstände zwischen den Fußstapfen größer, mein Fenek war also gerannt. Und jetzt war gar ein Gefährte zu ihm gestoßen, und sie waren nebeneinanderher gelaufen. Mit völlig unangebrachter Freude begleitete ich die beiden Füchslein auf ihrem Morgenspaziergang. Die Lebenszeichen taten mir wohl, und ich vergaß den Durst ein wenig.

Schließlich kam ich sogar an den Vorratsspeicher dieser Wüstenfüchse. Kaum über den Sand heraus erhoben sich alle hundert Schritte kleine, dürre Bäumchen von der Größe einer Suppenschüssel, deren Zweige mit kleinen goldgelben Schnecken besetzt waren. Der Fenek war dort einholen gegangen, und ich stieß auf eines der geheimnisvollen Wunder der Natur.

Mein Fenek blieb nicht etwa vor jedem Baum stehen. Manche ließ er links liegen, obwohl sie von Schnecken wimmelten. Andere umging er scheu. An andere wiederum machte er sich heran, aber ohne sie leerzufressen. Zwei bis drei Schnecken entnahm er ihnen und zog dann ein Wirtshaus weiter.

Warum handelten die Feneks so? Macht es ihnen Freude, ihren Hunger nicht auf einmal zu befriedigen, sondern sich langwährenden Genuß auf ihrem Morgenbummel zu verschaffen? Schwerlich; denn dazu fügt sich dieses Spiel zu deutlich einer lebensnotwendigen Vorsicht. Wenn der Wüstenfuchs sich am ersten Baum satt fräße, wäre in zwei oder drei Mahlzeiten die ganze lebende Last heruntergeholt. So wäre schnell von Bäumchen zu Bäumchen der Viehbestand vernichtet. Aber der Fenek hütet sich, den Nachwuchs zu stören. Er holt sich jede seiner Mahlzeiten von hundert solcher braunen Stauden. Ja, er tut noch mehr: er nimmt nie zwei benachbarte Schnecken vom gleichen Zweig. Er handelt wie in vollem Bewußtsein der Gefahr. Fräße er nach seinem Hunger, stürben die Schnecken aus, und wenn die Schnecken verschwunden wären, hätte es auch mit den Feneks ein Ende.

Die Spuren führten mich zum Lager. Da unten saß also mein Fenek und hörte mich und zitterte vor meinen Schritten. Ich sagte ihm: Mein Füchschen, ich bin zwar verloren, aber so komisch es ist, dein Lebenswandel interessiert mich doch!

Einen kleinen Augenblick blieb ich stehen und träumte vor mich hin. Es ist wundersam, wie man sich jeder Lage anpaßt. Niemand hat Angst, weil er dreißig Jahre später doch sterben muß. Dreißig Jahre oder drei Tage – es kommt nur darauf an, von wo man es betrachtet. Nur muß man gewisse Bilder vergessen.

Wieder ging es weiter, und mit der Müdigkeit kam etwas Neues in mir auf. Wenn keine Luftspiegelungen kamen, so schuf ich sie mir selbst.

»Ahoi!«

Ich hob die Arme, ich rief laut. Aber der winkende Mann war nur ein schwarzer Steinblock. Die Wüste begann zu leben. Ich wollte den schlafenden Beduinen wecken, und er wurde zum Baumstamm. Ein Baumstamm? Das überraschte mich, und ich bückte mich danach, um mich selbst davon zu überzeugen. Ich griff nach einem der Äste, um ihn aufzuheben. Er war von Stein! Ich richtete mich auf und sah mich um: überall erblickte ich schwarze Steinbäume. Ein vorsintflutlicher Wald bedeckte den Boden mit seinen geknickten Schäften. Vor hunderttausend Jahren war sein gewölbter Dom unter einem Orkan des Weltwerdens niedergestürzt. Tausend Jahrhunderte hatten diese Säulenstümpfe bis zu mir gewälzt, riesig, geglättet wie Stahl, versteinert, verglast und tintenschwarz. Noch erkannte ich die Astknoten und konnte die Jahresringe zählen. Einst war dieser Wald von Vögeln und Tönen erfüllt gewesen. Aber ein Fluch hatte ihn getroffen und zu Salzsäulen erstarren lassen. Mich durchschauerte die Feindseligkeit dieser Landschaft. All dies Trümmerzeug wollte nichts von mir wissen. Es war noch schwärzer als die eisernen Hügel vom Tage zuvor. Hier hatte ich nichts zu suchen, ein Lebender unter Steinen; mein Körper sollte sich auflösen, diese Bäume aber gehörten der Ewigkeit.

Seit dem Morgen des vorhergehenden Tages hatte ich über achtzig Kilometer hinter mich gebracht. Meine Schwindelgefühle stammten davon, und vom Durst, und von der Sonne, die auf die Gerippe einer toten Welt niederbrennt, daß sie aussehen wie gefrorenes Öl. Jetzt zählen Sand und Füchse nicht mehr. Diese Welt ist ein riesiger Amboß, auf dem ich hinschreiten muß, während der Hammer der Sonne dröhnend auf ihn niederfällt.

Was ist das dort? »Ahoi! Ahoi!«

Nichts ist dort. Reg dich nicht auf. Durstfieber ist es, antwortete ich mir selbst. Denn nun mußte ich meine Vernunft an der Kandare halten. Es ist so schwer, abzulehnen, was man sieht. So schwer, nicht auf die hinziehende Karawane loszustürzen. Ihr seht sie doch, da drüben? Dummkopf, du weißt ganz genau, daß du sie selbst erfindest!

Ja, aber ist denn nichts mehr auf der Welt wirklich?

Nichts ist wirklich als das Kreuz dort auf dem Hügel in zwanzig Kilometer Entfernung, das Kreuz oder der Leuchtturm.

Es liegt nicht in Richtung auf das Meer, da muß es also ein Kreuz sein. Ich hatte die ganze Nacht den Plan studiert, völlig unnötigerweise, da ich keine Ahnung hatte, wo wir uns befanden. Aber ich klammerte mich an alles, was mir die Gegenwart von Menschen vortäuschte. Da hatte ich irgendwo einen kleinen Kreis gesehen, über dem ein solches Kreuz ragte. Auf der Zeichenerklärung der Karte, auf die ich blickte, war zu lesen: geistliche Anstalt. Neben dem Kreuz aber hatte ein schwarzer Punkt gestanden, und der war erklärt als: dauernd benutzbarer Brunnen. Das hatte mich ins Innerste getroffen, und ich hatte ganz laut immer und immer wieder lesen müssen: dauernd benutzbarer Brunnen, dauernd benutzbarer Brunnen. Die Schätze des Ali Baba sind nichts neben einem dauernd benutzbaren Brunnen. Etwas weiter waren zwei weiße Kreise gewesen, deren Erklärung lautete: zeitweilig benutzbarer Brunnen. Das war schon weniger schön. Rundum war nichts gewesen. Gar nichts.

Aber nun hatte ich meine geistliche Anstalt gefunden. Die Mönche hatten ein großes Kreuz auf dem Hügel aufgerichtet, um die Verirrten zu rufen. Ich brauchte nur hinzugehen zu den fleißigen Dominikanern …

Aber in Libyen gibt es nur koptische Klöster!

… zu den fleißigen Dominikanern. Dort gibt es eine kühle, rotgekachelte Küche, und im Hof steht ein wunderbares rostiges Schöpfrad. Unter dem Schöpfrad aber ist ein dauernd benutzbarer Brunnen. Oh, wird das ein Fest, wenn ich die große Glocke läuten werde …

Dummkopf, du beschreibst ja ein Haus in der Provence, in dem es übrigens gar keine Glocke gibt!

… wenn ich die große Glocke läuten werde. Der Bruder Pförtner wird die Arme erheben und wird rufen: Der Herr hat dich gesandt!, und er wird alle Mönche herbeirufen. Sie werden kommen und mich lieb empfangen wie ein armes Kind. Sie werden mich zur Küche geleiten und sagen: Nur ein Augenblickchen, ein kleines Augenblickchen, mein Sohn, wir laufen ja schon zum dauernd benutzbaren Brunnen! Wie werde ich da vor Wonne zittern!

Ach nein, nur nicht weinen. Es ist ja gar kein Kreuz auf dem Hügel.

Der Westen gaukelt mir nur Lügen vor. Ich habe mich nordwärts gewandt. Den Norden erfüllt zumindest der Sang des Meeres.

Wenn ich erst auf der Hügelkette dort bin, weitet sich der Blick und umfaßt die Aussicht auf die schönste Stadt der Welt.

Du weißt doch, es sind nur Luftspiegelungen!

Natürlich weiß ich das, lästiger Mahner. Mich täuscht man nicht so leicht. Aber wenn es mir nun einmal gefällt, mich Trugbildern hinzugeben? Ich will hoffen! Ich will mich in diese Stadt mit ihren Zinnen und ihrem Festkleid aus Sonnenstrahlen verlieben! Ich will geraden Weges vor mich hin gehen, leichten Schrittes, weil ich keine Müdigkeit mehr fühle und einfach glücklich bin. Prévot und sein Revolver machen mich lachen. Ich bin trunken, ich bin trunken und will an Durst sterben!

Die Dämmerung hat mich ernüchtert. Da hält keine Täuschung vor, und plötzlich stehe ich entsetzt da, weil ich so weit gegangen bin. Die Aussicht hat allen Zauber eingebüßt, die Schlösser sind verschwunden, die Feierkleider abgeworfen. So weit man sehen und ahnen kann, erfüllt die Wüste die ganze Welt.

Das hast du gut gemacht! Die Nacht wird dich überraschen. Dann kannst du irgendwo auf den Morgen warten, und morgen sind womöglich deine Spuren verwischt, und dann ade!

Da gehe ich lieber weiter, immer geradeaus weiter. Wozu umkehren? Ich will nicht umlenken, wo ich vielleicht kurz vor der Freiheit stehe, wo ich vielleicht gleich die Arme nach dem Meer ausstrecken kann ...

Wo hast du denn das Meer gesehen? Du kommst nicht bishin! Dreihundert Kilometer trennen dich davon, und Prévot wartet am Simoun! Vielleicht hat ihn eine Karawane gefunden!

Gut, ich will umkehren. Aber erst möchte ich noch einmal die Menschen rufen: »Ahoi!«

Gott, die Erde ist doch bewohnt!

»Ahoi! Menschen!«

Die Stimme will nicht mehr und ist rauh und heiser. Es ist

ja lächerlich, hier so zu schreien. Aber noch einmal will ich rufen:

»Menschen!!«

Wie anmaßend, wie gestelzt es klingt.

Und ich mache kehrt.

Nach zwei Stunden Marsch sah ich die Flammen, die Prévot zum Himmel steigen ließ, da ihn mein Ausbleiben in Sorge versetzte. Ach, und mir war es so gleichgültig!

Noch eine Stunde, dann war es noch ein halber Kilometer. Und nun noch hundert Meter und jetzt noch zwanzig.

Und da stand ich starr mit einem Ausruf freudiger Überraschung. Freude strömte mir zum Herzen, und ich hielt mich mühsam vor einem lauten Ausbruch zurück. Dort stand Prévot, vom Glutschein des Feuers erhellt, und sprach mit zwei Arabern, die sich an die Motorenhaube lehnten. Noch hatte er mich nicht gesehen. Seine Freude nahm ihn zu sehr in Beschlag. Wenn ich mit ihm zusammen gewartet hätte, dann wäre ich schon längst befreit!

Fröhlich rief ich: »Hallo!«

Die beiden Beduinen fuhren auf und sahen zu mir hin. Prévot löste sich von der Gruppe und kam mir entgegen. Ich streckte die Arme nach ihm aus, und er fing mich auf. Wollte ich etwa zusammensinken? Erlöst sagte ich: »Nun hat es doch geklappt!«

»Was hat geklappt?« fragte Prévot

»Die Araber!«

»Welche Araber?«

»Die hier, bei Ihnen!«

Prévot warf mir einen sonderbaren Blick zu und sagte dann, als ob er mir widerwillig ein schmerzliches Geheimnis anvertraute: »Aber es sind doch gar keine Araber hier.«

Da mußte ich doch noch weinen.

VI

Neunzehn Stunden lebt man hier ohne Wasser. Und was haben wir seit gestern abend gehabt? Einige Tropfen Tau bei Morgengrauen. Aber der gütige Nordostwind weht immer noch und verzögert die Verdunstung ein wenig. Er läßt die hohen Wolkenbauten am Himmel erstehen. Wenn die nur zu uns kämen, wenn es nur regnen wollte. Aber in der Wüste regnet es nie.

»Prévot, trennen wir doch einen Fallschirm auf. Wir breiten die Dreiecksbahnen auf die Erde und belasten sie mit Steinen. Wenn der Wind nicht umschlägt, können wir am Morgen die Tücher auswinden und Tau in einem Benzintank sammeln.«

Und bald lagen sechs weiße Tücher unter den Sternen, und Prévot hatte einen Tank abmontiert. Nun brauchten wir nur noch auf den Morgen zu warten.

Prévot hatte unter den Trümmern noch eine Apfelsine entdeckt, und dieses unverhoffte Wunder teilten wir uns jetzt. Ich war völlig aus der Fassung, so wenig es für Leute war, die zwanzig Liter Wasser brauchten. Ich ruhte neben dem Lagerfeuer und sah mir die leuchtende Frucht an. Die Menschen wissen nicht, was eine Apfelsine ist! Weiter und weiter flogen die Gedanken: wir sitzen hier, zum Tode verurteilt, und doch verdirbt mir diese Gewißheit nicht den Genuß. Diese halbe Apfelsine in meiner Hand ist eine der größten Freuden meines Lebens. Ich lege mich auf den Rücken, ich lutsche meine Frucht aus und zähle die Meteore. Für diese Minute bin ich restlos glücklich. Man kann die Welt nur nach dem verstehen, was man erlebt. Jetzt erst begreife ich die Zigarette und den Kognak des zum Tode Verurteilten. Vorher wollte es mir nicht in den Kopf, daß er diese Lappalien annimmt und sichtlich mit Genuß verzehrt. Man sieht gewöhnlich ein Zeichen von Mut darin, daß er lächelt. Dabei hat er nur gelernt, die Welt anders anzusehen, und macht sich aus seiner letzten Stunde noch ein Stückchen Menschenleben.

Wir haben Riesenmengen Wasser gesammelt, an zwei Liter! Es gibt keinen Durst mehr! Wir sind gerettet, wir bekommen zu trinken!

Mit tiefem Jubel schöpfe ich einen Becher aus meinem

Tank. Aber das Wasser war gelbgrün und schmeckte schon beim ersten Schluck so entsetzlich, daß ich trotz des quälenden Durstes erst Atem holen mußte, ehe ich ihn fertig herunterschluckte. Ich hätte Schlamm getrunken; aber dieser giftige Metallgeschmack war stärker als mein Durst.

Ich sah mich nach Prévot um. Er ließ die Augen rundum gehen, als ob er etwas suchte. Plötzlich bückte er sich und erbrach sich, ohne aufzuhören, sich im Kreise zu drehen. Eine halbe Minute später war ich dran. Ich wurde von solchen Krämpfen gepackt, daß ich in die Knie sank und mit in den Sand gekrallten Fingern weiterspuckte. Keiner brachte ein Wort heraus, und eine Viertelstunde blieben wir so an den Boden genagelt, obgleich nur noch ein bißchen Galle kam.

Endlich hatten wir wieder Frieden, und ich fühlte nur noch ein unbestimmtes Übelsein. Aber unsere letzte Hoffnung war dahin. Ich weiß nicht, ob dieser Fehlschlag einer Tränkung des Fallschirms oder einem Niederschlag von Tetrachlormethan im Tank zuzuschreiben war. Wir hätten einen anderen Speicher oder andere Tücher gebraucht.

Aber nun hieß es eilen, es war schon heller Tag. Wir wollten diesem verwünschten Hochland entrinnen und kräftigen Schrittes bis zum Zusammenbrechen marschieren. Ich folgte dem Beispiel Guillaumets in den Anden. Ich mußte seit dem Tag zuvor viel an ihn denken. So brach ich denn die Vorschrift, die lautet, beim Wrack des Flugzeuges zu bleiben. Hier suchte uns doch niemand mehr.

Wieder wurde uns klar, daß gar nicht wir die Schiffbrüchigen waren. Das waren vielmehr die Wartenden, die unser Schweigen bedrohte, die ein gräßlicher Irrtum in Verzweiflung stürzte. Wir mußten einfach zu ihnen, um sie aufzuklären. Auch Guillaumet erzählte mir nach seiner Rettung, daß er die ganze Zeit Schiffbrüchigen zu Hilfe eilte. Es gilt also wohl für alle.

»Wenn ich niemanden auf der Welt hätte«, sagte mir Prévot, »dann würde ich mich einfach hinlegen.«

Wir gingen nach Ostnordost. Falls wir den Nil überflogen gehabt hätten, wären wir mit jedem Schritt tiefer in die arabische Wüste geraten.

Von dem ersten Marschtag weiß ich nichts mehr, nur noch von unserer Hast, mit der wir auf irgend etwas, und sei es der

Zusammenbruch, losgingen. Ich marschierte mit gesenkten Augen, denn von Luftspiegelungen hatte ich genug. Von Zeit zu Zeit berichtigten wir nach dem Kompaß unsere Richtung. Gelegentlich legten wir uns einen Augenblick zum Verschnaufen nieder. Den Gummimantel, den ich für die Nacht mitgenommen hatte, warf ich weg. Mehr weiß ich nicht. Die ersten Erinnerungen knüpfen sich an die Abendkühle. Vorher war ich wie der Sand, der keine Spuren hält.

Bei Sonnenuntergang beschlossen wir zu lagern. Zwar war ich mir wohl bewußt, daß wir hätten weitermarschieren müssen. Denn eine Nacht ohne zu trinken würde uns den Rest geben. Aber wir hatten die Bahnen des Fallschirms mitgenommen; wenn also das Gift nicht in der Tränkung des Stoffes lag, konnten wir am anderen Morgen trinken. Nochmals stellten wir unter den Sternen dem Tau unsere Falle.

Aber an jenem Abend war der Himmel wolkenlos, und der Wind zeigte ein ganz anderes Wesen. Er kam auch nicht mehr aus der gleichen Richtung. Schon streifte uns der heiße Hauch der Wüste. Das Raubtier erwachte und leckte uns Hände und Gesicht.

Wenn ich aber noch weiter gemußt hätte, wäre ich noch vor dem zehnten Kilometer zusammengebrochen. In den letzten drei Tagen hatte ich fast ohne zu trinken 180 Kilometer zurückgelegt.

Im Augenblick, da wir uns niederließen, sagte Prévot: »Ich nehme Gift drauf, daß es ein See ist.«

Ich fuhr auf: »Sie sind verrückt!«

Er aber beharrte: »Zu dieser Zeit in der Dämmerung kann es noch keine Luftspiegelung sein.«

Ich antwortete nichts mehr. Seit langem hatte ich es aufgegeben, meinen Augen zu trauen. Mag schon sein, daß es keine Luftspiegelung ist. Dann ist es eben eine Einbildung unseres Wahnsinns. Wie konnte Prévot noch daran glauben!

Aber er war eigensinnig: »Es sind nur zwanzig Minuten bis hin. Ich möchte doch einmal nachsehen!«

Diese Verbohrtheit ärgerte mich: »Gehen Sie nachsehen. Immer schnappen Sie etwas Luft. Es ist ja gut für die Gesundheit. Aber eines sage ich Ihnen: wenn es Ihren See gibt, ist es Salzwasser. Salzig oder nicht, er ist des Teufels. Vor allen Dingen aber: es gibt ihn gar nicht!« Doch Prévot ging bereits stieren Blickes in die Ferne. Ich kannte diese entsetzliche Anziehungskraft und murmelte nur vor mich hin: »Und manche Nachtwandler werfen sich vor den Zug!«

Ich wußte, daß Prévot nie wiederkommen würde. Sein Wahn würde ihn immer stärker packen, und dann gab es kein Umkehren mehr. Er würde noch eine Weile dem Zusammenbruch entgegengehen. Er würde dort sterben und ich hier. Es war aber so nebensächlich!

Die Gleichgültigkeit, die über mich gekommen war, schien mir ein böses Zeichen. Als ich einmal halb ertrunken war, hatte ich denselben Seelenfrieden gefühlt wie jetzt. Ich benutzte die Stimmung, um auf dem Bauche liegend in den Wüstenboden einen nachgelassenen Brief zu schreiben. Ach, war der Brief schön! So würdig, und so voll guter Ratschläge! Ich war beglückt und selbstzufrieden, als ich ihn nochmals durchlas. Da mußte man doch sagen, daß es ein wundervoller nachgelassener Brief war, und sehr bedauern, daß ich nicht mehr am Leben sei.

Nun wollte ich auch wissen, wie weit es mit mir war. Ich versuchte, Speichel zu bilden. Wie lange hatte ich schon nicht mehr gespuckt? Nun war überhaupt kein Speichel mehr da. Wenn ich den Mund geschlossen hielt, verklebte eine kleisterige Masse meine Lippen. Sie trocknete rasch ein und bildete außen einen harten Verschluß. Noch gelang es mir aber, ihn zu lösen. Auch stiegen die Lichtempfindungen noch nicht in die Augen, die anzeigen, daß man nur noch zwei Stunden zu leben hat.

Dann war es völlig Nacht. Der Mond war seit gestern gewachsen. Prévot kam nicht wieder. Ich lag auf dem Rücken und sammelte alle diese Erkenntnisse. Mir kam es vor, als ob es schon einmal so gewesen wäre. Ich grübelte nach, und dann fiel es mir ein. Es war schon einmal so . . . ich lag . . . ich lag im Schiff! Ja, ich lag im Schiff und fuhr nach Südamerika, auf dem obersten Verdeck ausgestreckt. Über mir pendelte die Mastspitze ganz langsam zwischen den Sternen einher. Hier fehlt ja ein Mast, aber eingeschifft bin ich doch, unterwegs zu einem ungewissen Schicksal, das von meinen Kräften nicht mehr abhängt. Rohe Sklavenhändler haben mich gefesselt auf ein Schiff geworfen. Ich dachte an Prévot, der nicht zurückgekehrt war. Keine Klage hatte ich von seinen Lippen gehört, und das war gut. Es wäre unerträglich gewesen, jemanden stöhnen zu hören. Prévot war doch ein Mann.

Ah – dort! Keinen halben Kilometer von mir entfernt schwenkt er seine Lampe! Er hat die Fährte verloren. Und ich habe keine Lampe! Ich kann nicht antworten!

Ich sprang auf, ich rief, aber er hörte nicht. Da leuchtete eine zweite Lampe nur zweihundert Meter von der seinen entfernt auf, dann eine dritte. Lieber Gott, sie suchen die Gegend ab, sie suchen mich!

Ich rief – aber niemand hörte. Die drei Lampen gaben ihre Winkzeichen weiter.

Ich bin doch nicht verrückt? Gewiß nicht; ich fühle mich in Ordnung, ganz ausgeglichen; ich beobachte genau. Es sind drei Lampen in fünfhundert Meter Entfernung.

»Ahoi!«

Und immer noch hörte niemand!

Da faßte mich für einen Augenblick die Panik, das einzige Mal auf diesem Abenteuer. Ich konnte doch noch laufen!

»Wartet! Wartet!«

Oh, gleich machen sie kehrt, gehen weg, suchen anderswo. Und ich werde stürzen, hinfallen an der Schwelle des Lebens, wo hilfreiche Arme so nahe waren.

»Ahoi, ahoi!«

Und schwach klang es aus der Ferne: »Ahoi!«

Sie haben mich gehört!

Ich keuchte, ich bekam keine Luft mehr, aber ich lief immer weiter, der Stimme zu: »Ahoi!« – und dann sah ich Prévot und fiel hin.

»Ach, wie ich alle die Lampen gesehen habe!«

»Welche Lampen denn?« – Es stimmte: Prévot war allein.

Diesmal aber spürte ich keine Enttäuschung, nur dumpfe Wut: »Na, und was macht Ihr See?«

»Der war immer entfernter, je mehr ich auf ihn zukam. Ich bin eine halbe Stunde auf ihn losgegangen. Dann war er mir denn doch zu weit, und ich bin umgekehrt. Wenigstens weiß ich jetzt, daß es ein See ist.«

»Sie sind verrückt, total verrückt! Warum haben Sie das nur gemacht? Sagen Sie doch!«

Was hat er eigentlich gemacht? Warum denn? Ich könnte vor Empörung weinen und weiß doch nicht, worüber ich empört bin. Prévot erklärte mir mit erstickter Stimme: »Ich hätte so gern Wasser gefunden. Ihre Lippen sind so weiß.«

Meine Empörung brach in sich zusammen. Ich griff mir an die Stirn, als ob ich eben erwachte, und fühlte mich unendlich traurig. Ganz leise berichtete ich: »Ich habe drei Lichter gesehen, so wie ich Sie sehe; Irrtum ist ausgeschlossen. Ich habe sie gesehen, sage ich Ihnen, Prévot!«

Prévot sagte erst nichts, dann nickte er: »Ja, ja, es steht schlimm.«

Die Erde strahlt ihre Wärme schnell aus in dunstfreier Luft. Es war recht kalt. Ich erhob mich und ging umher, aber bald erfaßte mich ein unerträgliches Zittern. Mein eingedicktes Blut lief langsam durch die Adern, eisige Kälte durchdrang mich, die mehr war als die Kälte der Nacht. Meine Kiefer klapperten, und mein ganzer Körper wurde von Zuckungen heimgesucht. Ich konnte die elektrische Lampe nicht mehr gebrauchen, so sehr schütterte sie mir in der Hand. Ich fror sonst durchaus nicht leicht, und nun sollte ich hier frieren; welche Wirkungen des Durstes!

Meinen Gummimantel hatte ich irgendwo weggeworfen, weil er mir in der Hitze nur lästig war. Nun wurde der Wind immer schlimmer, und die Wüste bietet keine Dekkung. Tags schenkte sie keinen Schatten, nachts lieferte sie einen nackt dem Wind aus. Kein Baum, keine Hecke, kein Stein bot mir Schutz. Der Wind griff mich an wie Reiterei im freien Gelände. Ich sah mich überallhin nach Fluchtgelegenheiten um, ich legte mich hin und stand wieder auf. Liegend wie stehend empfing ich die Schläge der eisigen Peitsche. Laufen konnte ich nicht mehr, die Kräfte versagten. Ich konnte den Mördern nicht mehr entrinnen und warf mich auf die Knie, das Gesicht in den Händen vergraben, des Todesstreiches gewärtig.

Dann riß ich mich zusammen, stand auf und ging kältebebend immer geradenwegs vor mich hin.

Wo war ich denn? Ich war ja weggegangen! Hinten rief Prévot. Seine Rufe haben mich zur Besinnung gebracht.

Ich ging zurück zu ihm, noch immer vom Zittern geschüttelt, das den ganzen Körper herumwarf. Ich mußte mir sagen: Das ist nicht die Kälte, das ist schon etwas anderes; es ist das

Ende. Ich war eben schon so ausgetrocknet, und ich war zu weit gegangen, vorgestern, gestern allein, und heute!

Es ging mir aber gegen den Strich, an Kälte draufzugehen. Die Wahngebilde waren mir lieber gewesen, das Kreuz auf dem Hügel, die beiden Araber, die drei Lampen. Das war schließlich irgendwie reizvoll und spannend. Aber gepeitscht zu werden wie ein Sklave ist nicht schön.

Da lag ich denn wieder auf den Knien.

Wir hatten etwas Medizin mitgenommen, hundert Gramm reinen Äther, hundert Gramm neunzigprozentigen Alkohol und ein Fläschchen Jod. Ich versuchte, einige Schlucke reinen Äther zu trinken; es war, als ob ich Messer schluckte. Dann wagte ich mich an den neunzigprozentigen Alkohol; aber er verschloß mir die Kehle.

Ich grub mir ein Loch in den Sand, legte mich hinein und bedeckte mich mit Sand. Nur das Gesicht sah heraus. Prévot hatte einige Reiser entdeckt und ein recht kurzlebiges Feuer entzündet. Er wollte sich nicht in den Sand eingraben und trat lieber von einem Fuß auf den anderen. Ich fand, daß er unrecht hatte. Meine Kehle war noch immer beengt, und das bedeutete nichts Gutes. Trotzdem fühlte ich mich besser, denn ich war ganz ruhig, viel ruhiger, als ich je zu hoffen gewagt hatte. Unfreiwillig ging ich auf die Reise, festgebunden auf meinem Sklavenschiff unter den Sternen. Aber ich war kaum noch unglücklich. Wenn ich kein Glied rührte, spürte ich die Kälte gar nicht. So ließ ich denn meinen schlafenden Leib dort unterm Sande. Sich nie mehr bewegen, nie mehr leiden! Übrigens litt ich tatsächlich kaum. Allen Schmerz übertönte die Musik der Erschöpfung und des Fieberwahns. Alles wurde zu einem Bilderbuch, zu einem grausigen Märchen. Eben noch hatte mich der Wind gejagt, und ich war wie ein gehetztes Tier umhergesprungen, um ihm zu entgehen. Dann hatte ich Mühe gehabt zu atmen. Jemand hatte auf meiner Kehle gekniet, und ich hatte mit dem Würgeengel gerungen. Allein war ich in der Wüste keinen Augenblick gewesen. Jetzt aber glaubte ich an nichts mehr, was ich um mich sah. Ich zog mich in mich selbst zurück, schloß die Augen und rührte kein Glied. Der Wirbelwind der Bilder riß mich mit. Aber er führte mich ruhigen Träumen zu. Der reißende Strom fand Frieden im Meer.

Lebt wohl, ihr Lieben! Ich kann nichts dafür, daß der

Mensch nicht mehr als drei Tage ohne zu trinken auskommen kann. Ich ahnte es nicht, daß ich so an die Brunnen gebunden war, daß unsere Freiheit an einem so kurzen Faden hängt. Ich meinte immer, so vor mich hin stürmen zu dürfen. Ich wähnte, frei zu sein, und da hängt man an der Erde durch ihre Wasseradern wie die Frucht an der Mutter durch die Nabelschnur. Ein Schritt zu weit ab heißt Tod.

Mir tut nichts leid, als daß ihr nun traurig sein müßt. Genaugenommen habe ich es besser gehabt. Wenn ich diesmal davonkäme, ich finge mein Fliegerleben nochmals an. Ich muß leben, und in den Städten gibt es kein menschenwürdiges Dasein.

Mir geht es nicht um die Sache der Fliegerei. Für mich ist das Flugzeug kein Zweck, es ist ein Mittel. Mein Leben schlage ich nicht für die Fliegerei in die Schanze, so wenig wie der Bauer für den Pflug arbeitet. Aber mit dem Flugzeug verläßt man die Städte und ihre seelenlose Rechnerei und findet auf anderem Wege die bäuerliche Wahrheit wieder. Man lebt mit Winden, Sternen, Nacht und Sand, arbeitet als Mensch und sorgt sich als Mensch. Man mißt sich mit den Kräften der Natur und wartet auf den neuen Tag wie der Gärtner aufs Frühjahr. Man ersehnt den Flughafen wie ein gelobtes Land und sucht seine Wahrheit in den Sternen.

Ich will nicht klagen. Seit drei Tagen bin ich viel gegangen, habe Durst gelitten, bin Fährten im Sand gefolgt und habe aus dem Morgentau Hoffnung gezogen. Ich habe andere Wesen meiner Art gesucht, vor deren Wohnstätten auf der Erde ich mich verirrt hatte ...

Doch das sind Sorgen für Lebende. Jetzt kommt mir all das kaum wichtiger vor als die Frage, ob man den Abend im Casino de Paris, im Moulin Rouge oder in den Folies Bergères verbringt.

Ich verstehe die Leute in den Pariser Vorortzügen nicht mehr, die glauben, Menschen zu sein. Ameisen sind sie, von einem ihnen unbewußten Zwang zum Werkzeug herabgewürdigt. Was mögen sie mit ihren kleinen Sonntagen anfangen, wenn sie frei haben?

Auf einer Reise nach Rußland hörte ich einmal, wie in einer Fabrik Mozart gespielt wurde. Ich habe darüber berichtet und zahlreiche empörte Zuschriften bekommen. Ich bin denen nicht böse, die das Tingeltangel vorziehen; sie kennen keine höheren Klänge. Aber auf den Tingeltangelwirt werfe ich meinen Groll; er lockt die Menschen von sich selber weg! Ich bin glücklich in meinem Beruf. Der Vorortzug bedeutet mir zehnmal mehr Tod als das Sterben hier. Eigentlich haben wir doch ein prächtiges Leben.

Ich bereue nichts. Ich habe gespielt und verloren. Aber ich habe den Wind auf freier See atmen dürfen. Das vergißt niemand, dem es einmal vergönnt war. Nicht wahr, Kameraden? Wir suchen ja nicht die Gefahr. Das ist Wichtigtuerei; mit den Stierkämpfern habe ich nichts gemein. Nein, ich suche nicht die Gefahr; ich weiß, was ich suche: ich suche das Leben. Mir wollte scheinen, als zeigte sich eine erste Helle am Himmel. So zog ich einen Arm aus dem Sand und befühlte eine der Bahnen, die in Reichweite lag. Aber sie war trocken. Es hieß Geduld haben. Der Tau fällt ja erst im Morgengrauen.

Aber der Morgen graute, ohne unsere Tücher zu befeuchten. Da begannen meine Gedanken zu tanzen, und ich hörte mich sagen: »Hier ist ein ausgepumptes Herz – ausgepumptes Herz, das keine Tränen mehr hat.«

»Auf, Prévot! Noch sind unsere Kehlen nicht verklebt. Da heißt es marschieren!«

VII

Der Westwind weht, der den Menschen in neunzehn Stunden ausdörrt. Noch ist mein Schlund offen, aber schon hart und schmerzhaft. Ein leises Rasseln kann ich auch schon vernehmen. Bald kommt der Husten, den man mir beschrieben hat und auf den ich schon lange warte. Meine Zunge ist mir im Wege. Das schlimmste aber ist, daß ich leuchtende Flecken sehe. Wenn diese zu Flammen werden, stürze ich zusammen.

Wir gehen schnell, um die Kühle des jungen Tages auszunutzen. Wir wissen wohl, daß wir an der hellen Sonne nachher nicht mehr weiterkönnen. An der hellen Sonne ...

Wir dürfen nicht mehr schwitzen, wir dürfen keine Zeit verlieren. Denn selbst diese Kühle hat nur achtzehn Prozent Luftfeuchtigkeit; der Wind mit seiner verlogenen Liebkosung kommt aus der Wüste. Unser Blut verdunstet!

Ich fühle keinen Hunger, nur Durst. Dabei hatte ich so gut wie nichts zu essen gehabt, am ersten Tage einige Trauben, seitdem eine halbe Apfelsine und etwas Kuchen. Für mehr

Nahrung hatten wir keinen Speichel gehabt. Der Durst aber ist allmächtig, eher noch die Folgen des Durstes: die harte Kehle, die Zunge aus Gips, das Rasseln im Schlund und ein ekliger Geschmack im Mund. Das sind mir neue Empfindungen, und zunächst bringe ich sie in keine Verbindung mit dem Wasser, das sie heilen könnte. Der Durst wird immer mehr zu einer Krankheit, und immer weniger ist er ein natürliches Verlangen.

Schon will es mir scheinen, daß der Gedanke an Früchte und Quellen weniger herzzerreißend ist. Ich habe schon fast vergessen, wie freundlich die Apfelsine leuchtete. Ich habe alle Sehnsucht vergessen. Ich vergesse vielleicht alles.

Einen Augenblick haben wir gerastet, nun geht es weiter. Wir verzichten auf große Marschabschnitte und sinken alle halben Kilometer erschöpft nieder. Ich genieße es jedesmal, mich auszustrecken. Aber wir müssen weiter.

Die Landschaft verändert sich, die Steine werden seltener, und wir gehen auf Sand. Zwei Kilometer vor uns beginnen die Dünen mit einigen Anzeichen kleinen Pflanzenwuchses. Der Sand ist doch besser als dieser stählerne Panzer. Er ist die blonde Wüste, meine Sahara, die ich kenne und liebe.

Jetzt müssen wir schon alle zweihundert Meter rasten. Aber wir wollen weiter, zumindest bis zu den Büschen.

Die sollten die letzte Grenze sein, machten wir aus. Später, als wir im Kraftwagen unseren Spuren entlangfuhren, um den Simoun zu bergen, konnten wir feststellen, daß dieser letzte Ausmarsch achtzig Kilometer betragen hat. Ich war also an die zweihundert gegangen. Wie konnte ich da weiter?

Gestern ging ich ohne Hoffnung; heute hat dieses Wort seinen Sinn verloren. Wir gehen, weil wir gehen, wie die Ochsen im Pflugjoch.

Gestern träumte ich von paradiesischen Apfelsinenwäldern, heute kenne ich kein Paradies mehr. Ich glaube nicht mehr an Apfelsinen.

Nichts mehr fühle ich in mir als Dürre des Herzens. Ich werde fallen und keine Verzweiflung spüren, nicht einmal Kummer. Das kränkt mich, denn die Fähigkeit, Kummer zu fühlen, wäre mir eine Wohltat wie Wasser. Ich bemitleide mich und bedaure mich wie ein Freund. Aber ich habe keinen Freund mehr auf der Welt.

Wenn mich die Leute mit meinen entzündeten Augen finden, dann werden sie sich einbilden, daß ich laut gerufen und viel gelitten habe. Aber jeder Aufschwung, jeder Schmerz, alles bewußte Leiden wären Reichtümer für meine vertrocknete Seele. Ich habe ja gar nichts mehr. Wenn einem Mädchen seine erste Liebe stirbt, dann hat es doch noch seinen Schmerz und seine Tränen, einen zuckenden Ausdruck von Leben. Ich, ich habe keinen Schmerz mehr.

Ich bin schon eins mit der Wüste. Ich bringe keinen Speichel mehr hervor und auch keine Bilder, nach denen ich mich sehnen könnte. Die Sonne hat den Quell der Tränen ausgetrocknet.

Doch was sehe ich? Ein Hoffnungshauch geht über mich wie ein Windstoß über das Meer. Etwas hat mein triebhaftes Erkennen getroffen, noch ehe es mir bewußt geworden ist. Nichts hat sich verändert, und doch ist alles anders. Das Bahrtuch des Sandes, diese flachen Hügel mit Ahnungen von Pflanzenwuchs sind nicht mehr eine tote Landschaft. Sie sind eine Bühne, zwar noch leer, aber für das Schauspiel bereit. Ich sehe Prévot an; auch er hat staunend den gleichen Schlag erhalten, ohne ihn deutlich zu verstehen.

Gleich muß etwas geschehen, sage ich euch.

Die Wüste lebt, sage ich euch. Diese Leere, dies Schweigen sind bewegter als ein Volksgedränge auf offenem Markt.

Rettung – Spuren im Sand!

Eben noch waren wir abgeschnitten vom Menschengeschlecht, mit unserer Art zerfallen, allein auf der Welt, vergessen bei einer allgemeinen Abwanderung. Und da finden wir im Sand abgedrückt die wunderbaren Füße von Menschen.

»Prévot, hier haben zwei sich verabschiedet.«

»Hier hat ein Kamel gekniet.«

»Hier . . .«

Wir sind noch gar nicht gerettet. Wir können ja nicht einfach warten, denn schon in wenigen Stunden kommt jede Hilfe zu spät. Der Durst wirkt zu verheerend, sobald der Husten beginnt. Und unsere Kehlen . . .

Nein, ich glaube an diese Karawane, die irgendwo durch die Wüste schwankt.

Wir haben uns zum Gehen gezwungen, und plötzlich höre ich den Hahn krähen. Guillaumet hatte mir seinerzeit auch erzählt: »Gegen Ende hörte ich in meinen Anden die Hähne. Ich hörte auch die Eisenbahn.« Das fällt mir im Augenblick ein, und ich sage mir: Erst täuschen einen die Augen. Das macht der Durst. Die Ohren haben länger gehalten.

Aber Prévot faßt mich am Arm: »Hören Sie!«

»Was denn?«

»Den Hahn!«

Ja aber – ja aber ...

Ja aber, das hieße Leben – du Dummkopf!

Noch eine Täuschung sucht mich heim. Ich sehe drei Hunde herumjagen. Prévot sieht hin und kann nichts wahrnehmen. Aber nun strecken wir beide Arme dem Beduinen entgegen, beide holen wir den letzten Atem aus unserer Brust, und beide lachen wir vor Glück. Aber unsere Stimmen tragen keine dreißig Meter mehr. Die Stimmbänder sind vertrocknet. Wir hatten miteinander nur noch geflüstert und das nicht einmal bemerkt.

Der Beduine und sein Kamel, die hinter dem Hügel hervorgekommen sind, wollen sich entfernen. Langsam, langsam ziehen sie weiter. Vielleicht ist er allein! Vielleicht hat ein grausamer Teufel uns diesen Menschen gezeigt, um ihn uns wieder zu nehmen.

Und wir können nicht mehr rennen!

Da erscheint ein anderer Araber auf der Düne, mit der linken Seite uns zugewandt. Wir schreien – aber ganz leise. Wir schwenken die Arme und erfüllen nach unserer Meinung den Himmel mit riesigen Signalen. Aber der Beduine sieht immer nach rechts.

Jetzt aber, ganz langsam, macht er eine Viertelwendung links. Sobald er das Gesicht uns zugewendet hat, ist es auch schon geschehen: Durst, Tod und Luftspiegelungen sind verwischt in dem Augenblick, in dem er uns erblickt. Eine kleine Viertelwendung verwandelt unsere Welt. Eine Bewegung des Körpers, ein rascher Blick schaffen Leben, und er scheint mir nicht von dieser Welt.

Ein Wunder! Ein Wunder! Er kommt auf uns zu wie ein Gott über das Meer!

Er hat uns ins Gesicht gesehen, hat uns die Hände auf die Schultern gelegt, und wir haben ihm gehorcht und uns hingelegt. Hier gibt es keine Rasse, keine Sprache, keine Partei. Ein armer Wanderhirte hat Engelshände auf unsere Schultern gelegt.

Wir haben auf seine Rückkehr gewartet, die Stirn in den Sand gepreßt. Und nun trinken wir, auf dem Bauche liegend, den Kopf im Becken wie die Kälber. Der Beduine erschrickt und zwingt uns alle Augenblicke einzuhalten. Aber kaum läßt er uns frei, so tauchen wir auch schon das ganze Gesicht ins Wasser. Wasser!

Wasser, du hast weder Geschmack noch Farbe noch Aroma. Man kann dich nicht beschreiben. Man schmeckt dich, ohne dich zu kennen. Es ist nicht so, daß man dich zum Leben braucht: du selber bist das Leben! Du durchdringst uns als Labsal, dessen Köstlichkeit keiner unserer Sinne auszudrücken fähig ist. Durch dich kehren uns alle Kräfte zurück, die wir schon verloren gaben. Dank deiner Segnung fließen in uns wieder alle bereits versiegten Quellen der Seele. Du bist der köstlichste Besitz dieser Erde. Du bist auch der empfindsamste, der rein dem Leib der Erde entquillt. Vor einer Quelle magnesiumhaltigen Wassers kann man verdursten. An einem Salzsee kann man verschmachten. Und trotz zweier Liter Tauwasser kann man zugrunde gehen, wenn sie bestimmte Salze enthalten.

Du nimmst nicht jede Mischung an, duldest nicht jede Veränderung. Du bist eine leicht gekränkte Gottheit!

Aber du schenkst uns ein unbeschreiblich einfaches und großes Glück.

Du aber, unser Retter, Beduine aus Libyen, du wirst mir aus dem Gedächtnis schwinden! Deines Gesichtes kann ich mich nicht entsinnen. Du bist der Mensch und erschienst mir mit dem Antlitz aller Menschen! Du hattest uns nie zuvor gesehen und hast uns doch erkannt!

Du bist mein geliebter Bruder, und ich werde dich in allen Menschen wiedererkennen!

Du erscheinst mir voll Adel und Leutseligkeit, ein großmächtiger Herr, in dessen Macht es stand, Wasser zu reichen. Alle meine Freunde, alle meine Feinde kommen mir in deiner Person entgegen, und ich habe keinen einzigen Feind mehr auf der Welt.

Die Menschen

I

Als ich durch die Wüste mit dem Tode um die Wette ging, habe ich wieder einmal einer Erkenntnis gegenübergestanden, die dem Kopf so schwer eingehen will. Ich habe mich verlorengegeben, ich glaubte, in den Abgrund der Verzweiflung zu stürzen; aber ich brauchte nur zu verzichten, um Frieden zu finden. Der Mensch muß wohl solche Stunden erleben, um zu sich selbst zu finden und sein eigener Freund zu werden. Nichts kann ihm dann das Gefühl der Erfüllung nehmen; ein Lebensbedürfnis in ihm ist befriedigt, das ihm vorher gar nicht bewußt gewesen war. Ich kann mir denken, daß Bonnafous diese Abgeklärtheit kannte, wenn er bis zur Erschöpfung mit den Winden durch die Wüste eilte. Guillaumet empfand sie in seinem tiefen Schnee. Und ich will mich selbst nicht vergessen, wie warm es mir in meinem Sternenkleid zum Herzen strömte, als ich im Sand bis zum Hals begraben lag und vom Durst langsam erstickt wurde.

Was können wir tun, um diese Befreiung des Menschen in uns zu fördern? Planmäßig zu arbeiten ist beim Menschen schwer, denn alles bei ihm ist Widersinn. Da sichert die Gesellschaft dem Dichter oder Forscher sein Brot, um seine schöpferische Arbeit zu ermöglichen; der Geförderte schläft träge ein. Der siegreiche Eroberer verfettet, der reichgewordene Großherzige wird zum Raffer. Was nützen uns die politischen Lehren, die den Menschen zu entwickeln versprechen, wenn wir von vornherein gar nicht wissen, was für Stoff ihnen zur Verfügung stehen wird? Was für Begabungen werden geboren? Wir sind kein Zuchtvieh; beim Menschen zählt das Erscheinen eines armen Pascal mehr als viele wohlgenährte Namenlose.

Das, worauf es im Leben am meisten ankommt, können wir nicht vorausberechnen. Die schönste Freude erlebt man immer da, wo man sie am wenigsten erwartet hat. Diese Sternstunden aber lassen eine so tiefe Sehnsucht im Herzen zurück, daß manche Menschen Heimweh nach ihren trübsten Zeiten fühlen, wenn diesen ihre Freuden entsprossen sind. Wie oft haben wir im Kreis von langvermißten Kameraden die Wonnen der bösen Erinnerungen genossen!

Wir wissen zu unserer Lebensgestaltung nur, daß es Mächte gibt, die den Menschen überraschend fruchtbar werden lassen. Wo aber soll man das einzig Richtige, die Wahrheit für jeden einzelnen Menschen finden?

Wahrheiten kann man nicht durch Beweisketten erschließen, man muß sie erproben. Wenn Apfelsinenbäume in diesem Boden und nicht in jenem gut anwurzeln und reichlich Früchte tragen, dann ist dieser Boden ihre Wahrheit. Wenn ein Glaube, eine Kultur, ein Wertmaßstab, ein Arbeitsplan im Menschen jene Erfüllung, von der wir hier sprechen, auszulösen vermögen, dann ist eben dieser Wertmaßstab, diese Kultur, dieser Arbeitsplan, dieser Glaube die Wahrheit des Menschen. Die Logik? Sie sehe zu, wie sie mit dem Leben fertig wird und vor ihm Rechenschaft abzulegen vermag!

Im Verlauf dieses Buches habe ich einige Menschen vorgeführt, die offensichtlich einer gewaltigen Berufung gefolgt sind. Sie haben sich die Wüste und die Flugstrecke gewählt, so wie andere ins Kloster gegangen sind. Ich hätte aber mein Ziel verfehlt, wenn es so aussähe, als wollte ich Bewunderer für diese Männer werben. Bewundernswert ist vielmehr die Umwelt, die diese Männer geprägt hat.

Eine Berufung ist zweifellos von grundlegender Bedeutung. Manche Leute bleiben für ihr Leben in ihren Geschäften stecken, andere aber gehen mit untrüglicher Sicherheit einen Weg in ganz bestimmter Richtung. In ihrer Jugend finden wir sicher im Keim die Triebe, die ihr Schicksal erklären. Aber es ist irreführend, Geschichte nach den Ereignissen zu schreiben. Die gleichen Triebe finden wir nämlich auch bei fast allen anderen Menschen. Man denke nur an die Geschäftsleute, die in einer furchtbaren Brandnacht über sich hinausgewachsen sind. Sie sind sich auch selbst bewußt, bei dieser Gelegenheit ihre Erfüllung gefunden zu haben; diese Brandnacht bleibt für sie die große Nacht ihres Lebens. Aber mangels neuer Gelegenheiten, mangels einer geeigneten Umwelt, mangels eines Glaubens, der etwas von ihnen verlangt, sind sie wieder eingeschlafen, ohne an ihre Größe zu glauben. Die Berufungen können also wohl dem Menschen zur Befreiung helfen; aber zuvor muß er es fertigbringen, seine Berufung freizulegen.

Flugnächte, Wüstennächte sind nicht jedem geschenkt. Und doch erweisen sich die Notwendigkeiten aller Menschen als die gleichen, wenn nur der Anstoß gegeben ist. Ich komme daher nicht von meinem Gegenstand ab, wenn ich von einer Nacht in Spanien berichte, die mir darüber Gewißheit gab. Ich habe zuviel von einzelnen Menschen gesprochen. Ich würde gern von allen sprechen.

II

Es war an der Front in Madrid, die ich als Berichterstatter besuchte. Ich aß an jenem Tage in einem Unterstand bei einem jungen Hauptmann zu Abend. Die Unterhaltung war in vollem Fluß, da läutete plötzlich das Telefon. Ein langes Gespräch folgte. Das Regimentskommando gab den Befehl zu einem örtlichen Vorstoß durch, einem jener sinnlosen und verzweifelten Versuche, die in dieser Arbeitervorstadt einige zu Betonfestungen ausgebaute Häuser einbringen sollten. Der Hauptmann zuckte mit den Achseln und setzte sich wieder zu uns: »Die ersten von uns, die sich zeigen . . .«, sagte er und setzte zwei Gläser Kognak vor einen Unteroffizier, der sich im Unterstand befand, und vor mich.

Dann wandte er sich zu dem Unteroffizier: »Du kommst mit mir als erster aus der Deckung. Trink jetzt und schlaf dich aus!«

Der Unteroffizier ist schlafen gegangen. Wir sitzen noch zu zehnt um den Tisch und wachen. Das Zimmer ist gut abgedichtet, damit kein verräterischer Lichtstrahl hinausdringt. Mir scheint das Licht darin zu scharf, so daß ich zwinkern muß. Denn eben habe ich durch eine Schießscharte hinausgesehen. Ich hatte den Lappen, der ihre Öffnung bedeckte, beiseite gezogen und konnte Trümmer unheimlicher Häuser sehen, im abgrundtiefen Licht einer Mondnacht ertrunken. Kaum ist aber der Lappen zurückgeschlagen, so ist das Mondlicht weggewischt wie ein Öltropfen von der Maschine.

Aber in den Augen habe ich noch immer das Bild grünlicher Festungen.

Diese Soldaten werden sicher nie wiederkommen. Aber sie schweigen aus Schamgefühl. Der Angriff ist in Ordnung; der Krieg schöpft aus dem Menschenvorrat wie der Bauer aus dem Getreideboden: eine neue Handvoll Korn fliegt als Saat dahin.

Wir trinken. Zu meiner Rechten besprechen einige Männer eine Partie Schach, zu meiner Linken wird das Gespräch immer heiterer. Wo bin ich denn? Ein halbbetrunkener Mann betritt die Szene. Er streichelt seinen borstigen Bart und sieht uns mit zärtlichen Kulleraugen an. Sein Blick trifft auf den Kognak; er reißt sich von ihm los, muß wieder hinschweifen und haftet schließlich flehend auf dem Hauptmann.

Dieser lacht ganz leise. Das gibt dem Mann Hoffnung, und er lacht auch. Das Lachen ergreift alle Zuschauer. Da zieht der Hauptmann die Flasche ein wenig weg; das Gesicht des Mannes malt Verzweiflung, und so entspinnt sich ein kindliches Spiel, eine Art Ausdruckstanz. In dem dicken Zigarettenrauch und dieser grünen, schlaflosen Nacht, über der das Bild des bevorstehenden Angriffs lastet, wirkt das Ganze wie ein Traum.

Wir spielen, warm geborgen im Raum unseres Schiffes, während draußen die harten Schläge sich mehren und die Wellen an die Bordwand klopfen.

Bald werden diese Männer ihren Schweiß, ihren Alkohol, den Schmutz des Wartens im Scheidewasser dieser Kampfnacht abwaschen. Sie stehen kurz vor der Reinigung. Aber solange sie können, tanzen sie noch den Tanz des Trunkenen mit der Flasche; solange sie können, spielen sie ihr Schach – sie leben, solange sie können. Aber auf einem Wandbrett steht ein Wecker, der auf eine bestimmte Minute gestellt ist. Er wird bald rasseln. Dann werden alle diese Männer aufstehen, sich recken, die Koppel umlegen. Der Hauptmann wird den Revolver ziehen, der Trunkene plötzlich nüchtern sein. Sie werden ohne Hast in den Gang treten, der langsam ansteigend zu einem bläulichen, mondhellen Rechteck führt. Sie werden einige Worte sagen wie »Der verdammte Angriff!« oder »Schweinekälte!«

Und dann tauchen sie ein in den Kampf.

Zur gegebenen Stunde wohnte ich dem Erwachen des Unteroffiziers bei. Er schlief auf einem Eisenbett im Schutt eines Kellers. Er schien einen restlos glücklichen und völlig ungetrübten Schlaf zu genießen. Ich mußte an jene erste Nacht in der Libyschen Wüste denken, die ich mit Prévot ohne Wasser und Hoffnung verbrachte. Da konnten wir, ehe der entsetzliche Durst kam, noch ein einziges Mal zwei Stunden schlafen. Damals hatte ich das Gefühl, daß Einschlafen eine wunderbare Herrschertat war: ich konnte der Welt die Türe vor der Nase zuschlagen, noch war ich Herr meines Körpers, der es nicht wagte, mich zu quälen, und so unterschied nichts meine Nacht von jeder glücklichen Nacht, sobald ich erst den Kopf in die Arme vergraben hatte.

So ruhte auch der Unteroffizier, zur Kugel gerollt, ohne menschliche Form. Als wir kamen, um ihn aufzuwecken, konnte ich im Licht der rasch entzündeten Kerze auf dem Flaschenhals, der als Leuchter diente, nichts sehen als die Stiefel, genagelt, beschlagene Stiefel, Schuhwerk eines Tagelöhners oder Hafenarbeiters.

Mit Arbeitsstiefeln war er beschuht, und mit Arbeitszeug war sein Körper behängt: Patronentaschen, Revolver, Schulterriemen, Koppel – Joch und Kummet wie ein Pflugtier. In den Kellern in Marokko sieht man manchmal von blinden Pferden gedrehte Mühlen. Hier, im Schein der rotflackernden Kerze, wurde auch ein blindes Pferd geweckt, das seine Mühle schleppen sollte. »Hallo, Unteroffizier!«

Er bewegte sich ein wenig, so daß man sein Gesicht sah, das noch ganz im Banne des Schlafes stand. Dann murmelte er einige unverständliche Worte, drehte sich wieder der Wand zu und wollte nicht aufwachen. Er verkroch sich in die Tiefe des Schlafes wie in den Schoß der Mutter, wie unter tiefes Wasser. Seine Hände öffneten sich und schlossen sich wieder, als ob er auf dieser Taucherfahrt nach unterseeischen Algen griffe, um sich an ihnen festzuklammern. Diese Fäden mußten wir ihm schon aus den Fingern nehmen, damit er auftauchen konnte. Wir setzten uns auf sein Bett, einer schob ihm sanft den Arm unter den Nacken und hob lächelnd den schweren Kopf hoch. Es wirkte so, als wenn im behaglich warmen Stall die Pferde Kopf an Kopf reiben. Nie in meinem Leben habe ich etwas Zarteres gesehen.

»He, Kamerad!« Noch ein letztes Mal versuchte der Unteroffizier, sich in sein glückliches Traumland zu retten, sich unserer Welt der Sprengstoffe, der Erschöpfung, der eisigen Nacht zu versagen, aber es war zu spät. Der Andrang der Außenwelt war zu stark. So weckt am Sonntagmorgen die Glocke der Schule den strafweise zurückgehaltenen Schüler. Er hatte Pult und Tafel und Aufgaben vergessen und von Spielen im freien Land geträumt. Vergeblich suchte er so zu entrinnen: die Glocke schlägt und führt ihn unerbittlich in die Ungerechtigkeit der Welt zurück. Ganz ähnlich kehrte der Unteroffizier langsam in seinen gehetzten Leib zurück, von dem er nichts wissen wollte und der alsbald von der Starre des Schlafes in allen Gelenken schmerzen würde. Nun spürte er den Druck der Ausrüstung, dann kam der schwere Lauf – dann der Tod. Nicht so sehr der Tod als das mühsame Atmen, die Erstarrung und der eklige Blutbrei, in den man beim Versuch, wieder hochzukommen, mit den Händen faßt. Nicht so sehr der Tod als die Mühsal des Sterbens. Ich mußte an die Verzweiflung meines eigenen Erwachens denken, als plötzlich der Durst, die Sonne und der Sand wieder lastend auf mich fielen, als ich das Leben wieder übernehmen mußte, diesen Traum, den man sich nicht wählen kann.

Der Unteroffizier aber richtete sich auf, sah uns ins Gesicht und fragte: »Es ist wohl soweit?«

In solchen Augenblicken zeigt sich der Mann, da entzieht er sich den Berechnungen der Logik. Unser Unteroffizier lächelte!

Woher kommt das wohl? Was schenkt in solchen Augenblicken Feststimmung?

Mir schießt die Erinnerung an eine Pariser Nacht als Gegenspiel durch den Kopf. Mermoz und ich hatten irgendeinen Gedenktag gefeiert und saßen bei Tagesgrauen in einer Bar. Wir hatten zuviel gesprochen, zuviel getrunken, uns unnötig ermüdet und waren davon angeekelt. Wie der Himmel fahl wurde, packte mich Mermoz plötzlich so heftig am Arm, daß ich seine Finger einzeln fühlte: »Denk doch, um diese Zeit in Dakar . . .!« Um diese Zeit in Dakar, da liefen die Monteure augenreibend umher und zogen die Hüllen von den Propellern, während die Flugzeugführer die Wetterwarte befragen gingen; da war die Erde nur von Kameraden bevölkert.

Schon gewann der Himmel Farbe, die Feier wurde bereitet – aber nicht für uns. Andere durften der Gefahr entgegengehen.

»Was für ein Schmutz ist das hier!«

Und du, Unteroffizier in Spanien, zu welchem Fest warst du geladen, das wert war, dafür zu sterben?

Er hatte mir seine Lebensgeschichte anvertraut. Er sagte, daß er ein kleiner Buchhalter in Barcelona war, wo er früher Zahlen aneinanderreihte, ohne sich um die Parteiungen in seinem Lande groß zu kümmern. Aber ein Kollege meldete sich freiwillig, dann noch einer, dann ein dritter. Das bewirkte bei ihm eine eigenartige Veränderung. Seine Arbeit erschien ihm sinnlos, seine Freuden und Sorgen überlebt, seine kleine Behaglichkeit vermottet. Alles das ging an der Hauptsache vorbei. Dann erfuhr er von dem Tod des einen, der bei Malaga fiel. Es war nicht etwa ein Freund, den er rächen wollte. Die Politik ließ ihn auch weiter kalt. Und dennoch ging die Nachricht von diesem Tod über sein enges Geschick dahin wie ein Windstoß über das Meer.

Er wechselte mit einem anderen Zurückgebliebenen Blicke.

»Gehen wir?«

»Ja, wir gehen!«

Und sie gingen.

Einige Gleichnisse scheinen mir die Erkenntnis gut auszusprechen, die mein spanischer Unteroffizier nicht in klare Worte zu kleiden vermochte, so gut er sie gefühlsmäßig verstand.

Wenn die Wildenten zur Flugzeit über das Land streichen, erzeugen sie sonderbare Wirkungen. Die zahmen Enten versuchen ungeschickte Sprünge, geheimnisvoll angezogen von dem großen Winkel, den der Schwarm da oben am Himmel bildet. Der wilde Schrei hat in ihnen eine Spur von Wildheit erweckt. Für eine Minute werden die Bauernenten wieder Zugvögel. In dem kleinen harten Vogelkopf, in dem nur bescheidene Bilder von Teichen, Würmern und Geflügelhöfen lebten, entwickeln sich Weiten von Erdteilen, Freude am freien Wind, an den Gestaltungen der Meere. Das Tier hat vorher keine Ahnung, daß in seinem Kopf Raum für so viele Wunder war. Nun schlägt es mit den Flügeln, verachtet die Körner und die Würmer und will eine Wildente sein.

Ich mußte auch an meine Gazellen denken. In Juby folgte ich der Mode und hatte eine Gazellenzucht. Wir hielten die Tiere in einem vergitterten Stall in freier Luft, denn Gazellen brauchen ungehinderten Luftstrom. Sie sind so wenig widerstandsfähig! Aber sie bleiben am Leben, wenn sie jung genug eingefangen worden sind, und fressen einem aus der Hand, lassen sich streicheln und stecken einem ihre feuchten Muffeln in die hohle Handfläche. Man könnte sie für völlig gezähmt halten. Nichts mehr läßt das unerforschliche Freiheitssehnen ahnen, das sonst die Gazellen lautlos verlöschen läßt und ihnen einen stillen Tod schenkt. Aber es kommt ein Tag, da findet man seine Tiere an der Wüstenseite des Verschlages, gegen den sie ihre kleinen Hörner stemmen, wie von Magneten angezogen. Sie wissen nicht, daß sie den Menschen fliehen; freundlich trinken sie die Milch, die er ihnen bringt, sie lassen sich streicheln und stecken noch zärtlicher ihre Muffeln in seine Hand. Kaum aber läßt er sie allein, da gibt es im Verschlag so etwas wie einen freudigen Galopp. Er führt aber nur zurück zum Gitter. Und wenn der Mensch sich nicht um sie kümmert, bleiben sie dort bis zum Tode. Sie versuchen nicht einmal, gegen die Schranken anzurennen. Sie lehnen nur die gesenkten Köpfe dagegen. Ist es der Ruf nach Liebe oder nur die Sehnsucht nach einem atemlosen Lauf durch die Weite? Sie wissen es selbst nicht, ihre Augen waren ja noch nicht offen, als man sie einfing. Sie kennen die Freiheit so wenig wie die Witterung des Bockes. Aber der Mensch, der mehr von ihnen weiß als sie selbst, sieht deutlich, was sie suchen: die Welt und ihre Erfüllung darin. Sie wollen Gazellen sein und ihren Tanz tanzen. Sie wollen geradlinig dahinflüchten, hundert Kilometer in der Stunde, mit eingeschobenen Spähersätzen, die so aussehen, als ob der Sand da und dort Flammen emporschicke. Was kümmern sie sich um Schakale, wenn es die Wahrheit der Gazellen ist, in der Furcht zu leben, die allein ihnen Höchstleistungen abringt? Was kümmert sie der Löwe, wenn es ihre Wahrheit ist, unter der glühenden Sonne von seiner Pranke zerfleischt zu werden? Ihr Pfleger sieht sie und weiß, daß sie das Heimweh erfaßt hat, das Heimweh, die

Sehnsucht nach dem unbekannten Ziel. Es ist wirklich ein Ziel, auch wenn wir keinen Namen dafür wissen.

Was fehlt uns Menschen?

Woher wußtest du denn, Unteroffizier, daß du nunmehr dein Leben nicht mehr verrietest? Sagte es dir der brüderliche Arm, der deinen schlafenden Kopf hochhob, das liebevolle Lächeln, das nicht bemitleidete, aber teilnahm? »He, Kamerad!« Selbst einander beklagen heißt immer noch, zu zweien sein, getrennt zu sein durch das Mitleid. Aber es gibt eine Größe der Beziehungen von Mensch zu Mensch, wo Dank und Mitleid ihren Sinn verlieren. Da atmet man auf wie ein befreiter Gefangener.

Wir erlebten diesen Grad des Einsseins besonders nachdrücklich zu einer Zeit, als wir sicherheitshalber die noch ununterworfenen Gebiete im Rio de Oro nie anders als in Geschwadern von zwei Flugzeugen überflogen. Da kam es nicht in Frage, daß der Schiffbrüchige seinem Retter dankte. Meist flogen sogar Grobheiten hin und her, wenn wir uns mit der Bergung der Postsäcke von dem zu Bruch gegangenen Flugzeug ins andere plagten: »Du dummer Kerl, an unserer Panne bist nur du schuld mit deiner Schnapsidee, in 2000 Meter Höhe zu fliegen, immer fest in den Gegenwind! Wärst du nur tiefer mit uns geflogen, wären wir schon in Port-Étienne.« Und der andere, der doch freiwillig sein Leben wagte, schämte sich, ein dummer Kerl zu sein. Wofür hätten wir uns auch bedanken sollen? Jeder hatte das Recht auf das Leben der anderen. Wir waren Äste am gleichen Baum. Und jeder war stolz auf seinen Retter!

Warum sollte auch der Kamerad, der den Unteroffizier zum Tode bereitete, ihn bemitleiden? Jeder trat für den anderen ein. In solchen Minuten merkt man, daß die Verbundenheit keine Worte braucht. Ich habe auch seine freiwillige Meldung so gut verstanden. Daheim war er arm, einsam nach der Arbeit, ohne ein wirkliches Heim. Hier fühlte er sich wachsen, hier fand er Anschluß ans Weltall. Der Ausgestoßene wurde von der Liebe empfangen.

Es ist gleichgültig, ob die großen Worte des Politikers, die ihn vielleicht erweckt hatten, ehrlich waren oder gar wahr.

Wenn sie nur bei ihm als guter Samen aufgingen, dann waren sie schon, was er brauchte. Darüber kann sonst niemand urteilen. Nur der Boden erkennt die Güte der Saat.

III

Wenn uns ein außerhalb unseres Ichs liegendes gemeinsames Ziel mit anderen Menschen brüderlich verbindet, dann allein atmen wir frei. Die Erfahrung lehrt uns, daß Liebe nicht darin besteht, daß man einander ansieht, sondern daß man gemeinsam in gleicher Richtung blickt. Kameraden dürfen sich nur Menschen nennen, die in der gleichen Gruppe angeseilt demselben Gipfel entgegenstürmen, um ihn gemeinsam zu erreichen. Warum beglückte es uns so tief, wenn wir in unserem Zeitalter der größten Bequemlichkeit in der Wüste die letzten Lebensmittel miteinander teilen konnten? Die Voraussagen der Soziologen müssen dagegen verstummen. Allen denen, die die große Freude einer Flugzeugbergung in der Sahara erlebt haben, scheint jedes andere Vergnügen höchst mittelmäßig. Das ist vielleicht der Grund, weswegen die Welt um uns in den Fugen kracht. Jeder begeistert sich für einen Glauben, der ihm seine Erfüllung gewährleisten soll. Aus allen spricht der gleiche Trieb, wenn sich auch die Losungsworte widersprechen. Jeder will aus anderen Überlegungen heraus einen anderen Weg gehen. Über das eigentliche Ziel aber besteht keine Meinungsverschiedenheit. Es leuchtet über allen politischen, kirchlichen, weltanschaulichen und anderen Bestrebungen.

Das müssen wir verstehen, dann wundern wir uns über nichts mehr. Ein Mensch, der von dem schlafenden Unbekannten in sich nichts wußte, kann sein Erwachen zufällig irgendwo in einer revolutionären Versammlung spüren, weil ihn der Gedanke des Opfers, der wechselseitigen Hilfe, eines starren Bildes der Gerechtigkeit aufrüttelt. Der Mann wird dann nur noch eine Wahrheit kennen, die Wahrheit dieser revolutionären Gruppe. Wer aber einmal auf Wache zog, um ein Völkchen von kleinen knienden Nonnen in den Klöstern Spaniens zu schützen, der wird freudig für die Kirche sterben.

Wenn man Mermoz entgegengehalten hätte, daß er verblendet sei, als er mit siegesgeschwelltem Herzen den chilenischen Absturz der Anden hinabflog, daß doch einige Geschäftsbriefe den Einsatz seines Lebens nicht wert wären, dann hätte er nur gelacht. Der Einsatz galt der Geburt des Menschen in ihm, die vollendet war, als er den Kamm der Anden bezwang.

Wenn man einen Menschen, der den Krieg bejaht, von der Entsetzlichkeit des Krieges überzeugen will, darf man ihn nicht Rohling schimpfen; man muß ihn zu verstehen suchen.

Um das zu tun, braucht man sich nur einmal in die Seele eines Hauptmanns des Südheeres zu versetzen, der im Rifkriege einen weit vorgeschobenen Posten befehligte, der als Keil zwischen zwei aufständische Berglandschaften getrieben war. Eines Tages erhielt er den Besuch von Unterhändlern aus den westlichen Bergen. Freund und Feind saßen gerade beim Tee, wie sich das gehört, als eine starke Schießerei losging. Die Stämme aus dem östlichen Bergland griffen den Posten an. Da sagten die feindlichen Unterhändler zu dem Hauptmann, der sie vor die Tür setzen wollte, um bei seiner Verteidigung unbehindert zu sein: »Heute sind wir deine Gäste. Gott erlaubt nicht, daß wir dich verlassen.«

Sie kämpften auch wirklich Schulter an Schulter mit ihm, taten das ihre, den Posten zu retten, und stiegen nachher in ihre Adlernester hinauf.

Als nun aber der Tag herankam, an dem sie ihrerseits den Angriff unternahmen, schickten sie Abgesandte zum Hauptmann.

Es entspann sich folgendes Gespräch:

»Neulich haben wir dir geholfen.«

»Gewiß!«

»Wir haben für dich dreihundert Patronen verschossen.«

»Gewiß!«

»Da wäre es recht und billig, wenn du sie uns wiedergibst.«

Und der Hauptmann fühlt sich zu groß, um einen Vorteil auszunutzen, den ihm die vornehme Gesinnung anderer verschafft. Er gibt ihnen die Patronen wieder, die sie morgen gegen ihn verwenden werden.

Für den Menschen gibt es nur eine Wahrheit, das ist die, die aus ihm einen Menschen macht. Wer die Würde solcher Beziehungen, die Ehrlichkeit des Spiels, die wechselseitige

Hochachtung, deren Pfand das Leben ist, mit einem Worte: die ihm hier gebotene Erhebung erwägt, der kann nur ein verächtliches Mitleid für den Demagogen spüren, der seine Verbundenheit mit denselben Arabern bekundet, indem er ihnen mit großer Gebärde auf die Schultern schlägt, der sie demütigt, indem er ihnen schmeichelt.

Und in diesem Falle hätte der Soldat recht. Aber auch derjenige, der den Krieg verabscheut, hat recht.

Wenn wir den Menschen und seine Bedürfnisse in ihrem wesentlichsten Kern verstehen wollen, dürfen wir nicht die Beweisgründe für die verschiedenen Wahrheiten einander gegenüberstellen. Gewiß, ihr habt recht – alle haben recht. Mit Logik kann man alles beweisen. Auch der hat recht, der alle Mißstände der Welt den Buckligen zur Last legt; zweifellos begehen auch die Buckligen Verbrechen. Und ein Krieg gegen die Buckligen gäbe uns Gelegenheit zur Begeisterung. Wenn wir das Wesentliche erkennen wollen, müssen wir für einen Augenblick die Parteiungen vergessen. Sobald wir uns nämlich auf die einlassen, spinnen wir uns in einen Koran »ewiger Wahrheiten« ein, und mörderischer Fanatismus ist die notwendige Folge davon. Man kann die Menschen in Linksgerichtete und Rechtsgerichtete, in Bucklige und Nichtbucklige, in Demokraten und Nichtdemokraten einteilen, und diese Gruppenbildungen sind logisch unanfechtbar. Aber die Wahrheit muß die Welt deuten und nicht ins Chaos stürzen. Wahrheit ist eine Sprache, die Allgültiges sagt. Newton hat nicht etwa ein lange unerkanntes Gesetz »entdeckt«, wie man etwa ein Rätsel löst, in dem die Antwort schon steckt. Seine Tat ist viel schöpferischer. Er hat ein Stück menschlicher Sprache geschaffen, das den Fall eines Apfels und den Lauf der Sonne zu erfassen erlaubt. Wahrheit besteht nicht in Beweisen, sie besteht im Zurückführen auf die letzte Einfachheit.

Was nützt es, Ideologien zu erörtern? Alle lassen sich beweisen, aber alle widersprechen einander. Solche Aussprachen können einen am Heil der Menschheit verzweifeln lassen, wo doch alle Menschen ringsum das gleiche ersehnen.

Wir wollen befreit werden, das ist es. Wer einen Spatenstich tut, will wissen wofür. Der Spatenstich des Strafgefangenen ist entehrend und hat nichts gemein mit dem Spatenstich des Goldsuchers, der ihn adelt. Das Zuchthaus ist nicht überall, wo Spaten in die Erde getrieben werden – körperliche Arbeit ist kein Schrecknis –, es ist nur da, wo Spatenstiche ohne Sinn getan werden, Spatenstiche, die den Menschen nicht an die Gemeinschaft der Menschen binden.

Dem Zuchthaus wollen wir entfliehen.

Zweihundert Millionen Menschen in Europa haben keinen Sinn in ihrem Leben und wollen geboren werden. Die Industrie hat sie der bäuerlichen Sippe entzogen und sie in riesige Gettos gebannt, die aussehen wie lange Zeilen rußiger Bahnwagen auf den Geleisen eines Verschiebebahnhofs. Aus diesen Arbeiterstädten wollen sie erweckt werden.

Es gibt allzu viele, die in das Räderwerk der Berufe geschmiedet sind, denen alle Freuden des Bahnbrechers, des Gläubigen, des Wissenden versagt sind. Man meinte, es genüge, sie zu bekleiden, zu nähren und sonstige Bedürfnisse zu befriedigen, um sie groß zu machen. Man hat auf diese Weise nur den kleinen Spießer, den Kannegießer und den Maschinenmenschen großgezogen. Man bildet sie aus, statt sie zu unterrichten. Eine armselige Auffassung der Kultur greift um sich, die im Formelgedächtnis das Höchste sieht. Ein mäßiger Schüler der Maschinenbauschule weiß mehr von der Natur und ihren Gesetzen, als seinerzeit Descartes und Pascal wußten. Ist er aber des geistigen Aufschwunges dieser Großen fähig?

Wir fühlen alle mehr oder minder deutlich eine Sehnsucht nach der wirklichen Geburt. Aber uns allen drohen trügerische Lösungen. Man kann die Menschen ja auch aufwecken, indem man sie in Uniformen steckt. Dann singen sie ihre Kampflieder und teilen ihr Brot als Kameraden miteinander. Dann erfüllt sich ihr Suchen, und sie wähnen, das große Einheitsleben zu kosten, allgültig und allverbunden. Aber an dem Brot, das man ihnen bietet, müssen sie sterben ... Man kann Götzen von einst ausgraben und alte wirksame Mythen beleben, die Zauberlehren des Alldeutschtums oder des Heiligen Römischen Reiches. Man kann die Deutschen trunken machen mit dem Stolz, Volksgenossen Beethovens zu sein. Bis zum Straßenkehrer kann man sie berauschen, und das ist leichter, als aus einem Straßenkehrer einen Beethoven zu machen.

Aber das sind fleischfressende Götter. Wer für die Fortschritte von Forschung oder Seuchenbekämpfung stirbt, dient dem Leben. Vielleicht war es auch früher einmal schön, für die Erweiterung eines Landes zu sterben. Es ist heute nicht mehr damit getan, einiges Blut zu opfern, um die Rasse im ganzen wieder aufzufrischen. Seitdem der Krieg mit Flugzeugen und Kampfstoffen geführt wird, ist aus dem Aderlaß eine Amputation geworden. Jeder der Gegner hockt hinter seinen Betonmauern, jeder schleudert, weil er nichts Besseres vermag, Nacht für Nacht seine Flugzeuggeschwader hinüber, die den andern ins Eingeweide treffen, seine lebenswichtigen Zentren mit Bomben belegen, seine Produktionsstätten und seine Verkehrswege lähmen. Derjenige, der als letzter zugrunde geht, ist der Sieger. Aber schließlich verkommen sie alle beide.

In einer Welt, die öde geworden war, sehnten wir uns nach Kameradschaft. Das wunderbare Erlebnis, mit Kameraden das Brot zu teilen, hat uns dazu geführt, eine soldatische Weltanschauung anzunehmen. Aber der Krieg ist dazu nicht nötig. Auch ohne ihn kann man die Empfindung von Schultern in naher Fühlung genießen, die dem gleichen Ziele zustreben. Der Krieg betrügt uns: denn der Haß erhöht das Hochgefühl des Kampfes nicht. Wozu Haß? Wir sind alle Schicksalsgefährten, vom gleichen Stern durch den Raum getragen. Wir sind die Mannschaft eines Schiffes. Und wenn die Gegensätze der Kulturen wertvoll sind, weil sie immer neue Mischungen erlauben, so ist es ungeheuerlich, daß sie einander vernichten.

Zu unserer Befreiung genügt es, daß man uns dazu verhilft, ein Ziel zu erkennen, das uns mit anderen Menschen verbindet. Da können wir ebensogut ein Ziel suchen, das uns alle vereint. Dem Arzt fällt es bei seinem Rundgang nicht ein, die Klagen eines Kranken anzuhören; er untersucht ihn und heilt den Menschen in ihm. Darum spricht der Arzt eine allgültige Sprache. Dasselbe tut der Physiker, wenn er seine fast übersinnlichen Gleichungen aufbaut, in denen er zugleich Atome und Weltnebel erfaßt. So geht das weiter bis zum einfachen Hirten. Wer noch so bescheiden einige Schafe unter dem nächtlichen Sternenhimmel hütet, wird merken, daß er mehr ist als ein Diener. Wenn er sich seiner Rolle bewußt wird, kann er sich nur noch als Schildwache fühlen. Und jede Wache ist verantwortlich für das Heil des ganzen Reiches.

Ihr glaubt wohl nicht, daß der einfache Hirte sich seiner Rolle bewußt werden will? Nun, ich sah in einer spanischen Linie einen Unterrichtskursus, fünfhundert Meter hinter den Schützengräben. Dort trug in der Deckung einer Mauer auf einem Hügel ein Gefreiter Pflanzenkunde vor. Er zerlegte in der Hand die zarten Teile eines Klatschmohns. Er lockte die bärtigen Pilger zu sich, die ringsum ihren Schlamm verließen und trotz Granateinschlägen zu ihm wallfahrteten. Sie saßen im Türkensitz um ihn im Kreis und hörten zu. Sie stützten das bärtige Kinn auf die Faust, sie runzelten die Augenbrauen, sie bissen die Zähne zusammen und verstanden nicht viel von dem Vortrag. Aber man hatte ihnen gesagt: »Ihr seid vertiert, ihr kommt nie aus euern Löchern heraus, ihr müßt wieder Anschluß an das Menschliche finden.« Und so strebten sie denn mit schweren Schritten menschlicher Bildung zu.

Wir können nur dann in Frieden leben und sterben, wenn wir uns unserer Rolle ganz bewußt werden, und sei diese auch noch so unbedeutend und unausgesprochen. Das allein macht glücklich.

Was aber dem Leben Sinn verleiht, gibt auch dem Tod Sinn. Es ist leicht zu sterben, wenn es in der Ordnung der Dinge liegt. Es ist nicht so schwer für den Bauer aus der Provence, wenn er am Ende seines Waltens seinen Besitz an Ziegen und Ölbäumen seinen Söhnen übergibt, damit diese ihn einst den Kindern ihrer Kinder weiterreichen. In einer Bauernsippe stirbt man niemals ganz. Jedes Leben zerspringt wie eine Schote, die ihre Körner abgibt.

Einst stand ich drei Bauern zur Seite, die am Totenbett ihrer Mutter versammelt waren. Gewiß, es war schmerzlich. Zum zweiten Male wurde die Nabelschnur zerrissen; zum zweiten Male löste sich ein Band, das eine Generation an die folgende knüpft. Die drei Söhne entdeckten, wie allein sie plötzlich auf der Welt standen. Sie mußten ganz umlernen. Der Familientisch war gelöst, der selbstverständliche Treffpunkt aller an Festtagen fehlte, denn die Achse war weggenommen, um die sich alles sammelte. Aber zugleich machte ich doch die Entdeckung, daß das Leben zum zweiten Male geschenkt werden kann. Jeder der Söhne war nun selbst ein Sippenhaupt bis zu der Stunde, wo er das Amt an die kleine Schar, die jetzt schon draußen auf dem Hof spielte, weitergeben durfte.

Ich sah auf die Mutter. Es war eine alte Bäuerin mit einem friedlichen und harten Gesicht mit strengen Lippen. Das Antlitz war wie eine steinerne Maske. In den Zügen der Söhne fand es sich wieder; die Maske hatte gedient, andere Gesichter zu prägen, und dieser Körper hatte andere Körper geprägt. Da standen drei stattliche Männer. Sie aber lag da, gebrochen, wie ein abgebauter Erzgang. Doch die Kinder, Söhne wie Töchter, würden wieder Menschenkinder prägen. Dem Bauernhof ist der Tod fremd. La mère est morte, vive la mère!

Gewiß ist es ein bewegendes Bild, wenn die schönen Menschen der Sippe einer nach dem anderen im schlohweißen Haar am Wege liegenbleiben. Aber das Bild ist von erhebender Schlichtheit, weil die Sippe durch diesen Gestaltenwechsel von Geschlecht zu Geschlecht einer höheren Wahrheit entgegenwandert.

Darum schien mir in der Glocke des kleinen Dorfes, die am Abend den Tod der Bäuerin einläutete, nichts von Jammer und Verzweiflung zu klingen, sondern nur stille und zärtliche Trauer. Mit gleicher Stimme feiert sie ja Taufe und Begräbnis. Sie meldete den Übergang von einer Generation zur anderen. Tiefer Friede ging von der Vermählung eines alten Menschen mit der Erde aus.

Der Schatz, der von Geschlecht zu Geschlecht weitergegeben wird, der dabei langsam wächst wie ein Baum, das ist das Leben, das Bewußtsein seiner selbst. Welch geheimnisvolle Ahnenreihe haben wir doch: glühende Lava, Sternenmasse, eine erste Zelle sind Keime des Wunders, dem wir entstammen. Langsam sind wir so weit gestiegen, daß wir Symphonien schaffen und Sterne wägen.

Die Mutter hatte nicht nur das Leben weitergegeben, sie hatte ihren Kindern auch eine Sprache mitgeteilt, die eine in

Jahrhunderten langsam gewordene Fracht darstellt, ihr geistiges Erbgut enthält. Sie selbst hatte sie einst zu Lehen erhalten, einen kleinen Vorrat von Überlieferungen, von Weltanschauung und Mythos, der den einzigen Unterschied Shakespeares und Newtons gegenüber dem tierischen Höhlenmenschen ausmacht.

Unser Werden ist noch nicht vollendet, solange wir Hunger spüren, eben den Hunger, der die spanischen Soldaten unter dem Feuer zu einem Pflanzenkundekursus trieb, der Mermoz auf den Südatlantik führte, anderen ihre Gedichte eingibt. Darum müssen wir uns unserer selbst und der Welt bewuß werden. Die Losung lautet: Sturmleitern an die Nacht legen! Nur die kennen diesen Kampfeseifer nicht, die ihre Weisheit aus einer Gleichgültigkeit ziehen, die sie für lebensklug und ihnen förderlich halten. Aber alles gibt ihnen unrecht. Ihr, meine Kameraden, bezeugt es mir: in welchen Stunden haben wir uns glücklich gefühlt?

IV

Auf den letzten Seiten meines Buches muß ich noch einmal auf die Beamtenseelen zurückkommen, die uns am Morgen unseres ersten Fluges das Geleit gaben, auf dem wir die Menschheitsweihe empfangen wollten und erwählt wurden. Sie waren Wesen unseresgleichen. Sie ahnten nur nicht, daß sie Hunger hatten.

Es sind ihrer zu viele, die man schlafen läßt.

Vor einigen Jahren befand ich mich auf einer langen Reise, und mir kam die Lust, die fahrende Heimat anzusehen, der ich mich auf drei Tage verschrieben hatte. Ich erhob mich also in dem Lärm, der dem Geräusch des rollenden Schuttes in der Meeresbrandung gleicht, und ging um ein Uhr nachts durch den ganzen Zug.

Die Schlafwagen waren leer, die Wagen erster Klasse gleichfalls, aber die Wagen der dritten beherbergten Hunderte polnischer Arbeiter, die aus Frankreich abgeschoben wurden und ihrer Heimat zufuhren. Ich mußte in den Gängen über schlafende Menschen hinwegschreiten. Ich blieb stehen, um sie zu betrachten. Unter der dürftigen Nachtbeleuchtung in dem großen, ungeteilten Wagen, der einem Massenlager glich, einem Kasernenraum oder einer Polizeiwache, sah ich ein ganzes Volk, geschüttelt von den Bewegungen des Schnellzuges, ein ganzes Volk, getaucht in böse Träume, auf dem Wege zu entsetzlicher Armut. Dicke, kurzgeschorene Köpfe rollten auf dem Holz der Bänke; Männer, Frauen und Kinder wälzten sich unruhig, als ob all der Lärm sie feindselig angriffe, als ob die Stöße sie aus ihrem Vergessen aufrüttelten. Sie hatten alle nicht die Gastlichkeit guten Schlafs gefunden.

Es schien mir, als hätten sie etwas von ihrem Menschentum eingebüßt, wie sie so von den Wirtschaftsschwankungen von einem Ende Europas zum anderen gefegt wurden. Man hatte ihnen das kleine Haus in Nordfrankreich mit seinem winzigen Garten und den drei Genraniumtöpfen entrissen, die ich früher so manches Mal an den Fenstern der polnischen Kumpel gesehen habe. In schlecht verschnürten, verbeulten, klaffenden Bündeln hatten sie nur eben ihr Küchenzeug, ihre Decken und Vorhänge verpackt. Alles andere, was während der vier oder fünf Jahre ihres Aufenthalts in Frankreich ihr Glück und Trost war, die Katze, der Hund, die Geranien, mußte zurückbleiben, und nur die Schüsselsätze der Küche gingen mit.

Eine Mutter stillte ihr Kind. Sie war so erschöpft, daß man meinen konnte, sie schliefe. Das Leben ging in diesem Wagen in Widersinn und Unordnung weiter. Ich sah auf den Vater: ein nackter, schwerer Schädel wie ein Stein, ein Körper, der sich im unbequemen Schlaf krümmte und in Arbeitskleidern steckte, die abgetragen und zerknüllt waren.

Wie ein Lehmkloß sah er aus.

Ich mußte bei mir denken: Nicht die Armut, nicht der Schmutz und die Häßlichkeit sind hier die große Frage. Aber dieser Mann und diese Frau haben sich doch eines Tages kennengelernt. Damals hat er ihr doch sicher zugelächelt, er hat ihr nach der Arbeit Blumen gebracht. Vielleicht war er ein wenig schüchtern und linkisch und hatte Angst, sie könnte ihn verschmähen. Die Frau hat sich vielleicht in natürlicher Koketterie und Anmut den Spaß gemacht, ihn in Unruhe zu halten. Er aber, der jetzt nur noch ein Hammer und eine Bohrmaschine ist, fühlte damals in seinem Herzen eine beglükkende Angst. Das entsetzliche Geheimnis drückte mich, wie diese Menschen solche Lehmklöße werden konnten. In welche furchtbare Form sind sie gepreßt worden, aus der sie wie vom Treibhammer zerbeult herauskommen? Ein alterndes Tier behält doch Anmut. Warum ist dieser herrliche menschliche Ton von seinem Töpfer verdorben worden? Und weiter und weiter fuhr ich unter diesem Volk, dessen Schlaf die Unrast einer Nachtwirtschaft an sich trug. Ein dumpfer Lärm mischte sich aus rauhem Schnarchen, unterdrückten Klagen und dem Schlürfen der Schuhe auf der Bank, sooft einmal einer auf der anderen Seite zu liegen versuchte, wenn die eine lahm und zerschlagen war. Dazu klang als ständige Begleitung das Rasseln des Zuges, das dem Geräusch des rollenden Schuttes in der Meeresbrandung gleicht.

Ich setzte mich einem Paar gegenüber. Zwischen Mann und Frau hatte sich das Kind ein Nestchen gebaut, so gut es ging, und schlief. Einmal wendete es sich doch im Schlaf, und sein Gesichtchen erschien mir im Licht der Nachtbeleuchtung. Welch liebliches Gesicht! Diesem Paar war eine goldene Frucht geboren; aus den schwerfälligen Lumpen war eine Vollendung von Anmut und Lieblichkeit entsprungen. Ich beugte mich über die glatte Stirn, die feingeschwungenen Lippen und sah: das ist ein Musikerkopf – das ist Mozart als Kind, eine herrliche Verheißung an das Leben! So sind nur die kleinen Prinzen im Märchen. Was könnte aus diesem Kind, wenn es behütet, umhegt, gefördert würde, alles werden! – Wenn in einem Garten durch Artwechsel eine neue Rose entsteht, faßt alle Gärtner größte Aufregung. Man verwahrt die Rose, man pflegt sie, man tut alles für sie. Aber für die Menschen gibt es keinen Gärtner. Das Kind Mozart wird wie alle anderen vom Hammer zerbeult. Vielleicht empfängt es einst seine höchsten Wonnen von einer entarteten Musik in der stickigen Luft eines Nachtcafés.

Mozart ist zum Tode verurteilt.

Ich kehrte in mein Abteil zurück, und meine Gedanken gingen mit: Diese Leute leiden gar nicht unter ihrem Los. Nicht Nächstenliebe bewegt mich hier. Ich will mich nicht über eine nie verheilende Wunde erbarmen; denn die Menschen, die sie am Leibe tragen, fühlen sie nicht. Aber das Menschliche ist hier beleidigt, nicht der einzelne Mensch. An Mitleid glaube ich nicht, aber ich sehe die Menschen an wie ein Gärtner. Darum quält mich nicht die tiefe Armut, in der man sich schließlich ebensogut zurechtfindet wie in der Faulheit. Generationen von Morgenländern leben im Schmutz und fühlen sich wohl dabei. Mich quält etwas, was die Volksküchen nicht beseitigen können. Nicht Beulen und Falten und alle Häßlichkeit; mich bedrückt, daß in jedem dieser Menschen etwas von einem ermordeten Mozart steckt.

Nur der Geist, wenn er den Lehm behaucht, kann den *Menschen* erschaffen.

Flug nach Arras

Herrn Major Alias, allen meinen Kameraden der Fernaufklärergruppe 2/33, insbesondere dem Beobachter Hauptmann Moreau und den Beobachter-Oberleutnanten Azambre und Dutertre, die nacheinander meine Bordkameraden im Laufe aller meiner Kriegseinsätze im Feldzug 1939/40 gewesen sind, in lebenslänglicher, treuer Freundschaft.

I

Kein Zweifel: Ich träume. Ich bin wieder auf dem Pennal, ein Junge von fünfzehn Jahren. Ich sitze brav über meiner Geometrieaufgabe. Ich stütze mich auf den schwarzen Arbeitstisch und hantiere eifrig, friedlich mit Zirkel, Lineal und Winkelmesser. Kameraden plaudern leise neben mir. Einer schreibt Zahlenreihen an die schwarze Wandtafel. Andere, weniger arbeitsam, spielen Bridge. Von Zeit zu Zeit vertiefe ich mich weiter in meinen Traum und werfe einen Blick zum Fenster hinaus. Ein Baum schwankt leise im Sonnenlicht. Lang schaue ich ihm zu, ich bin wenig bei der Sache ... Beglückt spüre ich die Sonne von damals, koste jenen Geruch der Kindheit, der von Pult, Kreide und Schultafel ausströmt. Mit welcher Wonne kapsele ich mich in jene wohlbehütete Kinderzeit ein! Ich weiß es nur zu gut: mit dem Kindsein fängt es an, dem Gymnasium, den Kameraden, dann kommt der Tag, da heißt es Examina bestehen, da bekommst du dein Abgangszeugnis. Beklommenen Herzens gehst du durch eine gewisse Pforte, dahinter bist du dann auf einmal ein Mann. Dann lastet dein Schritt gewichtiger auf der Erde, du gehst schon deinen eigenen Lebensweg. Die allerersten Schritte. Schließlich versuchst du deine Waffen an richtigen Gegnern. Lineal, Winkelmaß und Zirkel, die brauchst du nun und baust dir damit eine Welt oder triumphierst mit ihnen über deine Feinde. Aus ist das Spiel!

Ich weiß schon: sonst hat ein Pennäler keine Angst, es mit dem Leben aufzunehmen. Er brennt vor Ungeduld. Qualen, Gefahren, Bitternisse des Lebens als Mann schrecken keinen Pennäler.

Doch ich bin ein ganz merkwürdiger Kerl von einem Pennäler. Ich bin einer, der weiß um sein Glück und hat es gar nicht eilig, es mit dem Leben aufzunehmen.

Da geht Dutertre. Ich rufe ihn.

»Setz dich her, wir spielen uns eins . . .«

Wie glücklich bin ich, wenn ich ihm sein Pique-As hole. Dutertre sitzt mir gegenüber auch auf so einem schwarzen Arbeitstisch wie meiner und läßt die Beine baumeln. Er grinst. Ich lächle stillvergnügt. Pénicot kommt dazu und legt den Arm um meine Schulter: »Na, Alter?«

Mein Gott! Wie warm wird mir dabei!

Einer von der Aufsicht – ist es auch wirklich einer? . . . – öffnet die Tür und ruft zwei Kameraden heraus. Sie legen Lineal und Zirkel hin, stehen auf und gehen. Wir sehen ihnen nach. Für sie ist die Schule aus. Sie werden ins Leben entlassen, werden ihr Wissen anwenden. Als Männer werden sie an ihren Gegnern das Fazit ihres Rechnens erproben. Was für eine merkwürdige Schule, einer nach dem andern verläßt sie! Ohne groß Abschied zu nehmen. Eben die beiden Kameraden haben nicht einmal zu uns hingesehen. Dabei wirbelt sie der Zufall im Leben vielleicht weiter weg als nach China. So viel weiter! Wenn das Leben die Männer nach der Schule zerstreut, sind sie dann so sicher, sich wiederzusehen?

Und wir, die in der wohligen, friedlichen Wärme zurückbleiben, wir senken die Köpfe . . .

»Hör doch, Dutertre, heute abend . . .«

Doch dieselbe Tür öffnet sich ein zweites Mal. Ich höre wie einen Vollstreckungsbefehl:

»Hauptmann de Saint-Exupéry und Oberleutnant Dutertre zum Kommandeur!«

Aus ist die Schule. Das Leben beginnt.

»Du, hast du gewußt, daß wir jetzt dran sind?«

»Pénicot ist heute morgen geflogen.«

Zweifellos fliegen wir in besonderem Auftrag, da wir gerufen werden. Es ist Ende Mai 1940, mitten im Rückzug, im vollen Zusammenbruch. Besatzungen werden geopfert, als gösse man glasweise Wasser in einen Waldbrand. Wie soll einer die einzelne Gefahr auch abwägen, da alles zusammenbricht? Für ganz Frankreich sind wir noch fünfzig Fernaufklärerbesatzungen. Fünfzig Besatzungen zu je drei Mann. Davon haben wir dreiundzwanzig in unserer Gruppe 2/33. In drei Wochen haben wir siebzehn von unseren dreiundzwanzig Besatzungen verloren. Wie Wachs in der Sonne sind wir zusammengeschmolzen. Gestern habe ich zu Oberleutnant Gavoille gesagt:

»Erst nach dem Kriege werden wir dahinterkommen.«

Und Oberleutnant Gavoille hat mir geantwortet:

»Sie denken doch wohl nicht, diesen Krieg zu überleben, Herr Hauptmann?«

Gavoille spaßte nicht. Wir wissen nur zu gut, daß gar nichts anderes übrigbleibt, als uns in den Brand zu schleudern, so nutzlos die Geste auch sein mag. Wir sind fünfzig für ganz Frankreich. Auf unseren Schultern ruht die gesamte Kampfführung der französischen Armee! Ein riesiger Wald brennt lichterloh, und zum Löschen stehen nur ein paar Glas Wasser zur Verfügung: Sie werden geopfert.

Ist ganz in der Ordnung. Wer denkt daran, sich zu beklagen? Hat die Antwort je anders gelautet als: Jawohl, Herr Major. Gewiß, Herr Major. Vielen Dank, Herr Major. Verstanden, Herr Major. Doch im Laufe dieses zu Ende gehenden Krieges überwiegt ein Eindruck alle andern, der des Absurden. Rings um uns kracht alles. Alles bricht zusammen. Das ist so allgemein, daß selbst der Tod einem absurd vorkommt. Er hat nicht den rechten Ernst in diesem Durcheinander ...

Wir treten bei Kommandeur Alias ein. – Er befehligt heute noch in Tunis dieselbe Gruppe 2/33. –

»Guten Morgen, Saint-Ex. Guten Morgen, Dutertre. Nehmen Sie Platz!«

Wir setzen uns. Der Kommandeur breitet auf dem Tisch eine Karte aus und wendet sich an die Ordonnanz:

»Holen Sie mir den Wetterbericht.«

Dann trommelt er mit dem Bleistift auf den Tisch. Ich beobachte ihn. Er ist übermüdet. Er hat nicht geschlafen. Auf der Suche nach einem sagenhaften Stab, dem Divisionsstab, dem Geschwaderstab ist er mit seinem Wagen kreuz und quer im Gelände herumgefahren ... Er hat versucht, gegen die Nachschublager anzugehen, die keine Ersatzteile lieferten. Auf der Straße ist er in heillose Verstopfungen hineingeraten. Er hat auch unsere letzte Verlagerung geleitet, unseren letzten Platz bezogen; denn wir ändern unsern Standort wie arme Teufel, hinter denen der Vollstreckungsbeamte unerbittlich her ist. Jedesmal noch hat Alias seine Flugzeuge, seine Lastwagen und zehn Tonnen Material retten können. Wir ahnen jedoch, daß er am Ende seiner Kräfte, seiner Reserven ist.

»Also, folgendes ...«

Er trommelt immer noch auf den Tisch und sieht an uns vorbei.

»Es ist sehr unangenehm ...«

Dann zuckt er mit den Schultern.

»Ein unangenehmer Auftrag. Beim Stab legen sie aber Wert darauf. Großen Wert sogar. Ich habe dagegen geredet, aber sie lassen nicht davon ab ... Es ist nun mal so.«

Dutertre und ich sehen durchs Fenster einen ruhigen Himmel. Ich höre die Hühner gackern, denn das Geschäftszimmer des Kommandeurs ist in einem Bauernhof, die Nachrichtenstelle in einer Schule eingerichtet. Ich kann den Sommer, die Früchte, die reifen, die Küken, die wachsen, das Korn, das sich streckt, nicht gegen den Tod anführen, der uns naht. Ich verstehe nicht, wieso die sommerliche Ruhe zum Sterben nicht passen will, auch nicht, wieso das süße Leben zur Ironie wird. Doch eines wird mir undeutlich bewußt: dies ist ein Sommer, der aus dem Geleise geriet, der eine Panne bekam ... Ich habe verlassene Dreschmaschinen, verlassene Mähbinder gesehen. In den Straßengräben aufgegebene Wagen, die eine Panne hatten. Verlassene Dörfer. Dort lief in einem menschenleeren Dorf der Brunnen weiter. Das klare Wasser wurde zur Pfütze und hatte die Menschen doch soviel Mühe gekostet. Plötzlich kommt mir ein absurdes Bild: die Uhren, die stehengeblieben sind. Alle die Uhren, die nicht mehr gehen. Kirchturmuhren in den Dörfern, Bahnhofsuhren, Wanduhren über dem Kamin in den leeren Häusern. Auch im Schaufenster des Uhrmachers, der geflüchtet war, all die Gerippe toter Uhren. So ist der Krieg ... Keiner zieht die Uhren mehr auf. Keiner erntet die Rüben, keiner setzt die Wagen instand. Und das Wasser, das aufgespeichert wurde, um den Durst zu löschen oder herrliche Spitzen vom ländlichen Sonntagsstaat zu bleichen, wird zur Pfütze vor der Kirche. Und es heißt sterben, jetzt zur Sommerszeit ...

Mir ist, als wäre ich krank. Eben sagt der Arzt zu mir: Es ist sehr unangenehm ... Eigentlich müßte ich an den Notar, an die Hinterbliebenen denken. Dutertre und ich haben jedenfalls verstanden, daß es sich um einen Auftrag auf Leben und Tod handelt:

»Unter den jetzigen Umständen«, schließt der Kommandeur, »kann man sich um das Gefahrenmoment nicht allzusehr kümmern . . .«

Gewiß. Man kann »nicht allzusehr«. Und jeder hat recht. Wir, die melancholisch werden, auch der Kommandeur, dem nicht recht wohl ist. Auch der Stab, der seine Befehle gibt. Der Kommandeur ist verdrießlich, weil seine Befehle absurd sind. Wir wissen es auch, der Stab weiß es sogar selber. Er befiehlt; denn es muß befohlen werden. Im Kriege gibt der Stab eben seine Befehle. Er vertraut sie schmucken Kavalleristen oder zeitgemäßen Motorfahrern an. Da, wo Durcheinander und Verzweiflung herrschen, springt dann ein jeder von den schmucken Reitern vom dampfenden Roß. Er weist die Zukunft, wie der Stern der Weisen. Er bringt die Wahrheit. Und die Befehle rücken die Welt wieder zurecht.

So sieht der Krieg, das farbige Phantasiegemälde des Krieges aus. Und jeder strengt sich an, so gut er kann, damit dieser Krieg dem wahren Kriege gleicht. Gewissenhaft bemüht sich ein jeder, die Spielregeln brav einzuhalten. Vielleicht kommt es dahin, daß dieser Krieg doch noch einem richtigen Krieg ähnlich wird. Und eben damit er einem wirklichen Kriege gleicht, werden ohne genaues Ziel Besatzungen geopfert. Keiner gibt sich selbst zu, daß dieser Krieg mit nichts zu vergleichen ist, daß an ihm alles sinnlos ist, kein Schema auf ihn paßt, daß in allem Ernst an Fäden gezogen wird, die nicht mehr zu den Marionetten führen. Pflichtgemäß erlassen die Stäbe ihre Befehle, die nie an Ort und Stelle eintreffen. Sie verlangen Erkundungen von uns, die unmöglich einzuholen sind. Die Fliegerei kann nicht die Aufgabe übernehmen, den Stäben den Krieg zu erklären. Mit Hilfe ihrer Beobachtungen kann die Fliegerei zwar Annahmen nachprüfen; hier gibt es aber gar keine Annahmen mehr. Dabei verlangt man von etwa fünfzig Besatzungen in allem Ernst, sie sollten das Gesicht eines Krieges verändern, der gar keines hat. Sie wenden sich an uns wie an ein Volk von Wahrsagern. Ich betrachte Dutertre, meinen Beobachtungswahrsager. Gestern wandte er einem Obersten von der Division ein: »Und wie soll ich Ihnen zehn Meter über dem Boden bei fünfhundert Kilometern Geschwindigkeit in der Stunde die Stellungen ausfindig machen?« – »Na, das merken Sie schon, wenn Sie beschossen werden. Wo auf Sie geschossen wird, da sind die deutschen Stellungen.«

»Ich hab hinterher richtig lachen müssen«, schloß Dutertre.

Denn der französische Soldat hat niemals einen französischen Flieger gesichtet. Es sind knapp tausend, von Dünkirchen bis ins Elsaß verstreut. Oder richtiger gesagt, sie sind ins Unendliche aufgelöst. Wenn also an der Front ein Flieger herunterbraust, ist es bestimmt ein deutscher. Daher sucht man ihn auch abzuschießen, bevor er seine Bomben abwirft. Sein Brummen allein schon löst das Bellen der Maschinengewehre und leichten Flak aus.

»Mit einer solchen Methode«, fuhr Dutertre fort, »bekommen sie ein herrliches Nachrichtenmaterial.« Und darauf bauen sie auf; denn theoretisch muß man sich im Kriege nach den Erkundungen richten! . . . Gewiß! Aber auch der ganze Krieg ist aus dem Leim. Zum Glück – und das wissen wir sehr wohl – verwertet kein Mensch unsere Erkundungen. Wir können sie gar nicht weitergeben. Die Straßen sind verstopft, die Telefone gehen nicht, der Stab wird in aller Eile wieder verlegt sein. Die wichtigen Nachrichten über die feindlichen Stellungen liefert der Feind selber. Vor ein paar Tagen diskutierten wir in der Nähe von Laon über die mögliche Lage der Stellungen. Wir schickten einen Verbindungsoffizier zum General. Halbwegs zwischen unserm Gefechtsstand und dem General stößt der Wagen des Oberleutnants auf eine schwere Zugmaschine, die, quer über die Straße gestellt, zwei Panzerwagen zur Deckung dient. Der Oberleutnant macht kehrt. Doch eine Maschinengewehrgarbe tötet ihn auf der Stelle und verwundet den Fahrer. Es waren deutsche Panzerwagen.

Im Grunde ähnelt der Stab einem Bridges-Spieler, der aus dem Nebenzimmer gefragt wird:

Was soll ich mit meiner Pique-Dame machen?

Er würde nebenan mit der Schulter zucken. Was sollte er auch antworten, da er nichts vom Spiel gesehen hat?

Doch ein Stab darf nicht mit der Schulter zucken. Wenn er noch einige Truppenteile an der Hand hat, muß er sie handeln lassen, um sie in der Hand zu behalten und alle Möglichkeiten zu versuchen, solange eben der Krieg noch dauert. Wenn er auch nichts sehen kann, muß er sich doch rühren und andere in Bewegung halten.

Es ist jedoch schwierig, aufs Geratewohl mit einer Pique-Dame aufzutrumpfen. Wir haben schon, und zwar zunächst überrascht, dann mit einer gewissen Selbstverständlichkeit, festgestellt – was wir übrigens hätten voraussehen können –, daß einem nichts zu tun bleibt, wenn der Zusammenbruch beginnt. Man meint, der Unterlegene ersticke unter einer Flut von Problemen, setze, um sie zu lösen, mit letzter Anspannung seine Infanterie, Artillerie, Panzer und Flugzeuge ein ... Die Niederlage sabotiert jedoch zunächst einmal alle Probleme. Man versteht überhaupt nichts mehr vom Spiel, weiß nicht, was man mit den Flugzeugen, den Panzern, der Pique-Dame anfangen soll ... Man wirft sie aufs Geratewohl auf den Tisch, nachdem man sich zuvor den Kopf zerbrochen hat, eine wirksame Rolle für sie ausfindig zu machen. Es wird einem übel und keineswegs fiebrig. Der Sieg allein bringt einen in Fieber. Nur der Sieg bringt Ordnung, baut auf. Dann plagt sich jeder ab und trägt sein Teil zu ihm bei. Die Niederlage jedoch schafft um die Menschen eine Atmosphäre des mangelnden Zusammenhangs, des Müßig- und vor allem des Überflüssigseins.

Denn zunächst sind sie überflüssig, die Aufträge, die von uns verlangt werden. Jeden Tag überflüssiger. Blutiger und dabei überflüssiger. Um sich dem Bergrutsch entgegenzustemmen, wissen die Befehlenden sich nicht anders zu helfen, als daß sie ihre letzten Trümpfe auf den Tisch werfen.

Dutertre und ich sind solche Trümpfe und hören dem Kommandeur zu. Er entwickelt uns den Plan für den Nachmittag. Wir sollen befehlsgemäß in siebenhundert Meter Höhe die Panzerwagenansammlungen in der Gegend von Arras auf dem Rückweg von einem langen Rundflug in zehntausend Meter Höhe erkunden. Seine Stimme klingt dabei, als wollte er sagen:

Dann gehen Sie die zweite Straße rechts, bis Sie an die Ecke eines freien Platzes kommen. Dort ist ein Tabakladen, da holen Sie mir eine Schachtel Streichhölzer ...

»Jawohl, Herr Major.«

Der Auftrag bezweckt nicht mehr und nicht weniger. Die

Sprache, in der er angekündigt wird, ist ganz ebenso prosaisch.

Ich sage mir: Ein Auftrag auf Leben und Tod. Ich denke . . . denke so vielerlei. Wenn ich am Leben bleibe, will ich die Nacht abwarten zum Überlegen. Wenn ich am Leben bleibe . . . Ist der Auftrag leicht, dann kommt von dreien einer wieder. Ist er etwas »unangenehm«, dann wird es offenbar mit dem Wiederkommen schwieriger. Und hier im Geschäftszimmer des Kommandeurs kommt mir der Tod weder erhaben noch majestätisch, weder heroisch noch erschütternd vor. Er ist nichts weiter als ein Zeichen, eine Auswirkung der Verwirrung. Die Gruppe verliert uns, wie einem beim Umsteigen auf der Eisenbahn Gepäck abhanden kommt.

Nicht etwa, daß ich nicht an den Krieg, an Tod, Opfer, an Frankreich, an alles mögliche denke, mir fehlt jedoch ein leitender Gedanke, eine klare Sprache. Ich denke in Widersprüchen. Meine Wahrheit besteht aus Bruchstücken, und ich kann nur eines nach dem andern von ihnen betrachten. Wenn ich am Leben bleibe, will ich die Nacht zum Überlegen abwarten. Die heißgeliebte Nacht. Nachts, da schläft der menschliche Verstand, und die Dinge sind nur noch ganz einfach da. Alles, was wirklich wichtig ist, gewinnt wieder Gestalt, ersteht neu aus der zerstörenden Zergliederung des Tages. Der Mensch setzt seine Bruchstücke aneinander und wird wieder geruhsam, einem Baume gleich.

Der Tag gilt häuslichen Auseinandersetzungen, kommt aber die Nacht, dann mündet der Streit in die große Liebe ein. Denn die Liebe ist größer als all der Schwall von Worten. Und unter dem gestirnten Himmel lehnt sich der Mann ans Fenster, tritt wieder ein für seine schlafenden Kinder, sein Brot für morgen, sein schlummerndes Weib, das schwach, zart wie ein Hauch dort ruht. Um Liebe streitet sich niemand. Sie ist einfach da. Daß doch die Nacht käme und mir jene Klarheit brächte, die der Liebe würdig ist! Damit Gesittung, Menschenlos und Drang nach Liebe für mein Land mein Denken erfülle! Auf daß ich der Wahrheit dienen mag, die bezwingt, auch wenn sie noch nicht in Worte faßbar ist . . .

Nun bin ich ganz dem Christen gleich, den die Gnade verworfen hat. Wohl spiele ich mit Dutertre meine Rolle in Ehren – das versteht sich –, doch so, wie einer Riten achtet, die ihren Inhalt verloren haben, nachdem die Gottheit aus ihnen entwichen ist. Ich warte auf die Nacht. Wenn ich noch am Leben bleibe, werde ich mich ein wenig auf der Landstraße ergehen, die durch das Dorf führt. Meine geliebte Einsamkeit wird mich umfangen. Dann werde ich zu begreifen suchen, warum ich sterben soll.

II

Ich erwache aus meinem Traum. Der Kommandeur überrascht mich mit einem seltsamen Vorschlag:

»Wenn Ihnen dieser Auftrag lästig ist ... Wenn Sie sich nicht in Form fühlen, dann kann ich ...«

»Aber, Herr Major!«

Der Kommandeur weiß sehr wohl, wie absurd ein solcher Vorschlag ist. Doch wenn die Besatzung vom Feindflug nicht zurückkehrt, fallen einem die ernsten Gesichter vor dem Abflug wieder ein. Dieser Ernst wird dann als Zeichen einer Vorahnung gedeutet. Man wirft sich vor, daß man nicht darauf geachtet habe.

Das Bedenken des Kommandeurs erinnert mich an Israel. Vorgestern rauchte ich am Fenster des Nachrichtenraumes. Als ich Israel vom Fenster aus gewahrte, hatte er es sehr eilig. Seine Nase war ganz rot, eine große, richtig jüdische, dabei feuerrote Nase. Diese rote Nase Israels fiel mir plötzlich auf.

Ich war diesem Israel, dessen Nase ich bemerkte, herzlich zugetan. Er war einer der schneidigsten Fliegerkameraden der Gruppe. Einer der schneidigsten und dabei einer der bescheidensten. Sie hatten ihm so oft von der jüdischen Vorsicht gesprochen, daß er seinen Schneid für Vorsicht halten mußte. Siegen heißt vorsichtig sein. Seine große rote Nase fiel mir also auf. Bei der Schnelligkeit, mit der Israel und seine Nase vorbeieilten, leuchtete sie nur einen kurzen Augenblick. Ganz im Ernst drehte ich mich nach Gavoille um: »Wo hat er bloß so eine Nase her?«

»Die hat er von seiner Mutter«, antwortete Gavoille. Doch fuhr er fort:

»Ein verrückter Auftrag zum Tiefflug. Er startet.«

»Ach!«

Und abends, als wir es aufgaben, auf Israels Rückkehr zu

warten, erinnerte ich mich noch ganz genau an diese Nase, die mitten in einem völlig bewegungslosen Gesicht ganz für sich allein in geradezu genialischer Weise das tiefste Nachdenken ausdrückte. Hätte ich den Befehl zum Abflug Israels zu geben gehabt, dann wäre mir das Bild dieser Nase noch lange wie ein Vorwurf nachgegangen. Sicherlich hatte Israel beim Startbefehl nichts weiter geantwortet als: Jawohl, Herr Major. Gewiß, Herr Major. Verstanden, Herr Major. Sicherlich hatte Israel mit keinem Muskel seines Gesichts gezuckt. Doch langsam, heimlich, verräterisch war die Nase angegangen. Seine Gesichtszüge konnte Israel beherrschen, doch nicht die Farbe seiner Nase. Das hatte die Nase denn auch wahrgenommen und manifestierte schweigend ganz für sich. Ohne daß Israel es merkte, hatte seine Nase dem Kommandeur ihre starke Mißbilligung ausgedrückt.

Aus diesem Grunde will der Kommandeur vielleicht keine Leute starten lassen, von denen er die Empfindung hat, sie fühlten sich von schlimmen Vorahnungen bedrückt. Zwar täuschen Vorahnungen fast immer, doch geben sie militärischen Befehlen einen Beigeschmack von Verurteilung. Alias ist ein Chef, kein Richter.

So war es auch neulich mit Feldwebel T.

So mutig Israel war, so angstbesessen war T. Er ist der einzige Mann, den ich kennengelernt habe, der wirklich Furcht empfand. Ein militärischer Befehl, den T. erhielt, löste in ihm einen bizarren Schwindelanfall aus. Die Sache vollzog sich ganz einfach, unabänderlich und langsam. Nach und nach wurde T. von unten nach oben ganz steif. Aus seinem Gesicht war jeder Ausdruck wie weggewischt. Und seine Augen begannen zu glimmen.

Im Gegensatz zu Israel, an dem seine Nase mir so verdutzt, verdutzt und gleichzeitig über Israels möglichen Tod empört, vorkam, zeigte T. keinerlei innere Bewegungen. Er reagierte überhaupt nicht, er sah aus wie ein Vogel in der Mauser. Hatte man mit T. zu Ende geredet, dann merkte man, daß man ganz einfach die Angst in ihm heraufbeschworen hatte. Ganz allmählich überzog die Angst glimmend sein ganzes Gesicht. Von da ab war T. wie unzugänglich. Man fühlte, wie sich zwischen dem All und ihm eine leere, öde Gleichgültigkeit ausbreitete. Nirgends sonst bei einem Menschen auf der ganzen Welt habe ich diese Form des Außersichseins kennengelernt.

»Ich hätte ihn damals einfach nicht starten lassen sollen«, sagte der Kommandeur hinterher.

Als der Kommandeur damals T. den Flugauftrag erteilte, war dieser nicht nur blaß geworden, sondern hatte sogar zu lächeln begonnen. Ganz einfach zu lächeln. Vielleicht handeln so die Gemarterten, wenn der Folterknecht sein Maß wirklich überschreitet.

»Sie fühlen sich nicht recht wohl. Ein anderer wird an Ihrer Stelle . . .«

»Nein, Herr Major. Ich bin an der Reihe, ich bin dran.« Und T. steht vor dem Kommandeur stramm und sieht ihm unbeweglich ins Gesicht.

»Wenn Sie sich aber nicht ganz in der Hand haben . . .«

»Ich bin an der Reihe, Herr Major, ich bin dran.«

»Aber so hören Sie doch, T. . . .«

»Herr Major . . .«

Der Mann war wie versteinert.

Und Alias schloß:

»Da hab ich ihn eben starten lassen.«

Was dann kam, hat sich nie ganz aufklären lassen. T., der als Bordschütze eingesetzt war, wurde von einem feindlichen Jäger angegriffen. Doch der Jäger bekam Ladehemmung und drehte ab. Der Flugzeugführer und T. unterhielten sich miteinander, bis sie in die Nähe ihres Landeplatzes kamen, ohne daß dem Flugzeugführer irgend etwas Ungewöhnliches auffiel. Doch fünf Minuten vor der Landung bekam er keine Antwort mehr.

Abends fand man T. auf. Sein Kopf war von der hinteren Stabilisierungsfläche des Flugzeuges gespalten worden. Er war unter den unglücklichsten Bedingungen bei voller Geschwindigkeit mit dem Fallschirm über eigenem Gebiet abgesprungen, als überhaupt keine Gefahr mehr drohte. Das Intermezzo mit dem Jäger hatte ihn unwiderstehlich angezogen.

»Machen Sie sich einsatzbereit«, sagte uns der Kommandeur, »und starten Sie um 5 Uhr 30.«

»Ich melde mich ab, Herr Major.«

Der Kommandeur antwortete mit einer vagen Geste.

Ist es Aberglaube? Meine Zigarette ist ausgegangen, und da ich vergebens in meinen Taschen suche, sagte er: »Warum haben Sie denn nie Streichhölzer bei sich?« Stimmt. Und nach diesem Abschied gehe ich durch die Tür und frage mich dabei: Warum habe ich denn nie Streichhölzer bei mir?

»Der Auftrag paßt ihm gar nicht«, sagt Dutertre.

Ich denke: Es ist ihm ganz egal. Doch meine ich gar nicht Alias bei dieser grundlosen Übellaune. Zu meiner Bestürzung werde ich mir über etwas klar, was keiner zugeben will: das Geistige lebt nur mit Unterbrechungen. Die Intelligenz allein lebt dauernd oder doch nahezu ständig. Meine Fähigkeiten im Zergliedern schwanken wenig. Der Geist dagegen betrachtet nicht die Dinge, sondern den Sinn, der sie miteinander verknüpft. Er liest das Gesicht durch und durch. Und eben der Geist wechselt von völliger Hellsicht zu völliger Blindheit. Für den, der sein Gut liebt, kommt die Stunde, da er in ihm nur noch wahllose Dinge angehäuft findet. Wer seine Frau liebt, für den kommt der Augenblick, da er in der Liebe nur noch Sorgen, Widrigkeiten, Zwang erkennt. Wer eine bestimmte Musik liebt, für den schlägt die Stunde, wo sie nicht mehr zu ihm findet. Kommt die Stunde, wie eben jetzt, wo ich mein Land nicht mehr verstehe. Eine Heimat ist nicht die Summe von Landschaften, Bräuchen, Dingen, die mein Verstand jederzeit zu erfassen vermag. Sie ist ein lebendiges Wesen. Es kommt die Stunde, wo ich entdecke, daß ich für lebendige Wesen blind bin.

Kommandeur Alias hat die Nacht beim General verbracht und über reine Logik diskutiert. Eine Logik aber zerrüttet das Leben des Geistes. Auf der Straße hat er sich dann in endlosen Verstopfungen erschöpft. Bei der Rückkehr zur Gruppe ist er auf hunderterlei äußerliche Schwierigkeiten gestoßen, die einem zusetzen, wie sich ein Bergrutsch tausendfältig auswirkt, der sich nicht aufhalten läßt. Schließlich hat er uns kommen lassen und uns in ein unmögliches Unternehmen geworfen. Wir sind weiter nichts als Objekte in dem allgemeinen Tohuwabohu. Für ihn sind wir nicht Saint-Exupéry oder Dutertre mit ihrer eigenen Gabe, die Dinge zu betrachten oder nicht zu betrachten, zu denken, zu marschieren, zu trinken und zu lachen. Wir sind Bruchstücke eines großes Baues, den in seinem Zusammenhalt zu erkennen mehr Zeit, mehr Schweigen und mehr Abstand erfordert. Hätte ich ein nervöses Zucken im Gesicht gehabt, würde Alias nur dieses Zucken erkennen. Er würde über Arras nur diese Vorstellung eines Gesichtszuckens schicken. In dem Gewirr der Probleme, die da auftauchen, in diesem Zusammenbruch zerfallen wir selbst in Einzelteile. Hier eine Stimme, da eine Nase, dort dieses Zucken. Und die Bruchstücke sind ohne Gefühl.

Es geht hier nicht um Kommandeur Alias, sondern um alle Menschen. Wenn wir einen Toten beerdigen, lieben wir ihn, doch mit dem Tod selbst haben wir keine Berührung. Der Tod ist etwas Großes. Er knüpft neue Bande mit den Ideen, Dingen, den Gewohnheiten des Toten. Er ordnet die Welt neu. Scheinbar hat sich nichts geändert, und doch ist alles anders geworden. Die Seiten des Buches sind wohl noch die gleichen, aber der Sinn des Buches fehlt. Um ein Verständnis für den Tod zu bekommen, müssen wir uns die Stunden vorstellen, wo wir des Toten bedürfen. Dann fehlt er uns. Müssen wir uns die Stunden vorstellen, da er uns gebraucht hätte. Aber er braucht uns nicht mehr. Müssen wir uns die Stunde eines Freundesbesuches vorstellen. Und wir finden sie inhaltlos. Wir müssen das Leben aus der Perspektive betrachten. Aber am Tag der Beerdigung sind Perspektive und Abstand dahin. Der Tote besteht nur noch aus Bruchstücken. Am Tag seiner Beerdigung finden wir keine rechte Zeit vor lauter Herumstehen, Händeschütteln bei wahren und falschen Freunden, äußerlichen Beschäftigungen. Erst morgen wird der Tote sterben, wenn es still geworden ist. Dann zeigt er sich in seiner Ganzheit und reißt sich erst völlig von unserem Wesen los. Dann schreien wir auf; denn dann erst geht er wirklich von uns, und wir können ihn nicht halten. Ich mag die hergebrachten Bilder vom Kriege nicht leiden. Der rauhe Krieger unterdrückt auf ihnen eine Träne und verbirgt seine Erregung unter mürrischem Gebaren. Das ist falsch. Der rauhe Krieger verbirgt überhaupt nichts. Wenn er sich unwirsch benimmt, meint er es wirklich so.

Es geht nicht um den Wert des Menschen. Kommandeur Alias hat ein volles Verständnis. Kommen wir nicht wieder, wird er vielleicht mehr darunter leiden als irgendein anderer. Wofern es sich natürlich um uns selbst handelt und nicht um einen Wust von Kleinkram. Wofern er sich in der Stille alles zurechtlegen kann. Denn wenn heute nacht der Vollstrekkungsbeamte, der hinter uns her ist, die Gruppe noch einmal zum Verlagern zwingt, kann ein Traktorrad, das nicht weiter will, in einer Lawine von Problemen unseren Tod auf später verschieben. Und Alias wird gar nicht dazu kommen, darunter zu leiden.

Auch ich, wenn ich jetzt starte, denke nicht im geringsten an die Auseinandersetzung des Westens mit dem Nazitum. Ich denke nur an das Nächstliegende. Ich denke an die Verrücktheit, in siebenundert Meter Höhe über Arras zu fliegen. An die Sinnlosigkeit der Erkundungen, die man von uns fordert. An die lange Dauer des Umkleidens, das mir wie eine Toilette für den Henker vorkommt. Und dann an meine Handschuhe. Wo, zum Teufel, finde ich meine Handschuhe? Ich habe meine Handschuhe verloren.

Ich sehe die Kathedrale nicht mehr, in der ich wohne. Und kleide mich an für den Dienst eines toten Gottes.

III

»Eil dich ... Wo sind meine Handschuhe? ... Nein ... Die sind es nicht ... Such sie in meinem Gepäck ...«

»Kann sie nicht finden, Herr Hauptmann.«

»Dummer Kerl.«

Sie sind lauter dumme Kerle. Der da, der meine Handschuhe nicht finden kann. Und der andere, der vom Stab, mit seiner fixen Idee von einem Befehl zum Tiefflug.

»Ich habe einen Bleistift von dir verlangt. Schon vor zehn Minuten habe ich einen Bleistift von dir verlangt ... Hast du keinen Bleistift?«

»Doch, Herr Hauptmann.«

So intelligent ist der Kerl.

»Mach mir an diesen Bleistift eine Schnur. Und binde mir die Schnur hier an dieses Knopfloch ... Na, Schütze, Sie sehen nicht so aus, als ob Sie es eilig hätten ...«

»Ich bin bereits fertig, Herr Hauptmann.«

»Ah! So! Gut!«

Und der Beobachter, ich wende mich zu ihm:

»Wie steht es, Dutertre? Fehlt nichts? Haben Sie die Kurse berechnet?«

»Ich habe sie, Herr Hauptmann . . .«

Gut. Die Kurse hat er. Ein verzweifelter Auftrag . . . Nun frage ich Sie so nebenbei: Ist es vernünftig, eine Besatzung für Erkundungen zu opfern, die kein Mensch braucht und die, wenn wirklich einer von uns am Leben bleibt, sie zu überbringen, niemals jemandem weitergemeldet werden? . . . »Sie müßten beim Stab schon Spiritisten einstellen . . .«

»Warum?«

»Damit wir ihnen ihre Auskünfte heute abend beim Tischrücken mitteilen.«

Ich bin nicht besonders stolz auf meine Witzelei, aber ich knurre weiter: »Die vom Stab, die vom Stab! Sollen sie sie doch selber ausführen, die verzweifelten Aufträge, die vom Stab!«

Denn es dauert lange, das Zeremoniell des Umkleidens, wenn der Auftrag einem verzweifelt vorkommt und man sich so sorgfältig anschirrt, um sich lebendig braten zu lassen. Es ist anstrengend, so eine dreifache Kleidung übereinander anzuziehen, sich mit einer Menge Zusatzgeräten zu vermummen, die man wie ein Trödler mitschleppt, die Sauerstoffröhren, den Heizkreislauf, die Sprachrohre, um die Telefonverbindung zwischen den einzelnen Besatzungsmitgliedern herzustellen. Die Atmung hole ich mir aus dieser Maske. Ein Kautschukschlauch verbindet mich mit dem Flugzeug, er ist genauso wichtig wie die Nabelschnur. Das Flugzeug schaltet sich in meine Bluttemperatur ein. Das Flugzeug schaltet sich in meine menschlichen Verbindungen ein. Ich habe Organe hinzubekommen, die sich gewissermaßen zwischen mich und mein Herz einschalten. Von Minute zu Minute werde ich schwerer, überladener, schwerfälliger. Ich bewege mich wie ein Klotz, und wenn ich mich bücke, um Riemen zuzuschnallen oder Verschlüsse zu betätigen, die nicht gehen wollen, dann knacken alle meine Gelenke. Meine alten Knochenbrüche schmerzen mich.

»Gib mir eine andere Haube. Ich hab dir schon fünfhundertzwanzigmal gesagt, daß ich meine nicht mehr will. Sie sitzt zu stramm.«

Denn, weiß Gott aus welchem geheimnisvollen Grund, der Schädel quillt in großer Höhe. Und eine auf dem Erdboden normal sitzende Haube preßt in zehntausend Meter Höhe die Knochen wie ein Schraubstock.

»Aber Ihre Haube ist ja eine andere, Herr Hauptmann. Ich habe sie ausgewechselt ...«

»So! Gut!«

Denn ich bin richtig am Knurren, so ganz hemmungslos. Ich habe allen Grund dazu! Im übrigen ist das alles gar nicht so wichtig. Jetzt eben macht man so richtig dieses innere Grauen durch, von dem ich sprach. Man geht aus den Fugen. Ich schäme mich nicht einmal, das Wunder herbeizuwünschen, das den Ablauf dieses Nachmittags ändern kann. Das Versagen des Kehlkopfmikrophons zum Beispiel. Sie streiken ja ständig, die Kehlkopfmikrophone! Reiner Schund! Das könnte uns vor dem verzweifelten Auftrag retten, so ein Versagen des Kehlkopfmikrophons ...

Hauptmann Vezin spricht mich mit düsterer Miene an. Hauptmann Vezin spricht jeden von uns vor dem Abflug in besonderem Auftrag mit düsterer Miene an. Hauptmann Vezin kümmert sich bei uns auftragsgemäß um den Stand der feindlichen Fliegerbeobachtung. Seine Aufgabe besteht darin, uns über ihre Bewegungen zu unterrichten. Vezin ist ein Freund, den ich zärtlich liebe, aber ein Unglücksbote. Ungern bemerke ich ihn.

»Mein Lieber«, sagt Vezin zu mir, »es ist zu dumm, zu dumm, zu dumm.«

Und er holt Papiere aus seiner Tasche. Dann sieht er mich bedenklich an.

»Welchen Weg nimmst du?«

»Über Albert.«

»Stimmt schon. Stimmt schon. Ach, es ist zu dumm!«

»Sei nicht so blöd; was ist denn?«

»Du kannst nicht starten!«

Ich kann nicht starten! ... Er ist wirklich gut, Vezin! Hoffentlich bekommt er vom lieben Gott ein Versagen des Kehlkopfmikrophons geschenkt!

»Du kommst unmöglich durch.«

»Warum soll ich nicht durchkommen?«

»Weil ständig über Albert drei deutsche Jagdmaschinen stehen, die sich ablösen. Eine in sechstausend, eine in siebentausendfünfhundert und eine in zehntausend Meter Höhe. Keine verläßt den Himmel, bevor ihr Ersatz da ist. Sie sperren von vornherein. Du stößt in ein Netz. Und dann, hier schau doch! . . .« Und er zeigt mir ein Papier, auf dem er unverständliche Erläuterungen skizziert hat.

Vezin ließe mich besser in Ruhe. Die Worte »sperren von vornherein« haben Eindruck auf mich gemacht. Ich denke an rote Lichter und an Polizeistrafen. Aber Polizeistrafe heißt hier Tod. Ich kann vor allem dieses »von vornherein« nicht ausstehen. Ich meine, das geht auf mich ganz persönlich.

Ich strenge meinen Verstand gehörig an. Natürlich verteidigt der Feind immer von vornherein seine Stellungen. Solche Redensarten sind der reine Quatsch . . . Und dann ist mir die Jägerei ganz egal. Wenn ich auf siebenhundert Meter heruntergehe, schießt mich die Flak ab. Sie kann mich nicht verfehlen. Ich werde plötzlich ausfallend:

»Also kurz und gut, du kommst daher und teilst mir dringendst mit, daß das Bestehen einer deutschen Luftwaffe meinen Abflug sehr unüberlegt erscheinen läßt. Willst du das nicht schleunigst dem General melden?« Es hätte Vezin nicht schwerfallen können, mich auf nette Weise zu beruhigen, wenn er seine berühmten Flieger in Jäger umgetauft hätte, die »sich irgendwo bei Albert herumtreiben«.

Der Sinn war genau der gleiche!

IV

Alles ist bereit. Wir sind an Bord. Bleiben nur noch die Kehlkopfmikrophone auszuprobieren . . .

»Verstehen Sie mich gut, Dutertre?«

»Verstehe Sie gut, Herr Hauptmann.«

»Und Sie, Schütze, verstehen Sie mich gut?«

»Ich. . . jawohl. . . sehr gut.«

»Dutertre, verstehen Sie ihn, den Schützen?«

»Ich verstehe ihn gut, Herr Hauptmann.«

»Schütze, verstehen Sie Herrn Oberleutnant Dutertre?«

»Ich . . . jawohl . . . sehr gut.«

»Warum sagen Sie immer: ›Ich . . . jawohl . . . sehr gut‹?«

»Ich suche meinen Bleistift, Herr Hauptmann.«

Die Kehlkopfmikrophone sind nicht gestört.

»Schütze, ist der Flaschendruck normal?«

»Ich . . . jawohl . . . normal.«
»In allen drei Flaschen?«
»In allen drei Flaschen.«
»Fertig, Dutertre?«
»Fertig.«
»Fertig, Schütze?«
»Fertig.«
»Also los.« – Und ich starte.

V

Die Angst rührt vom Verlust des eigentlichen Selbst her. Wenn ich einen Auftrag erwarte, von dem mein Glück oder meine Verzweiflung abhängt, werde ich wie ins Nichts geschleudert. Solange die Ungewißheit mich in der Schwebe hält, sind mein Empfinden und mein Verhalten nur eine behelfsmäßige Fassade. Die Zeit hört auf, Sekunde um Sekunde, wie sie einen Baum wachsen läßt, meine eigentliche Persönlichkeit aufzubauen, die mich in einer Stunde ausfüllen wird. Dieses unbekannte Ich kommt von außen her wie ein Gespenst auf mich zu. Deshalb empfinde ich ein Gefühl der Angst. Die üble Ankündigung an sich ruft keine Angst, sondern nur Mißbehagen hervor. Das ist ganz etwas anderes.

Nun aber hat der Leerlauf der Zeit aufgehört. Endlich bin ich in mein Amt eingesetzt. Ich stürze mich nicht mehr in eine ausdruckslose Zukunft. Jetzt bin ich keiner mehr, der vielleicht in den wirbelnden Brand hineintrudelt. Die Zukunft verfolgt mich nicht mehr wie eine fremde Erscheinung. Meine Handlungen bilden sie, eine nach der andern. Ich bin's, der den Kompaß kontrolliert und 313 Grad auf ihm einhält, der den Gang der Propeller und die Ölheizung regelt. Das sind unmittelbare, gesunde Sorgen. Das sind Sorgen um das Haus, die kleinen Pflichten des Tages, die einem die Lust nehmen, sich alt vorzukommen. Der Tag wird zu einem hellerleuchteten Heim, einem spiegelnden Armaturenbrett, einer guten Versorgung mit Sauerstoff. Ich kontrolliere tatsächlich die Sauerstoffabgabe, denn wir steigen schnell:

Sechstausendsiebenhundert Meter.

»Ist der Sauerstoff in Ordnung, Dutertre? Fühlen Sie sich wohl?«

»In Ordnung, Herr Hauptmann.«

»Hallo, Schütze, ist der Sauerstoff in Ordnung?«

»Ich . . . jawohl . . . in Ordnung, Herr Hauptmann.«

»Haben Sie Ihren Bleistift nicht gefunden?«

Ich bin's auch, der auf den Knopf S und den Knopf A drückt, um meine Maschinengewehre zu überprüfen. Bei dieser Gelegenheit . . .

»Hallo! Schütze, Sie haben nicht gerade eine größere Stadt hinten in Ihrem Schußfeld?«

»Ha . . . nein, Herr Hauptmann.«

»Also los! Probieren Sie Ihre Maschinengewehre aus!«

Ich höre seine Stöße.

»Hat gut funktioniert?«

»Hat gut funktioniert.«

»Alle Maschinengewehre?«

»Ha . . . jawohl . . . alle.«

Nun schieße ich selber und frage mich dabei, wohin diese Kugeln gehen, die man bedenkenlos über Freundesland regnen läßt. Sie töten nie jemand. Die Erde ist groß.

So nährt mich jede Minute mit ihrem Inhalt. Ich bin eben[illegible]ängstlich wie eine reifende Frucht. Sicherlich werden [illegible]gbedingungen sich um mich ändern. Die Bedingungen u[illegible]e Probleme. Aber ich bin in den Werdegang dieser Zuku[illegible]eingeschaltet. Die Zeit knetet mich nach und nach zurecht. Das Kind hat keine Angst davor, auf Dauer zum Greis zu werden. Es ist Kind und spielt mit seinem Kinderspielzeug. Auch ich spiele. Ich zähle die Zeigerstellungen, die Griffe, die Knöpfe, die Hebel in meinem Reich. Ich zähle einhundertdrei Dinge zum Nachsehen, Ziehen oder Drücken. (Ich habe kaum geflunkert, wenn ich die Auslösung meiner Maschinengewehre doppelt zähle: sie trägt einen Sperrhebel.) Heute abend werde ich den Bauern verblüffen, bei dem ich wohne. Ich werde ihm sagen: »Wissen Sie auch, wieviel Instrumente ein Flieger heutzutage bedienen muß?«

»Wie soll ich das wissen?«

»Das macht nichts. Sagen Sie eine Zahl.«

»Was für eine Zahl soll ich denn sagen?«

Denn mein Bauer hat keinerlei Verständnis.

»Sagen Sie irgendeine Zahl.«

»Sieben.«

»Einhundertunddrei.«

Und ich werde sehr zufrieden sein.

Es befriedigt mich aber auch, daß alle Instrumente, mit denen ich überladen war, ihren Platz und ihre Bedeutung bekommen haben. Dieses ganze Gewirr von Röhren und Kabeln ist zu einem Kreislaufsystem geworden. Ich bin ein Organismus, der sich zu einem Flugzeug ausgeweitet hat. Das Flugzeug schafft mir mein Wohlbefinden, wenn ich einen bestimmten Knopf drehe, der nach und nach meine Kleidung und meinen Sauerstoff aufwärmt. Der Sauerstoff ist übrigens überhitzt worden, und nun verbrennt er mir die Nase.

Dieser Sauerstoff wird je nach der Höhe durch ein kompliziertes Instrument dosiert. Das Flugzeug nährt mich also. Es schien mir unmenschlich vor dem Flug, und jetzt, da ich an seiner Brust liege, empfinde ich für das Flugzeug eine Art kindlicher Zärtlichkeit. Eine Art säuglingshafter Zärtlichkeit. Mein Gewicht hat sich nunmehr auf Unterlagen verteilt. Meine dreifach dicken Kleider übereinander, mein schwerer Fallschirm am Rücken ruhen auf dem Sitz. Meine ungeheuren Fliegerpelzstiefel stützen sich auf die Fußsteuerung. Me[illegible] Hände mit den dicken steifen Handschuhen, die [illegible] Erdboden so ungeschickt sind, betätigen das Höhenst[illegible] Leichtigkeit . . . betätigen das Höh . . . betätigen das H[illegible] . . .

»Dutertre!«

». . . ptmann?«

»Prüfen Sie gleich Ihre Kontakte nach! Ich verstehe Sie nur stückweise. Verstehen Sie mich?«

». . . stehe Sie . . . Haupt . . .«

»Schütteln Sie doch Ihren Klimbim! Verstehen Sie mich?«

Die Stimme Dutertres wird wieder deutlich:

»Verstehe Sie sehr wohl, Herr Hauptmann!«

»Gut. Na ja, heute frieren die Verbindungen also auch wieder ein. Das Höhensteuer geht schwer; das Fußsteuer ist blokkiert!«

»Das wird ja lustig. Wie hoch?«

»Neuntausendsieben.«

»Welche Temperatur?«

»Achtundvierzig Grad. Und bei Ihnen, Sauerstoff in Ordnung?«

»In Ordnung, Herr Hauptmann.«

»Schütze, Sauerstoff in Ordnung?«

Keine Antwort.

»Schütze, hallo!«

»Hören Sie den Schützen, Dutertre?«

»Höre nichts, Herr Hauptmann . . .«

»Rufen Sie ihn!«

»Schütze, hallo, Schütze!«

Keine Antwort.

Bevor ich jedoch tiefer gehe, schüttle ich mit aller Gewalt das Flugzeug, um den andern zu wecken, falls er schläft.

»Herr Hauptmann?«

»Sind Sie's, Schütze?«

»Ich . . . ha . . . jawohl . . .«

»Sind Sie's auch sicher?«

»Doch.«

»Warum gaben Sie keine Antwort?«

»Ich probierte das Radio aus. Ich hatte abgeschaltet!«

»Sie sind ein Ekel! Man sagt vorher Bescheid! Ums Haar wäre ich hinuntergegangen: ich hielt Sie für tot!«

»Ich . . . nein.«

»Ich glaub's Ihnen aufs Wort. Reiten Sie mir diese blöde Tour nicht wieder. Geben Sie mir Bescheid, verdammt noch mal, bevor Sie abschalten!«

»Verzeihung, Herr Hauptmann. Zu Befehl, Herr Hauptmann. Gebe vorher Bescheid.«

Denn der Organismus spürt das Aussetzen des Sauerstoffs nicht. Es macht sich durch ein vages Wohlbefinden bemerkbar, das in einigen Sekunden zur Ohnmacht und in wenigen Minuten zum Tod führt. Die ständige Überprüfung der Sauerstoffzufuhr ist daher unbedingt erforderlich wie auch die Kontrolle des Befindens seiner Besatzung durch den Flugzeugführer. Ich quetsche also ruckweise die Zuleitung meiner Maske etwas, um auf meiner Nase die warmen, lebenspendenden Gasstöße zu spüren.

Jetzt bin ich in meinem Element. Ich empfinde nichts anderes als das physische Wohlbehagen sinnvoller Handlungen, die sich selbst genügen. Ich empfinde weder das Gefühl einer großen Gefahr (beim Umkleiden war ich ganz anders aufgeregt!) noch das Gefühl einer großen Leistung. Der Kampf zwischen dem Westen und dem Nazitum wird diesmal nach der Reihenfolge meiner Handlungen zu einer Betätigung von Griffen, Hebeln und Hähnen. Es ist wirklich so. Die Liebe zu seinem Gott wird beim Küster zum liebevollen Kerzenanzünden. Der Küster geht abgemessenen Schritts in einer Kirche, die er nicht gewahr wird, und findet seine Befriedigung darin, der Reihe nach die Kandelaber aufflammen zu lassen. Wenn alle angesteckt sind, reibt er sich die Hände. Er ist stolz auf sich.

Und ich habe den Gang meiner Propeller wundervoll eingespielt und halte meinen Kurs auf den Grad genau. Das muß Dutertre bewundern, wenn er überhaupt ein wenig nach dem Kompaß schaut ...

»Dutertre ... ist ... der Kurs nach dem Kompaß ... in Ordnung?«

»Nein, Herr Hauptmann. Kommen zu stark ab. Halten zu weit rechts.«

»Um so schlimmer.«

»Herr Hauptmann, wir passieren die Kampflinien. Ich beginne mit meinen Aufnahmen. Wie hoch nach Ihrem Höhenmesser?«

»Zehntausend.«

VI

»Herr Hauptmann ... Kompaß!«

Richtig: ich bin nach links abgewichen. Keineswegs aus Zufall ... Die Stadt Albert treibt mich ab. Ich ahne sie in der Ferne vor mir. Doch sie bedrückt schon meinen Körper mit dem ganzen Gewicht des »von vornherein gesperrt«. Was für ein Gedächtnis steckt doch tief im Innern meiner Glieder! Mein Körper erinnert sich noch genau an die Abstürze, die er erlebt hat, die Schädelbrüche, die lähmenden Erschöpfungen und die Nächte im Lazarett. Mein Körper fürchtet die Schläge. Er sucht vor Albert auszuweichen. Wenn ich nicht auf ihn aufpasse, biegt er nach links aus. Er zieht nach links wie ein alter Gaul, der sein Leben lang einem Hindernis mißtraut, das ihn einmal geschreckt hat. Es ist einfach mein Körper ... nicht mein Geist ... Wenn ich nämlich zerstreut bin, nimmt der Körper heimlich die Gelegenheit wahr und drückt sich um Albert.

Denn ich empfinde nichts, was wirklich unangenehm wäre. Ich möchte meinen Auftrag nicht mehr verfehlen. Vorhin habe ich noch einen solchen Wunsch erwogen. Ich sagte mir:

Die Kehlkopfmikrophone werden nicht in Ordnung sein. Ich bin sehr müde. Ich gehe schlafen. Von diesem bequemen Lager her baute ich mir ein herrliches Bild. Tief in mir wußte ich aber auch, daß man von einem aufgegebenen Auftrag nichts weiter zu erwarten hat als eine Art starkes Unbehagen. Als wenn eine notwendige Mauser fehlgeschlagen wäre.

Das erinnert mich an das Pennal ... Als ich ein kleiner Junge war ...

»... Hauptmann!«

»Was gibt's!«

»Nein, nichts ... Ich meinte bloß, ich sähe ...«

Ich mag das nicht, was er zu sehen meinte.

Ja ... So als kleiner Junge auf dem Gymnasium steht man frühzeitig auf. Morgens um sechs geht es heraus. Es ist kalt. Man reibt sich die Augen, und schon im voraus drückt einen die böse Grammatikstunde. Deshalb träumt man vom Krankwerden, um im Krankenhaus aufzuwachen, wo einem die Schwestern mit den weißen Flügelhauben gesüßten Tee ans Bett bringen. Tausend Trugbilder malt man sich von diesem Paradies aus. Ganz klar, wenn ich dann eine leichte Erkältung hatte, hustete ich etwas mehr als nötig. Und von der Krankenstube, in der ich aufwachte, hörte ich die Glocke für die andern schlagen. Wenn ich ein wenig zu stark gemogelt hatte, strafte mich diese Glocke ordentlich: sie verwandelte mich in ein Gespenst. Draußen schlug sie die eigentliche Zeit für die strengen Unterrichtsstunden, für das Tollen in den Pausen und die Wärme im Speiseraum. Für die Lebendigen draußen schuf sie eine dichte Existenz, reich an Elend, Ungeduld, Jubel und Kummer. Ich allein war dem entzogen, war vergessen, angeekelt von dem faden Teegebräu, dem feuchten Bett und den ausdruckslosen Stunden.

Es kommt nichts dabei heraus, wenn man sich um einen erhaltenen Auftrag drücken will.

VII

Ja, zuweilen, wie eben heute, kann einen ein Auftrag nicht befriedigen. Wir treiben da offensichtlich ein Spiel, das den Krieg nachahmt. Wir spielen Räuber und Gendarm. Wir richten uns genau nach der Sittenlehre unserer Geschichtswerke und den Regeln unserer Handbücher. So bin ich heute nacht im Wagen über den Flugplatz gefahren. Und die Wache hat vorschriftsmäßig vor dem Wagen die Ehrenbezeigung gemacht, der auch ein Panzer hätte sein können! Zum Spiel machen wir vor Panzern unsere Ehrenbezeigung. Warum sollten wir mit diesem etwas grausamen Spiel wichtig tun, bei dem wir so offensichtlich eine Statistenrolle spielen, wenn man von uns verlangt, daß wir sie bis zum Tode durchführen? Er ist doch zu ernst, der Tod, für eine Spielerei.

Wer würde sich beim Umkleiden wichtig vorkommen? Niemand. Selbst Hochedé, eine Art Heiliger, der diesen Zustand einer ständigen Gnade, zweifellos die Vollendung des Menschen, erreicht hat, selbst Hochedé hüllt sich in Schweigen. Die Kameraden, die sich umkleiden, schweigen also mürrisch und durchaus nicht als schamhafte Helden. Dieses mürrische Wesen verdeckt keinerlei Wichtigtuerei. Es gibt sich, wie es ist. Und ich erkenne es. Es ist das verdrießliche Wesen eines Geschäftsführers, der nichts von den Anweisungen versteht, die ihm sein abwesender Chef aufgegeben hat. Und der sie doch treu befolgt. Alle Kameraden träumen von ihrem ruhigen Zimmer, und doch ist unter ihnen kein einziger bei uns, der wirklich schlafen gehen möchte!

Denn das Wesentliche ist nicht, daß man sich wichtig vorkommt. Bei der Niederlage besteht keine Hoffnung, sich wichtig zu machen. Wichtig ist, daß man sich umkleidet, an Bord geht und startet. Was man selbst darüber denkt, ist völlig unwichtig. Und das Kind, das sich im Gedenken an die Grammatikstunde etwas einbildete, käme mir wie anmaßend und verdächtig vor. Wichtig ist, daß man sich auf ein Ziel hin bewegt, das sich vorläufig noch nicht zeigt. Dieses Ziel gilt nicht dem Verstand, sondern dem Geist. Der Geist versteht sich aufs Lieben, aber er schläft. Worin die Versuchung besteht, weiß ich ebensogut wie ein Kirchenvater. Versucht werden heißt, sich versuchen lassen, wenn der *Geist* schläft, heißt den Gründen des *Verstandes* nachgeben. Was nutzt es, wenn ich mein Leben in diesem Bergrutsch einsetze? Ich weiß es nicht. Hundertmal hat man mir wiederholt: Lassen Sie sich da- oder dorthin abkommandieren! Dort ist Ihr Platz. Dort können Sie nützlicher sein als im Geschwader. Flugzeugführer lassen sich zu Tausenden ausbilden ... Der Beweis war überzeugend. Alle Beweise sind überzeugend. Mein Verstand sagte ja, aber mein Instinkt war stärker als der Verstand.

Warum kam mir diese Überlegung so sinnlos vor, wo ich doch nichts dagegen einzuwenden hatte? Ich sagte mir: Die Intellektuellen halten sich in Reserve wie Marmeladetöpfe auf den Regalen der Propaganda, um nach dem Krieg aufgegessen zu werden. Das war keine Antwort.

Auch heute wieder bin ich wie alle Kameraden gegen alle Überlegungen, alle Wahrscheinlichkeiten, alle augenblicklichen Hemmungen gestartet. Die Stunde wird schon noch kommen, wo ich weiß, daß ich gegen meinen Verstand recht behielt. Wenn ich am Leben bleibe, habe ich mir jene nächtliche Wanderung durch mein Dorf versprochen. Dann werde ich mich vielleicht selbst zurechtfinden. Und sehen.

Vielleicht werde ich nichts über das zu sagen haben, was ich dann sehe. Wenn eine Frau mir schön vorkommt, kann ich nicht über sie sprechen. Ich sehe sie ganz einfach lächeln. Die Intellektuellen zerlegen das Gesicht, um es aus seinen Teilen zu erklären, aber das Lächeln sehen sie nicht mehr.

Erkennen heißt nicht zerlegen, auch nicht erklären. Es heißt, Zugang zur Schau finden. Aber um zu schauen, muß man erst teilnehmen. Das ist eine harte Lehre ...

Den ganzen Tag habe ich mein Dorf nicht geschaut. Vor meinem Auftrag waren es Lehmwände und mehr oder weniger schmutzige Bauern. Jetzt ist es ein bißchen Kies zehn Kilometer unter mir. Das ist mein Dorf. Doch heute nacht vielleicht wird ein Hofhund wach werden und anschlagen. Ich habe immer den Zauber eines Dorfes genossen, das im Laut eines einzigen Wachhundes vernehmbar in der klaren Nacht dahinträumt.

Ich habe keine Hoffnung, mich verständlich zu machen, es ist mir auch völlig gleichgültig. Wenn mir doch einfach mit seinen über den Kornlagern, dem Vieh und dem Tageslauf geschlossenen Türen mein zum Schlafen wohlgeordnetes Dorf erschiene!

Heimgekehrt vom Feld, haben die Bauern ihr Mahl abgetragen, die Kinder schlafen gelegt, die Lampe ausgeblasen und gehen in sein Schweigen ein. Dann ist nichts weiter unter dem schönen steifen Bauernlinnen als das langsame Gehen des Atems wie ein Überbleibsel des Seegangs nach dem Sturm auf dem Meer.

Gott versagt uns, den Reichtum zu nutzen, solange die nächtliche Abrechnung dauert. Das aufgespeicherte Erbe wird mir deutlicher werden, wenn die Menschen ruhen und dabei die Hände öffnen im Spiel des unabwendbaren Schlafs, der die Finger bis zum Tagesanbruch entspannt.

Dann schaue ich vielleicht das Namenlose. Dann werde ich wie ein Blinder gegangen sein, den seine Handflächen zum Feuer geleitet haben. Er könnte es nicht beschreiben, und doch hat er es gefunden. So zeigt sich vielleicht dann, was es zu schützen gilt, was unsichtbar ist und doch dauert gleich der Glut unter der Asche der dörflichen Nächte.

Ich hatte nichts von dem verfehlten Auftrag zu erhoffen. Um ein einfaches Dorf zu verstehen, muß man erst ...

»Herr Hauptmann!«

»Ja?«

»Sechs Jäger, sechs, vorne links!«

Das hat wie ein Donnerschlag geklungen! Muß man ... muß man ... Und doch möchte ich vorerst was dafür haben. Ich möchte erst mein Recht auf Liebe geltend machen. Ich möchte gern wissen, für wen ich eigentlich sterbe ...

VIII

»Schütze!«

»Herr Hauptmann?«

»Haben Sie verstanden? Sechs Jäger, sechs, vorne links!«

»Verstanden, Herr Hauptmann!«

»Dutertre, haben sie uns gesehen?«

»Haben uns gesehen. Schwenken auf uns ein. Sind fünfhundert Meter über ihnen.«

»Schütze, haben Sie verstanden? Sind fünfhundert Meter über ihnen. Dutertre! Noch weit weg?«

»... einige Sekunden.«

»Schütze, haben Sie verstanden? Sind in einigen Sekunden hinter uns.«

Da, ich sehe sie! Winzig. Ein Schwarm giftiger Wespen.

»Schütze! Sie kommen unten durch. Sichten sie in einer Sekunde. Da!«

»Ich . . . ich sehe nichts. Ja! Ich seh' sie!«

Ich selbst sehe sie nicht mehr: »Machen sie Jagd auf uns?«

»Sie machen Jagd auf uns.«

»Steigen sie schnell?«

»Ich weiß nicht . . . ich glaube nicht . . . nein!«

»Was entscheiden Sie, Herr Hauptmann?«

Dutertre hat eben gesprochen.

»Was soll ich entscheiden?«

Alles schweigt.

Da ist nichts zu entscheiden. Das geht Gott allein an. Wenn ich vom Kurs abwiche, würde ich den Zwischenraum verringern, der uns trennt. Da wir direkt auf die Sonne zusteuern und man in großer Höhe keine fünfhundert Meter steigt, ohne einige Kilometer vom Wild abzukommen, kann es sein, daß sie uns in der Sonne verloren haben, bevor sie unsere Höhe erreichen und ihre Geschwindigkeit wieder aufnehmen können.

»Schütze, immer noch?«

»Immer noch.«

»Bekommen wir Vorsprung?«

»Ah . . . nein . . . doch!«

Das geht Gott und die Sonne an.

In Voraussicht eines etwaigen Kampfes (wenn auch eine Jagdstaffel eher meuchelt als kämpft) stemme ich mich mit aller Gewalt gegen mein vereistes Fußsteuer und suche es zu lockern. Ich bekomme ein sonderbares Empfinden, ich habe aber die Jäger noch vor Augen. Und ich wuchte mit meinem ganzen Gewicht auf die blockierten Hebel.

Wieder einmal merke ich, daß ich bei dieser Aktion, die mich doch zu einem sinnlosen Abwarten nötigt, tatsächlich sehr viel weniger erregt bin, als ich es vorhin beim Umkleiden war. Auch empfinde ich eine Art Wut. Wohltuende Wut. Aber keine trunkene Opferbegeisterung. Lieber möchte ich beißen.

»Schütze, geben Sie's ihnen?«

»Geb's ihnen schon, Herr Hauptmann.«

»In Ordnung.«

»Dutertre . . . Dutertre . . .«

»Herr Hauptmann?«

»Nein . . . nichts.«

»Was war denn, Herr Hauptmann?«

»Oh! Nichts . . . ich meinte bloß . . . nichts.«

Ich sage ihnen nichts davon. Ich spiele ihnen damit keinen Streich. Wenn ich abzutrudeln beginne, merken sie es schon. Sie werden es schon merken, daß ich zu trudeln beginne ...

Es geht nicht mit rechten Dingen zu, daß ich vor Schweiß triefe bei fünfzig Grad Kälte. Das ist nicht normal. Aha, eben habe ich begriffen, was los ist: Ganz allmählich verliere ich das Bewußtsein. Ganz allmählich ...

Ich sehe das Armaturenbrett. Ich sehe das Armaturenbrett nicht mehr. Meine Hände schlafen am Steuer ein. Ich habe nicht einmal mehr die Kraft zum Sprechen. Ich lasse mich gehen. Sich einfach so gehenlassen ...

Ich habe die Kautschukleitung geklemmt. Ich habe in die Nase den belebenden Gasstoß bekommen. Es liegt also nicht am Versagen des Sauerstoffs. Es liegt ... Ach ja, natürlich. Ich war auch zu dumm. Es liegt am Fußsteuer. Ich habe mich gegen mein Fußsteuer wie ein Trimmer, ein Kutscher gebärdet. In zehntausend Meter Höhe habe ich mich wie ein Schaubudenkämpfer aufgeführt. Mein Sauerstoff war aber bemessen. Nun büße ich die Orgie ...

Ich atme in raschen Zügen. Mein Herz schlägt schnell, sehr schnell. Es ist wie ein schwaches Ticken. Ich sage meiner Besatzung nichts. Wenn ich zu trudeln beginne, werden sie es schon früh genug merken! Ich sehe das Armaturenbrett ... Ich sehe das Armaturenbrett nicht mehr ... Und ich fühle mich abgespannt in meinem Schweiß.

Ganz langsam bin ich wieder zum Leben zurückgekehrt.

»Dutertre ...«

»Herr Hauptmann?«

Am liebsten hätte ich ihm anvertraut, was eben passiert ist.

»Es ... kam ... mir... so .... vor ...«

Doch ich gebe es auf, mich zu erklären. Die Worte verbrauchen zuviel Sauerstoff, und meine paar Worte haben mich schon außer Atem gebracht. Ich bin ein schwacher, ein ganz schwacher Rekonvaleszent ...

»Was war denn, Herr Hauptmann?«

»Nein ... nichts ...«

»Herr Hauptmann, Sie sind wahrhaftig ein Rätsel!«

Ich bin ein Rätsel, aber ich bin am Leben.

»Haben ... haben uns ... nicht erwischt ...«

»Oh! Herr Hauptmann! Es geht erst los!«

Es geht erst los! Wir haben noch Arras.

So habe ich einige Minuten lang gemeint, ich komme nicht mehr zu mir, und doch habe ich in mir nicht diese heiße Angst beobachtet, die einem angeblich die Haare bleicht. Und da fällt mir Sagon ein. Der Bericht Sagons, den wir einige Tage nach dem Luftkampf besuchten, der ihn vor nunmehr zwei Monaten auf französischem Gebiet herunterholte. Was hatte Sagon empfunden, als die Jäger ihn umstellt, ihn gewissermaßen an seinen Marterpfahl genagelt hatten und er sich in den nächsten zehn Sekunden für erledigt gehalten hatte?

IX

Ich sehe ihn genau vor mir in seinem Krankenhausbett liegen. Beim Absprung mit dem Fallschirm ist Sagon am Leitwerk des Flugzeugs hängengeblieben und hat sein Knie gebrochen, doch hat er den Anprall nicht gespürt. Sein Gesicht und seine Hände sind ziemlich schwer verbrannt, aber alles in allem hat er nichts Besorgniserregendes abbekommen. Er erzählt uns langsam, mit gleichgültiger Stimme seine Geschichte wie einen dienstlichen Bericht.

»... Ich merkte, daß sie auf mich schossen, als ich mich von Leuchtspuren umgeben sah. Mein Armaturenbrett ist zersplittert worden. Dann habe ich ein wenig Rauch bemerkt, oh, gar nicht viel! Er schien von vorn zu kommen. Ich habe gedacht, es ist ... Sie wissen doch, da ist so ein Verbindungsrohr ... Oh, es brannte nicht stark ...«

Sagon verzieht sein Gesicht. Er überlegt. Er hält es für wichtig, uns zu sagen, ob es stark oder nicht stark brannte. Er zögert:

»Immerhin ... es brannte ... Da habe ich ihnen gesagt, sie sollten abspringen ...«

Denn das Feuer verwandelt das Flugzeug binnen zehn Sekunden in eine Fackel!

»Dann habe ich meine Absprungluke geöffnet. Es war verkehrt. Das hat Zugluft gebracht ... das Feuer ... Ich ärgerte mich.«

Die Feuerung einer Lokomotive spuckt Ihnen ein Flammenmeer in den Bauch bei siebentausend Meter Höhe, und Sie werden ärgerlich. Ich verrate Sagon nicht, wenn ich seinen

Heldenmut oder seine Scham hervorhebe. Er würde weder diesen Heldenmut noch diese Scham zugeben. Er würde sagen: Doch, doch! Ich ärgerte mich ... Er bemüht sich übrigens sichtlich, genau zu sein.

Und ich weiß wohl, daß der Bereich des Bewußtseins äußerst beschränkt ist. Es übernimmt nur ein Problem auf einmal. Wenn Sie mitten im Boxkampf ganz in Anspruch genommen sind von der Taktik des Kampfes, spüren Sie den Schmerz der Faustschläge nicht. Als ich während eines Unfalls mit einem Wasserflugzeug fast zu ertrinken drohte, kam mir das eisige Wasser lauwarm vor. Oder genauer gesagt, mein Bewußtsein hat die Wassertemperatur nicht beachtet. Es war anderweitig beschäftigt. Die Wassertemperatur hat in meinem Gedächtnis gar keine Spur hinterlassen. So war das Bewußtsein Sagons von der Technik des Absprungs in Anspruch genommen. Die Welt Sagons beschränkte sich auf die Kurbel, die die Luke betätigt, auf einen bestimmten Griff am Fallschirm, dessen Lage ihn beschäftigte, und auf das technische Verhalten seiner Besatzung. »Sind Sie abgesprungen?« Keine Antwort. »Keiner mehr an Bord?« Keine Antwort.

»Ich habe gemeint, ich bin allein. Ich habe gemeint, ich kann aussteigen ... (Gesicht und Hände waren ihm bereits versengt.) Ich habe mich erhoben, bin über die Bordwand aus der Führerkanzel herausgeklettert und habe mich zunächst auf der Tragfläche gehalten. Nachdem ich einmal da war, habe ich mich nach vorn gebückt: Ich habe den Beobachter nicht gesehen ...« Der Beobachter, vom Jägerbeschuß auf der Stelle getötet, lag auf dem Boden der Zelle.

»Dann bin ich nach hinten gegangen und habe den Bordschützen nicht gesehen ...«

Der Schütze war ebenfalls zusammengebrochen.

»Ich habe gemeint, ich bin allein ...«

Er dachte nach:

»Wenn ich gewußt hätte ... hätte ich wieder an Bord steigen können ... es brannte gar nicht so heftig ... Ich bin lange so auf der Tragfläche geblieben ... Vor dem Verlassen der Kanzel hatte ich die Maschine angezogen. Der Flug war in Ordnung, der Luftzug erträglich, und ich fühlte mich ganz wohl. O ja, ich bin lange auf der Tragfläche geblieben ... Ich wußte nicht recht, was ich tun sollte ...«

Nicht, daß sich Sagon unlösbare Probleme gestellt hätten! Er glaubte sich allein an Bord, das Flugzeug brannte, und die Jäger flogen immer wieder vorbei und beharkten ihn mit ihren Geschossen. Sagon wollte uns nur bedeuten, daß er keinen besonderen Wunsch hegte. Er empfand überhaupt nichts. Er war völlig Herr seiner Zeit. Er fühlte sich gewissermaßen von einem unendlichen Wohlbehagen durchdrungen.

Und Punkt für Punkt erkannte ich dieses außergewöhnliche Empfinden wieder, das manchmal dem Tod unmittelbar vorausgeht: ein unerwartetes Wohlbehagen ... Wie wird doch dieses Bild vom atemberaubenden Absturz durch die Wirklichkeit Lügen gestraft!

Sagon blieb dort auf seiner Tragfläche, wie ausgestoßen von der Zeit!

»Und dann bin ich abgesprungen, ich bin schlecht abgekommen. Ich habe mich wirbeln sehen. Ich habe gefürchtet, wenn ich ihn zu früh öffnete, möchte ich mich in meinen Fallschirm verwickeln. Ich wartete, bis ich ausgerichtet war. Oh, ich habe lange gewartet ...«

So behält Sagon in seiner Erinnerung, daß er von Anfang bis zum Ende seines Abenteuers gewartet hat. Gewartet, bis es stärker brannte. Dann auf der Tragfläche auf irgend etwas gewartet. Und im freien Absprung jäh in die Tiefe zum Erdboden wiederum gewartet.

Das war so richtig Sagon, vielleicht sogar ein Überrest von Sagon, gewöhnlicher als sonst, ein etwas betretener Sagon, der sich gelangweilt und verdrossen in die Tiefe gleiten ließ.

X

Nun baden wir schon zwei Stunden lang in einem Luftdruck, der nur ein Drittel des normalen beträgt. Langsam wird die Besatzung mürbe. Wir sprechen kaum miteinander. Noch ein- oder zweimal habe ich vorsichtig auf mein Fußsteuer einzuwirken versucht. Jedesmal kam dasselbe Gefühl einer wohligen Ermüdung über mich.

Wegen der Kurven, die das Photographieren erfordert, sagt mir Dutertre schon lange im voraus Bescheid. Ich versuche, mit dem, was mir an Beweglichkeit bleibt, fertig zu werden, so gut ich kann. Ich drücke die Maschine und ziehe sie hoch. Und führe für Dutertre Kurven in zwanzig Stufen aus.

»Wie hoch?«

»Zehntausendzweihundert.«

Wieder denke ich an Sagon ... Mensch bleibt immer Mensch. Wir sind eben Menschen. Und in mir bin ich immer nur mir selber begegnet. Sagon weiß nur von Sagon. Wer stirbt, stirbt so, wie er war. Im Tod eines gewöhnlichen Bergmanns stirbt ein gewöhnlicher Bergmann. Wo findet man jenen aufgestörten Wahnsinn, den die Literaten erfinden, um uns zu verblüffen?

In Spanien habe ich gesehen, wie ein Mann nach tagelanger Arbeit aus dem Keller eines durch eine Luftmine völlig zerstörten Hauses hervorkroch. Schweigend und, wie mir schien, völlig verängstigt umstand die Menge den Mann, der, wie aus dem Jenseits zurückgekehrt, noch ganz von Schutt bedeckt war und halb irrsinnig vor Luftmangel und Hunger beinahe einem Gespenst glich. Als einige ihn zu fragen sich getrauten und er den Fragen nur eine lässige Aufmerksamkeit widmete, schlug die Ängstlichkeit der Menge in Ärger um.

Man fing es ungeschickt mit ihm an; denn die eigentlichen Fragen wußte keiner zu stellen. Man sagte ihm: »Was für eine Empfindung hatten Sie? ... Was dachten Sie? ... Was taten Sie? ...« Aufs Geratewohl warf man so Brücken über einen Abgrund, als gälte es nach Möglichkeiten der Verständigung zu suchen, um bei Nacht einen blinden Taubstummen zu erreichen, dem man gern helfen möchte.

Doch als der Mann uns antworten konnte, erwiderte er:

»Ach ja, ich hörte lange klopfen ...«

Oder auch ...

»Ich habe mir viele Sorgen gemacht. Es war lang ... Ach, es war sehr lang ...«

Oder auch ...

»Ich hatte Schmerzen im Kreuz, üble Schmerzen ...«

Und dieser brave Mann sprach uns nur vom braven Mann. Vor allem sprach er von seiner Uhr, die er verloren hatte ... »Ich habe sie gesucht ... ich hing sehr an ihr ... aber in der Dunkelheit ...«

Und sicherlich hatte ihm das Leben die Empfindung für das Verstreichen der Zeit oder die Liebe zu vertrauten Gegenständen beigebracht. Und er bediente sich des Menschen, der er war, um seiner Umwelt bewußt zu werden, wenn es auch eine Welt des Zusammenbruchs im Dunkeln war. Und auf die grundlegende Frage, die keiner ihm zu stellen wußte, die aber allen Versuchen vorschwebte: Wer waren Sie? Wer kam in Ihnen zum Durchbruch?, hätte er nichts anderes antworten können als: Ich selbst . . .

Keine Begebenheit erweckt in uns einen Fremdling, von dem wir nichts geahnt hätten. Leben heißt, langsam geboren werden. Es wäre auch zu bequem, wenn man sich fix und fertige Seelen besorgen könnte! Eine plötzliche Erleuchtung scheint manchmal ein Schicksal anders zu wenden. Doch die Erleuchtung ist nichts anderes, als daß man im Geiste plötzlich einen sich langsam vorbereitenden Weg visionär erkennt. Ich habe langsam die Grammatik gelernt. In der Syntax bin ich gedrillt worden. Mein Empfinden wurde geweckt. Und plötzlich greift mir ein Gedicht ans Herz.

Gewiß empfinde ich augenblicklich keine Liebe, wenn mir jedoch heute abend etwas offenbar wird, dann rührt es daher, daß ich gewichtig Stein um Stein für den noch nicht geschauten Bau zusammengetragen habe. Ich bereite ein Fest vor. Ich werde nicht von einer plötzlichen Erscheinung in mir sprechen dürfen, von einem anderen als ich selbst; denn jenes andere Ich baue ich selbst auf.

Ich habe vom Abenteuer des Krieges nichts zu erwarten als eben diese langsame Vorbereitung. Sie trägt später ihre Früchte wie die Grammatik . . .

Das ganze Leben ist in uns abgestumpft wegen dieses langsamen Mürbewerdens. Wir altern. Der Flugauftrag mit. Was kostet die große Höhe? Ist eine Stunde in zehntausend Metern durchlebt, eine Woche, drei Wochen, einen Monat organisches Leben, Betätigung von Herz, Lungen und Adern wert? Das ist mir übrigens ziemlich gleichgültig. Meine halben Ohnmachten haben mir Jahrhunderte hinzubeschert: ich durchtränke mich mit einer greisenhaften Heiterkeit. Die Aufregungen des Umkleidens kommen mir wie unendlich fern in der Vergangenheit verloren vor. Arras unendlich fern in der Zukunft. Das kriegerische Abenteuer? Wo ist ein kriegerisches Abenteuer?

Vor zehn Minuten wäre ich ums Haar weg gewesen und weiß nichts zu berichten als diesen Vorbeiflug winziger Wespen, die ich drei Sekunden zu sehen bekam. Das eigentliche Abenteuer hätte eine Zehntelsekunde gedauert. Und bei uns kommt keiner wieder, kommt nie einer zurück, es zu sagen.

»Ein wenig Fußsteuer nach links, Herr Hauptmann.«

Dutertre hat vergessen, daß mein Fußsteuer festgefroren ist. Ich träume gerade von einem Kupferstich, der mir in meiner Jugend einen tiefen Eindruck gemacht hat. Man sah da vor einem Polarlicht im Hintergrund einen seltsamen Friedhof regloser Wracks in der Südsee. Im ersterbenden Licht einer Art ewiger Dämmerung öffneten sie kristallene Arme. In einer Totenatmosphäre spannten sie noch Segel aus, die vom Wind gebläht blieben, wie ein Bett den Abdruck einer zarten Schulter bewahrt. Doch fühlte man, wie starr und brüchig sie waren.

Hier ist alles vereist. Meine Schaltungen sind vereist. Meine Maschinengewehre sind vereist. Und als ich den Bordschützen nach den seinen fragte: »Was machen Ihre Maschinengewehre . . .«

»Nichts zu machen.«

»Ah, gut.«

In das Abluftrohr meiner Maske spucke ich Eisnadeln. Von Zeit zu Zeit muß ich durch den weichen Kautschukschlauch den Reifpfropfen zerdrücken, der mich erstickt. Wenn ich drücke, spüre ich ihn in der Hand knirschen.

»Schütze, Sauerstoff in Ordnung?«

»In Ordnung . . .«

»Flaschendruck?«

»Ha . . . siebzig.«

»Ah, gut.«

Auch die Zeit ist für uns eingefroren. Wir sind drei alte, weißbärtige Männer. Nichts rührt sich. Nichts drängt. Nichts peinigt.

Das kriegerische Abenteuer? Kommandant Alias hat eines Tages gemeint, er müsse mir sagen:

»Versuchen Sie achtzugeben!«

Worauf denn achtgeben, Kommandant Alias? Die Jäger kommen über einen wie der Blitz. Die Jagdstaffel, fünfzehnhundert Meter höher, nimmt sich ruhig Zeit, nachdem sie einen unter sich entdeckt hat. Sie schwenkt ein, ordnet und verteilt sich. Sie selbst haben noch keine Ahnung davon. Sie sind die Maus, die der Schatten des Raubvogels umkreist. Ahnungslos lebt die Maus weiter. Noch hüpft sie im Korn umher. Doch schon hat die Netzhaut des Habichts sie eingefangen, sie haftet fester auf dieser Netzhaut als auf Vogelleim; denn der Habicht läßt sie nicht mehr los.

Und auch Sie steuern, träumen, beobachten weiter den Erdboden, dabei ist Ihr Urteil schon von einem kaum merklichen dunklen Eindruck gesprochen worden, der sich auf einer menschlichen Netzhaut gebildet hat.

Die neun Flugzeuge der Jagdstaffel werden senkrecht herunterstoßen, wenn es ihnen paßt. Sie haben ausreichend Zeit. Mit neunhundert Kilometern Geschwindigkeit in der Stunde werden sie dann ihren herrlichen Fangstoß versetzen, der seine Beute nie verfehlt. Ein Bombengeschwader hat eine Abwehrkraft, die Aussichten zur Verteidigung bietet, aber die Besatzung eines Aufklärers, einsam am klaren Himmel, wird nie mit zweiundsiebzig Maschinengewehren fertig, die sich im übrigen nicht anders als durch die Leuchtgarbe ihrer Geschosse zeigen.

Im selben Augenblick, wo Sie merken, daß es zum Kampf kommt, hat der Jäger sein Gift auch schon schlagartig verspritzt, wie die Kobra das tut, und zieht harmlos und unerreichbar wieder hoch. Genau so wiegen sich die Kobras, schleudern ihre Blitze und schlängeln sich weiter.

Wenn so die Gruppe verschwunden ist, hat sich noch nichts geändert. Nicht einmal die Gesichter haben sich geändert. Jetzt ändern sie sich erst, nachdem der Himmel leer ist und wieder Friede herrscht. Schon ist der Jäger nur noch ein unparteiischer Zeuge, wenn am Kopf des Beobachters aus der durchschlagenen Ader der erste Blutschwall aufquillt, wenn von der Haube des rechten Motors zögernd das erste Schmiedeflämmchen züngelt. So hat sich die Kobra schon wieder zusammengerollt, wenn das Gift ins Herz dringt und der erste Muskel im Gesicht sich zusammenkrampft. Die Jagdstaffel tötet nicht, sie sät den Tod. Er geht erst auf, wenn sie vorüber ist.

Worauf denn achten, Kommandant Alias? Als wir die Jäger

kreuzten, habe ich nichts zu entscheiden gehabt. Es hätte sein können, daß ich sie überhaupt nicht gesehen hätte. Wenn sie über uns gewesen wären, hätte ich sie gar nicht wahrgenommen!

Worauf denn achten? Der Himmel ist leer.

Die Erde ist leer.

Der Mensch existiert nicht mehr, wenn man aus zehn Kilometern Entfernung beobachtet. Das Tun des Menschen ist in diesem Maßstab nicht mehr erkennbar. Unsere Fotoapparate dienen uns mit ihrer langen Brennweite hier als Mikroskop. Man braucht das Mikroskop, nicht um den Menschen – er entschlüpft auch noch diesem Instrument –, wohl aber um die Zeichen seiner Gegenwart, die Straßen, Kanäle, Kolonnen, Transportkähne zu erfassen. Der Mensch impft einen Objektträger fürs Mikroskop. Ich bin ein eisgrauer Gelehrter, und ihr Krieg ist für mich nur noch ein Experiment im Laboratorium.

»Schießen sie, Dutertre?«

»Ich glaube, sie schießen.«

Dutertre weiß es nicht. Die Geschosse krepieren zu weit ab, und die Rauchwölkchen zerlaufen mit dem Erdboden. Sie können nicht die Absicht haben, uns durch ein so ungenaues Schießen herunterzuholen. Wir sind in zehntausend Meter Höhe praktisch unverwundbar. Sie schießen. Sie schießen, um unsere Lage festzuhalten und vielleicht die Jäger auf uns zu lenken. Eine Jagd, die sich im Himmel verliert wie ein unsichtbares Stäubchen.

Die am Boden erkennen uns wegen der blendend weißen Schärpe, die ein hoch fliegendes Flugzeug wie einen Brautschleier hinter sich herzieht. Die Erschütterung beim Durchgang des Flugkörpers bringt den Wasserdampf der Atmosphäre zum Kristallisieren. Und wir spulen hinter uns eine Zirruswolke von Eisnadeln ab. Bei günstigen äußeren Bedingungen für Wolkenbildung verdichtet sich diese Spur langsam und wird dann zur Abendwolke über der Landschaft.

Die Jäger werden auf uns gelenkt durch das Bordradio, durch die Pakete von Explosionswolken und dann durch den prahlerischen Luxus unserer weißen Schärpe. – Indessen treiben wir in einer nahezu sternenhaften Leere.

Wir fliegen, wie ich wohl weiß, mit fünhundertdreißig Kilometern Geschwindigkeit in der Stunde ... Und doch ist alles unbeweglich geworden. Die Schnelligkeit zeigt sich auf einer Rennbahn. Doch hier taucht alles in den weiten Raum. So macht die Erde trotz ihrer zweiundvierzig Kilometer in der Sekunde ihren Umlauf um die Sonne nur langsam. Sie braucht ein Jahr dazu. Auch wir werden vielleicht langsam bei dieser Betätigung der Gravitation erfaßt. Die Dichte des Luftkrieges? Staubkörnchen in einem Dom! Als Staubkörnchen ziehen wir vielleicht einige Dutzend oder hundert Stäubchen an. Und wie von einem Teppich geschüttelt steigt dieser ganze Staub langsam zur Sonne hoch.

Worauf denn achten, Kommandant Alias? Senkrecht unter mir sehe ich nur Spielzeug aus einer anderen Zeit unter einer klaren, reglosen Kristallglocke. Ich beugte mich über Schaukästen im Museum. Doch schon zeigen sie sich im Gegenlicht. Ganz in der Ferne vor uns liegen zweifellos Dünkirchen und das Meer. Doch schräg kann ich nicht viel erkennen. Die Sonne steht nun schon zu tief, und ich überfliege eine große spiegelnde Fläche.

»Können Sie durch diese Schweinerei etwas erkennen, Dutertre?«

»Senkrecht schon, Herr Hauptmna ...«

»Hallo, Schütze, nichts Neues von den Jägern?«

»Nichts Neues ...«

In Wirklichkeit habe ich keine Ahnung, ob wir noch verfolgt werden oder nicht und ob man vom Boden aus sieht, wie wir einen ganzen Schwarm von Marienfäden gleich unsern eigenen hinter uns herziehen.

»Marienfäden«, das bringt mich zum Träumen. Ein Bild steigt in mir auf, das mich begeistert: ... unnahbar wie eine wunderschöne Frau verfolgen wir unsere Bestimmung und, langsam unser Gewand mit seiner Schleppe von Eissternen nachziehend ...

»Geben Sie etwas Fußsteuer nach links!«

So sieht die Wirklichkeit aus. Doch ich kehre zu meiner rührseligen Poesie zurück:

... lockt jetzt unsere Kurve einen ganzen Himmel schmachtender Anbeter an ...

Fußsteuer nach links ... Fußsteuer nach links ...

Erst muß man können!

Die wunderschöne Frau verpaßt ihre Wendung.

»Wenn Sie singen ... werden Sie die Augen auf sich lenken ... Herr Hauptmann.«

Habe ich denn gesungen?

Übrigens nimmt mir Dutertre alle Lust zu leichter Musik:

»Ich bin mit den Aufnahmen beinahe fertig. Sie können bald in Richtung Arras hinuntergehen.« Ich kann ... ich kann ... Gewiß! Man muß die Gelegenheiten wahrnehmen.

Da! Die Gashebel sind auch festgefroren ...

Und ich sage mir:

Diese Woche ist nur jede dritte Erkundung vom Feindflug zurückgekommen. Das Gefahrenmoment ist also sehr groß. Wenn wir aber zu denen zählen, die zurückkehren, werden wir nichts zu berichten haben. Früher habe ich Abenteuer erlebt: die Einrichtung von Postlinien, die Überwindung der Sahara, Südamerika ..., aber der Krieg ist kein richtiges Abenteuer, er ist nur Abenteuerersatz. Das Abenteuer beruht auf dem Reichtum der Beziehungen, die es anknüpft, der Probleme, die es stellt, der Schöpfungen, die es hervorruft. Man kann ein einfaches Spiel »Wappen oder Adler« keineswegs in ein richtiges Abenteuer verwandeln, indem man es um Tod und Leben gehen läßt. Der Krieg ist kein Abenteuer. Der Krieg ist eine Krankheit. Wie der Typhus.

Vielleicht verstehe ich später einmal, daß mein einziges echtes Kriegsabenteuer in meinem Zimmer in Orconte stattgefunden hat.

XI

Ich wohnte in Orconte, einem Dorf in der Gegend von Saint-Dizier, wo meine Gruppe den sehr strengen Winter 1939 über lag, in einem Bauernhaus aus Lehmfachwerk. Da fiel nachts die Temperatur so tief, daß sie das Wasser in meinem ländlichen Topf in Eis verwandelte, und meine erste Handlung vor dem Ankleiden bestand einfach darin, Feuer zu machen. Doch diese Handlung erforderte, daß ich das Bett verließ, in dem ich mich warm fühlte und mich wohlig zusammenrollte.

Nichts schien mir herrlicher als dieses einfache Feldbett in dieser leeren, eiskalten Stube. In ihm genoß ich die Seligkeit der Ruhe nach anstrengenden Tagen. In ihm genoß ich auch die Sicherheit. Nichts drohte mir in ihm. Tagsüber war mein Körper den Anforderungen des Höhenklimas und pfeifenden Geschossen ausgesetzt. Tagsüber konnte sich mein Körper in ein Schmerzenslager verwandeln und wahllos zerrissen werden. Tagsüber gehörte mein Körper nicht mir. Nicht mehr mir. Man konnte ihm Glieder abnehmen, ihm Blut abzapfen. Denn das ist auch eine Kriegserscheinung, daß dieser Körper zu einer Rumpelkammer von Requisiten geworden ist, die einem selbst nicht mehr gehören. Der Vollstreckungsbeamte kommt und verlangt die Augen. Und Sie überlassen ihm Ihr Sehvermögen. Der Vollstreckungsbeamte kommt und verlangt die Beine. Und Sie überlassen ihm Ihr Gehvermögen. Der Vollstreckungsbeamte kommt mit seiner Fackel und verlangt von Ihnen die ganze Gesichtshaut. Und Sie sind nur noch ein Ungeheur, haben Sie ihm doch als Lösegeld Ihre Fähigkeit hingegeben, zu lächeln und den Menschen Freundschaft zu bezeigen. Nun war dieser Körper, der sich eben noch am Tag als mein Feind erwiesen und mir weh tut, dieser Körper, der nichts wie Jammer erzeugen konnte, wieder mein Freund, lag, gefügig und brüderlich, fein zusammengerollt unter der Decke in seinem Halbschlummer und ließ mich nichts anderes spüren als seine Lebenslust, sein wohliges Schnarchen. Aber ich mußte ihn doch aus dem Bett herausbringen, ihn mit dem eiskalten Wasser abwaschen, rasieren und anziehen, um ihn standesgemäß den Granatsplittern hinzuhalten. Und dieses Verlassen des Bettes war, als risse ich mich aus den Armen der Mutter, aus dem mütterlichen Schoß, aus allem, was in den Jahren der Kindheit einen kindlichen Körper zärtlich liebt, streichelt und hegt.

Nachdem ich so meinen Entschluß lange erwogen, reiflich überlegt, immer wieder hinausgeschoben hatte, biß ich die Zähne zusammen und sprang mit einem Satz zum Kamin, wo ich einen Holzstoß umwarf und mit Benzin übergoß. Sowie ich ihn dann angesteckt hatte und ein zweites Mal glücklich durch die Stube gesaust war, vergrub ich mich von neuem in meinem Bett, in dem ich meine herrliche Wärme wiederfand und von dem aus ich, in Decken und Überbett bis aufs linke Auge vergraben, mein Feuerchen beobachtete. Zunächst kam es noch gar nicht recht in Gang, dann aber gab es ein kurzes Aufflackern, das bis zur Decke strahlte. Dann begann es sich darin einzunisten wie ein Fest, das in Gang kommt. Es fing an zu knistern, zu fauchen, zu singen. Es war lustig wie eine Bauernhochzeit auf dem Dorf, wenn die Menge anfängt zu trinken, warm zu werden und sich in die Seiten zu stoßen.

Oder aber es kam mir so vor, als würde ich von meinem üppigen Feuer wie von einem rührigen, treuen und flinken Schäferhund bewacht, der seine Sache gut verstand. Wenn ich es so betrachtete, empfand ich ein inneres Jubeln. Und wenn das Fest im schönsten Gange war mit seinen Schatten, die an der Decke tanzten, und seiner goldig-warmen Musik, und sich an den Seiten schon die Glut aufbaute, wenn meine Stube ganz erfüllt war von jenem geheimnisvollen Rauch- und Harzgeruch, dann wechselte ich mit einem Satz von einem Freund zum andern, ich lief von meinem Bett zu meinem Feuer, ich ging zu dem freigebigeren, und ich weiß nicht recht, briet ich mir an ihm den Bauch oder erwärmte ich mir an ihm das Herz. Zwischen zwei Versuchungen hatte ich kraftlos der stärkeren, der glänzenderen, jener nachgegeben, die mit ihrer Fanfare und ihren Blitzen sich besser aufs Werben verstand.

So hatte ich dreimal, erst um mein Feuer anzustecken, dann mich wieder hinzulegen und schließlich um die Flammenglut auszukosten, dreimal mit klappernden Zähnen die leeren und vereisten Steppen meiner Stube durchmessen und so etwas von Polarexpeditionen kennengelernt. Ich hatte die Wüste durchquert zu einer glücklichen Rast hin und war dafür belohnt worden durch dieses üppige Feuer, das vor mir, für mich seinen Schäferhundtanz tanzte.

Diese Geschichte sieht nach nichts aus. Und doch war das ein großes Abenteuer. Meine Stube zeigte mir zum Greifen deutlich, was ich nie in ihr hätte entdecken können, wenn ich diesen Bauernhof eines Tages als Sommerfrischler besucht haben würde. Sie hätte mir nur ihre nichtssagende Leere mit ihrer dürftigen Einrichtung von Bett, Wassertopf und schlechtem Kamin gewiesen. Ich hätte mich in ihr einige Minuten gelangweilt. Wie hätte ich eins vom andern, ihre drei Bezirke, ihre drei Zivilisationen, Schlaf, Feuer und Wüste, unterscheiden können? Wie hätte ich das Abenteuer des Körpers vorausahnen können, erst ein Kinderleib, der gehegt und beschützt an der Mutterbrust liegt, dann ein zum Leiden geschaffener Soldatenleib, schließlich der Leib eines Mannes, den Freuden über die Errungenschaft des Feuers erfüllen, diesen Leitstern der Menschheit. Das Feuer ehrt den Gast und ehrt seine Kameraden. Wenn sie ihren Freund besuchen, nehmen sie teil an seinem Fest, ziehen ihren Stuhl an den seinen heran, plaudern mit ihm über die Geschehnisse des Tages, die Sorgen und Mühen, reiben sich die Hände, stopfen die Pfeife und sagen: Immerhin, so ein Feuerchen, das macht doch Spaß! Aber jetzt brennt kein Feuer mehr, das mich an Zärtlichkeiten glauben ließe. Keine eisige Stube mehr, die mich an Abenteuer erinnern könnte. Ich erwache aus meinem Traum. Nur noch eine absolute Leere umgibt mich. Nur noch grenzenloses Altern. Nur noch eine Stimme spricht zu mir, Dutertre, der sich auf seinen aussichtslosen Wunsch versteift:

»Etwas Fußsteuer nach links, Herr Hauptmann ...«

XII

Ich versehe gewissenhaft meinen Dienst. Das hindert nicht, daß ich eine Besatzung der Niederlage bin. Ich wate in der Niederlage. Die Niederlage sickert überall durch, und ich halte ihr Zeichen in meiner Hand.

Die Gashebel sind durch die Kälte blockiert. Ich bin dazu verdammt, Vollgas zu fliegen. Dabei stellen mich meine beiden Eisenbügel vor unlösliche Probleme.

Auf der Maschine, die ich steuere, ist die Drehzahl meiner Propeller viel zu niedrig begrenzt. Ich kann nicht verlangen, wenn ich mit Vollgas hinuntergehe, daß ich dann eine Geschwindigkeit von nahezu achthundert Kilometern in der Stunde und eine Überbeanspruchung meiner Motoren vermeide. Nun hat aber die Überbeanspruchung eines Motors Bruchgefahr zur Folge.

Notfalls könnte ich die Verbindungen unterbrechen. Ich würde mir so aber eine endgültige Störung aufzwingen. Diese Störung würde den Fehlschlag meines Auftrags und womöglich den Verlust des Flugzeugs nach sich ziehen. Nicht jedes Gelände ist zur Landung eines Flugzeugs geeignet, das mit hundertachtzig Kilometern Geschwindigkeit in der Stunde auf den Boden aufsetzt.

Es ist also wesentlich, daß ich die Hebel frei bekomme. Nach einem ersten Versuch komme ich mit dem linken zurecht. Aber der rechte sitzt weiterhin fest.

Nun könnte ich mein Hinuntergehen mit erträglicher Geschwindigkeit ausführen, wenn ich wenigstens den Motor zurücknähme, den ich bereits regulieren kann, nämlich den linken Motor. Wenn ich aber den linken Motor droßle, muß ich den seitlichen Zug des rechten Motors ausgleichen, der offensichtlich das Bestreben hat, das Flugzeug nach links zu drükken. Ich muß diesem Drall begegnen. Nun ist aber das Fußsteuer, das diese Bewegung betätigt, völlig festgefroren. Ein Ausgleich ist mir nicht möglich. Wenn ich den linken Motor droßle, komme ich ins Trudeln.

Es bleibt mir gar nichts weiter übrig, als das Risiko auf mich zu nehmen und während des Hinuntergehens die theoretische Vorbedingung für Bruch zu überschreiten. Dreitausendfünfhundert Umdrehungen heißt Bruchgefahr.

Das Ganze ist verrückt. Nichts klappt. Unsere Welt besteht aus Rädern, die nicht ineinandergreifen. Das liegt am Material, es liegt am Uhrmacher. Der Uhrmacher fehlt.

Nach neun Monaten Krieg haben wir es noch nicht fertiggebracht, in der Herstellung, auf die es ankommt, die Maschinengewehre und die Schaltungen dem Höhenklima anzupassen. Und dabei stoßen wir uns nicht an der Sorglosigkeit der Menschen. Die Menschen sind meist anständig und gewissenhaft. Ihre Trägheit ist fast immer eine Wirkung und nicht eine Ursache ihrer Unzulänglichkeit.

Diese Unzulänglichkeit lastet auf uns allen wie ein Verhängnis. Sie lastet auf dem Infanteristen, der gegenüber Panzern mit Bajonetten bewaffnet ist. Sie lastet auf den Flugzeugbesatzungen, die gegen eine zehnfache Übermacht kämpfen. Sie lastet gerade auf jenen, deren Aufgabe es sein sollte, Maschinengewehre und Schaltungen umzubauen.

Wir leben im blinden Bauch einer Verwaltung. Eine Verwaltung ist eine Maschine. Je vollendeter eine Verwaltung ist, desto mehr schließt sie die menschliche Willkür aus. In einer vollkommenen Verwaltung, bei der der Mensch die Rolle eines Triebwerks spielt, haben Nachlässigkeit, Unehrlichkeit und Unkorrektheit keine Gelegenheit mehr, sich auszuwirken.

Doch wie die Maschine dafür gebaut ist, eine Folge von Bewegungen auszuführen, die ein für allemal vorgesehen sind, so besitzt auch die Verwaltung keinerlei schöpferische Kraft. Sie lenkt. Sie hat eine bestimmte Strafe für einen bestimmten Fehler, eine bestimmte Lösung für ein bestimmtes Problem bei der Hand. Eine Verwaltung ist nicht dazu ausersehen, neue Probleme zu lösen. Wenn man in eine Hohlpresse Holzstücke einführt, kommen keine Möbel heraus. Damit die Maschine sich darauf einstellt, müßte ein Mensch über das Recht verfügen, sie völlig umzustellen. Doch in einer Verwaltung, die dazu erdacht ist, die Nachteile menschlicher Willkür auszuschalten, erlaubt das Triebwerk den Eingriff des Menschen nicht. Es weist den Uhrmacher zurück.

Seit November gehöre ich der Gruppe 2/33 an. Gleich bei meiner Ankunft haben mich meine Kameraden darauf aufmerksam gemacht:

»Du wirst über Deutschland herumspazieren ohne Maschinengewehre und ohne Schaltungen.« Und dann zum Trost: »Beruhige dich. Das schadet dir weiter nichts. Die Jäger schießen dich auf alle Fälle ab, bevor du sie bemerkt hast.«

Sechs Monate später, im Mai, frieren die Maschinengewehre und die Schaltungen immer noch ein.

Ich denke an einen Spruch, der so alt ist wie meine Heimat: Wenn in Frankreich alles verloren scheint, wird Frankreich durch ein Wunder gerettet. Ich habe begriffen, weshalb. Es ist manchmal vorgekommen, daß ein Unglück die schöne Verwaltungsmaschine außer Gebrauch gesetzt hat, und da sie sich nicht mehr instand setzen ließ, hat man sie in Ermangelung von etwas Besserem durch einfache Menschen ersetzt. Und die Menschen haben alles gerettet.

Wenn eine Bombe das Luftfahrtministerium in Schutt und Asche legt, holt man eilends einen Unteroffizier her und sagt zu ihm:

»Sie haben den Auftrag, die Schaltungen frostsicher zu machen. Sie haben sämtliche Vollmachten. Sehen Sie zu, wie Sie fertig werden. Wenn sie aber in vierzehn Tagen noch vereisen, werden Sie eingesperrt.«

Vielleicht werden die Schaltungen dann frostsicher.

Ich kenne hundert Beispiele für diesen Mißstand. Die Requirierungskommissionen eines Departements im Norden zum Beispiel haben trächtige Färsen requiriert und so die Schlächtereien in Friedhöfe für Embryos verwandelt. Kein Rad der Maschine, kein Oberst im Requisitionsamt war befugt, anders denn als Rad zu handeln. Sie gehorchten alle einem anderen Rad wie in einem Uhrwerk. Jede Auflehnung war nutzlos. Nachdem diese Maschine einmal angefangen hatte, verkehrt zu arbeiten, ließ sie sich ohne weiteres auch dazu gebrauchen, trächtige Färsen abzuschlachten. Vielleicht war dies ein geringeres Übel. Wenn sie noch ernstlicher irrgelaufen wäre, hätte sie anfangen können, Oberste abzuschlachten.

Ich fühle mich bis ins Mark durch diesen allgemeinen Verfall entmutigt. Da es mir jedoch nutzlos erscheint, in kurzem einen meiner Motoren zum Ausfallen zu bringen, drücke ich den linken Hebel von neuem. In meinem Mißmut übertreibe ich die Anstrengung. Dann gebe ich es auf. Diese Bemühung hat meinem Herzen einen neuen Stich versetzt. Der Mensch ist entschieden nicht dazu geschaffen, in zehntausend Meter Höhe Körperkultur zu treiben. Dieser Stich ist ein dumpfer Schmerz, eine Art seltsam geweckten örtlichen Bewußtseins im Dunkel der Organe.

Die Motoren mögen in die Brüche gehen, wenn es ihnen paßt. Mich bekümmert das nicht. Ich schnappe nach Luft. Es kommt mir so vor, als ob ich keine Luft mehr bekäme, wenn ich mich ablenken ließe. Die Blasebälge von früher fallen mir ein, mit denen man das Feuer anfachte. Ich fache mein Feuer wieder an. Ich möchte es gern wieder zum Angehen bringen..

Was habe ich unwiderruflich verdorben? In zehntausend Metern kann eine etwas gewalttätige körperliche Anstrengung die Herzmuskulatur zum Reißen bringen. Es ist gebrechlich, so ein Herz. Es soll lange halten. Es ist verrückt, es für so grobe Arbeiten aufs Spiel zu setzen. Geradesogut könnte man Diamanten verbrennen, um einen Apfel zu braten.

XIII

Es ist, als ob man alle Dörfer Nordfrankreichs in Brand steckte, ohne durch ihre Zerstörung den deutschen Vormarsch auch nur einen halben Tag aufzuhalten. Und doch sehe ich jetzt diese vielen, vielen Dörfer, diese alten Kirchen, diese alten Häuser und ihre ganze Fracht an Erinnerungen, ihre schönen, gewachsten Nußbaumdielen und ihre schöne Wäsche in den Schränken und die Spitzenvorhänge an ihren Fenstern, die bis heute unversehrt in Gebrauch gewesen waren – ich sehe das alles von Dünkirchen bis zum Elsaß in Flammen aufgehen.

In Flammen aufgehen ist ein großes Wort, wenn man aus zehntausend Metern Entfernung beobachtet; denn über den Dörfern wie über den Wäldern steht nur eine unbewegliche Rauchfahne, eine Art weißlicher Reif. Das Feuer ist nur ein heimliches Zehren. Im Maßstab von zehntausend Metern ist die Zeit wie stehengeblieben, da es keine Bewegung mehr gibt. Da sind keine knisternden Flammen, keine krachenden Balken, keine schwarzen Rauchschwaden. Nichts als diese graue, gelbrot umsäumte, geronnene Milch.

Wird man diesen Wald, dieses Dorf wieder heilen? Das Feuer frißt sich wie eine Krankheit langsam weiter. Auch hier ist vieles zu sagen. Wir werden keine Dörfer sparen, habe ich reden hören. Und das Wort war notwendig. Im Gang eines Krieges ist ein Dorf kein Sammelbecken von Erinnerungen. In den Händen des Feindes ist es nur noch ein Nest voller Ratten. Alles ändert seinen Sinn. So umgaben manche dreihundert Jahre alten Bäume Ihren alten Familiensitz. Aber sie stören das Schußfeld eines zweiundzwanzigjährigen Oberleutnants. Er kommandiert also ein Dutzend Leute ab und vernichtet bei Ihnen daheim das Werk der Zeit. Für eine Handlung von zehn Minuten verbraucht er dreihundert Jahre Geduld und Sonne, dreihundert Jahre Heimatgefühl und erstes Liebeswerben im schattenden Park. Sie rufen ihn an:

»Das sind meine Bäume!«

Er hört Sie nicht. Er führt Krieg. Er hat recht.

Nun aber verbrennt man die Dörfer, nur um Krieg zu spielen, genau wie man Parks vernichtet und Besatzungen opfert und wie man Infanterie gegen Panzer einsetzt. Und es wird einem schauderhaft übel dabei. Denn alles ist nutzlos.

Der Feind hat seine Chance erkannt und nutzt sie aus. In der Unendlichkeit des Landes nehmen die Menschen nur wenig Platz ein. Hundert Millionen Mann würden benötigt, um eine zusammenhängende Mauer aufzurichten. Zwischen den Truppen sind daher Lücken. Diese Lücken werden grundsätzlich durch die Beweglichkeit der Truppen wettgemacht, aber vom Standpunkt eines Panzers aus gesehen, ist eine schwach motorisierte Gegenarmee wie unbeweglich. Die Lükken werden zu wirklichen Öffnungen. Daher diese einfache taktische Anwendungsregel: »Die Panzerdivision soll wie Wasser verfahren. Sie soll schwach auf die Wand des Gegners drücken und nur da vorgehen, wo sie keinem Widerstand begegnet.« So drücken die Panzer gegen die Wand. Es finden sich immer Löcher. Sie kommen immer durch. Diese Panzerschwärme nun, die sich ungehindert bewegen, da keine Panzer vorhanden sind, die man ihnen entgegenwerfen könnte, ziehen nicht wiedergutzumachende Folgen nach sich, wenn sie auch nur vermeintlich oberflächliche Zerstörungen vollziehen (die Gefangennahme von örtlichen Stäben etwa, Unterbrechung von Fernsprechlinien oder die Vernichtung von Dörfern). Sie haben die Rolle von chemischen Katalysatoren gespielt, die zwar nicht den Organismus, wohl aber die Nerven und die Ganglien zerstören. In dem Gebiet, durch das sie blitzartig gefegt sind, hat jede Armee, selbst wenn sie so gut wie intakt erscheint, den Charakter einer Armee verloren. Sie hat sich in unabhängige Klumpen verwandelt. Dort wo ein Organismus bestand, findet sich nur noch eine Summe von Einzelorganen, deren Verbindungen abgerissen sind. Zwischen den einzelnen Klumpen – so kampflustig die einzelnen Männer auch sein mögen – rückt der Feind dann nach Belieben vor. Eine Armee verliert ihre Stoßkraft, wenn sie nur noch aus einer Summe von Soldaten besteht. Fehlendes Material läßt sich nicht in vierzehn Tagen herstellen. Auch nicht ... der Rüstungswettlauf konnte gar nicht anders als vernichtend ablaufen. Wir waren vierzig Millionen Bauern gegen achtzig Millionen Fabrikarbeiter!

Wir stehen dem Feind eins zu drei gegenüber. Ein Flugzeug gegen zehn oder zwanzig, und seit Dünkirchen ein Panzer gegen hundert. Wir haben keine Zeit, gemächlich über die Vergangenheit nachzudenken. Wir erleben die Gegenwart. Die Gegenwart ist so. Kein Opfer, jemals, irgendwo, ist imstande, den deutschen Vormarsch aufzuhalten.

Auch herrscht von oben bis unten in der zivilen und militärischen Hierarchie, vom kleinen Angestellten bis zum Minister, vom einfachen Soldaten bis zum General, eine Art schlechtes Gewissen, das sich nicht aussprechen kann und mag. Das Opfer verliert jede Größe, wenn es nur noch zur Farce oder zum Selbstmord wird. Es ist schön, sich aufzuopfern: einige sterben, damit die andern gerettet werden. Man nimmt mit seinem Feuer am allgemeinen Brand teil. Man kämpft im verschanzten Lager bis zum Tod, um den Rettern Zeit zu geben. Gewiß, aber man mag tun, was man will, das Feuer greift überall um sich. Da ist kein Lager, in dem man sich verschanzen könnte. Da ist keine Hoffnung auf Retter. Und sie, für die man kämpft, für die man zu kämpfen behauptet, es sieht so aus, als ob man ganz einfach ihren Mord herausfordert; . . . denn das Flugzeug, das die Städte im Rücken der Truppen zermalmt, hat den Krieg verwandelt.

Ich höre schon, wie Ausländer später Frankreich ein paar Brücken vorhalten werden, die nicht gesprengt wurden, ein paar Dörfer, die nicht verbrannt, und Menschen, die nicht gefallen sind. Doch das Gegenteil, das genaue Gegenteil davon beeindruckt mich so stark: nämlich unser ungeheuer guter Wille, Augen und Ohren zu verschließen. Eben unser verzweifelter Kampf wider das, was klar zutage liegt. Obwohl alles völlig zwecklos ist, sprengen wir dennoch die Brücken in die Luft, um die Spielregeln zu wahren. Wir verbrennen richtige Dörfer, um die Spielregeln zu wahren. Um die Spielregeln zu wahren, sterben unsere Männer.

Gewiß werden einzelne vergessen! Brücken werden vergessen, Dörfer werden vergessen, Menschen bleiben am Leben. Aber das Drama dieser Auflösung liegt darin, daß sie den Handlungen jede Sinngebung nimmt. Wer eine Brücke sprengt, kann sie nur mit Widerwillen sprengen. Der betreffende Soldat hält den Feind nicht auf. Er schafft eine zerstörte Brücke. Er schädigt sein Land, um daraus eine herrliche Karikatur vom Krieg zu bilden.

Damit eine Handlung mit innerer Überzeugung geschieht, muß ihr Sinn offenbar werden. Es ist schön, Ernten zu verbrennen, die den Feind unter ihrer Asche begraben. Aber gestützt auf seine hundertsechzig Divisionen pfeift der Feind auf unsere Brände und unsere Toten.

Die Bedeutung vom Brand des Dorfes muß der Bedeutung des Dorfes die Waage halten. Aber das verbrannte Dorf spielt nur noch das Zerrbild von einer Rolle.

Die Bedeutung des Todes muß dem Tod die Waage halten. Schlagen die Männer sich gut oder schlecht? Selbst diese Frage verliert ihren Sinn! Man weiß, daß die Verteidigung eines Fleckens theoretisch drei Stunden dauert! Und doch haben die Männer Befehl, dort durchzuhalten. Ohne Verteidigungsmittel verlangen sie selbst vom Feind die Zerstörung des Dorfes, damit den Spielregeln genügt wird. Wie der liebenswürdige Gegner im Schachspiel: »Du hast vergessen, diesen Bauern zu nehmen.« Man fordert also den Feind heraus:

»Wir sind die Verteidiger dieses Dorfes. Ihr seid die Angreifer. Also los!«

Die Sache ist abgemacht. Durch einen Druck mit dem Stiefelabsatz zerschmettert eine Fliegergruppe das Dorf.

»Bravo! Gut gespielt!«

Sicherlich gibt es untätige Menschen, aber die Untätigkeit ist eine abgeschwächte Form der Verzweiflung. Sicherlich gibt es auch fliehende Menschen. Kommandeur Alias selbst hat zwei- oder dreimal trübselige Absprengsel, die sich auf den Straßen fanden und seinen Fragen ausweichend antworteten, mit seinem Revolver bedroht. Man hat solche Lust, den Verantwortlichen eines Unglücks zu fassen und dadurch, daß man ihn ausschaltet, alles zu retten. Die flüchtenden Menschen sind für die Flucht verantwortlich; denn ohne flüchtende Menschen gäbe es keine Flucht. Wenn man also seinen Revolver zückt, kommt alles in Ordnung . . . Aber das heißt soviel wie Kranke beerdigen, um die Krankheit zu unterdrükken. Zu guter Letzt steckte Kommandeur Alias seinen Revolver wieder in die Tasche; denn plötzlich kam ihm dieser Revolver in seinen eigenen Augen allzu pompös vor, wie ein

Operettensäbel. Alias merkte wohl, daß diese armseligen Soldaten Folgen und nicht Ursachen des Unglücks waren.

Alias weiß wohl, daß diese Männer dieselben, genau dieselben sind, die sonstwo auch heute noch zu sterben bereit sind. Hundertfünfzigtausend sind dazu in den letzten vierzehn Tagen bereit gewesen. Es gibt aber Starrköpfe, die verlangen, daß man ihnen einen guten Grund dafür angibt.

Es ist schwierig, ihn in Worte zu kleiden.

Der Läufer ist im Begriff, im entscheidenden Rennen um die Wette mit Läufern seiner Klasse anzutreten. Er merkt aber schon beim Start, daß er gleich einem Galeerensträfling eine Kugel am Fuß mitschleppt. Die Mitbewerber aber sind leichtbeschwingt. Der Kampf hat keinen Sinn mehr. Der Mann gibt auf:

»Das gilt nicht . . .«

»Doch, doch! . . .! . . .«

Was soll man sich ausdenken, um den Mann dazu zu bestimmen, daß er trotzdem von sich aus alles in einem Wettlauf hergibt, der kein Wettlauf mehr ist? Alias weiß wohl, was die Soldaten denken. Sie denken auch:

Das gilt nicht . . .

Alias steckt seinen Revolver wieder ein und sucht nach einer richtigen Antwort.

Es gibt nur eine richtige Antwort. Eine einzige. Ich fordere jeden heraus, eine andere zu finden:

»Dein Tod ändert nichts. Die Niederlage ist vollkommen. Es gehört sich aber, daß eine Niederlage sich durch Tote ausweist. Trauer soll da sein. Dein Dienst verpflichtet dich, diese Rolle zu übernehmen.«

»Zu Befehl, Herr Major.«

Alias verachtet die Flüchtenden nicht. Er weiß nur zu gut, daß seine richtige Antwort immer genügt hat. Er nimmt selbst den Tod auf sich. Alle seine Besatzungen nehmen den Tod auf sich. Auch uns hat diese richtige, kaum verschleierte Antwort genügt.

Es ist sehr unangenehm . . . Beim Stab legen sie aber Wert darauf, großen Wert sogar . . . Sie lassen nicht davon ab . . . Es ist nun mal so . . .

Zu Befehl, Herr Major.

Ich glaube ganz einfach, daß die Gefallenen den andern als Bürgschaft dienen.

XIV

Ich bin derart gealtert, daß ich alles hinter mir gelassen habe. Ich schaue durch die große spiegelnde Scheibe meines Windschutzes hinaus. Da unten sind die Menschen. Infusorien auf einem Objektträger. Kann man sich für Familiendramen von Infusorien interessieren? Hätte ich nicht diesen Stich im Herzen, den ich lebhaft empfinde, dann versänke ich in vage Träumereien wie ein altgewordener Tyrann. Vor zehn Minuten erfand ich diese Statistengeschichte. Sie war zum Brechen falsch. Als ich die Jäger gewahr wurde, habe ich da an zärtliche Seufzer gedacht? Ich habe an stechende Wespen gedacht. Allerdings. Sie waren winzig klein, diese Ekel.

Ich habe ohne Bitterkeit jenes Bild vom Schleppenkleid erfinden können! Tatsächlich habe ich gar nicht an ein Schleppenkleid gedacht, aus dem einfachen Grund, weil ich meine eigene Luftspur ja noch nie zu sehen bekommen habe! Aus diesem Führersitz, in dem ich wie eine Pfeife in ihrem Futteral verpackt bin, kann ich hinter mir überhaupt nichts beobachten. Ich schaue nach rückwärts mit den Augen meines Bordschützen. Und das auch nur, wenn die Kehlkopfmikrophone nicht versagen! Und mein Bordschütze hat mir niemals gesagt: »Da kommen Verehrer von uns, die unserem Schleppenkleid folgen.«

Nichts wie Mißmut und Spiegelfechterei liegt darin. Sicherlich möchte ich gern glauben, gern kämpfen, gern siegen. Aber man mag noch so schön tun, als glaubte, kämpfte, siegte man, und steckt dabei seine eigenen Dörfer in Brand, es ist recht schwer, sich darauf etwas zugute zu halten.

Es ist wirklich schwer, durchzuhalten. Der Mensch ist nichts als ein Bündel von Beziehungen, und meine Bindungen taugen nicht mehr viel.

Was versagt eigentlich in mir? Worin liegt das Geheimnis der Veränderungen? Woher kommt es, daß, was mir jetzt völlig fern liegt, mich unter andern Umständen außer Fassung bringen kann? Woher kommt es, daß ein Wort, eine Geste in einem Schicksal endlos umgehen können? Woher kommt es, da ich nun einmal Pasteur bin, daß das Spiel selbst der Infusorien mich derart ergreift, daß ein Objektträger mir als ein weit umfassenderes Gebiet vorkommt als der Urwald und mich beim Darüberbeugen die Höchstform von Abenteuer durchleben läßt?

Woher kommt es, daß dieser dunkle Fleck, eine menschliche Behausung, da unten ...

Und da kommt mir eine Erinnerung.

Als ich ein kleiner Junge war ... Ich gehe weit in meine Kindheit zurück. In die Kindheit, jenes weite Land, von dem jeder herkommt! Woher stamme ich? Ich stamme aus meiner Kindheit. Ich stamme aus meiner Kindheit wie aus einem Land ... Als ich also ein kleiner Junge war, habe ich eines Abends etwas Merkwürdiges erlebt.

Ich war fünf oder sechs Jahre alt. Es war acht Uhr abends. Acht Uhr, eine Zeit, wo die Kinder schlafen sollen. Zumal im Winter; denn es ist Nacht. Man hatte mich jedoch vergessen.

Nun war im Erdgeschoß jenes großen Landhauses ein Flur, der mir endlos vorkam, auf den das warme Zimmer führte, in dem wir Kinder zu Abend aßen. Ich hatte mich immer vor diesem Hausflur geängstigt, vielleicht wegen der schwachen Lampe, die nach der Mitte zu sein Dunkel kaum erhellte und wohl eher ein Merkzeichen als eine Leuchte darstellte wegen der hohen Holzvertäfelungen, die in der Stille und wohl auch vor Kälte knackten. Denn man trat auf diesen Flur aus den hellen warmen Zimmern wie in eine Höhle hinaus.

Als ich mich an jenem Abend vergessen sah, folgte ich einem bösen Geist, stellte mich auf die Fußspitzen, bis ich die Türklinke erreichte, drückte sie leise herunter, kam auf den Flur und machte mich verstohlen daran, die Welt zu erkunden. Das Knacken der Täfelungen kam mir jedoch wie eine Ankündigung himmlischen Zornes vor. Im Halbdunkel ahnte ich die abweisende Gebärde der hohen Täfelungen. Da ich mich nicht weiterzugehen getraute, kletterte ich so gut es ging auf ein Pfeilertischchen, lehnte mich mit dem Rücken an die Wand, ließ die Beine herunterhängen und blieb da klopfenden Herzens sitzen, wie alle Schiffbrüchigen auf ihrem Riff auf offener See das tun.

Da öffnete sich die Tür eines Salons, und zwei Onkel, die mir einen höllischen Schreck einjagten, schlossen diese Tür über dem Stimmengewirr und Lichterschein hinter sich wieder und fingen an, im Flur auf und ab zu wandeln.

Ich zitterte davor, entdeckt zu werden. Der eine von ihnen, Hubert, war für mich die Verkörperung von Strenge. Ein Abgesandter der göttlichen Gerechtigkeit. Dieser Mann, der niemals einem Kind einen Nasenstüber versetzt hätte, sagte mir mit schrecklich hochgezogenen Augenbrauen bei jeder meiner Verfehlungen immer wieder: »Das nächste Mal, wenn ich nach Amerika gehe, bringe ich von dort eine Maschine zum Auspeitschen mit. Sie haben in Amerika alles vervollkommnet. Deshalb sind die Kinder dort die Bravheit selber. Und das ist auch eine große Beruhigung für die Eltern ...« Ich mochte Amerika nicht leiden.

Nun wandelten sie also in diesem eisigen, endlosen Flur, ohne mich zu bemerken, hin und her. Ich folgte ihnen mit Auge und Ohr, mit angehaltenem Atem, halb benommen. »Die heutige Zeit«, sagten sie ... Dabei entfernten sie sich mit ihrem Geheimnis für große Leute, und ich wiederholte für mich: Die heutige Zeit ... Dann kehrten sie wieder wie eine Flutwelle, die von neuem ihre rätselhaften Schätze auf mich zurollte. »Es ist sinnlos«, sagte der eine zum andern, »es ist wirklich sinnlos ...« Ich fing den Satz auf wie etwas ganz Besonderes. Und ich wiederholte langsam, um die Zauberkraft dieser Worte auf mein fünfjähriges Bewußtsein zu erproben: Es ist sinnlos, es ist wirklich sinnlos ...

Die Welle nahm also die Onkel mit, die Welle brachte sie wieder her. Dieser Vorgang, der mir noch unklare Aussichten auf das Leben eröffnete, wiederholte sich mit astronomischer Regelmäßigkeit wie ein Gravitationsphänomen. Ich war auf meinem Tischchen für alle Ewigkeit festgenagelt, ein heimlicher Horcher einer feierlichen Beratung, in der meine beiden allwissenden Onkel miteinander die Welt erschufen. Das Haus konnte noch tausend Jahre bestehen, tausend Jahre hindurch würden zwei Onkel im Flur ständig hin und her gehend mit der Langsamkeit eines Uhrpendels mir dort einen Vorgeschmack der Ewigkeit geben.

Dieser Fleck, den ich betrachte, ist ohne Zweifel eine menschliche Behausung, zehn Kilometer unter mir. Und doch handelt es sich dabei vielleicht um ein großes Landhaus, in dem zwei Onkel hin und her pendeln und langsam im Bewußtsein eines Kindes etwas Märchenhaftes gleich der Unendlichkeit der Meere aufbauen. Aus meinen zehntausend Metern Höhe überschaue ich ein Gebiet vom Ausmaß einer Provinz, und doch ist alles beängstigend zusammengeschrumpft. Ich habe hier weniger Raum für mich, als ich in jenem dunklen Flur hatte.

Ich habe das Gefühl für die Weite verloren. Ich bin blind für die Weite. Und doch dürste ich geradezu nach ihr. Und ich meine, ich berühre hier ein gemeinsames Maß allen menschlichen Strebens.

Wenn ein Zufall die Liebe erweckt, ordnet sich im Menschen alles nach dieser Liebe, und die Liebe bringt ihm das Gefühl für die Weite. Wenn zur Zeit meines Aufenthaltes in der Sahara Araber plötzlich aus dem nächtlichen Dunkel um unsere Feuer auftauchten und uns auf ferne Gefahren aufmerksam machten, dann nahm die Wüste Gestalt an und bekam einen Sinn. Diese Boten hatten ihre Weite bestimmt. So geschieht es auch mit der Musik, wenn sie schön ist. So auch mit dem einfachen Geruch eines alten Schranks, wenn er Erinnerungen weckt und verdichtet. Das Erhabene bringt das Gefühl für die Weite.

Ich verstehe aber auch, daß nichts von dem, was den Menschen selbst angeht, sich zählen oder messen läßt. Die wirkliche Weite ist nicht für das Auge, sie wird nur dem Geist offenbart. Sie hat die Bedeutung der Sprache; denn die Sprache verbindet die Dinge.

Von nun an meine ich besser zu erkennen, was Kultur ist. Eine Kultur ist eine Erbmasse von Glauben, Gewohnheiten und Erkenntnissen, die, langsam im Lauf von Jahrhunderten erworben, rein logisch manchmal schwer zu rechtfertigen sind, die sich aber ganz von selbst rechtfertigen wie Wege, wenn sie irgendwohin führen, da sie dem Menschen seine innere Weite auftun.

Eine schlechte Literatur hat uns von dem Drang gesprochen, aus uns herauszugehen. Sicherlich entflieht man sich beim Reisen auf der Suche nach der Weite. Aber die Weite läßt sich nicht finden. Sie baut sich auf. Und die Flucht hat noch niemals irgendwohin geführt.

Wenn der Mensch, um sich als Mensch zu fühlen, das Bedürfnis hat, um die Wette zu laufen, im Chor zu singen oder Krieg zu führen, sind dies schon Bande, die er sich auferlegt, um sich mit dem Nächsten und der Welt zu verbinden. Doch wie armselig sind sie! Wenn eine Kultur stark ist, erfüllt sie den Menschen gänzlich, selbst wenn er sich nicht von der Stelle rührt.

Im trüben Licht eines Regentages sehe ich in irgendeiner stillen Kleinstadt eine schwache Klosterfrau ans Fenster gelehnt sinnend vor mir. Wer ist sie? Was hat man ihr getan? Ich für mein Teil beurteile die Kultur einer Kleinstadt nach der Dichte dieser Gegenwart. Was taugen wir, wenn wir uns nicht von der Stelle rühren?

Im betenden Dominikaner ist eine verdichtete Gegenwart. Dieser Mensch ist niemals mehr Mensch als jetzt, da er regungslos in sich versunken ist. In Pasteur, der über seinem Mikroskop seinen Atem anhält, ist eine verdichtete Gegenwart. Pasteur ist nie mehr Mensch, als wenn er beobachtet. Dann kommt er weiter. Dann hat er es eilig. Dann geht er mit Riesenschritten vorwärts, wenn er sich auch nicht von der Stelle rührt, und entdeckt die Weite. So ist Cézanne, unbeweglich und stumm vor seiner Skizze, unschätzbar gegenwärtig. Er ist nie mehr Mensch, als wenn er schweigt, prüft und urteilt. Dann wird ihm seine Leinwand weiter als das Meer.

Eine Weite, wie sie das Haus der Kindheit, eine Weite, wie sie die Stube in Orconte, eine Weite, wie sie das Gesichtsfeld seines Mikroskops einem Pasteur gewährt, eine Weite, wie sie das Gedicht eröffnet, das sind lauter recht zerbrechliche, herrliche Dinge, wie sie nur die Kultur verschenkt; denn die Weite ist für den Geist und nicht für die Augen, und es gibt keine Weite ohne Sprache.

Doch wie soll ich den Sinn meiner Sprache gerade jetzt beleben, wo alles sich verwirrt? Wo die Bäume im Park zugleich Heimstatt für die Generationen einer Familie und zugleich nichts weiter als eine Schranke sind, die den Artilleristen behindert. Wo der Auslösehebel der Bomber, der schwer über den Städten droht, ein ganzes Volk die Straßen entlanggetrieben hat wie eine dunkle Brühe. Wo Frankreich den schmutzigen Wirrwarr eines aufgestöberten Ameisenhaufens darstellt.

Wo man nicht gegen einen faßbaren Gegner, sondern gegen eingefrorene Fußhebel, gegen blockierte Bügel, gegen streikende Knöpfe ankämpft ...

»Sie können niedergehen!«

Ich kann niedergehen. Ich werde niedergehen. Ich werde tief über Arras fliegen. Ich habe tausend Jahre Kultur dabei zur Hilfe hinter mir. Aber sie helfen mir nicht dabei. Jetzt ist zweifellos nicht die Stunde der Belohnung.

Mit achthundert Kilometern Geschwindigkeit in der Stunde und dreitausendfünfhundertdreißig Umdrehungen in der Minute verlasse ich meine Höhe.

Kurvend habe ich eine übertrieben rote Polarsonne verlassen. Vor mir, fünf oder sechs Kilometer unter mir, gewahre ich in gerader Front eine Wolkenbank. Frankreich ist größtenteils in ihrem Schatten begraben. Arras liegt in ihrem Schatten. Ich stelle mir unter meiner Wolkenbank alles schwarzgrau vor. Gleich dem Bau einer Riesensuppenschüssel, in der der Krieg brodelt. Verstopfte Straßen, Brände, herumliegendes Gerät, zerschmetterte Dörfer, Durcheinander ... grenzenloses Durcheinander. Sie zappeln sich unter ihrer Wolke im Sinnlosen ab wie Kellerasseln unter einem Stein.

Dieser Abstieg gleicht einem Zusammenbruch. Wir werden in ihrem Kot patschen müssen. Wir kehren in eine Art hemmungsloser Barbarei zurück. Alles löst sich auf da unten! Wir sind wie reiche Reisende, die lange im Lande der Korallen und Palmen gelebt haben und nun plötzlich ruiniert heimkehren, um in der armseligen Heimat die ranzigen Gerichte einer geizigen Familie, die gereizten häuslichen Auseinandersetzungen, die Gerichtsvollzieher, das schlechte Gewissen ständiger Geldsorgen, die getäuschten Hoffnungen, das schmähliche Umziehen, die Anmaßungen der Quartiergeber, das ganze Elend und den stinkenden Tod im Krankenhaus zu teilen! Bei uns ist wenigstens der Tod sauber. Ein Tod in Eis und Feuer. In Sonne, Himmel, Eis und Feuer. Da unten aber wird man vom Schlamm verschlungen.

XV

»Südkurs, Herr Hauptmann. Es wäre schon besser, auf französischem Gebiet herunterzugehen!«

Wenn man diese schwarzen Straßen sieht, die ich schon erkennen kann, verstehe ich, was Frieden ist. Im Frieden ist alles wohl in sich geborgen. Die Bauern kommen abends heim ins Dorf. Das Korn kommt in die Speicher. Und die Wäsche kommt zusammengefaltet in die Schränke. In Friedenszeiten weiß man, wo jeder Gegenstand zu finden ist. Man weiß auch, wo man sich abends schlafen legt. Ach! Der Friede stirbt, wenn die Ordnung in die Brüche geht, wenn man keinen Platz mehr hat auf der Welt, wenn man nicht mehr weiß, wo man seine Liebe trifft, wenn der Gatte, der aufs Meer hinausgeht, nicht heimgekehrt ist.

Friede bedeutet in einem Gesicht lesen, das sich hinter den Dingen zeigt, wenn sie ihren Sinn und ihren Platz bekommen haben. Wenn sie einen Teil von etwas Umfassenderem bilden als sie selbst, wie all die verschiedenen Mineralien des Erdbodens, sobald sie sich im Baum zusammengefunden haben.

Doch hier ist Krieg.

Ich überfliege also die Straßen, die schwarz sind vom endlosen Strom, der nicht mehr aufhört zu fließen. Die Bevölkerung wird evakuiert, so heißt es. Das ist schon nicht mehr wahr. Die evakuiert sich selbst. Es herrscht eine sinnlose Ansteckung in diesem Auszug. Wo wollen sie denn hin, diese Landstreicher? Sie machen sich auf nach Süden, als ob man sie dort liebevoll aufnähme. Dabei gibt es im Süden nur noch zum Brechen volle Städte, wo sie in den Werkhallen schlafen und die Vorräte zur Neige gehen. Wo die Gebefreudigsten allmählich bösartig werden wegen der Verrücktheit dieser Überschwemmung, die sie nach und nach mit der Langsamkeit eines Schlammstromes verschlingt. Eine einzelne Provinz ist nicht imstande, das ganze Frankreich zu beherbergen und zu verpflegen! Wo wollen sie hin? Sie wissen es nicht! Sie marschieren nach gespenstischen Rastplätzen; denn kaum hat diese Karawane eine Oase erreicht, dann ist schon keine Oase mehr da. Jede Oase quillt gleichsam über und ergießt sich ihrerseits in die Karawane. Und wenn die Karawane ein richtiges Dorf erreicht, das noch Lebenszeichen von sich gibt, dann zehrt sie gleich am ersten Abend seine ganze Substanz auf. Sie nagt es kahl wie Würmer einen Knochen. Der Feind rückt schneller vor als der Flüchtlingsstrom. Panzerwagen überholen an gewissen Stellen den Strom, der dann stockt und zurückflutet. Deutsche Divisionen patschen in diesen Brei, und man stößt auf das überraschende Paradoxon, daß an einzelnen Stellen die gleichen zu trinken geben, die anderwärts töten.

Wir haben während des Rückzugs hintereinander in einem Dutzend Dörfer gelegen. Wir sind selbst in den langsamen Haufen geraten, der unaufhaltsam jene Dörfer durchzog:

»Wo wollen Sie hin?«

»Wissen wir nicht.«

Sie wissen es nie. Kein Mensch wußte irgend etwas. Sie evakuierten. Kein Unterschlupf war mehr frei. Keine Straße war mehr gangbar. Sie evakuierten trotzdem. Im Norden hatte man gewaltig in den Ameisenhaufen getreten, und die Ameisen zogen ab. Geschäftig. Ohne Panik. Ohne Hoffnung. Ohne Verzweiflung. Wie aus Pflichtgefühl.

»Wer hat Ihnen den Befehl zur Räumung gegeben?«

Immer war es der Bürgermeister, der Lehrer oder der Amtsgehilfe des Bürgermeisters. Eines Morgens gegen drei Uhr hatte plötzlich die Losung das Dorf aufgeschreckt:

»Es wird geräumt.«

Sie waren darauf gefaßt. Seit vierzehn Tagen sahen sie die Flüchtlinge durchziehen, sie wollten nicht mehr an den ewigen Bestand ihrer Häuser glauben. Und doch hatte der Mensch schon längst das Nomadendasein aufgegeben. Er baute sich Dörfer, die Jahrhunderte überdauerten. Er polierte Möbel, die die Urenkel noch benutzten. Das Heimathaus empfing ihn bei seiner Geburt und hegte ihn bis zum Tode. Dann, wie ein fester Kahn von einem Ufer zum andern, setzte es den Sohn seinerseits über. Aber das Wohnen hat aufgehört. Sie gingen auf und davon und wußten nicht einmal warum!

XVI

Sie bedrückt uns schwer, diese Erfahrung mit der Landstraße! Manchmal haben wir den Auftrag, im Lauf desselben Vormittags einen Blick auf Elsaß, Belgien, Holland, Nordfrankreich und das Meer zu werfen. Doch der größte Anteil unserer Probleme ist örtlicher Natur, und unser Horizont verengt sich meistens derart, daß er sich auf die Verstopfung einer Wegkreuzung beschränkt! So haben wir, Dutertre und ich, vor kaum drei Tagen das Dorf aus den Fugen gehen sehen, in dem wir lagen.

Wohl nie in meinem Leben werde ich diese zäh festhaftende Erinnerung loswerden. Dutertre und ich stoßen gegen sechs Uhr morgens beim Weggehen von zu Hause auf ein unbeschreibliches Durcheinander. Alle Garagen, alle Schuppen, alle Scheunen haben in die Gassen die verschiedenartigsten Vehikel ausgespien, nagelneue Wagen und uralte Gefährte, die seit fünfzig Jahren außer Betrieb im Staub schlummerten, Handwagen für Heu und Lastwagen, Omnibusse und zweirädrige Karren. Wenn man richtig suchte, fände man auf diesem Trödelmarkt noch Postkutschen! Alle auf Räder montierten Kisten sind ausgegraben worden. In sie verstauen sie die Schätze ihrer Häuser. In aufgeplatzten Bettlaken wirr durcheinander werden sie auf die Wagen verfrachtet. Und nun sind sie mit nichts mehr zu vergleichen.

Zusammen bilden sie das Gesicht des Hauses. Sie waren Gegenstand einer besonderen religiösen Verehrung. Jeder an seinem richtigen Platz, durch Gewohnheit zur Notwendigkeit geworden, durch Erinnerungen verschönt, hatte seine Bedeutung durch den ganz privaten Bezirk, den er mitbegründete. Man hat sie für wertvoll an sich gehalten, hat sie von ihrem Kamin, ihrem Tisch, ihrer Wand weggeholt, auf einen Haufen geworfen, und nun ist das alles nichts weiter als Warenhauskram, der seinen Verschleiß offenbart. Wenn man ehrwürdige Reliquien auf einen Haufen zusammenwirft, dann wird einem übel.

Schon beginnt vor uns etwas sich zu zersetzen.

»Ihr seid wohl verrückt hier! Was ist denn los?«

Die Wirtin des Cafés, in das wir einkehren, zuckt die Achseln:

»Es wird geräumt.«

»Warum denn? Um Himmels willen!«

»Was weiß ich! Der Bürgermeister hat's gesagt.«

Sie hat alle Hände voll zu tun. Sie verschwindet auf der Kellertreppe. Wir schauen auf die Straße, Dutertre und ich. Oben auf den Lastwagen, den Autos, den Karren, den Kremsern ist ein Durcheinander von Kindern, Matratzen und Küchengeräten.

Zumal die alten Autos sind erbarmenswert. Ein wohlgenährtes Pferd zwischen den Deichseln eines Karrens macht einen gesunden Eindruck. Ein Pferd verlangt keine Ersatzteile. Einen Karren repariert man mit drei Nägeln. Aber all diese Überbleibsel eines mechanischen Zeitalters! Diese Anhäufung von Kolben, Ventilen, Magnetzündungen und Getrieben, wie lange werden sie funktionieren?

». . . Herr Hauptmann . . . Könnten Sie nicht helfen?«

»Gewiß. Wobei?«

»Meinen Wagen aus der Scheune herausbringen . . .«

Ich betrachte sie verblüfft:

»Ja . . . Können Sie denn nicht fahren?«

»Oh! Auf der Straße geht es schon . . . da ist es weniger schwierig . . .«

Sie, ihre Schwägerin und sieben Kinder . . .

Auf der Straße! Auf der Straße kommt sie in Etappen von zweihundert Metern zwanzig Kilometer am Tag vorwärts! Alle zweihundert Meter muß sie bremsen, halten, auskuppeln, einkuppeln, schalten in dem Durcheinander einer unentwirrbaren Verstopfung. Sie wird restlos Bruch machen. Und das Benzin, das dann ausgeht. Und das Öl. Und selbst das Wasser, das sie vergessen hat.

»Achten Sie aufs Wasser! Ihr Kühler rinnt wie ein Sieb.«

»Ach ja! Der Wagen ist nicht mehr neu . . .«

»Sie brauchen für die Fahrt acht Tage . . . Wie bringen Sie das fertig?«

»Ich weiß nicht . . .«

Noch keine zehn Kilometer von hier wird sie drei Wagen angefahren, ihre Kupplungen zum Festfressen, ihre Reifen zum Platzen gebracht haben. Dann fangen sie, die Schwägerin und die sieben Kinder zu weinen an. Dann sehen sie, die Schwägerin und die sieben Kinder sich vor Probleme gestellt, die über ihre Kräfte gehen, sie geben es auf, auch nur irgend etwas zu unternehmen, und setzen sich an den Straßenrand, um auf den Schäfer zu warten. Aber die Schäfer ... Eben ... eben die Schäfer fehlen. Sonderbar! Dutertre und ich erleben diese Unternehmungslust von Schafen. Und diese Schafe machen sich in einem furchtbaren Geknatter beweglicher Teile auf den Weg. Dreitausend Kolben. Sechstausend Ventile. Alle diese Teile scheppern, klappern und klopfen. Das Wasser kocht in einigen Kühlern. So beginnt sich mühselig diese Karawane von Verdammten in Bewegung zu setzen! Eine Karawane ohne Ersatzteile, ohne Reifen, ohne Benzin, ohne Techniker. Welch ein Wahnsinn!

»Könnten Sie denn nicht zu Hause bleiben?«

»O ja! Gewiß blieben wir lieber daheim!«

»Warum gehen Sie dann weg?«

»Es ist uns so gesagt worden ...«

»Wer hat es Ihnen gesagt?«

»Der Bürgermeister.«

Immer der Bürgermeister.

»Gewiß. Wir blieben alle lieber daheim.«

Das stimmt. Wir finden hier keine Panikstimmung, sondern eine Atmosphäre blinder Mühsal. Dutertre und ich nehmen sie wahr, um einige aufzurütteln: »Ihr würdet besser den ganzen Kram wieder abladen. Ihr würdet wenigstens das Wasser von euerm eigenen Brunnen trinken ...«

»Sicher wären wir besser dran! ...«

»Es steht euch aber doch frei!«

Wir haben gewonnenes Spiel. Eine Gruppe hat sich gebildet. Sie hören uns zu. Sie nicken zustimmend.

»... hat ganz recht, der Hauptmann!«

Ich erfahre Zustimmung. Ich habe einen Straßenwärter bekehrt, der sich noch mehr ereifert als ich:

»Ich hab es immer gesagt! Einmal unterwegs, kannst du auf dem Steinpflaster grasen gehn.«

Sie streiten sich. Sie werden sich einig. Sie bleiben. Ein paar gehen weg, es den andern weiterzusagen. Aber da kommen sie auch schon mutlos wieder zurück:

»Es geht nicht, wir müssen auch mit weg.«

»Warum?«

»Der Bäcker ist fort. Wer soll denn Brot backen?«

Das Dorf ist schon auseinander. Da und dort rinnt es. Und alles läuft durch dasselbe Loch ab. Es ist hoffnungslos.

Dutertre hat eine Idee:

»Das Tragische dabei ist, daß man den Leuten weisgemacht hat, der Krieg sei nicht normal. Früher blieben sie daheim. Krieg und Leben vermischten sich . . .«

Die Wirtin taucht wieder auf. Sie schleppt einen Sack hinter sich her.

»Wir starten in drei Viertelstunden . . . Hätten Sie noch ein bißchen Kaffee für uns?«

»Ach! Ihr armen Kerle . . .«

Sie wischt sich die Augen ab. Ach, sie weint nicht über uns. Über sich selbst ebensowenig. Sie weint schon aus Erschöpfung. Sie fühlt sich schon verschlungen von der Auflösung einer Karawane, die mit jedem Kilometer etwas stärker in Unordnung gerät.

Weiter weg, wie es gerade das Gelände ergibt, spucken von Zeit zu Zeit feindliche Tiefflieger eine Maschinengewehrgarbe in diese jämmerliche Herde. Das Erstaunlichste ist jedoch, daß sie meist nicht damit fortfahren. Einige Wagen brennen; aber schwach. Auch wenige Tote. Es ist eine Art Spiel, etwas wie ein guter Rat. Oder auch die Geste eines Hundes, der in die Kniekehle beißt, um die Herde anzutreiben. Hier, um sie durcheinanderzubringen. Warum dann aber diese vereinzelten örtlichen Aktionen, die kaum ins Gewicht fallen? Der Feind gibt sich wenig Mühe, die Karawane in Unordnung zu bringen. Sie braucht ihn ja auch nicht dazu, in Unordnung zu geraten. Die Maschine besorgt das ganz von selbst. Die Maschine ist für eine friedliche, ausgeglichene Gesellschaft erdacht, die geruhsam Zeit hat. Wenn der Mensch nicht mehr da ist, sie zu flicken, zu regulieren, zu putzen, altert die Maschine in einem schwindelerregenden Tempo. Heute abend sehen diese Wagen aus, als wären sie tausend Jahre alt.

Es kommt mir so vor, als erlebte ich den Todeskampf der Maschine.

Dort treibt einer sein Pferd mit königlicher Würde an. Aufgebläht thront er auf seinem Sitz. Ich vermute allerdings, daß er dem Glas zugesprochen hat:

»Sie sehen ganz zufrieden aus, Sie!«

»Die Welt geht unter!«

Ich empfinde ein dumpfes Mißbehagen. Sage ich mir doch, daß alle diese Arbeiter, alle diese kleinen Gewerbetreibenden mit ihren ganz bestimmten Tätigkeitsbereichen, ihren so verschiedenen und wertvollen Eigenschaften heute abend nur noch Schmarotzer und Ungeziefer sein werden.

Sie werden über das Land ausschwärmen und es kahlfressen. »Wer wird Sie verpflegen?«

»Wissen wir nicht ...«

Wie soll man Millionen von Flüchtlingen verpflegen, die sich die Straßen entlang verlieren, auf denen der Verkehr mit einer Geschwindigkeit von fünf bis zwanzig Kilometern am Tag vor sich geht? Wenn Verpflegung vorhanden wäre, wäre es unmöglich, sie heranzubringen!

Dieses Durcheinander von Menschen und altem Eisen erinnert mich an die Libysche Wüste. Prévot und ich hausten in einer unbewohnbaren Gegend, die mit schwarzen, in der Sonne glänzenden Steinen übersät war, einer Landschaft, wie mit einer Eisenkruste überzogen ...

Und ich betrachte dieses Schauspiel mit einer Art Verzweiflung: lebt ein Schwarm von Heuschrecken lange, der über Steinpflaster herfällt?

»Und zum Trinken warten Sie auf den Regen?«

»Wissen wir nicht ...«

Schon seit zehn Tagen zogen unablässig Flüchtlinge aus dem Norden durch ihr Dorf. Zehn Tage lang haben sie diesen endlosen Durchzug erlebt. Nun sind sie an der Reihe. Sie nehmen ihren Platz in der Prozession ein. Ach! Ohne Zuversicht: »Ich, ich möchte lieber daheim sterben.«

»Wir möchten alle lieber daheim sterben.«

Und es stimmt auch. Das ganze Dorf stürzt wie eine Sandburg zusammen, und dabei ging keiner gerne weg. Selbst wenn Frankreich noch Reserven besäße, wäre das Heranbringen dieser Reserven durch die Verstopfung der Straßen völlig unmöglich. Man kann zur Not trotz der steckenbleibenden, der ineinander verkeilten Wagen, der unentwirrbaren Knäuel an Wegkreuzungen mit dem Strom schwimmen, wie sollte man aber gegen ihn ankommen?

»Es sind keine Reserven mehr da«, sagte Dutertre, »damit erledigt sich alles ...«

Es geht das Gerücht um, daß die Regierung seit gestern die Räumung von Dörfern verboten hat. Doch die Befehle verbreiten sich weiß der Himmel wie; denn auf den Straßen ist kein Verkehr mehr möglich. Telefonverbindungen sind verstopft, abgeschnitten oder verdächtig. Und zudem geht es gar nicht darum, Befehle zu erteilen. Es geht darum, eine neue Moral aufzurichten. Seit tausend Jahren wird den Menschen erklärt, daß Frauen und Kinder aus dem Krieg herauszuhalten sind. Der Krieg geht die Männer an. Die Bürgermeister kennen dieses Gesetz sehr wohl, auch ihre Amtsgehilfen und die Lehrer kennen es. Plötzlich erhalten sie den Befehl, die Räumungen zu verbieten, das heißt Frauen und Kinder zu zwingen, Bombardierungen auszuhalten. Sie brauchten einen Monat Zeit, ihr Verständnis auf diese neuen Zeiten umzustellen. Man wirft nicht mit einem Schlag ein ganzes Denksystem um. Aber der Feind rückt vor. Also schicken die Bürgermeister, die Amtsgehilfen, die Lehrer ihre Leute auf die Landstraße. Was sollen sie tun? Wo ist die Wahrheit? Da gehen sie hin, die Schafe ohne Hirten.

»Ist hier kein Arzt?«

»Sie sind nicht aus dem Dorf?«

»Nein, wir kommen weiter nördlich her.«

»Wozu ein Arzt?«

»Für meine Frau, die im Karren in die Wehen kommt . . .«

Zwischen dem Küchengerät, in der Wüstenei dieses Alteisens ringsum, wie auf Dornen.

»Konnten Sie das nicht voraussehen?«

»Wir sind seit vier Tagen unterwegs.«

Denn die Straße ist ein erbarmungsloser Strom. Wo soll einer bleiben? Die Dörfer, durch die er sich wälzt, entleeren sich, eines nach dem andern, selbst in ihn, als stürzten sie ihrerseits in die große Kloake hinein.

»Nein, hier ist kein Arzt. Der Kreisarzt ist zwanzig Kilometer von hier.«

»Na, gut!«

Der Mann wischt sich das Gesicht ab. Alles löst sich auf. Die Frau kommt mitten auf der Straße zwischen dem Küchengerät nieder. Es ist weiter nichts Grausames dabei. Es ist zunächst und vor allem ungeheuerlich, außerhalb alles

Menschlichen. Niemand beklagt sich, Klagen haben keinen Sinn mehr. Seine Frau wird sterben, er klagt nicht. Es ist nun mal so. Das ist wie ein böser Traum.

»Wenn man wenigstens irgendwo bleiben könnte.«

Irgendwo ein richtiges Dorf finden, eine richtige Herberge, ein richtiges Krankenhaus, aber auch die Krankenhäuser werden geräumt. Gott weiß warum! So ist die Spielregel. Man hat keine Zeit, neue Spielregeln zu erfinden. Irgendwo einen richtigen Tod zu finden! Es gibt aber keinen richtigen Tod mehr. Nur Leiber, die umkommen wie Automobile.

Und ich fühle überall eine Eile, die sich überschlagen, eine Eile, die sich selbst aufgegeben hat. Sie flüchten mit einer täglichen Geschwindigkeit von fünf Kilometern vor Panzern, die querfeldein mehr als hundert Kilometer vorrücken, und vor Flugzeugen, die stündlich sechshundert Kilometer zurücklegen. So läuft der Sirup aus, wenn man die Flasche umgeworfen hat. Dem hier kommt seine Frau nieder, doch hat er endlos Zeit. Es ist dringend. Und ist es wieder nicht. Es bleibt in der Schwebe zwischen Eile und Ewigkeit.

Alles vollzieht sich langsam mit den Reflexbewegungen eines Sterbenden. Eine ungeheure Herde zappelt hier erschöpft vor dem Schlachthaus. Sind es fünf, sind es zehn Millionen, die auf der Straße liegen? Ein ganzes Volk zappelt vor Ermattung und Verdruß auf der Schwelle der Ewigkeit. Und ich kann mir wirklich nicht vorstellen, wie sie lebendig durchkommen sollen. Der Mensch lebt nicht vom Laub der Bäume. Sie ahnen es selbst undeutlich, entsetzen sich aber kaum darüber. Aus ihrem gewohnten Rahmen, ihrer Arbeit, ihrem Pflichtenkreis herausgerissen, haben sie jegliche Sinngebung verloren. Ihr eigenes Selbst welkt dahin. Sie sind kaum mehr sie selber. Sie existieren kaum noch. Später werden sie sich ihre Leiden erfinden, vor allem aber schmerzt ihnen der Rükken von all den vielen Paketen, die sie zu karren haben, bei all den vielen Knoten, die gerissen sind und die Laken ihre Eingeweide entleeren lassen, all den vielen Vehikeln, die sie anschieben müssen, um sie in Marsch zu setzen.

Nicht ein Wort über die Niederlage. Das ist klar. Man hat kein Bedürfnis, sich über das auszulassen, was die eigene Substanz ausmacht. Sie *sind* die Niederlage.

Mit einem Male habe ich ganz deutlich die Vorstellung von

einem Frankreich, das seine Eingeweide verliert. Man müßte es schnell wieder vernähen. Keine Sekunde ist zu verlieren. Sie sind verdammt ... Es geht schon los. Schon schnappen sie nach Luft wie Fische auf dem Trocknen:

»Gibt es hier keine Milch?«

Es ist zum Totlachen, eine solche Frage!

»Mein Kleiner hat seit gestern nichts getrunken ...«

Es ist ein halbjähriger Säugling, der noch heftig schreit. Aber das Schreien wird ihm vergehen: Fische auf dem Trocknen ... Hier gibt es keine Milch. Hier gibt es nur Alteisen. Hier gibt es nur unnützes altes Eisen, das mit jedem Kilometer mehr auseinanderfällt, seine Muttern, Schrauben, Bleche verliert und dabei dieses Volk in einem herrlich nutzlosen Auszug nach dem Nichts verfrachtet.

Das Gerücht verbreitet sich, Flugzeuge beschössen die Straße einige Kilometer weiter südlich. Selbst von Bomben erzählt man sich. Wir hören tatsächlich dumpfe Explosionen. Das Gerücht ist zweifellos richtig.

Aber die Menge entsetzt sich nicht darüber. Sie scheint mir sogar ein wenig lebendiger geworden. Diese wirkliche Gefahr scheint ihr gesunder, als im alten Eisen zu versacken.

Ach ja! Die Darstellung, die sich die Historiker später zu rechtlegen! Die Gesichtspunkte, die sie erfinden werden, um diesem Wirrwarr einen Sinn zu geben! Sie werden das Wort eines Ministers, die Entscheidung eines Generals, die Diskussion einer Abordnung hernehmen und aus diesem Gespensteraufzug historische Gespräche mit weittragenden Verantwortlichkeiten und Richtlinien verfertigen. Sie werden Ergebenheiten, Auflehnungen, theatralische Verteidigungsreden, Feigheiten erfinden. Ich weiß recht wohl, was ein verlegtes Ministerium bedeutet. Der Zufall ließ mich ein solches besichtigen. Ich habe sofort begriffen, daß eine Regierung, wenn sie einmal umgezogen ist, keine Regierung mehr darstellt. Das ist wie ein lebendiger Körper. Wenn Sie anfangen, auch ihn zu verlagern – dort den Magen, hier die Leber, die Gedärme wieder woanders hin –, dann stellt diese Sammlung keinen Organismus mehr dar. Zwanzig Minuten habe ich im Luftfahrtministerium verbracht. Nun ja, ein Minister wirkt sich auf seinen Amtsdiener aus! Eine phantastische Wirkung. Weil eine Klingelleitung den Minister noch mit seinem Amtsdiener verbindet. Eine unversehrte Klingelleitung. Der Minister drückt auf einen Knopf, und der Amtsdiener erscheint.

Das klappt noch.

»Meinen Wagen«, verlangt der Minister.

Hier hört seine Autorität auf. Er exerziert mit seinem Amtsdiener. Aber der Amtsdiener hat keine Ahnung, ob es auf Erden noch ein ministerielles Auto gibt. Kein elektrischer Draht verbindet den Amtsdiener mit irgendeinem Chauffeur. Der Chauffeur ist irgendwo im Universum verlorengegangen. Was können die Regierenden vom Krieg auch wissen? Selbst wir brauchen heutzutage acht Tage – so unmöglich sind die Verbindungen –, um einen Befehl zum Bombardement einer Panzerdivision auszulösen, die wir ausfindig gemacht haben. Welches Gerücht vermag ein Regierender von diesem Land zu erhalten, das seine Eingeweide verliert? Die Nachrichten bewegen sich mit einer Geschwindigkeit von täglich zwanzig Kilometern von der Stelle. Die Telefone sind überlastet oder gebrauchsunfähig und sind nicht imstande, in seiner Dichte das eigentliche Wesen zu übertragen, das sich augenblicklich zersetzt. Die Regierung schwebt im leeren Raum, in einem polaren Vakuum. Von Zeit zu Zeit dringen verzweifelt dringliche Rufe zu ihr, aber unverständlich, auf drei Linien zusammengezogen. Wie sollten die Verantwortlichen wissen, ob nicht schon zehn Millionen Franzosen Hungers gestorben sind? Und dieser Hilferuf von zehn Millionen Menschen ist in einem Satz enthalten. Man braucht einen Satz, um zu sagen:

»Gehen Sie um vier Uhr zu X.«

Oder:

»Angeblich sind zehn Millionen Menschen umgekommen.«

Oder:

»Blois brennt.«

Oder:

»Ihr Chauffeur hat sich wiedergefunden.«

Alles in derselben Ebene. Unvermittelt. Zehn Millionen Menschen. Der Wagen. Die Ost-Armee. Die westliche Zivilisation. Der Chauffeur hat sich wiedergefunden. England. Brot. Wie spät ist es?

Ich gebe Ihnen sieben Buchstaben. Es sind sieben Buchstaben aus der Bibel. Stellen Sie mir die Bibel damit wieder her!

Die Historiker vergessen später die Wirklichkeit. Sie erfinden dann denkende Wesen, die durch geheimnisvolle Bande mit einer in Worten ausdrückbaren Welt verbunden sind, die über feststehende Grundsätze verfügen und schwerwiegende Entscheidungen nach den vier Regeln der kartesianischen Logik abwägen. Sie unterscheiden die Mächte des Guten von den Mächten des Bösen. Die Helden von den Verrätern. Aber ich stelle eine einfache Frage:

»Um einen Verrat zu begehen, muß man für etwas verantwortlich sein, etwas leiten, auf etwas einwirken, etwas kennen. Heutzutage heißt das: Genie beweisen. Warum werden Verräter nicht dekoriert?«

Schon blickt der Friede überall ein wenig durch. Es ist nicht einer jener wohlerwogenen Frieden, wie sie als neue Geschichtsabschnitte auf Kriege folgen, die mit einem klar abgeschlossenen Vertrag enden. Hier ist es ein namenloser Abschnitt, das Ende aller Dinge. Ein Ende, das nie zu Ende geht. Ein Morast, in dem nach und nach jede Regung untergeht. Man hat nicht das Gefühl vom Herannahen eines guten oder bösen Abschlusses. Ganz im Gegenteil. Nach und nach gerät man in ein mulmiges Übergangsstadium, das einer Ewigkeit gleicht. Nichts kommt zum Abschluß; denn es gibt keine Handhabe mehr, mit der man das Land fassen könnte, wie man eine Ertrunkene mit der Faust an ihren Haaren ergriffe. Alles hat sich zersetzt. Auch die heftigste Anstrengung vermag höchstens ein Büschel Haare heraufzuholen. Der kommende Friede wird nicht die Frucht einer Entscheidung sein, die der Mensch trifft. Er greift um sich wie eine Pestbeule.

Da, unter mir auf jenen Straßen, wo die Karawane sich auflöst, wo deutsche Panzer töten oder tränken, geht es zu wie in jenen schlammigen Untiefen, wo Erde und Wasser sich mischen. Der Friede, der sich bereits mit dem Krieg vermengt, verdirbt den Krieg.

Einer meiner Freunde, Léon Werth, hat unterwegs ein ungeheuerliches Wort vernommen, das er in einem bedeutenden Buch erzählen wird. Links von der Straße sind die Deutschen, rechts die Franzosen, zwischen beiden der träge Strudel der Flüchtlinge. Hunderte von Frauen und Kinder, die sich, so gut sie können, aus ihren brennenden Wagen herauswinden.

Und da ein Artillerie-Oberleutnant, der wider Willen in die Verstopfung hineingeriet, ein 75-mm-Geschütz in Stellung zu bringen sucht, auf das der Feind feuert – und da der Feind, das Geschütz verfehlend, die Straße bestreicht, laufen Mütter zu jenem Oberleutnant, der schweißtriefend in seiner unbegreiflichen Pflicht beharrt und eine Stellung zu retten sucht, die keine zwanzig Minuten zu halten ist (sie sind zu zwölft): »Macht, daß ihr weiterkommt! Macht, daß ihr weiterkommt! Ihr Feiglinge!«

Der Oberleutnant und seine Leute gehen. Überall stoßen sie auf solche Probleme des Friedens. Gewiß dürfen die Kleinen nicht auf der Straße umgebracht werden. Oder jeder feuernde Soldat müßte in den Rücken eines Kindes schießen. Jeder Lastwagen, der nach vorne fährt oder zu fahren versucht, läuft Gefahr, ein Volk zu verderben. Denn dadurch, daß er gegen den Strom fährt, verstopft er unweigerlich eine ganze Straße.

»Sie sind verrückt! Lassen Sie uns durch! Die Kinder kommen um!«

»Wir führen Krieg ...«

»Was für einen Krieg? Wo führen Sie Krieg? In drei Tagen kommen Sie in dieser Richtung sechs Kilometer vorwärts!« Es sind ein paar Soldaten, die sich mit ihrem Lastwagen verfahren haben auf dem Weg zu einem Sammelplatz, der zweifellos schon seit Stunden keinen Sinn mehr hat. Aber sie stecken in ihrer elementaren Pflicht:

»Wir führen Krieg ...«

»Besser wäre, ihr nähmt uns mit! Das ist ja unmenschlich!« Ein Kind heult.

»Und das da ...«

Das schreit nicht mehr. Keine Milch, kein Schreien!

»Wir führen Krieg ...«

Sie wiederholen ihren Spruch mit verzweifeltem Stumpfsinn.

»Aber ihr trefft ihn ja nie, den Krieg! Ihr verreckt hier mit uns!«

»Wir führen Krieg ...«

Sie wissen nicht mehr recht, was sie sagen. Sie wissen nicht mehr recht, ob sie Krieg führen. Sie haben den Feind nie zu sehen bekommen. Sie rollen mit ihrem Lastwagen nach Zielen, die sie ärger narren als eine Fata Morgana. Sie treffen nur auf diesen angefaulten Frieden.

Da die Verwirrung alles ineinander verkeilt hat, sind sie von ihrem Wagen heruntergeklettert. Sie werden umringt:

»Habt ihr Wasser?«

Sie verteilen also ihr Wasser.

»Brot?«

Sie verteilen ihr Brot.

»Laßt ihr die da verrecken?«

In einem Wagen, der nicht mehr weiterkommt und im Straßengraben abgestellt ist, liegt röchelnd eine Frau. Sie holen sie heraus, heben sie auf den Lastwagen.

»Und hier das Kind?«

Sie tragen es auch auf den Lastwagen.

»Und dort, die in den Wehen liegt?«

Auch sie wird aufgeladen.

Und dann jene andere, weil sie weint.

Nach einstündiger Bemühung haben sie den Wagen wieder frei bekommen. Sie haben ihn nach Süden umgedreht. Gleich einem erratischen Block von ihm mitgenommen, folgt er nun dem Zivilistenstrom. Die Soldaten sind zum Frieden bekehrt worden. Weil sie den Krieg nicht fanden.

Weil das Gewebe des Krieges unsichtbar bleibt. Weil der Schuß, den sie abfeuern, ein Kind trifft. Weil sie sich zum Krieg stellen und auf kreischende Frauen stoßen. Weil es ebenso vergeblich ist, eine Erkundung weiterzugeben oder einen Befehl empfangen zu wollen, wie sich mit dem Sirius in eine Unterhaltung einzulassen. Es ist keine Armee mehr da. Nur noch Menschen.

Sie sind zum Frieden bekehrt. Durch die Gewalt der Umstände sind sie in Schlosser, Ärzte, Hirten, Krankenhelfer verwandelt. Sie reparieren ihnen ihre Wagen, jenen kleinen Leuten, die ihr altes Eisen nicht zu flicken verstehen. Und bei der Mühe, die sie sich geben, wissen diese Soldaten nicht recht, ob sie Helden sind oder vor ein Kriegsgericht gehören. Sie würden sich gar nicht wundern, wenn sie eine Auszeichnung erhielten. Aber auch nicht, wenn sie, an eine Mauer gestellt, zwölf Kugeln in den Schädel bekämen. Oder wenn sie entlassen würden. Nichts könnte sie in Erstaunen setzen. Schon seit langem wundern sie sich über nichts mehr.

Es ist ein ungeheures Gebrodel, in dem keine Ordnung, keine Bewegung, keine Nachricht, keine Welle irgendwelcher Art sich über drei Kilometer hinaus verbreiten kann. Und ebenso wie die Dörfer eines nach dem andern in den allgemeinen Ausguß laufen, lassen sich diese Militärlastwagen, mit friedlichen Dingen beschäftigt, einer nach dem andern zum Frieden bekehrten. Diese Handvoll Männer, die den Tod vollkommen auf sich genommen hätten – aber die Frage des Sterbens wird ihnen nicht einmal gestellt –, nehmen die Pflichten auf sich, denen sie begegnen, und reparieren hier die Deichsel vor dem alten Karren, auf dem drei Nonnen für weiß Gott welche Wallfahrt nach weiß Gott welchem märchenhaften Zufluchtsort ein Dutzend vom Tode bedrohte Kinder verpackt haben.

Ähnlich wie Alias, als er seinen Revolver wieder in die Tasche steckte, will ich die Soldaten, die die Flinte ins Korn werfen, nicht verurteilen. Welcher frische Hauch hätte sie beleben sollen? Wo kommt die Welle her, die sie erreicht hätte? Wo ist das Gesicht, das sie zusammengeschlossen hätte? Sie wissen nichts von der übrigen Welt außer jenen stets unsinnigen Gerüchten, die alle drei, vier Kilometer auf der Straße in Form von albernen Vermutungen aufkommen und dann bei ihrer langsamen Verbreitung durch jenen drei Kilometer langen Brei bestätigenden Charakter angenommen haben. Die Vereinigten Staaten sind in den Krieg eingetreten. Der Papst hat Selbstmord verübt. Die russischen Flieger haben Berlin in Brand geworfen. Der Waffenstillstand ist vor drei Tagen unterzeichnet worden. Hitler ist in England gelandet.

Für die Frauen oder für die Kinder ist kein Schafhirt da, es ist aber auch keiner für die Männer da. Der General erreicht seine Ordonnanz. Der Minister erreicht seinen Amtsdiener. Und vielleicht vermag er ihn durch seine Überredung umzuwandeln. Alias erreicht seine Besatzungen. Und er kann aus ihnen den Einsatz ihres Lebens herausholen. Der Feldwebel vom Militärlastwagen erreicht sein Dutzend Leute, das ihm untersteht. Aber es ist ihm unmöglich, sich an irgend etwas anderes anzuschließen. Angenommen, ein genialer Führer, durch ein Wunder zu einem allgemeinen Überblick befähigt, ersänne einen Plan, der uns retten könnte; dieser Führer verfügt, um sich kenntlich zu machen, nur über einen Klingeldraht von zwanzig Metern. Und als einsatzfähige Masse für den Sieg verfügt er über den Amtsdiener, sofern am andern Ende des Drahts noch ein Amtsdiener vorhanden ist.

Wenn diese vereinzelten Soldaten, auseinandergerissenen Einheiten angehörend, sich vom Zufall der Straße treiben lassen, diese Männer, die ja nichts weiter sind als Kriegsarbeitslose, dann zeigen sie nicht jene Verzweiflung, die man dem besiegten Vaterlandsverteidiger zuschreibt. Sie wünschen unklar den Frieden, das ist richtig. Aber der Friede stellt in ihren Augen nichts weiter dar als das Ende dieses unsagbaren Durcheinanders und die Rückkehr zu einem wenn auch noch so bescheidenen Selbstsein. So mancher frühere Schuster träumt davon, daß er Nägel einschlägt. Und mit dem Einklopfen der Nägel hämmerte er die Welt zusammen.

Und wenn sie stur weitergehen, geschieht es unter der Einwirkung der allgemeinen Zusammenhanglosigkeit, die sie voneinander trennt, und nicht aus Furcht vor dem Tode. Vor nichts haben sie Angst, sie sind einfach ausgepumpt.

XVII

Es gibt ein Grundgesetz: an Ort und Stelle lassen sich die Besiegten nicht in Sieger verwandeln. Wenn man von einer Armee spricht, die erst zurückweicht, sich dann zur Wehr setzt, so handelt es sich dabei nur um eine abgekürzte Redeweise; denn die Truppen, die zurückgegangen sind, und die, welche jetzt den Kampf aufnehmen, sind nicht die gleichen. Die Armee, die zurückging, war keine Armee mehr. Nicht, daß jene Männer nicht zu siegen verständen, sondern weil ein Zurückweichen alle Verbindungen materieller und geistiger Art abreißen läßt, welche die Männer untereinander verknüpfen. Jene Masse von Soldaten, die man nach rückwärts durchsikkern läßt, ersetzt man durch frische Reserven, die einen organischen Charakter besitzen. Sie stellen den Feind. Die Flüchtlinge fängt man auf, um sie wieder zu einer Armee umzuformen. Sind keine Reserven da, die man in die Aktion werfen kann, dann ist der erste Rückzug nicht wiedergutzumachen.

Der Sieg allein schließt zusammen. Die Niederlage trennt

nicht allein den Mann von den andern Männern, sondern sie spaltet ihn in sich selbst. Wenn die Flüchtlinge nicht über das zusammenbrechende Frankreich weinen, dann eben, weil sie besiegt sind. Weil Frankreich unterlegen ist, nicht um sie herum, sondern in ihnen selbst. Über Frankreich weinen, das hieße schon wieder Sieger sein.

Beinahe allen, auch denen, die noch Widerstand leisten, wie denen, die den Widerstand aufgegeben haben, erscheint das Gesicht des besiegten Frankreichs erst später in stillen Stunden. Heute verbraucht sich jeder im Kampf gegen eine ganz gewöhnliche Kleinigkeit, die sich sperrt oder vorkommt, gegen einen steckengebliebenen Lastwagen, gegen eine verstopfte Straße, gegen einen blockierten Gashebel, gegen das Widersinnige eines Befehls. Das Zeichen des Zusammenbruchs besteht darin, daß Befehle wiedersinnig werden. Daß die Handlung selbst widersinnig wird, die sich gegen den Zusammenbruch stemmt. Denn alles sperrt sich innerlich gegen sich selbst. Man weint nicht über das allgemeine Unglück, sondern über den Gegenstand, für den man verantwortlich, der allein faßbar ist und in Unordnung gerät. Das zusammenbrechende Frankreich ist nichts weiter als eine Sintflut von Bruchstücken, von denen keines ein eigenes Gesicht trägt. Weder dieser Befehl noch dieser Lastwagen noch diese Straße noch diese Schweinerei mit dem Gashebel.

Sicher ist ein Zusammenbruch ein trauriges Schauspiel. Erbärmliche Menschen zeigen sich dabei erbärmlich. Plünderer erweisen sich als Plünderer. Einrichtungen gehen aus den Fugen. Übersättigt von Ekel und Überanstrengung zersetzen sich die Truppen ins Widersinnige. Alle diese Wirkungen gehören zu einer Niederlage, wie die Beulen zur Pest gehören. Doch wenn ein Lastwagen die überfährt, die du liebst, wirst du über ihre Häßlichkeit abfällig reden?

Darin liegt eben die Ungerechtigkeit der Niederlage, daß sie den Opfern den Anschein der Schuld gibt. Wie sollte die Niederlage die Opfer, die strenge Pflichterfüllung, die Härte gegen sich selbst, die Wachsamkeit aufzeigen, die Gott, der Lenker der Schlachten, nicht in Rechnung gezogen hat? Wie sollte sie die Liebe bezeigen? Die Niederlage zeigt die Führer in ihrer Ohnmacht, die Männer als Treibgut, die Massen in ihrer Trägheit. Oft gab es ein richtiges Versagen, doch dieses Versagen selbst, was bedeutet es? Die Nachricht von einem russischen Umschwung oder einem amerikanischen Eingreifen brauchte bloß umzugehen, um die Männer zu verwandeln. Um sie in einer gemeinsamen Hoffnung zusammenzuschließen. Jedesmal hat ein solches Gerücht alles aufgefrischt wie ein Windstoß vom Meer. Man darf Frankreich nicht nach den Wirkungen des Zusammenbruchs beurteilen. Man muß Frankreich nach seiner Opferbereitschaft beurteilen. Frankreich hat den Krieg gegen alle logische Wahrscheinlichkeit auf sich genommen. Sie haben uns gesagt: »Es sind achtzig Millionen Deutsche. Wir können in einem Jahr die fehlenden vierzig Millionen Franzosen nicht herzaubern. Wir können unsere Getreidefelder nicht in Kohlengruben verwandeln. Wir können nicht auf die Hilfe der Vereinigten Staaten hoffen. Warum sollten uns die Deutschen mit ihrem Anspruch auf Danzig die Pflicht auferlegen, – nicht Danzig zu retten, das ist unmöglich – aber uns selbst umzubringen, um der Schande zu entgehen? Was für eine Schande sollte es sein, ein Land zu besitzen, das mehr Korn als Maschinen hervorbringt, und im Verhältnis Eins gegen Zwei zu stehen? Warum sollte die Schande auf uns lasten und nicht auf der ganzen Welt?« Sie hatten recht, Krieg bedeutete für uns Unglück. Aber sollte Frankreich, um sich die Niederlage zu ersparen, den Krieg verweigern? Ich glaube nicht. Rein instinktiv urteilte Frankreich ebenso, da solche Aussichten es nicht von diesem Krieg abgehalten haben. Der Geist wurde bei uns Herr über den Verstand.

Das Leben sprengt immer die Formeln. Die Niederlage kann sich als der einzige Weg zur Erneuerung erweisen, trotz ihrer Häßlichkeiten. Ich weiß wohl: um einen Baum zu schaffen, verurteilt man ein Samenkorn zum Verderben. Der erste Akt des Widerstandes, kommt er zu spät, ist immer verlustreich. Aber er ruft den Widerstand wach. Vielleicht geht aus ihm wie aus einem Samenkorn ein Baum hervor. Frankreich hat seine Rolle gespielt. Sie bestand darin, sich der Vernichtung anheimzugeben, da die Welt, ohne mitzuarbeiten, ohne mitzukämpfen, den Schiedsrichter spielte, und sich eine Zeitlang in Schweigen versinken zu sehen. Wenn es zum Angriff geht, müssen notwendigerweise Männer an der Spitze sein.

Sie fallen meistens. Damit aber der Angriff erfolgt, müssen die ersten fallen.

Diese Rolle ist uns zugefallen, da wir es ohne Selbsttäuschung auf uns genommen haben, einen Soldaten gegen drei und unsere Bauern gegen ihre Fabrikarbeiter zu werfen! Ich verwahre mich dagegen, daß man uns nach den Häßlichkeiten der Niederlage zu richten versucht. Wer es auf sich nimmt, im Flug zu verbrennen, wird man den nach seinen Brandblasen beurteilen? Auch er wird verunstaltet sein.

XVIII

Nichtsdestoweniger ist uns dieser Krieg, ganz abgesehen vom geistigen Sinn, der ihn uns notwendig machte, in der Ausübung als ein verrückter Krieg vorgekommen. Ich habe mich nie geschämt, es auszusprechen. Kaum hatten wir den Krieg erklärt, als wir abzuwarten begannen, da wir ja nicht in der Lage waren, anzugreifen, bis man uns zu vernichten beliebte!

Das ist geschehen.

Wir verfügten über Getreidegarben, um mit den Panzern fertig zu werden. Die Garben haben nichts ausgerichtet. Und heute ist unsere Vernichtung vollkommen. Wir haben keine Armee, keine Reserven, keine Verbindungen, kein Material mehr.

Und doch setze ich meinen Flug mit unerschütterlichem Ernst fort. Ich stürze mich auf die deutsche Armee mit achthundert Kilometern Geschwindigkeit in der Stunde und dreitausendfünfhundertdreißig Umdrehungen in der Minute hinunter. Warum? Na! Um sie zu schrecken! Damit sie das Land räumt! Da die Erkundungen, die man von uns verlangt, nutzlos sind, kann dieser Befehl kein anderes Ziel haben. Ein verrückter Krieg.

Im übrigen übertreibe ich. Ich habe viel an Höhe verloren. Die Schaltungen und Hebel sind aufgetaut. Ich habe wieder die normale Drehgeschwindigkeit erreicht. Ich stürze mich auf die deutsche Armee nur mit fünfhundertdreißig Kilometern Geschwindigkeit in der Stunde und zweitausendzweihundert Umdrehungen in der Minute. Ich jage ihr einen wesentlich geringeren Schrecken ein.

Sie werden uns einen Vorwurf daraus machen, daß wir diesen Krieg einen verrückten Krieg nennen.

Wir sind es doch, die diesen Krieg einen verrückten Krieg nennen! Das können wir auch. Wir dürfen uns erlauben, über ihn nach Herzenslust zu spotten; denn alle Opfer nehmen wir auf unsere Kappe. Ich darf mir erlauben, über meinen Tod zu spotten, wenn der Spott mir Spaß macht. Dutertre ebenfalls. Ich darf die Verrücktheiten auskosten. Warum brennen denn die Dörfer noch? Warum wird diese Bevölkerung wirr auf die Straße geworfen? Warum stürzen wir uns in unerschütterlicher Überzeugung hinunter und lassen uns unweigerlich abschlachten?

Ich bin vollkommen berechtigt dazu; ich weiß wohl in dieser Sekunde, was ich tue. Ich nehme den Tod auf mich. Ich nehme nicht die Gefahr auf mich. Ich nehme nicht den Kampf auf mich. Sondern den Tod. Ich habe eine große Wahrheit gelernt. Krieg heißt nicht, die Gefahr auf sich nehmen, heißt nicht, den Kampf auf sich nehmen. Es heißt zu gewissen Stunden für den Kämpfenden ganz einfach, den Tod auf sich nehmen.

In diesen Tagen, wo die Meinung des Auslands unsere Opfer für ungenügend hielt, habe ich mich gefragt, wenn ich die Besatzung starten und umkommen sah: Wozu geben wir uns her, wer gibt uns noch etwas dafür?

Denn wir sterben. Denn hundertfünfzigtausend Franzosen sind in den letzten vierzehn Tagen schon gefallen. Diese Toten sind vielleicht kein Zeichen eines außerordentlichen Widerstandes. Ich verherrliche auch keinen außerordentlichen Widerstand. Er ist unmöglich. Es gibt aber Gruppen von Infanteristen, die sich in einem unmöglich zu verteidigenden Gehöft abschlachten lassen. Es gibt Fliegergruppen, die zusammenschmelzen wie Wachs, das man ins Feuer wirft.

Warum nehmen wir von der Gruppe 2/33 es noch auf uns, zu sterben? Wegen der Anerkennung der Welt? Doch Anerkennung setzt das Vorhandensein eines Richters voraus. Wer unter uns gewährt irgendeinem das Recht zum Urteilen? Wir kämpfen im Namen einer Sache, der wir die Bedeutung einer gemeinsamen Sache beimessen. Die Freiheit, nicht nur Frankreichs, sondern der Welt steht auf dem Spiel: wir halten den Posten des Schiedsrichters für zu bequem. Wir sind es, die die

Schiedsrichter richten. Die Leute meiner Gruppe 2/33 richten die Schiedsrichter. Man komme nur nicht und sage uns: ausgerechnet uns, die wir, ohne ein Wort zu sagen, starten mit der Aussicht eins zu drei auf eine Rückkehr (wenn der Auftrag leicht ist) – auch nicht denen von den andern Gruppen –, auch nicht jenem Freund, dem ein Granatsplitter das Gesicht entstellt hat, der so sein Leben lang darauf verzichtet hat, je die Liebe einer Frau zu erregen, um ein fundamentales Recht genauso betrogen, wie man hinter Kerkermauern darum betrogen wird, wohl verwahrt in seiner Häßlichkeit, wohl aufgehoben in seiner Tugend hinter dem Schutzwall seiner Entstellung, man komme uns bloß nicht und sage uns, daß die Zuschauer uns richten! Die Stierkämpfer leben für die Zuschauer, wir sind keine Stierkämpfer. Wenn man Hochedé versicherte: Du sollst starten, weil die Augenzeugen nach dir schauen, dann würde Hochedé antworten: Irrtum! Ich, Hochedé, schaue nach den Augenzeugen ...

Denn warum kämpfen wir schließlich noch? Für die Demokratie? Wenn wir für die Demokratie fallen, sind wir solidarisch mit den Demokratien. Also sollen sie mit uns kämpfen! Doch die mächtigste, die allein uns hätte retten können, hat sich gestern für unzuständig erklärt und erklärt sich heute noch für unzuständig. Gut. Das ist ihr Recht. Aber sie bedeutet uns so, daß wir allein für unsere eigenen Interessen kämpfen. Nun wissen wir aber sehr wohl, daß alles verloren ist. Warum sterben wir dann noch?

Aus Verzweiflung? Von Verzweiflung ist gar keine Rede! Sie verstehen nichts von einer Niederlage, wenn Sie erwarten, Verzweiflung in ihr zu entdecken.

Es gibt eine höhere Wahrheit als die Aussagen des Verstandes. Etwas steckt in uns und lenkt uns, das ich erfahre, ohne es noch zu fassen. Ein Baum hat keine Sprache. Wir gehören zu einem Baum. Es gibt Wahrheiten, die offensichtlich sind und sich doch nicht aussprechen lassen. Ich sterbe durchaus nicht, um mich der Besatzung entgegenzuwerfen; denn es gibt keinen Schutzwall, hinter dem ich mich mit denen verschanzen könnte, die ich liebe. Ich sterbe keineswegs, um eine Ehre zu retten, die meiner Überzeugung nach überhaupt nicht auf dem Spiel steht: ich lehne die Zuständigkeit der Richter ab.

Ich sterbe ebensowenig aus Verzweiflung. Und doch hat Dutertre, der die Karte studiert, ausgerechnet, daß Arras da unten, irgendwo um hundertsiebzig Grad, liegt, und er wird mir – das sehe ich schon kommen – gleich sagen:

Kurs hundertfünfundsiebzig, Herr Hauptmann ...

Meinetwegen.

XIX

»Hundertzweiundsiebzig.«

»Verstanden. Hundertzweiundsiebzig.«

Von mir aus hundertzweiundsiebzig. Grabschrift: Hat einwandfrei Kurs hundertzweiundsiebzig gehalten. Wie lange wird diese verrückte Herausforderung anhalten? Ich fliege in siebenhundertfünfzig Meter Höhe unter der schweren Wolkendecke. Wenn ich dreißig Meter höher ginge, könnte Dutertre schon nichts mehr sehen. Wir müssen gut sichtbar bleiben und so dem deutschen Beschuß eine Zielscheibe für Anfänger bieten. Siebenhundert Meter ist eine verbotene Höhe. Wir dienen als Zielscheibe für eine ganze Ebene. Wir lenken das Feuer einer ganzen Armee auf uns. Wir sind für alle Kaliber erreichbar. Wir bleiben eine Ewigkeit im Schußfeld jeder einzelnen Waffe. Das ist schon kein Schießen mehr, eher ein Zuschlagen. Es ist, als ob wir tausend Stangen herausforderten, um eine einzige Nuß herunterzuschlagen.

Ich habe mir das Problem genau überlegt: mit dem Fallschirm abspringen kommt nicht in Frage. Wenn das Flugzeug getroffen wird und zu Boden stürzt, braucht das Öffnen der Absprungluke allein mehr Sekunden, als der Sturz zuläßt. Dieses Öffnen erfordert sieben Umdrehungen einer Kurbel, die schwer geht. Außerdem deformiert sich die Luke bei voller Geschwindigkeit und geht nicht in den Falz.

Es ist schon so. Eines schönen Tages mußte man diese Medizin herunterschlucken. Das Zeremoniell ist weiter nicht schwierig: hundertzweiundsiebzig auf dem Kompaß einhalten. Ich bin umsonst alt geworden. Das ist es eben. Ich war so glücklich in der Jugend. Ich sage so, ist es aber auch wirklich wahr? Ich ging schon in meinen Hausflur mit hundertzweiundsiebzig nach dem Kompaß. Der Onkel wegen.

Jetzt wird sie herrlich, die Jugend. Nicht nur die Jugend,

sondern das ganze Leben, das hinter mir liegt. Ich sehe es ausgebreitet wie eine Landschaft. Und ich meine, ich bin jemand. Was ich empfinde, habe ich immer gekannt. Meine Freuden und meine Leiden haben sicher ihren Gegenstand gewechselt, aber die Empfindungen sind die gleichen geblieben. Auf solche Weise war ich glücklich oder unglücklich. Wurde ich bestraft oder gelobt. Arbeitete ich gut. Arbeitete ich schlecht. Das kam auf die Tage an ...

Meine allerfrüheste Erinnerung? Ich hatte ein Kindermädchen aus Tirol, das Paula hieß. Aber es ist eigentlich gar keine Erinnerung: es ist die Erinnerung einer Erinnerung. Damals auf dem Flur, als ich fünf Jahre alt war, da war Paula bereits nur noch eine Legende. Jahrelang hat uns meine Mutter zu Neujahr gesagt: »Es ist ein Brief von Paula da!« Das war eine große Freude für uns Kinder. Warum waren wir denn eigentlich glücklich? Keines von uns erinnerte sich an Paula. Sie war in ihr Land Tirol zurückgekehrt. In ihr Tiroler Häuschen also. Eine Art Wetterhäuschen, ganz versteckt im Schnee. Und Paula zeigte sich an sonnigen Tagen in der Türe wie bei allen Wetterhäuschen.

»Paula ist doch hübsch?«

»Entzückend.«

»Ist oft schönes Wetter in Tirol?«

»Immer.«

Es war immer schönes Wetter in Tirol. Das Wetterhäuschen stellte Paula ganz weit hinaus auf seine Schneedecke. Als ich schreiben konnte, ließ man mich an Paula Briefe schreiben: »Liebe Paula!« schrieb ich ihr, »ich freue mich mächtig, daß ich Dir schreiben kann ...« Es war so ein wenig wie im Gebet, da ich sie ja nicht kannte ...

»Hundertvierundsiebzig.«

»Verstanden. Hundertvierundsiebzig.«

Von mir aus hundertvierundsiebzig. Die Grabschrift muß abgeändert werden. Wie merkwürdig sich das Leben mit einem Schlag zusammengedrängt hat. Ich habe meine Erinnerungen gebündelt. Sie werden zu nichts mehr zu gebrauchen sein. Auch für niemand. Ich erinnere mich an eine große Liebe. Meine Mutter sagte uns: »Paula schreibt, wir sollten euch alle in ihrem Namen küssen.« Und meine Mutter küßte uns alle für Paula.

»Weiß Paula, daß ich groß geworden bin?«

»Natürlich weiß sie das.«

Paula wußte alles.

»Herr Hauptmann, sie schießen.«

Paula, sie schießen auf mich! Ich werfe einen Blick auf den Höhenmesser: Sechshundertfünfzig Meter. Die Wolken sind in siebenhundert Metern gut. Ich kann nichts dagegen tun. Aber unter meiner Wolke ist die Welt gar nicht schwarzgrau, wie ich vermutet hatte: sie ist blau. Herrlich blau. Es ist Dämmerstunde, und die Ebene ist ganz blau. Stellenweise regnet es. Regenblau ...

»Hundertachtundsiebzig.«

Von mir aus hundertachtundsiebzig. Er macht allerhand Zacken, der Weg in die Ewigkeit ... Doch wie ruhig kommt er mir vor, dieser Weg! Die Welt gleicht einem Obstgarten. Eben noch erwies sie sich als nüchterner Entwurf. Alles kam mir unmenschlich vor. Doch nun fliege ich niedrig, in einer Art Vertrautheit. Da finden sich Bäume, einzeln oder in Gruppen, in kleinen Parzellen. Wir begegnen ihnen. Und grüne Felder. Und Häuser mit roten Ziegeldächern, und einer steht vor der Tür. Und ringsum herrlich blaue Regenschauer.

Bei so einem Wetter ginge Paula zweifellos schnell ins Häuschen zurück ...

»Hundertfünfundsiebzig.«

Meine Grabschrift verliert viel von ihrer rauhen Würde: Er hat Kurs hundertzweiundsiebzig, hundertvierundsiebzig, hundertachtundsiebzig, hundertfünfundsiebzig gehalten ... Ich mache eher einen flatterhaften Eindruck. Sieh da! Mein Motor hüstelt! Er verkühlt sich. Ich schließe also die Kühlerklappen. Gut. Da es Zeit wird, den Reservetank einzuschalten, stelle ich den Hebel um. Vergesse ich auch nichts? Ich werfe einen Blick nach dem Öldruck. Alles in Ordnung.

»Es fängt an, mulmig zu werden, Herr Hauptmann.«

Hörst du, Paula? Es fängt an, mulmig zu werden. Und doch kann ich über das Blau dieses Abends nicht genug staunen! Es ist so ungewöhnlich. Seine Farbe ist so tief. Und hier die Obstbäume, vielleicht Pflaumenbäume, die vorbeimarschieren. Ich bin mitten in der Landschaft. Vorbei ist es mit den Schaukästen! Ich bin ein Dieb, der über die Mauer geklettert ist. Mit großen Sätzen springe ich durch die regennasse Luzerne und klaue Pflaumen. Paula, es ist doch ein verrückter Krieg! Ein melancholischer, tiefblauer Krieg. Ich habe mich ein wenig verlaufen. Im Alter habe ich dieses seltsame Land gefunden ... Ach nein, ich habe keine Angst. Es ist ein wenig traurig, weiter nichts.

»Kurven, Hauptmann!«

Aha, ein neues Spiel, Paula! Ein Fußtritt rechts, ein Fußtritt links, so wird der Gegner irregeführt. Wenn ich hinfiel, holte ich mir Beulen. Sicher pflegtest du mich mit Arnika-Umschlägen. Ich werde schrecklich viel Arnika brauchen. Und doch, weißt du ... Das Abendblau ist ganz herrlich!

Ich habe vorn drei gespreizte Lanzenstiche gesehen. Drei lange, senkrechte, leuchtende Ruten. Leuchtspuren von Kugeln oder kleinkalibrigen Granaten. Sie waren ganz golden. Ich habe plötzlich im Abendblau diesen dreiarmigen Kronleuchter aufblitzen sehen ...

»Hauptmann! Von links starker Beschuß! Abdrehen!« Ein Fußtritt.

»Aha, es wird Ernst ...«

Vielleicht ...

Es wird Ernst, aber nun bin ich mitten drin. Alle meine Erinnerungen und alle meine Zukunftspläne, alle meine Neigungen sind mir gegenwärtig. Meine Kindheit wird mir lebendig, die sich im Dämmern gleich einer Wurzel verliert. Ich habe das Leben mit einer melancholischen Erinnerung begonnen ...

Es wird Ernst, doch finde ich in mir nichts von dem, was ich mir vorgestellt hatte, wenn blitzende Ungeheuer mit ihren Tatzen nach mir greifen.

Ich bin in einer Landschaft, die mir ans Herz greift. Der Tag geht zur Neige. Links zwischen den Gewittern stehen strahlende Lichtflächen, wie Kirchenfenster aufgerichtet. Zwei Schritt neben mir fühle ich beinahe handgreiflich lauter gute Dinge. Da sind die Pflaumenbäume mit ihren Früchten. Diese Erde mit ihrem Erdgeruch. Es muß sich gut wandern lassen durch regenfeuchtes Land. Weißt du, Paula, ich gehe ganz vorsichtig weiter, schaukle nach rechts, nach links wie ein Heuwagen. Du hältst das für schnell, so ein Flugzeug ...

gewiß, wenn du nachdenkst! Wenn du aber die Maschine vergißt, wenn du nur schaust, gehst du ganz einfach in der Landschaft spazieren . . .

»Arras . . .«

Richtig. Ganz weit voraus. Aber Arras ist keine Stadt. Arras ist nichts weiter als ein glimmender Docht auf nächtlich blauem Grund. Auf gewittrigem Grund. Denn sicher braut sich links und geradeaus ein gewaltiges Hagelwetter zusammen. Von der Dämmerung kann dieses Halbdunkel nicht herrühren. Es braucht Berge von Wolken, um so ein düsteres Licht durchzulassen . . .

Die Flamme von Arras ist größer geworden. Das ist nicht die Flamme einer Feuersbrunst. Eine Feuersbrunst breitet sich wie ein fressendes Geschwür aus, umgeben von einem einfachen, gesunden Fleischwulst. Aber dieser rote Docht nährt sich ständig und gehört zu einer blakenden Lampe. Es ist eine ganz geruhsame Flamme, die sicher ist, daß sie anhält, mit ausreichend Öl versorgt. Ich fühle, sie besteht aus einem dichten, beinahe schweren Stoff, den der Himmel manchmal bewegt, wie er einen Baum zur Seite neigen würde. Ganz richtig . . . ein Baum. Dieser Baum hat in Arras Wurzel geschlagen. Und alle Säfte von Arras, alle Vorräte von Arras, alle Schätze von Arras steigen auf, verwandeln sich in Saft und nähren den Baum.

Ich sehe diese Flamme manchmal überschwer nach rechts oder nach links ihr Gleichgewicht verlieren, einen noch schwärzeren Rauch ausstoßen und sich dann von neuem wieder aufrichten. Aber die Stadt kann ich immer noch nicht erkennen. Der ganze Krieg ballt sich in diesem Schein zusammen. Dutertre sagt, es wird Ernst. Er kann von vorn besser beobachten als ich. Trotzdem bin ich zunächst über eine Art Schonung überrascht; diese giftbrauende Ebene schickt nur wenig Sterne.

Gewiß, aber . . .

Du weißt doch, Paula, in den Kindermärchen zog der Ritter durch schreckliche Prüfungen hindurch zu einem geheimnisvollen, wunderbaren Schloß. Er kletterte über Gletscher, er stieg über Abgründe, er vereitelte jeden Verrat. Schließlich tauchte, inmitten einer Ebene, deren weicher Rasen zum Galoppieren einlud, das Schloß vor ihm auf. Schon sah er sich als

Sieger ... Ach, Paula, eine alte Märchenerfahrung läßt sich nicht täuschen! Nun kam immer erst das Schwerste ...

Ich laufe im Dämmerblau auf mein Feuerschloß zu, genau wie damals ... Du bist zu früh von uns weggegangen, um unsere Spiele zu kennen, du hast beim »Ritter Alkin« gefehlt. Das war ein selbsterfundenes Spiel; denn wir machten uns nichts aus den Spielen der andern. Wir spielten es an den schweren Gewittertagen. Wenn nach den ersten Blitzen alles so eigenartig roch und die Zweige plötzlich erbebten, spürten wir, daß der Platzregen gleich losgehen mußte. Das dichte Astwerk wirbelte dann einen Augenblick lang rauschend auf. Das war das Zeichen ... nichts konnte uns mehr zurückhalten!

Ganz hinten aus dem Park stürmten wir quer über den Rasen atemlos auf das Haus zu. Die ersten Tropfen eines Platzregens fallen schwer und vereinzelt. Wer als erster getroffen wurde, gab sich besiegt. Dann der zweite. Dann der dritte. Dann die andern. Der letzte Überlebende erwies sich so als der Schützling der Götter, als unverwundbar! Er durfte sich bis zum nächsten Gewitter »Ritter Alkin« nennen.

Das gab jedesmal binnen weniger Sekunden eine Hekatombe von Kindern ...

Ich spiele noch den Ritter Alkin. Langsam laufe ich auf mein Feuerschloß zu. Man könnte den Atem verlieren ...

Doch jetzt:

»Oh, Herr Hauptmann. Das habe ich noch nie gesehen ...«

Das habe ich auch noch nie gesehen. Ich bin nicht mehr unverwundbar. Ach, ich wußte nicht, daß ich hoffte ...

XX

Trotz der siebenhundert Meter hoffte ich. Trotz der Panzeransammlungen, trotz der Flamme von Arras hoffte ich. Ich hoffte verzweifelt. Ich ging in meinem Gedächtnis bis zur Kindheit zurück, um das Gefühl eines höheren Schutzes wiederzufinden. Männer genießen keinen Schutz. Bist du Mann, läßt man dich laufen ... Doch wer kommt gegen einen kleinen Jungen an, den eine allmächtige Paula fest an der Hand hält? Paula, ich habe deinen Schatten als Schild benutzt ...

Ich habe alle Finten angewandt. Als Dutertre zu mir sagte: »Es wird Ernst ...«, habe ich, um mir Hoffnung zu machen, selbst diese Drohung ausgenutzt. Wir waren im Krieg: der Krieg mußte sich irgendwie zeigen. Er beschränkte sich dabei auf einige Leuchtspuren.

Das soll also die berühmte tödliche Gefahr über Arras sein? Rein zum Lachen ...

Der Verurteilte hatte sich den Henker als einen blassen Roboter vorgestellt. Kommt da so ein braver Mann, der niesen und gar lachen kann. Der Verurteilte klammert sich an das Lachen wie an einen Weg in die Freiheit ... Es ist nur ein Hirngespinst von Weg. Wenn der Henker auch niest, er wird dieses Haupt doch abschlagen. Doch wie soll man die Hoffnung fahren lassen?

Warum hätte ich mich auch nicht selbst durch einen gewissen Empfang täuschen sollen, da alles so freundlich und ländlich zuging, da die regennassen Schiefer- und Ziegeldächer so freundlich blinkten, da von Minute zu Minute sich nichts änderte und auch nicht so aussah, als ob es sich ändern sollte. Denn wir, Dutertre, der Bordschütze und ich, waren nichts weiter als drei Spaziergänger übers Feld, die gemächlich heimkehren, ohne groß den Mantelkragen hochzustülpen, da es kaum mehr regnet. Weil sich mitten in den deutschen Linien nichts besonders Erwähnenswertes bemerkbar machte und gar kein Grund vorlag, daß der Krieg weiter weg anders werden sollte. Weil es so aussah, als ob der Feind sich zerstreut hätte und wie mit der Unendlichkeit der Felder verwachsen wäre, so daß ein Soldat vielleicht auf ein Bauernhaus, ein Soldat vielleicht auf einen Baum gekommen wäre.

Von Zeit zu Zeit fiel einem von ihnen der Krieg ein, und er schoß. Man hatte ihm die Anweisung eingehämmert: »Du hast auf auf Flugzeuge zu schießen.« Die Anweisung fiel ihm traumhaft ein. Er gab seine drei Schüsse ab, ohne recht daran zu glauben.

So habe ich abends Enten gejagt, und sie waren mir eigentlich recht gleichgültig, wenn der Spaziergang etwas empfindsamer Natur war. Ich schoß auf sie und sprach dabei von ganz anderen Dingen: Das störte sie kaum ...

Man sieht so genau, was man sehen will: dort der Soldat nimmt mich aufs Korn, aber ohne innere Überzeugung, und verfehlt mich. Die andern lassen mich laufen. Die, welche uns ein Bein stellen könnten, genießen vielleicht in diesem Augenblick vergnüglich die Abendluft, stecken sich Zigaretten an oder erzählen einen Witz zu Ende – und lassen uns laufen. Andere sind in dem Dorf, in dem sie liegen, vielleicht gerade beim Essenfassen. Ein Brummen schwillt an und erstirbt wieder. Ist es Freund oder Feind? Sie haben keine Zeit, es herauszubringen, sie achten auf ihr Kochgeschirr, das sich füllt: sie lassen uns laufen. Und ich versuche, die Hände in den Hosentaschen, vor mich hinpfeifend und auf die selbstverständlichste Weise von der Welt, durch diesen Garten zu gehen, der für Spaziergänger verboten ist. Aber jeder Wächter darin verläßt sich auf den andern und läßt mich laufen ...

Ich bin so leicht verletzlich!

Meine Schwäche selbst ist für sie eine Falle: Warum sollen sie sich rühren? Ein Stückchen weiter holt man mich ja doch herunter ... Das ist doch klar.

Geh nur, laß dich woanders schnappen ...! Sie schieben das Geschäft auf den nächsten, damit sie beim Essen nicht zu kurz kommen, ihren Witz nicht unterbrechen müssen oder einfach, weil sie die Abendluft genießen wollen. So nutze ich ihre Nachlässigkeit aus, ich verdanke meine Rettung dieser Minute, wo sie alle den Krieg leid sind, alle miteinander, rein zufällig – und warum auch nicht? Und schon rechne ich halbwegs damit, daß ich von Mann zu Mann, von Zug zu Zug, von Dorf zu Dorf so weit komme, daß ich meine Tour beende. Schließlich sind wir nichts weiter als ein Flugzeug, das lohnt nicht, aufzugucken!

Gewiß hoffte ich auf eine Heimkehr. Aber gleichzeitig wußte ich, daß noch etwas kommen würde. Du bist verurteilt worden, aber das Gefängnis, das dich erwartet, ist noch stumm. Du klammerst dich an diese Stille. Eine Sekunde gleicht der andern. Es liegt eigentlich kein Grund vor, daß die nächste Sekunde die Welt verändern sollte. Diese Arbeit ist ihr zu schwer. Jede Sekunde, eine nach der andern, rettet die Stille.

Schon scheint die Stille ewig ...

Doch der Schritt dessen, von dem man weiß, daß es kommen wird, ist schon vernehmbar.

Irgend etwas in der Landschaft ist eben abgerissen. So knistert das Holzscheit, das erloschen schien, plötzlich und sprüht einen Funkenregen. Durch welchen Zauber ist diese ganze Ebene im selben Augenblick überall lebendig geworden?

Wenn der Frühling da ist, streuen die Bäume ihre Pollen aus. Warum dieser plötzliche Frühling der Waffen? Warum diese Lichterflut, die zu uns hochsteigt und sich mit einem Mal ringsum zeigt?

Im ersten Gefühl, das mich überkommt, meine ich, ich hätte es an Vorsicht fehlen lassen. Ich habe alles verdorben. Manchmal genügt ein Wink mit den Augen, eine Geste, wenn das Gleichgewicht zu sehr auf der Scheide steht! Ein Bergsteiger hustet und löst die Lawine. Und nun, da er sie gelöst hat, geht alles seinen Gang.

Schwerfällig sind wir durch diesen blauen Sumpf hindurchgewatet, der schon in Nacht versinkt. Wir haben diesen ruhigen Schlamm aufgewühlt, und nun läßt er Zehntausende von goldenen Blasen zu uns hochsteigen.

Ein Volk von Jongleuren beginnt den Reigen. Ein Volk von Jongleuren läßt Zehntausende seiner Wurfbälle auf uns los. Da sie ihren Winkel nicht ändern, scheinen sie uns zunächst unbeweglich; doch jenen Kugeln gleich, die die Kunst des Jongleurs nicht schleudert, sondern sich überläßt, beginnen sie langsam ihren Aufstieg. Ich sehe Tränen von Licht auf uns zuwogen durch eine Flut von Schweigen. Jenem Schweigen, das das Spiel der Jongleure einhüllt.

Jede Garbe der Maschinengewehre oder der leichten Flak speit zu Hunderten Granaten oder Leuchtkugeln aus, die wie die Kugeln eines Rosenkranzes aufeinanderfolgen. Tausend biegsame Rosenkränze spannen sich bis zum Reißen und platzen in unserer Höhe.

Quer gesehen, weisen die Projektile, die uns verfehlt haben, im Vorbeisausen wirklich eine schwindelnde Schnelligkeit auf. Die Tränen verwandeln sich in Blitze. Und nun sehe ich mich büschelweise von strohfarbenen Geschoßbahnen umringt. Nun stechen die Lanzen in dichten Gebinden nach mir. Nun bin ich umdroht von einer geheimnisvollen, schwindelerregenden Nadelarbeit. Die ganze Ebene hat sich mit mir verknüpft und webt um mich ein blitzendes Netz von Goldfäden.

Ach! Beuge ich mich zur Erde hinab, dann bemerke ich reihenweise Leuchtkugeln, die mit der Langsamkeit von Nebelschwaden hochsteigen. Ich sehe langsam diese Samen aufwirbeln: so fliegt die Spreu auf, wenn Korn gedroschen wird! Schaue ich aber waagerecht, dann sind es nur noch Garben von Lanzen! Werde ich beschossen? Ach nein! Ich werde mit blanker Waffe angegriffen! Ich sehe nur Degen aus Licht! Ich habe das Empfinden ...

Von Gefahr ist gar keine Rede! Die Lichterpracht, in die ich tauche, blendet mich.

»Ah!«

Ich bin zwanzig Zentimeter von meinem Sitz hochgefahren. Wie ein Keulenschlag saß das auf dem Flugzeug. Es ist geborsten, zerschellt ... aber nein ... nein ... ich fühle, wie es beim Schalten noch anspricht. Es ist nichts weiter als der erste Hieb in einer Sintflut von Schlägen. Von Explosion habe ich nichts bemerkt. Der Rauch der Explosionen mischt sich ohne Zweifel mit dem Dunkel des Erdbodens: ich hebe den Kopf und schaue.

Das ist ein Schauspiel ohnegleichen!

XXI

Zur Erde hinabgebeugt hatte ich den Abstand nicht beachtet, der sich nach und nach zwischen den Wolken und mir erweitert hat. Die Geschoßbahnen verbreiten ein strohfarbenes Licht. Wie hätte ich wissen können, daß sie am Scheitel ihres Aufstiegs eine nach der andern, wie man Nägel einschlägt, diese düsteren Stücke ausstreuten? Ich sehe sie schon dicht gedrängt in schwindelnden Pyramiden nach hinten absinken mit der Langsamkeit von Gletschern. Verglichen mit diesem Schauspiel, habe ich das Empfinden, unbeweglich zu sein.

Ich weiß wohl, daß diese Gebilde, kaum entstanden, ihre Wirkung auch schon verloren haben. Jedes von diesen Rauchwölkchen hat nur eine hundertstel Sekunde lang über Leben oder Tod zu entscheiden gehabt. Aber sie waren um mich, ohne daß ich es wußte. Ihre Erscheinung läßt plötzlich das Gewicht einer fürchterlichen Verdammung auf meinen Nacken sinken.

Diese Kette dumpfer Explosionen, deren Geräusch vom Brummen der Motoren übertönt wird, zwingt mir die Illusion eines ungewöhnlichen Schweigens auf. Ich empfinde rein nichts. Eine leere Erwartung macht sich in mir breit, als ob ich nachdächte.

Ich denke ... ich denke jedoch: Sie schießen zu hoch! und werfe den Kopf zurück, um nach hinten wie unter Bedauern ein Büschel Nadeln hinuntertaumeln zu sehen. Die geben es auf. Aber es ist hoffnungslos.

Die Waffen, die uns verfehlt haben, schießen sich ein. Die Explosionswand bildet sich neu in unserer Höhe. Jeder Feuerschlund baut in wenigen Sekunden seine Explosionspyramide auf, kaum zerknallt, gibt er sie auf und baut sie woanders. Das Feuer geht uns nicht nach, es schließt uns ein.

»Dutertre, noch weit?«

»Könnten wir noch drei Minuten durchhalten, dann hätten wir's geschafft ... aber ...«

»Vielleicht kommen wir durch ...«

»Ausgeschlossen!«

Es ist unheimlich, dieses Grauschwarz, diese dunklen Brokken, die durcheinanderwirbeln. Die Ebene war blau. Ungeheuer blau. Tief-meerblau ...

Wie lange habe ich noch zu leben? Zehn Sekunden? Zwanzig Sekunden? Die Erschütterung der Explosionen hämmert nunmehr ständig auf mir. Die ganz nahen wirken auf das Flugzeug, wie Felsbrocken in eine Karre poltern. Dann gibt das ganze Flugzeug einen beinahe musikalischen Ton von sich. Einen komischen Seufzer ... Doch das sind die Hiebe, die daneben gegangen sind. Es ist hier wie beim Blitz. Je näher er ist, um so einfacher wird er. Manche Schläge sind elementar: dann hat uns die Explosion mit ihren Splittern gezeichnet. Die Bestie wirft den Stier nicht um, den sie tötet. Sie gräbt ihre Pranken ein, ohne zu reißen. Sie ergreift vom Stier Besitz. So haken sich die Griffe nach dem Ziel nur einfach im Flugzeug fest wie in einem Muskel.

»Verwundet?«

»Nein.«

»Hallo, Schütze, verwundet?«

»Nein.«

Doch diese Schläge, die sich schildern lassen, zählen nicht. Sie hämmern auf einer Rinde, auf einer Trommel. Statt die Vorratsbehälter zu durchlöchern, hätten sie uns ebensogut den Leib aufreißen können. Doch der Leib selbst ist nichts als eine Trommel. Man pfeift auf seinen Körper. Er zählt überhaupt nicht ... Das ist das Merkwürdige!

Über den Körper habe ich zwei Worte zu sagen. Im täglichen Leben ist man augenscheinlich doch blind. Damit man sich dessen bewußt wird, müssen solche Verhältnisse auf einen eindringen. Braucht es diesen hochsteigenden Lichterreigen, braucht es diesen Ansturm von Lanzenstichen, braucht es schließlich den Anbruch dieses Jüngsten Gerichts. Dann versteht man. Während des Umkleidens fragte ich mich: Wie sehen sie eigentlich aus, die letzten Augenblicke? Das Leben hat die Gespenster, die ich erfand, noch immer Lügen gestraft. Doch diesmal ging es darum, nackt unter dem Hagel sinnloser Fäuste durchzugehen und dabei nicht einmal den Ellbogen schützend vors Gesicht halten zu können.

Die Probe darauf, ich machte eine solche Probe für mein Fleisch. Ich glaubte, ich hätte sie in meinem Fleisch durchgemacht. Der Gesichtspunkt, den ich mir zwangsweise zu eigen machte, war der meines Körpers selber. Man hat sich soviel mit seinem Körper abgegeben! Man hat ihn bekleidet, gewaschen, gepflegt, rasiert, getränkt, genährt. Man hat sich mit diesem Haustier identifiziert. Man hat ihn zum Schneider, zum Arzt, zum Chirurgen gebracht. Man hat mit ihm gelitten. Man hat mit ihm geschrien. Man hat mit ihm geliebt. Man sagt von ihm: Das bin ich. Und jetzt auf einmal bricht diese Selbsttäuschung zusammen. Man pfeift auf seinen Körper! Man degradiert ihn zum Bedientenpack. Wenn der Zorn etwas anschwillt, die Liebe in Ekstase gerät, der Haß aufkeimt, dann geht diese berühmte Solidarität aus den Fugen.

Dein Sohn ist in Feuersgefahr? Du wirst ihn retten! Du kannst dich nicht zurückhalten! Du brennst! Das ist dir gleich. Du gibst diese Fleischfetzen jedem dafür, der sie nur mag, zum Pfand. Du entdeckst, daß du gar nicht so sehr an dem hingst, was dir so wichtig war. Wenn es darum ginge, ein Hindernis zu beseitigen, gäbst du deine Schulter her für die

Wonne, es damit umzustoßen! Du bist mitten in deiner Handlung drin. Deine Handlung bist du selbst. Du findest dich sonst nirgends mehr. Dein Körper gehört dir, er ist nicht mehr du selber. Du willst schlagen? Keiner wird mit dir fertig werden, wenn er dich in deinem Körper bedroht. Du? Du bist der Tod des Feindes. Du? Du bist die Rettung deines Sohnes. Du vertauschst dich. Und du hast nicht das Empfinden, daß du beim Tausch verlierst. Deine Glieder? Werkzeuge. Was kümmert einen ein Werkzeug, das in die Brüche geht, wenn man einhaut. Und du tauschst dich gegen den Tod deines Nebenbuhlers, die Rettung deines Sohnes, die Heilung deines Kranken, deine Entdeckung ein, wenn du ein Erfinder bist! Dort, der Kamerad von der Gruppe ist tödlich verwundet. Im Armeebefehl heißt es: »Hat dann zu seinem Beobachter gesagt: ›Ich bin futsch. Eil dich! Rette die Bordpapiere‹ . . .!« Wichtig allein ist die Rettung der Dokumente oder des Kindes, die Heilung des Kranken, der Tod des Nebenbuhlers, die Entdeckung! Deine Sinngebung tritt klar zutage. Es ist deine Pflicht, dein Haß, deine Liebe, deine Treue, deine Erfindung. Du findest sonst nichts mehr in dir.

Das Feuer hat nicht nur das Fleisch, sondern mit einem Male auch den Kult des Fleisches mißachten lassen. Der Mensch interessiert sich nicht mehr für sich selbst. Allein wichtig wird ihm, wem er angehört. Er verschanzt sich nicht, wenn er stirbt: er verschmilzt. Er verliert sich nicht, er findet sich. Das ist nicht der Wunsch eines Moralisten. Das ist eine gängige Wahrheit, eine alltägliche Wahrheit, die eine alltägliche Selbsttäuschung mit einer undurchdringlichen Maske überdeckt. Während ich mich umkleidete und meines Körpers wegen Furcht empfand, wie hätte ich da voraussehen können, daß ich mich mit Unsinn abgab? Erst im Augenblick, wo sie diesen Körper hingeben, entdecken immer alle verblüfft, wie wenig sie am Körper hängen. Gewiß aber kenne ich im Lauf meines Lebens, wenn mich nichts Dringendes leitet, wenn meine Sinngebung nicht auf dem Spiel steht, keine schwerwiegenderen Probleme als die meines Körpers.

Mein Körper, ich pfeife auf dich! Ich bin aus dir heraus, ich habe keine Hoffnung, und dabei fehlt mir nichts! Ich verleugne alles, was ich bis zu dieser Sekunde war. Nicht ich bin es, der dachte, noch ich, der empfand. Mein Körper war es. So wohl oder übel als es eben ging, habe ich ihn bis hierher mitgeschleppt, und nun muß ich entdecken, daß er gar nichts wert ist.

Mit fünfzehn Jahren habe ich meine erste Lektion empfangen: ein jüngerer Bruder von mir wurde seit einigen Tagen aufgegeben. Eines Morgens gegen vier Uhr weckt mich seine Krankenschwester:

»Ihr Bruder verlangt nach Ihnen.«

»Fühlt er sich schlecht?«

Sie gibt keine Antwort. Ich kleide mich eilig an und gehe zu meinem Bruder.

Er sagt mir mit seiner gewöhnlichen Stimme:

»Ich wollte mit dir sprechen, bevor ich sterbe. Ich werde sterben.«

Eine Nervenkrise krampft ihn zusammen und verschlägt ihm die Stimme. Während der Krise winkt er ab mit der Hand. Und ich verstehe die Geste nicht. Ich bilde mir ein, daß das Kind den Tod von sich weist. Nachdem er sich aber wieder beruhigt hat, erklärt er mir:

»Hab keine Angst ... Ich leide nicht. Es tut mir nicht weh. Ich kann nichts daran machen. Es ist mein Körper.«

Sein Körper, ein fremdes, schon ein anderes Gebiet. Aber er will ernst sein, dieser jüngere Bruder, der in zwanzig Minuten ausgelitten haben wird. Er empfindet ein dringendes Bedürfnis, sein Erbe zu übergeben. Er sagt mir: »Ich möchte mein Testament machen ...« Er errötet, er ist sicherlich stolz, daß er als Erwachsener handelt. Wenn er Turmbaumeister wäre, würde er mir die Fertigstellung seines Baues anvertrauen. Wenn er Vater wäre, würde er mir seine Söhne zur Unterweisung anvertrauen. Wenn er Flugzeugführer einer Kriegsmaschine wäre, würde er mir seine Bordpapiere anvertrauen. Er ist aber nur ein Kind. Er vertraut mir nur seine Dampfmaschine, ein Fahrrad und ein Terzerol an.

Du stirbst nicht. Die Furcht vor dem Tode bildest du dir ein: du fürchtest das Unerwartete, die Explosion, du fürchtest dich selbst. Den Tod? Nein. Er ist kein Tod mehr, wenn du ihm begegnest. Mein Bruder hat mir gesagt: »Vergiß nicht, das alles aufzuschreiben ...« Wenn der Körper abfällt, kommt das Wesentliche zum Vorschein. Der Mensch ist nichts als ein Bündel von Beziehungen. Die Beziehungen allein zählen beim Menschen.

Den Körper, den alten Schinder, gibst du auf. Wer denkt an sich selbst beim Sterben? So jemanden habe ich noch nie getroffen . . .

»Hauptmann?«

»Was ist?«

»Fabelhaft!«

»Schütze . . .«

»Ha . . . Ja . . .«

»Was . . .«

Meine Frage hat der Ruck abgerissen.

»Dutertre!«

». . . ptmann?«

»Getroffen?«

»Nein.«

»Schütze . . .«

»Ja?«

»Getr . . .«

Es ist, als ob ich eine Mauer von Bronze eingebeult hätte. Ich höre: »Ah! la! la!«

Ich schaue hoch zum Himmel, um die Entfernung von den Wolken abzumessen. Je schräger ich offenbar schaue, um so gehäufter erscheinen die schwarzen Wolkchen. Senkrecht nach oben gesehen, sehen sie weniger dicht aus. Deshalb entdecke ich aneinandergereiht uns zu Häupten dieses großartige Diadem aus schwarzen Blumen.

Die Beinmuskeln entwickeln eine erstaunliche Kraft. Ich wuchte mit einem Tritt auf das Fußsteuer, als ob ich eine Mauer eindrückte. Ich habe das Flugzeug quer geworfen. Ich biege brutal unter knirschendem Zittern nach links. Das Diadem ist nach rechts abgeglitten. Ich habe es über meinem Kopf ins Wanken gebracht. Ich habe das Schießen überrascht, das anderswo hämmert. Rechts sehe ich nutzlose Pakete von Explosionen. Bevor ich jedoch mit dem andern Bein die entgegengesetzte Bewegung eingeleitet habe, steht das Diadem schon wieder über mir. Die Bodenabwehr hat sich wieder eingeschossen. Mit Holla stürzt sich das Flugzeug wieder in Schlammlöcher. Doch das ganze Gewicht meines Körpers hat ein zweites Mal das Fußsteuer gepreßt. Ich habe das Flugzeug in die entgegengesetzte Kurve oder richtiger in das entgegengesetzte Schleudern geworfen (zum Teufel mit den einwandfreien Kurven), und das Diadem schaukelt nach links.

Dauern? So ein Spiel kann nicht dauern. Vergeblich versetze ich diese riesenhaften Fußtritte, das Stahlgewitter baut sich dort vor mir wiederum auf. Das Diadem stellt sich wieder ein. Nun packen mich die Stöße vom Bauch her. Und wenn ich nach unten sehe, finde ich, wie gut auf mich gezielt diese Blasen mit einer schwindelerregenden Langsamkeit hochsteigen. Es ist unbegreiflich, daß wir noch ganz sind. Und doch entdecke ich mich als unverletzlich. Ich fühle mich als Sieger! Ich bin in jeder Sekunde Sieger!

»Getroffen?«

»Nein . . .«

Sie sind nicht getroffen. Sie sind unverletztlich. Sie sind Sieger. Ich bin Führer einer siegreichen Mannschaft . . .

Von nun an kommt mir jede Explosion nicht als Drohung, sondern als Abhärtung für uns vor. Jedesmal denke ich mir eine Zehntelsekunde lang meine Maschine in Stücke zerrissen. Aber sie spricht immer auf die Schaltungen an, und ich richte sie hoch wie ein Pferd und reiße dabei kräftig an den Zügeln. Dann entspanne ich mich und fühle mich von einem dumpfen Jubel durchdrungen. Ich habe keine Zeit gehabt, die Furcht anders als eine physische Verkrampfung zu empfinden, wie sie ein lautes Geräusch hervorruft, und schon darf ich erleichtert aufseufzen. Ich sollte das Zupacken des Schlags, dann die Furcht, schließlich die Entspannung durchleben. Das denken Sie sich so! Ich habe keine Zeit! Ich empfinde das Zupacken, dann die Entspannung. Zupacken, Entspannung. Es fehlt eine Zwischenstufe: die Furcht. Ich lebe auch nicht in Erwartung des Todes für die folgende Sekunde, ich lebe in der Auferstehung vom Ende der vorhergehenden Sekunde. Ich lebe in einer Art Kometenschweif der Freude. Ich lebe im Kielwasser meines inneren Jubels. Und ich beginne, ein herrlich unerwartetes Vergnügen zu empfinden . . . Es ist, als ob mir mein Leben mit jeder Sekunde neu geschenkt würde. Als ob mir mein Leben mit jeder Sekunde fühlbarer würde. Ich lebe. Ich bin am Leben. Ich bin noch am Leben. Ich bleibe immer am Leben. Ich bin nur noch ein sprudelndes Leben. Die Trunkenheit des Lebens kommt über mich. Man spricht von der »Trunkenheit des Kampfes ...«, es ist die Trunkenheit des Lebens! Oh! Die da unten auf uns schießen, wissen sie eigentlich, daß sie uns zurechtschmieden?

Öl-, Benzinbehälter, alles ist angeschlagen. Dutertre hat gesagt: »Schluß! Hochgehen!« Einmal noch messe ich mit den Augen den Abstand, der mich von den Wolken trennt, dann reiße ich die Maschine hoch. Einmal noch werfe ich das Flugzeug nach links, dann nach rechts. Einmal noch werfe ich einen Blick zur Erde. Ich werde diese Landschaft nicht vergessen. Die ganze Ebene blinkert von kurzem Aufleuchten. Zweifellos die Schnellfeuergeschütze. Das Aufsteigen der Blasen geht im ungeheuren bläulichen Aquarium weiter. Die Flamme von Arras leuchtet düster rot wie Eisen auf dem Amboß, jene Flamme von Arras, sicher entzündet an unterirdischen Behältern, in der menschlicher Schweiß, menschliche Erfindung, menschliche Kunst, menschliche Erinnerungen und menschliches Erbe in diesem Schopf vereint aufsteigen und sich in Brand verwandeln, den der Wind forttreibt.

Schon spüre ich die ersten Nebelschwaden. Noch steigen um uns goldene Pfeile hoch und durchlöchern unten den Bauch der Wolke. Das letzte Bild bietet sich mir, als die Wolke mich schon umschließt, durch ein letztes Loch. Eine Sekunde lang erscheint mir die Flamme von Arras für die Nacht wie ein Ewiges Licht im tiefen Dom entzündet. Sie dient einem Kult, doch er kommt sie teuer zu stehen. Morgen wird sie alles verzehrt und aufgebraucht haben. Ich nehme zum Beweis die Flamme von Arras mit.

»Geht's gut, Dutertre?«

»Gut, Herr Hauptmann. Zweihundertvierzig. In zwanzig Minuten durchstoßen wir die Wolke nach unten. Wir finden uns irgendwo nach der Seine zurecht ...«

»Geht's gut, Schütze?«

»Ha ... jawohl ... Herr Hauptmann ... geht gut.«

»Hat's nicht zu warm gemacht?«

»Ha ... nein ... doch.«

Er weiß es nicht. Er ist zufrieden. Ich denke an den Bordschützen Gavoilles. Eines Nachts über dem Rhein haben achtzig Scheinwerfer Gavoille in ihre Bündel gefaßt. Sie bauen um ihn einen gigantischen Dom. Schon geht auch das Schießen los. Da hört Gavoille seinen Bordschützen leise Selbstgespräche führen. (Die Kehlkopfmikrophone sind so indiskret.) Der Schütze beichtet sich selbst: »Na, mein Alter ... Da kann einer lange laufen, wenn er im Zivil so was sehen will! ...« Das machte ihm Spaß, dem Bordschützen.

Ich hole langsam Luft. Ich fülle meine Brust ordentlich voll. Es ist herrlich zu atmen. Es gibt so vieles, was ich jetzt verstehen werde ... doch zunächst denke ich an Alias. Nein. Erst denke ich an meinen Bauern. Ich werde ihn also nach der Zahl der Instrumente fragen ... Na, was denn! Ich denke ganz folgerichtig. Einhundertdrei. Übrigens bei dieser Gelegenheit ... der Benzinstand, der Öldruck ... Wenn die Behälter angeschlagen sind, sehen wir doch besser nach diesen Instrumenten! Ich sehe sie nach. Die Kautschukumhüllungen halten dicht. Das ist doch eine herrliche Verbesserung! Ich sehe auch nach den Gyroskopen: diese Wolke ist recht ungemütlich. Eine Gewitterwolke. Sie schüttelt uns heftig.

»Meinen Sie nicht, wir könnten niedriger gehen?«

»In zehn Minuten ... Warten besser noch zehn Minuten ...« Ich warte also noch zehn Minuten! Ach ja! Ich dachte an Alias. Rechnet er stark damit, uns wiederzusehen? Neulich hatten wir uns eine halbe Stunde verspätet. Eine halbe Stunde ist im allgemeinen bedenklich ... Ich eile schnell zu der Gruppe, die beim Essen ist. Ich stoße die Türe auf, ich falle auf meinen Stuhl neben Alias. Gerade in diesem Augenblick hebt der Kommandeur seine Gabel mit einem Knäuel Nudeln hoch. Eben will er sie einschieben. Da fährt er hoch, verdutzt, und starrt mich offenen Mundes an. Unbeweglich hängen die Nudeln herunter.

»Ah ... Fein ... freut mich, Sie zu sehen!«

Und er schiebt die Nudeln ein.

Meiner Meinung nach hat der Kommandeur einen schweren Fehler. Er fragt die Piloten hartnäckig über die Erfahrungen ihres Auftrags aus. Er wird mich ausfragen. Er wird mich mit einer schrecklichen Geduld anschauen, bis ich ihm grundlegende Wahrheiten heruntersage. Er wird sich mit einem Blatt Papier und einem Schreibstift bewaffnen, um auch nicht einen Tropfen dieses Wundertranks umkommen zu lassen. Das erinnert mich an meine Jugend: Wie integrieren Sie die Bernoullischen Gleichungen, Kandidat Saint-Exupéry?

O weh! ... Bernoulli ... Bernoulli ... Und da steckst du nun reglos unter diesem Blick und trägst wie ein Insekt zum Schmuck eine Nadel durch die Brust gespießt ...

Sie gehn Dutertre an, die Erfahrungen dieses Fluges. Er beobachtet senkrecht nach unten, Dutertre. Er sieht eine Menge Dinge. Lastwagen, Schleppkähne, Panzer, Soldaten, Kanonen, Pferde, Bahnhöfe, Züge in den Bahnhöfen, Bahnhofsvorsteher. Ich beobachte viel zu schräg. Ich sehe Wolken, das Meer, Flüsse, Berge, die Sonne. Ich beobachte ganz grob. Ich bilde mir eine Gesamtvorstellung.

»Sie wissen doch, Herr Major, daß der Flugzeugführer ...«

»Nun ja! Nun ja! Man sieht immer etwas.«

»Ich ... Ach ja, Brände! Ich habe Brände gesehen. Das ist wirklich interessant ...«

»Nein. Alles brennt doch. Und sonst?«

Warum ist Alias so grausam?

XXII

Wird er mich diesmal ausfragen?

Was ich von meinem Auftrag mitbringe, läßt sich nicht in einen Bericht fassen. Ich werde wie ein Schüler an der schwarzen Tafel versagen. Ich werde sehr unglücklich aussehen und es doch nicht sein. Das Unglück ist zu Ende ... Es ging auf und davon, als die ersten Kugeln aufleuchteten. Hätte ich eine Sekunde zu früh beigedreht, dann hätte ich nichts über mich erfahren.

Ich hätte nichts von der süßen Zärtlichkeit gewußt, die mir ans Herz greift. Ich komme zu den Meinen zurück. Ich kehre heim. Ich komme mir vor wie eine Hausfrau, die sich nach Erledigung ihrer Besorgungen auf den Heimweg macht und über die Gerichte nachdenkt, mit denen sie ihre Lieben erfreuen wird. Sie schwenkt ihren Einkaufskorb nach rechts, nach links. Von Zeit zu Zeit lüftet sie die Zeitung, die darüberliegt: es ist alles da. Sie hat nichts vergessen. Sie lächelt über die Überraschungen, die sie vorhat, und bummelt ein wenig. Sie wirft einen Blick in die Auslagen.

Ich würde mit Wonne einen Blick in die Auslagen werfen, wenn Dutertre mich nicht in diesem weißgestrichenen Gefängnis zu bleiben nötigte. Ich würde schauen, wie die Landschaft vorbeimarschiert. Zwar ist es besser, damit noch abzuwarten: hier ist die Landschaft vergiftet. Alles in ihr ist verschworen. Selbst die kleinen Provinzschlösser, die mit ihrem etwas lächerlichen Rasen und ihrem Dutzend Zierbäume harmlos unschuldige Mädchen zu beherbergen scheinen, sind nichts als Kriegsfallen. Beim Tiefflug holt man sich statt Freundschaftsbeweisen explodierende Flakgeschosse.

Trotz der tiefhängen Wolke kehre ich doch vom Einkauf heim. Sie hatte ganz recht, die Stimme des Kommandeurs: »Sie gehen bis zur ersten Straßenecke rechts und besorgen mir Streichhölzer . . .« Mein Gewissen ist beruhigt. Ich habe die Streichhölzer in meiner Tasche. Oder genauer gesagt, sie befinden sich in der Tasche meines Kameraden Dutertre. Wie bringt er es fertig, daß er alles behält, was er gesehen hat? Doch das ist seine Sache. Und ich denke an das Wesentliche. Wenn uns nach der Landung das Durcheinander einer neuen Verlagerung erspart bleibt, werde ich Lacordaire zum Schach auffordern und ihn schlagen. Er verträgt es nicht, wenn er verliert. Ich auch nicht. Aber diesmal gewinne ich.

Gestern war Lacordaire betrunken. Zum mindesten . . . etwas: ich möchte nichts Schlechtes über ihn sagen. Zu seinem Trost hatte er sich betrunken. Bei der Rückkehr von einem Flug hatte er vergessen, sein Fahrgestell auszufahren und hatte eine Bauchlandung gemacht. Unglücklicherweise war Alias gerade zugegen und hatte tiefbekümmert die Maschine betrachtet, jedoch kein Wort gesagt. Ich sehe Lacordaire, den alten Piloten, noch vor mir. Er machte sich auf Alias' Vorwürfe gefaßt. Er hoffte auf Alias' Vorwürfe. Heftige Vorwürfe hätten ihm wohlgetan. Diese Entladung hätte auch ihn zum Platzen gebracht. Beim Herausgeben hätte er seine Wut abreagiert. Doch Alias schüttelte den Kopf. Alias dachte über die Maschine nach; Lacordaire war ihm völlig gleichgültig. Dieser Unfall war für den Kommandeur nur ein anonymes Unglück, eine Art statistischer Auflage. Es war nichts weiter als so eine blöde Geistesabwesenheit, wie sie bei den ältesten Flugzeugführern vorkommen kann. Ganz zu Unrecht war sie Lacordaire passiert. Lacordaire war, abgesehen von dieser kleinen Sauferei, ein ganz tadelloser Könner. Deshalb interessierte sich Alias nur für das Opfer und fragte rein mechanisch

Lacordaire selbst nach seiner Meinung über die Schäden. Und ich merkte, wie mit einem Schlag die ganze Wut in Lacordaire hochkam. Sie legen vertraulich Ihre Hand auf die Schulter des Folterknechts und sagen zu ihm: Das arme Opfer . . . hm . . . wie es doch leiden muß! . . . Die Regungen des Menschenherzens sind unergründlich. Diese zärtliche, sein Mitgefühl heischende Hand reizt den Folterknecht. Er wirft dem Opfer einen düsteren Blick zu. Er bedauert, daß er es nicht völlig erledigt hat.

Es ist schon so. Ich komme heim. Die Gruppe 2/33 ist mein Heim. Und ich verstehe meine Leute. Ich kann mich über Lacordaire nicht täuschen. Lacordaire kann sich über mich nicht täuschen.

Ich empfinde diese Gemeinschaft mit einem ganz ungewöhnlich lebhaften Gefühl: Wir von der Gruppe 2/33. Ja! Schon schließen sich die einzelnen Teile des Durcheinanders zusammen . . .

Ich denke an Gavoille und an Hochedé. Ich empfinde diese Gemeinschaft, die mich mit Gavoille und mit Hochedé verbindet. Ich frage mich bei Gavoille: Wo stammt er her? Er weist eine schöne ländliche Grundsubstanz auf. Warm wird mir eine Erinnerung wieder lebendig und greift mir plötzlich ans Herz. Als wir in Orconte lagen, wohnten Gavoille und ich in einem Bauernhaus. Eines Tages sagte er: »Die Bäuerin hat ein Schwein geschlachtet. Sie lädt uns zur Blutwurst ein.«

Zu dritt, Israel, Gavoille und ich, knackten wir die schöne, schwarze, knusprige Pelle. Die Bäuerin hatte uns einen weißen Landwein vorgesetzt. Gavoille sagte zu mir: »Um ihr eine Freude zu machen, hab ich ihr das da gekauft. Du mußt signieren.« Es war eines meiner Bücher. Und ich fühlte mich gar nicht geniert. Um eine Freude zu machen, habe ich mit Freuden signiert. Israel stopfte seine Pfeife, Gavoille kratzte sich hinten, die Bäuerin schien glücklich, ein vom Verfasser signiertes Buch zu erben. Die Blutwurst duftete. Ich war ein wenig benebelt vom weißen Landwein und fühlte mich gar nicht fremd, obwohl ich ein Buch signierte, was mir immer ein wenig lächerlich vorgekommen ist. Ich fühlte mich nicht zurückgestoßen. Trotz dieses Buches spielte ich weder den Autor noch den Zuschauer. Ich kam nicht als ein Fremder dazu.

Israel schaute mir beim Signieren freundlich zu. Gavoille kratzte sich harmlos hinten weiter. Und ich empfand ihnen gegenüber eine Art dumpfer Dankbarkeit. Dieses Buch hätte mir den Anschein eines unbeteiligten Zuschauers geben können. Und doch machte ich nicht den Eindruck eines Intellektuellen oder eines Zuschauers. Ich gehörte zu ihnen.

Der Beruf des Zuschauers war mir immer gräßlich. Was bin ich, wenn ich nicht teilhabe? Um zu sein, muß ich teilhaben. Ich lebe von den wertvollen Eigenschaften der Kameraden, jenen Eigenschaften, die nichts von sich wissen, aus Gleichgültigkeit, keineswegs aus Bescheidenheit. Gavoille beschaut sich nicht, Israel ebensowenig. Sie sind innig verbunden mit ihrer Arbeit, ihrem Beruf, ihrer Pflicht. Mit dieser dampfenden Blutwurst. Und ich berausche mich an der Dichte ihrer Gegenwart. Ich kann schweigen. Ich kann meinen Landwein trinken. Ich kann sogar dieses Buch signieren, ohne mich von ihnen abzusondern. Nichts vermag dieser Bruderschaft Abbruch zu tun.

Es geht hier für mich nicht darum, das Verhalten der Intelligenz, noch die Überlegenheit des Bewußtseins anzuschwärzen. Ich bewundere die durchsichtig-klaren Intelligenzen. Was ist aber ein Mensch, wenn ihm die Grundsubstanz fehlt? Wenn er nur ein Blick und kein Sein ist? Ich entdecke die Grundsubstanz in Gavoille oder in Israel. Wie ich sie in Guillaumet entdeckte.

Die Vorteile, die ich aus meiner Schriftstellertätigkeit ziehen kann, jene Freiheit zum Beispiel, von der ich Gebrauch machen könnte und die mir erlaubt, wenn meine Tätigkeit in der Gruppe 2/33 mir nicht mehr zusagt, mich von ihr zu anderer Verwendung entbinden zu lassen, ich lehne sie mit einer Art Entsetzen ab. Dies ist nur die Freiheit des Nichtseins. Jede Verpflichtung führt zum Werden.

Wir sind in Frankreich vor substanzloser Intelligenz beinahe geplatzt. Gavoille ist. Er liebt, verabscheut, freut sich, knurrt. Er bleibt mit allen Fastern verhaftet. Und ebenso wie ich, ihm gegenübersitzend, diese knusprige Blutwurst koste, so koste ich die Verpflichtungen unseres Berufes, die uns in einen gemeinsamen Stamm zusammenschweißen. Ich liebe die Gruppe 2/33, weil ich zu ihr gehöre, weil sie mich nährt und weil ich sie mit ernähre.

Und nun, da ich von Arras zurückkehre, gehöre ich meiner Gruppe mehr denn je. Ich bin ihr noch enger verbunden. Ich habe in mir dieses Gefühl der Gemeinschaft verstärkt, das man schweigend genießt. Israel und Gavoille haben vielleicht schlimmere Gefahren bestanden als ich. Israel ist abgeblieben. Aber vom heutigen Ausflug sollte ich ja auch nicht zurückkommen. Er gibt mir ein größeres Recht, mich an ihren Tisch zu setzen und mit ihnen zu schweigen. Solch ein Recht wird sehr teuer erkauft. Es ist aber auch sehr viel wert: nämlich das Recht des Seins. Deswegen habe ich den Schmöker anstandslos signiert . . . er konnte nichts verderben.

Und nun werde ich rot bei der Vorstellung, wie ich gleich stammeln werde, wenn der Kommandeur mich ausfragen wird. Ich werde mich meiner selbst schämen. Der Kommandeur wird denken, ich sei ein wenig blöde. Wenn diese Geschichten im Buch mich auch nicht genieren, so können mich solche Berichte, und wenn ich mit einer ganzen Bibliothek niedergekommen wäre, doch nicht vor der Scham retten, die mir droht. Diese Scheu ist nicht geschauspielert. Ich bin nicht der Skeptiker, der sich den Luxus leistet, sich für irgendeine rührselige Gewohnheit herzugeben. Ich bin nicht der Städter, der sich in den Ferien als Landbewohner aufspielt. Ich habe über Arras wieder einmal den Beweis meines guten Glaubens erbracht. Ich habe bei dem Abenteuer meine Haut aufs Spiel gesetzt. Meine ganze Haut. Und ich habe dabei aufs Verlieren gesetzt. Ich habe bei diesen Spielregeln alles hergegeben, was ich nur konnte. Sie sollten etwas anderes sein als nur Spielregeln. Ich habe mir das Recht erworben, mich bald etwas verdutzt zu fühlen, wenn der Kommandeur mich ausfragt. Das heißt, ich habe das Recht teilzuhaben. Verbunden zu sein. Teilzunehmen. Zu empfangen und zu geben. Mehr als ich selbst zu sein. Zutritt zu dieser Fülle zu erhalten, die mich so stark bewegt. Jene Liebe zu erfahren, die ich meinen Kameraden gegenüber empfinde, jene Liebe, die kein Antrieb von außen ist, die sich nicht ausdrücken will – niemals – außer höchstens beim Abschiedsmahl. Dann sind sie ein wenig benebelt, und der wohltuende Alkohol läßt einen sich zu seinem Tischgenossen neigen wie ein gebefreudiger, früchtebeladener Baum. Meine Liebe zur Gruppe hat nicht nötig, sich auszusprechen. Sie besteht aus nichts als Bindungen. Sie ist meine Grundsubstanz selber. Ich gehöre zur Gruppe. Das ist alles.

Wenn ich an die Gruppe denke, muß ich unbedingt an Hochedé denken. Ich könnte von seinem Schneid im Kriege erzählen, doch würde ich mir lächerlich vorkommen dabei. Es handelt sich hier gar nicht um Schneid: Hochedé hat sich mit Leib und Seele dem Krieg hingegeben. Wahrscheinlich besser als wir alle. Hochedé ist ständig in jenem Zustand, der für mich so schwer zu erreichen war. Ich tobte, wenn ich mich umzog. Hochedé tobte nicht. Hochedé ist da angelangt, wo wir hingehen. Wo ich hinwollte.

Hochedé ist ein ehemaliger Unteroffizier, der kürzlich zum Leutnant befördert wurde. Zweifellos besitzt er eine mäßige Bildung. Er versteht nicht, über sich selbst ins klare zu kommen. Aber er ist organisch gewachsen, er ist ein fertiger Mann. Wenn es sich um Hochedé handelt, verliert das Wort Pflicht jedes Pathos. Man möchte seine Pflicht so auf sich nehmen, wie Hochedé sie auf sich nimmt. Hochedé gegenüber werfe ich mir alle meine kleinen Verzichte, meine Nachlässigkeiten, meine Bequemlichkeiten und vor allem bei Gelegenheit meine Bedenken vor. Das ist kein Zeichen meiner Anständigkeit, sondern einer richtig verstandenen Eifersucht. Ich möchte so existieren, wie Hochedé existiert. Ein Baum ist schön wohlaufgerichtet auf seinen Wurzeln. Sie ist schön, die Beharrlichkeit Hochedés. Hochedé könnte nicht enttäuschen.

Ich werde also nichts von den Kriegsaufträgen Hochedés erzählen. Freiwillig? Wir melden uns alle immer freiwillig zu allen Aufträgen. Einfach aus jenem dunklen Drang, an uns zu glauben. Man übersteigert sich dann ein wenig. Hochedé ist Freiwilliger von Natur. Er *ist* dieser Krieg. Das ist so natürlich, daß, wenn es sich um eine Besatzung handelt, die geopfert werden soll, der Kommandeur sogleich an Hochedé denkt: Sagen Sie mal, Hochedé ... Hochedé wurzelt im Krieg wie ein Mönch in seiner Religion. Warum schlägt er sich? Er schlägt sich für sich selber. Hochedé geht in einer gewissen Grundsubstanz auf, die es zu retten gilt, seiner eigenen Sinngebung. Auf dieser Stufe gehen Leben und Tod etwas ineinander über. Hochedé steht schon dazwischen. Ohne es vielleicht zu wissen, fürchtet er den Tod kaum.

Dauern, dauern lassen ... Für Hochedé versöhnen sich Sterben und Leben.

Zunächst hat mich an ihm seine Bangigkeit verblüfft, als Gavoille von ihm sein Chronometer entleihen wollte, um Geschwindigkeiten an der zurückgelegten Strecke abzustoppen.

»Herr Oberleutnant ... nein ... ich tue das nicht gern ...«

»Du bist blöde! Es ist für eine Kontrolle von zehn Minuten!«

»Herr Oberleutnant ... Im Magazin der Gruppe ist eines.«

»Gewiß. Aber seit sechs Wochen ist es auf zwei Uhr stehengeblieben.«

»Herr Oberleutnant ... so etwas wie ein Chronometer verleiht man nicht ... Ich bin nicht verpflichtet, mein Chronometer auszuleihen ... Das können Sie nicht verlangen!«

Die militärische Zucht und die geheiligte Rangordnung können von einem Hochedé verlangen, daß er, kaum in Flammen abgeschossen und wie durch ein Wunder unversehrt, ein anderes Flugzeug besteigt für einen weiteren, und zwar ganz besonders gefahrvollen Auftrag ... nicht aber, daß er respektlosen Händen ein sehr kostbares Chronometer anvertraut, das das Dreifache seines Monatsgehaltes gekostet hat und allabendlich mit geradezu mütterlicher Sorgfalt aufgezogen wurde. Wenn man die Männer aufgeregt hantieren sieht, kann man sich denken, daß sie von Chronometern nichts verstehen.

Und als Hochedé als Sieger, sobald sein gutes Recht einmal feststand, sein Chronometer ans Herz drückend und noch ganz dampfend vor Entrüstung, das Geschäftszimmer verließ, da hätte ich ihn umarmen können. Ich entdeckte die heimliche Liebe eines Hochedé. Er wird für sein Chronometer kämpfen. Sein Chronometer existiert. Und er wird für sein Land sterben. Sein Land existiert. Hochedé existiert und ist mit ihnen verbunden. Mit allen seinen Fasern ist er mit der Welt verbunden.

Darum liebe ich Hochedé, ohne daß ich ein Bedürfnis empfinde, es ihm zu sagen. So habe ich Guillaumet verloren, er wurde abgeschossen – der beste Freund, den ich gehabt habe –, und vermeide es, von ihm zu sprechen. Wir haben dieselben Linien beflogen, an denselben Aufbauarbeiten teilgenommen. Wir waren aus demselben Stoff. Mit ihm ging ein

Teil von mir selbst dahin. Ich habe Guillaumet zum Genossen meines Schweigens gemacht. Ich bin ein Stück von Guillaumet.

Ich bin ein Stück von Guillaumet, von Gavoille, von Hochedé. Ich bin ein Stück der Gruppe 2/33. Ich bin ein Stück meiner Heimat. Und sie alle von der Gruppe 2/33 sind Stücke dieses Landes ...

XXIII

Ich habe mich sehr verändert! In diesen Tagen war ich verbittert, Kommandeur Alias. Während in diesen Tagen der Panzereinbruch nur noch ins Leere vorstieß, haben die verzweifelten Flüge der Gruppe 2/33 siebzehn von dreiundzwanzig Besatzungen gekostet. Sie als erster, wir alle nahmen die Aufgabe auf uns, so meinte ich, aus Regiegründen die Totenrolle zu spielen. Ach! Kommandeur Alias, ich war verbittert, ich täuschte mich!

Wir krampften uns, Sie als erster, an den Buchstaben einer Pflicht, deren Geist sich verdunkelt hatte. Sie trieben uns instinktiv nicht mehr zum Siegen, das war unmöglich, aber zur Selbstvollendung. Sie wußten so gut wie wir, daß die Erkundungen, die wir einholten, an niemanden weitergegeben würden. Doch sie retteten ein Dekorum, dessen Sinn verborgen lag. Sie fragten uns ernsthaft, als ob unsere Antworten von Nutzen sein könnten, über Panzeransammlungen, Kähne, Lastwagen, Bahnhöfe, Züge in den Bahnhöfen aus. Ihre Ungläubigkeit schien mir geradezu aufreizend:

»Doch, doch! Vom Führersitz aus kann man recht gut beobachten.«

Und doch hatten Sie recht, Kommandeur Alias!

Diese Menge, die ich überfliege, über Arras habe ich sie wohl in acht genommen. Ich bin nur dem verbunden, den ich beschenke. Ich verstehe nur, wem ich mich liebend nahe. Ich existiere nur, insoweit mich die Quellen meiner Wurzeln tränken. Ich bin ein Teil dieser Menge. Diese Menge ist ein Teil von mir. Nachdem ich mit fünfhundertdreißig Kilometern Geschwindigkeit in der Stunde und in zweihundert Meter Höhe nun nach unten meine Wolke durchstoßen habe, umfange ich sie im Abendlicht wie ein Schäfer, der mit einem

Blick die Herde überzählt, sammelt und vereint. Diese Menge ist keine Menge mehr: sie ist ein Volk. Wie sollte ich ohne Hoffnung sein?

Trotz der Verwesung der Niederlage trage ich wie beim Verlassen eines Heiligtums jenes ernste dauernde Jubeln in mir. Ich bewege mich im Unzusammenhängenden und bin doch wie siegreich. Wer ist der Kamerad, der von seinem Auftrag heimkehrt und nicht diesen Sieger in sich trägt? Hauptmann Pénicot hat mir seinen Flug von heute früh erzählt: »Als eine der Abwehrbatterien mir zu genau zu schießen schien, kurvte ich direkt auf sie zu mit voller Geschwindigkeit dicht über dem Boden und ließ eine Maschinengewehrgarbe los, die schlagartig dieses rötliche Licht auslöschte, wie ein Windstoß eine Kerze. Eine Zehntelsekunde später fiel ich wie ein Wirbelwind über die Besatzung her ... Es war, als ob ihre Waffe explodiert wäre! Die Bedienungsmannschaft fand ich zerstreut, Hals über Kopf auf der Flucht. Ich hatte den Eindruck, ich spielte Kegel.« Pénicot lachte großartig, Pénicot, siegreicher Hauptmann!

Ich weiß, daß der Auftrag auch jenen Bordschützen Gavoilles mit verwandelt haben wird, der in der Nacht, eingefangen wie in einen Dom aus achtzig Scheinwerfern, wie zu einer Soldatenhochzeit unter gekreuzten Degen durchging.

»Sie können auf vierundneunzig gehen.«

Dutertre hat sich nach der Seine zurechtgefunden. Ich bin auf hundert Meter hinuntergegangen. Der Boden saust auf uns zu mit fünfhundertdreißig Kilometern in der Stunde. Große Rechtecke mit Luzerne oder Getreide und dreieckige Waldparzellen. Ich empfinde ein tolles körperliches Wohlbehagen, dieses Hagelunwetter zu beobachten, das mein Bug unablässig spaltet. Die Seine taucht vor mir auf. Wie ich sie schräg überfliege, entzieht sie sich, als ob sie taumelte. Diese Bewegung macht mir den gleichen Spaß wie die Mahd, die unter dem Hieb der Sense sich biegend umlegt. Ich fühle mich richtig wohl. Ich bin der Chef an Bord. Die Behälter halten dicht. Nachher knöpfe ich Pénicot beim Pokern ein Glas ab, dann schlage ich Lacordaire beim Schach. Das ist bei mir so Sitte, wenn ich Sieger bin. »Herr Hauptmann ... Sie schießen ... Wir sind auf Sperrgebiet ...«

Er berechnet ja die Navigation. Mich kann kein Vorwurf treffen.

»Schießen sie stark?«

»Sie schießen, so gut sie können ...«

»Biegen wir ab?«

»Ach nein ...«

Es klingt verbraucht. Wir haben ja die Sintflut kennengelernt. Bei uns ist das Flakschießen nur so ein Frühlingsgeträufel.

»Dutertre ... Wissen Sie ... es ist doch blödsinnig, sich so daheim abschießen zu lassen!«

»Schießen nichts ab ... Sind beim Üben.«

Dutertre ist verbittert.

Ich bin nicht verbittert. Ich bin glücklich. Am liebsten möchte ich mit meinen Landsleuten sprechen.

»Ha ... ja ... schießen wie die ...«

Sieh da, nun wird einer lebendig! Ich merke, daß mein Bordschütze bisher von sich aus kein einziges Lebenszeichen gegeben hat. Er hat das ganze Abenteuer verdaut, ohne ein Mitteilungsbedürfnis zu haben. Höchstens, daß er beim heftigsten Flakbeschuß ein »Ah, la, la« von sich gegeben hat. Jedenfalls war er nicht übertrieben aussprachebedürftig.

Aber hier geht es um sein Fachgebiet: das Maschinengewehr. Wenn es sich um ihr Fachgebiet handelt, sind die Fachleute nicht mehr zu halten.

Ich kann nicht anders, als diese beiden Welten einander gegenüberzuhalten: die Welt des Flugzeugs und die Welt des Erdbodens. Ich habe Dutertre und meinen Bordschützen über die erlaubten Grenzen hinaus mitgerissen. Wir haben Frankreich lodern sehen. Wir sind in großer Höhe zu Greisen geworden. Wir haben uns nach einer fernen Erde wie über Museumsschaukästen gebeugt. Wir haben in der Sonne mit dem Staub feindlicher Jäger gespielt. Dann sind wir wieder hinuntergegangen. Wir haben uns in den Brand geworfen. Wir haben alles geopfert. Und dabei haben wir mehr über uns selber gelernt, als wir in zehn Jahren Nachdenken gelernt hätten. Schließlich sind wir aus diesem zehnjährigen Kloster herausgekommen ... Und nun ist auf dieser Straße, die wir vielleicht auf dem Weg nach Arras überflogen, die Karawane beim

Wiederbegegnen um höchstens fünfhundert Meter weitergekommen.

Während sie einen steckengebliebenen Wagen in den Graben schaffen, ein Rad auswechseln, unverrückt auf dem Steuerrad trommeln, um eine Querstraße ihre eigenen Trümmer vorbeischaffen zu lassen, in dieser Zeit werden wir unseren Landeplatz wieder erreicht haben.

Wir durchmessen die Niederlage in ihrem ganzen Ausmaß. Wir gleichen jenen Pilgern, die die Wüste nicht schreckt, wenn sie dort auch zu leiden haben; denn in ihren Herzen wohnen sie schon in der heiligen Stadt. Die Nacht, die hereinbricht, wird diese durcheinandergewürfelte Menge in ihrem elenden Stall zusammenpferchen. Die Herde drängt sich zusammen. Wonach sollte sie rufen? Doch uns ist es beschert, zu unseren Kameraden zu eilen, und mir scheint, wir eilen zu einem Fest. So verwandelt eine einfache Hütte, wenn sie in der Ferne ihr Licht entzündet, die härteste Winternacht in eine Weihnacht. Dort, wo wir hineilen, werden wir empfangen. Dort, wo wir hineilen, werden wir am gemeinsamen Abendbrot teilhaben.

Für heute reicht es mit dem Abenteuer: ich bin glücklich und müde. Ich überlasse das Flugzeug mit seinen vielen Löchern dem technischen Personal. Ich lege dann meine schwere Fliegerkleidung ab, und da es zu spät ist, mit Pénicot um ein Glas zu spielen, werde ich mich ganz einfach zum Abendessen zwischen die Kameraden setzen ...

Wir haben uns verspätet. Kameraden, die sich verspäten, kehren nicht wieder. Sie haben sich verspätet? Sind überfällig. Um so schlimmer für sie. Die Nacht schaukelt sie in die Ewigkeit. Beim Abendessen zählt die Gruppe ihre Toten. Die Verschollenen gewinnen in der Erinnerung. Man kleidet sie für immer in ihr hellstes Lachen. Wir müssen auf diesen Vorteil verzichten. Wir tauchen verstohlen auf wie böse Geister und Wilderer. Der Kommandeur wird seinen Bissen Brot nicht einschieben. Er wird uns anschauen. Er wird vielleicht sagen: Ach! ... Da sind Sie ja ... Die Kameraden werden schweigen. Sie werden uns kaum beachten.

Früher hatte ich wenig Achtung vor großen Männern. Es war nicht recht. Man altert nie. Kommandeur Alias! Die

Männer sind in Ordnung, auch wenn sie einmal zurückkommen: Da bist du ja, du, einer von uns . . . Doch die Scham läßt sie schweigen.

Kommandeur Alias! Kommandeur Alias! Diese Gemeinschaft bei Ihnen habe ich wie ein Feuer für Blinde genossen. Der Blinde setzt sich hin und breitet seine Hände aus, er weiß nicht, woher ihm seine Freude kommt. Von unseren Aufträgen kommen wir heim, bereit, einen unerhörten Dank zu empfangen: nichts weiter als einfach die Liebe.

Wir erkennen darin die Liebe gar nicht wieder. Die Liebe, an die wir für gewöhnlich denken, hat ein stürmischeres Gebaren. Doch hier haben wir die wahre Liebe: ein Gewebe von Bindungen, das einen *werden* läßt.

XXIV

Ich habe meinen Bauern nach der Anzahl der Instrumente gefragt. Und mein Bauer gab mir zur Antwort: »Ich verstehe nichts von Ihrem Kram. Von den Instrumenten müssen, denk ich, ein paar fehlen: die uns den Krieg hätten gewinnen lassen . . . Wollen Sie mit uns zu Abend essen?«

»Danke, ich habe schon gegessen.« –

Sie haben mich aber mit Gewalt zwischen die Nichte und die Bäuerin gesteckt: »Du, Mädchen, rück ein bißchen . . . Mach Platz für den Hauptmann.«

Und ich merke, ich bin nicht nur mit meinen Kameraden verbunden. Sondern durch sie mit meiner ganzen Heimat. Hat die Liebe einmal gekeimt, dann treibt sie Wurzeln, die endlos weiterwachsen.

Der Bauer verteilt das Brot schweigend. Die Sorgen des Tages haben ihn mit einem eigenen Ernst geadelt. Zum letztenmal vielleicht besorgt er diese Teilung, als versehe er ein heiliges Amt.

Und ich denke an die Felder ringsum, die die Substanz dieses Brotes gebildet haben. Morgen wird der Feind sie überfluten. Man braucht sich nicht auf ein Getümmel bewaffneter Männer gefaßt zu machen! Die Erde ist groß. Vielleicht wird die Besetzung an dieser Stelle nur einen einsamen Wachposten aufweisen, weithin verloren in der Unendlichkeit der Felder, einen grauen Fleck am Rande des Korns. Dem äußeren Schein nach wird sich nichts geändert haben, doch wenn es sich um den Menschen handelt, genügt ein Zeichen, um alles zu verändern.

Der Windstoß, der übers Erntefeld streicht, gleicht immer dem Wind überm Meer. Doch der Windstoß übers Erntefeld umfaßt, so scheint uns, noch mehr, überschlägt er doch im Wehen ein Erbe. Er gedenkt der Zukunft. Er liebkost eine Gattin, streicht ihr friedlich durchs Haar.

Morgen wird dieses Korn sich verändert haben. Korn ist etwas anderes als fleischliche Nahrung. Den Menschen ernähren ist etwas anderes als ein Stück Vieh mästen. Das Brot spielt so mancherlei Rollen! Wir haben im Brot ein Werkzeug menschlicher Gemeinschaft kennengelernt, um des Brotes willen, das gemeinsam gebrochen wird. Wir haben im Brot das Bild der Größe der Arbeit kennengelernt, um des Brotes willen, das im Schweiße des Angesichts verdient wird. Wir haben im Brot den wesentlichen Träger der Barmherzigkeit kennengelernt, um des Brotes willen, das in der Stunde des Elends ausgeteilt wird. Der Geschmack des geteilten Brotes hat nicht seinesgleichen. Nun aber ist die ganze Macht dieser geistigen Nahrung, des geistigen Brotes, das diesem Kornfeld entwachsen wird, in Gefahr. Wenn mein Bauer morgen das Brot bricht, wird er vielleicht nicht mehr die gleiche häusliche Kulthandlung vollziehen. Morgen wird das Brot vielleicht nicht mehr die gleichen leuchtenden Blicke nähren. Brot gleicht dem Öl in der Lampe. Es wandelt sich in Licht. Ich beobachte die Nichte, die sehr schön ist, und sage mir: Durch sie verwandelt sich das Brot in sehnsüchtige Anmut. Es wird zur Scham. Es wird zu süßem Schweigen. Wenn dasselbe Brot nun aber dank einem einfachen grauen Fleck am Rande eines Ährenmeeres morgen dieselbe Lampe nährt, wird es vielleicht nicht mehr die gleiche Flamme bilden. Das Wesen der Macht des Brotes wird sich gewandelt haben.

Ich habe viel mehr noch darum gekämpft, die Güte eines Lichts zu wahren als die körperliche Nahrung zu retten. Ich habe um den besonderen Schimmer gekämpft, in den sich das Brot in den Häusern bei mir daheim verwandelt. Was mich zunächst an diesem stillen jungen Mädchen erregt, ist die unkörperliche Hülle. Ist ein geheimnisvolles Band zwischen den

Linien eines Gesichts. Ist das Gedicht, das auf der Seite zu lesen steht – und nicht die Seite selber.

Sie hat sich beobachtet gefühlt. Sie hat die Augen nach mir erhoben. Mir scheint, sie hat mir zugelächelt … Es war nur eben wie ein Hauch über einem stillen Gewässer. Diese Erscheinung verwirrt mich. Geheimnisvoll gegenwärtig fühle ich unsere eigene Seele, die sich hier und sonst nirgends findet. Ich koste einen Frieden, von dem ich mir sage: In stillen Bereichen wohnt der Friede …

Ich habe den Schimmer des Korns aufleuchten sehen.

Das Antlitz der Nichte glättete sich wieder auf geheimnisvollem Grund. Die Bäuerin seufzt, schaut um sich und schweigt. Der Bauer, der den kommenden Tag überdenkt, verschließt sich in seine Weisheit. In ihrem allgemeinen Schweigen liegt ein innerer Reichtum gleich dem Erbe eines Dorfes – auch er ist bedroht.

Seltsam hellsichtig fühle ich mich verantwortlich für diesen unsichtbaren Hort. Ich verlasse den Hof. Ich gehe langsamen Schrittes. Ich nehme diese Bürde mit mir, süßer noch als drükkend, gleich einem Kind, das an meine Brust eingeschlummert lehnt.

Ich hatte mir dieses Zwiegespräch mit meinem Dorf versprochen. Aber ich habe nichts zu sagen. Ich gleiche einer Frucht, die fest am Baum haftet, an den ich eben vor einigen Stunden dachte, als die Angst sich legte. Ich fühle mich mit den Leuten meiner Heimat ganz einfach verbunden. Ich bin ein Teil von ihnen wie sie von mir. Als mein Bauer das Brot verteilte, hat er nichts hergegeben. Er hat geteilt und ausgetauscht. Dasselbe Korn kreiste in uns. Der Bauer ist nicht ärmer geworden. Er wurde reicher: er nährte sich von einem besseren Brot, da es sich in Brot der Gemeinschaft verwandelt hatte. Als ich heute nachmittag für sie zu meinem Kriegsauftrag startete, habe ich ihnen ebensowenig etwas hergegeben. Wir geben ihnen nichts her, wir von der Gruppe. Wir sind ihr Anteil am Kriegsopfer. Ich verstehe, warum Hochedé ohne große Worte Krieg führt, wie ein Schmied, der für sein Dorf schmiedet. »Wer sind Sie?« – »Ich bin der Schmied vom Dorf.« Und der Schmied ist glücklich bei seiner Arbeit.

Wenn ich jetzt hoffe, während sie zu verzweifeln scheinen,

unterscheide ich mich ebensowenig von ihnen. Ich bin einfach ihr Anteil an der Hoffnung. Gewiß sind wir schon besiegt. Alles ist in der Schwebe. Alles bricht zusammen. Und doch empfinde ich weiterhin die Ruhe eines Siegers. Die Worte widersprechen sich? Ich pfeife auf die Worte. Ich bin wie Pénicot, Hochedé, Alias, Gavoille. Wir verfügen über keine Sprache, um unser Siegesgefühl zu rechtfertigen. Aber wir fühlen uns verantwortlich. Niemand kann sich gleichzeitig verantwortlich und verzweifelt fühlen.

Niederlage ... Sieg ... Ich weiß mit diesen Formeln nichts Rechtes anzufangen. Es gibt Siege, die erheben, und andere, die erniedrigen. Niederlagen, die töten, und andere, die erwecken. Das Leben drückt sich nicht im Zustand, sondern im Verhalten aus. Der einzige Sieg, an dem ich nicht zweifeln kann, ist der, der in der Keimkraft der Samen schlummert. Ist erst das Korn weithin in die schwarze Erde gepflanzt, dann ist es schon siegreich. Man muß jedoch Zeit verstreichen lassen, um seinen Triumph im Korn zu erleben.

Heute morgen war nur ein wehrloses Heer und eine wirre Menge da. Doch ist nur ein einziges Bewußtsein da, in dem sie sich bereits zusammenfindet, dann ist eine wirre Menge nicht mehr verwirrt. Die Steine vom Bau sind nur scheinbar ein wirrer Haufen, wenn verloren auf der Baustelle ein Mensch, nur ein einziger Mensch ist, der in Domen denkt. Ich sorge mich nicht um den einzelnen Klumpen Schlamm, wenn er ein Samenkorn birgt. Das Korn wird ihn trockenlegen für den Bau.

Wer den Weg zur inneren Schau findet, verwandelt sich in ein Samenkorn. Wer einen Lichtschimmer entdeckt, zupft jeden am Ärmel, ihn ihm zu zeigen. Wer erfindet, gibt seine Erfindung sogleich weiter. Ich weiß nicht, wie ein Hochedé sich ausdrücken oder handeln wird. Das ist auch nicht so wichtig für mich. Er wird seinen unerschütterlichen Glauben um sich verbreiten. Schon ahne ich das Prinzip aller Siege deutlicher: wer sich einen Posten als Küster oder Stuhlvermieter im fertigen Dom sichert, ist schon besiegt. Wer aber im Herzen einen künftigen Dombau trägt, der ist schon Sieger. Der Sieg ist die Frucht der Liebe. Die Liebe allein erkennt das Gesicht, das es zu formen gilt. Die Liebe allein leitet zu ihm hin. Die Intelligenz taugt nur im Dienst der Liebe.

Der Bildhauer ist trächtig von seinem Werk: es ist kaum wichtig, ob er weiß, wie er es formen wird. Von Daumendruck zu Daumendruck, von Irrtum zu Irrtum, von Widerspruch zu Widerspruch wird er geradeaus durch den Lehm hindurch zur Schöpfung schreiten. Weder Intelligenz noch Urteilsvermögen sind schöpferisch. Wenn der Bildhauer nur Wissenschaft und Intelligenz ist, werden seine Hände genielos sein.

Zu lange haben wir uns über die Rolle der Intelligenz getäuscht. Wir haben die Grundsubstanz des Menschen vernachlässigt. Wir haben gemeint, die Kunstfertigkeit niedriger Seelen könne zum Triumph edler Vorhaben mithelfen, der wendige Egoismus könne den Geist des Opfers übertrumpfen, die Nüchternheit des Herzens könne mit schönen Reden Brüderlichkeit oder Liebe gründen. Wir haben das *Wesen* vernachlässigt. Das Samenkorn der Zeder wird zur Zeder, es mag wollen oder nicht. Das Samenkorn eines Brombeerstrauches wird zum Brombeerstrauch. Von nun an denke ich nicht mehr daran, den Menschen nach den Formeln zu beurteilen, die seinen Entscheidungen zugrunde liegen. Man täuscht sich zu leicht über die Bürgschaft der Worte wie über die Richtung der Taten. Wer auf sein Heim zugeht, weiß nicht, geht er zum Streit oder geht er zur Liebe. Ich werde mich fragen: Was für ein Mensch ist er? Dann erst werde ich erkennen, wohin es ihn zieht und wohin er gehen wird. Am Ende geht einer doch immer dahin, wohin es ihn zieht.

Von der Sonne betreut, findet der Keim immer seinen Weg durch das Geröll des Bodens. Wenn keine Sonne ihn zu sich zieht, ertrinkt der reine Logiker immer in der verwirrenden Fülle der Probleme. Ich werde die Lehre im Sinn behalten, die mir mein Feind selbst gegeben hat. Welche Richtung muß die Panzerkolonne nehmen, um den Gegner im Rücken abzuschnüren? Man weiß keine Antwort darauf. Was muß die Panzerkolonne sein? Sie muß der Wucht der Meeresbrandung gegen den Damm gleichen.

Was muß einer tun? Dieses. Oder das Gegenteil. Oder etwas anderes. Die Zukunft ist nicht vorherbestimmt. Was muß einer sein? Das erst ist die wesentliche Frage; denn der Geist allein befruchtet den Verstand. Er ist vom künftigen Werke trächtig. Der Verstand wird ihn zum Ziel führen. Was muß der Mensch tun, um das erste Schiff zu erschaffen?

Die Formel ist zu verwickelt. Im Grunde wird dieses Schiff aus tausend widersprechenden Tastversuchen erstehen. Aber dieser Mensch, was muß er sein? Hier halte ich die Schöpfung an ihrer Wurzel. Er muß Kaufmann oder Soldat sein; denn dann wird er, erfüllt von der Sehnsucht nach fernen Ländern, Techniker herbeirufen, Arbeiter einsetzen und eines Tages sein Schiff vom Stapel lassen! Was muß einer tun, damit ein ganzer Wald davonfliegt? Ach! Das ist zu schwierig ... Was muß einer sein? Er muß Feuersbrunst sein! Morgen kommt die Nacht über uns. Möge mein Land noch bestehen, wenn der neue Tag anbricht! Was muß einer tun, um es zu retten? Wie läßt sich eine einfache Lösung formulieren? Die Notwendigkeiten widersprechen sich. Wichtig ist, das geistige Erbe zu retten, ohne welches das Volk seiner Seele beraubt wäre. Wichtig ist, das Volk selbst zu retten, ohne welches die Seele verlorenginge. In Ermangelung einer Sprache, die die beiden Rettungen miteinander vereint, werden die Logiker versucht sein, entweder die Seele oder den Körper zu opfern. Aber ich pfeife auf die Logiker. Ich will, daß mein Volk besteht – geistig und leiblich –, wenn der neue Tag anbricht. Um zum Wohle meines Landes zu handeln, muß ich jeden Augenblick meine ganze Liebe in diese Richtung werfen. Es gibt keinen Durchgang, den das Meer nicht fände, wenn es drückt. Ich kann nicht mehr an der Rettung zweifeln. Nun verstehe ich das Bild meines Feuers für Blinde besser. Wenn der Blinde auf das Feuer zugeht, dann geschieht dies darum, weil in ihm das Bedürfnis nach dem Feuer erstanden ist. Das Feuer leitet ihn schon. Wenn der Blinde das Feuer sucht, hat er es auch schon gefunden. So besitzt der Bildhauer seine Schöpfung schon, wenn er auf den Lehm drückt. Bei uns ist es ebenso. Wir empfinden die Wärme unserer Bindungen: darum sind wir bereits siegreich. Unsere Gemeinschaft wird uns schon fühlbar. Sicherlich müssen wir sie ausdrücken, um sie zum Sammelpunkt zu machen. Das ist die Aufgabe des Bewußtseins und der Sprache. Um nichts von ihrer Grundsubstanz zu verlieren, müssen wir uns aber auch taub für die Fallen der behelfsmäßigen Logiken, der Erpressungen und Polemiken machen. Wir dürfen vor allem nichts von dem verleugnen, wozu wir gehören. Darum beginne ich im Schweigen meiner Dorfnacht, an eine Mauer gelehnt nach der Heimkehr von meinem Auftrag über Arras – und wie mir scheint, erleuchtet durch meinen Auftrag –, mir einfache Regeln aufzuerlegen, die ich niemals übertreten werde.

Da ich ein Teil von ihnen bin, werde ich niemals die Meinen verleugnen, was sie auch tun mögen. Ich werde nie vor jemand anderem gegen sie predigen. Wenn ich ihre Verteidigung übernehmen kann, werde ich sie verteidigen. Wenn sie mich mit Schande bedecken, werde ich diese Schande in meinem Herzen verschließen und schweigen. Was ich dann auch über sie denken mag, ich werde nie als Belastungszeuge dienen. Ein Gatte geht nicht von Haus zu Haus, um selber seine Nachbarn davon zu unterrichten, daß seine Frau eine Dirne ist. So wird er seine Ehre nicht retten. Denn seine Frau ist ein Teil von seinem Heim. Er kann sich nicht gegen sie besser machen. Erst wenn er heimgekehrt ist, hat er das Recht, seinem Zorn Luft zu machen.

So werde ich mich mit einer Niederlage völlig solidarisch erklären, die mich oft erniedrigen wird. Ich gehöre zu Frankreich. Frankreich formte Leute wie Renoir, Pascal, Pasteur, Guillaumet, Hochedé. Es formte auch Unfähige, Politikaster wie Betrüger. Aber es scheint mir zu bequem, sich den einen zuzuzählen und jede Verwandtschaft mit den andern zu leugnen. Die Niederlage spaltet. Die Niederlage zerlegt, was ganz war. Darin liegt eine tödliche Drohung: ich werde nicht zu diesen Spaltungen beitragen, indem ich die Verantwortung für das Unglück auf Andersdenkende unter den Meinen abwälze. In solchen Verfahren, bei denen der Richter fehlt, ist nichts zu holen. Wir sind alle besiegt worden. Hochedé schiebt die Niederlage nicht auf andere ab. Ich, Hochedé, ich, der ich Frankreich angehöre, ich bin schwach gewesen. Das Frankreich Hochedés ist schwach gewesen. Ich bin schwach in ihm und es ist schwach in mir gewesen. Hochedé weiß genau, daß es eitle Selbstverherrlichung wäre, wenn er sich von den Seinen löst. Er wird dann nicht mehr der Hochedé eines Heims, einer Familie, einer Gruppe, einer Heimat sein. Er wird nur noch der Hochedé einer Wüste sein.

Wenn ich es auf mich nehme, mich durch meine Familie erniedrigen zu lassen, kann ich auf meine Familie einwirken. Sie ist ein Teil von mir, wie ich ein Teil von ihr bin. Wenn ich aber die Erniedrigung ablehne, wird meine Familie zerfallen, wie es gerade kommt, und ich werde stolz, aber leer wie ein Toter, einsam meinen Weg gehen.

Um zu sein, ist es zunächst einmal wichtig, daß man eine Verantwortung übernimmt. Eben, vor einigen Stunden noch, war ich blind. Ich war verbittert. Doch nun urteile ich klarer. Ebenso wie ich nicht daran denke, mich über andere Franzosen zu beklagen, seitdem ich mich als ein unlösbarer Teil Frankreichs empfinde, ebenso verstehe ich nicht mehr, daß Frankreich sich über die Welt beklagt. Jeder ist für alle verantwortlich. Frankreich war verantwortlich für die Welt. Frankreich hätte der Welt das gemeinsame Maß zeigen können, das sie geeint hätte. Frankreich hätte der Welt als Schlußstein dienen können. Wenn Frankreich ein wundersames Frankreich, ein strahlendes Frankreich gewesen wäre, dann hätte sich die Welt durch Frankreich zum Widerstand aufgerafft. Ich widerrufe von nun an meine Vorhaltungen der Welt gegenüber. Wenn die Welt kein Gewissen besaß, war Frankreich es sich selber schuldig, ihr als Gewissen zu dienen.

Frankreich hätte als Sammelpunkt dienen konnen. Meine Gruppe 2/33 hat sich nacheinander freiwillig für den Krieg in Norwegen, dann in Finnland gemeldet. Was bedeuteten Norwegen und Finnland für die Soldaten und Unteroffiziere bei mir daheim? Es kam mir immer so vor, daß sie sich unbewußt mit dem Sterben abfanden aus einer gewissen Freude an Weihnachten. Die Rettung dieser Seligkeit in der Welt schien ihnen das Opfer ihres Lebens wert zu sein. Wenn wir das Weihnachten der Welt gewesen wären, hätte sich die Welt durch uns gerettet.

Die geistige Gemeinschaft der Menschen in der Welt hat sich nicht zu unseren Gunsten ausgewirkt. Indem wir aber diese menschliche Gemeinschaft in der Welt gegründet hätten, würden wir die Welt und uns selbst gerettet haben. Wir haben bei dieser Aufgabe versagt. Jeder ist für alle verantwortlich. Jeder ist allein für alle verantwortlich. Ich verstehe zum ersten Male eines der Geheimnisse der Religion, aus der die

Kultur hervorging, die ich als die meine anspreche: »Die Sünden der Welt zu tragen ...« Und jeder trägt alle Sünden der ganzen Welt.

XXV

Wer sieht darin die Lehre eines Schwächlings? Führer ist der, der alles auf seine Kappe nimmt. Er sagt: Ich bin geschlagen worden. Er sagt nicht: Meine Soldaten sind geschlagen worden. So spricht der wahrhafte Mann. Hochedé würde sagen: Ich bin verantwortlich.

Ich verstehe den Sinn der Demut. Sie ist kein Verächtlichmachen ihrer selbst. Sie ist das eigentliche Prinzip des Handelns. Wenn ich in der Absicht, mich freizusprechen, mein Unglück mit dem Schicksal entschuldige, unterwerfe ich mich dem Schicksal. Wenn ich es durch Verrat entschuldige, unterwerfe ich mich dem Verrat. Wenn ich den Fehler auf mich nehme, beanspruche ich mein Vermögen als Mann. Ich kann auf das einwirken, an dem ich teilhabe. Ich bin ein wesentlicher Bestandteil der menschlichen Gemeinschaft. Es ist also einer in mir, den ich bekämpfe, um mich über mich selbst hinauswachsen zu lassen. Ich mußte diese schwierige Fahrt unternehmen, um so in mir wohl oder übel das Individuum, das ich bekämpfe, vom Menschen zu unterscheiden, der wächst.

Ich weiß nicht, was das Bild taugt, das mir einfällt, aber ich sage mir: Das Individuum ist nur ein Weg. Der *Mensch allein,* der ihn einschlägt, zählt.

Ich kann kein Genüge mehr an polemischen Wahrheiten finden. Was nützt es, die Individuen anzuklagen. Sie sind nur Wege und Durchgänge. Ich kann für das Einfrieren meiner Maschinengewehre nicht mehr Nachlässigkeiten von Beamten, für das Ausbleiben befreundeter Völker auch nicht mehr deren Egoismus verantwortlich machen. Gewiß drückt sich die Niederlage durch Verfehlungen einzelner aus. Aber eine Kultur knetet sich ihre Menschen zurecht. Wenn die, die ich für mich in Anspruch nehme, durch das Versagen von Individuen bedroht ist, habe ich das Recht, mich zu fragen, warum sie sie nicht anders zurechtgeformt hat.

Eine Kultur, wie eine Religion, klagt sich selbst an, wenn sie sich über die Schlaffheit ihrer Getreuen beklagt. Sie ist es sich schuldig, sie anzuspornen. Genau so ist es, wenn sie sich über den Haß der Abtrünnigen beschwert. Sie ist es sich schuldig, sie zu bekehren. Meine eigene nun hat zwar früher einmal ihren Beweis erbracht, hat ihre Apostel entflammt, die Gewalttätigen zerbrochen, die Sklavenvölker befreit, aber heute hat sie nicht mehr anzuspornen noch zu bekehren verstanden. Wenn ich die Wurzel der verschiedenen Ursachen meiner Niederlage bloßzulegen suche, wenn ich den Ehrgeiz habe, ein neues Leben zu beginnen, muß ich zunächst die Triebkraft wiederfinden, die ich verloren habe.

Denn mit der Kultur verhält es sich wie mit dem Korn. Das Korn nährt den Menschen, aber der Mensch seinerseits bewahrt das Korn und speichert das Saatgut. Von Korngeneration zu Korngeneration wird das Saatgut als Erbe geachtet. Es genügt mir nicht, zu wissen, welches Korn ich aufgehen lassen möchte. Wenn ich einen Menschentyp – samt seinem inneren Vermögen – retten will, muß ich auch die Prinzipien retten, die ihn formen.

Ich habe nun zwar das Bild der Kultur bewahrt, die ich als meine eigene beanspruche, aber ich habe die Regeln verloren, die sie weitergaben. Ich entdecke heute abend, daß die Worte, die ich gebrauchte, nicht mehr das Wesentliche trafen. So predigte ich die Demokratie, ohne zu ahnen, daß ich damit über die Eigenschaften und das Schicksal des Menschen nicht mehr eine Gesamtheit von Regeln, sondern eine Gesamtheit von Wünschen aussprach. Ich wünschte die Menschen brüderlich, frei und glücklich. Ganz gewiß. Wer ist nicht dafür. Ich wußte auseinanderzusetzen, *wie* der Mensch sein soll. – Und nicht, *wer* er sein soll.

Ohne die Worte zu verdeutlichen, sprach ich von der Gemeinschaft der Menschen. Als ob das Klima, das ich meinte, nicht die Frucht eines besonderen Aufbaus wäre. Es schien mir etwas von Natur Selbstverständliches zu bedeuten. Es gibt nichts von Natur Selbstverständliches. Eine Faschistentruppe, ein Sklavenmarkt sind auch menschliche Gemeinschaften.

Ich wohnte in dieser menschlichen Gemeinschaft nicht mehr als Baumeister. Ich genoß ihren Frieden, ihre Duldsamkeit, ihr Wohlsein. Ich wußte nichts von ihr, außer daß ich in ihr wohnte. Ich wohnte in ihr als Küster oder als Kirchendiener. Also als Parasit. Also als Besiegter.

So sind die Passagiere auf einem Schiff. Sie benutzen das Schiff, ohne ihm etwas zu geben. In Salons geschützt, die sie für einen unumgänglichen Rahmen halten, setzen sie ihre Spiele fort. Sie wissen nichts von der Arbeit der gewaltigen Spanten unter dem ewigen Druck des Meeres. Mit welchem Recht beschweren sie sich, wenn der Sturm ihr Schiff zerschlägt? Wenn die Individuen aus der Art geschlagen sind, wenn ich besiegt worden bin, worüber dürfte ich mich beklagen?

Es gibt ein gemeinsames Maß für die Eigenschaften, das ich für die Menschen meiner Kultur wünsche. Es gibt einen Schlußstein im Gewölbe der besonderen Gemeinschaft, die sie gründen müssen. Es gibt ein einziges Prinzip, aus dem früher alles hervorgegangen ist: Wurzeln, Stamm, Zweige und Früchte. Welches ist es? Es war ein mächtiges Samenkorn auf dem Grund der Menschen. Es allein kann mich zum Sieger machen.

Vielerlei Dinge, scheint mir, begreife ich in meiner seltsamen Dorfnacht. Das Schweigen ist von ganz besonderer Güte. Das geringste Geräusch erfüllt den ganzen Raum wie eine Glocke. Nichts ist mir fremd. Nicht dieses Brüllen des Viehs, nicht jener ferne Ruf, noch dieses Knarren einer Tür, die sich schließt. Alles vollzieht sich wie in mir selbst. Ich muß mich beeilen, den Sinn einer Empfindung zu fassen, die sich verflüchtigen kann.

Ich sage mir: Das ist das Schießen von Arras ... Das Schießen hat eine Rinde gesprengt. Diesen ganzen Tag über habe ich zweifellos in mir die Wohnung bereitet. Ich war nur ein mürrischer Verwalter. So sieht das Individuum aus. Doch der *Mensch* kam zum Durchbruch. Er hat sich ganz einfach an meiner Stelle eingerichtet. Er hat die wirre Menge betrachtet und hat dabei ein Volk gesehen. Sein Volk. Der *Mensch,* das gemeinsame Maß von diesem Volk und mir. Deshalb meinte ich auf dem Weg zur Gruppe, ich eilte auf ein großes Feuer zu. Der *Mensch* schaute mit meinen Augen. Der *Mensch,* das gemeinsame Maß der Kameraden.

Ist es ein Zeichen? Ich bin so bereit, an Zeichen zu glauben ... Heute abend stimmt alles schweigend überein. Jedes Geräusch dringt zu mir gleich einer klaren und zugleich dunklen Botschaft. Ich höre einen ruhigen Schritt durch die Nacht hallen: »Hallo, guten Abend, Hauptmann ...«

»Guten Abend!«

Ich kenne ihn nicht. Es ist zwischen uns wie ein Hallo von Schiffern gewesen, von einem Boot zum andern. Wieder einmal habe ich das Gefühl einer wundersamen Verwandtschaft empfunden. Der *Mensch*, der heute abend in mir wohnt, hört nicht auf, die Seinen zu zählen. Der *Mensch*, das gemeinsame Maß der Völker und Rassen ...

Jener kam heim mit seinem Sack voll Sorgen, Gedanken und Bildern. Mit seinem eigenen Packen, wohl in ihm verwahrt. Ich hätte ihn anreden und mit ihm sprechen können. Auf dem hellen Dorfweg hätten wir ein paar Erinnerungen ausgetauscht. So tauschen Händler ihre Schätze aus, wenn sie sich auf der Heimfahrt von fernen Inseln begegnen.

Wer in meiner Kultur anders ist als ich, verletzt mich durchaus nicht, er bereichert mich. Unsere Gemeinschaft, die mehr bedeutet als wir selbst, beruht auf dem *Menschen*. So sind unsere abendlichen Diskussionen in der Gruppe 2/33 weit entfernt, unserer Bruderschaft zu schaden, sie schließen sie dichter; denn keiner will sein eigenes Echo vernehmen oder sich in einem Spiegel betrachten.

Im *Menschen* finden sich ebenso die Franzosen Frankreichs wie die Norweger Norwegens wieder. Der *Mensch* verknüpft sie in seiner Einheit, während er gleichzeitig, ohne sich zu widersprechen, ihre besonderen Eigentümlichkeiten hervorhebt. Auch der Baum drückt sich durch Zweige aus, die keine Ähnlichkeit mit den Wurzeln haben. Wenn man also dort oben Märchen über den Schnee schreibt, wenn man in Holland Tulpen züchtet, wenn man in Spanien Nationaltänze improvisiert, dann werden wir alle dadurch im *Menschen* bereichert. Deshalb haben wir vielleicht, wir von unserer Gruppe, für Norwegen kämpfen wollen ...

Und nun, scheint mir, komme ich am Ziel einer langen Pilgerfahrt an. Ich entdecke nichts Neues, aber als ob ich vom Schlaf erwachte, erkenne ich ganz einfach wieder, was ich nicht mehr beachtet hatte.

Meine Kultur beruht auf dem Kult des *Menschen* durch die Individuen hindurch. Sie hat jahrhundertelang den *Menschen* zu zeigen versucht, wie sie gelehrt hätte, einen Dom durch Steine hindurch zu erkennen. Sie hat diesen *Menschen* gepredigt, der über dem Individuum stand . . .

Denn der *Mensch* meiner Kultur bestimmt sich nicht von den Individuen her. Die Individuen werden durch ihn bestimmt. In ihm wie in jedem *Wesen* ist etwas, das die Bausteine, die es zusammensetzen, nicht erklären. Ein Dom ist etwas ganz anderes als eine Summe von Steinen. Er ist Rechen- und Baukunst. Nicht die Steine bestimmten ihn, er bereichert die Steine durch seine eigene Sinngebung. Diese Steine sind dadurch geadelt, daß sie zu Steinen eines Domes werden. Die verschiedenartigsten Steine dienen seiner Einheit. Der Dom bezieht in sein Hoheslied sogar die fratzenhaftesten Dachspeier ein.

Aber nach und nach habe ich meine Wahrheit vergessen. Ich habe gemeint, der *Mensch* fasse die Menschen zusammen, wie der Stein an sich die Steine zusammenfaßt. Ich habe den Dom und die Ansammlung von Steinen verwechselt, und nach und nach hat sich das Erbe verflüchtigt. Man muß den *Menschen* wiederherstellen. Er ist das Wesen meiner Kultur. Er ist der Schlußstein meiner Gemeinschaft. Er ist der Ursprung meines Sieges.

XXVI

Es ist leicht, die Ordnung einer Gesellschaft auf die Unterwerfung jedes einzelnen unter feststehende Regeln zu gründen. Es ist leicht, einen Menschen zu formen, der blind und ohne Widerspruch sich einem Meister oder einer Heilslehre unterordnet. Doch das Gelingen, das darin besteht, den Menschen zu befreien, um ihn über sich selbst herrschen zu lassen, ist viel höher zu bewerten.

Doch was heißt befreien? Wenn ich in einer Wüste einen empfindungslosen Menschen befreie, was bedeutet dann seine Freiheit? Es gibt nur Freiheit eines *Jemand,* der eine bestimmte Richtung einschlägt. Einen solchen Menschen befreien, hieße, ihn den Durst lehren und ihm einen Weg zu einem Brunnen weisen. Dann allein würden sich ihm Mittel und Wege zeigen, die sinnvoll wären. Einen Stein befreien bedeutet nichts, wenn es nicht von der Schwere geschieht. Denn ist der Stein erst einmal frei, dann wird er sich nirgends einfügen.

Meine Kultur hat nun versucht, die menschlichen Beziehungen auf den Kult des *Menschen* über das Individuum hinaus zu gründen, damit das Verhalten eines jeden gegenüber sich selbst oder seinem Nächsten kein blindes Anpassen an den Brauch des Termitenbaus, sondern eine freie Betätigung der Liebe ist. Der unsichtbare Weg der Schwere befreit den Stein. Der unsichtbare Fluß der Liebe befreit den Menschen. Meine Kultur hat aus jedem Menschen den Sendboten eines und desselben Fürsten zu machen versucht. Sie hat das Individuum als einen Weg oder eine Botschaft eines Größeren als es selbst betrachtet, sie hat der Freiheit seines Aufstiegs magnetische Kraftlinien gewiesen.

Ich kenne wohl den Ursprung dieses Kraftfeldes. Jahrhundertelang hat meine Kultur durch die Menschen hindurch Gott betrachtet. Der Mensch war nach dem Ebenbild Gottes geschaffen. Man achtete Gott im Menschen. Die Menschen waren Brüder in Gott. Dieser Abglanz Gottes verlieh jedem Menschen eine unveräußerliche Würde. Die Beziehungen des Menschen zu Gott begründeten ganz klar die Pflichten eines jeden gegenüber sich selbst und dem Nächsten.

Meine Kultur ist Erbin der christlichen Werte. Ich will über den Bauplan des Domes nachdenken, um seinen Aufbau besser zu verstehen.

Die innere Schau Gottes machte die Menschen gleich, weil gleich in Gott. Und diese Gleichheit hatte eine deutliche Sinngebung. Denn man kann nur in einer bestimmten Hinsicht gleich sein. Der Soldat und der Hauptmann sind gleich in der Nation. Gleichheit ist nur noch ein sinnloses Wort, wenn nichts vorhanden ist, worin sich diese Gleichheit knüpfen läßt.

Ich verstehe vollkommen, warum diese Gleichheit, eine Gleichheit der Rechte Gottes durch die Individuen hindurch, den Aufstieg eines Individuums zu begrenzen verbot: Gott konnte sich dazu entschließen, ihn zum Weg zu nehmen. Da es sich aber auch um die Gleichheit der Rechte Gottes über die Individuen handelte, verstehe ich, warum die Individuen, wer sie auch sein mochten, denselben Pflichten und derselben Achtung vor den Gesetzen unterworfen waren. Als Ausdruck

Gottes waren sie gleich in ihren Rechten. Als Diener Gottes waren sie gleich in ihren Pflichten.

Ich verstehe, warum eine in Gott bestehende Gleichheit keinen Widerspruch und keine Unordnung nach sich zog. Die Demagogie tritt auf, wenn in Ermangelung eines gemeinsamen Maßes das Prinzip der Gleichheit zum Prinzip der Selbstheit entartet. Dann verweigert der Soldat dem Hauptmann den Gruß; denn wenn der Soldat den Hauptmann grüßte, würde er ein Individuum und nicht die Nation ehren.

Meine Kultur, ein Erbe Gottes, hat die Menschen im *Menschen* gleichgemacht.

Ich verstehe den Ursprung der Achtung der Menschen voreinander. Der Gelehrte schuldete selbst dem Kohlenträger Achtung; denn durch den Kohlenträger achtete er Gott, dessen Sendbote auch der Kohlenträger ist. Was auch der hohe Wert des einen und der bescheidene des andern sein mochten, kein Mensch konnte Anspruch darauf erheben, einen andern zu versklaven. Man demütigt keinen Sendboten. Aber diese Achtung vor dem Menschen hatte nicht das erniedrigende Kriechen vor der Mittelmäßigkeit, vor der Dummheit oder Unwissenheit zur Folge, weil in erster Linie diese Eigenschaft eines Sendboten Gottes geehrt wurde. So gründete die Liebe zu Gott zwischen den Menschen edle Beziehungen, da die Angelegenheiten sich von Sendboten zu Sendboten auf einer höheren Ebene als ihrer individuellen Eigenschaft regelten.

Meine Kultur, ein Erbe Gottes, hat durch die Individuen hindurch die Achtung vor dem *Menschen* begründet.

Ich verstehe den Ursprung der Bruderschaft der Menschen. Die Menschen waren Brüder in Gott. Man kann nur innerhalb einer Einheit Bruder sein. Wenn es kein einendes Band für sie gibt, sind die Menschen nebeneinander gestellt und nicht miteinander verbunden. Man kann nicht Bruder schlechtweg sein. Meine Kameraden und ich sind Brüder *in* der Gruppe 2/33. Die Franzosen *in* Frankreich.

Meine Kultur, ein Erbe Gottes, hat die Menschen zu Brüdern im *Menschen* gemacht.

Ich verstehe die Bedeutung der Pflichten der Nächstenliebe, die mir gepredigt wurden. Die Nächstenliebe diente Gott durch das Individuum hindurch. Sie gebührte Gott, wie gewöhnlich das Individuum auch war. Diese Nächstenliebe erniedrigte den Empfänger nicht, band ihn auch nicht durch die Fesseln der Dankbarkeit, da das Geschenk sich ja nicht an ihn, sondern an Gott richtete. Die Betätigung dieser Nächstenliebe war dagegen niemals eine Ehre, die der Gewöhnlichkeit, der Dummheit oder der Unwissenheit erwiesen wurde. Der Arzt war es sich schuldig, sein Leben in der Pflege des gemeinsten Pestkranken einzusetzen. Er diente Gott. Er verlor nichts dadurch, daß er die Nacht wachend am Lager eines Diebes verbrachte.

Meine Kultur, ein Erbe Gottes, hat so aus der Nächstenliebe eine Gabe an den *Menschen* durch das Individuum hindurch geschaffen.

Ich verstehe die tiefe Bedeutung der Demut, die vom Individuum verlangt wurde. Sie erniedrigte es keineswegs. Sie erhöhte es. Sie klärte es über seine Rolle als Sendbote auf. Wie sie es nötigte, Gott im Nächsten zu achten, nötigte sie es, jenen in sich selbst zu achten, sich zum Boten Gottes zu machen, der auf dem Wege zu Gott ist. Sie machte ihm zur Pflicht, sich zu vergessen, um sich zu steigern; denn wenn das Individuum sich mit seiner eigenen Bedeutung brüstet, wandelt sich die Straße sogleich in eine Sackgasse.

Meine Kultur, ein Erbe Gottes, hat auch die Selbstachtung gepredigt, das heißt die Achtung vor dem *Menschen* durch sich selbst hindurch.

Ich verstehe schließlich, warum die Liebe zu Gott die Menschen füreinander verantwortlich gemacht und ihnen die Hoffnung als eine Tugend auferlegt hat. Da sie aus jedem von ihnen einen Sendboten desselben Gottes machte, ruhte in den Händen eines jeden das Heil aller. Als Sendbote eines Größeren als er selbst, brauchte keiner zu verzweifeln. Verzweiflung bedeutete Verleugnung Gottes in einem selbst. Die Pflicht zur Hoffnung hätte sich folgendermaßen ausdrücken lassen: Du hältst dich also für so wichtig? Was bildest du dir mit deiner Verzweiflung ein?

Meine Kultur, ein Erbe Gottes, hat jeden für alle Menschen und alle Menschen für jeden einzelnen verantwortlich gemacht. Ein Individuum soll sich für die Rettung einer Gemeinschaft opfern, doch dreht es sich hierbei nicht um ein albernes Rechenkunststück. Es geht um die Achtung vor dem *Menschen* durch das Individuum hindurch. Tatsächlich besteht die Größe meiner Zivilisation darin, daß hundert Bergleute sich in ihr dazu verpflichtet fühlen, ihr Leben für die Rettung eines einzigen verschütteten Bergmanns zu wagen. Sie retten den *Menschen.*

In diesem Licht verstehe ich vollkommen die Bedeutung der Freiheit. Sie bedeutet freies Wachstum eines Baumes im Kraftfeld seines Samens. Sie bedeutet Lebensbedingung für den Aufstieg des *Menschen.* Sie gleicht einem günstigen Wind. Dank dem Wind allein sind die Segler frei auf den Wogen.

Ein so gebauter Mensch würde über Baumeskräfte verfügen. Welchen Raum würde er nicht mit seinen Wurzeln bedecken! Welchen menschlichen Rohstoff würde er nicht aussaugen, um ihn im Sonnenlicht zu entfalten!

XXVII

Doch ich habe alles verdorben. Ich habe das Erbe verschleudert. Ich habe den Begriff des *Menschen* verkommen lassen. Um diesen Kult eines *Fürsten,* den wir durch die Individuen hindurch erschauen, und den hohen Wert menschlicher Beziehungen, die dieser Kult begründete, zu retten, hatte meine *Kultur* jedoch beträchtliche Energie und Begabung verausgabt. Alle Bemühungen des Humanismus waren nur auf dieses Ziel gerichtet. Der Humanismus hat sich ausschließlich zur Aufgabe gestellt, den Vorrang des *Menschen* vor dem Individuum klarzumachen und zu verewigen. Der Humanismus hat den *Menschen* gepredigt.

Wenn es aber darum geht, über den *Menschen* zu sprechen, versagt die Sprache. Der *Mensch* unterscheidet sich von den Menschen. Man sagt nichts Wesentliches über den Dom aus, wenn man nur von den Steinen spricht. Man sagt nichts Wesentliches über den *Menschen* aus, wenn man ihn durch menschliche Eigenschaften zu bestimmen sucht. Der Humanismus hat sich auf diese Weise in einer Richtung betätigt, die von vornherein versperrt war. Er hat den Begriff des *Menschen* durch eine logische und moralische Beweisführung zu fassen und ihn so in das Bewußtsein zu übertragen versucht.

Keine Erklärung mit Worten kann je die Schau ersetzen. Die Einheit des *Wesens* ist nicht durch Worte übertragbar. Wenn ich Menschen, die von Kultur nichts wissen, die Liebe zum Heimatland oder zu einem Bauernhof lehren wollte, verfügte ich über kein Beweismittel, sie zu packen. Felder, Weiden und Vieh setzen einen Bauernhof zusammen. Jedes einzelne und alle zusammen haben die Aufgabe, den Wohlstand zu mehren. In dem Bauernhof liegt jedoch etwas, das einer stofflichen Untersuchung entgeht; gibt es doch Besitzer, die aus Liebe zu ihrem Gut sich für seine Rettung zugrunde richten würden. Ganz im Gegenteil ist es dieses *Etwas,* das die Bestandteile in ganz besonderer Weise adelt. Sie werden zu Vieh eines Gutes, zu Wiesen eines Gutes, zu Feldern eines Gutes ...

So wird man auch zum Menschen eines Vaterlandes, eines Berufes, einer Kultur, einer Religion. Um sich aber solchen *Wesen* zuzurechnen, ist es zunächst erforderlich, daß man sie in sich selbst aufbaut ... Und da, wo kein Gefühl für das Vaterland besteht, wird keine Sprache es vermitteln. Man baut in sich selbst nur durch Handlungen das *Wesen* auf, dem man sich zurechnet. Ein *Wesen* wird nicht durch die Sprache, sondern durch Handlungen beherrscht. Unser Humanismus hat die Handlungen vernachlässigt. Er hat bei seinem Versuch Schiffbruch erlitten.

Die wesentliche Handlung hat hier einen Namen erhalten. Sie heißt Opfer.

Opfer bedeutet nicht Verstümmelung, auch nicht Buße. Es ist seinem Wesen nach eine Handlung. Es ist ein Geschenk seiner selbst an das *Wesen,* dem man sich zurechnen will. Nur der allein wird verstehen können, was ein Bauerngut ist, der ihm einen Teil seines Selbst geopfert hat, der für seine Rettung gekämpft und sich abgemüht hat, es zu verschönen. Dann kommt ihm die Liebe zum Anwesen. Ein Gut ist nicht die Summe der Einkünfte, darin liegt der Fehler. Es ist die Summe der gebrachten Opfer.

Solange meine Kultur sich auf Gott gestützt hat, hat sie diesen Begriff des Opfers gewahrt, der Gott in das Herz des Menschen verlegte. Der Humanismus hat die wesentliche Rolle des Opfers vernachlässigt. Er hat den *Menschen* durch Worte und nicht durch Taten vermitteln wollen.

Um die Vision vom *Menschen* durch die Menschen hindurch zu retten, hatte er nur noch ein leeres Wort zu seiner Verfügung. Wir liefen Gefahr, auf einer gefährlichen Ebene abzugleiten und eines Tages den *Menschen* mit dem Symbol des Durchschnittsmenschen oder der Gesamtheit der Menschen zu verwechseln. Wir liefen Gefahr, unsern Dom mit der Summe der Steine zu verwechseln.

Und nach und nach haben wir das Erbe verdorben.

Statt die Rechte des *Menschen* durch die Individuen hindurch zu bestätigen, haben wir begonnen, von den Rechten der Kollektivität zu sprechen. Wir haben zugesehen, wie unmerklich eine Moral des Kollektivs sich einschlich, die den *Menschen* vernachlässigt. Diese Moral erklärt deutlich, warum das Individuum es sich schuldig ist, sich für die Gemeinschaft zu opfern. Ohne Wortkünsteleien kann sie nicht mehr erklären, warum eine Gemeinschaft es sich schuldig ist, sich für einen einzelnen Menschen zu opfern. Warum es recht und billig ist, daß tausend sterben, um einen einzigen aus dem Gefängnis der Ungerechtigkeit zu befreien. Wir erinnern uns noch daran, aber wir vergessen es nach und nach. Und doch beruht auf diesem Prinzip, das uns so deutlich vom Termitenhaufen unterscheidet, vor allem unsere Größe. Mangels einer wirksamen Methode sind wir von der Humanität, die auf dem *Menschen* beruhte, auf jenen Termitenhaufen abgeglitten, der auf der Summe der Individuen beruht.

Was hatten wir den Religionen vom Staat oder von der Masse entgegenzusetzen? Was war aus unserem großen Bild vom gottgeborenen *Menschen* geworden? Es war durch einen Wortschatz, der seinen Inhalt entleert hatte, kaum noch kenntlich.

Nach und nach haben wir den *Menschen* vergessen und unsere Moral auf die Probleme des Individuums beschränkt. Wir haben von jedem verlangt, daß er das andere Individuum nicht verletzt. Von jedem Stein, daß er den nächsten Stein nicht verletzt. Gewiß verletzen sie einander nicht, wenn sie wirr auf dem Feld herumliegen. Sie verletzen aber den Dom, den sie aufbauen könnten und der wiederum ihre eigene Sinngebung bedeuten würde.

Wir haben ständig die Gleichheit der Menschen gepredigt. Da wir aber den *Menschen* vergaßen, haben wir nichts mehr von dem verstanden, wovon wir sprachen. Da wir nicht mehr wußten, worauf wir die Gleichheit gründen sollten, haben wir von ihr einen undeutlichen Begriff gegeben, mit dem wir nichts mehr anzufangen gewußt haben. Wie soll man die Gleichheit auf der Ebene der Individuen, zwischen dem Weisen und dem Rohling, dem Dummkopf und dem Genie, definieren? Wenn wir sie festlegen und verwirklichen wollen, verlangt die Gleichheit auf der Ebene der Stoffe, daß diese alle denselben Platz einnehmen und dieselbe Rolle spielen. Das ist absurd. Das Prinzip der Gleichheit entartet dann zu einem Prinzip der Selbstheit.

Wir haben ständig die menschliche Freiheit gepredigt. Da wir aber den *Menschen* vergessen haben, haben wir unsere Freiheit als eine unklare Fessellosigkeit definiert, einzig begrenzt durch den Schaden, der dem Nächsten angetan wird. Das entbehrt jeder Sinngebung; denn es gibt keine Handlung, die den Nächsten nicht mit betrifft. Wenn ich mich als Soldat verstümmele, werde ich erschossen. Es gibt kein Individuum für sich. Wer sich von ihr ausschließt, verletzt die Gemeinschaft. Wer mutlos ist, nimmt den andern den Mut. Unseres Anspruchs auf eine so verstandene Freiheit haben wir uns nicht mehr ohne unüberwindliche Widersprüche zu bedienen gewußt. Da wir nicht mehr zu bestimmen wußten, wann unser Anspruch galt und wann nicht mehr, haben wir uns verstellt und die Augen zugedrückt, um ein unklares Prinzip über zahllose Fesseln hinweg zu retten, die notwendigerweise jede Gesellschaft unseren Freiheiten auferlegte.

Was die Nächstenliebe angeht, so haben wir sie nicht einmal mehr zu predigen gewagt. Früher nahm wirklich das Opfer, das die *Wesen* begründet, den Namen der Nächstenliebe an, wenn es Gott durch sein menschliches Ebenbild hindurch ehrte. Durch das Individuum hindurch beschenkten wir Gott oder den *Menschen.* Da wir aber Gott und den *Menschen* vergaßen, beschenkten wir nur noch das Individuum. Daher nahm die Nächstenliebe oft die Gestalt eines unannehmbaren Verhaltens an. Die Gesellschaft und nicht die Laune des einzelnen ist es sich schuldig, die rechte Verteilung der Vorräte sicherzustellen. Die Würde des Individuums verlangt, daß es durch die Freigebigkeiten eines andern nicht geknechtet wird. Es wäre sinnwidrig, wenn man erlebte, daß die Besitzenden, abgesehen vom Besitz ihrer Habe, den Dank der Nichtbesitzenden beanspruchten.

Aber über all das hinaus wandte sich unsere mißverstandene Nächstenliebe gegen ihr Ziel. Ausschließlich auf den Empfindungen des Mitleids gegenüber dem Individuum beruhend, hätte sie uns jede erzieherische Strafe untersagt. Während die wirkliche Nächstenliebe als Betätigung eines Kultes, der dem *Menschen* über das Indivduum hinaus erwiesen wird, eine Bekämpfung des Individuums verlangte, um den *Menschen* in ihm zu fördern.

So haben wir den *Menschen* verloren. Und indem wir den *Menschen* verloren, haben wir die ganze innere Wärme jener Brüderlichkeit selbst vertan, die unsere Kultur uns predigte — denn Bruder ist einer ja nur in irgend etwas, und nicht Bruder schlechthin. Teilung sichert nicht Bruderschaft. Diese knüpft sich allein im Opfer. Sie knüpft sich in der gemeinsamen Hingabe an etwas Umfassenderes als wir selbst. Indem wir jedoch diese Wurzeln jeder wahrhaften Existenz mit einer unfruchtbaren Verkümmerung verwechselten, haben wir unsere Brüderlichkeit derart verkleinert, daß sie nur noch eine gegenseitige Rücksichtnahme geworden ist.

Wir haben mit dem Schenken aufgehört. Wenn ich nun aber nur noch mir selbst zu geben gewillt bin, empfange ich nichts; denn ich baue nichts auf, an dem ich teilhaben will, und daher bin ich nichts. Wenn man dann zu mir kommt und von mir verlangt, ich solle für bestimmte Interessen und Zwecke sterben, dann weigere ich mich zu sterben. Mein Interesse verlangt zunächst, daß ich lebe. Welche überquellende Liebe würde meinen Tod vergelten? Man stirbt für ein Heim.

Nicht für Möbel und Mauern. Man stirbt für einen Dom. Nicht für Steine. Man stirbt für ein Volk. Nicht für eine Menge. Man stirbt aus Liebe zum *Menschen,* wenn er der Schlußstein im Gewölbe einer *Gemeinschaft* ist. Man stirbt für das allein, aus dem man leben kann.

Unser Wortschatz schien beinahe unberührt, doch wenn wir unsere Worte benutzen wollten, verleiteten sie uns, ihres wirklichen Inhalts bar, zu unentwirrbaren Widersprüchen. Es blieb uns nur übrig, die Augen über diesen strittigen Punkt zu schließen. Da wir uns auf das Bauen nicht verstanden, blieb uns nur übrig, die Steine wirr auf dem Feld liegen zu lassen und ganz behutsam von der Kollektivität zu sprechen, ohne daß wir genauer anzugeben wagten, wovon wir sprachen; denn in Wirklichkeit sprachen wir von nichts. Kollektivität ist ein Wort ohne jede Sinngebung, solange sich die Kollektivität nicht mit irgend etwas verbindet. Eine Summe ist kein *Wesen.*

Wenn unsere Gesellschaft noch wünschenswert erscheinen konnte, wenn der *Mensch* noch irgendeine Geltung bewahrte, dann geschah es in dem Maße, als die wahrhafte Kultur, die wir durch unsere Unkenntnis verrieten, noch weiter über uns ihre Strahlen aussandte, die wir ablehnten, und uns wider unseren eigenen Willen rettete.

Wie hätten unsere Gegner verstehen sollen, was wir nicht mehr begriffen? Sie haben von uns nur diese wirren Steine gesehen. Sie haben versucht, einer Kollektivität Sinn zu verleihen, die wir nicht mehr zu bestimmen wußten, da uns die Erinnerung an den *Menschen* fehlte.

Die einen sind gleich von vornherein frisch-fröhlich bis zu den äußersten Folgerungen der Logik vorgegangen. Aus dieser Ansammlung haben sie eine absolute Ansammlung gemacht. Steine sollen eben Steine bleiben. Und jeder Stein herrscht allein über sich selbst. Die Anarchie denkt noch an den Kult des *Menschen,* wendet ihn jedoch streng auf das Individuum an. Und die Widersprüche, die aus dieser Strenge folgen, sind schlimmer als unsere.

Andere haben diese wirr auf dem Feld verstreuten Steine gesammelt. Sie haben die Rechte der Masse gepredigt. Die Formel befriedigt kaum. Denn wenn es sicherlich unerträglich ist, daß ein einzelner Mensch eine Masse tyrannisiert – dann ist es genauso unerträglich, daß die Masse einen einzelnen Menschen erdrückt.

Andere haben diese ohnmächtigen Steine an sich genommen und haben aus dieser Summe einen Staat gemacht. Ein solcher Staat greift ebensowenig über die Menschen hinaus. Er ist ebenfalls der Ausdruck einer Summe. Er ist das Vermögen der Kollektivität, den Händen eines einzelnen anvertraut. Er ist der Bereich eines Steines, der sich mit den andern Steinen über die Gesamtheit der Steine zu identifizieren vorgibt. Dieser Staat predigt ausdrücklich eine Moral des Kollektivs, die wir noch ablehnen, auf die wir uns selbst aber ganz langsam zubewegen, da wir uns nicht mehr an den *Menschen* erinnern, der allein unsere Weigerung rechtfertigen würde.

Diese Anhänger der neuen Religion werden es ablehnen, daß mehrere Bergleute ihr Leben für die Rettung eines einzigen verschütteten Bergmanns aufs Spiel setzen. Denn der Haufen von Steinen wird dadurch gestört. Sie werden dem Schwerverwundeten den Todesstoß versetzen, wenn er den Vormarsch einer Armee aufhält. Das Wohl der Gemeinschaft werden sie nach der Rechenkunst studieren – und die Rechenkunst wird sie beherrschen. Das Vermögen, über sich selbst hinauszuwachsen, werden sie dabei verlieren. Sie werden daher hassen, was anders ist als sie; denn sie haben über sich hinaus nichts zur Verfügung, worin sie sich finden könnten. Jede fremde Gewohnheit, jede fremde Rasse, jeder fremde Gedanke wird ihnen notwendigerweise zur Beleidigung. Sie verfügen über kein Assimilationsvermögen; denn um bei sich selbst den *Menschen* zu bekehren, dürfte man ihn nicht verstümmeln, sondern müßte ihn sich selbst gegenüber zum Ausdruck bringen, seinem Streben ein Ziel und seinen Energien ein Betätigungsfeld bieten. Bekehren heißt immer befreien. Der Dom kann die Steine in sich aufnehmen, die dabei einen Sinn erlangen. Aber der Steinhaufen nimmt nichts in sich auf, und da er nichts aufzunehmen vermag, erdrückt er. So steht es damit – doch wer trägt die Schuld?

Ich wundere mich nicht mehr darüber, daß der schwer lastende Steinhaufen stärker war als die wirren Steine. Und doch bin ich der Stärkere.

Ich bin der Stärkere, wenn ich zu mir zurückfinde. Wenn unser Humanismus den *Menschen* wiederherstellt. Wenn wir unsere Gemeinschaft aufzubauen verstehen und wenn wir als Grundlage dazu das einzig wirksame Mittel benutzen: das Opfer. So wie unsere Kultur sie aufgebaut hatte, war unsere Gemeinschaft keineswegs eine Zusammenfassung unserer Einkünfte – sie war unsere gesammelte Hingabe.

Ich bin der Stärkere, weil der Baum stärker ist als die Stoffe des Bodens. Er zieht sie an sich. Er verwandelt sie in Baum. Der Dom ist strahlender als der Steinhaufen. Ich bin der Stärkere, weil meine Kultur allein die verschiedenen Eigenarten, ohne sie zu verkümmern, in ihrer Einheit zusammenzuschließen vermag. Sie steigert die Quelle ihrer Kraft im gleichen Maße, wie sie von ihr trinkt.

Beim Abflug hatte ich erst zu empfangen und dann zu geben verlangt. Mein Verlangen war eitel. Damit war es wie mit der freudlosen Grammatikstunde. Du mußt geben, bevor du nimmst – und bauen, bevor du wohnst.

Ich habe die Liebe zu den Meinen durch diese Hingabe des Blutes begründet, wie die Mutter ihre Liebe mit dem Geschenk der Muttermilch nährt. Darin liegt das Geheimnis. Du mußt mit dem Opfer beginnen, um die Liebe zu gründen. Dann mag die Liebe andere Opfer erbitten und sie für alle Siege einsetzen. Der Mensch muß immer den ersten Schritt tun. Er muß *ent*stehen, bevor er *be*steht.

Ich bin von meinem Auftrag heimgekehrt und habe dabei den Grund zu meiner Verwandtschaft mit der Bauerntochter gelegt. Ihr Lächeln wurde mir wie durchscheinend, ich sah durch es hindurch und erkannte mein Dorf. Durch mein Dorf mein Land. Durch mein Land die andern Länder. Denn ich gehöre einer Kultur an, die den *Menschen* zum Schlußstein gewählt hat. Ich gehöre der Gruppe 2/33 an, die für Norwegen kämpfen wollte.

Morgen mag mich Alias für einen andern Auftrag bestimmen. Heute habe ich mich zum Dienst für einen Gott umgekleidet, für den ich bisher blind war. Das Schießen von Arras hat den Star gestochen, und ich bin sehend geworden. Alle die Meinen sind auch sehend geworden. Wenn ich also morgen früh starte, weiß ich, warum ich noch kämpfe. Ich will aber in

Erinnerung behalten, was ich gesehen habe. Ich brauche ein einfaches Credo, um mich zu erinnern.

Ich kämpfe von nun an für den Vorrang des *Menschen* vor dem Individuum – wie des Allgemeinen vor dem Besonderen.

Ich glaube, daß der Kult des *Universellen* die Fülle des einzelnen steigert und zusammenschließt – und die einzig wahrhafte, lebendige Ordnung aufbaut. Ein Baum ist eine Ordnung, wenn seine Wurzeln auch anders sind als seine Zweige.

Ich glaube, daß der Kult des Besonderen nur den Tod nach sich zieht – denn er baut die Ordnung auf der Ähnlichkeit auf. Er verwechselt die Einheit des *Wesens* mit der Identität seiner Teile. Er zerstört dabei den Dom, um die Steine auszurichten. Ich werde also jeden bekämpfen, der anderen Gewohnheiten eine besondere Gewohnheit, anderen Völkern ein besonderes Volk, anderen Rassen eine besondere Rasse, anderen Gedanken einen besonderen Gedanken aufzuzwingen gewillt ist.

Ich glaube, daß der Vorrang des *Menschen* allein die Gleichheit und allein die Freiheit begründet, die einen Sinn haben. Ich glaube an die Gleichheit der Menschenrechte durch jedes Einzelwesen hindurch. Und ich glaube, daß die Freiheit im Aufstieg des *Menschen* besteht. Gleichheit ist nicht Selbstheit. Freiheit ist nicht Überheblichkeit des Individuums gegen den *Menschen.* Ich werde jeden bekämpfen, der gewillt ist, die Freiheit des *Menschen* einem Individuum – wie einer Masse von Individuen – zu unterwerfen.

Ich glaube, daß meine Kultur mit Nächstenliebe das Opfer bezeichnet, das dem *Menschen* dargebracht wird, um sein Reich aufzurichten. Die Nächstenliebe ist ein Geschenk an den *Menschen* durch die Mittelmäßigkeit des Individuums hindurch. Sie ist die Grundlage des *Menschen.* Ich werde jeden bekämpfen, der mit der Behauptung, meine Nächstenliebe ehre die Mittelmäßigkeit, den *Menschen* leugnet und so das Individuum in einer endgültigen Mittelmäßigkeit gefangenhält.

Ich werde für den *Menschen* kämpfen. Gegen seine Feinde. Aber auch gegen mich selbst.

XXVIII

Ich bin wieder bei meinen Kameraden. Wir sollten uns alle um Mitternacht zur Befehlsausgabe einfinden. Die Gruppe 2/33 ist schlafmüde. Die Flamme des großen Feuers hat sich zur Glut gewandelt. Die Gruppe scheint noch zu halten, doch ist es nur eine Täuschung. Hochedé sieht mißmutig nach seinem berühmten Chronometer. Pénicot lehnt in einer Ecke den Nacken an die Wand und schließt die Augen, Gavoille sitzt auf einem Tisch, starrt vor sich hin, läßt die Beine hängen und macht ein brummiges Gesicht wie ein Kind, das dem Heulen nahe ist. Azambre nickt über einem Buch ein. Allein munter, aber beängstigend blaß hält der Kommandeur seine Papiere unter eine Lampe und diskutiert leise mit Geley. »Diskutiert« ist übrigens nur bildlich. Der Kommandeur spricht. Geley nickt mit dem Kopf und sagt: »Jawohl, gewiß!« Geley krampft sich an sein »Jawohl, gewiß!« Er klammert sich immer enger an das, was der Kommandeur sagt, wie ein Ertrinkender an den Hals des Schwimmers. Wenn ich Alias wäre, würde ich im gleichen Tonfall sagen: Hauptmann Geley ... Morgen früh werden Sie erschossen ... Und würde auf seine Antwort gespannt sein.

Die Gruppe hat seit drei Tagen nicht geschlafen und hält sich nur noch wie ein Kartenhaus auf den Beinen.

Der Kommandeur steht auf, geht zu Lacordaire und stört ihn aus einem Traum auf, in dem Lacordaire mich vielleicht im Schach mattsetzte.

»Lacordaire ... Sie starten beim Morgengrauen. Tiefflug.«

»Jawohl, Herr Major.«

»Sie sollten schlafen gehen ...«

»Jawohl, Herr Major.«

Lacordaire setzt sich wieder. Im Hinausgehen zieht der Kommandeur Geley hinter sich her, als wenn er einen toten Fisch an einer Leine zöge. Jetzt sind es zweifellos nicht drei Tage, sondern eine Woche, seit Geley sich nicht hingelegt hat. Wie Alias hat er nicht nur seine Feindeinsätze geflogen, sondern auch noch die Verantwortung für die Gruppe auf den Schultern getragen. Die menschliche Widerstandskraft hat ihre Grenzen. In Geley sind sie überschritten. Und doch gehen sie alle beide, der Schwimmer und der Ertrinkende, und holen sich geisterhafte Befehle. Ahnungsvoll kommt Vezin auf mich zu. Vezin, der selbst im Stehen schläft, sagt wie ein Schlafwandler: »Schläfst du?«

»Ich . . .«

Ich habe meinen Nacken gegen das Rückenpolster eines Sessels gelehnt; denn ich habe einen Sessel entdeckt. Ich war im Begriff einzuschlafen, aber die Stimme Vezins schreckt mich auf:

»Das endet übel!«

»Das endet übel . . . von vornherein gesperrt . . . endet übel . . .«

»Du schläfst ja!«

»Ich . . . nein . . . was endet übel?«

»Der Krieg.«

Etwas ganz Neues! Ich verfalle wieder in meinen Schlaf. Ich antworte ins Blaue hinein:

». . . Was für ein Krieg?«

»Wieso: Was für ein Krieg!«

So geht die Unterhaltung nicht lange weiter. Ach! Paula, gäb's doch für Fliegergruppen Tiroler Kindermädchen, dann läge die ganze Gruppe 2/33 schon längst im Bett!

Der Kommandeur stößt die Türe wie ein Windstoß auf. »Es ist entschieden. Wir verlagern.«

Hinter ihm hält sich Geley, völlig munter. Er verschiebt sein »Jawohl, gewiß!« auf morgen. Heute nacht noch holt er sein Letztes aus Reserven, die er selbst an sich nicht gekannt hat.

Wir stehen auf. Es heißt: »So . . . Gut . . .« Was sollten wir auch sagen?

Wir sagen überhaupt nichts. Wir bereiten die Verlagerung vor. Lacordaire wartet auftragsgemäß mit dem Abflug bis zum frühen Morgen. Wenn er von seinem Auftrag zurückkommt, wird er unmittelbar unseren neuen Platz anfliegen.

Morgen sagen wir ebensowenig. Für den Zuschauer sind wir morgen die Besiegten. Der Besiegte hat zu schweigen. Wie das Samenkorn.

Der Kleine Prinz

Der Kleine Prinz

Mit Zeichnungen
des Verfassers

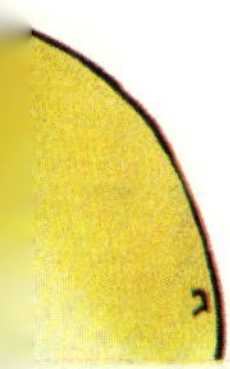

FÜR LÉON WERTH

Ich bitte die Kinder um Verzeihung, daß ich dieses Buch einem Erwachsenen widme. Ich habe eine ernstliche Entschuldigung dafür: dieser Erwachsene ist der beste Freund, den ich in der Welt habe. Ich habe noch eine Entschuldigung: dieser Erwachsene kann alles verstehen, sogar die Bücher für Kinder. Ich habe eine dritte Entschuldigung: dieser Erwachsene wohnt in Frankreich, wo er hungert und friert. Er braucht sehr notwendig einen Trost. Wenn alle diese Entschuldigungen nicht ausreichen, so will ich dieses Buch dem Kinde widmen, das dieser Erwachsene einst war. Alle großen Leute sind einmal Kinder gewesen (aber wenige erinnern sich daran). Ich verbessere also meine Widmung:

FÜR LÉON WERTH

ALS ER NOCH EIN JUNGE WAR

Als ich sechs Jahre alt war, sah ich einmal in einem Buch über den Urwald, das »Erlebte Geschichten« hieß, ein prächtiges Bild. Es stellte eine Riesenschlange dar, wie sie ein Wildtier verschlang. Hier ist eine Kopie der Zeichnung.

In dem Buche hieß es: »Die Boas verschlingen ihre Beute als Ganzes, ohne sie zu zerbeißen. Daraufhin können sie sich nicht mehr rühren und schlafen sechs Monate, um zu verdauen.«

Ich habe damals viel über die Abenteuer des Dschungels nachgedacht, und ich vollendete mit einem Farbstift meine erste Zeichnung. Meine Zeichnung Nr. I. So sah sie aus:

Ich habe den großen Leuten mein Meisterwerk gezeigt und sie gefragt, ob ihnen meine Zeichnung nicht angst mache.

Sie haben mir geantwortet: »Warum sollen wir vor einem Hute Angst haben?«

Meine Zeichnung stellte aber keinen Hut dar. Sie stellte eine Riesenschlange dar, die einen Elefanten verdaut. Ich habe dann das Innere der Boa gezeichnet, um es den großen Leuten deutlich zu machen. Sie brauchen ja immer Erklärungen. Hier meine Zeichnung Nr. 2:

Die Großen Leute haben mir geraten, mit den Zeichnungen von offenen oder geschlossenen Riesenschlangen aufzuhören und mich mehr für Geographie, Geschichte, Rechnen und Grammatik zu interessieren. So kam es, daß ich eine großartige Laufbahn, die eines Malers nämlich, bereits im Alter von sechs Jahren aufgab. Der Mißerfolg meiner Zeichnungen Nr. I und Nr. 2 hatte mir den Mut genommen. Die großen Leute verstehen nie etwas von selbst, und für die Kinder ist es zu anstrengend, ihnen immer und immer wieder erklären zu müssen.

Ich war also gezwungen, einen anderen Beruf zu wählen, und lernte fliegen. Ich bin überall in der Welt herumgeflogen, und die Geographie hat mir dabei wirklich gute Dienste geleistet. Ich konnte auf den ersten Blick China von Arizona unterscheiden. Das ist sehr praktisch, wenn man sich in der Nacht verirrt hat.

So habe ich im Laufe meines Lebens mit einer Menge ernsthafter Leute zu tun gehabt. Ich bin viel mit Erwachsenen umgegangen und habe Gelegenheit gehabt, sie ganz aus der Nähe zu betrachten. Das hat meiner Meinung über sie nicht besonders gut getan.

Wenn ich jemanden traf, der mir ein bißchen heller vorkam, versuchte ich es mit meiner Zeichnung Nr. I, die ich gut aufbewahrt habe. Ich wollte sehen, ob er wirklich etwas los hatte. Aber jedesmal bekam ich zur Antwort: »Das ist ein

Hut.« Dann redete ich mit ihm weder über Boas noch über Urwälder, noch über die Sterne. Ich stelle mich auf seinen Standpunkt. Ich sprach mit ihm über Bridge, Golf, Politik und Krawatten. Und der große Mensch war äußerst befriedigt, einen so vernünftigen Mann getroffen zu haben.

II

Ich blieb also allein, ohne jemanden, mit dem ich wirklich hätte sprechen können, bis ich vor sechs Jahren einmal eine Panne in der Wüste Sahara hatte. Etwas an meinem Motor war kaputtgegangen. Und da ich weder einen Mechaniker noch Passagiere bei mir hatte, machte ich mich ganz allein an die schwierige Reparatur. Es war für mich eine Frage auf Leben und Tod. Ich hatte für kaum acht Tage Trinkwasser mit.

Am ersten Abend bin ich also im Sande eingeschlafen, tausend Meilen von jeder bewohnten Gegend entfernt. Ich war viel verlassener als ein Schiffbrüchiger auf einem Floß mitten im Ozean. Ihr könnt euch daher meine Überraschung vorstellen, als bei Tagesanbruch eine seltsame kleine Stimme mich weckte:

»Bitte ... zeichne mir ein Schaf!«

»Wie bitte?«

»Zeichne mir ein Schaf ...«

Ich bin auf die Füße gesprungen, als wäre der Blitz in mich gefahren. Ich habe mir die Augen gerieben und genau hingeschaut. Da sah ich ein kleines, höchst ungewöhnliches Männchen, das mich ernsthaft betrachtete. Hier das beste Porträt, das ich später von ihm zuwege brachte. Aber das Bild ist bestimmt nicht so bezaubernd wie das Modell. Ich kann nichts dafür. Ich war im Alter von sechs Jahren von den großen Leuten aus meiner Malerlaufbahn geworfen worden und hatte nichts zu zeichnen gelernt als geschlossene und offene Riesenschlangen.

Ich schaute mir die Erscheinung also mit großen, staunenden Augen an. Vergeßt nicht, daß ich mich tausend Meilen abseits jeder bewohnten Gegend befand. Auch schien mir mein kleines Männchen nicht verirrt, auch nicht halbtot vor Müdigkeit, Hunger, Durst oder Angst. Es machte durchaus

nicht den Eindruck eines mitten in der Wüste verlorenen Kindes, tausend Meilen von jeder bewohnten Gegend. Als ich endlich sprechen konnte, sagte ich zu ihm:

»Aber ... was machst denn du da?«

Da wiederholte es ganz sanft, wie eine sehr ernsthafte Sache:

»Bitte ... zeichne mir ein Schaf ...«

Wenn das Geheimnis zu eindrucksvoll ist, wagt man nicht zu widerstehn. So absurd es mir erschien – tausend Meilen von jeder menschlichen Behausung und in Todesgefahr –, ich zog aus meiner Tasche ein Blatt Papier und eine Füllfeder. Dann aber erinnerte ich mich, daß ich vor allem Geographie, Geschichte, Rechnen und Grammatik studiert hatte, und mißmutig sagte ich zu dem Männchen, daß ich nicht zeichnen könne. Es antwortete:

»Das macht nichts. Zeichne mir ein Schaf.«

Da ich nie ein Schaf gezeichnet hatte, machte ich ihm eine von den einzigen zwei Zeichnungen, die ich zuwege brachte.

Die von der geschlossenen Riesenschlange. Und ich war höchst verblüfft, als ich das Männchen sagen hörte:

»Nein! Nein! Ich will keinen Elefanten in einer Riesenschlange. Eine Riesenschlange ist sehr gefährlich, und ein Elefant braucht viel Platz. Bei mir zu Hause ist wenig Platz. Ich brauche ein Schaf. Zeichne mir ein Schaf.«

Also habe ich gezeichnet.

Das Männchen schaute aufmerksam zu, dann sagte es:

»Nein! Das ist schon sehr krank. Mach ein anderes.«

Ich zeichnete.

Mein Freund lächelte artig und mit Nachsicht:

»Du siehst wohl ... das ist kein Schaf, das ist ein Widder. Es hat Hörner ...«

Ich machte also meine Zeichnung noch einmal. Aber sie wurde ebenso abgelehnt wie die vorigen:

»Das ist schon zu alt. Ich will ein Schaf, das lange lebt.«

Mir ging die Geduld aus, es war höchste Zeit, meinen Motor auszubauen, so kritzelte ich diese Zeichnung da zusammen und knurrte dazu:

»Das ist die Kiste. Das Schaf, das du willst, steckt da drin.«

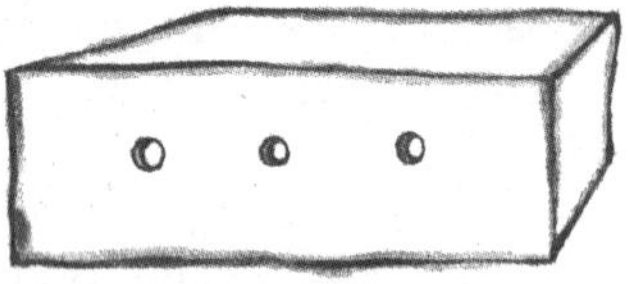

Und ich war höchst überrascht, als ich das Gesicht meines jungen Kritikers aufleuchten sah:

»Das ist ganz so, wie ich es mir gewünscht habe. Meinst du, daß dieses Schaf viel Gras braucht?«

»Warum?«

»Weil bei mir zu Hause alles ganz klein ist . . .«

»Es wird bestimmt ausreichen. Ich habe dir ein ganz kleines Schaf geschenkt.«

Er neigte den Kopf über die Zeichnung:

»Nicht so klein wie . . . Aber sieh nur! Es ist eingeschlafen . . .«

So machte ich die Bekanntschaft des kleinen Prinzen.

III

Ich brauchte lange Zeit, um zu verstehen, woher er kam. Der kleine Prinz, der viele Fragen an mich richtete, schien die meinen nie zu hören. Zufällig aufgefangene Worte haben mir nach und nach sein Geheimnis enthüllt.

So fragte er, als er zum erstenmal mein Flugzeug sah (ich werde mein Flugzeug nicht zeichnen, das ist eine viel zu komplizierte Sache für mich):

»Was ist das für ein Ding da?«

»Das ist kein Ding. Das fliegt. Das ist ein Flugzeug. Es ist mein Flugzeug.«

Und ich war stolz, ihm sagen zu können, daß ich fliege. Da rief er:

»Wie! du bist vom Himmel gefallen?«

»Ja«, sagte ich bescheiden.

»Ah! Das ist ja lustig . . .«

Und der kleine Prinz bekam einen ganz tollen Lachanfall, der mich ordentlich ärgerte. Ich lege Wert darauf, daß meine Unfälle ernst genommen werden. Er aber fuhr fort:

»Also auch du kommst vom Himmel! Von welchem Planeten bist du denn?«

Da ging mir ein Licht auf über das Geheimnis seiner Anwesenheit, und ich fragte hastig:

»Du kommst also von einem anderen Planeten?«

Aber er antwortete nicht. Er schüttelte nur sanft den Kopf, indem er mein Flugzeug musterte:

»Freilich, auf dem Ding da kannst du nicht allzu weit herkommen . . .«

Und er versank in eine Träumerei, die lange dauerte. Dann nahm er mein Schaf aus der Tasche und vertiefte sich in den Anblick seines Schatzes.

Ihr könnt euch vorstellen, wie stark diese Andeutung über die »anderen Planeten« mich beunruhigen mußte. Ich bemühte mich also, mehr zu erfahren:

»Woher kommst du, mein kleines Kerlchen? Wo bist du denn zu Hause? Wohin willst du mein Schaf mitnehmen?«

Er antwortete nach einem nachdenklichen Schweigen:

»Die Kiste, die du mir da geschenkt hast, hat das Gute, daß sie ihm nachts als Haus dienen kann.«

»Gewiß. Und wenn du brav bist, gebe ich dir auch einen Strick, um es tagsüber anzubinden. Und einen Pflock dazu.«

Dieser Vorschlag schien den kleinen Prinzen zu kränken:

»Anbinden? Was für eine komische Idee!«

»Aber wenn du es nicht anbindest, wird es doch weglaufen . . .«

Da brach mein Freund in ein neuerliches Gelächter aus:

»Aber wo soll es denn hinlaufen?«

»Irgendwohin. Geradeaus . . .«

Da versetzte der kleine Prinz ernsthaft:

»Das macht nichts aus, es ist so klein bei mir zu Hause!«

Und, vielleicht ein bißchen schwermütig, fügte er hinzu:

»Geradeaus kann man nicht sehr weit gehen . . .«

IV

Ich hatte eine zweite sehr wichtige Sache erfahren: der Planet seiner Herkunft war kaum größer als ein Haus!

Das erschien mir gar nicht verwunderlich. Ich wußte ja, daß es außer den großen Planeten wie der Erde, dem Jupiter, dem Mars, der Venus, denen man Namen gegeben hat, noch Hunderte von anderen gibt, die manchmal so klein sind, daß man Mühe hat, sie im Fernrohr zu sehen. Wenn ein Astronom einen von ihnen entdeckt, gibt er ihm statt des Namens eine Nummer. Er nennt ihn zum Beispiel: Asteroid Nr. 3251.

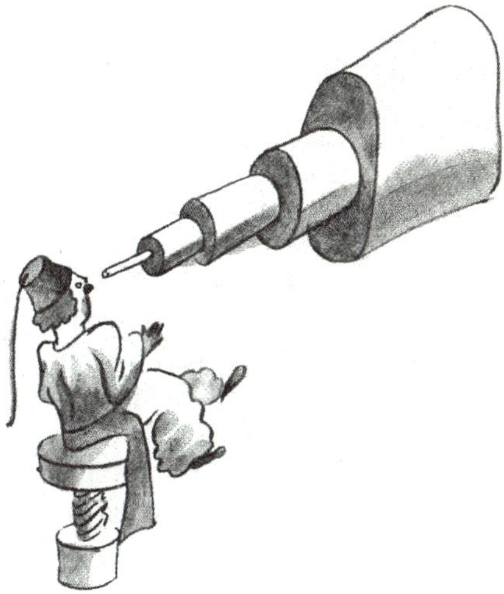

Ich habe ernsthafte Gründe zu glauben, daß der Planet, von dem der kleine Prinz kam, der Asteroid B 612 ist. Dieser Planet ist nur ein einziges Mal im Jahre 1909 von einem türkischen Astronomen im Fernrohr gesehen worden.

Er hatte damals beim internationalen Astronomenkongreß einen großen Vortrag über seine Entdeckung gehalten. Aber niemand hatte ihm geglaubt, und zwar ganz einfach seines Anzuges wegen. Die großen Leute sind so.

Zum Glück für den Ruf des Planeten B 612 befahl ein türkischer Diktator seinem Volk bei Todesstrafe, nur noch europäische Kleider zu tragen. Der Astronom wiederholte seinen Vortrag im Jahre 1920 in einem sehr eleganten Anzug. Und diesmal gaben sie ihm alle recht.

Wenn ich euch dieses nebensächliche Drum und Dran über den Planeten B 612 erzähle und euch sogar seine Nummer anvertraue, so geschieht das der großen Leute wegen. Die großen Leute haben eine Vorliebe für Zahlen. Wenn ihr ihnen von einem neuen Freund erzählt, befragen sie euch nie über das Wesentliche. Sie fragen euch nie: Wie ist der Klang seiner Stimme? Welche Spiele liebt er am meisten? Sammelt er Schmetterlinge? Sie fragen euch: Wie alt ist er? Wieviel Brüder hat er? Wieviel wiegt er? Wieviel verdient sein Vater? Dann erst glauben sie, ihn zu kennen. Wenn ihr zu den großen Leuten sagt:

Ich habe ein sehr schönes Haus mit roten Ziegeln gesehen, mit Geranien vor den Fenstern und Tauben auf dem Dach ... dann sind sie nicht imstande, sich dieses Haus vorzustellen. Man muß ihnen sagen: ich habe ein Haus gesehen, das hunderttausend Franken wert ist. Dann schreien sie gleich: Ach, wie schön!

So auch, wenn ihr ihnen sagt: Der Beweis dafür, daß es den kleinen Prinzen wirklich gegeben hat, besteht darin, daß er entzückend war, daß er lachte und daß er ein Schaf haben wollte; denn wenn man sich ein Schaf wünscht, ist es doch ein Beweis dafür, daß man lebt – dann werden sie die Achseln zucken und euch als Kinder behandeln. Aber wenn ihr ihnen sagt: der Planet, von dem er kam, ist der Planet B 612, dann werden sie überzeugt sein und euch mit ihren Fragen in Ruhe lassen. So sind sie. Man darf ihnen das auch nicht übelnehmen. Kinder müssen mit großen Leuten viel Nachsicht haben.

Wir freilich, die wir wissen, was das Leben eigentlich ist, wir machen uns nur lustig über die albernen Zahlen. Viel lieber hätte ich diese Geschichte begonnen wie ein Märchen. Am liebsten hätte ich so angefangen:

Es war einmal ein kleiner Prinz, der wohnte auf einem Planeten, der kaum größer war als er selbst, und er brauchte einen Freund ... Für die, die das Leben richtig verstehen, würde das viel glaubwürdiger klingen.

Denn ich möchte nicht, daß man mein Buch leicht nimmt. Ich empfinde so viel Kummer beim Erzählen dieser Erinnerungen. Es ist nun schon sechs Jahre her, daß mein Freund mit seinem Schaf davongegangen ist. Wenn ich hier versuche, ihn zu beschreiben, so tue ich das, um ihn nicht zu vergessen. Es ist traurig, einen Freund zu vergessen. Nicht jeder hat einen Freund gehabt. Und ich könnte wie die großen Leute werden, die sich nur für Ziffern interessieren, deshalb habe ich mir schließlich auch einen Farbenkasten und Zeichenstifte gekauft.

Es ist schwer, sich in meinem Alter noch einmal mit dem Zeichnen einzulassen, wenn man seit seinem sechsten Lebensjahre nie andere Versuche gemacht hat als die mit einer geschlossenen und offenen Klapperschlange. Ich werde selbstverständlich versuchen, die Bilder so wirklichkeitstreu wie möglich zu machen. Aber ich bin nicht ganz sicher, ob es mir gelingen wird. Die eine Zeichnung geht, die andere ist schon nicht mehr ähnlich. Ich irre mich auch mitunter in den Maßen. Da ist der kleine Prinz zu groß und da ist er zu klein. Auch die Farbe seiner Kleider macht mir Kummer. Dann probiere ich hin und her, so gut es eben geht. Ich werde mich vermutlich auch bei wichtigeren Einzelheiten irren. Aber das muß man doch schon nachsehen. Mein Freund hat mir nie Erklärungen gegeben. Er glaubte wahrscheinlich, ich sei wie er. Aber ich bin leider nicht imstande, durch die Kistenbretter hindurch Schafe zu sehen. Ich gleiche doch wohl schon eher den großen Leuten. Ich mußte ja im Laufe der Zeit älter werden.

V

Jeden Tag erfuhr ich etwas Neues über den Planeten, über die Abreise und über die Fahrt. Das ergab sich ganz sachte im Laufe meiner Überlegungen. So lernte ich am dritten Tage die Tragödie der Affenbrotbäume kennen. Auch dies verdanke ich schließlich dem Schaf, denn unvermittelt fragte mich der kleine Prinz, als wäre er von einem schweren Zweifel geplagt:

»Es stimmt doch, daß Schafe Stauden fressen?«

»Ja, das stimmt.«

»Ach, da bin ich froh!«

Ich verstand nicht, warum es so wichtig war, daß Schafe Stauden fressen. Aber der kleine Prinz fügte hinzu:

»Dann fressen sie doch auch Affenbrotbäume?«

Ich erklärte dem kleinen Prinzen ausführlich, daß Affenbrotbäume doch keine Stauden sind, sondern kirchturmhohe Bäume, und selbst wenn er eine ganze Herde Elefanten mitnähme, würde diese Herde nicht mit einem einzigen Affenbrotbaum fertig werden.

Der Einfall mit den Elefanten brachte ihn zum Lachen.

»Man müßte sie übereinanderstellen . . .«

Aber dann bemerkte er klugerweise:

»Bevor die Affenbrotbäume groß werden, fangen sie ja erst damit an, klein zu sein.«

»Das ist schon richtig. Aber warum willst du, daß deine Schafe die kleinen Affenbrotbäume fressen?«

Er antwortete: »Schon gut! Wir werden ja sehen!« als ob es sich da um das klarste Ding der Welt handelte. Und ich mußte meinen ganzen Verstand aufbieten, um der Sache auf den Grund zu kommen.

In der Tat gab es auf dem Planeten des kleinen Prinzen wie auf allen Planeten gute Gewächse und schlechte Gewächse.

Infolgedessen auch gute Samenkörner von guten Gewächsen und schlechte Samenkörner von schlechten Gewächsen. Aber die Samen sind unsichtbar. Sie schlafen geheimnisvoll in der Erde, bis es einem von ihnen einfällt aufzuwachen. Dann streckt er sich und treibt zuerst schüchtern einen entzückenden kleinen Sproß zur Sonne, einen ganz harmlosen. Wenn es sich um einen Radieschen- oder Rosentrieb handelt, kann man ihn wachsen lassen, wie er will. Aber wenn es sich um eine schädliche Pflanze handelt, muß man die Pflanze beizeiten herausreißen, sobald man erkannt hat, was für eine es ist. Auf dem Planeten des kleinen Prinzen gab es fürchterliche Samen . . . und das waren die Samen der Affenbrotbäume. Der Boden des Planeten war voll davon. Aber einen Affenbrotbaum kann man, wenn man ihn zu spät angeht, nie mehr loswerden. Er bemächtigt sich des ganzen Planeten. Er durchringt ihn mit seinen Wurzeln. Und wenn der Planet zu klein ist und die Affenbrotbäume zu zahlreich werden, sprengen sie ihn.

»Es ist eine Frage der Disziplin«, sagte mir später der kleine Prinz. »Wenn man seine Morgentoilette beendet hat, muß man sich ebenso sorgfältig an die Toilette des Planeten machen. Man muß sich regelmäßig dazu zwingen, die Sprößlinge der Affenbrotbäume auszureißen, sobald man sie von den Rosensträuchern unterscheiden kann, denen sie in der Jugend sehr ähnlich sehn. Das ist eine zwar langweilige, aber leichte Arbeit.«

Und eines Tages riet er mir, ich solle mich bemühen, eine schöne Zeichnung zustande zu bringen, damit es den Kindern bei mir daheim auch richtig in den Kopf gehe. »Wenn sie eines Tages auf die Reise gehn«, sagte er, »kann es ihnen zugute kommen. Zuweilen macht es ja wohl nichts aus, wenn man seine Arbeit auf später verschiebt. Aber wenn es sich um Affenbrotbäume handelt, führt das stets zur Katastrophe. Ich habe einen Planeten gekannt, den ein Faulpelz bewohnte. Er hatte drei Sträucher übersehen . . .«

Und so habe ich denn diesen Planeten nach den Angaben des kleinen Prinzen gezeichnet. Ich nehme nicht gerne den Tonfall eines Moralisten an. Aber die Gefährlichkeit der Affenbrotbäume ist so wenig bekannt, und die Gefahren, die jedem drohen, der sich auf einen Asteroiden verirrt, sind so beträchtlich, daß ich für dieses eine Mal aus meiner Zurückhaltung heraustrete. Ich sage: Kinder, Achtung! Die Affenbrotbäume! Um meine Freunde auf eine Gefahr aufmerksam zu machen, die – unerkannt – ihnen wie mir seit langem droht, habe ich so viel an dieser Zeichnung gearbeitet. Die Lehre, die ich damit gebe, ist gewiß der Mühe wert. Ihr werdet euch vielleicht fragen: Warum enthält dieses Buch nicht noch andere, ebenso großartige Zeichnungen wie die Zeichnung von den Affenbrotbäumen? Die Antwort ist sehr einfach: Ich habe wohl den Versuch gewagt, aber es ist mir nicht gelungen. Als ich die Affenbrotbäume zeichnete, war ich vom Gefühl der Dringlichkeit beseelt.

VI

Ach, kleiner Prinz, so nach und nach habe ich dein kleines schwermütiges Leben verstanden. Lange Zeit hast du, um dich zu zerstreuen, nichts anderes gehabt als die Lieblichkeit der Sonnenuntergänge. Das erfuhr ich am Morgen des vierten Tages, als du mir sagtest:

»Ich liebe die Sonnenuntergänge sehr. Komm, laß uns einen Sonnenuntergang anschauen . . .«

»Da muß man noch warten . . .«

»Worauf denn warten?«

»Warten, bis die Sonne untergeht.«

Du hast zuerst ein sehr erstauntes Gesicht gemacht und dann über dich selber gelacht. Und du hast zu mir gesagt:

»Ich bilde mir immer ein, ich sei zu Hause!«

In der Tat. Wenn es in den Vereinigten Staaten Mittag ist, geht die Sonne, wie jedermann weiß, in Frankreich unter. Um dort einem Sonnenuntergang beizuwohnen, müßte man in einer Minute nach Frankreich fliegen können. Unglücklicherweise ist Frankreich viel zu weit weg. Aber auf deinem so kleinen Planeten genügte es, den Sessel um einige Schritte weiterzurücken. Und du erlebtest die Dämmerung, so oft du es wünschtest . . .

»An einem Tag habe ich die Sonne dreiundvierzigmal untergehen sehn!«

Und ein wenig später fügtest du hinzu:

»Du weißt doch, wenn man recht traurig ist, liebt man die Sonnenuntergänge . . .«

»Am Tage mit den dreiundvierzigmal warst du also besonders traurig?« Aber der kleine Prinz antwortete nicht.

VII

Am fünften Tag war es wieder das Schaf, das ein Lebensgeheimnis des kleinen Prinzen enthüllen half. Er fragte mich unvermittelt, ohne Umschweife, als pflückte er die Frucht eines in langem Schweigen gereiften Problems:

»Wenn ein Schaf Sträucher frißt, so frißt es doch auch die Blumen?«

»Ein Schaf frißt alles, was ihm vors Maul kommt.«

»Auch die Blumen, die Dornen haben?«

»Ja. Auch die Blumen, die Dornen haben.«

»Wozu haben sie dann die Dornen?«

Ich wußte es nicht. Ich war gerade mit dem Versuch beschäftigt, einen zu streng angezogenen Bolzen meines Motors abzuschrauben. Ich war in großer Sorge, da mir meine Panne bedenklich zu erscheinen begann, und ich machte mich aufs Schlimmste gefaßt, weil das Trinkwasser zur Neige ging.

»Was für einen Zweck haben die Dornen?«

Der kleine Prinz verzichtete niemals auf eine Frage, wenn er sie einmal gestellt hatte. Ich war völlig mit meinem Bolzen beschäftigt und antwortete aufs Geratewohl:

»Die Dornen, die haben gar keinen Zweck, die Blumen lassen sie aus reiner Bosheit wachsen!«

»Oh!«

Er schwieg. Aber dann warf er mir in einer Art Verärgerung zu:»Das glaube ich dir nicht! Die Blumen sind schwach. Sie sind arglos. Sie schützen sich, wie sie können. Sie bilden sich ein, daß sie mit Hilfe der Dornen gefährlich wären . . .«

Ich antwortete nichts und sagte mir im selben Augenblick: Wenn dieser Bolzen noch lange bockt, werde ich ihn mit einem Hammerschlag heraushauen müssen.

Der kleine Prinz störte meine Überlegungen von neuem:

»Und du glaubst, daß die Blumen . . .«

»Aber nein! Aber nein! Ich glaube nichts! Ich habe irgend etwas dahergeredet. Wie du siehst, beschäftige ich mich mit wichtigeren Dingen!«

Er schaute mich verdutzt an.

»Mit wichtigeren Dingen!«

Er sah mich an, wie ich mich mit dem Hammer in der Hand und vom Schmieröl verschmutzten Händen über einen Gegenstand beugte, der ihm ausgesprochen häßlich erscheinen mußte.

»Du sprichst ja wie die großen Leute!«

Das beschämte mich. Er fügte aber unbarmherzig hinzu:

»Du verwechselst alles, du bringst alles durcheinander!«

Er war wirklich sehr aufgebracht. Er schüttelte sein goldenes Haar im Wind.

»Ich kenne einen Planeten, auf dem ein puterroter Herr haust. Er hat nie den Duft einer Blume geatmet. Er hat nie einen Stern angeschaut.

Er hat nie jemanden geliebt. Er hat nie etwas anderes als Additionen gemacht. Und den ganzen Tag wiederholt er wie du: Ich bin ein ernsthafter Mann! Ich bin ein ernsthafter Mann! Und das macht ihn ganz geschwollen vor Hochmut. Aber das ist kein Mensch, das ist ein Schwamm.«

»Ein was?«

»Ein Schwamm!«

Der kleine Prinz war jetzt ganz blaß vor Zorn.

»Es sind nun Millionen Jahre, daß die Blumen Dornen hervorbringen. Es sind Millionen Jahre, daß die Schafe trotzdem die Blumen fressen. Und du findest es unwichtig, wenn man wissen möchte, warum sie sich so viel Mühe geben, Dornen hervorzubringen, die zu nichts Zweck haben? Dieser Kampf der Schafe mit den Blumen soll unwichtig sein? Weniger ernsthaft als die Additionen eines dicken, roten Mannes? Und wenn ich eine Blume kenne, die es in der ganzen Welt nur ein einziges Mal gibt, nirgends anders als auf meinem kleinen Planeten, und wenn ein kleines Schaf, ohne zu wissen, was es tut, diese Blume eines Morgens so mit einem einzigen Biß auslöschen kann – das soll nicht wichtig sein?!«

Er wurde rot vor Erregung und fuhr fort:

»Wenn einer eine Blume liebt, die es nur ein einziges Mal gibt auf allen Millionen und Millionen Sternen, dann genügt es ihm völlig, daß er zu ihnen hinaufschaut, um glücklich zu sein. Er sagt sich: Meine Blume ist da oben, irgendwo . . . Wenn aber das Schaf die Blume frißt, so ist es für ihn, als wären plötzlich alle Sterne ausgelöscht! Und das soll nicht wichtig sein?«

Er konnte nichts mehr sagen. Er brach plötzlich in Schluchzen aus. Die Nacht war hereingebrochen. Ich hatte mein Werkzeug weggelegt. Mein Hammer, mein Bolzen, der Durst und der Tod, alles war mir gleichgültig. Es galt auf einem Stern, einem Planeten, auf dem meinigen, hier auf der Erde, einen kleinen Prinzen zu trösten. Ich nahm ihn in die Arme. Ich wiegte ihn. Ich flüsterte ihm zu: »Die Blume, die du liebst, ist nicht in Gefahr . . . Ich werde ihm einen Maulkorb zeichnen, deinem Schaf . . . Ich werde dir einen Zaun für deine Blume zeichnen . . . Ich . . .« Ich wußte nicht, was ich noch sagen sollte. Ich kam mir sehr ungeschickt vor. Ich wußte nicht, wie ich zu ihm gelangen, wo ich ihn erreichen konnte . . . Es ist so geheimnisvoll, das Land der Tränen.

VIII

Bald sollte ich jene Blume besser kennenlernen. Es hatte auf dem Planeten des kleinen Prinzen immer schon Blumen gegeben, sehr einfache, aus einem einzigen Kranz von Blütenblättern geformt; sie spielten keine große Rolle und störten niemanden. Sie leuchteten eines Morgens im Grase auf und erloschen am Abend. Aber jene eine hatte eines Tages Wurzel geschlagen, aus einem Samen, weiß Gott woher, und der kleine Prinz hatte diesen Sproß, der den andern Sprößlingen nicht glich, sehr genau überwacht. Das konnte eine neue Art Affenbrotbaum sein. Aber der Strauch hörte bald auf zu wachsen und begann, eine Blüte anzusetzen. Der kleine Prinz, der der Entwicklung einer riesigen Knospe beiwohnte, fühlte wohl, es müsse eine wunderbare Erscheinung aus ihr hervorgehn, aber die Blume wurde nicht fertig damit, sich in ihrer grünen Kammer auf ihre Schönheit vorzubereiten. Sie wählte ihre Farben mit Sorgfalt, sie zog sich langsam an, sie ordnete ihre Blütenblätter eins nach dem andern. Sie wollte nicht wie die Mohnblüten ganz zerknittert herauskommen. Sie wollte nicht früher erscheinen als im vollen Ornat ihrer Schönheit. Nun ja! sie wollte gefallen. Ihre geheimnisvolle Toilette hatte also Tage und Tage gedauert. Und dann, eines Morgens, gerade zur Stunde des Sonnenaufganges, hatte sie sich enthüllt.

Und sie, die mit solcher Genauigkeit gearbeitet hatte, sagte gähnend:

»Ach! ich bin kaum aufgewacht ... Ich bitte um Verzeihung ... Ich bin noch ganz zerrauft ...«

Da konnte der kleine Prinz seine Bewunderung nicht mehr verhalten:

»Wie schön Sie sind!«

»Nicht wahr?« antwortete sanft die Blume. »Und ich bin zugleich mit der Sonne geboren ...«

Der kleine Prinz erriet wohl, daß sie nicht allzu bescheiden war, aber sie war so rührend!

»Ich glaube, es ist Zeit zum Frühstücken«, hatte sie bald hinzugefügt, »hätten Sie die Güte, an mich zu denken?«

Und völlig verwirrt hatte der kleine Prinz eine Gießkanne mit frischem Wasser geholt und die Blume bedient.

So hatte sie ihn sehr bald schon mit ihrer etwas scheuen Eitelkeit gequält. Eines Tages zum Beispiel, als sie von ihren vier Dornen sprach, hatte sie zum kleinen Prinzen gesagt:

»Sie sollen nur kommen, die Tiger, mit ihren Krallen!«

»Es gibt keine Tiger auf meinem Planeten«, hatte der kleine Prinz eingewendet, »und die Tiger fressen auch kein Gras.«

»Ich bin kein Gras«, hatte die Blume sanft geantwortet.

»Verzeihen Sie mir . . .«

»Ich fürchte mich nicht vor den Tigern, aber mir graut vor der Zugluft. Hätten Sie keinen Wandschirm?«

Grauen vor Zugluft? . . . Das sind schlechte Aussichten für eine Pflanze, hatte der kleine Prinz festgestellt. Diese Blume ist recht schwierig . . .

»Am Abend werden Sie mich unter einen Glassturz stellen. Es ist sehr kalt bei Ihnen. Das ist schlecht eingerichtet. Da, wo ich herkomme . . .«

Aber sie hatte sich unterbrochen. Sie war in Form eines Samenkorns gekommen. Sie hatte nichts von den anderen Welten wissen können. Beschämt, sich bei einer so einfältigen Lüge ertappen zu lassen, hatte sie zwei- oder dreimal gehustet, um den Prinzen ins Unrecht zu setzen:

»Der Wandschirm . . .?«

»Ich wollte ihn gerade holen, aber Sie sprachen mit mir!«

Dann hatte sie sich neuerlich zu ihrem Husten gezwungen, um ihm trotzdem Gewissensbisse aufzunötigen.

So hatte der kleine Prinz trotz des guten Willens seiner Liebe rasch an ihr zu zweifeln begonnen, ihre belanglosen Worte bitter ernst genommen und war sehr unglücklich geworden.

»Ich hätte nicht auf sie hören sollen«, gestand er mir eines Tages. »Man darf den Blumen nicht zuhören, man muß sie anschauen und einatmen. Die meine erfüllte den Planeten mit Duft, aber ich konnte seiner nicht froh werden. Diese Geschichte mit den Krallen, die mich so gereizt hat, hätte mich rühren sollen.«

Er vertraute mir noch an:

»Ich habe das damals nicht verstehen können! Ich hätte sie nach ihrem Tun und nicht nach ihren Worten beurteilen sollen. Sie duftete und glühte für mich. Ich hätte niemals fliehen sollen! Ich hätte hinter all den armseligen Schlichen ihre Zärtlichkeit erraten sollen. Die Blumen sind so widerspruchsvoll! Aber ich war zu jung, um sie lieben zu können.«

IX

Ich glaube, daß er zu seiner Flucht einen Zug wilder Vögel benutzt hat. Am Morgen seiner Abreise brachte er seinen Planeten schön in Ordnung. Sorgfältig fegte er seine tätigen Vulkane. Er besaß zwei tätige Vulkane, das war sehr praktisch zum Frühstückkochen. Er besaß auch einen erloschenen Vulkan. Da er sich aber sagte: man kann nie wissen! fegte er auch den erloschenen Vulkan. Wenn sie gut gefegt werden, brennen die Vulkane sanft und regelmäßig, ohne Ausbrüche. Die Ausbrüche der Vulkane sind nichts weiter als Kaminbrände. Es ist klar: wir auf unserer Erde sind viel zu klein, um unsere Vulkane zu kehren. Deshalb machen sie uns so viel Verdruß.

Der kleine Prinz riß auch ein bißchen schwermütig die letzten Triebe des Affenbrotbaumes aus. Er glaubte nicht, daß er jemals zurückkehren müsse. Aber alle diese vertrauten Arbeiten erschienen ihm an diesem Morgen ungemein süß. Und als er die Blume zum letztenmal begoß und sich anschickte, sie unter den Schutz der Glasglocke zu stellen, entdeckte er in sich das Bedürfnis zu weinen.

»Adieu«, sagte er zur Blume.

Aber sie antwortete ihm nicht.

»Adieu«, wiederholte er.

Die Blume hustete. Aber das kam nicht von der Erkaltung.

»Ich bin dumm gewesen«, sagte sie endlich zu ihm. »Ich bitte dich um Verzeihung. Versuche, glücklich zu sein.«

Es überraschte ihn, daß die Vorwürfe ausblieben. Er stand ganz fassungslos da, mit der Glasglocke in der Hand. Er verstand diese stille Sanftmut nicht.

»Aber ja, ich liebe dich«, sagte die Blume. »Du hast nichts davon gewußt. Das ist meine Schuld. Es ist ganz unwichtig. Aber du warst ebenso dumm wie ich. Versuche, glücklich zu sein ... Laß diese Glasglocke liegen! Ich will sie nicht mehr ...«

»Aber der Wind ...«

»Ich bin nicht so stark erkältet, daß ... Die frische Nachtluft wird mir gut tun. Ich bin eine Blume.«

»Aber die Tiere ...«

»Ich muß wohl zwei oder drei Raupen aushalten, wenn ich die Schmetterlinge kennenlernen will. Auch das scheint sehr

schön zu sein. Wer wird mich sonst besuchen? Du wirst ja weit weg sein. Was aber die großen Tiere angeht, so fürchte ich mich nicht. Ich habe meine Krallen.«

Und sie zeigte treuherzig ihre vier Dornen. Dann fügte sie noch hinzu:

»Zieh es nicht so in die Länge, das ist ärgerlich. Du hast dich entschlossen zu reisen. So geh!«

Denn sie wollte nicht, daß er sie weinen sähe. Es war eine so stolze Blume.

X

Er befand sich in der Region der Asteroiden 325, 326, 327, 328, 329 und 330. Er begann also, sie zu besuchen, um sich zu beschäftigen und um sich zu bilden.

Auf dem ersten wohnte ein König.

Der König thronte in Purpur und Hermelin auf einem sehr einfachen und dabei sehr königlichen Thron.

»Ah! Sieh da, ein Untertan«, rief der König, als er den kleinen Prinzen sah.

Und der kleine Prinz fragte sich: Wie kann er mich kennen, da er mich noch nie gesehen hat!

Er wußte nicht, daß für die Könige die Welt etwas höchst Einfaches ist: Alle Menschen sind Untertanen.

»Komm näher, daß ich dich besser sehe«, sagte der König und war ganz stolz, daß er endlich für jemanden König war.

Der kleine Prinz schaute sich nach einer Sitzgelegenheit um, aber der ganze Planet war bedeckt von dem herrlichen Hermelinmantel.

Er blieb also stehen, und da er müde war, gähnte er.

»Es verstößt gegen die Etikette, in Gegenwart eines Königs zu gähnen«, sagte der Monarch. »Ich verbiete es dir.«

»Ich kann es nicht unterdrücken«, antwortete der kleine Prinz ganz verwirrt. »Ich habe eine weite Reise gemacht und habe nicht geschlafen ...«

»Dann«, sagte der König, »befehle ich dir, zu gähnen. Ich habe seit Jahren niemanden gähnen sehen, das Gähnen ist für mich eine Seltenheit. Los! gähne noch einmal! Es ist ein Befehl.«

»Das ängstigt mich, ich kann nicht mehr ...«, stammelte der kleine Prinz und errötete.

»Hm, hm!« antwortete der König. »Also dann ... befehle ich dir, bald zu gähnen und bald ...«

Er murmelte ein bißchen und schien verärgert. Denn der K-ig hielt in hohem Maß darauf, daß man seine Autorität respe-iere. Er duldete keinen Ungehorsam. Er war ein absoluter M-arch. Aber da er sehr gütig war, gab er vernünftige Befehle.

»Wenn ich geböte«, pflegte er zu sagen, »wenn ich einem General geböte, sich in einen Seevogel zu verwandeln, und wenn dieser General nicht gehorchte, es wäre nicht die Schuld des Generals. Es wäre meine Schuld.«

»Darf ich mich setzen?« fragte schüchtern der kleine Prinz.

»Ich befehle dir, dich zu setzen«, antwortete der König und zog einen Zipfel seines Hermelinmantels majestätisch an sich heran.

Aber der kleine Prinz staunte. Der Planet war winzig klein. Worüber konnte der König wohl herrschen?

»Herr«, sagte er zu ihm ... »ich bitte, verzeiht mir, daß ich Euch frage ...«

»Ich befehle dir, mich zu fragen«, beeilte sich der König zu sagen.

»Herr ... worüber herrscht Ihr?«

»Über alles«, antwortete der König mit großer Einfachheit.

»Über alles?«

Der König wies mit einer bedeutsamen Gebärde auf seinen Planeten, auf die andern Planeten und auf die Sterne.

»Über all das?« sagte der kleine Prinz.

»Über all das ...«, antwortete der König.

Denn er war nicht nur ein absoluter Monarch, sondern ein universeller.

»Und die Sterne gehorchen Euch?«

»Gewiß«, sagte der König. »Sie gehorchen aufs Wort. Ich dulde keinen Ungehorsam.«

Solche Macht verwunderte den kleinen Prinzen sehr. Wenn er sie selbst gehabt hätte, wäre es ihm möglich gewesen, nicht dreiundvierzig, sondern zweiundsiebzig oder sogar hundert oder selbst zweihundert Sonnenuntergängen an ein und demselben Tage beizuwohnen, ohne daß er seinen Sessel hätte rücken müssen. Und da er sich in der Erinnerung an seinen kleinen verlassenen Planeten ein bißchen traurig fühlte, faßte er sich ein Herz und bat den König um eine Gnade:

»Ich möchte einen Sonnenuntergang sehen ... Machen Sie mir die Freude ... Befehlen Sie der Sonne, unterzugehen ...«

»Wenn ich einem General geböte, nach Art der Schmetterlinge von einer Blume zur andern zu fliegen oder eine Tragödie zu schreiben oder sich in einen Seevogel zu verwandeln, und wenn dieser General den erhaltenen Befehl nicht ausführte, wer wäre im Unrecht, er oder ich?«

»Sie wären es«, sagte der kleine Prinz überzeugt.

»Richtig. Man muß von jedem fordern, was er leisten kann«, antwortete der König. »Die Autorität beruht vor allem auf der Vernunft. Wenn du deinem Volke befiehlst, zu marschieren und sich ins Meer zu stürzen, wird es revoltieren. Ich habe das Recht, Gehorsam zu fordern, weil meine Befehle vernünftig sind.«

»Was ist also mit meinem Sonnenuntergang?« erinnerte der kleine Prinz, der niemals eine Frage vergaß, wenn er sie einmal gestellt hatte.

»Deinen Sonnenuntergang wirst du haben. Ich werde ihn befehlen. Aber in meiner Herrscherweisheit werde ich warten, bis die Bedingungen dafür günstig sind.«

»Wann wird das sein?« erkundigte sich der kleine Prinz.

»Hm, hm!« antwortete der König, der zunächst einen großen Kalender studierte, »hm, hm! das wird sein gegen ... gegen ... das wird heute abend gegen sieben Uhr vierzig sein! Und du wirst sehen, wie man mir gehorcht.«

Der kleine Prinz gähnte. Es tat ihm leid um den versäumten Sonnenuntergang. Er langweilte sich schon ein bißchen.

»Ich habe hier nichts mehr zu tun«, sagte er zum König. »Ich werde wieder abreisen!«

»Reise nicht ab«, antwortete der König, der so stolz war, einen Untertanen zu haben, »ich mache dich zum Minister!«

»Zu was für einem Minister?«

»Zum ... zum Justizminister!«

»Aber es ist niemand da, über den man richten könnte!«

»Das weiß man nicht«, sagte der König. »Ich habe die Runde um mein Königreich noch nicht gemacht. Ich bin sehr alt, ich habe keinen Platz für einen Wagen, und das Gehen macht mich müde.«

»Oh! Aber ich habe schon gesehen«, sagte der kleine Prinz, der sich bückte, um einen Blick auf die andere Seite des Planeten zu werfen, »es ist auch dort drüben niemand ...«

»Du wirst also über dich selbst richten«, antwortete ihm der König. »Das ist das Schwerste. Es ist viel schwerer,sich selbst zu verurteilen als über andere zu richten. Wenn es dir gelingt, über dich selbst gut zu Gericht zu sitzen, dann bist du ein wirklicher Weiser.«

»Ich«, sagte der kleine Prinz, »ich kann über mich richten, wo immer ich bin. Dazu brauche ich nicht hier zu wohnen.«

»Hm, hm!« sagte der König, »ich glaube, daß es auf meinem Planeten irgendwo eine alte Ratte gibt. Ich höre sie in der Nacht. Du könntest Richter über diese alte Ratte sein. Du wirst sie von Zeit zu Zeit zum Tode verurteilen. So wird ihr Leben von deiner Rechtsprechung abhängen. Aber du wirst sie jedesmal begnadigen, um sie aufzusparen. Es gibt nur eine.«

»Ich liebe es nicht, zum Tode zu verurteilen«, antwortete der kleine Prinz, »und ich glaube wohl, daß ich jetzt gehe.«

»Nein«, sagte der König.

Aber der kleine Prinz, der seine Vorbereitungen bereits getroffen hatte, wollte dem alten Monarchen nicht weh tun:

»Wenn Eure Majestät Wert auf Gehorsam legen, könnten Sie mir einen vernünftigen Befehl erteilen. Sie könnten mir zum Beispiel befehlen, innerhalb einer Minute zu verschwinden. Es scheint mir, daß die Umstände günstig sind . . .«

Da der König nichts erwiderte, zögerte der kleine Prinz zuerst, dann brach er mit einem Seufzer auf.

»Ich mache dich zu meinem Gesandten«, beeilte sich der König ihm nachzurufen.

Er gab sich den Anschein großer Autorität.

Die großen Leute sind sehr sonderbar, sagte sich der kleine Prinz auf seiner Reise.

XI

Der zweite Planet war von einem Eitlen bewohnt.

»Ah, ah, schau, schau, ein Bewunderer kommt zu Besuch!« rief der Eitle von weitem, sobald er des kleinen Prinzen ansichtig wurde.

Denn für die Eitlen sind die anderen Leute Bewunderer.

»Guten Tag«, sagte der kleine Prinz. »Sie haben einen spaßigen Hut auf.«

»Der ist zum Grüßen«, antwortete ihm der Eitle. »Er ist zum Grüßen, wenn man mir zujauchzt. Unglücklicherweise kommt hier niemand vorbei.«

»Ach ja?« sagte der kleine Prinz, der nichts davon begriff.

»Schlag deine Hände zusammen«, empfahl ihm der Eitle.

Der kleine Prinz schlug seine Hände gegeneinander. Der Eitle grüßte bescheiden, indem er seinen Hut lüftete.

Das ist unterhaltender als der Besuch beim König, sagte sich der kleine Prinz.

Und er begann von neuem die Hände zusammenzuschlagen. Der Eitle wieder fuhr fort, seinen Hut grüßend zu lüften.

Nach fünf Minuten wurde der kleine Prinz der Eintönigkeit dieses Spieles überdrüssig:

»Und was muß man tun«, fragte er, »damit der Hut herunterfällt?«

Aber der Eitle hörte ihn nicht. Die Eitlen hören immer nur die Lobreden.

»Bewunderst du mich wirklich sehr?« fragte er den kleinen Prinzen.

»Was heißt bewundern?«

»Bewundern heißt erkennen, daß ich der schönste, der bestangezogene, der reichste und der intelligenteste Mensch des Planeten bin.«

»Aber du bist doch allein auf deinem Planeten!«

»Mach mir die Freude, bewundere mich trotzdem!«

»Ich bewundere dich«, sagte der kleine Prinz, indem er ein bißchen die Schultern hob, »aber wozu nimmst du das wichtig?«

Und der kleine Prinz machte sich davon.

Die großen Leute sind entschieden sehr verwunderlich, stellte er auf seiner Reise fest.

XII

Den nächsten Planeten bewohnte ein Säufer. Dieser Besuch war sehr kurz, aber er tauchte den kleinen Prinzen in eine tiefe Schwermut.

»Was machst du da?« fragte er den Säufer, den er stumm vor einer Reihe leerer und einer Reihe voller Flaschen sitzend antraf.

»Ich trinke«, antwortete der Säufer mit düsterer Miene.

»Warum trinkst du?« fragte ihn der kleine Prinz.

»Um zu vergessen«, antwortete der Säufer.

»Um was zu vergessen?« erkundigte sich der kleine Prinz, der ihn schon bedauerte.

»Um zu vergessen, daß ich mich schäme«, gestand der Säufer und senkte den Kopf.

»Weshalb schämst du dich?« fragte der kleine Prinz, der den Wunsch hatte, ihm zu helfen.

»Weil ich saufe!« endete der Säufer und verschloß sich endgültig in sein Schweigen.

Und der kleine Prinz verschwand bestürzt.

Die großen Leute sind entschieden sehr, sehr wunderlich, sagte er zu sich auf seiner Reise.

XIII

Der vierte Planet war der des Geschäftsmannes. Dieser Mann war so beschäftigt, daß er bei der Ankunft des kleinen Prinzen nicht einmal den Kopf hob.

»Guten Tag«, sagte dieser zu ihm. »Ihre Zigarette ist ausgegangen.«

»Drei und zwei ist fünf. Fünf und sieben ist zwölf. Zwölf und drei ist fünfzehn. Guten Tag. Fünfzehn und sieben ist zweiundzwanzig. Zweiundzwanzig und sechs ist achtundzwanzig. Keine Zeit, sie wieder anzuzünden. Sechsundzwanzig und fünf ist einunddreißig. Uff! Das macht also fünfhunderteine Million, sechshundertzweiundzwanzigtausendsiebenhunderteinunddreißig.«

»Fünfhundert Millionen wovon?«

»Wie? Du bist immer noch da? Fünfhunderteine Million von ... ich weiß nicht mehr ... ich habe so viel Arbeit! Ich bin ein ernsthafter Mann, ich gebe mich nicht mit Kindereien ab. Zwei und fünf ist sieben ...«

»Fünfhunderteine Million wovon?« wiederholte der kleine Prinz, der niemals in seinem Leben auf eine Frage verzichtete, die er einmal gestellt hatte.

Der Geschäftsmann hob den Kopf.

»In den vierundfünfzig Jahren, die ich auf diesem Planeten da wohne, bin ich nur dreimal gestört worden. Das erstemal war es vor zweiundzwanzig Jahren ein Maikäfer, der von weiß Gott wo heruntergefallen war. Er machte einen schrecklichen Lärm, und ich habe in einer Addition vier Fehler gemacht. Das zweitemal, vor elf Jahren, war es ein Anfall von Rheumatismus. Es fehlt mir an Bewegung. Ich habe nicht Zeit, herumzubummeln. Ich bin ein ernsthafter Mann. Und das ist nun das drittemal! Ich sagte also, fünfhunderteine Million ...«

»Millionen wovon?«

Der Geschäftsmann begriff, daß es keine Aussicht auf Frieden gab:

»Millionen von diesen kleinen Dingern, die man manchmal am Himmel sieht.«

»Fliegen?«

»Aber nein, kleine Dinger, die glänzen.«

»Bienen?«

»Aber nein. Kleine goldene Dinger, von denen die Nichtstuer träumerisch werden. Ich bin ein ernsthafter Mann. Ich habe nicht Zeit zu Träumereien.«

»Ach, die Sterne?«

»Dann sind es wohl die Sterne.«

»Und was machst du mit fünfhundert Millionen Sternen?«

»Fünfhunderteine Million, sechshundertzweiundzwanzigtausendsiebenhunderteinunddreißig. Ich bin ein ernsthafter Mann, ich nehme es genau.«

»Und was machst du mit diesen Sternen?«

»Was ich damit mache?«

»Ja.«

»Nichts. Ich besitze sie.«

»Du besitzt die Sterne?«

»Ja.«

»Aber ich habe schon einen König gesehn, der . . .«

»Die Könige besitzen nicht, sie ›regieren über‹. Das ist etwas ganz anderes.«

»Und was hast du davon, die Sterne zu besitzen?«

»Das macht mich reich.«

»Und was hast du vom Reichsein?«

»Weitere Sterne kaufen, wenn jemand welche findet.«

Der da, sagte sich der kleine Prinz, denkt ein bißchen wie mein Säufer.

Indessen stellte er noch weitere Fragen:

»Wie kann man die Sterne besitzen?«

»Wem gehören sie?« erwiderte mürrisch der Geschäftsmann.

»Ich weiß nicht. Niemandem.«

»Dann gehören sie mir, ich habe als erster daran gedacht.«

»Das genügt?«

»Gewiß. Wenn du einen Diamanten findest, der niemandem gehört, dann ist er dein. Wenn du eine Insel findest, die niemandem gehört, so ist sie dein. Wenn du als erster einen Einfall hast und du läßt ihn patentieren, so ist er dein. Und ich, ich besitze die Sterne, da niemand vor mir daran gedacht hat, sie zu besitzen.«

»Das ist wahr«, sagte der kleine Prinz. »Und was machst du damit?«

»Ich verwalte sie. Ich zähle sie und zähle sie wieder«, sagte der Geschäftsmann. »Das ist nicht leicht. Aber ich bin ein ernsthafter Mann.«

Der kleine Prinz war noch nicht zufrieden.

»Wenn ich einen Seidenschal habe, kann ich ihn um meinen Hals wickeln und mitnehmen. Wenn ich eine Blume habe, kann ich meine Blume pflücken und mitnehmen. Aber du kannst die Sterne nicht pflücken!«

»Nein, aber ich kann sie in die Bank legen.«

»Was soll das heißen?«

»Das heißt, daß ich die Zahl meiner Sterne auf ein kleines Papier schreibe. Und dann sperre ich dieses Papier in eine Schublade.«

»Und das ist alles?«

»Das genügt.«

Das ist amüsant, dachte der kleine Prinz. Es ist fast dichterisch. Aber es ist nicht ganz ernst zu nehmen.

Der kleine Prinz dachte über die ernsthaften Dinge völlig anders als die großen Leute.

»Ich«, sagte er noch, »ich besitze eine Blume, die ich jeden Tag begieße. Ich besitze drei Vulkane, die ich jede Woche kehre. Denn ich kehre auch den erloschenen. Man kann nie wissen. Es ist gut für meine Vulkane und gut für meine Blume, daß ich sie besitze. Aber du bist für die Sterne zu nichts nütze . . .«

Der Geschäftsmann öffnete den Mund, aber er fand keine Antwort, und der kleine Prinz verschwand.

Die großen Leute sind entschieden ganz ungewöhnlich, sagte er sich auf der Reise.

XIV

Der fünfte Planet war sehr sonderbar. Er war der kleinste von allen. Es war da gerade Platz genug für eine Straßenlaterne und einen Laternenanzünder. Der kleine Prinz konnte sich nicht erklären, wozu man irgendwo im Himmel, auf einem Planeten ohne Haus und ohne Bewohner eine Straßenlaterne und einen Laternenanzünder braucht. Doch sagte er sich:

Es kann ganz gut sein, daß dieser Mann ein bißchen verrückt ist. Doch ist er weniger verrückt als der König, der Eitle, der Geschäftsmann und der Säufer. Seine Arbeit hat wenigstens einen Sinn. Wenn er seine Laterne anzündet, so ist es, als setzte er einen neuen Stern in die Welt, oder eine Blume. Wenn er seine Laterne auslöscht, so schlafen Stern oder Blume ein. Das ist eine sehr hübsche Beschäftigung. Es ist auch wirklich nützlich, da es hübsch ist.

Als er auf dem Planeten ankam, grüßte er den Laternenanzünder ehrerbietig.

»Guten Tag. Warum hast du deine Laterne eben ausgelöscht?«

»Ich habe die Weisung«, antwortete der Anzünder. »Guten Tag.«

»Was ist das, die Weisung?«

»Die Weisung, meine Laterne auszulöschen. Guten Abend.«

Und er zündete sie wieder an.

»Aber warum hast du sie soeben wieder angezündet?«

»Das ist die Weisung«, antwortete der Anzünder.

»Ich verstehe nicht«, sagte der kleine Prinz.

»Da ist nichts zu verstehn«, sagte der Anzünder. »Die Weisung ist eben die Weisung. Guten Tag.«

Und er löschte seine Laterne wieder aus.

Dann trocknete er sich die Stirn mit einem rotkarierten Taschentuch.

»Ich tue da einen schrecklichen Dienst. Früher ging es vernünftig zu. Ich löschte am Morgen aus und zündete am Abend an. Den Rest des Tages hatte ich zum Ausruhn und den Rest der Nacht zum Schlafen . . .«

»Und seit damals wurde die Weisung geändert?«

»Die Weisung wurde nicht geändert«, sagte der Anzünder. »Das ist ja das Trauerspiel! Der Planet hat sich von Jahr zu Jahr schneller und schneller gedreht, und die Weisung ist die gleiche geblieben!«

»Und?« sagte der kleine Prinz.

»Und jetzt, da er in der Minute eine Umdrehung macht, habe ich nicht mehr eine Sekunde Rast. Jede Minute zünde ich einmal an, lösche ich einmal aus!«

»Das ist drollig! Die Tage dauern bei dir eine Minute!«

»Das ist ganz und gar nicht drollig«, sagte der Anzünder. »Das ist nun schon ein Monat, daß wir miteinander sprechen.«

»Ein Monat?«

»Ja, dreißig Minuten. Dreißig Tage! Guten Abend.«

Und er zündete seine Laterne wieder an.

Der kleine Prinz sah ihm zu, und er liebte diesen Anzünder, der sich so treu an seine Weisung hielt. Er erinnerte sich der Sonnenuntergänge, die er einmal gesucht hatte und um deretwillen er seinen Sessel rückte. Er wollte seinem Freund beispringen:

»Weißt du . . . ich kenne ein Mittel, wie du dich ausruhen könntest, wenn du wolltest . . .«

»Ich will immer«, sagte der Anzünder.

Denn man kann treu und faul zugleich sein.

Der kleine Prinz fuhr fort:

»Dein Planet ist so klein, daß du mit drei Sprüngen herumkommst. Du mußt nur langsam genug gehen, um immer in der Sonne zu bleiben. Willst du dich ausruhen, dann gehst du . . . und der Tag wird so lange dauern, wie du willst.«

»Das hat nicht viel Witz«, sagte der Anzünder, »was ich im Leben liebe, ist der Schlaf.«

»Dann ist es aussichtslos«, sagte der kleine Prinz.

»Aussichtslos«, sagte der Anzünder. »Guten Tag.«

Und er löschte seine Lampe aus.

Der, sagte sich der kleine Prinz, während er seine Reise fortsetzte, der wird von allen andern verachtet werden, vom König, vom Eitlen, vom Säufer, vom Geschäftsmann. Dabei ist er der einzige, den ich nicht lächerlich finde. Das kommt vielleicht daher, weil er sich mit anderen Dingen beschäftigt statt mit sich selbst.

Er stieß einen Seufzer des Bedauerns aus und sagte sich noch:

Der ist der einzige, den ich zu meinem Freund hätte machen können. Aber sein Planet ist wirklich zu klein. Es ist nicht Platz für zwei ...

Was sich der kleine Prinz nicht einzugestehen wagte, war, daß er diesem gesegneten Planeten nachtrauerte, besonders der tausendvierhundertvierzig Sonnenuntergänge wegen, in vierundzwanzig Stunden!

XV

Der sechste Planet war zehnmal so groß. Er war von einem alten Herrn bewohnt, der ungeheure Bücher schrieb.

»Da schau! Ein Forscher!« rief er, als er den kleinen Prinzen sah.

Der kleine Prinz setzte sich auf den Tisch und verschnaufte ein wenig. Er war schon so viel gereist!

»Woher kommst du?« fragte ihn der alte Herr.

»Was ist das für ein dickes Buch?« sagte der kleine Prinz, »was machen Sie da?«

»Ich bin Geograph«, sagte der alte Herr.

»Was ist das, ein Geograph?«

»Das ist ein Gelehrter, der weiß, wo sich die Meere, die Ströme, die Städte, die Berge und die Wüsten befinden.«

»Das ist sehr interessant«, sagte der kleine Prinz. »Endlich ein richtiger Beruf!«

Und er warf einen Blick um sich auf den Planeten des Geo-

graphen. Er hatte noch nie einen so majestätischen Planeten gesehen.

»Er ist sehr schön, Euer Planet. Gibt es da auch Ozeane?«

»Das kann ich nicht wissen«, sagte der Geograph.

»Ach!« Der kleine Prinz war enttäuscht. »Und Berge?«

»Das kann ich auch nicht wissen«, sagte der Georgraph.

»Aber Ihr seid Geograph! – Und Städte und Flüsse und Wüsten?«

»Auch das kann ich nicht wissen.«

»Aber Ihr seid doch Geograph!«

»Richtig«, sagte der Geograph, »aber ich bin nicht Forscher. Es fehlt uns gänzlich an Forschern. Nicht der Geograph geht die Städte, die Ströme, die Berge, die Meere, die Ozeane und die Wüsten zählen.

Der Geograph ist zu wichtig, um herumzustreunen. Er verläßt seinen Schreibtisch nicht. Aber er empfängt die Forscher. Er befragt sie und schreibt sich ihre Eindrücke auf. Und wenn ihm die Notizen eines Forschers beachtenswert erscheinen, läßt der Geograph über dessen Moralität eine amtliche Untersuchung anstellen.«

»Warum das?«

»Weil ein Forscher, der lügt, in den Geographiebüchern Katastrophen herbeiführen würde. Und auch ein Forscher, der zu viel trinkt.«

»Wie das?« fragte der kleine Prinz.

»Weil die Säufer doppelt sehn. Der Geograph würde dann zwei Berge einzeichnen, wo nur ein einziger vorhanden ist.«

»Ich kenne einen«, sagte der kleine Prinz, »der wäre ein schlechter Forscher.«

»Das ist möglich. Doch wenn die Moralität des Forschers gut zu sein scheint, macht man eine Untersuchung über seine Entdeckung.«

»Geht man nachsehen?«

»Nein. Das ist zu umständlich. Aber man verlangt vom Forscher, daß er Beweise liefert. Wenn es sich zum Beispiel um die Entdeckung eines großen Berges handelt, verlangt man, daß er große Steine mitbringt.«

Plötzlich ereiferte sich der Geograph.

»Und du, du kommst von weit her! Du bist ein Forscher! Du wirst mir deinen Planeten beschreiben!«

Und der Geograph schlug sein Registrierbuch auf und spitzte seinen Bleistift.

Zuerst notiert man die Erzählungen der Forscher mit Bleistift. Um sie mit Tinte aufzuschreiben, wartet man, bis der Forscher Beweise geliefert hat.

»Nun?« fragte der Geograph.

»Oh, bei mir zu Hause«, sagte der kleine Prinz, »ist nicht viel los, da ist es ganz klein. Ich habe drei Vulkane. Zwei Vulkane in Tätigkeit und einen erloschenen. Aber man kann nie wissen.«

»Man weiß nie«, sagte der Geograph.

»Ich habe auch eine Blume.«

»Wir schreiben die Blumen nicht auf«, sagte der Geograph.

»Warum das? Sie sind das Schönste!«

»Weil die Blumen vergänglich sind.«

»Was heißt ›vergänglich‹?«

»Die Geographiebücher«, entgegnete der Geograph, »sind die wertvollsten von allen Büchern. Sie veralten nie. Es ist sehr selten, daß ein Berg seinen Platz wechselt. Es ist sehr selten, daß ein Ozean seine Wasser ausleert. Wir schreiben die ewigen Dinge auf.«

»Aber die erloschenen Vulkane können wieder aufwachen«, unterbrach der kleine Prinz. »Was bedeutet ›vergänglich‹?«

»Ob die Vulkane erloschen oder tätig sind, kommt für uns

aufs gleiche hinaus«, sagte der Geograph. »Was für uns zählt, ist der Berg. Er verändert sich nicht.«

»Aber was bedeutet ›vergänglich‹?« wiederholte der kleine Prinz, der in seinem Leben noch nie auf eine einmal gestellte Frage verzichtet hatte.

»Das heißt: ›von baldigem Entschwinden bedroht‹.«

»Ist meine Blume von baldigem Entschwinden bedroht?«

»Gewiß.«

Meine Blume ist vergänglich, sagte sich der kleine Prinz, und sie hat nur vier Dornen, um sich gegen die Welt zu wehren! Und ich habe sie ganz allein zu Hause zurückgelassen!

Das war seine erste Regung von Reue. Aber er faßte wieder Mut:

»Was raten Sie mir, wohin ich gehen soll?« fragte er.

»Auf den Planeten Erde«, antwortete der Geograph, »er hat einen guten Ruf . . .«

Und der kleine Prinz machte sich auf und dachte an seine Blume.

XVI

Der siebente Planet war also die Erde.

Die Erde ist nicht irgendein Planet! Man zählt da hundertelf Könige, wenn man, wohlgemerkt, die Negerkönige nicht vergißt, siebentausend Geographen, neunhunderttausend Geschäftsleute, siebeneinhalb Millionen Säufer, dreihundertelf Millionen Eitle, kurz – ungefähr zwei Milliarden erwachsene Leute.

Um euch einen Begriff von den Ausmaßen der Erde zu geben, muß ich euch sagen, daß man vor der Erfindung der Elektrizität dort auf allen sechs Kontinenten zusammen eine ganze Armee von vierhundertzweiundsechzigtausendfünfhundertelf Laternenanzündern im Dienst hatte.

Von einiger Entfernung aus gesehen wirkte das prächtig. Die Bewegungen dieser Armee waren gedrillt wie die eines Opernballetts. Den Reigen begannen die Anzünder der neuseeländischen und australischen Laternen. Hatten sie ihre Lampen angezündet, gingen sie schlafen. Dann traten die Anzünder von China und Sibirien zum Tanze an. Auch sie verschwanden hinter den Kulissen. Dann kamen die russischen und indischen Anzünder an die Reihe. Dann die von Afrika und Europa. Dann die von Südamerika. Dann die von Nordamerika. Und niemals irrten sie sich in der Reihenfolge ihres Auftrittes. Es war großartig.

Nur der Anzünder der einzigen Laterne am Nordpol und sein Kollege von der einzigen Laterne am Südpol führten ein Leben voll Müßiggang und Gemütlichkeit: sie arbeiteten zweimal im Jahr.

XVII

Will man geistreich sein, dann kommt es vor, daß man ein bißchen aufschneidet. Ich war nicht ganz aufrichtig, als ich euch von den Laternenanzündern erzählte. Ich laufe Gefahr, denen, die unsern Planeten nicht kennen, ein falsches Bild von ihm zu geben. Die Menschen benützen nur sehr wenig Raum auf der Erde. Wenn die zwei Milliarden Einwohner, die die Erde bevölkern, sich aufrecht und ein bißchen gedrängt hinstellten, wie bei einer Volksversammlung etwa, kämen sie auf einem öffentlichen Platz von zwanzig Meilen Länge und zwanzig Meilen Breite leicht unter. Man könnte die Menschheit auf der geringsten kleinen Insel des Pazifischen Ozeans zusammenpferchen.

Die großen Leute werden euch das freilich nicht glauben. Sie bilden sich ein, viel Platz zu brauchen. Sie nehmen sich wichtig wie Affenbrotbäume. Gebt ihnen also den Rat, sichs auszurechnen. Sie beten die Ziffern an, das wird ihnen gefallen. Aber ihr sollt eure Zeit nicht damit verlieren. Es ist zwecklos. Ihr habt Vertrauen zu mir.

Einmal auf der Erde, wunderte sich der kleine Prinz, niemanden zu sehen. Er fürchtete schon, sich im Planeten geirrt zu haben, als ein mondfarbener Ring sich im Sande bewegte.

»Gute Nacht«, sagte der kleine Prinz aufs Geratewohl.

»Gute Nacht«, sagte die Schlange.

»Auf welchen Planeten bin ich gefallen?« fragte der kleine Prinz.

»Auf die Erde, du bist in Afrika«, antwortete die Schlange.

»Ah! . . . es ist also niemand auf der Erde?«

»Hier ist die Wüste. In den Wüsten ist niemand. Die Erde ist groß«, sagte die Schlange.

Der kleine Prinz setzte sich auf einen Stein und hob die Augen zum Himmel:

»Ich frage mich«, sagte er, »ob die Sterne leuchten, damit jeder eines Tages den seinen wiederfinden kann. Schau meinen Planeten an. Er steht gerade über uns . . . Aber wie weit ist er fort!«

»Er ist schön«, sagte die Schlange. »Was willst du hier machen?«

»Ich habe Schwierigkeiten mit einer Blume«, sagte der kleine Prinz.

»Ah!« sagte die Schlange.

Und sie schwiegen.

»Wo sind die Menschen?« fuhr der kleine Prinz endlich fort. »Man ist ein bißchen einsam in der Wüste . . .«

»Man ist auch bei den Menschen einsam«, sagte die Schlange.

Der kleine Prinz sah sie lange an:

»Du bist ein drolliges Tier«, sagte er schließlich, »dünn wie ein Finger . . .«

»Aber ich bin mächtiger als der Finger eines Königs«, sagte die Schlange.

Der kleine Prinz mußte lächeln:

»Du bist nicht sehr mächtig ... Du hast nicht einmal Füße ... Du kannst nicht einmal reisen ...«

»Ich kann dich weiter wegbringen als ein Schiff«, sagte die Schlange.

Sie rollte sich um den Knöchel des kleinen Prinzen wie ein goldenes Armband.

»Wen ich berühre, den gebe ich der Erde zurück, aus der er hervorgegangen ist«, sagte sie noch. »Aber du bist rein, du kommst von einem Stern ...«

Der kleine Prinz antwortete nichts.

»Du tust mir leid auf dieser Erde aus Granit, du, der du so schwach bist. Ich kann dir eines Tages helfen, wenn du dich zu sehr nach deinem Planeten sehnst. Ich kann . . .«

»Oh, ich habe sehr gut verstanden«, sagte der kleine Prinz, »aber warum sprichst du immer in Rätseln?«

»Ich löse sie alle«, sagte die Schlange.

Und sie schwiegen.

XVIII

Der kleine Prinz durchquerte die Wüste und begegnete nur einer Blume mit drei Blütenblättern, einer ganz armseligen Blume . . .

»Guten Tag«, sagte der kleine Prinz.

»Guten Tag«, sagte die Blume.

»Wo sind die Menschen?« fragte höflich der kleine Prinz.

Die Blume hatte eines Tages eine Karawane vorüberziehen sehen.

»Die Menschen? Es gibt, glaube ich, sechs oder sieben. Ich habe sie vor Jahren gesehen. Aber man weiß nie, wo sie zu finden sind. Der Wind verweht sie. Es fehlen ihnen die Wurzeln, das ist sehr übel für sie.«

»Adieu«, sagte der kleine Prinz.

»Adieu«, sagte die Blume.

XIX

Der kleine Prinz stieg auf einen hohen Berg. Die einzigen Berge, die er kannte, waren die drei Vulkane, und sie reichten ihm nur bis ans Knie, und den erloschenen Vulkan benutzte er als Schemel.

Von einem Berg so hoch wie der da, sagte er sich, werde ich mit einemmal den ganzen Planeten und alle Menschen sehen ... Aber er sah nichts als die Nadeln spitziger Felsen.

»Guten Tag«, sagte er aufs Geratewohl.

»Guten Tag ... Guten Tag ... Guten Tag ...«, antwortete das Echo.

»Wer bist du?« sagte der kleine Prinz.

»Wer bist du ... Wer bist du ... Wer bist du ...?« antwortete das Echo.

»Seid meine Freunde, ich bin allein«, sagte er.

»Ich bin allein ... allein ... allein ...«, antwortete das Echo.

Was für ein merkwürdiger Planet! dachte er da. Er ist ganz trocken, voller Spitzen und ganz salzig. Und den Menschen fehlt es an Phantasie. Sie wiederholen, was man ihnen sagt ... Zu Hause hatte ich eine Blume: sie sprach immer zuerst ...

XX

Aber nachdem der kleine Prinz lange über den Sand, die Felsen und den Schnee gewandert war, geschah es, daß er endlich eine Straße entdeckte. Und die Straßen führen alle zu den Menschen.

»Guten Tag«, sagte er.

Da war ein blühender Rosengarten.

»Guten Tag«, sagten die Rosen.

Der kleine Prinz sah sie an. Sie glichen alle seiner Blume.

»Wer seid ihr?« fragte er sie höchst erstaunt.

»Wir sind Rosen«, sagten die Rosen.

»Ach!« sagte der kleine Prinz ...

Und er fühlte sich sehr unglücklich. Seine Blume hatte ihm erzählt, daß sie auf der ganzen Welt einzig in ihrer Art sei.

Und siehe! da waren fünftausend davon, alle gleich, in einem einzigen Garten!

Sie wäre sehr böse, wenn sie das sähe, sagte er sich ... sie würde fürchterlich husten und so tun als stürbe sie, um der Lächerlichkeit zu entgehen. Und ich müßte wohl so tun, als pflegte ich sie, denn sonst ließe sie sich wirklich sterben, um auch mich zu beschämen ...

Dann sagte er sich noch: Ich glaubte, ich sei reich durch eine einzigartige Blume, und ich besitze nur eine gewöhnliche Rose. Sie und meine drei Vulkane, die mir bis ans Knie reichen und von denen einer vielleicht für immer erloschen ist, das macht aus mir keinen sehr großen Prinzen ... Und er warf sich ins Gras und weinte.

XXI

In diesem Augenblick erschien der Fuchs:

»Guten Tag«, sagte der Fuchs.

»Guten Tag«, antwortete höflich der kleine Prinz, der sich umdrehte, aber nichts sah.

»Ich bin da«, sagte die Stimme, »unter dem Apfelbaum ...«

»Wer bist du?« sagte der kleine Prinz. »Du bist sehr hübsch ...«

»Ich bin ein Fuchs«, sagte der Fuchs.

»Komm und spiel mit mir«, schlug ihm der kleine Prinz vor. »Ich bin so traurig . . .«

»Ich kann nicht mit dir spielen«, sagte der Fuchs. »Ich bin noch nicht gezähmt!«

»Ah, Verzeihung!« sagte der kleine Prinz.

Aber nach einiger Überlegung fügte er hinzu:

»Was bedeutet das: ›zähmen‹?«

»Du bist nicht von hier«, sagte der Fuchs, »was suchst du?«

»Ich suche die Menschen«, sagte der kleine Prinz. »Was bedeutet ›zähmen‹?«

»Die Menschen«, sagte der Fuchs, »die haben Gewehre und schießen. Das ist sehr lästig. Sie ziehen auch Hühner auf. Das ist ihr einziges Interesse. Du suchst Hühner?«

»Nein«, sagte der kleine Prinz, »ich suche Freunde. Was heißt ›zähmen‹?«

»Das ist eine in Vergessenheit geratene Sache«, sagte der Fuchs. »Es bedeutet: sich ›vertraut machen‹.«

»Vertraut machen?«

»Gewiß«, sagte der Fuchs. »Du bist für mich noch nichts als ein kleiner Knabe, der hunderttausend kleinen Knaben völlig gleicht. Ich brauche dich nicht, und du brauchst mich ebenso wenig. Ich bin für dich nur ein Fuchs, der hunderttausend Füchsen gleicht. Aber wenn du mich zähmst, werden wir einander brauchen. Du wirst für mich einzig sein in der Welt. Ich werde für dich einzig sein in der Welt . . .«

»Ich beginne zu verstehen«, sagte der kleine Prinz. »Es gibt eine Blume ... ich glaube, sie hat mich gezähmt ...«

»Das ist möglich«, sagte der Fuchs. »Man trifft auf der Erde alle möglichen Dinge ...«

»Oh, das ist nicht auf der Erde«, sagte der kleine Prinz.

Der Fuchs schien sehr aufgeregt:

»Auf einem anderen Planeten?«

»Ja.«

»Gibt es Jäger auf diesem Planeten?«

»Nein.«

»Das ist interessant! Und Hühner?«

»Nein.«

»Nichts ist vollkommen!« seufzte der Fuchs.

Aber der Fuchs kam auf seinen Gedanken zurück:

»Mein Leben ist eintönig. Ich jage Hühner, die Menschen jagen mich. Alle Hühner gleichen einander, und alle Menschen gleichen einander. Ich langweile mich also ein wenig. Aber wenn du mich zähmst, wird mein Leben wie durchsonnt sein. Ich werde den Klang deines Schrittes kennen, der sich von allen andern unterscheidet. Die anderen Schritte jagen mich unter die Erde. Der deine wird mich wie Musik aus dem Bau locken. Und dann schau! Du siehst da drüben die Weizenfelder? Ich esse kein Brot. Für mich ist der Weizen zwecklos. Die Weizenfelder erinnern mich an nichts. Und das ist traurig. Aber du hast weizenblondes Haar. Oh, es wird wunderbar sein, wenn du mich einmal gezähmt hast! Das Gold der Weizenfelder wird mich an dich erinnern. Und ich werde das Rauschen des Windes im Getreide liebgewinnen ...«

Der Fuchs verstummte und schaute den Prinzen lange an:

»Bitte ... zähme mich!« sagte er.

»Ich möchte wohl«, antwortete der kleine Prinz, »aber ich habe nicht viel Zeit. Ich muß Freunde finden und viele Dinge kennenlernen.«

»Man kennt nur die Dinge, die man zähmt«, sagte der Fuchs.

»Die Menschen haben keine Zeit mehr, irgend etwas kennenzulernen. Sie kaufen sich alles fertig in den Geschäften. Aber da es keine Kaufläden für Freunde gibt, haben die Leute keine Freunde mehr. Wenn du einen Freund willst, so zähme mich!«

»Was muß ich da tun?« sagte der kleine Prinz.

»Du mußt sehr geduldig sein«, antwortete der Fuchs. »Du setzt dich zuerst ein wenig abseits von mir ins Gras. Ich werde dich so verstohlen, so aus dem Augenwinkel anschauen, und du wirst nichts sagen. Die Sprache ist die Quelle der Mißverständnisse. Aber jeden Tag wirst du dich ein bißchen näher setzen können . . .«

Am nächsten Morgen kam der kleine Prinz zurück.

»Es wäre besser gewesen, du wärst zur selben Stunde wiedergekommen«, sagte der Fuchs. »Wenn du zum Beispiel um vier Uhr nachmittags kommst, kann ich um drei Uhr anfangen, glücklich zu sein.

Je mehr die Zeit vergeht, um so glücklicher werde ich mich fühlen. Um vier Uhr werde ich mich schon aufregen und beunruhigen; ich werde erfahren, wie teuer das Glück ist. Wenn du aber irgendwann kommst, kann ich nie wissen, wann mein Herz da sein soll . . . Es muß feste Bräuche geben.«

»Was heißt ›fester Brauch‹?« sagte der kleine Prinz.

»Auch etwas in Vergessenheit Geratenes«, sagte der Fuchs. »Es ist das, was einen Tag vom andern unterscheidet, eine Stunde von den andern Stunden. Es gibt zum Beispiel einen Brauch bei meinen Jägern. Sie tanzen am Donnerstag mit den

Mädchen des Dorfes. Daher ist der Donnerstag der wunderbare Tag. Ich gehe bis zum Weinberg spazieren. Wenn die Jäger irgendwann einmal zum Tanze gingen, wären die Tage alle gleich und ich hätte niemals Ferien.«

So machte denn der kleine Prinz den Fuchs mit sich vertraut. Und als die Stunde des Abschieds nahe war:

»Ach!« sagte der Fuchs, »ich werde weinen.«

»Das ist deine Schuld«, sagte der kleine Prinz, »ich wünschte dir nichts Übles, aber du hast gewollt, daß ich dich zähme . . .«

»Gewiß«, sagte der Fuchs.

»Aber nun wirst du weinen!« sagte der kleine Prinz.

»Bestimmt«, sagte der Fuchs.

»So hast du also nichts gewonnen!«

»Ich habe«, sagte der Fuchs, »die Farbe des Weizens gewonnen.«

Dann fügte er hinzu:

»Geh die Rosen wieder anschauen. Du wirst begreifen, daß die deine einzig ist in der Welt.

Du wirst wiederkommen und mir adieu sagen, und ich werde dir ein Geheimnis schenken.«

Der kleine Prinz ging, die Rosen wiederzusehn:

»Ihr gleicht meiner Rose gar nicht, ihr seid noch nichts«, sagte er zu ihnen. »Niemand hat sich euch vertraut gemacht, und auch ihr habt euch niemandem vertraut gemacht. Ihr seid, wie mein Fuchs war. Der war nichts als ein Fuchs wie hunderttausend andere. Aber ich habe ihn zu meinem Freund gemacht, und jetzt ist er einzig in der Welt.«

Und die Rosen waren sehr beschämt.

»Ihr seid schön, aber ihr seid leer«, sagte er noch. »Man kann für euch nicht sterben. Gewiß, ein Irgendwer, der vorübergeht, könnte glauben, meine Rose ähnle euch. Aber in sich selbst ist sie wichtiger als ihr alle, da sie es ist, die ich begossen habe. Da sie es ist, die ich unter den Glassturz gestellt habe. Da sie es ist, die ich mit dem Wandschirm geschützt habe. Da sie es ist, deren Raupen ich getötet habe (außer den zwei oder drei um der Schmetterlinge willen). Da sie es ist, die ich klagen oder sich rühmen gehört habe oder auch manchmal schweigen. Da es meine Rose ist.«

Und er kam zum Fuchs zurück:

»Adieu«, sagte er . . .

»Adieu«, sagte der Fuchs. »Hier mein Geheimnis. Es ist ganz einfach: man sieht nur mit dem Herzen gut. Das Wesentliche ist für die Augen unsichtbar.«

»Das Wesentliche ist für die Augen unsichtbar«, wiederholte der kleine Prinz, um es sich zu merken.

»Die Zeit, die du für deine Rose verloren hast, sie macht deine Rose so wichtig.«

»Die Zeit, die ich für meine Rose verloren habe . . .«, sagte der kleine Prinz, um es sich zu merken.

»Die Menschen haben diese Wahrheit vergessen«, sagte der Fuchs. »Aber du darfst sie nicht vergessen. Du bist zeitlebens für das verantwortlich, was du dir vertraut gemacht hast. Du bist für deine Rose verantwortlich . . .«

»Ich bin für meine Rose verantwortlich . . .«, wiederholte der kleine Prinz, um es sich zu merken.

XXII

»Guten Tag«, sagte der kleine Prinz.

»Guten Tag«, sagte der Weichensteller.

»Was machst du da?« sagte der kleine Prinz.

»Ich sortiere die Reisenden nach Tausenderpaketen«, sagte der Weichensteller. »Ich schicke die Züge, die sie fortbringen, bald nach rechts, bald nach links.«

Und ein lichterfunkelnder Schnellzug, grollend wie der Donner, machte das Weichenstellerhäuschen erzittern.

»Sie haben es sehr eilig«, sagte der kleine Prinz. »Wohin wollen sie?«

»Der Mann von der Lokomotive weiß es selbst nicht«, sagte der Weichensteller. Und ein zweiter blitzender Schnellzug donnerte vorbei, in entgegengesetzter Richtung.

»Sie kommen schon zurück?« fragte der kleine Prinz ...

»Das sind nicht die gleichen«, sagte der Weichensteller. »Das wechselt.«

»Waren sie nicht zufrieden dort, wo sie waren?«

»Man ist nie zufrieden dort, wo man ist«, sagte der Weichensteller.

Und es rollte der Donner eines dritten funkelnden Schnellzuges vorbei.

»Verfolgen diese die ersten Reisenden?« fragte der kleine Prinz.

»Sie verfolgen gar nichts«, sagte der Weichensteller. »Sie schlafen da drinnen oder sie gähnen auch. Nur die Kinder drücken ihre Nasen gegen die Fensterscheiben.«

»Nur die Kinder wissen, wohin sie wollen«, sagte der kleine Prinz. »Sie wenden ihre Zeit an eine Puppe aus Stoff-Fetzen, und die Puppe wird ihnen sehr wertvoll, und wenn man sie ihnen wegnimmt, weinen sie ...«

»Sie haben es gut«, sagte der Weichensteller.

XXIII

»Guten Tag«, sagte der kleine Prinz.

»Guten Tag«, sagte der Händler.

Er handelte mit höchst wirksamen, durststillenden Pillen.

Man schluckt jede Woche eine und spürt überhaupt kein Bedürfnis mehr, zu trinken.

»Warum verkaufst du das?« sagte der kleine Prinz.

»Das ist eine große Zeitersparnis«, sagte der Händler. »Die Sachverständigen haben Berechnungen angestellt. Man erspart dreiundfünfzig Minuten in der Woche.«

»Und was macht man mit diesen dreiundfünfzig Minuten?«

»Man macht damit, was man will ...«

»Wenn ich dreiundfünfzig Minuten übrig hätte«, sagte der kleine Prinz, »würde ich ganz gemächlich zu einem Brunnen laufen ...«

XXIV

Es war am achten Tage nach meiner Panne in der Wüste und ich hörte gerade die Geschichte vom Pillenverkäufer, als ich den letzten Tropfen meines Wasservorrates trank:

»Ach«, sagte ich zum kleinen Prinzen, »deine Erinnerungen sind ganz hübsch, aber ich habe mein Flugzeug noch nicht repariert, habe nichts mehr zu trinken und wäre glücklich, wenn auch ich ganz gemächlich zu einem Brunnen gehen könnte!«

»Mein Freund, der Fuchs«, sagte er ...

»Mein kleines Kerlchen, es handelt sich nicht mehr um den Fuchs!«

»Warum?«

»Weil man vor Durst sterben wird ...«

Er verstand meinen Einwand nicht, er antwortete:

»Es ist gut, einen Freund gehabt zu haben, selbst wenn man sterben muß. Ich bin froh, daß ich einen Fuchs zum Freunde hatte ...«

Er ermißt die Gefahr nicht, sagte ich mir. Er hat nie Hunger, nie Durst. Ein bißchen Sonne genügt ihm ...

Aber er sah mich an und antwortete auf meine Gedanken:

»Ich habe auch Durst ... suchen wir einen Brunnen ...«

Ich machte eine Gebärde der Hoffnungslosigkeit: es ist sinnlos, auf gut Glück in der Endlosigkeit der Wüste einen Brunnen zu suchen. Dennoch machten wir uns auf den Weg.

Als wir stundenlang schweigend dahingezogen waren, brach die Nacht herein, und die Sterne begannen zu leuchten. Ich sah sie wie im Traum, ich hatte ein wenig Fieber vor Durst. Die Worte des kleinen Prinzen tanzten durch mein Bewußtsein:

»Du hast also auch Durst?« fragte ich ihn.

Er antwortete nicht auf meine Frage. Er sagte einfach:

»Wasser kann auch gut sein für das Herz ...«

Ich verstand seine Worte nicht, aber ich schwieg ... Ich wußte gut, daß man ihn nicht fragen durfte.

Er war müde. Er setzte sich. Ich setzte mich neben ihn. Und nach einem Schweigen sagte er noch:

»Die Sterne sind schön, weil sie an eine Blume erinnern, die man nicht sieht ...«

Ich antwortete: »Gewiß«, und betrachtete schweigend die Falten des Sandes unter dem Monde.

»Die Wüste ist schön«, fügte er hinzu ...

Und das war wahr. Ich habe die Wüste immer geliebt. Man setzt sich auf eine Sanddüne. Man sieht nichts. Man hört nichts. Und währenddessen strahlt etwas in der Stille.

»Es macht die Wüste schön«, sagte der kleine Prinz, »daß sie irgendwo einen Brunnen birgt.«

Ich war überrascht, dieses geheimnisvolle Leuchten des Sandes plötzlich zu verstehen. Als ich ein kleiner Knabe war, wohnte ich in einem alten Haus, und die Sage erzählte, daß darin ein Schatz versteckt sei. Gewiß, es hat ihn nie jemand zu entdecken vermocht, vielleicht hat ihn auch nie jemand gesucht. Aber er verzauberte dieses ganze Haus. Mein Haus barg ein Geheimnis auf dem Grunde seines Herzens ...

»Ja«, sagte ich zum kleinen Prinzen, »ob es sich um das Haus, um die Sterne oder um die Wüste handelt, was ihre Schönheit ausmacht, ist unsichtbar!«

»Ich bin froh«, sagte er, »daß du mit meinem Fuchs übereinstimmst.«

Da der kleine Prinz einschlief, nahm ich ihn in meine Arme und machte mich wieder auf den Weg. Ich war bewegt. Mir war, als trüge ich ein zerbrechliches Kleinod. Es schien mir sogar, als gäbe es nichts Zerbrechlicheres auf der Erde. Ich betrachtete im Mondlicht diese blasse Stirn, diese geschlossenen Augen, diese im Winde zitternde Haarsträhne, und ich sagte mir: Was ich da sehe, ist nur eine Hülle. Das Eigentliche ist unsichtbar ...

Da seine halbgeöffneten Lippen ein halbes Lächeln andeuteten, sagte ich mir auch: Was mich an diesem kleinen eingeschlafenen Prinzen so sehr rührt, ist seine Treue zu einer Blume, ist das Bild einer Rose, das ihn durchstrahlt wie die Flamme einer Lampe, selbst wenn er schläft ... Und er kam mir noch zerbrechlicher vor als bisher. Man muß die Lampen sorgsam schützen: ein Windstoß kann sie zum Verlöschen bringen ...

Und während ich so weiterging, entdeckte ich bei Tagesanbruch den Brunnen.

XXV

»Die Leute«, sagte der kleine Prinz, »schieben sich in die Schnellzüge, aber sie wissen gar nicht, wohin sie fahren wollen. Nachher regen sie sich auf und drehen sich im Kreis ...«

Und er fügte hinzu:

»Das ist nicht der Mühe wert ...«

Der Brunnen, den wir erreicht hatten, glich nicht den Brunnen der Sahara. Die Brunnen der Sahara sind einfache, in den Sand gegrabene Löcher. Dieser da glich einem Dorfbrunnen. Aber es war keinerlei Dorf da, und ich glaubte zu träumen.

»Das ist merkwürdig«, sagte ich zum kleinen Prinzen, »alles ist bereit: die Winde, der Kübel und das Seil ...«

Er lachte, berührte das Seil, ließ die Rolle spielen. Und die Rolle knarrte wie ein altes Windrad, wenn der Wind lange geschlafen hat.

»Du hörst«, sagte der kleine Prinz, »wir wecken diesen Brunnen auf, und er singt ...«

Ich wollte nicht, daß er sich abmühte:

»Laß mich das machen«, sagte ich zu ihm, »das ist zu schwer für dich.«

Langsam hob ich den Kübel bis zum Brunnenrand. Ich stellte ihn dort schön aufrecht. In meinen Ohren war noch immer der Gesang der Zugwinde, und im Wasser, das noch zitterte, sah ich die Sonne zittern.

»Ich habe Durst nach diesem Wasser«, sagte der kleine Prinz, »gib mir zu trinken ...«

Und ich verstand, was er gesucht hatte.

Ich hob den Kübel an seine Lippen. Er trank mit geschlossenen Augen. Das war süß wie ein Fest. Dieses Wasser war etwas ganz anderes als ein Trunk. Es war entsprungen aus dem Marsch unter den Sternen, aus dem Gesang der Rolle, aus der Mühe meiner Arme. Es war gut fürs Herz, wie ein Geschenk. Genau so machten, als ich ein Knabe war, die Lichter des Christbaums, die Musik der Weihnachtsmette, die Sanftmut des Lächelns den eigentlichen Glanz der Geschenke aus, die ich erhielt.

»Die Menschen bei dir zu Hause«, sagte der kleine Prinz, »züchten fünftausend Rosen in ein und demselben Garten ... und doch finden sie dort nicht, was sie suchen ...«

»Sie finden es nicht«, antwortete ich ...

»Und dabei kann man das, was sie suchen, in einer einzigen Rose oder in ein bißchen Wasser finden ...«

»Ganz gewiß«, antwortete ich.

Und der kleine Prinz fügte hinzu:

»Aber die Augen sind blind. Man muß mit dem Herzen suchen.«

Ich hatte getrunken. Es atmete sich wieder gut. Der Sand hat bei Tagesanbruch die Farbe des Honigs. Auch über diese Honigfarbe war ich glücklich. Warum mußte ich Kummer haben ...

»Du mußt dein Versprechen halten«, sagte sanft der kleine Prinz, der sich wieder zu mir gesetzt hatte.

»Welches Versprechen?«

»Du weißt, einen Maulkorb für mein Schaf . . . Ich bin verantwortlich für diese Blume!«

Ich nahm meine Skizzen aus der Tasche. Der kleine Prinz sah sie und sagte lachend:

»Deine Affenbrotbäume schauen ein bißchen wie Kohlköpfe aus . . .«

»Oh!«

Und ich war auf die Affenbrotbäume so stolz gewesen!

»Dein Fuchs . . . seine Ohren . . . sie schauen ein wenig wie Hörner aus . . . sie sind viel zu lang!«

Und er lachte wieder.

»Du bist ungerecht, kleines Kerlchen, ich konnte nichts zeichnen als geschlossene und offene Riesenschlangen!«

»Oh! Es wird schon gehn«, sagte er, »die Kinder wissen ja Bescheid.«

Ich kritzelte also einen Maulkorb hin. Und das Herz krampfte sich mir zusammen, als ich ihn dem kleinen Prinzen gab:

»Du hast Pläne, von denen ich nichts weiß . . .«

Aber er antwortete nicht. Er sagte:

»Du weißt, mein Sturz auf die Erde . . . Morgen wird es ein Jahr sein . . .«

Dann, nach einem Schweigen, sagte er noch:

»Ich war ganz in der Nähe heruntergefallen . . .«

Und er errötete.

Wieder fühlte ich einen merkwürdigen Kummer, ohne zu wissen warum. Indessen kam mir eine Frage:

»Dann ist es kein Zufall, daß du am Morgen, da ich dich kennenlernte, vor acht Tagen, so ganz allein, tausend Meilen von allen bewohnten Gegenden entfernt, spazierengingst! Du kehrtest zu dem Punkt zurück, wohin du gefallen warst?«

Der kleine Prinz errötete noch mehr.

Und ich fügte zögernd hinzu:

»Vielleicht war es der Jahrestag? . . .«

Von neuem errötete der kleine Prinz. Er antwortete nie auf die Fragen, aber wenn man errötet, so bedeutet das ›ja‹, nicht wahr?

»Ach«, sagte ich, »ich habe Angst!«

Aber er antwortete:

»Du mußt jetzt arbeiten. Du mußt wieder zu deiner Maschine zurückkehren. Ich erwarte dich hier. Komm morgen abend wieder . . .«

Aber ich war nicht beruhigt. Ich erinnerte mich an den Fuchs. Man läuft Gefahr, ein bißchen zu weinen, wenn man sich hat zähmen lassen . . .

XXVI

Neben dem Brunnen stand die Ruine einer alten Steinmauer. Als ich am nächsten Abend von meiner Arbeit zurückkam, sah ich meinen kleinen Prinzen von weitem da oben sitzen, mit herabhängenden Beinen. Und ich hörte ihn sprechen:

»Du erinnerst dich also nicht mehr?« sagte er. »Es ist nicht ganz genau hier!«

Zweifellos antwortete ihm eine andere Stimme, da er erwiderte:

»Doch! Doch! Es ist wohl der Tag, aber nicht genau der Ort . . .«

Ich setzte meinen Weg zur Mauer fort. Ich sah und hörte niemanden. Dennoch erwiderte der kleine Prinz von neuem:

»Gewiß. Du wirst sehen, wo meine Spur im Sande beginnt. Du brauchst mich nur dort zu erwarten. Ich werde heute nacht dort sein.«

Ich war zwanzig Meter von der Mauer entfernt und sah noch immer nichts. Der kleine Prinz sagte noch, nach einem kurzen Schweigen:

»Du hast gutes Gift? Bist du sicher, daß du mich nicht lange leiden läßt?«

Ich blieb stehen, und das Herz preßte sich mir zusammen, aber ich verstand noch immer nicht.

»Jetzt geh weg«, sagte er, »ich will hinunterspringen!«

Da richtete ich selbst den Blick auf den Fuß der Mauer und ich machte einen Satz! Da war, zum kleinen Prinzen emporgereckt, eine dieser gelben Schlangen, die euch in dreißig Sekunden erledigen. Ich wühlte in meiner Tasche nach meinem Revolver und begann zu laufen, aber bei dem Lärm, den ich machte, ließ sich die Schlange sachte in den Sand gleiten, wie ein Wasserstrahl, der stirbt, und, ohne allzu große Eile, schlüpfte sie mit einem leichten metallenen Klirren zwischen die Steine.

Gerade rechtzeitig kam ich zur Mauer, um mein kleines Kerlchen von einem Prinzen in meinen Armen aufzufangen; er war bleich wie der Schnee.

»Was sind das für Geschichten! Du sprichst jetzt mit Schlangen?!«

Ich hatte ihm sein ewiges gelbes Halstuch weggenommen. Ich hatte ihm die Schläfen genetzt und ihm zu trinken gegeben. Und jetzt wagte ich nicht, ihn weiter zu fragen. Er schaute mich ernsthaft an und legte seine Arme um meinen Hals. Ich fühlte sein Herz klopfen wie das eines sterbenden Vogels, den man mit der Flinte geschossen hat. Er sagte zu mir:

»Ich bin froh, daß du gefunden hast, was an deiner Maschine fehlte. Du wirst nach Hause zurückkehren können ...«

»Woher weißt du das?«

Ich hatte ihm gerade erzählen wollen, daß mir gegen alle Erwartung meine Arbeit geglückt sei!

Er antwortete nicht auf meine Frage, fuhr aber fort:

»Auch ich werde heute nach Hause zurückkehren ...«

Dann schwermütig:

»Das ist viel weiter ... Das ist viel schwieriger ...«

Ich fühlte wohl, daß etwas Außergewöhnliches vorging. Ich schloß ihn fest in die Arme wie ein kleines Kind, und doch schien es mir, als stürzte er senkrecht in einen Abgrund, ohne daß ich imstande war, ihn zurückzuhalten ...

Sein Blick war ernst; er verlor sich in weiter Ferne:

»Ich habe dein Schaf. Und ich habe die Kiste für das Schaf. Und ich habe den Maulkorb ...«

Und er lächelte schwermütig.

Ich wartete lange. Ich fühlte, daß er sich mehr und mehr erwärmte:

»Kleines Kerlchen, du hast Angst gehabt ...«

Er hatte Angst gehabt, ganz gewiß! Aber er lachte sanft:

»Ich werde heute abend noch viel mehr Angst haben ...«

Wieder lief es mir eisig über den Rücken bei dem Gefühl des Unabwendbaren. Dieses Lachen nie mehr zu hören – ich begriff, daß ich den Gedanken nicht ertrug. Es war für mich wie ein Brunnen in der Wüste.

»Kleines Kerlchen, ich will dich noch lachen hören ...«

Aber er sagte zu mir:

»Diese Nacht wird es ein Jahr. Mein Stern wird sich gerade über dem Ort befinden, wo ich letztes Jahr gelandet bin ...

»Kleines Kerlchen, ist sie nicht ein böser Traum, diese Geschichte mit der Schlange und der Vereinbarung und dem Stern ...«

Aber er antwortete nicht auf meine Frage. Er sagte:

»Was wichtig ist, sieht man nicht ...«

»Gewiß ...«

»Das ist wie mit der Blume. Wenn du eine Blume liebst, die auf einem Stern wohnt, so ist es süß, bei Nacht den Himmel zu betrachten. Alle Sterne sind voll Blumen.«

»Gewiß ...«

»Das ist wie mit dem Wasser. Was du mir zu trinken gabst, war wie Musik, die Winde und das Seil ... du erinnerst dich ... es war gut.«

»Gewiß ...«

»Du wirst in der Nacht die Sterne anschauen. Mein Zuhause ist zu klein, um dir zeigen zu können, wo es umgeht. Es ist besser so. Mein Stern wird für dich einer der Sterne sein. Dann wirst du alle Sterne gern anschauen ... Alle werden sie deine Freunde sein. Und dann werde ich dir ein Geschenk machen . . .«

Er lachte noch.

»Ach! kleines Kerlchen, kleines Kerlchen! Ich höre dieses Lachen so gern!«

»Gerade das wird mein Geschenk sein . . . Es wird sein wie mit dem Wasser . . .«

»Was willst du sagen?«

»Die Leute haben Sterne, aber es sind nicht die gleichen. Für die einen, die reisen, sind die Sterne Führer. Für andere sind sie nichts als kleine Lichter. Für wieder andere, die Gelehrten, sind sie Probleme. Für meinen Geschäftsmann waren sie Gold. Aber alle diese Sterne schweigen. Du, du wirst Sterne haben, wie sie niemand hat . . .«

»Was willst du sagen?«

»Wenn du bei Nacht den Himmel anschaust, wird es dir sein, als lachten alle Sterne, weil ich auf einem von ihnen wohne, weil ich auf einem von ihnen lache. Du allein wirst Sterne haben, die lachen können!«

Und er lachte wieder.

»Und wenn du dich getröstet hast (man tröstet sich immer), wirst du froh sein, mich gekannt zu haben. Du wirst immer mein Freund sein. Du wirst Lust haben, mit mir zu lachen. Und du wirst manchmal dein Fenster öffnen, gerade so, zum

Vergnügen . . . Und deine Freunde werden sehr erstaunt sein, wenn sie sehen, daß du den Himmel anblickst und lachst. Dann wirst du ihnen sagen. ›Ja, die Sterne, die bringen mich immer zum Lachen!‹ Und sie werden dich für verrückt halten. Ich werde dir einen hübschen Streich gespielt haben . . .«

Und er lachte wieder.

»Es wird sein, als hätte ich dir statt der Sterne eine Menge kleiner Schellen geschenkt, die lachen können . . .«

Und er lachte noch immer. Dann wurde er wieder ernst:

»Diese Nacht . . . weißt du . . . komm nicht!«

»Ich werde dich nicht verlassen.«

»Es wird so aussehen, als wäre ich krank . . ., ein bißchen, als stürbe ich. Das ist so. Komm nicht das anschauen, es ist nicht der Mühe . . .«

»Ich werde dich nicht verlassen.«

Aber er war voll Sorge.

»Ich sage dir das . . . auch wegen der Schlange. Sie darf dich nicht beißen . . . Die Schlangen sind böse. Sie können zum Vergnügen beißen . . .«

»Ich werde dich nicht verlassen.«

Aber etwas beruhigte ihn:

»Es ist wahr, sie haben für den zweiten Biß kein Gift mehr . . .«

Ich habe es nicht gesehen, wie er sich in der Nacht auf den Weg machte. Er war lautlos entwischt. Als es mir gelang, ihn

einzuholen, marschierte er mit raschem, entschlossenem Schritt dahin. Er sagte nur: »Ah, du bist da . . .«

Und er nahm mich bei der Hand. Aber er quälte sich noch:

»Du hast nicht recht getan. Es wird dir Schmerz bereiten. Es wird aussehen, als wäre ich tot, und das wird nicht wahr sein . . .«

Ich schwieg.

»Du verstehst. Es ist zu weit. Ich kann diesen Leib da nicht mitnehmen. Er ist zu schwer.«

Ich schwieg.

»Aber er wird daliegen wie eine alte verlassene Hülle. Man soll nicht traurig sein um solche alten Hüllen . . .«

Ich schwieg.

Er verlor ein bißchen den Mut. Aber er gab sich noch Mühe:

»Weißt du, es wird allerliebst sein. Auch ich werde die Sterne anschauen. Alle Sterne werden Brunnen sein mit einer verrosteten Winde. Alle Sterne werden mir zu trinken geben . .«

Ich schwieg.

»Das wird so lustig sein! Du wirst fünfhundert Millionen Schellen haben, ich werde fünfhundert Millionen Brunnen haben . . .«

Und auch er schwieg, weil er weinte . . .

»Da ist es. Laß mich einen Schritt ganz allein tun.«

Und er setzte sich, weil er Angst hatte.

Er sagte noch:

»Du weißt . . . meine Blume . . . ich bin für sie verantwortlich! Und sie ist so schwach! Und sie ist so kindlich. Sie hat vier Dornen, die nicht taugen, sie gegen die Welt zu schützen . . .«

Ich setzte mich, weil ich mich nicht mehr aufrecht halten konnte. Er sagte:

»Hier . . . Das ist alles . . .«

Er zögerte noch ein bißchen, dann erhob er sich. Er tat einen Schritt. Ich konnte mich nicht rühren.

Es war nichts als ein gelber Blitz bei seinem Knöchel. Er blieb einen Augenblick reglos. Er schrie nicht. Er fiel sachte, wie ein Blatt fällt. Ohne das leiseste Geräusch fiel er in den Sand.

XXVII

Und jetzt sind es gewiß schon wieder sechs Jahre her ... Ich habe diese Geschichte noch nie erzählt. Die Kameraden, die mich wiedergesehen haben, waren froh, mich lebend wiederzusehen. Ich war traurig, aber ich sagte zu ihnen: Das ist die Erschöpfung ...

Jetzt habe ich mich ein bißchen getröstet. Das heißt ... nicht ganz. Aber ich weiß gut, er ist auf seinen Planeten zurückgekehrt, denn bei Tagesanbruch habe ich seinen Körper nicht wiedergefunden. Es war kein so schwerer Körper ... Und ich liebe es, des Nachts den Sternen zuzuhören. Sie sind wie fünfhundert Millionen Glöckchen ...

Aber nun geschieht etwas Außergewöhnliches.

Ich habe vergessen, an den Maulkorb, den ich für den kleinen Prinzen gezeichnet habe, einen Lederriemen zu machen! Es wird ihm nie gelungen sein, ihn dem Schaf anzulegen. So frage ich mich: Was hat sich auf dem Planeten wohl ereignet? Vielleicht hat das Schaf doch die Blume gefressen ...

Das eine Mal sage ich mir: Bestimmt nicht! Der kleine Prinz deckt seine Blume jede Nacht mit seinem Glassturz zu und er gibt auf sein Schaf gut acht. Dann bin ich glücklich. Und alle Sterne lachen leise.

Dann wieder sage ich mir: Man ist das eine oder das andere Mal zerstreut, und das genügt! Er hat eines Abends die Glasglocke vergessen, oder das Schaf ist eines Nachts lautlos entwichen ... Dann verwandeln sich die Schellen alle in Tränen! ...

Das ist ein sehr großes Geheimnis. Für euch, die ihr den kleinen Prinzen auch liebt, wie für mich, kann nichts auf der Welt unberührt bleiben, wenn irgendwo, man weiß nicht wo, ein Schaf, das wir nicht kennen, eine Rose vielleicht gefressen hat oder vielleicht nicht gefressen hat ...

Schaut den Himmel an. Fragt euch: Hat das Schaf die Blume gefressen oder nicht? Ja oder nein? Und ihr werdet sehen, wie sich alles verwandelt ...

Aber keiner von den großen Leuten wird jemals verstehn, daß das eine so große Bedeutung hat!

Das ist für mich die schönste und traurigste Landschaft der Welt. Es ist die gleiche Landschaft wie die auf der vorigen Seite, aber ich habe sie nochmals hergezeichnet, um sie euch ganz deutlich zu machen. Hier ist der kleine Prinz auf der Erde erschienen und wieder verschwunden. Schaut diese Landschaft genau an, damit ihr sie sicher wiedererkennt, wenn ihr eines Tages durch die afrikanische Wüste reist. Und wenn ihr zufällig da vorbeikommt, eilt nicht weiter, ich flehe euch an – wartet ein bißchen, gerade unter dem Stern! Wenn dann ein Kind auf euch zukommt, wenn es lacht, wenn es goldenes Haar hat, wenn es nicht antwortet, so man es fragt, dann werdet ihr wohl erraten, wer es ist. Dann seid so gut und laßt mich nicht weiter so traurig sein: schreibt mir schnell, wenn er wieder da ist . . .

Kleine Schriften

Beruf und Berufung des Schriftstellers

I

Ich weiß, weshalb es mir so schwerfällt, mich für meine Artikel zu erwärmen. Kino und Journalismus sind Vampire, die mich davon abhalten, so zu schreiben, wie ich gern schreiben möchte. Seit Jahren schon habe ich nicht das Recht, in der Richtung zu denken, die mir allein zusagen würde. Mir ist so, als wäre ich ein Häftling und müßte mich mit dem Flechten von Weidenkörben beschäftigen, während ich mich doch anderswo soviel nützlicher machen könnte und soviel reicher wäre. Aus meinem Abscheu spricht Widerstand gegen den geistigen Selbstmord und nichts anderes, denn wenn ich mich mit Begeisterung auf das Fabrizieren steriler Filmstöffchen stürzen wollte, könnte ich bald über eine gute Routine verfügen und viel Geld verdienen, hätte aber von solchen Erfolgen keine Freude zu erwarten. Gerade dieser Begeisterung leiste ich Widerstand. Ich will meine innere Glut nicht verkommen lassen. Damit ich meine Schulden bezahlen und leben kann, werde ich wohl oder übel ein weiteres Drehbuch schreiben und durch solch eine Roßtäuscherei sechs unwiederbringliche Monate vergeuden; wenigstens will ich aber zu meiner Bitterkeit aus tiefstem Herzen Ja sagen. Würde ich sie zurückweisen, so wäre das mein Tod. Sechs Monate eines Lebens, das voller Wärme und nutzbringend hätte sein können, werde ich wiederum gegen Sand austauschen: jedenfalls will ich mich nicht daran laben.

Und eines Tages muß ich Ihnen noch darlegen, welch ein Sophismus darin steckt, wenn man den Zweck von den Mitteln unterscheidet. Diese chronologischen Unterscheidungen kann man erst hinterdrein erfinden. In Wahrheit legt man den Grund durch das, was man tut. Man legt den Grund für den Krieg, wenn man sichert und rüstet, und man legt nicht den Grund für den Frieden, wenn man, wie die spanischen Anarchisten, die Andersdenkenden niederschießt. Ich glaube nicht mehr daran, daß ich Drehbücher schreibe, um Muße fürs Bücherschreiben zu haben.

Die dunkle, aber mächtige Dynamik, die den Handlungen innewohnt, hat zur Folge, daß jedes Drehbuch und jeder Artikel von mir die Chance verringert, ich könnte ein Buch schreiben, und dagegen die Chance erhöht, daß ich weitere Drehbücher schreiben werde. Ich kann meinen Handel nicht einmal durch diesen trügerischen Trost veredeln.

Was Sie mir über den »Nachtflug« schreiben, tut mir unendlich weh und nicht wohl. Es ist die Mahnung an den Orgelklang. Ich hatte noch ganz andere Dinge zu sagen.

(1936)

II

Seit dem Kriege habe ich mich verändert. Ich bin dazu gelangt, all das völlig zu mißachten, was mein »Ich« angeht. Ich leide auf sonderbare Weise, und nahezu als Dauerzustand, an völliger Gleichgültigkeit. Ich will »Le Caïd« vollenden! Ich tausche mich gegen ihn aus. Ich glaube, das hängt jetzt an mir wie ein Anker auf dem Grund. In der Ewigkeit wird man mich fragen: Was hast du mit deinen Gaben angefangen, und wie hast du auf die Menschen eingewirkt? Da ich ja nicht im Kriege gefallen bin, tausche ich mich gegen etwas anderes aus als den Krieg. Wer mir dabei beisteht, ist mein Freund. Ich verfolge keinerlei eigennützige Ziele; es ist mir nicht um Zustimmung der Öffentlichkeit zu tun. Innerlich bin ich mir jetzt ganz klar: das Buch wird nach meinem Tod erscheinen, denn ich werde es nie zu Ende schreiben, ich habe jetzt siebenhundert Seiten fertig! Wenn ich diese siebenhundert Seiten mit ihren Schlacken wie einen gewöhnlichen Artikel durcharbeiten wollte, brauchte ich schon zehn Jahre bloß für das Korrigieren. Ich werde sie nur so lange durcharbeiten, wie meine Kräfte reichen. Ich werde nichts anderes mehr auf der Welt tun. Durch mich allein bin ich nicht mehr sinnvoll. Ich fühle mich bedroht, verwundbar, begrenzt in der Zeit, ich will meinen Baum vollenden. Guillaumet ist tot, ich will schnell meinen Baum vollenden. Ich will zu etwas anderem werden als zu meinem Ich. Mein Ich interessiert mich nicht mehr. Meine Zähne, meine Leber und der Rest, das ist alles wurmstichig und an sich völlig uninteressant. Ich will etwas anderes sein als so etwas, wenn es ans Sterben geht.

Vielleicht täusche ich mich über mein Buch, vielleicht wird es ein mittelmäßiger, dicker Wälzer werden: das ist mir ganz gleich, es ist jedenfalls das Beste, was aus mir werden kann. Ich muß das Beste aus mir herausholen. Das ist sogar besser, als wenn ich im Kriege falle.

Zum ersten Male hat dieses Geschmiere der Zeitungen wenig Eindruck auf mich gemacht. Früher hätte ich daraufhin einen Monat nicht mehr gearbeitet. Doch jetzt lassen mich die Urteile völlig kalt, die man über mich abgibt. Ich habe es sehr eilig. Ich habe es äußerst eilig. Ich habe nicht mehr die Zeit, um das alles anzuhören.

Wenn es jetzt besser für mich sein sollte, irgendwo zu sterben, bin ich ganz bereit, irgendwo zu sterben. Nur ist mir jetzt eine Berufung zuteil geworden, die ich für das Beste ansehe. Und das ist endgültig, ich denke jetzt, daß man in dem, was ich vollbringe, mit mir ist oder gegen mich.

Durch den Krieg und dann durch Guillaumet habe ich begriffen, daß ich eines Tages sterben werde. Das ist nicht mehr jener abstrakte Poetentod, der ein sentimentaler Vorgang ist und ein Wunsch, der einen befällt, wenn man Kummer hat. Damit hat es gar nichts zu tun. Es handelt sich nicht mehr um jenen Tod, den sich der sechzehnjährige Jüngling ausdenkt, wenn er »lebensmüde« ist – nein! Sondern um den Mannestod. Um den ernsthaften Tod. Um das vollendete Leben.

(1942)

Madrid

Die Kugeln pfiffen über unsere Köpfe und prallten auf die in Mondlicht gebadete Mauer, an der wir entlanggingen. Ein Schutthaufen auf der linken Straßenseite wehrte die tieffliegenden Geschosse ab. Trotz jener kurzen Detonationen in tausend Metern Entfernung, die von einer hufeisenförmig vor uns und auf beiden Seiten sich entfaltenden Schlacht herrührten, fühlten sich der Oberleutnant, der mich begleitete, und ich selber ruhig und geborgen auf diesem weißen Landweg. Wir konnten singen, wir konnten lachen, wir konnten Streichhölzer anzünden – niemand kümmerte sich um uns. Wir waren wie Bauern, die zum Markt im Nachbardorf unterwegs sind. Tausend Meter weiter hätte uns die harte Notwendigkeit ohne weiteres auf dem schwarzen Schachbrett des Krieges einen Platz angewiesen, aber hier waren wir nicht im Spiel, waren vergessen und schwänzten die Schule.

Das galt auch von den Kugeln. Sie waren verirrt, ein Abfallprodukt ferner Kämpfe. Die hier pfeifenden Kugeln hatten dort drüben ihr Ziel verfehlt. Statt an den Erdbefestigungen oder auf einer menschlichen Brust zu zerschellen, waren einige zu hoch, über den Horizont hinweg, geschossen worden und entwischt.

Sie erfüllten die Nacht mit ihren unsinnigen Parabeln, ihren drei Sekunden Freiheit, starben schon gleich nach der Geburt. Die einen klatschten gegen die Mauer, andere, die sehr hoch vorüberzogen, verlängerten lange Peitschenhiebe bis zu den Sternen; nur die Rückschläger klangen seltsam, als wären sie unbeweglich, und deuteten ein Bienenleben an; einen Augenblick blieben sie gefährlich – giftig, aber ephemer.

Links von uns wurde die Böschung jetzt niedriger, und mein Begleiter fragte mich: »Sollen wir den Laufgraben benutzen? Aber es ist dunkel, kommen wir nicht besser auf der Straße weiter?«

Ich ahnte neben mir sein spitzbübisches Lächeln. Da ich ja den Krieg kennenlernen wollte, hatte er es übernommen, ihn mich spüren zu lassen. Freilich flößten mir diese Rückschläger Respekt ein, die im gleichen Augenblick, in dem sie niedergingen, wie Insekten summten. Ich hörte aus ihrer Musik eine Absicht heraus. Meine Haut kam mir magnetisch vor, als sei es die Bestimmung der Kugeln, diese Haut zu suchen. Doch gleichzeitig vertraute ich meinem Kameraden: Er will mir Eindruck machen, aber er möchte leben. Wenn er mir trotz dieses Hexenregens die Straße vorschlägt, so heißt das wohl, daß dieser Spaziergang ziemlich ungefährlich ist. Er weiß besser Bescheid als ich.

»Natürlich auf der Straße ... Es ist eine so schöne Nacht!«

Ich hätte den Laufgraben vorgezogen, das versteht sich, aber ich behielt meine Meinung für mich. Ich kannte den Dreh. Schon lange vor meinem Begleiter hatte ich dieses Spielchen gespielt – damals in Cap Juby, als die Gefahrenzone zwanzig Meter vor dem Fort begann. Wenn ein etwas aufgeblasener Inspektor landete, der mit der Gegend wenig vertraut war, forderte ich ihn, während ich ihm die kleinen Begebenheiten des Flugplatzes erzählte, zu einem Spaziergang auf, der uns mitten hinein in die Wüste führte. Ich wartete dann auf die schüchterne Bemerkung, die mich in Bälde für alle Verwaltungsschikanen entschädigen sollte:

»Ach – es ist schon spät –, könnten wir nicht jetzt nach Haus gehen?« Nun hatte ich freie Hand, der gute Mann war fest an mich geschmiedet. Die Entfernung war so groß, daß er sich nicht getraut hätte, allein umzukehren. Eine Stunde lang schleppte ich ihn daher in flottem Tempo hinter mir her, wobei ich die nichtigsten Ausreden gebrauchte: wie einen Sklaven, der an meine Schritte gekettet war. Und da er darüber klagte, daß er sehr müde sei, gab ich ihm den guten Rat, sich hinzusetzen und auf mich zu warten; auf dem Heimweg würde ich ihn abholen. Dann schien er zu zögern, schätzte die heimtückische Sandfläche mit den Augen ab, worauf er mit munterer Miene erklärte:

»Wenn ich's mir überlege, gehe ich genauso gern noch etwas ...« So war ich's zufrieden, bewegte mich mit großen

Schritten fort von unserem Obdach und erzählte ihm derweil von den grausamen Sitten der maurischen Stämme.

In jener Nacht war ich der Inspektor, den man als Sklaven spazierenführt, aber lieber zog ich jede Sekunde den Kopf zwischen die Schultern, statt mich in verschwommenen, wenn auch lichtvollen Überlegungen über die Romantik von Laufgräben zu ergehen.

Wir bewegten uns indessen in dieser Bodenfalte fort, ohne daß einer von uns einen Punkt hätte buchen können. Die Ereignisse hatten ein ernstes Gesicht angenommen, und unser Spiel kam uns fast kindisch vor: nicht, weil uns eine Maschinengewehrgarbe weggefegt oder ein Scheinwerfer entdeckt hätte, aber einfach wegen eines Lufthauchs, einer Art himmlischen Glucksens, das uns gar nicht betraf.

»Das ist für Madrid«, sagte der Oberleutnant.

Etwas vor Carabancel paßt sich der Laufgraben einem Hügelkamm an. In Richtung auf Madrid zu ist die Böschung eingestürzt, und in dem Ausschnitt zeigt sich uns die Stadt, weiß, erstaunlich weiß unter dem Vollmond.

Kaum zwei Kilometer trennen uns von diesen Hochhäusern, die das »Telefonic« beherrscht. Madrid schläft, oder vielmehr: Madrid tut so, als schliefe es. Das unheimliche Getöse, das wir nun in Abständen von zwei Minuten sich fortpflanzen hören, ertrinkt jedesmal in einer Totenstille. Es erweckt in der Stadt keinen Lärm, kein Hin und Her. Es versinkt jedesmal wie ein Stein im Wasser.

Auf einmal erscheint mir an Stelle Madrids ein Gesicht, ein weißes Gesicht mit geschlossenen Augen. Ein hartes, verbissenes Jungmädchengesicht, das die Schläge hintereinander einsteckt, ohne darauf zu antworten. Hier ist es wieder über unserem Kopf, in den Sternen, dieses Glucksen einer entkorkten Flasche . . . Eine Sekunde, zwei Sekunden, fünf Sekunden . . . Unwillkürlich trete ich zurück; es scheint mir, als wenn ich diesen Stoß empfangen sollte; es ist, als wenn die ganze Stadt zusammenstürzte!

Aber Madrid taucht wieder auf. Nichts ist eingestürzt, es hat keine Miene verzogen, nichts hat sich verändert; das steinerne Gesicht ist unversehrt geblieben.

»Für Madrid . . .«

Er wiederholt das mechanisch, mein Kamerad. Er lehrt

mich, dieses Beben in den Sternen zu entziffern, diese Haie zu verfolgen, die auf ihre Beute zustürzen:

»Nein – das ist eine Batterie vor uns, die antwortet ... Das sind sie, aber sie schießen anderswohin ... Das – das gilt Madrid.«

Die Explosionen, die sich verzögern – schließlich wartet man nicht mehr darauf. Wie viele Ereignisse sich doch in diesen Zeitraum zusammendrängen! Ein ungeheurer Druck steigt, steigt ... Wenn sich dieser Dampfkessel nur entschließen könnte, in die Luft zu fliegen! Ach, es gibt Menschen, die eben gestorben sind, aber es gibt andere, die eben erlöst wurden. Achthunderttausend Einwohnern, weniger einem Dutzend Opfer, wird ein Aufschub gewährt. Zwischen dem Glucksen und der Explosion schwebten achthunderttausend in Lebensgefahr.

Jede Granate, die unterwegs ist, bedroht die ganze Stadt. Ich spüre sie, wie sie dort liegt: gedrängt, geschlossen, solidarisch. Ich glaube, diese Männer, diese Frauen, diese Kinder zu sehen – diese ganze ärmliche Bevölkerung, die eine regungslose Jungfrau unter ihrem Steinmantel birgt. Ich höre wieder den schändlichen Lärm und bin wie gebannt, angeekelt durch das Gleiten des Torpedos, ich weiß nicht mehr, was ich sage: »Sie – sie torpedieren Madrid ...«

Und der andere macht sich zum Echo, das die Schüsse zählt: »Für Madrid – sechzehn.«

Ich habe meinen Laufgraben verlassen. Ich liege oberhalb der Böschung auf dem Bauch und blicke um mich. Ein neues Bild löscht das andere aus. Madrid mit seinen Schornsteinen, seinen Türmchen, seinen Luken – Madrid gleicht einem Schiff auf hoher See. Das weiße Madrid auf den schwarzen Wassern der Nacht. Eine Stadt dauert länger als die Menschen: Madrid ist mit Auswanderern beladen und setzt sie vom einen Ufer des Lebens zum anderen über. Es trägt eine Generation. Es durchschifft langsam die Jahrhunderte. Männer, Frauen und Kinder bevölkern es, von seinen Mansarden bis zu seinen Kajüten. Sie warten, ergeben oder vor Furcht schlotternd, eingeschlossen im steinernen Schiff. Man torpediert ein Schiff, das mit Frauen und Kindern besetzt ist. Man will Madrid versenken wie ein Schiff.

Ich schere mich im Augenblick den Teufel um die Spielregeln des Krieges. Um seine Rechtfertigungen und Beweggründe. Ich lausche. Ich habe gelernt, ihn von anderen Lärmen zu unterscheiden, diesen trockenen Husten der Batterien, die auf Madrid spucken. Ich habe gelernt, den Weg abzulesen, den dieses Glucksen in den Sternen nimmt: es zieht irgendwo in der Nähe des Schützen vorüber. Ich habe gelernt, langsam fünf Sekunden zu zählen. Dann lausche ich. Ich weiß nicht, welcher Baum dem Blitz erliegt; ich weiß nicht, welche Kathedrale einstürzt; ich weiß nicht, welches arme Kind eben gestorben ist.

In der Stadt selbst habe ich heute nachmittag die Beschießung erlebt. Es hatte dieses Donnerschlags auf der *Gran Via* bedurft, um ein Menschenleben auszulöschen, ein einziges. Passanten reinigten sich vom Mauerschutt, andere liefen, eine schwache Rauchwolke verzog sich, aber der Verlobte, der wie durch ein Wunder von jeder Schramme verschont blieb, sah die *novia* vor seinen Füßen liegen – die Braut, deren goldgelben Arm er noch vor einer Sekunde gedrückt hatte und die jetzt in einen Schwamm voller Blut, einen Haufen Fleisch und Wäsche verwandelt war. Er kniete nieder, ohne zu begreifen; er schüttelte leise den Kopf und schien zu sagen: Wie seltsam ist das doch! In diesem Gegenstand der Bewunderung, der auf solche Weise verschüttet war, erkannte er nichts vom Wesen seiner Freundin wieder. Die Verzweiflung bildete nur mit grausamer Langsamkeit in ihm ihre Grundwelle. Eine Sekunde lang noch war er vor allem verblüfft durch dieses plötzliche Verschwinden; er ließ seine Blicke umherwandern und suchte die schlanke Gestalt, als müsse wenigstens sie fortbestehen.

Aber nichts war da außer einem Schmutzhaufen. Fortgewischt war der schwache Goldton, der den Menschen auszeichnet. Während sich in der Kehle des Mannes der Schrei vorbereitete, den irgend etwas noch hinauszögerte, hatte er genug Muße, richtig zu begreifen, daß er nicht diese Lippen, sondern ihr Schmollen und das Lächeln dieser Lippen geliebt hatte. Er liebte nicht diese Augen, sondern ihren Blick. Nicht diese Brust, sondern ihr sanftes Wogen. Er hatte Muße, endlich die Ursache der Angst zu entdecken, die er vielleicht durch die Liebe verspürte. Jagte er nicht dem Ungreifbaren nach? Es ging nicht darum, einen Leib zu umarmen, sondern einen Flaum, einen Lichtschein, den schwerelosen Engel, der diesen Leib umhüllte ...

Ich schere mich im Augenblick den Teufel um die Spielregeln des Krieges und des Grundsatzes der Vergeltung. Wer hat angefangen? Auf eine Frage findet man stets eine Antwort; und der erste Mord, der allen anderen voranging, ist im Dunkel der Zeiten verborgen. Mehr denn je mißtraue ich der Logik. Wenn mir der Schulmeister beweist, daß das Feuer nicht die Haut versengt, halte ich die Hand über den Herd und erkenne ohne Logik, daß in seiner Überlegung irgendwo ein Fehler steckt. Ich sah, wie man einem kleinen Mädchen sein Lichtkleid ausgezogen hat: wie könnte ich an die Notwendigkeit der Vergeltung glauben?

Was den militärischen Nutzen einer solchen Beschießung angeht, so vermochte ich ihn nicht zu entdecken. Ich sah Hausfrauen mit aufgerissenem Leib; ich sah entstellte Kinder; ich sah die alte Straßenhändlerin die Reste des Gehirns abwaschen, die ihre Schätze bespritzt hatten; ich sah, wie die Portiersfrau aus ihrer Loge herauskam und mit einem Eimer Wasser den Gehsteig säuberte, und habe noch nicht begriffen, was diesen bescheidenen Vorgängen der Straßenreinigung im Kriege für eine Bedeutung zukommt.

Etwa eine moralische Bedeutung? Aber eine Beschießung kehrt sich gegen das Ziel, das damit verfolgt wird. Durch jeden Kanonenschuß festigt sich etwas in Madrid. Die Gleichgültigkeit, die hin und her schwankte, kommt zu einem Entschluß. Ein totes Kind wiegt schwer, wenn es das deine ist. Eine Beschießung, so kam es mir vor, zersplittert nicht: sie vereinigt. Durch den Schrecken ballt man die Fäuste und findet sich im gleichen Entsetzen zusammen.

Der Oberleutnant und ich erklimmen die Böschung. Gesicht oder Schiff – dort ist Madrid, das die Schläge einsteckt, ohne sie zu erwidern. Doch so sind die Menschen: die Prüfungen kräftigen langsam ihre Tugenden.

Deshalb begeistert sich auch mein Begleiter; er denkt an diesen Willen, der sich härtet. Da steht er, die Fäuste in die Hüften gestemmt, und atmet schwer. Er beklagt nicht mehr die Frauen und Kinder ...

»Das macht jetzt sechzig . . .«

Der Schlag dröhnt auf dem Amboß: ein riesiger Schmied schmiedet Madrid.

Wir sind wieder unterwegs zu den ersten Linien in Carabancel. Rings um uns, halbkreisförmig, wird die Front belebt durch ein fernes, unzusammenhängendes, allgemeines Schießen, das an das Verschwinden und Wiederauftauchen vom Meere gewälzter Kiesel erinnert. Zuweilen greift die Anstekkung dieser Schießerei wie eine Gasflamme im Umkreis von zwanzig Kilometern auf die Front über; dann beruhigt sich wieder alles, verstummt alles, kehrt alles heim. Und es gibt Augenblicke einer so völligen Stille, daß man spürt, wie der Krieg stirbt.

Es gibt solche gleichzeitigen Vergebungen allen Hasses. Nach dreißig Sekunden dieser Windstille hat sich das Gesicht der Welt schon verändert. Es gibt keine Schüsse, die man vergelten müßte; man braucht auf keine prompte Antwort zu warten; nirgends ist eine Herausforderung zu rügen. Welch erhebender Anlaß, nie mehr zu schießen! Wer jetzt als erster einen Schuß abfeuert, möge die Last des Krieges tragen! Um den Frieden zu retten, genügt es, diese Stille gewahr zu werden.

Da ist sie, zärtlich wie ein Hirtenmädchen. Da ist sie und wünscht, daß man ihr lauscht . . .

Doch bevor jeder sie erkennen kann, peitscht irgendwo zu früh ein Gewehrschuß. Irgendwo schießt die Flamme aus der noch brennenden Asche empor. Irgendwo lebt der Krieg wieder auf durch die Tat eines einzigen Mörders, der in keiner Weise verantwortlich ist.

Und ich denke an die Stille, die abermals um sich greift, als etwas – Mine oder Torpedo – explodiert. Ein gipsartiger Staub hüllt uns ein. Ich springe zur Seite, aber aus dem bäuerlichen Schritt des Oberleutnants, der mir vorausgeht, ersehe ich, daß er sich für diese Eruption nicht zu interessieren gedenkt. Ist das Gewohnheit, Todesverachtung, Resignation? Ich werde nach und nach lernen, daß man sich seinen Mut für den Krieg zurechtbauen muß wie den Panzer einer Schildkröte. Man zwingt die Phantasie, ruhig zu bleiben. Alles, was in einer Entfernung von mehr als zehn Metern vor sich geht, verbannt man in ein anderes Universum. Doch ich wende nochmals den Kopf nach dem Getöse und versuche, die Geräusche zu entziffern.

In der vordersten Linie hat sich die Welt, die leer war, wieder bevölkert. Von Zeit zu Zeit leuchtet der Blitz eines Rauchers oder der Strahl einer Taschenlampe auf. Wir tasten uns nunmehr blind zwischen den kleinen Häusern von Carabancel durch, wo die Gräben ihren Weg kreuzen. Ohne es zu bemerken, gehen wir an dem schmalen Gäßchen entlang, das uns allein vom Feind trennt. Laufgräben führen hinunter zu den Weinkellern. Dort schläft man, wacht man und schießt durch die Luftlöcher hindurch. Und dort unten nehmen wir teil an dem seltsamen submarinen Leben. Ohne sie zu erkennen, gehe ich dicht an dieser versunkenen Menschheit vorüber. Von Zeit zu Zeit entfernt mein Führer sanft mit der Hand einen stummen Schatten und schiebt mich an den Platz des Beobachters. Dann beuge ich mich vor. Die Schießscharte ist mit einem Lumpen verhängt. Ich ziehe ihn fort und blicke einen Augenblick hindurch. Ich sehe nichts – außer einer Mauer gegenüber und diesem seltsamen Mondlicht, das auf einer Wasserfläche zu schimmern scheint. Als ich sachte den Lumpen wieder hinhänge, scheint er mir das fließende Mondlicht abzutrocknen.

Eine Nachricht läuft um, die ich bald erfahre: noch vor Morgengrauen soll ein Angriff erfolgen. Es geht um die Eroberung von dreißig Häusern in Carabancel: dreißig zementenen Festungen unter hunderttausend. Da keine Artillerie vorhanden ist, muß man die Mauern sprengen und die derart aufgeschlitzten Zellen nacheinander besetzen. Ich muß dabei an die Fische denken, die man in Löchern aufstöbert und mit einem eisernen Haken fängt. Ich verspüre ein unbestimmtes Mißbehagen; ich betrachte diese Männer, die bald noch einmal kräftig Atem holen werden, um sich dann plötzlich in die blaue Nacht zu stürzen; und falls sie überhaupt zur gegenüberliegenden Mauer gelangen, werden sie unter dem Stein tödliche Umarmungen erleben.

Wie viele werden vor diesen fünfzehn Schritten schon zu Boden gesunken sein, ertrunken im Mondschein?

Doch nichts hat sich auf ihren Gesichtern verändert. Sie waren durchaus darauf gefaßt, Dienst zu tun. Sie alle sind Freiwillige, sie alle haben ihren Hoffnungen oder ihren privaten Freiheiten entsagt, sie haben sich der großen Bewegung angeschlossen. Dieser Sturmangriff geht in Ordnung. Man schöpft aus einem Menschenvorrat. Man schöpft aus einem Kornspeicher. Man streut eine Handvoll Körner aus, um zu säen.

Die Furcht beginnt mit einer leichten Erregung. Das grundlose Schießen ist stärker geworden. Man fürchtete den Feind, als hätte er vom bevorstehenden Angriff Wind bekommen und bereitete nun Gott weiß was für einen Verzweiflungsstreich vor. Man suchte ihn im Dunkeln. Man fürchtete das Opfer, man fürchtete jene grausame Entspannung der Opfer, die man am Nacken anrührt. Ich habe früher einmal kleine Raubtiere gesehen, die sich, trunken vor Angst, in ihrem Loch zusammenkauern. Sie springen dir an die Kehle. Man suchte den stummen Feind, diesen losgelassenen Narren, der im Land umherstreift und seine Verbrechen ausheckt; man schoß zunächst gegen die Stille. Man glaubte, ihn auf diese Weise deutlich antworten zu hören; man fürchtete die Gespenster, nicht die Menschen. Aber ein Gespenst antwortete. Und jetzt hören wir hier, im untersten Laderaum, unser Schiff krachen. Etwas geht langsam aus den Fugen. Das Mondlicht sickert durch die Ritzen. Man wehrt sich gegen dieses Eindringen des Ungreifbaren. Des Mondes, der Nacht, des Meeres. Von Zeit zu Zeit brandet der Sturm heran, und seine Rammstöße erschüttern uns. Durch die Gewehrkugeln wird die Luft dort draußen zum Ersticken, man fühlt sich durch sie wie eingesperrt; aber die Minen, aber die Mörser, die sich jetzt vervielfachen, beunruhigen uns jedesmal wie ein Attentat, wie das Messer eines Unbekannten, das sich ins Herz bohrt. Jemand flüstert: »Ich wette, sie werden als erste angreifen.«

Die Ausstrahlung dieser Erschütterung ging uns durch Mark und Bein. Die Menschen erzitterten, aber sie wankten nicht. Ich möchte das besser begreifen, was sie so magnetisiert, sie zurückhält. Ich werde morgen den Unteroffizier, meinen Nachbarn, danach fragen, wenn er lebend von seinem Sturmangriff zurückkommt. Ich werde ihm sagen: Unteroffizier, weshalb bist du zu sterben bereit?

Sie wanken nicht, aber sie erzittern unter der Axt. Man fällt den Menschen langsam, wie einen Baum. Er bleibt aufrecht, aber jeder Hieb tritt zu den anderen hinzu. Und so spüre ich in der Nacht alle Zweige erbeben.

Die Maschinengewehre feuern jetzt Funkenströme. Die Gewehrschüsse werden erbitterter. Sie sind nicht mehr das Ergebnis persönlicher Entscheidungen. Etwas kracht die Gräben entlang. Ich sehe, wie das Maschinengewehr, das mir am nächsten ist, hin und her schwankt. Dreißig Zentimeter über der schwarzen Erde läßt es seine Sichel wandern. Dreißig Zentimeter über der Erde atmet nichts mehr. Und doch ist etwas in Bewegung. Man kämpft jetzt erbittert gegen ein Gespenst; man bringt es nicht fertig, es zu verscheuchen!

Greifen sie an? Alles das ist wie verhext. Durch diese Schießscharte hindurch habe ich nichts gesehen, ich schwöre es; nichts als einen Stern. Und hier jagt der MG-Schütze jetzt seine Garben hinaus. Und wenn er schießt, scheint der Stern im Wasser zu zittern. Die Nacht ist voller Zauberei; man kämpft gegen die Sterne, und der Späher dort hebt langsam den Arm und meldet, meldet . . .

Und plötzlich scheint alles zugleich zu explodieren. Meine Gedanken überstürzen sich. Ich denke wie die anderen. Ich will nicht, ich will nicht . . . Ich will nicht, daß mich die Nacht auf den Rücken wirft, nach jenem Sprung in den Graben, über mir das Gewicht des Bauchaufschlitzers. Ich will nicht zwei Schritte neben mir einen tierischen Schrei hören. Ich will nicht, daß man mich für die großen steinernen Mausoleen einsammelt. Ach, wenn ich doch nur ein Gewehr hätte! Achtung! Ich schlage blind um mich. Achtung! Ich tue jedem etwas an, der weiter vorrückt! Ich verkörpere mich in diesem MG-Schützen, lasse meine Schüsse mit ihm hin und her tanzen, als wenn ich mit dem Degen Rad schlüge: nehmt euch in acht! Ich will nicht Menschen töten, aber die Nacht, aber den Krieg, aber den Schrecken, das bleiche Gespenst, das aus dem Alpdruck hervortritt und einen Schritt weiter vorrückt . . .

Aha! Das war also eine Panik!

Wir sind beim Hauptmann. Der Unteroffizier erstattet Bericht. Es handelte sich um einen falschen Alarm, aber der Feind schien im Bilde zu sein. Soll es beim Angriff bleiben? Der Hauptmann zuckt mit den Achseln. Auch er führt bloß Befehle aus. Und er schiebt uns zwei Kognakgläser zu.

»Du springst mit mir zusammen als erster hinaus«, sagte er dem Unteroffizier. »Trink, und geh dann schlafen!«

Der Unteroffizier ist schlafen gegangen. Man räumt mir einen Platz ein an diesem Tisch, an dem wir zu zehnt Wache halten. In diesem gut kalfaterten Raum, aus dem kein Licht nach draußen dringt, ist die Helle so grell, daß ich die Augen zukneife. Ich trinke diesen leicht gezuckerten, etwas ekelerregenden Kognak; er hat den trüben Geschmack der frühen Morgenstunden. Ich begreife nicht recht, was mich umgibt, ich trinke und schließe die Augen. Ich sehe die graugrünen Häuser Carabancels vor mir.

Rechts von mir erzählt man sehr schnell eine komische Geschichte, von der ich nur ein Wort unter dreien verstehe. Links spielt man eine Partie Schach. Wo bin ich?

Ein angetrunkener Mann kommt herein; er schwankt etwas in dieser bereits unwirklichen Welt. Er streichelt seinen stachligen Bart und wirft uns zärtliche Blicke zu. Sein Auge fällt auf den Kognak, wendet sich ab, kehrt zum Kognak zurück, umkreist flehend den Hauptmann. Der Hauptmann lacht still vor sich hin. Der Mann schöpft Hoffnung und lacht ebenfalls. Auch die Zuschauer überkommt ein leises Lachen. Der Blick des Mannes mimt Verzweiflung, und so hebt ein zärtliches Spiel an, eine Art schweigenden Balletts, das etwas Traumhaftes an sich hat in dem dicken Zigarettenqualm, angesichts der nächtlichen Strapazen, der Aussicht auf den bevorstehenden Angriff. Und mich erstaunt diese Stimmung auf einer sich ihrem Ende zuneigenden Nachtwache, bei der man die Zeit am Sprießen des Bartes abliest, während draußen die Brandung des Meeres anschwillt.

Bald werden diese Männer ihren Alkohol, die Verschmutzung ihres Wartens in den königlichen Wassern der Kriegsnacht abwaschen. Ich spüre es, wie sie solch einer Reinheit schon ganz nah sind. Aber noch tanzen sie, solange sie tanzen können, das Ballett des Betrunkenen und der Flasche. Noch spielen sie, solang es irgend geht, ihre Schachpartie. Noch ziehen sie ihr Leben soweit wie möglich in die Länge. Eine alte Weckeruhr thront derweil auf einem Regal. Sie ist eingestellt, damit sie rechtzeitig weckt. Ich bin der einzige, der sie verstohlen betrachtet. Hört sie denn niemand hier? Ihr Ticken ist doch unüberhörbar!

Der Wecker wird also schellen. Dann werden sich diese Männer erheben und ihre Arme recken. Seltsamerweise überkommt einen diese Gebärde jedesmal, wenn es darum geht weiterzuleben. Sie werden also die Arme recken und ihr Koppel umschnallen. Der Hauptmann wird seinen Revolver ergreifen. Der Betrunkene wird nüchtern werden. Dann werden alle, ohne sich besonders zu sputen, den Gang hinuntergehn, bis zum Rechteck aus blassem Licht, zu dem er führt – dem Rechteck, das der Himmel ist; sie werden etwas Alltägliches sagen, etwa: Schöner Mondschein heute oder Es ist mild. Und dann werden sie sich in die Sterne stürzen.

Kaum hat das Telefon den Angriff abgesagt, in dem nahezu alle, beim Sturm auf die Zementmauer, den Tod gefunden hätten; kaum fühlen sie sich geborgen, da sie nun die Gewißheit haben, daß sie noch einen ganzen Tag lang mit ihren groben Stiefeln auf der lieben Erde herumtrampeln können, kaum haben sie ihren Frieden, als sie schon alle lamentieren. Tausend Klagen werden laut: »Hält man uns denn für Weiber?« – »Führen wir eigentlich Krieg oder nicht?« Tausend bittere Worte fallen über einen Generalstab, der auf diesen Handstreich verzichtet, der aber – wie sie sagen – das Bombardement von Madrid unterstütze und den Blutzoll an Kindern gutheiße, der Tag für Tag den Geschützen dargebracht werde; gebiete er doch Untätigkeit gerade in dem Augenblick, in dem man sich anschickte, diese Batterien über die Berge zurückzujagen, zweimal so weit, wie nötig wäre, um die dem Untergang geweihte Unschuld zu retten.

Ich kann freilich nicht vergessen, daß es sich darum handelt, dreißig Zementfestungen, die Mörser und Maschinengewehre verteidigen, mit einer Handvoll Soldaten zu erobern und derart, falls ein Wunder geschieht, achtzig Meter weiter vorzurücken; offensichtlich wären dadurch unter den Kindern Madrids nur solche gerettet worden, die sich, um so die Schule zu schwänzen, auf den dem Artilleriebeschuß ausgesetzten letzten achtzig Metern aufzuhalten pflegten.

Ich habe auch den Eindruck und kann mich dabei auf das Eingeständnis meiner Kameraden berufen, daß keiner unter ihnen nach diesem Sprung ins Ungewisse noch das Mondlicht erblickt hätte und daß sie sich eigentlich glücklich schätzen müßten, weil sie nun noch so kräftig schimpfen können, aufgetaut durch die neuen Kognakgläser, die sie zum Trost, aber mit großem Vergnügen trinken und die seit dem Telefonanruf so sonderbar den Geschmack verändert haben. Doch ich sehe nichts von jenem Ungestüm, das mir als Schaumschlägerei oder lächerliche Pose erscheinen könnte; ich weiß ja, daß sie alle heute nacht ganz schlicht zu sterben bereit waren, und weiß auch etwas, was ich euch gern begreiflich machen möchte.

Im übrigen erkenne ich auf dem Grund meines Herzens einen Widerspruch, der dem ihrigen gleicht und der mich doch keineswegs stört. Freilich wünschte ich im stillen – gewiß mehr als sie, da ich als bloßer Zuschauer nicht die gleichen Gründe habe, um solche Gefahren auf mich zu nehmen –, dieser Schiffbruch, in den ich unversehens geraten war, möchte abgesagt werden. Und doch: jetzt, da ein langer Tag und die verheißenen Freuden bevorstehen; jetzt, da ich nichts mehr fürchten muß, sehne auch ich mich nach etwas Unbestimmtem, das diesen Schiffbruch begleitete.

Es ist Tag. Ich wasche mich im eisigen Wasser des Brunnens, der Kaffee dampft in den Näpfen, vierzig Meter vom Feind entfernt, in einer Laube, die die mittelalterlichen Bomben zerfetzt haben, die jedoch die morgendliche Waffenruhe respektieren wird; hier versammeln sich die Davongekommenen, sobald die Wäsche beendet ist, um sich dem Leben hinzugeben und Weißbrot, Zigaretten und Lächeln miteinander zu teilen. Da finden sie sich nacheinander ein: der Hauptmann, der Unteroffizier R., der Oberleutnant, legen ihre Ellenbogen wuchtig auf den Tisch und haben die Schätze vor Augen, die sie im Augenblick, da sie sie hergeben sollten, weise verachteten, die aber jetzt ihren ganzen Wert wiedererlangen. Schon erschallen die »Salud Amigo«, und kräftige Schläge dröhnen auf die Schultern.

Und ich genieße den eisigen Wind, der mich streichelt, und die Sonne, die uns unter dem Eis vergoldet. Ich genieße dieses Hochgebirgsklima, in dem ich mich glücklich fühle. Ich genieße die Heiterkeit dieser Männer, die in ihren Hemdsärmeln neue Kräfte aus ihrer Mahlzeit schöpfen und darangehen werden, die Welt zu verändern, sobald sie wieder auf den Beinen sind.

Irgendwo platzt eine reife Erbsenschote. Von Zeit zu Zeit wird so eine Kugel am Stein zerspringen. Es ist ohne Zweifel der Tod, der hier herumirrt, aber er ist untätig, verfolgt keine bösen Absichten. Seine Stunde hat nicht geschlagen. In der Laube geht es darum, das Leben zu feiern. Der Hauptmann teilt das Brot aus, und wenn ich schon anderswo bemerkt habe, wie dringlich es ist, so entdecke ich hier doch zum ersten Male, welch eine Würde der Nahrung innewohnt. Ich erlebte schon, wie Lastwagen mit Lebensmitteln für hungrige Kinder ausgeladen wurden, und das war ergreifend, aber ich ahnte noch nie, wie ernst eine Mahlzeit sein kann. Die ganze Mannschaft ist aus der finsteren Tiefe emporgestiegen, und der Hauptmann bricht das weiße Brot, das so von Weizen durchsetzte, durchsättigte Brot Spaniens, damit jeder der Kameraden, der seine Hand ausstreckt, ein duftiges Stück empfangen kann – ein Stück, so dick wie eine Faust, das sich in Leben verwandeln wird.

Denn sie alle sind aus der finsteren Tiefe emporgestiegen. Und ich mustere diese Männer, die derart ein neues Leben beginnen. Ich betrachte vor allem den Unteroffizier R., der als erster die Deckung verlassen sollte und der sich vor dem Angriff schlafen gelegt hatte. Ich wohnte seinem Erwachen bei, dem Erwachen eines zum Tode Verurteilten. Der Unteroffizier R. wußte, daß er als erster vor einem Maschinengewehrnest auftauchen würde, um im Mondschein jene fünfzehn Schritte zu tanzen, jenes Ballett, an dem man stirbt.

Die Schützengräben von Carabancel schlängeln sich durch kleine Arbeiterhäuser, deren Möbel an Ort und Stelle geblieben sind, und so schlief der Unteroffizier R. in seinen Kleidern auf einem Eisenbett, nur ein paar Schritte vom Feind entfernt. Als wir eine Kerze angezündet und sie in einen Flaschenhals gesteckt hatten; als wir dieses Sterbebett aus dem Dunkel hervorholten, sahen wir zuerst nichts als ein paar grobe Stiefel. Riesige, mit Eisen beschlagene Nagelstiefel, Stiefel, wie sie Eisenbahner oder Müllkutscher tragen; das ganze Elend der Welt hatte Platz darin, denn mit solchen Stiefeln an den Füßen ging es nicht darum, im Leben glückliche Schritte zu tun, sondern es anzupacken wie ein Hafenarbeiter, für den das Leben ein Schiff ist, das es zu entladen gilt.

Der ganze Körper dieses Mannes war mit Geräten bedeckt, mit Patronentaschen, Revolver, ledernen Hosenträgern und Koppelriemen. Er trug den Packsattel oder die Halskette – das ganze Geschirr des Arbeitspferdes. In Marokko sieht man, tief unten in den Kellern, Mühlsteine, die von blinden Pferden bewegt werden. Auch hier, im flackernden und rötlichen Schein einer Kerze, weckte man ein blindes Pferd, damit es seinen Mühlstein bewegen sollte.

»Hallo! Unteroffizier!«

Er stieß einen schweren Seufzer aus, der wie eine Woge anbrandete, und kehrte sich uns langsam zu, wie aus einem Guß, so zeigte er uns ein verschlafenes, aber schmerzlich verzogenes Gesicht. Seine Augen waren geschlossen, und seine Lippen, aus denen die Luftblase des Seufzers aufstieg, blieben halb offen, wie die Lippen eines Ertrunkenen.

Wir setzten uns auf sein Bett und nahmen, ohne ein Wort zu sprechen, an diesem mühsamen Erwachen teil, denn der Mann klammerte sich an unterseeische Tiefen, hielt sich mit den Fäusten, die er öffnete und schloß, an schwarzen Algen fest. Schließlich, nachdem er wiederum geseufzt hatte, drehte er sich nochmals um, stieß mit dem Gesicht gegen die Wand und entzog sich uns mit der Hartnäckigkeit eines Tieres, das nicht will, das nicht sterben will und das starrköpfig dem Schlachthaus den Rücken kehrt.

»Hallo! Unteroffizier!«

Er wurde abermals aus dem Meeresgrund zurückgerufen, kam zu uns zurück, und sein Gesicht tauchte von neuem ins Kerzenlicht. Aber diesmal hatten wir den Schläfer am Angelhaken; er konnte uns nicht mehr entgehen. Seine Lider legten sich in Falten, sein Mund bewegte sich, er strich sich mit der Hand über die Stirn, machte noch eine Anstrengung, um zu seinen glücklichen Träumen zurückzukehren; um sich unserer Welt des Dynamits, der Müdigkeit, der eisigen Finsternis zu entziehen, aber es war zu spät. Etwas erzwang sich Achtung, das von draußen kam. So weckt die Schuluhr langsam das widerstrebende Kind. Es hatte das Katheder, die schwarze Tafel, das Pensum vergessen. Es träumte von einem Ferientag und hatte seine Freude, wie die anderen, am Lachen und Spazierengehen ... Aber die Uhr führt es unerbittlich zurück zur Ungerechtigkeit der Menschen.

Wie dieses Kind übernahm nun der Unteroffizier wieder die Verantwortung für diesen durch Erschöpfung abgenutzten Körper, diesen Körper, den er satt hatte und der, in der Kälte des Erwachens, bald die traurigen Schmerzen an den Gelenken, dann die Last des Anschirrens, dann den schwerfälligen Lauf in den Tod kennenlernen sollte; den Schmutz des Blutes, in das man die Hände taucht, um sich wieder aufzurichten, den Kleister dieses gerinnenden Sirups. Nicht so sehr den Tod, als den Leidensweg des bestraften Kindes.

Und er reckte seine Glieder, eines nach dem anderen, zog den Ellbogen an sich heran, streckte das Bein aus, behindert in den letzten Schwimmstößen des Schlafes durch die Riemen, den Revolver, die Patronentaschen, die drei Handgranaten, die an seinem Koppel hingen und auf denen er geschlafen hatte. Schließlich öffnete er langsam die Augen, richtete sich auf und sah uns an:

»Ach ja ... Es ist Zeit.«

Er hatte bloß seinen Arm nach dem Gewehr ausgestreckt.

»Nein, der Angriff ist abgeblasen.«

Unteroffizier R., ich bezeuge, daß wir dir das Leben zum Geschenk gemacht haben. Ganz einfach das Leben. So vollständig wie zu Füßen des elektrischen Stuhls. Und Gott weiß, was man über die Rührseligkeit einer Begnadigung zu Füßen des elektrischen Stuhls für Tinte verspritzt. Nun überbringen wir dir die Begnadigung *in extremis,* da dich nach deiner Vorstellung nur noch eine dünne Wand vom Tode trennte. Jetzt verzeihe mir meine Neugier: ich habe dich angeschaut. Und ich werde niemals dein Gesicht vergessen. Ein rührendes und häßliches Gesicht, mit der etwas zu großen, höckerigen Nase, den vorspringenden Backenknochen und dem Kneifer des Intellektuellen. Wie nimmt man das Geschenk des Lebens entgegen? Ich werde es dir sagen. Man bleibt sitzen, man zieht seinen Tabak aus der Tasche und schüttelt langsam den Kopf, während man auf den Boden blickt. Dann sagt man:

»Das ist mir ebenso recht.«

Man schüttelt wiederum den Kopf und fügt hinzu:

»Hätte man uns zwei oder drei Brigaden zur Verstärkung

geschickt, und hätte dieser Angriff einen Sinn gehabt, dann könntest du hier eine Begeisterunng erleben ...«

Unteroffizier, Unteroffizier – was fängst du an mit dem Leben, das dir geschenkt wurde?

Jetzt tauchst du dein Brot in den Kaffee, friedfertiger Unteroffizier, du drehst Zigaretten und gleichst dem Kinde, dem man seine Strafe erlassen hat. Und doch bist du, genauso wie deine Kameraden, gewillt, noch heute nacht abermals die paar Schritte zu gehn, nach denen man nur noch in die Knie sinken kann. Und so wälze ich in meinem Kopf immer wieder die Frage, die ich dir schon seit gestern stellen möchte: Unteroffizier, weshalb bist du zu sterben bereit? Doch diese Frage läßt sich nicht aussprechen, das weiß ich genau. Sie würde ein Schamgefühl verletzen, das nichts von sich selber weiß, das jedoch nicht verzeihen könnte. Wie würdest du darauf antworten? Mit großen Worten? Sie kämen dir unecht vor, und sie *sind* unecht. Welch eine Sprache stände dir zu Gebote, um dich auszudrücken, der du so schamhaft bist? Doch ich bin entschlossen, es herauszufinden, und so werde ich der Schwierigkeit ausweichen. Ich werde dir kleine Fragen stellen, die nach gar nichts aussehn ...

Weshalb bist du eigentlich eingerückt?

Im Grunde weißt du es selber nicht, Unteroffizier, wenn ich dich recht verstanden habe. Du warst Buchhalter irgendwo in Barcelona, interessiertest dich nicht für Politik und reihtest deine Zahlen aneinander, ohne dich viel um den Kampf gegen die Aufständischen zu kümmern. Doch ein Kamerad meldete sich, dann ein zweiter, und so erlebtest du zu deinem Erstaunen eine sonderbare Veränderung: nach und nach kamen dir deine Beschäftigungen belanglos vor. Deine Vergnügungen, deine Arbeit, deine Träume – all das gehörte einem anderen Zeitalter an. Darin bestand jedenfalls nicht das Entscheidende. Schließlich traf dann die Nachricht ein, einer von euch sei an der Front von Malaga gefallen. Es war keineswegs ein Freund, den ihr hättet rächen wollen, und doch ging diese Nachricht über euch, über euer enges Dasein hinweg wie ein Windstoß vom Meer. Ein Kamerad schaute dich an diesem Morgen an: »Machen wir mit?« – »Wir machen mit!« Und so habt ihr »mitgemacht«.

Du bist nicht einmal erstaunt über diesen gebieterischen

Appell, der dich zum Aufbruch zwang. Du bejahst eine Wahrheit, die du nicht in Worte zu übersetzen vermochtest, die aber so einleuchtend war, daß sie dich ergriff.

Und während ich dieser einfachen Erzählung zuhöre, kommt mir ein Gedanke, den ich zunächst für mich behalte.

Ich sehe ein Bild vor mir.

Wenn zur Zeit des großen Vogelflugs Wildenten oder Wildgänse vorüberziehen, entsteht in den Gebieten, die sie überfliegen, eine seltsame Bewegung. Als wären sie durch den großen Dreiecksflug magnetisch angezogen, versuchen sich die zahmen Vögel in unbeholfenen Sprüngen, die sie schon nach wenigen Schritten aufgeben. Der Ruf aus der Wildnis hat in ihnen mit der Gewalt einer Harpune das Überbleibsel irgendeines Urtriebs getroffen. Und so verwandeln sich nun die Enten auf dem Bauernhof eine Minute lang in Zugvögel. So entfalten sich in diesen harten Köpfchen, in denen nur dürftige Bilder von Teichen, Würmern, Hühnerställen umgingen, kontinentale Weiten, die Freude an Winden auf hoher See, an der Geographie der Meere. Und so taumelt die Ente von links nach rechts in ihrem Gehege aus Eisendraht; sie wird ergriffen von jener plötzlichen Leidenschaft, von der sie nicht weiß, wohin sie führt, und von jener weiten Liebe, deren Ziel ihr immer unbekannt bleiben wird.

So entdeckt auch der Mensch, den eine unbekannte Einsicht ergreift, die Nichtigkeit seiner Tätigkeit als Buchhalter wie auch der Annehmlichkeiten seines häuslichen Lebens. Doch er vermag dieser erhabenen Wahrheit keinen Namen zu geben.

Um uns solche Berufungen zu erklären, spricht man uns von einem Fluchtbedürfnis oder von der Freude an der Gefahr, als wenn es nicht zuerst darauf ankäme, dieses Fluchtbedürfnis und diese Freude an der Gefahr aufzuhellen. Man bemüht auch die Stimme der Pflicht, aber woher kommt es, daß sie so eindringlich ist? Was hast du begriffen, Unteroffizier, als dein Friede gestört wurde?

Dieser Anruf, der dich aufscheuchte, quält zweifellos alle Menschen. Mag sie sich Opfer, Dichtung oder Abenteuer nennen: die Stimme bleibt die gleiche. Aber die häusliche Sicherheit erstickte allzu gründlich den Teil in uns, der sie hören könnte. Wir erbeben kaum durch sie, wir flattern zwei- oder dreimal mit den Flügeln und sinken dann wieder zurück auf unseren Geflügelhof. Wir sind vernünftig. Wir fürchten, daß wir unsere kleine Beute einem großen Schatten zuliebe verlieren könnten. Doch du, Unteroffizier, du entdeckst, welch schäbiger Geiz diesen Tätigkeiten eines Ladenbesitzers, diesen kleinen Vergnügungen, diesen kleinen Bedürfnissen anhaftet. Hier leben keine Menschen. Und du bist bereit, dem großen Anruf zu folgen, ohne ihn zu begreifen. Die Stunde ist da, du mußt dich wandeln, du mußt deine Spannweite gewinnen.

Die zahme Ente wußte nicht, daß ihr Köpfchen weit genug ist, um Ozeane, Kontinente, Himmel zu enthalten, aber nun schlägt sie mit den Flügeln, mißachtet das Korn, mißachtet die Würmer und will zur Wildente werden.

Wenn der Tag kommt, an dem die Aale den Atlantik erreichen müssen, sind sie nicht mehr zu halten. Ihre Bequemlichkeit und ihr Friede und die lauen Wasser sind ihnen dann völlig gleichgültig. Sie ziehen ihren Weg unter Mühen, reißen sich wund an den Hecken, an den Steinen. Sie suchen den Fluß, der in den Abgrund führt.

So fühlst auch du dich fortgerissen zu dieser inneren Wanderung, von der dir nie jemand ein Wort sagte. Du bist bereit für eine Hochzeit, die dir ganz unbekannt ist, auf die du aber notgedrungen antworten mußt: »Machen wir mit?« – »Wir machen mit!« Und dann hast du mitgemacht. Du bist aufgebrochen zu einer Kriegsfront, von der du nichts wußtest. Einer Notwendigkeit folgend hast du dich in Bewegung gesetzt, gleich jenem silbernen Völkchen, das auf der Wanderung zum Meer in den Feldern glitzert oder wie jenes schwarze Dreieck am Himmel.

Was suchtest du? Heute nacht warst du beinah am Ziel. Was hast du denn in dir entdeckt? Deine Gefährten beklagten sich beim Morgengrauen: um welchen Lohn wurden sie gebracht? Was haben sie denn in sich entdeckt, das sich schon zeigen wollte und das sie beweinen?

Ich will gar nicht wissen, ob sie heute nacht Angst hatten oder nicht. Ich will gar nicht wissen, ob es ihr Wunsch war oder nicht, daß der Schiffbruch abgesagt werden sollte. Oder ob sie sogar gewillt waren zu fliehen. Denn sie sind ja nicht geflohen. Denn sie sind ja bereit, in der nächsten Nacht wieder von neuem anzufangen. Es gibt Flüge von Zugvögeln, auf denen diese den Ozean mit Gegenwind überqueren wollen. Und so wird der Ozean zu breit für sie; sie wissen nicht, ob sie das andere Ufer erreichen werden. Doch in ihren Köpfen sind Bilder von Sonne und heißem Sand, die sie an diesem Flug festhalten lassen.

Wie sehen die Bilder aus, Unteroffizier, die derart dein Geschick beherrschten; die solchen Wert für dich hatten, daß du deinen Leib in dem Abenteuer einsetztest? Deinen Leib, deinen einzigen Reichtum? Man muß lange leben, um ein Mensch zu werden. Langsam flicht man das Netz der Freundschaften und Zärtlichkeiten. Langsam lernt man. Langsam bringt man sein Werk zustande. Und stirbt man zu früh, ist man gleichsam um seinen Vorrat gebracht. Man muß lange leben, um sich zu vollenden.

Doch mit Hilfe der nächtlichen Prüfung, die alles Nebensächliche von dir abstreifte, hast du auf einmal ein Wesen entdeckt, das von dir stammt und das du noch gar nicht kanntest. Du gewahrst seine Größe und wirst es nicht mehr vergessen. Und dieses Wesen bist du selbst. Auf einmal hast du das Gefühl, daß du dich im selben Augenblick vollendest und daß du die Zukunft nicht so notwendig brauchst, um Schätze aufzuhäufen. Der hat seine Flügel geöffnet, der nicht mehr an die vergänglichen Güter gekettet ist; der bereit ist, für alle Menschen zu sterben und in irgendein Universales heimkehrt. Ein großes Wehen geht hinweg über ihn. So hast du ihn aus seinem Gangstein befreit, den schlafenden Herrn, dem du Obdach botest: den Menschen. Du bist ebenbürtig dem Komponisten, dem Physiker, der der Erkenntnis fortschreiten hilft, allen denen, die jene Straßen bauen, auf denen wir befreit werden. Jetzt kannst du ruhig dem Tod ins Auge sehen. Was hast du denn zu verlieren? Wenn du glücklich in Barcelona warst, verschleuderst du nicht dein Glück. Du hast jene Höhe erreicht, auf der alle Regungen der Liebe nur ein gemeinsames Maß haben. Solltest du leiden, solltest du allein sein, sollte dein Leib ohne Zuflucht sein, so bist du hier aufgenommen in Liebe.

(1937)

Brief an einen Ausgelieferten

I

Als ich im Dezember 1940 durch Portugal reiste, um mich nach den Vereinigten Staaten zu begeben, erschien mir Lissabon als ein lichtes und zugleich trauriges Paradies. Man sprach damals viel von einer drohenden Invasion; Portugal klammerte sich krampfhaft an die Illusion seines Glücks. Lissabon, das die bezauberndste Ausstellung der Welt aufgebaut hatte, lächelte das etwas blasse Lächeln jener Mütter, die von ihrem Sohn im Felde keine Nachricht haben und nun versuchen, ihn durch ihr Vertrauen zu schützen: Mein Sohn lebt noch, da ich lächle ...

»Schaut her«, so sagte Lissabon, »wie glücklich ich bin, wie friedlich, wie gut beleuchtet! ...« Der ganze Kontinent stand drohend um Portugal, gleich einem wilden Gebirge voll räuberischer Stämme; Lissabon, das festliche Lissabon, trotzte: Kann man mich zur Zielscheibe machen, da ich mir so viel Mühe gebe, mich nicht zu verstecken! Da ich so verwundbar bin!

Die Städte meiner Heimat waren des Nachts aschfarben. Ich war bei ihnen auch nicht einen Schimmer mehr gewöhnt, und diese strahlende Hauptstadt bereitete mir ein leises Übelsein. Wenn die Vorstädte finster werden, ziehen die Diamanten einer allzu grell erleuchteten Auslage die Strolche an; man spürt, wie sie sie umkreisen. So fühlte ich um Lissabon die Nacht Europas lasten, von Bomben durchstrichen, als hätten sie den glitzernden Schatz von weitem gewittert. Aber Portugal ignorierte die Raublust des Ungeheuers; es weigerte sich, an die bösen Zeichen zu glauben. Portugal plauderte über Kunst mit einer verzweiflungsvollen Grimasse von Vertrauensseligkeit. Wird man wagen, es zu zerschmettern, während es sich der Kunst annimmt? Es hatte alle seine Wunder zur Schau gestellt. Würde man wagen, es inmitten seiner

Wunder zu zerschmettern? Es zeigte seine großen Männer. In Ermanglung einer Armee, in Ermanglung von Kanonen hatte es gegen das Arsenal des Eroberers alle seine marmornen Schildwachen aufgeführt: die Dichter, die Forscher, die Conquistadoren. Die ganze Vergangenheit Portugals verbarrikadierte die Straße – in Ermanglung einer Armee und ihrer Kanonen. Würde man wagen, es inmitten des Erbes einer großartigen Vergangenheit zu zerschmettern?

So irrte ich jeden Abend voll Schwermut durch den Triumph dieser Ausstellung äußersten Geschmacks, wo alles an die Vollendung zu streifen schien, bis zu der diskreten Musik, die mit soviel Takt gewählt, sich sanft in die Gärten ergoß, ohne Lärm, wie das einfache Lied eines Brunnens. Konnte die Welt darauf aus sein, dieses wunderbare Gefühl für das Maß zu zerstören?

Und ich fand Lissabon in seinem Lächeln trauriger als meine erloschenen Städte.

Ich kenne, und vielleicht kennen auch Sie jene etwas sonderbaren Familien, die an ihrem Tisch einem Toten den Platz freihalten. Sie leugnen das Endgültige. Aber nie schien mir dieser Trotz ein Trost zu sein. Tote mußte man dem Tode lassen. Dann wird ihnen, in der Rolle des Totseins, eine andere Form des Daseins zuteil. Jene Familien aber verzögerten ihre Wiederkehr. Sie machten ewig Abwesende aus ihnen, Tischgenossen, die zu spät daran sind für die Ewigkeit. Sie tauschten die Trauer gegen ein leeres Warten. Diese Häuser schienen mir in ein hoffnungsloses Unbehagen getaucht, das ganz anders würgt als der Kummer. Um den Flieger Guillaumet, den letzten Freund, den ich verlor und der im Dienst der Flugpost umkam, mein Gott! da hab ich die Trauer auf mich genommen. Guillaumet wird sich nie mehr verändern. Er wird nie mehr da, aber auch nie mehr fort sein. Ich habe sein Gedeck von meinem Tisch weggeräumt, diese überflüssige Schlinge, ihn zu fangen, und habe aus ihm einen richtigen toten Freund gemacht.

Aber Portugal zwang mich, an das Glück zu glauben, indem es ihm sein Gedeck ließ, seine Lampions und seine Musik. Man spielte sich in Lissabon ein vermeintliches Glück so intensiv vor, als könne man es Gott selber glaubhaft machen. Lissabon verdankte seine Atmosphäre der Trauer auch der

Anwesenheit gewisser Flüchtlinge. Ich spreche nicht von den Geächteten auf der Suche nach einem Asyl, ich spreche nicht von Emigranten, die nach einem Stück Erde suchen, um es durch ihre Arbeit fruchtbar zu machen. Ich spreche von jenen, die sich aus dem Elend der Ihrigen davonmachten, um ihr Geld zu retten.

Ich hatte in der Stadt kein Quartier gefunden und wohnte in Estoril in der Nähe des Kasinos. Ich kam aus einem unerbittlichen Krieg: meine Staffel hatte durch neun Monate ohne Unterbrechung Deutschland beflogen und im Laufe der deutschen Offensive drei Viertel ihres Bestandes eingebüßt. Zurückgekehrt, hatte ich die unheimliche Atmosphäre der Versklavung und die Drohung des Hungers kennengelernt, hatte die stockfinstere Nacht unserer Städte erlebt. Und siehe! Zwei Schritt von mir füllte sich das Kasino von Estoril jeden Abend mit Gespenstern. Lautlose Cadillacs, die so taten, als führen sie weiß Gott wohin, setzten sie auf dem feinen Sand der Auffahrt ab. Sie hatten sich für das Dinner gekleidet wie ehemals. Sie zeigten ihr Plastron und ihre Perlen. Sie hatten sich gegenseitig zu den Mahlzeiten von Statisten geladen und wußten einander nichts zu sagen ... Dann spielten sie Roulette oder Baccarat, je nach ihrem Vermögen. Ich sah sie mir manchmal an. Ich empfand weder Entrüstung noch das Gefühl von Ironie, wohl aber eine unbestimmte Bangigkeit. Etwa jene, die uns im Zoo vor den Nachzüglern einer ausgestorbenen Gattung überkommt. Sie setzten sich um die Tische. Sie drängten sich um einen kalten, würdig steifen Croupier und mühten sich ab, Hoffnung, Verzweiflung, Angst, Gier und Jubel zu empfinden. Wie Lebende. Sie spielten mit Vermögen, die vielleicht in derselben Minute jede Bedeutung verloren hatten. Sie benutzten Münzen, die vielleicht nichts mehr galten. Die Wertpapiere in ihren Kassen waren möglicherweise Papiere von Unternehmungen, die bereits beschlagnahmt waren oder die, von feindlichen Bomben bedroht, eben jetzt zertrümmert und zerstört wurden. Sie zogen Wechsel auf den Sirius. Sich ans Vergangene hängend, zwangen sie sich, an die Rechtmäßigkeit ihres Fiebers, an die Deckung ihrer Schecks, an die Ewigkeit ihrer Formen zu glauben, als hätte es auf dieser Welt nicht zu einer bestimmten Stunde zu krachen angefangen. Es war unwirklich. Es wirkte wie ein Puppenballett.

Aber es war traurig. Zweifellos empfanden sie nichts dabei. Ich verließ sie. Ich ging an das Ufer des Meeres, um Atem zu holen. Und dieses Meer von Estoril, das Meer eines Seebades, ein gezähmtes Meer, schien mitzutun bei dem Spiel. Es schob sich in den Golf, eine einzige weiche Woge, ganz silberig vom Mondlicht, die Schleppe eines unzeitgemäßen Kleides.

Ich fand meine Flüchtlinge auf dem Dampfer wieder. Dieses Schiff, ja, auch dieses Schiff erzeugte eine leichte Beklemmung. Dieses Schiff brachte lauter Gewächse ohne Wurzeln von einem Kontinent zum andern. Ich sagte mir: Ich will gern ein Wanderer sein, aber ich will kein Emigrant sein. Ich habe zu Hause so viele Dinge gelernt, die anderswo unnütz wären. Da zogen meine Emigranten kleine Notizbücher aus der Tasche; sie bildeten die letzten Reste ihrer Identität. Sie taten noch so, als seien sie wer. Sie hefteten sich mit allen ihren Kräften an irgendeine Bedeutung. »Sie wissen, ich bin der und der«, sagten sie, »ich bin aus jener Stadt . . ., der Freund eines gewissen . . ., kennen Sie einen gewissen . . ?« Und sie erzählten einem die Geschichte eines Kumpans, die Geschichte irgendeiner Verantwortlichkeit, die Geschichte einer Verfehlung oder eine andere x-beliebige Geschichte, nur um an irgend etwas Anschluß zu finden. Aber nichts von all dem Vergangenen konnte ihnen helfen, da sie ihr Vaterland verlassen hatten. Es war noch ganz warm, ganz frisch, ganz lebendig, wie es anfangs die Erinnerungen der Liebe sind. Da macht man ein Päckchen aus zärtlichen Briefen. Man fügt ein paar Andenken dazu. Man knüpft alles sorgfältig zusammen. Und anfangs entströmt solchen Reliquien ein melancholischer Zauber. Dann geht eine Blonde mit blauen Augen vorbei, und die Reliquie stirbt. Denn auch der Kumpan, die Verantwortlichkeit, die Geburtsstadt, die Erinnerung an Zuhause verblassen, wenn sie zu nichts mehr nütze sind. Sie fühlten es wohl. So wie Lissabon sich das Glück vorspielte, so spielten sie sich den Glauben vor, bald wieder zurückzukehren. Sie ist ja so süß, die Fremde des verlorenen Sohnes! Es ist eine unechte Fremde, da noch immer das Vaterhaus wartet. Ob man nun ins Nebenzimmer gegangen ist oder auf die andere Seite der Erdkugel: der Unterschied ist unwesentlich. Die Anwesenheit des Freundes, der sich dem Anschein nach entfernt hat, kann fühlbarer werden als seine wirkliche Gegenwart. Es ist jene des Gebets. Nie habe ich mein Zuhause mehr geliebt als in der Sahara. Nie sind Verlobte ihren Bräuten näher gewesen als die bretonischen Matrosen des 16. Jahrhunderts, als sie das Kap Horn umsegelten und hinwelkten vor der Mauer undurchdringlicher Winde. Schon vom Augenblick der Abreise an begannen sie heimzukehren. Es war ihre Heimkehr, die sie ins Werk setzten, wenn sie mit schweren Händen die Segel hißten. Der kürzeste Weg vom Hafen in der Bretagne bis zum Hause der Geliebten ging über Kap Horn. Aber meine Emigranten erschienen mir wie bretonische Seefahrer, denen man die bretonische Braut fortgenommen hatte. Keine bretonische Braut zündete für sie im Fenster ihre demütige Lampe an. Sie waren nicht verlorene Söhne. Sie waren verlorene Kinder ohne ein Haus der Heimkehr. Dann erst fängt die wahre Reise an, die Reise aus sich selbst heraus.

Wie sich wiederherstellen? Wie sich die schweren Strähnen der Erinnerungen noch einmal flechten? Dieses Gespensterboot war mit ungeborenen Seelen beladen wie der Vorhimmel. Die einzig Wirklichen – so wirklich, daß man sie gerne mit der Hand berührt hätte – waren diejenigen, die zum Schiff gehörten und die eine wirkliche Tätigkeit adelte, da sie Tabletts trugen, das Kupfer blank putzten, Stiefel wichsten und mit einer gewissen Herablassung die Leblosen bedienten. Nicht die Armut trug den Emigranten die leise Verachtung des Personals ein. Es fehlte ihnen nicht an Geld, sondern an Gewicht. Es waren nicht mehr Menschen aus einem bestimmten Haus, mit bestimmten Freunden, mit einer bestimmten Verantwortung. Sie spielten die Rolle, aber es war nicht mehr wahr. Niemand brauchte sie, niemand war genötigt, sich an sie zu wenden. Welch ein Wunder ist das Telegramm, das dich durcheinanderrüttelt, dich zwingt, mitten in der Nacht aufzustehn, dich zum Bahnhof jagt: »Komm schnell! Ich brauche dich!« Leicht finden wir Freunde, die uns helfen; schwer verdienen wir uns jene, die unsere Hilfe brauchen. Gewiß, niemand haßte meine Emigranten, niemand beneidete sie, niemand belästigte sie. Aber niemand liebte sie mit der einzigen Liebe, die zählt. Ich sagte mir: Sie werden gleich nach ihrer Ankunft zu Willkommcocktails und zu Trostdinners geladen werden. Aber wer wird an ihrer Türe rütteln und Einlaß begehren: »Öffne! Ich bin's!« Man muß ein Kind lange an der Brust gehabt haben, bis es Forderungen stellt. Man muß sich lange eines Freundes annehmen, ehe er nach der Freundschaft verlangt, die man ihm schuldet. Man muß sich durch Generationen damit zugrunde gerichtet haben, das alte, baufällige Schloß zu retten, um es lieben zu lernen.

II

Ich sagte mir also: Das Wesentliche ist, daß das, wovon man gelebt hat, irgendwo weiterbesteht. Und die Gewohnheiten. Und das Familienfest. Und das Haus der Erinnerungen. Das Wesentliche ist, daß man für die Rückkehr lebt. Und ich fühlte mich bis in den Kern meines Wesens hinein durch die Hinfälligkeit der fernen Pole bedroht, von denen ich abhing; ich riskierte, eine richtige Wüste kennenzulernen, und begann ein Geheimnis zu verstehen, auf das ich schon lange neugierig gewesen war.

Ich habe drei Jahre lang in der Sahara gelebt. Wie so viele andere habe ich über ihren Zauber nachgedacht. Jeder, der das Leben in der Sahara, wo alles nur Armut und Einsamkeit zu sein scheint, kennengelernt hat, weint diesen Jahren als den schönsten des Lebens nach. Die Worte »Heimweh nach dem Sande«, »Heimweh nach der Einsamkeit«, »Heimweh nach dem Raume« sind nur literarische Formeln und erklären nichts. Aber dort an Bord eines Dampfers, der von sich drängenden Passagieren wimmelte, schien es mir zum erstenmal, daß ich die Wüste verstand.

Gewiß, die Sahara ist unabsehbar weit, nur eintöniger Sand – oder genauer, da die Dünen selten sind –, ein kieselreicher Strand. Man badet da dauernd im Wesen der Langeweile selbst. Indessen bauen ihre unsichtbaren Gottheiten ein Netz von Richtlinien, Neigungen und Zeichen, eine geheimnisvolle und lebendige Muskulatur. Es gibt keine Einförmigkeit mehr. Alles nimmt Richtung an. Keine Stelle gleicht mehr der andern. Es gibt eine Stille des Friedens, wenn die Stämme versöhnt sind, der Abend wieder seine Frische spendet und einem zumute ist, als halte man in einem stillen Hafen mit eingezogenen Segeln Rast. Es gibt eine Stille des Mittags, wenn in der Sonne Gedanken und Bewegungen aussetzen. Es gibt eine falsche Stille, wenn der Nordwind innehält und das Auftauchen von Insekten, die den Oasen des Innern wie Blütenstaub entwehen, den sandführenden Oststurm ankündigt. Es gibt eine Stille der Verschwörung, wenn man von einem entfernten Stamme weiß, daß es in ihm gärt. Es gibt eine geheimnisvolle Stille, wenn sich zwischen den Arabern ihre verschwiegenen Beziehungen anknüpfen. Es ist gespannte Stille, wenn sich die Rückkehr des Boten verzögert.

Eine zugespitzte Stille, wenn man nachts seinen Atem anhält, um zu lauschen. Eine schwermütige Stille, wenn man sich an die erinnert, die man liebt. Alles wird Pol. Jeder Stern bedeutet eine wirkliche Richtung. Es sind alles Sterne der drei Weisen. Sie dienen alle ihrem eigenen Gott. Dieser da bezeichnet die Richtung eines entfernten, schwer erreichbaren Brunnens. Und was dich von diesem Brunnen trennt, ist so gewichtig wie ein Wall. Jener bezeichnet die Richtung eines versiegten Brunnens. Der Stern selbst sieht nach Trockenheit aus. Und was dich von dem versiegten Brunnen trennt, ist kein lockender Hang. Ein anderer Stern dient als Führer zu einer unbekannten Oase, von der dir die Nomaden gesungen haben, die dir aber des Krieges wegen versperrt ist. Und der Sand, der dich von der Oase trennt, ist eine Märchenwiese. Dieser bezeichnet die Richtung einer weißen Stadt im Süden, einer köstlichen, scheint es, köstlich wie eine Frucht, in die man die Zähne schlägt. Und jener die Richtung des Meeres.

Und schließlich wirken von weit her die Kräfte fast irrealer Pole wie Magnete in dieser Wüste: ein Haus der Kindheit, das in der Erinnerung lebt. Ein Freund, von dem man nichts weiß, als daß es ihn gibt.

So fühlst du dich gespannt und belebt von dem Feld der Kräfte, die dich anziehen und abstoßen, dich treiben und dir widerstreben. So bist du gut gegründet, gut bestimmt, genau eingesetzt in den Mittelpunkt der Himmelsrichtungen.

Und da die Wüste keinerlei greifbaren Reichtum bietet, da es in ihr nichts zu sehen, nichts zu hören gibt, drängt sich die Erkenntnis auf, daß der Mensch zuvörderst aus unsichtbaren Anreizen lebt, denn das innere Leben, weit entfernt davon, einzuschlafen, nimmt an Kräften zu. Der Mensch wird vom Geist beherrscht. In der Wüste bin ich das wert, was meine Götter wert sind.

So fühlte ich mich an Bord meines traurigen Dampfers reich an noch fruchtbaren Beziehungen; wenn ich einen noch lebenden Planeten bewohnte, so dank meinen Freunden, die ich in Frankreichs Nacht als Verlorene zurückgelassen hatte und die nun begannen, mir wesentlich zu werden.

Frankreich war ohne Frage für mich weder eine abstrakte Göttin noch ein historischer Begriff, sondern ein Leib, zu dem ich gehörte, ein Netz von Bindungen, das mich festhielt, ein Zusammenspiel von Kraftzentren, auf dem die Neigungen meines Herzens beruhten. Ich fühlte das Bedürfnis, diejenigen, deren ich zu meiner Orientierung bedurfte, fester und dauerhafter zu empfinden als mich selbst. Um zu wissen, wohin ich zurückkehre. Um zu leben. In ihnen wohnte mein ganzes Land und lebte durch sie in mir. So stellt sich für einen, der das Meer befährt, ein Kontinent als das stille Blinken einiger Leuchttürme dar. Ein Leuchtturm ist kein Maß für die Entfernung. Sein Licht ist ganz einfach in den Augen gegenwärtig. Und alle Wunder des Kontinents leben in diesem Stern. – Und nun, da Frankreich infolge der totalen Besetzung mit seiner Fracht völlig in das Schweigen eingetreten ist, wie ein Schiff mit gelöschten Feuern, von dem man nicht weiß, hat es die Gefahren des Meeres überlebt oder nicht, nun quält mich das Los all derer, die ich liebe, ärger als eine Krankheit, die sich in mir festgesetzt hätte. Ich sehe mich durch ihre Gefährdung in meinem Wesen bedroht.

Der diese Nacht meine Gedanken heimsucht, ist fünfzig Jahre alt. Er ist krank. Und er ist Jude. Wie wird er den deutschen Terror überstehen? Um mir vorzustellen, daß er noch lebt, bedarf es des Glaubens, daß ihn der Eindringling hinter dem schönen Wall des Schweigens übersehen hat, mit dem ihn die Bauern seines Dorfes schützten. Nur dann glaube ich, daß er noch lebt. Nur dann, wenn ich mich, fern von ihm, im Reich seiner Freundschaft ergehe, das keine Grenzen hat, ist es mir erlaubt, mich nicht als Emigrant zu fühlen, sondern als Wanderer. Denn die Wüste ist nicht da, wo man glaubt. Die Sahara ist lebendiger als eine Hauptstadt, und die volkreichste Stadt wird leer, wenn die wesentlichen Pole des Lebens ihre Kraft einbüßen.

III

Wie baut denn das Leben jene Kraftfelder auf, von denen wir leben? Woher stammt das Gewicht, mit dem es mich zu dem Hause dieses Freundes zieht? Welche sind denn die wesentlichen Momente, die aus dieser Gegenwart einen der Pole gemacht haben, deren ich bedarf? Aus welchen geheimen Vorgängen sind die besonderen Zärtlichkeiten gewoben und aus ihnen wieder die Liebe zur Heimat?

Wie wenig Lärm machen die wirklichen Wunder! Wie einfach sind die wesentlichen Ereignisse! Über den Augenblick, von dem ich erzählen will, gibt es so wenig zu sagen, daß ich ihn träumend wieder erleben und von ihm zu meinem Freund sprechen muß.

Es war eines Tages vor dem Krieg an den Ufern der Saône, in der Gegend von Tournus. Wir hatten zum Mittagessen ein Restaurant gewählt, dessen Holzveranda über dem Fluß hing. Die Ellbogen auf einen ganz simplen, von Messern zerschnittenen Tisch gestützt, hatten wir uns zwei Pernod bestellt. Dein Arzt hatte Dir den Alkohol verboten, aber zu den großen Gelegenheiten mogeltest Du. Diesmal war es eine. Wir wußten nicht warum, aber es war eine. Was uns da freute, war unwägbarer als die Beschaffenheit des Lichtes. Du hattest Dich also für diesen Pernod der großen Gelegenheiten entschieden. Und da ein paar Schritte von uns zwei Matrosen einen Kahn löschten, haben wir sie eingeladen. Wir haben sie von unserem Balkon herab angerufen. Und sie sind gekommen. Sie sind ganz einfach gekommen. Wir hatten es so natürlich gefunden, Kumpane einzuladen, vielleicht wegen dieses unsichtbaren Festes in uns. Es war ja so klar, daß sie auf unser Zeichen antworten würden. Und so tranken wir einander zu. Die Sonne tat gut. Die Pappeln des anderen Ufers, die Ebene bis zum Horizont, sie badeten in ihrem linden Honiglicht. Wir wurden immer heiterer und wußten keineswegs, warum. Alles machte uns sicher: die Sonne, die so gut leuchtete, der Fluß, der so schön hinabfloß, das Mahl, das ein richtiges Mahl war; die Matrosen waren auf unseren Zuruf gekommen, das Mädchen bediente uns mit einer Art glücklicher Freundlichkeit, als gäbe sie ein unvergängliches Fest. Wir befanden uns völlig im Frieden, aufs beste eingefügt in eine endgültige Zivilisation, vor Unordnung sicher. Wir genossen eine Art vollkommenen Zustandes, in dem wir uns nichts mehr anzuvertrauen hatten – alle Wünsche waren erfüllt. Wir fühlten uns rein, aufrichtig, klar und milde. Wir hätten nicht zu sagen gewußt, welche Wahrheit es war, deren Evidenz uns entzückte. Aber das Gefühl, das uns beherrschte, war das der Gewißheit. Einer fast übermütigen Gewißheit.

So bewies das Weltall, durch uns hindurch, seinen guten Willen. Die Verdichtung der Nebelflecke, die Erstarrung der Planeten, die Bildung der ersten Amöbe, die ungeheure Arbeit des Lebens auf dem Weg von der Amöbe bis zum Menschen, alles hatte sich glücklich zusammengetan, um, durch uns hindurch, auf diese Stufe der Freude hinauszulaufen! Das war, als Ende der Entwicklung, gar nicht so übel.

So genossen wir dieses stumme Einvernehmen und diese fast religiösen Riten. Gewiegt vom Kommen und Gehen der priesterlichen Magd, tranken die Matrosen und wir einander zu wie die Gläubigen ein und derselben Kirche, wenn wir auch nicht hätten sagen können, welcher Kirche. Der eine der beiden Matrosen war Holländer, der andere Deutscher. Dieser war einst dem Nazismus entflohen, weil er da drüben als Kommunist oder als Anhänger Trotzkis verfolgt worden war, oder als Katholik oder als Jude. (Ich erinnere mich nicht mehr der Aufschrift, deretwegen der Mann auf der Liste stand.) Aber in diesem Augenblick war der Matrose etwas ganz anderes als eine Aufschrift. Es ist der Inhalt, der zählt. Die menschliche Substanz. Er war ganz einfach ein Freund. Und wir waren einig unter Freunden. Du warst einig. Ich war einig. Die Matrosen und das Mädchen waren einig. Worüber einig? Über den Pernod? Über die Bedeutung des Lebens? Über die Süße des Tages? Wir hätten auch das nicht zu sagen gewußt. Aber diese Eintracht war so erfüllt, so fest in der Tiefe verankert, sie beruhte auf einer Bibel von so klarem, wenn auch nicht formulierbarem Gehalt, daß wir bereit gewesen wären, das kleine Wirtshaus zu einer Festung zu machen, es zu verteidigen, zu sterben hinter Maschinengewehren, um es zu retten.

Von was für einem Gehalt? . . . Gerade hier ist es schwierig, sich auszudrücken! Ich laufe Gefahr, nur den Abglanz einzufangen, nicht das Wesen. Meine Wahrheit wird den unzulänglichen Worten entwischen. Ich wäre undeutlich, wollte ich behaupten, daß wir gern gekämpft hätten, um eine gewisse Art des Lächelns der Matrosen, Deines Lächelns oder meines Lächelns oder des Lächelns der Magd zu retten, ein bestimmtes Wunder dieser Sonne, die sich seit so vielen Millionen Jahren soviel Mühe gegeben hat, um durch uns in ein völlig geglücktes Lächeln zu münden.

Das Wesentliche hat meistens kein Gewicht. Hier war das Wesentliche, allem Anschein nach, nur ein Lächeln. Ein Lächeln ist oft das Wesentliche. Man wird mit einem Lächeln bezahlt. Man wird mit einem Lächeln belohnt. Man wird durch ein Lächeln belebt. Und die Art eines Lächelns kann schuld daran sein, daß man stirbt. Uns hat seine Art indessen so gut von der Angst unserer Zeit erlöst, uns Sicherheit, Hoffnung und Frieden gewährt, daß ich, um verständlicher zu werden, noch die Geschichte eines anderen Lächelns erzählen muß.

IV

Es war im Verlauf einer Reportage über den Bürgerkrieg in Spanien. Ich hatte die Unklugheit begangen, mich in einen Güterbahnhof einzuschmuggeln, um morgens um drei Uhr dem Verladen geheimen Kriegsmaterials beiwohnen zu können. Die Bewegung der Mannschaften und eine gewisse Dunkelheit begünstigten mein Vorhaben. Aber ich schien den anarchistischen Soldaten verdächtig zu sein.

Es war sehr einfach. Ich ahnte noch nichts von ihrem geschmeidigen und geräuschlosen Näherkommen, als sie mich schon umschlossen, sanft wie die Finger einer Hand. Der Lauf eines Karabiners richtete sich leicht gegen meinen Bauch, und die Stille schien mir feierlich. Ich hob schließlich die Arme.

Ich beobachtete, daß sie nicht in mein Gesicht, sondern auf meine Krawatte starrten (die Mode einer anarchistischen Vorstadt ließ diesen Kunstgegenstand nicht geraten erscheinen). Meine Haut überflog es. Ich erwartete den Schuß, es war die Zeit der flinken Urteile. Aber es kam kein Schuß. Nach Sekunden einer absoluten Leere, in deren Verlauf es mir schien, als tanzte die arbeitende Mannschaft auf einem anderen Stern eine Art Traumballett, gaben mir meine Anarchisten mit einer leichten Kopfbewegung das Zeichen, ihnen voranzugehen, und wir setzten uns ohne Hast über die Verschubgleise in Marsch. Die Gefangennahme hatte sich in vollkommenem Schweigen abgespielt und mit außerordentlicher Sparsamkeit in der Bewegung. So spielt die Tierwelt der Tiefsee.

Bald verschwand ich in einem Kellerloch, aus dem man eine Wachstube gemacht hatte. Elend beleuchtet von einer schlechten Petroleumlampe, dösten dort andere Milizsoldaten, ihre Karabiner zwischen den Beinen. Sie wechselten mit unbeteiligter Stimme ein paar Worte mit den Männern meiner Patrouille. Einer von ihnen durchsuchte mich.

Ich spreche spanisch, aber ich kann nicht katalanisch. Ich verstand jedoch, daß man meine Papiere verlangte. Ich hatte sie im Hotel vergessen. Ich antwortete: »Hotel ... Journalist ...«, ohne zu erkennen, ob diese meine Sprache als Mittel der Verständigung taugte.

Die Milizsoldaten reichten – wie ein Beweisstück – meinen Photoapparat von Hand zu Hand. Einige von den Gähnenden, die auf ihren krummbeinigen Sesseln zusammengesunken waren, richteten sich in einer Art Langweile auf und lehnten sich an die Mauer. Der vorherrschende Eindruck war der der Langweile. Der Langweile und des Schlafes. Das Aufmerksamkeitsvermögen dieser Männer schien mir längst verbraucht. Fast hätte ich mir ein Zeichen der Feindseligkeit gewünscht, nur um menschlichen Kontakt zu spüren. Aber sie würdigten mich weder eines Zeichens von Zorn noch eines der Mißbilligung. Ich versuchte zu wiederholten Malen, auf spanisch zu protestieren. Meine Proteste trafen ins Leere. Sie sahen mich an, ohne darauf einzugehen, so wie sie einen chinesischen Fisch in einem Aquarium angeschaut hätten. Sie warteten. Worauf warteten sie? Auf die Rückkehr eines Genossen? Auf das Morgengrauen? Ich sagte mir: Sie warten vielleicht darauf, Hunger zu haben ...

Ich sagte mir auch: Sie werden eine Dummheit machen! Es ist einfach lächerlich ... Das Gefühl, das ich empfand, war – viel mehr als ein Gefühl der Angst – der Ekel vor dem Abgeschmackten. Ich sagte mir: Wenn sie auftauen, wenn sie handeln wollen, werden sie schießen!

War ich wirklich in Gefahr, ja oder nein? Nahmen sie noch

immer nicht zur Kenntnis, daß ich weder ein Saboteur noch ein Spion war, sondern ein Journalist? Daß sich meine Ausweispapiere im Hotel befanden? Hatten sie sich entschieden? Wofür?

Ich wußte nichts von ihnen, außer daß sie ohne große Gewissenskämpfe füsilierten. Die revolutionären Stoßtrupps, gleichgültig, welcher Partei sie angehören, machen nicht Jagd auf Menschen (sie wägen den Menschen nicht nach seiner Substanz), sondern auf Symptome. Die gegnerische Wahrheit erscheint ihnen als epidemische Krankheit. Um eines zweifelhaften Anzeichens willen schickt man den Bazillenträger in das Isolierungslager. Den Friedhof. Darum schien mir dieses Verhör unheilvoll, das mich von Zeit zu Zeit in undeutlicher Einsilbigkeit traf und von dem ich nichts verstand. Ein blindes Roulette spielte um meine Haut. Deshalb empfand ich auch das wunderliche Bedürfnis, ihnen über mich etwas zuzurufen, das mich in mein eigentliches Schicksal hineintreiben würde – nur um das Gewicht einer wirklichen Gegenwart zu spüren. Mein Alter zum Beispiel! Doch, das Alter eines Menschen ist eindrucksvoll. Es enthält sein ganzes Leben. Die Reife, die nun sein ist, ist langsam entstanden. Sie hat sich gegen so viele nun überwundene Hindernisse gebildet, gegen so viele schwere, nun wieder geheilte Krankheiten, gegen so viele gestillte Schmerzen, überwundene Verzweiflungen, gegen Gefahren, von denen die meisten dem Bewußtsein entgangen sind. Sie ist quer durch Wünsche, Hoffnungen und Sehnsüchte, durch viel Vergessen und viel Liebe hindurch gewachsen. Ja, das Alter eines Menschen, es bedeutet eine schöne Fracht von Erfahrungen und Erinnerungen! Trotz der Fallen, der Stöße, der Räderspuren hat man wohl oder übel seinen Weg verfolgt, holterdiepolter! wie ein guter Karren. Und jetzt, dank einem eigensinnigen Zusammenspiel glücklicher Umstände, ist man soweit. Man ist siebenunddreißig Jahre alt. Und der gute Karren wird, so Gott will, seine Last von Erinnerungen noch weiter schleppen. Ich sagte mir also: soweit bin ich nun. Ich bin siebenunddreißig Jahre alt ... Ich hätte meine Richter gerne mit dieser vertraulichen Mitteilung belästigt ..., aber sie verhörten mich nicht mehr.

Da war es, daß sich das Wunder begab. Oh, ein sehr verschwiegenes Wunder. Ich hatte keine Zigaretten mit. Da einer meiner Kerkermeister rauchte, bat ich ihn mit einer kleinen Bewegung, mir eine abzutreten, und ich versuchte ein vages Lächeln. Der Mann reckte sich zuerst, führte langsam die Hand an seine Stirn, hob die Augen, so daß er nicht mehr auf meine Krawatte, sondern in mein Gesicht blickte, und zu meiner größten Verblüffung machte auch er den Versuch eines Lächelns. Es war wie der Anbruch des Tages.

Dieses Wunder löste das Drama nicht, sondern schaffte es ganz einfach aus der Welt – wie das Licht den Schatten. Es gab kein Drama mehr. Dieses Wunder änderte nichts, was man hätte sehen können. Die schlechte Petroleumlampe, der Tisch mit verstreuten Papieren, die an die Mauer gelehnten Männer, die Farbe der Gegenstände, der Geruch: alles blieb so, wie es war. Aber jedes Ding war bis in seinen Kern verwandelt. Dieses Lächeln machte mich frei. Es war ein ebenso endgültiges, in seinen Folgen selbstverständliches und nicht mehr umkehrbares Ereignis wie die Erscheinung der Sonne. Es öffnete den Zutritt zu etwas Neuem. Nichts hatte sich geändert, alles war verwandelt. Der Tisch mit den zerstreuten Papieren lebte, die Petroleumlampe lebte, die Mauern lebten. Die Langweile, die aus den toten Gegenständen dieses Kellerloches sickerte, verflüchtigte sich wie durch Zauberei. Es war, als hätte ein unsichtbares Blut wieder zu kreisen begonnen, das alle Dinge zu einem einzigen Körper zusammenband und ihnen so ihre Bedeutung zurückgab.

Auch die Männer hatten sich nicht gerührt, aber während sie mir noch vor einem Augenblick entfernter erschienen waren als vorsintflutliche Geschöpfe, rückten sie nun in lebendige Nähe. Ich hatte einen außergewöhnlichen Eindruck von Gegenwart. So ist es: von Gegenwart! Und ich fühlte mich verwandt.

Der Junge, der gelächelt hatte und der eine Sekunde vorher nur eine Funktion, ein Werkzeug, eine Art riesiges Insekt gewesen war, ließ sich ein bißchen linkisch an, beinahe schüchtern, von einer wunderbaren Schüchternheit. Nicht, daß er weniger brutal als ein anderer gewesen wäre, dieser Terrorist! Aber die Geburt des Menschen in ihm machte sein verwundbares Teil so hell. Wir geben uns ein großartiges Ansehen, wir Menschen, aber heimlich im Herzen kennen wir das Zögern, den Zweifel, den Kummer . . .

Noch war nichts gesagt worden. Aber alles war entschieden. Ich legte meine Hand dankend auf die Schulter des Milizsoldaten, als er mir die Zigarette reichte. Das Eis war gebrochen; und da nun auch die anderen Soldaten wieder Menschen geworden waren, trat ich in das Lächeln aller ein, wie in ein neues und freies Land.

Ich trat in ihr Lächeln ein wie ehemals in das Lächeln unserer Retter aus der Sahara. Als uns die Kameraden nach tagelangem Suchen gefunden hatten und so nahe wie möglich gelandet waren, gingen sie mit großen Schritten auf uns zu, wobei sie die Wasserschläuche mit ausgestreckten Armen gut sichtbar schwenkten. An das Lächeln der Retter, wenn ich schiffbrüchig, an das Lächeln der Schiffbrüchigen, wenn ich Retter war, denke ich wie an meine Heimat, in der ich mich glücklich fühlte. Die wahre Freude ist die Freude am andern. Die Rettung war nichts als eine Gelegenheit zu dieser Freude. Das Wasser hat erst dann die Kraft zu beglücken, wenn es zuvor das Geschenk des guten Willens eines Menschen ist.

Die Sorge für einen Kranken, die Aufnahme eines Geächteten, selbst die Verzeihung haben ihren Wert nur von Gnaden des Lächelns, das die Feuer erhöht. Wir vereinigen uns im Lächeln über allen Sprachen, Kasten, Parteien. Wir sind die Gläubigen ein und derselben Kirche, er mit seinen Bräuchen und ich mit den meinen.

V

Ist diese Art der Freude nicht die kostbarste Frucht unserer Gesittung? Auch eine totale Tyrannei könnte uns in unseren materiellen Bedürfnissen befriedigen. Aber wir sind nicht Vieh zum Mästen. Unser Gedeihen, unser Behagen, sie würden nicht genügen, uns glücklich zu machen. Für uns, die wir im Kult der Ehrfurcht vor dem Menschen aufgewachsen sind, wiegen die einfachen Begegnungen schwer, die sich manchmal in wunderbare Feste verwandeln ...

Ehrfurcht vor dem Menschen! Ehrfurcht vor dem Menschen! Wenn der Nazist ausschließlich den respektiert, der ihm gleicht, dann respektiert er nur sich selbst. Er verneint die schöpferischen Gegensätze, zerstört jede Hoffnung auf einen Aufstieg und begründet für tausend Jahre an Stelle des Menschen den Roboter eines Termitenhaufens. Ordnung um der Ordnung willen beschneidet den Menschen seiner wesentlichen Kraft, der nämlich, die Welt und sich selber umzuformen. Das Leben schafft Ordnung, aber die Ordnung bringt kein Leben hervor.

Es scheint uns im Gegenteil, daß unser Aufstieg noch nicht vollendet ist, daß ich die morgige Wahrheit sich vom gestrigen Irrtum nährt und daß die zu überwindenden Gegensätze für unser Wachstum der rechte Humus sind. Wir zählen auch die zu den unsrigen, die anders sind als wir. Aber welch merkwürdige Verwandtschaft! Sie gründet sich auf das Künftige, nicht auf das Vergangene. Auf das Endziel, nicht auf den Ausgangspunkt. Wir sind einer für den andern Pilger, die auf verschiedenen Wegen einem gemeinsamen Treffpunkt zuwandern.

Aber heute ist der Respekt vor dem Menschen, diese Voraussetzung unserer Entwicklung, in Gefahr. Der Zufall der modernen Welt hat uns ins Finstre geschleudert. Die Probleme hängen nicht mehr zusammen, die Lösungen widersprechen sich. Die Wahrheit von gestern ist tot, die von morgen erst zu gebären. Noch ist keine gültige Synthese vorauszusehen, und jeder von uns hält nur ein Teilchen der Wahrheit in Händen. In Ermanglung zwingender Evidenz nehmen die politischen Religionen ihre Zuflucht zur Gewalt. Und während wir uns so über die Methoden streiten, laufen wir Gefahr, nicht mehr zu erkennen, daß wir auf dem Weg zum gleichen Ziele sind.

Der Wanderer, der seinen Berg in der Richtung eines Sternes überschreitet, läuft Gefahr, zu vergessen, welcher Stern ihn führt, wenn er sich zu sehr von den Fragen des Anstiegs gefangennehmen läßt. Wenn er nur noch handelt, um zu handeln, wird er nirgends hinkommen. Die Kirchenstuhlvermieterin einer Kathedrale, die sich zu eifrig mit dem Vermieten der Kirchenstühle befaßt, läuft Gefahr, zu vergessen, daß sie einem Gott dient. Wenn ich mich an irgendeine Parteileidenschaft verliere, laufe ich Gefahr, zu vergessen, daß die Politik nur dann einen Sinn hat, wenn sie im Dienst einer geistigen Gewißheit steht. Wir haben in den Stunden des Wunders eine ganz bestimmte Beschaffenheit der menschlichen Beziehungen verkostet: da liegt für uns die Wahrheit. Wie dringlich eine Handlung auch sein mag, wir dürfen nie vergessen, daß eine innere Berufenheit sie beherrschen muß, soll sie nicht unfruchtbar bleiben. Wir wollen die Ehrfurcht vor dem Menschen begründen. Warum sollen wir uns innerhalb ein und desselben Lagers hassen? Keiner von uns besitzt das Monopol auf die Reinheit der Absichten. Ich kann im Namen meines Weges den Weg bekämpfen, den ein anderer gewählt hat. Ich kann die Schritte seines Verstandes kritisieren, das Verfahren des Verstandes ist unsicher. Aber ich muß auf der Ebene des Geistes den Mann achten, der nach dem gleichen Stern strebt.

Ehrfurcht vor dem Menschen! Ehrfurcht vor dem Menschen!... Wenn die Ehrfurcht vor dem Menschen in den Herzen der Menschen wurzelt, werden die Menschen einmal so weit kommen, ihrerseits wieder das soziale, politische oder ökonomische System zu begründen, das diese Ehrfurcht für immer gewährleistet. Eine Zivilisation bildet sich zuerst im Kern. Sie ist im Menschen zuerst das blinde Verlangen nach einer gewissen Wärme. Von Irrtum zu Irrtum findet der Mensch den Weg zum Feuer.

VI

Darum, mein Freund, brauche ich so sehr Deine Freundschaft. Ich dürste nach einem Gefährten, der, jenseits der Streitfragen des Verstandes, in mir den Pilger dieses Feuers sieht. Ich habe das Bedürfnis, manchmal die künftige Wärme vorauszukosten und mich auszuruhen, ein bißchen außerhalb meiner selbst, in der Zusammenkunft, die wir haben werden. Ich bin aller Streite, aller Abschließungen, aller Glaubenswut so müde! Zu Dir kann ich kommen, ohne eine Uniform anziehen oder einen Koran hersagen zu müssen; kein Stück meiner inneren Heimat brauche ich preiszugeben. In Deiner Nähe habe ich mich nicht zu entschuldigen, nicht zu verteidigen, brauche ich nichts zu beweisen; ich finde den Frieden wie in Tournus. Über meine ungeschickten Worte, über die Urteile hinweg, die mich irreführen können, siehst Du in mir einfach den Menschen. Du ehrst in mir den Boten eines Glaubens, gewisser Gewohnheiten und besonderer Zuneigungen. Wenn ich auch anders bin als Du, so bin ich doch weit davon entfernt, Dich zu beeinträchtigen; ich steigere Dich vielmehr. Du befragst mich, wie man den Reisenden befragt.

Ich, der ich wie jeder das Bedürfnis empfinde, erkannt zu werden, ich fühle mich in Dir rein und gehe zu Dir. Ich muß dorthin gehen, wo ich rein bin. Weder meine Bekenntnisse noch meine Haltung haben Dich darüber belehrt, wer ich bin. Dein Jasagen zu dem, was ich bin, hat Dich gegen Haltung und Bekenntnis nachsichtig gemacht, so oft es nötig war. Ich weiß Dir Dank dafür, daß Du mich so hinnimmst, wie ich bin. Was habe ich mit einem Freund zu tun, der mich wertet? Wenn ich einen Hinkenden zu Tisch lade, bitte ich ihn, sich zu setzen, und verlange von ihm nicht, daß er tanze.

Mein Freund, ich brauche Dich wie eine Höhe, in der man anders atmet! Ich möchte mich noch einmal neben Dir mit den Ellbogen auf den Tisch stützen, an den Ufern der Saône, auf den Tisch einer kleinen, wackligen Bretterbude, und zwei Matrosen einladen, in deren Gesellschaft wir einander zutrinken würden, im Frieden eines Lächelns, das wie der Tag ist.

Wenn ich noch kämpfe, werde ich ein wenig auch für Dich kämpfen. Ich brauche Dich, um an die Wiederkunft dieses Lächelns besser glauben zu können. Ich muß Dir helfen dürfen zu leben. Ich sehe Dich so schwach, so bedroht, sehe Dich vor dem Eingang irgendeines Kramladens Deine fünfzig Jahre stundenlang mitschleppen, in dem fadenscheinigen Mantel schlotternd vor Kälte. Ich fühle Dich, der Du so sehr Franzose bist, zweifach in Todesgefahr: einmal, weil Du Franzose, und einmal, weil Du Jude bist. Ich fühle den ganzen Wert einer Gemeinschaft, die keinen Zwiespalt mehr duldet. Wir stammen alle von Frankreich wie aus einer Wurzel, und ich werde Deiner Wahrheit dienen, wie Du der meinen gedient hättest. Für uns Franzosen von draußen handelt es sich in diesem Krieg darum, den Samen der Zukunft aus dem Zustand der Vereisung zu befreien, in den er durch die deutsche Invasion versetzt wurde. Es gilt, Euch da drinnen zu helfen. Es gilt, Euch für die Erde wieder frei zu machen, in der zu wurzeln Ihr das angestammte Recht habt. Ihr seid vierzig Millionen Geiseln. Immer sind es die Keller der Unterdrückung, in denen sich die neuen Wahrheiten vorbereiten: vierzig Millionen Ausgelieferte denken da drinnen über ihre neue Wahrheit nach. Wir unterwerfen uns dieser Wahrheit im voraus.

Denn Ihr werdet es sein, die uns lehren. Es ist nicht an uns, die geistige Flamme jenen zu bringen, die sie schon mit dem Wachs ihrer eigenen Substanz nähren. Ihr lest vielleicht gar nicht unsere Bücher. Ihr hört Euch vielleicht unsere Reden gar nicht an. Vielleicht würdet Ihr unsere Ideen ausspeien. Nicht wir gründen Frankreich. Wir können ihm nur dienen. Was wir auch getan haben mögen, wir werden keinen Anspruch auf Dank haben. Es gibt kein gemeinsames Maß für den freien Kampf und die Vernichtung im Dunkel. Es gibt kein gemeinsames Maß für das Handwerk des Soldaten und den Beruf der Geisel. Ihr seid die Heiligen.

(1941)

Brief an die Franzosen

Frankreich vor allem!

Die deutsche Nacht hat vollends unser Land begraben. Bisher konnten wir noch etwas von denen erfahren, die wir lieben. Wir konnten ihnen noch unsere Zärtlichkeit sagen, auch wenn wir das schlechte Brot ihres Tisches nicht mit ihnen teilen konnten. Wir hörten sie atmen, von weitem. Das ist vorbei. Frankreich ist nur noch Schweigen. Es ist irgendwo verloren in der Nacht, alle seine Lichter sind erloschen, wie bei einem Schiff. Sein Bewußtsein und sein geistiges Leben haben sich zusammengedrängt in dieser Finsternis. Wir werden nicht einmal die Namen der Geiseln erfahren, die Deutschland morgen erschießen wird.

Stets bereiten sich in den Kerkern der Unterdrückung die neuen Wahrheiten vor. Spielen wir uns nicht als Maulhelden auf! Sie sind vierzig Millionen dort drüben, um ihre Versklavung zu lenken. Die geistige Flamme werden wir denen nicht bringen, die sie schon mit ihrer eigenen Substanz speisen wie mit Wachs. Sie werden besser als wir die französischen Fragen lösen. Sie werden über alle Rechte verfügen. Nichts von unserem Wortschwall über Soziologie, über Politik, sogar über Kunst wird gegen ihr Denken Gewicht haben. Sie werden kaum unsere Bücher lesen. Sie werden nicht unsere Reden hören. Unsere Ideen werden sie vielleicht ausspeien. Seien wir unendlich bescheiden! Unsere politischen Diskussionen sind schemenhaft und unsere Ambitionen possierlich. Wir vertreten nicht Frankreich. Wir können ihm nur dienen. Was wir auch tun mögen: wir werden keinerlei Anerkennung beanspruchen können. Es gibt keinerlei gemeinsames Maß für den freien Kampf und die Ausmerzung in der Nacht. Es gibt keinerlei gemeinsames Maß für das Soldatensein und das Geiselsein. Die dort drüben sind die einzigen wahrhaften Heiligen. Wenn wir bald die Ehre haben, am Kampf teilzunehmen, werden wir immer noch verschuldet bleiben. Wir sind nichts als ein Schuldenbündel. Das vor allem ist die grundlegende Wahrheit.

Franzosen, versöhnen wir uns, um zu dienen!

Da ich versuchen möchte, die Streitigkeiten auszuräumen, die die Franzosen heimsuchten, werde ich zunächst einige Worte darüber sagen. Denn es gab ein französisches Mißbehagen. Ein ernstes Mißbehagen. Viele von uns, die an Gewissensqualen litten, brauchen Trost. Sie mögen sich trösten. Das Wunder der amerikanischen Aktion hat bewirkt, daß die verschiedensten Wege in der gleichen Bahn zusammenlaufen. Was hilft's, wenn man sich in den alten Streitigkeiten festfährt? Es gilt, sich zu einigen, und nicht, sich zu spalten, die Arme zu öffnen und nicht auszuschließen.

Entsprachen unsere Streitigkeiten unseren Haßgefühlen? Wer kann jemals behaupten, er sei unbedingt im Recht? Der Gesichtskreis des Menschen ist winzig. Die Sprache ist ein unvollkommenes Werkzeug. Die Probleme des Lebens sprengen alle Formulierungen.

Wir alle waren uns einig über unseren Glauben. Wir alle wünschten Frankreich zu retten. Doch Frankreich retten, hieß, es geistig und leiblich retten. Was taugt das geistige Erbe, wenn es keine Erben mehr gibt? Was nutzt ein Erbender, wenn der Geist tot ist?

Beide verurteilten wir jede Kollaborationsgesinnung zwischen Deutschland und Frankreich, aber während die einen Frankreich Verrat vorwarfen, sahen die anderen in seinem Verhalten nur das Ergebnis einer unbedingten Erpressung. Es war schon notwendig, daß ein Konkursverwalter mit dem Sieger über die Lieferung von etwas Schmiere für unsere Eisenbahnwaggons verhandelte. (Um seine Städte zu ernähren, verfügt Frankreich über kein Benzin mehr, ja nicht einmal über Pferde.) Die Offiziere der Waffenstillstandskommission werden euch später diese ständige und abscheuliche Erpressung schildern. Wenn bei der Lieferung dieser Ware ein wenig die Daumenschraube angezogen wurde, so starben hunderttausend Kinder mehr innerhalb eines halben Jahres. Wenn eine Geisel erschossen wird, so geht von ihrem Opfer eine Ausstrahlung aus. Ihr Tod hilft, die französische Einheit zu festigen. Doch wenn die Deutschen, bloß durch das Hinauszögern eines Abkommens über Schmiere, hunderttausend fünfjährige Geiseln hinrichten, so gibt es keinerlei Ausgleich für diesen langsamen und lautlosen Blutsturz.

Welch ein Prozentsatz an toten Kindern ist annehmbar? Wieweit läßt sich ein Zugeständnis vertreten, um sie zu retten? Wer kann darauf antworten?

Auch ihr seid euch ja darüber im klaren, daß eine Aufkündigung der Waffenstillstandsabkommen durch Frankreich juristisch ein Wiederaufleben des Kriegszustandes bedeutet hätte. Der Wiedereintritt des Kriegszustandes gestattet dem Okkupanten, alle wehrfähigen Männer gefangenzunehmen. Diese Erpressung lastete auf Frankreich. Die Drohung war ausgesprochen. Bei einer deutschen Erpressung ist nicht zu spaßen. Nun erstattet aber die Verwesungsstätte der deutschen Lager nur Leichen zurück. Unser Land war also ganz einfach von der Ausrottung seiner sechs Millionen erwachsener Männer bedroht, was sich unter legalen und administrativen Formen vollzogen hätte. Frankreich standen Knüppel zur Verfügung, mit denen es sich dieser Sklavenjagd hätte widersetzen können. Wer kann wirklich beurteilen, wie sein Widerstand hätte aussehen müssen?

Der Umstand, daß die Alliierten schon binnen sechsundsiebzig Stunden in Nordafrika Fuß fassen konnten, beweist jetzt vielleicht, daß es Deutschland, trotz seiner grausamen Erpressungen, nach zweijährigem Druck nicht gelungen war, dieses Nordafrika ernstlich zu bedrohen. Es gab also wahrhaftig irgendwo in Frankreich Widerstandsregungen. Der Sieg in Afrika wurde vielleicht zum Teil durch unsere fünfhunderttausend toten Kinder erfochten. Wer getraute sich, uns zu sagen, diese Zahl sei unzureichend? O Franzosen, um Frieden zwischen uns zu stiften, brauchte man nur unsere Meinungsverschiedenheiten auf ihre wirklichen Proportionen zurückzuführen. Wir waren nie über etwas anderes uneins als über die Bedeutung, die es der nazistischen Erpressung beizumessen galt.

Die einen dachten: wenn den Deutschen daran liegt, das französische Volk zu vernichten, so werden sie es vernichten, ganz gleich, was es tut. Es gilt, die Erpressung zu verschmähen. Nichts zwingt Vichy zu solch einer Entscheidung und zu solchen Worten.

Die anderen dachten: es geht hier nicht nur um eine beliebige Erpressung, sondern um eine Erpressung, deren Grausamkeit einmalig ist in der Weltgeschichte. Frankreich, das die entscheidenden Zugeständnisse verweigert, kann nur mit Worten Listen anwenden, um seine Vernichtung von Tag zu Tag hinauszuschieben. Wenn Odysseus oder Talleyrand entwaffnet sind, bleiben ihnen nur Worte, um den Gegner hinters Licht zu führen.

Glaubt ihr, Franzosen, diese verschiedenen Meinungen über die wahren Absichten einer überständigen Regierung seien es wert, daß wir uns noch weiter hassen? (Wenn Engländer und Russen Seite an Seite kämpfen, überlassen sie weit ernstere Meinungsverschiedenheiten der Zukunft.) Unsere voneinander abweichenden Ansichten ließen unseren gemeinsamen Haß gegen den Eindringling unberührt. Ebenso hatten wir uns alle, gleichzeitig mit dem französischen Volk, darüber entrüstet, daß man, unter Verletzung des Asylrechts, ausländische Flüchtlinge auslieferte. Nunmehr haben die Zwistigkeiten, die noch fortbestanden, nicht einmal mehr einen Zweck: Vichy ist tot.

Seine unentwirrbaren Probleme, seine widerspruchsvolle Beamtenschaft, seine Aufrichtigkeit und seine Ränke, seine Feigheit und seinen Mut hat Vichy nunmehr mit in sein Grab genommen. Überlassen wir doch vorläufig das Richteramt den Historikern und den Gerichtshöfen der Nachkriegszeit! Es ist wichtiger, Frankreich in der Gegenwart zu dienen, als über seine Geschichte zu diskutieren.

Die totale deutsche Besetzung hat alle unsere Streitigkeiten behoben und unsere Gewissenskonflikte besänftigt. Wollt ihr euch nicht wieder vertragen, Franzosen? Es gibt nicht den leisesten stichhaltigen Grund, der eine Auseinandersetzung zwischen uns rechtfertigte. Lassen wir doch ab von allem Parteigeist! Im Namen wovon, sollten wir uns denn hassen? Im Namen wovon sollten wir neidisch sein aufeinander? Es geht nicht darum, Posten zu besetzen. Es geht nicht um Stellenjägerei. Die einzigen Stellen, die es zu besetzen gilt, gibt es bei den Soldaten und vielleicht auch als Ruhestätten auf irgendeinem kleinen nordafrikanischen Friedhof.

Das französische Wehrgesetz sieht eine Dienstpflicht bis zum Alter von achtundvierzig Jahren vor. Es handelt sich nicht darum, festzustellen, ob wir den Wunsch haben, uns einzusetzen oder nicht. Damit sich die Waage neigt, muß ganz einfach von uns verlangt werden, daß wir alle, wir alle gemeinsam, auf der Waagschale Platz nehmen.

Obwohl nun unsere alten Zwistigkeiten nur noch den Historiker interessieren, gibt es noch eine andere Gefahr, die die Entzweiung fördert. Möchten wir den Mut haben, Franzosen, sie zu überwinden. Manche unter uns plagen sich ab, da sie für irgendeinen Führer gegen einen anderen, für irgendeine Ordnung gegen eine andere Stellung nehmen. Sie sehen das Gespenst der Ungerechtigkeit am Horizont aufsteigen. Warum machen sie sich das Leben so schwer? Es ist keinerlei Ungerechtigkeit zu befürchten. Keines unserer persönlichen Interessen kann fortan verletzt werden. Wenn sich ein Steinmetz dem Bau einer Kathedrale widmet, vermöchte die Kathedrale nicht, den Steinmetz zu schädigen. Die einzige Tätigkeit, die von uns erwartet wird, ist eine militärische. Ich fühle mich auf wunderbare Weise gefeit gegen jede Ungerechtigkeit. Wer könnte sich denn ungerecht gegen mich zeigen, da ich ja nur dem Traum nachhänge, ich möchte in Tunis die Kameraden der Gruppe 2/33 wiederfinden, mit denen ich neun Monate im Felde stand; mit denen ich sodann die schwere deutsche Offensive, die wir mit zwei Dritteln unserer Besatzungen bezahlten, und schließlich den Rückzug nach Nordafrika vor Abschluß des Waffenstillstandes mitmachte. Streiten wir uns doch nicht unter Franzosen, indem wir uns auf Vorrechte, auf erwiesene Ehren, auf Gerechtigkeit, auf Prioritäten berufen. Nichts dergleichen wird uns geboten. Gewehre werden uns geboten. Davon wird es genug geben, für jedermann.

Wenn ich mich derart ruhig fühle, so liegt das daran, daß ich mir auch hier keinerlei Berufung zum Richteramt anmaße. Das Ganze, in das ich mich eingliedere, ist weder eine Partei noch eine Sekte: es ist mein Land. Es kommt nicht darauf an, wer uns kommandieren wird. Der vorläufige französische Staatsaufbau ist eine Staatsangelegenheit. Großbritannien und die Vereinigten Staaten mögen es nur machen so gut sie können. Wenn wir den Ehrgeiz haben, auf den Abzugsbügel eines Maschinengewehrs zu drücken, so bereiten uns Entscheidungen, die uns als sekundär erscheinen, nur geringe

Sorgen. Der wahrhafte Staatschef ist jenes Frankreich, das zum Schweigen verdammt wurde. Hassen wir die Parteien, die Klüngel und die Spaltungen!

Wenn wir den einzigen Wunsch aussprechen (wir haben ein Recht, ihn auszusprechen, da er uns alle vereint), daß wir gegenwärtig lieber militärischen als politischen Führern gehorchen wollen, so geschieht das, weil der Gruß, den der Soldat dem Soldaten bezeigt, nicht den Gegrüßten, nicht eine Partei ehrt, sondern die Nation. Wir wissen vom General de Gaulle wie vom General Giraud, was sie von der Autorität halten: sie dienen. Sie sind die ersten Diener. Das genügt uns, da ja alle Streitigkeiten, die uns gestern hemmen konnten, in der Gegenwart aufgehoben oder überwunden sind.

So steht es jetzt mit uns, scheint mir. Unsere Freunde in den Vereinigten Staaten dürfen sich von Frankreich keine falsche Vorstellung machen. Man beurteilt die Franzosen ein wenig wie einen Korb voller Krabben. Das ist ungerecht. Nur die Polemiker reden. Die Schweigenden machen wenig Lärm. Ich schlage vor, daß alle Franzosen, die bisher geschwiegen haben, Mr. Cordell Hull über unseren wirklichen Geisteszustand beruhigen, indem sie einmal, ein einziges Mal, ihr Schweigen brechen und ihm, jeder für sich, ein Telegramm etwa folgenden Inhalts schicken:

Wir bitten um die Ehre, in jeder beliebigen Form dienen zu dürfen. Wir wünschen die Heranziehung aller Franzosen in den Vereinigten Staaten zum Wehrdienst. Wir sind im voraus mit jedem Aufbau dieses Wehrdienstes einverstanden, wie er am wünschenswertesten erscheint. Doch da uns jede Entzweiung unter den Franzosen verhaßt ist, haben wir den einen Wunsch, daß dieser Aufbau aus der Politik herausgehalten wird.

Sie werden recht erstaunt sein im State Department, wenn sie erfahren, wie viele Franzosen sich für die Einigkeit aussprechen. Und doch: trotz unseres schlechten Rufes kennen die meisten von uns auf dem Grunde ihres Herzens nur die Liebe zu ihrer Kultur und zu ihrer Heimat.

Franzosen, vertragen wir uns wieder! Wenn wir erst an Bord eines Bombers mit fünf oder sechs Messerschmitts im Streit liegen, werden uns unsere alten Streitigkeiten ein Lächeln abnötigen. Als ich im Jahre 1940 an Bord einer von Kugeln durchlöcherten Maschine von einem Aufklärungsflug zurückkam, trank ich freudestrahlend einen ausgezeichneten Pernod in der Bar meines Geschwaders. Und ich gewann meinen Pernod im Poker von einem royalistischen Kameraden oder einem sozialistischen Kameraden oder vom Oberleutnant Israel, dem mutigsten unter uns, der ein Jude war. Und mit großer Zärtlichkeit tranken wir uns zu.

(1942)

Ein Plädoyer für den Frieden

Meine amerikanischen Freunde: ich möchte euch volle Gerechtigkeit widerfahren lassen. Eines Tages werden vielleicht mehr oder weniger ernste Meinungsverschiedenheiten zwischen uns entstehen. Alle Nationen sind selbstsüchtig. Alle Nationen betrachten ihre Selbstsucht als geheiligt. Es kann sein, daß euer Wissen um eure materielle Macht euch eines Tages bestimmen wird, Vorteile in Anspruch zu nehmen, die uns unbillig erscheinen. Es kann sein, daß es daher eines Tages zwischen uns zu mehr oder weniger schwerwiegenden Auseinandersetzungen kommt.

Wenn der Krieg auch stets durch Gläubige gewonnen wird, so werden doch Friedensverträge zuweilen von Geschäftsleuten diktiert.

Doch selbst, wenn eines Tages Vorwürfe gegen die Entscheidungen dieser Männer in mir aufsteigen sollten, werden mich solche Vorwürfe nie vergessen lassen, wie edel die Kriegsziele eures Volkes gewesen sind.

Euren tiefsten Gefühlen werde ich stets die gleiche Anerkennung entgegenbringen.

Schaut, meine amerikanischen Freunde, ich habe den Eindruck, daß etwas Neues auf unserem Planeten im Werden ist. Der materielle Fortschritt der Neuzeit hat in der Tat alle Menschen durch eine Art Nervensystem miteinander verbunden. Es gibt unzählige Kontakte, sofortige Verbindungen. Wir sind körperlich zusammengefügt wie die Zellen des gleichen Leibes. Doch dieser Leib hat noch keine Seele. Dieser Organismus ist noch nicht zum Bewußtsein seiner selbst erwacht.

Die Hand fühlt sich noch nicht eins mit dem Auge.

Eure jungen Männer sterben in einem Krieg, der zum ersten Male in der Weltgeschichte, trotz all seiner Ehren, für sie die Bedeutung einer dumpfen Liebeserfahrung hat. Verratet sie nicht! Laßt sie es sein, die ihren Frieden diktieren, wenn der Tag kommt! Möge dieser Friede ihnen gleichen! Dieser Krieg ist edel. Möge ihr Glaube an den Fortschritt auch den Frieden adeln.

(1944)

Brief an Pierre Dalloz

Lieber, lieber Dalloz, wie sehr vermisse ich ein paar Zeilen von Ihnen! Zweifellos sind Sie der einzige Mensch, den ich als solchen auf diesem Kontinent anerkenne. Gern hätte ich gewußt, was Sie von den jetzigen Zeiten denken. Ich selbst verzweifle.

Ich male mir aus, Sie denken, daß ich unter allen Aspekten, auf allen Gebieten recht hatte. Welche Beweihräucherung! Füge es der Himmel, daß Sie mir unrecht geben. Wie glücklich wäre ich über Ihr Zeugnis!

Ich für mein Teil führe Krieg so gründlich wie möglich. Bestimmt bin ich der älteste unter allen Kampffliegern der Welt. Die Altersgrenze für den Jagdeindecker, den ich fliege, beträgt dreißig Jahre. Und neulich hatte ich eine Motorpanne in zehntausend Meter Höhe über Annecy, gerade als ich ... vierundvierzig geworden war. Während ich mit der Geschwindigkeit einer Schildkröte über die Alpen schaukelte, als Freiwild für jeden deutschen Jäger, mußte ich lächeln beim Gedanken an die Superpatrioten, die in Nordafrika meine Bücher verbieten. Komisch ist das.

Seit meiner Rückkehr zur Gruppe (die Rückkehr ist ein Wundert, habe ich alles mitgemacht. Ich hatte einen Motordefekt, wurde ohnmächtig, weil der Sauerstoff ausblieb, wurde von Jägern verfolgt und erlebte auch einen Brand während des Fluges. Ich zahle mit guter Münze. Ich glaube nicht, daß ich allzu geizig bin, und komme mir vor wie ein braver Zimmermann. Das ist das einzige, was mich befriedigt. Und auch, daß ich als einziger Flieger und allein an Bord stundenlang über Frankreich kreise, um Aufnahmen zu machen. Seltsam ist das.

Hier ist man weit weg von der Haßatmosphäre, aber so nett die Gruppe auch ist, man steckt doch ein wenig im menschlichen Elend. Ich habe – niemals – jemanden, mit dem ich reden kann. Es ist schon was, wenn man Menschen hat, mit denen sich leben läßt. Doch welche geistige Einsamkeit!

Sollte ich abgeschossen werden, werde ich rein gar nichts bedauern. Vor dem künftigen Termitenhaufen graust mir. Und ich hasse ihre Robotertugend. Ich war dazu geschaffen, Gärtner zu sein.

Ich umarme Sie

Saint-Ex

(1944)

Nachwort

Ein Autor von Weltruhm, eine Persönlichkeit mit ungewöhnlicher Ausstrahlung, Identifikationsfigur und moralische Instanz, für viele ein Weiser, ein Prophet – »Saint-Ex«, nach seinem frühen Tod zum Mythos geworden, gehört bis heute zu den meistgelesenen französischen Schriftstellern dieses Jahrhunderts. Keiner seit André Gide hat eine derart weltweite Verbreitung erfahren, ist so häufig übersetzt und gelesen, auch niemand, nach Valéry, öfter zitiert worden. Manch ein französischer Abituraufsatz bezog sein Thema aus den Werken eines Mannes, der, selber ein mittelmäßiger Schüler, zum Lieblingsautor junger Leser wurde. Bewunderung und Liebe bestimmen nicht nur die Äußerungen derer, die »Antoine, Tonio, Saint-Ex« persönlich kannten, die Freunde und Kameraden dieses »vollständigen Menschen« (Léon-Paul Fargue) waren. Auch in der umfangreichen Literatur über Saint-Exupéry übertrifft die Zahl seiner Verehrer die der Kritiker bei weitem. Und doch hat sich ein Wandel vollzogen. In dem Maße, wie der Zauber des Menschen Saint-Exupéry und das Prestige des Fliegers (in einer Zeit, in der die Luftfahrt kein Abenteuer mehr ist) verblaßten, richtete sich die Aufmerksamkeit stärker auf den Schriftsteller. »Es ist heute möglich«, schrieb der Literaturkritiker René Tavernier 1967, »ohne respektlos zu sein, das Werk Saint-Exupérys zu kritisieren und sein Talent zu bezweifeln.« Krasse Widersprüche in der Beurteilung traten zutage. Saint-Exupéry: ein Humanist reinster Prägung – ein Bewunderer Nietzsches, ein Mensch von elitärer Geisteshaltung; einer der großen Denker unserer Zeit – ein Moralprediger, der allenfalls Stoff für philosophische Reflexionen liefert; ein bedeutender Dichter, ein Klassiker der französischen Literatur – eine schöne Seele voll guter Absichten, doch eine mittelmäßige schriftstellerische Begabung, ein Autor ganz nach dem Geschmack jugendlicher (was heißen soll: literarisch wenig anspruchsvoller) Leser. Derart widersprüchliche Urteile lassen sich nicht allein mit dem Hinweis auf gesellschaftliche Prozesse und literarische Entwicklungen erklären, die zu veränderten Sichtweisen, Leserastern und Bewertungen geführt haben. So standortgebunden Zustimmung und Kritik immer sind, entstehen sie doch nicht unabhängig von der Beschaffenheit, den Angeboten der Werke selbst.

Saint-Exupérys Bücher beeindrucken, hierin herrscht Einhelligkeit, als authentische Zeugnisse eines ungewöhnlichen Lebens. Obgleich nicht autobiographisch im strengen Sinne, schöpfen Saint-Exupérys Fliegerromane unmittelbar aus seiner Lebensgeschichte, besitzt seine »Philosophie« eine enge und erkennbare Verbindung zum Boden eigener Erfahrungen. Aus einer alten Adelsfamilie stammend, aufgewachsen als behütetes und glückliches Kind, wählte Saint-Exupéry den Beruf des Piloten, zu einer Zeit, als Fluglinien erst erschlossen wurden, die Luftfahrt ein gefährliches Wagnis, technische Pannen und Unfälle häufig waren, den Flieger daher, mit gutem Recht, die Aura des Heroischen umgab. »Als ich das Direktorzimmer verließ, packte mich ein knabenhafter Stolz. Beim nächsten Morgengrauen durfte also auch ich verantwortlich für das Leben von Fluggästen und für das Heil der Post nach Afrika sein. Aber ich empfand auch eine tiefe Demut. Ich fühlte mich ungenügend vorbereitet ... Also ging ich, während mein Herz zwischen Stolz und Demut schwankte, um meine Sporenwache, wie man diesen letzten Abend vor dem Ritterschlag wohl nennen darf, bei meinem Kameraden Guillaumet zu verbringen.« *(Wind Sand und Sterne)* Welcher Arbeiter, welcher Büroangestellte hätte den Beginn seines Berufslebens mit solchen Worten beschreiben können? Saint-Exupéry brauchte keine Romanhelden zu erfinden. Es genügte, daß er von sich und seinen Kameraden, von seiner Arbeit sprach, um seinen Lesern jene Beispiele einer sinnerfüllten Existenz vorzuführen, nach denen das damalige Lebensgefühl heftig verlangte. Am Ende der zwanziger Jahre, in einer Phase wirtschaftlicher Unsicherheit und häufiger Regierungswechsel, war die französische Literatur reich an unruhigen Gestalten, umgetrieben von Sehnsucht nach dem ganz Anderen, der nichtalltäglichen Erfahrung, dem starken Erlebnis, der heroischen Tat. Im Roman vollzog sich eine Wende. So unterschiedliche Schriftsteller wie Bernanos, Camus, Céline, Giono, Malraux, Montherlant, Sartre und Saint-

Exupéry lassen sich – bei allem Schematismus solcher Einteilungen – derselben »literarischen Generation von 1930« zurechnen, insofern ihre intellektuellen und moralischen Haltungen, ihre literarischen und politischen Aktivitäten einen gemeinsamen Zug trugen: die Bereitschaft zum persönlichen Engagement, den Willen zur Tat, die Weigerung, bloße Zeugen und Beobachter des Bestehenden zu sein. Diese Haltung umschließt Saint-Exupéry mit einer Lebensphilosophie, der die Rettung *des* Menschen höchstes Anliegen ist. In den zeitgenössischen Gesellschaftsformen sieht er, unterschiedslos, die Tendenz zur Geistlosigkeit, zur Verdinglichung menschlicher Beziehungen herrschen. Die moderne Gesellschaft, die er häufig mit einem »Termitenbau«, einem »Ameisenhaufen« vergleicht, sei bedroht vom Verlust eines echten Gemeinschaftsgefühls und eines die individuelle Existenz übersteigenden Sinnbezuges. Dieser Gesellschaft, in der der Einzelne bald nichts mehr fände, wofür zu leben und zu sterben sich lohne, hält Saint-Exupéry sein humanistisches Ideal entgegen, das auf wenigen einfachen Begriffen beruht: Zugehörigkeit, Teilnahme, Pflicht, Austausch, Verknüpfung. Was hierunter zu verstehen ist, soll mit einem Blick auf die Werke verdeutlicht werden.

Südkurier (»Courrier Sud«, 1928), Saint-Exupérys erste größere literarische Arbeit, erzählt die Geschichte eines Mannes, der Flieger wird, nicht aus purer Lust am Abenteuer, sondern weil er nach einem Lebensinhalt sucht, den ihm die bürgerliche Welt der Geschäfte und des Amüsements verweigert: die Bewährung seiner Individualität im Dienst an einer großen Aufgabe. Die Figur des Jacques Bernis (von dem es heißt: »Er war ein viel zu innerlicher Mensch, um auch nur für einen Augenblick an einen Unfall zu denken, der ihm persönlich widerfahren könnte: an derlei denkt nur, wer leer im Herzen ist . . .«) erhält ihr Profil in einer doppelten Opposition. Als sinnvoll handelnder Mensch wird Bernis dem egoistischen, oberflächlichen und verantwortungslosen Bourgeois – in Gestalt von Herlin, dem Mann Genovevas – gegenübergestellt. Mit seiner Entscheidung für die »männliche Welt«, als deren Inbegriff die Fliegerei hier gilt, verläßt Bernis die Geborgenheit des »weiblichen Universums«, verkörpert in seiner Geliebten Genoveva. Doch anders als der Gegensatz zwischen »Mensch« und »Bourgeois«, erhält der zwischen »Mann« und

»Frau« einen tragischen, zumindest einen melancholischen Zug. Die Wesensverschiedenheit ihrer jeweiligen Welten als gegeben und unabänderlich vorausgesetzt, stellt sich – aus der Perspektive des Mannes – die Frage, wie die in sich geschlossene (um nicht zu sagen: enge) Sphäre des Weiblichen zu verbinden sei mit dem ausgreifenden, tätigen, wirkungsvollen und weiten Leben, zu dem er sich berufen fühlt. Saint-Exupéry findet seine Antwort in einer Gebärde vereinnahmender Ritterlichkeit: Der Mann/der Mensch hat über die Blüte seiner Kultur zu wachen. Er schuldet respektvolle Bewunderung allem, was zart, bedroht, schutzlos und einzigartig ist, selbst wenn es ihm nicht immer gelingt, dieses Kostbare wirklich zu verstehen. Die zum Symbol aller Lebensrätsel stilisierte Frau (Genoveva in *Südkurier*, die jungen Mädchen aus *Wind Sand und Sterne*, Consuelo Suncin in Saint-Exupérys eigenem Leben, die Rose des *Kleinen Prinzen*) erscheint, von Saint-Exupérys erstem Roman an, als Ursprungsort, von dem der Mann sich entfernen muß – wie der Pilot seinen heimatlichen Planeten verläßt –, um ihm in unstillbarer Sehnsucht verbunden zu bleiben. Die Opposition zwischen männlicher und weiblicher Welt kehrt in *Nachtflug* (»Vol de nuit«, 1931) wieder, nun aber am Rande und weniger gefühlsbeladen. Der Held dieses umstrittenen Romans von Saint-Exupéry hat die Frage, welchem Leben er sich zugehörig fühlt, seit langem mit der Wahl seines Berufs beantwortet. Rivière (als reales Vorbild der Romangestalt gilt Didier Daurat, Direktor der Compagnie Aérienne Française, zu der Saint-Exupéry seit 1926 gehörte) ist ein Vorgesetzter, der die ihm Unterstellten zu höchsten Leistungen antreibt, sie zu einer disziplinierten, streng hierarchisch geordneten Berufs- und Schicksalsgemeinschaft zusammenfügt. Durch die Einrichtung von Nachtflügen, die wegen ihres anfänglich hohen Risikos auf Widerstand stießen, will er seine Luftfahrtgesellschaft konkurrenzfähig halten. »Das ist für uns«, hatte Rivière seinen Kontrahenten erklärt, »eine Lebensfrage, weil wir den Vorsprung, den wir tagsüber vor den Eisenbahnen und Dampfern gewonnen haben, jede Nacht wieder verlieren.« Das ökonomische Motiv, nur an dieser einen Stelle deutlich ausgesprochen, wird im Roman sonst durchweg verklärt zu einer dem Leben innewohnenden Kraft. Rivière, Repräsentant des organisierten Kapitalismus seiner Zeit, erhält den Nimbus einer heroischen Piongestalt. Deren Problematik hat kaum ein Kritiker schärfer getroffen als André Gide, der in seinem enthusiastischen Nachwort zum Roman schrieb: »Rivière handelt zwar nicht selbst, aber er treibt die andern zum Handeln, zur Tat; er impft seinen Piloten seine eigene sittliche Kraft ein, er fordert das Höchste von ihnen, er zwingt sie zum Heldentum. Seine unnachgiebige Entschlossenheit duldet keine Schwäche, er straft unerbittlich das geringste Versagen. Seine Strenge könnte auf den ersten Blick unmenschlich und übertrieben erscheinen. Aber sie richtet sich nicht gegen die Menschen selber, die Rivière nur für seinen Zweck zurechtschmieden will, sondern gegen das Unvollkommene an sich. Man spürt in dieser Schilderung die ganze Bewunderung des Verfassers für diese Gestalt, und ich persönlich weiß ihm besonderen Dank dafür, daß er die paradoxe Wahrheit ins rechte Licht gerückt hat, die für mich von außerordentlicher psychologischer Bedeutung ist: daß das Glück des Menschen nicht in der Freiheit besteht, sondern in der Hingabe an eine Pflicht.« Zwar versuchten spätere Interpretationen, die rüde Apologie eines autoritären Führungsstils und einer masochistischen Dienst- und Opferwilligkeit mit dem Hinweis zu relativieren, es gebe bei Saint-Exupéry immer, so auch in diesem Buch, die entgegengesetzten Werte des Gemeinschaftssinns, der Freundschaft, der schlichten Menschlichkeit. Das ist wahr, doch bleiben sie in *Nachtflug* einem Ideal des Menschen untergeordnet, das sich eindeutig gegen Lebenswünsche und Gefühle der Individuen kehrt. »Lieben, nur lieben – was für eine Sackgasse! Rivière hatte die dunkle Empfindung von einer Pflicht, höher als Liebe.« Gemeint ist die Pflicht der Herrschenden, die Menschen »unsterblich zu machen«, das heißt: sie zu zwingen, ihre »eigene Unvergänglichkeit ... aufzurichten«, wie die alten Inkafürsten die Massen ihres Volkes zum Tempelbau zwangen, nicht aus Mitleid mit der Vergänglichkeit eines einzelnen Lebens, sondern aus »Mitleid mit der Gattung«, aus Sorge um die Dauer ihres großen Werkes, der Zivilisation.

Der Vorrang des Ganzen vor den Teilen, der »menschlichen Gemeinschaft« vor dem einzelnen Menschen bleibt ein Grundgedanke der Ethik Saint-Exupérys, auch dort, wo es nicht um die Verherrlichung charismatischen Führertums geht. Die Berichte aus *Wind Sand und Sterne* (»Terre des hommes«, 1939), einige Reportagen und Briefe, gewiß auch *Der Kleine Prinz* (»Le petit prince«, 1943) sind Texte, deren Verfasser man den Satz glauben kann: »Es gibt nur eine wahrhafte Freude: den Umgang mit Menschen.« (*Wind Sand und Sterne*) Diese Freude entspringt allerdings einem spezifischen Abstandsgefühl. Fasziniert, magisch angezogen vom gewaltigen Reich des Leblosen, den Sternen, der Wüste, von einem Kosmos ohne »Sinn«, feiert Saint-Exupéry das Leben mit oft ekstatischer Zärtlichkeit, als das einzig Kostbare, das in einer sterilen Unendlichkeit entstanden ist, etwas Unbegreifliches, Geburtsstätte aller Wunder im menschlichen Dasein – der Kultur, der Freundschaft, des Mutes, des Lächelns, der Träume. In Höhe und Einsamkeit kann der Pilot Saint-Exupéry mit Inbrunst den Schein eines Lichtes, eine Ansiedlung, irgendein Zeichen irdischer Geborgenheit begrüßen. Aus der Nähe jedoch empfindet er die zeitgenössische Zivilisation, die »seelenlose« Welt der Städte, der »Rechnerei«, des »Tingeltangel«, der »Vorortzüge« als ein Gefängnis, eine Maschinerie, die das Lebendige im Menschen tötet. »Du alte Beamtenseele, Kamerad an meiner Seite! Nie hat dir jemand den Weg ins Freie gezeigt, und du kannst nichts dafür ... Als es noch Zeit war, hat keiner dich mitzureißen versucht; nun ist der Lehm, aus dem du gemacht bist, eingetrocknet und hart, das göttliche Spiel in dir wird nie zum Klingen erwachen: tot ist der Dichter, der Musiker, der Sternenforscher, die vielleicht auch in dir einst gewohnt haben.« (*Wind Sand und Sterne*) Saint-Exupérys Kritik an gesellschaftlicher Entfremdung – für die zum Beispiel im *Kleinen Prinzen* das komplementäre Paar des Geschäftsmannes (Kapitalistenklasse) und des Laternenanzünders (Proletariat) steht – klingt, wo immer sie auftaucht, melancholisch. Dies läßt sich als Symptom der Sozialperspektive deuten, aus der Saint-Exupéry die kapitalistische Ordnung seiner Zeit erlebt: Melancholie, »die aus der ›Weltlosigkeit‹ des Mittelständlers resultiert, aus seiner ökonomisch zum Teil von Proletarisierung bedrohten, ›ideell obdachlosen‹ Stellung ›zwischen den beiden mächtigen Antagonisten, der Großbourgeoisie und dem Proletariat‹. Aufhebung der Melancholie wäre gleichbedeutend mit der Entwicklung eines Bewußtseins sozialer Solidarität« mit der Arbeiterklasse, stellt die Literaturwissenschaftlerin Eva-Maria Knapp-Tepperberg in einem Aufsatz zu Saint-Exupérys *Nachtflug* und *Der Kleine Prinz* fest. Eine solche Möglichkeit ist für Saint-Exupéry, im vollen Wortsinn, undenkbar. Sofern er sich überhaupt mit ökonomischen und politischen Verhältnissen befaßt (in seinen seit 1936 geführten Notizbüchern, den *Carnets*, gibt es entsprechende Eintragungen), hält er hartnäckig daran fest, daß die Welt allein durch den Geist – durch Belehrung, Neubesinnung, eine neue Sprache, Religion oder Religionsersatz – gebessert werden könne. Schon den »Begriff der Klasse, des Industriellen, des Ausbeuters« hält er für »absurd«. – »Es gibt nur Menschen. Die Verkündigung der Kategorien hatte hier schon alles verfälscht«, schreibt er in den *Carnets*. Der einzige kategoriale Unterschied, den er gelten läßt, ist der zwischen Menschen »erstarrten Herzens«, in denen »das Kind Mozart ermordet« wurde und jenen anderen, die »den Menschen in sich« zu befreien vermochten (*Wind Sand und Sterne*). Diesen Unterschied könnten objektive Analysen und wissenschaftliche Erklärungen nicht erfassen; »man sieht nur mit dem Herzen gut«, sagt der Fuchs im *Kleinen Prinzen*. Aus der Philosophie Henri Bergsons übernimmt Saint-Exupéry die Ansicht, Rationalität und Wissenschaft vermöchten zwar die Materie zu erkennen, zur Erkenntnis des Lebens aber tauge allein die Intuition. Von ihr geleitet, entwickelt Saint-Exupéry einen Blick, der über soziale, politische, nationale, weltanschauliche Besonderheiten und Differenzen hinwegsieht, als wären sie bloße Hüllen um den Kern des Wesentlichen, das, stets mit sich identisch, den einen Namen trägt: *der* Mensch. Vor allem Saint-Exupérys Texte mit dokumentarischem oder Reportagecharakter zeugen von seinem Gefühl der Nähe zum Bruder, zum Freund im anderen Menschen, sei dieser nun, wie in *Wind Sand und Sterne*, ein »wilder Mauretanier«, ein unglücklicher Sklave, ein legendärer Söldnerhauptmann oder der von Hunger und Deportation bedrohte Freund Léon Werth (*Brief an einen Ausgelieferten*, »Lettre à un otage«, 1943) oder ein republikanischer Unteroffizier an der Front von Carabancel (*Madrid*, 1937). Doch hat diese Nähe auch etwas Illusorisches – dann nämlich, wenn sie um den Preis des »Übersehens« existenzbestimmender Unterschiede und Widersprüche zustandekommt. Klassen und sonstige »Parteiungen« betrachtet Saint-Exupéry lediglich als vom Menschenverstand vorgenommene Einteilungen, die zwar »logisch unanfechtbar« seien (»mit der Logik kann man alles beweisen«), nicht aber wahr, denn »Wahrheit ist eine Sprache, die Allgültiges sagt« (*Wind Sand und Sterne*). Als dann während des Zweiten Weltkrieges Saint-Exupérys humanistischer Idealismus mit der Wirklichkeit politischer Parteiungen kollidierte, hat ihn diese Erfahrung verzweifeln lassen. Seit Ende 1941 in New York lebend, hielt er sich von den dortigen französischen Gruppierungen fern und lehnte es insbesondere ab, sich den Gaullisten anzuschließen, die ihn aufgrund seines hohen öffentlichen Ansehens gern zu einer ihrer Gallionsfiguren gemacht hätten. Saint-Exupéry präsentierte sich zwar – und galt in den USA – als Anwalt eines gedemütigten und geknebelten Frankreichs, für dessen Befreiung zu kämpfen sein sehnlicher Wunsch blieb, doch er verweigerte jegliche politische Parteinahme, so auch die Unterstützung de Gaulles, der sich damals um die Anerkennung seiner Exilregierung durch die Alliierten bemühte. Nach der Landung angloamerikanischer Truppen in Nordafrika (November 1942), der gleichzeitigen Besetzung Südfrankreichs durch die Deutschen und dem Ende der Vichy-Regierung, richtete Saint-Exupéry in der New York Times einen offenen *Brief an die Franzosen* (»Lettre aux Français«, 1942), in dem er zur Einheit aufrief: »Das Ganze, in das ich mich eingliedere, ist weder eine Partei, noch eine Sekte: es ist mein Land. Es kommt nicht darauf an, wer es kommandieren wird ... Der wahrhafte Staatschef ist jenes Frankreich, das zum Schweigen verdammt wurde. Hassen wir die Parteiungen, die Klüngel und Spaltungen.« Die Anhänger de Gaulles fühlten sich brüskiert. Sie verdächtigten Saint-Exupéry der Sympathie mit der Vichy-Regierung, die er in der Tat nie angegriffen hatte, und verhinderten den Verkauf seiner Bücher in Nordafrika. Der Philosoph Jacques Maritain, der damals in den Vereinigten Staaten, ähnlich wie Saint-Exupéry, die Stimme, das Gewissen Frankreichs verkörperte, reagierte mit einer öffentlichen Kritik an Saint-Exupérys Haltung. Durch diese Vorgänge verletzt und verbittert, sah sich Saint-Exupéry in der Abneigung gegenüber dem Geist seiner Zeit bestärkt. Er bekannte, seine Epoche von ganzem Herzen zu hassen. Dennoch setzte er 1943 alles daran, wieder Flugaufträge als Aufklärungspilot zu erhalten. Vom letzten der ihm zugestandenen Einsätze – vgl. den *Brief an Pierre Dalloz* (»Lettre à Pierre Dalloz«, 1944) – kehrte er nicht mehr zurück. Die Umstände seines Todes blieben lange ungeklärt. Erst in jüngster Zeit wurde bekannt, daß die unbewaffnete Aufklärungsmaschine Saint-Exupérys am 31. Juli 1944 von einem deutschen Jagdflugzeug abgeschossen wurde und im Mittelmeer versank. Schon vor dem sicheren Aufschluß über Saint-Exupérys Tod erschien die Vermutung, er habe aus Resignation und Verzweiflung Selbstmord begangen, unglaubhaft, widersprach sie doch völlig der Lebensauffassung eines Menschen, der einen solchen Weg für sich ausdrücklich abgelehnt, dem Opfer hingegen – als einem »Geschenk seiner selbst an das Wesen, dem man sich zurechnen will« *Flug nach Arras* – einen hohen Wert beigemessen hatte.

Hiervon zeugt besonders eindringlich das Buch, in dem Saint-Exupéry seine Erlebnisse als Aufklärungsflieger 1939/1940 verarbeitet hat. *Flug nach Arras* (»Pilote de guerre«, 1942) belegt die Empfindungen und Selbstbeobachtungen eines Menschen in außerordentlicher Situation: in einem verlorenen Krieg, einer kampfunfähigen Armee und einer aus den Fugen geratenen Gesellschaftsordnung, im Angesicht widersinniger Befehle, geopferter Kameraden und der täglichen Bedrohung des eigenen Lebens, im Augenblick höchster Todesgefahr. *Flug nach Arras* kann, obwohl es mit der eigentlichen Résistance nichts zu tun hat, ein Buch des Widerstands heißen. Es ist durchdrungen von der Überzeugung, Frankreich führe einen einsamen, aussichtslosen, dennoch einen absolut notwendigen Kampf; eine Überzeugung, die gerade nach der Niederlage, in der Zeit der Okkupation, unverzichtbarer Handlungsimpuls blieb. Zweifellos idealisiert Saint-Exupéry die französischen Kriegsinteressen, wenn er sie in die Formel faßt: »Der Geist wurde bei uns Herr über den Verstand«, und wenn er an anderer Stelle sagt: »Frankreich war verantwortlich für die Welt. Frankreich hätte der Welt das gemeinsame Maß zeigen können ... Wenn die Welt kein Gewissen besaß, war Frankreich es sich selber schuldig, ihr als Gewissen zu dienen.« So wenig diese Charakterisierung die wirklichen ökonomischen, politischen, militärischen Interessen und Zwänge zu begreifen vermag – sie ist gültig als Ausdruck des Weltbildes, der Ethik, kraft derer ein Mensch wie Saint-Exupéry bereit war, sein Leben zu opfern. Das Buch schließt mit einem humanistischen Credo, das sich heute wie ein Abgesang auf eine historisch unwiderruflich erschütterte Ideologie liest. Denn wer noch könnte ungebrochen jene Idee christlich-abendländischer Kultur verkünden, die Saint-Exupérys Bekenntnis zu »unserem Humanismus« refrainartig durchzieht: »Meine Kultur, ein Erbe Gottes, hat die Menschen im Menschen gleichgemacht.« Offensichtlich appelliert Saint-Exupéry an eine Gemeinschaft, von der er hofft, daß für sie »*der* Mensch« noch ein gültiges, intuitiv verständliches Sinnpotential bilde. Freilich erkennt er auch, daß die Geschichte der bürgerlichen Gesellschaft dem Begriff vom Menschen, dessen Rettung oder Wiederherstellung er wünscht, den Boden entzogen hat. Individualismus, Anarchie, sinnentleerte Kollektivität (»Eine Summe ist kein Wesen«), Herrschaft der Massen oder Herrschaft des Staates – in diesen Erscheinungsformen einer »neuen Religion« offenbart sich für Saint-Exupéry der Zerfall einer »vergessenen«, »verratenen« Kultur und ihrer fundamentalen Werte, wie Nächstenliebe, Hingabe, Bereitschaft zum Opfer, Gemeinschaftssinn. Den Krieg und die Niederlage Frankreichs versteht Saint-Exupéry als Bekehrungssituation für den einzelnen und als Chance für die Gesellschaft, das verschleuderte Erbe wiederzugewinnen: »Ich bin der Stärkere, wenn ich zu mir zurückfinde. Wenn unser Humanismus den Menschen wiederherstellt.«

Es ist ein leichtes, mit dem Fingerzeig auf den wirklichen Geschichtsprozeß das Illusorische dieser Hoffnung wie auch der Kulturauffassung, der sie entspringt, zu treffen. Es ist auch nicht schwer, das konservative, ja regressive Moment einer Ideologie zu erkennen, die unbeirrt auf die Lebensfähigkeit eines idealisierten bäuerlichen Frankreichs setzt und die ihre Vorstellung von nationaler und globaler Menschengemeinschaft im Bild des Baumes und des Domes ausspricht. Indes trägt Saint-Exupérys humanistische Position nicht nur die Spuren des Irrtums, der Verkennung und damit auch der Ohnmacht. Sie ist stark und sie hat recht in ihrem Bedürfnis nach Gemeinschaftlichkeit, nach einer die individuelle Existenz überschreitenden, weil nicht aus deren Zufälligkeit abgeleiteten Sinngebung menschlichen Daseins. Hierin liegt wohl die fortdauernde Herausforderung eines Denkens, das mit großer Intensität auf das Erlebnis einer tiefgreifenden gesellschaftlichen Sinnkrise reagierte. Mag auch die Untauglichkeit der Antwort Saint-Exupérys augenfällig sein – sie erlaubt es nicht, mit dem idealistischen Humanismus des Verfassers zugleich die soziale und kulturelle Problematik abzuwehren, die er sah, und die heute kaum an Schärfe verloren hat.

»... ich denke jetzt, daß man in dem, was ich vollbringe, mit mir ist oder gegen mich«, schrieb Saint-Exupéry 1942 (*Beruf und Berufung des Schriftstellers*; »Profession et profession de foi de l'écrivain«). In der Tat fand er rückhaltlose Bewunderung und uneingeschränkte Kritik. Jedoch, Reaktionen von solcher Eindeutigkeit nivellieren ein zuinnerst widersprüchliches Werk, das Solidarität, Vernunft und schlichte Menschlichkeit, aber ebenso einen elitären Heroenkult und eine Gesinnung offenbart, die technisches Pioniertum zur Naturkraft und den Tod zur Idylle stilisiert; ein Werk, das Bilder von großer poetischer Kraft enthält, aber dessen Metaphorik auch die Materialität der Dinge auslöscht, um sie in Träger einer geheimen Bedeutung oder Botschaft zu verwandeln, die sich allein dem außergewöhnlichen Individuum mitteilt; ein Werk schließlich, das aus dem Zusammenhang von Aktion und Reflexion erwuchs, dessen Krönung jedoch, nach des Autors Absicht, die reine Lehre sein sollte.

Sein letztes postum erschienenes Buch *Die Stadt in der Wüste* (»Citadelle«, 1948) ist, im Unterschied zu den vorangegangenen Werken, ganz dem »geistigen Abenteuer« gewidmet. In ständig wiederkehrenden und variierten Themen, Gedankengängen und Bildern entfaltet Saint-Exupéry seine »Philosophie«, d. h. seine Sicht vom Menschen, von Gott, von einer in Gott ruhenden Gemeinschaft und Kultur. Eine unermüdliche Predigt in orientalischer Gewandung. Saint-Exupéry leiht sich die Stimme eines Berberfürsten, der, von seinem Vater in der Kunst des Regierens unterwiesen, dessen Reich – die Stadt in der Wüste – übernommen hat und nun die Leitlinien seiner Herrschaft entwickelt. Der vage orientalische Dekor hat hier poetische Funktion. Er dient der gleichnishaften Veranschaulichung einer ihrem Grundzug nach ahistorischen, überzeitlichen Ordnung menschlichen Zusammenlebens. Daß sie mittelalterlich-feudale Züge trägt, heißt nicht, daß Saint-Exupéry die Rückkehr zu einer vorindustriellen monarchischen Gesellschaftsstruktur als Weg aus der Krise empfehlen wollte. In dem gesamten, bei aller Verschlüsselung doch spürbar auf die eigene Zeit bezogenen Gedankengebäude geht es weder um praktische Reformvorschläge, noch spielen die Produktionsverhältnisse als Stätte der Produktion auch von sozialen, politischen, moralischen Beziehungen irgendeine Rolle. Vielmehr bilden »das Leben«, »das Gefüge«, »die Verknüpfung« die Grundlagen bzw. Ordnungsprinzipien jenes »Reiches«, das den Sinn des Menschen ausmachen soll, wie der Tempel den Sinn der Steine oder das Gedicht den Sinn der Worte begründe. Wie schon im humanistischen Credo, das den *Flug nach Arras* beschloß, erscheint auch hier die Kultur als ein Geschenk oder Erbe Gottes. Dieses Erbe zu bewahren, es wachsen zu lassen, so wie der Baum aus dem ausgeworfenen Samenkorn wächst, sei Sinn und Aufgabe von Herrschaft. Freilich bleibt die gärtnerische Pflege nicht auf Aussaat und Düngung beschränkt; sie korrigiert und schneidet ab, was den Baum am Wachsen hindert. Sie zwingt die Menschen »zu werden«. Strafen, Zwang, Zufügung von Leiden sind aus dieser Sicht Akte der Liebe, dazu angetan, den Menschen zu seinem »wirklichen Wesen« heranzubilden, »das Edle« in ihm zu fördern. »Wenn ich Blut vergoß, so geschah das nicht, um meine Härte, sondern um meine Milde zu begründen«, sagt der Herr der *Stadt in der Wüste.* Solche Sätze – von ihnen ist das Buch voll –liest man kaum ohne aufzubegehren. Die autoritäre Rede weckt Empörung. Mit ihrer fortgesetzten Umdeutung der großen Begriffe der Französischen Revolution gibt sie zu verstehen, wessen Gegnerin sie vor allem ist. Dem Buch bzw. seinem Verfasser sind denn auch Demokratiefeindschaft und sogar Nähe zu faschistischen Ideologien vorgeworfen worden. Während erstere offenkundig ist, erscheint letztere fraglich. Saint-Exupérys Gesellschaftsideal besitzt penetrant traditionalistische, patriarchalische, anti-rationale und anti-emanzipatorische Züge. Doch von allen Spielarten des Faschismus unterscheidet sich das Reich in der Wüste durch sein christliches Fundament. Nicht Volk, Rasse, Blut und Boden, Überleben des Starken und Gesunden, Disziplin, Härte, Unterordnung etc.

sind die leitenden Werte, sondern es herrschen dort Normen wie: Nächstenliebe, Demut, Opferbereitschaft, Großherzigkeit, Verantwortung für die anderen und Inbrunst, d. h. Hingabe an etwas, das der Einzelne höher achtet als sein eigenes Dasein und gegen das er sich »auszutauschen« bereit ist. Ein enthistorisiertes, reduziertes und stilisiertes Mittelalter repräsentiert, zumindest auf fiktionaler Ebene, »das Leben«, dem der als Erzählfigur gewählte Berberfürst nachsinnt. Saint-Exupérys Gegenentwurf zur Entfremdung menschlicher Existenz in der zeitgenössischen Gesellschaft tritt nicht bloß im poetischen Gewand einer feudalen Ständeordnung auf – er ist ihr an bestimmten Punkten tatsächlich verhaftet, so im Bestehen auf der »Stufenordnung« und der »Zusammenarbeit« von Ungleichen, so im absoluten Vorrang des Gewordenen, Ererbten, der Tradition und Dauer gegenüber der »Willkür« von Neuerungen und verändernden Eingriffen, so auch im Festhalten an der Notwendigkeit des Zeremoniells und der strengen Bräuche. Der gesellschaftliche Zusammenhang wird bezeichnet mit der Metapher vom »göttlichen Knoten«, der die Dinge untereinander verknüpft. Beschaffenheit und Wirkung dieses Bandes seien nur mit dem Geist, nie auf dem Wege wissenschaftlicher Erkenntnis und logischer Schlußfolgerungen erfaßbar. Dasselbe gelte für die Wahrheit der fürstlichen Worte, an der rationale Kritik abprallen müsse – zumindest weist ihr Saint-Exupéry dieses Schicksal zu. Das macht den Umgang mit seinem Buch schwierig. Wahrheiten, die dergestalt unantastbar sein wollen, riskieren es, nicht gebraucht zu werden.

Das Auswahlprinzip des vorliegenden Bandes bekundet eine Stellungnahme: für jene Texte Saint-Exupérys, die ihrer literarischen Qualität wegen, als authentische Zeugnisse seines Lebens und seiner Moral das Interesse heutiger Leser beanspruchen können. Saint-Exupérys Humanismus fordert immer noch zu einer Auseinandersetzung heraus – zum Versuch, auf die Sehnsucht nach Menschlichkeit Antworten zu finden, die von der Mündigkeit der Individuen, von ihrem Eigensinn, von ihren wirklichen Existenzbedingungen, Wünschen, Ängsten und Bedürfnissen ausgehen.

Berlin, im Juli 1984 Brigitte Burmeister

Inhalt